수용전념치료

실무 지침서

Steven C. Hayes · Kirk D. Strosahl 편저 | 손정락 · 이금단 공역

ACT *A Practical Guide to Acceptance and Commitment Therapy*

학지사

Translation from English language edition:
A Practical Guide to Acceptance and Commitment Therapy
by Steven C. Hayes, Kirk D. Strosahl

"이 도서는 2013년도 전북대학교 저술장려 경비 지원에 의하여 연구되었음"

역자 서문

부서져도
부서져도 여전히 있는
물속의 달

-조슈

이 하이쿠 시는 물결이 일어 잠시 흐트러져도 곧 본래의 모습을 완벽하게 되찾기 때문에 물속의 달은 존재의 참 본성을 상징한다는 의미를 담고 있습니다. 이는 심리적으로 경직되기도 하고, 틀에 박혀 갇혀 버리기도 하지만 심리적 유연성을 찾아가는 마음챙김을 연상시켜 주는 것 같습니다.

잘 아시다시피, 수용전념치료(Acceptance and Commitment Therapy: ACT)는 행동치료, 더욱 구체적으로 말하면 관계 틀 이론(Relational Frame Theory: RFT)에 기반을 둔 심리치료의 한 형태입니다. ACT의 두 가지 주요 과정은 마음챙김과 행동변화를 포함하는데, 자신의 가치 및 선택한 목표와 일치하는 삶을 살도록 하는 데 기반을 두고 있습니다. 즉, ACT의 치료적 부분은 마음챙김과 수용 과정 그리고 전념과 행동변화 과정이라고 할 수 있습니다. 마음챙김과 수용-전념 기반 접근법들은 이미 증거 기반적이며 경험적으로 지지된 접근법으로 인정받고 있습니다.

이렇게 견고한 이론적 · 실무적인 틀을 가장 잘 제공하고 있는 최초의 책이 바로 이 책 『수용전념치료: 실무 지침서』입니다. 진작에 출판된 바 있는 이 책의 원전은 ACT 모형을 광범위하게 적용한 첫 번째 책이었으나, 그간 우리나라에서는 번역서가 나오지 않아서 다소 늦은 감이 있습니다. ACT 실무자들에게 요긴하고 매우 유용한 이 책을 늦었지만 이제라도 출판하게 되어 기쁘게 생각합니다.

ACT의 이론과 실무를 망라하고 있는 이 책은 전체 3부 14장으로 구성되어 있으며, ACT의 공동 창설자 Hayes와 Strosahl을 포함하여 26명의 전문가들의 공헌으로 이루어진 아주 잘 짜인 텍스트라고 할 수 있습니다. ACT를 적용하려는 실무자라면 반드시 읽어야 할 책이라 생각합니다.

아마존(www.amazon.com)의 북 리뷰 몇 가지를 소개하면 다음과 같습니다.

> ACT는 인간 존재, 언어 그리고 정신병리학 전반에 대한 더욱 매력적인 발견으로 통하는 문을 열었다. 또한 이들 발견 안에 이 책에서 능숙하게 제시한 ACT를 구성하고 있는 치료 기법들이 놓여 있다. 저자들이 묘사하고 있듯이, 이 책은 수많은 장애를 위한 ACT 접근법을 눈에 띄게 하고, 그것을 상세하게 제시하고 있는 첫 번째 실무 지침서다. ACT에서 제시된 정신병리에 대한 혁신적인 개념화는 실무자들에게 매력적일 수도 있는데, 왜냐하면 ACT는 클라이언트가 자신의 증상을 통제할 수 없기 때문에 나타내는 재발과 어려움에 대한 해답과 대안을 제공하기 때문이다. 실무자들은 또한 ACT에서 사용되는 기법과 은유를 좋아할 수도 있다. ……각 장에서는 상이한 장애 집단에 대한 ACT를 제시하고, 저자들은 장애에 대하여 ACT 원리에 토대를 둔 공식화를 기술적으로 제시하고 있으며, 그런 다음 특정 장애나 장애 집단에 대한 ACT 접근법을 기술하고 있다.
>
> – Maria Karekla & Marianna Charilaou, PsycCRITIQUES(APA)

> 아주 잘 썼다. ACT의 본질을 훌륭히 개관하고 있으며, 독자에게 여러 가지 임상적인 적용을 소개하고 있다. ACT에 관심이 있거나 이러한 유형의 치료 활용을 시작하고 있는 사람이라면 누구라도 필독서로 여겨야 한다.
>
> – Brandon Heck(2006년 3월 8일)

> 수용전념치료는 오늘날, 심리치료에서 점점 유망한 대세다. 이 책은 심리학 전문가들을 위한 광범위한 견해와 실무를 제공하고 있다.
>
> – Ramiro J. Alvarez Fernandez(2009년 1월 6일)

수용과 마음챙김은 클라이언트의 특정 연습, 은유 및 행동 작업을 통해 증진됩니다. ACT 실무자들도 이러한 수행을 통하여 더 나은 치료자가 될 수 있도록 끊임없는 노력이 필요하다고 생각됩니다. 이 책은 달을 가리키는 손가락과 같을 수도 있습니다.

이 책을 벌써 여러 해 전에 박사과정 학생일 때 함께 읽었던 이금단, 고선자, 김도연, 이정화, 두정훈 그리고 소현영 선생도 그간에 자신의 ACT 모형을 잘 다듬어 갔으리라 생각합니다. 함께 책을 읽고 분석하고 논의하던 때가 또 지나갔습니다. 이 책을 기꺼이 출판하겠다는 열의를 보이신 학지사의 김진환 사장님께 감사드리며, 편집부 김순호 부장님과 직원 여러분께 감사드립니다. 끝으로, 독자들의 수용과 마음챙김 웰빙을 기원드립니다.

2015년 2월

역자 대표 손정락

저자 서문

이 책은 수용전념치료(Acceptance and Commitment Therapy: ACT, 머리글자로 읽지 말고 한 단어로 말해야 한다.)에 관한 가장 실무적이며 임상적인 지침서다. 이 책은 ACT 모형과 기법이 다양한 장애, 장면 및 전달에 어떻게 적용되는지를 보여 주기 위해 설계되었다. 이 책의 저자들은 다양한 영역에서 ACT를 적용하는 전문가들인데, ACT의 동일한 핵심 원리들이 어떻게 그렇게 많은 쟁점에 들어맞게 여기를 자르고 저기에 쑤셔 넣어지도록 하였는지(성형하듯이) 흥미를 자아내고 있다. 이 책은 부분적으로는, ACT가 들어맞을 것 같은 어떤 곳에라도 연구자들과 임상가들이 적용할 수 있도록 대담하게 만들어졌다.

이 책은 매우 광범위한 임상 문제에 대한 유용한 치료 접근법이 될 수도 있다는 것을 증명하고 있다. 이미 많은 영역에서의 통제된 자료가 있으며, 곧 그 데이터베이스가 엄청나게 더 커질 것이다. ACT에 기저하고 있는 관계 틀 이론(Relational Frame Theory: RFT, 여기서는 머리글자로 읽어야 한다.)은 영향력 있는 주장을 제기하고 있다. 즉, 정신병리는 상당한 정도로, 인간 언어로 짜여 있다는 것이다. 더 나아가 파괴적인 언어-토대 기능을 감소시키는 방법과 도움이 되는 것을 증가시키는 방법을 제안하고 있다. 이 모형이 옳다고 할 정도까지, ACT는 매우 광범위한 행동 쟁점에까지 적용되어야만 하는데, 이는 인간 기능에서 언어와 인지의 구심성 때문이다. 오직 시간과 연구만이 그것이 참인 정도를 밝혀 줄 것이지만, 지금까지 ACT 모형은 이들 방법에 반응이 있을 것으로 기대하지 못한 영역들(예: 정신증)에서까지도 작동되고 있다. 중요한 것은 ACT가 치료 성과에 관한 신생 연구 면에서나 예측된 변화 과정 면에서 모두 '작동되고 있다는' 것이다.

이 책은 3부로 구성되어 있다. 제1부는 ACT를 망라하고 있는 치료 접근법과 핵심 중재 과정으로서 ACT에 기저하고 있는 이론을 기술한다. 여기서는 ACT 체제를 이용하여 사례를 개념화하는 방법을 보여 주며, 또한 기법을 이 개념화에 연결짓는 방법을 보여 줄 것이다. 그렇다고 이 책이 독립되어 따로 따로 떨어져져 있다는 것은 아니다. 이 모형 적용을 시도하기 (또는 어쩌면 충분히 이해하기) 전에 이 책 이외에 'ACT 책'을 읽을 계획을 짜야 한다. 제2부는 정신건강 및 물질 남용 실무자들이 직면하는 전형적인 행동 장애들에 적용되는 ACT를 제시하고 있다. 마지막 제3부는 그 외 다양한 전집, 문제, 장면 그리고 전달 방식에 적용되는 ACT를 점검하고 있다.

이 책만큼 인적 서비스 장면에서 직면하는 믿을 수 없을 정도의 행동 건강 쟁점을 망라할 수 있는 책은 없다. 치료 양식으로서 ACT의 최소한의 경험적 지지를 받고 있지만 이 책에 포함되지 못한 임상 문제들이 있다. 이러한 것들의 몇 가지 예를 들어 보자면, 섭식장애(예: Paul, Marx, & Orsillo, 2001), 성기능장애(예: Montesinos, 2003), 사별(Luciano & Cabello, 2001), 지체 내담자, 커플 및 가족 중재 작업(Biglan, 1989), 노령 전집 그리고 예방이 있다. 연구 및 임상 토대가 성장해 감에 따라 이들 임상 문제는 뒤이은 작업에서 다시 다루어질 수 있을 것이다.

이 책이 완성되는 동안에 인내해 준 가족과 학생들, 그리고 자신과 자신의 전문성을 엄청나게 부여해 준 이 책의 공헌 저자들에게 고마움을 표한다. 또한 이 책에 공통 목소리를 부여하기 위한 가혹한 편집에 대하여 인내해 준 저자들에게 감사드린다.

임상가 분들께 이 책이 실무에서 매일의 자료를 제공하는 '방법' 지침서로서 제공되기를 진심으로 바란다. 이 책에서 기술된 어떤 중재들은 이해하기 어렵거나 심지어 반직관적으로 보일 수도 있을 것이다. 각 장의 정보에 몰두하면서 언제든지 이러한 반응을 경험하게 되면, 실제로 작동되는 것에 관해서 오직 열린 마음으로 계속 시도하며, 내담자들이 말해 주고 있는 (언어로나 행동으로) 것을 경청하기를 부탁드린다.

STEVEN C. HAYES
KIRK D. STROSAHL

차 례

- 역자 서문 3
- 저자 서문 6

제1부 수용전념치료 접근

제1장 수용전념치료란 무엇인가 15

변화에 대한 수용전념치료 이론: 심리적 유연성의 획득 17

수용전념치료란 무엇인가 25

수용전념치료와 행동치료의 제3의 물결 26

철학과 기초적인 학문적 토대 31

정신병리에 대한 수용전념치료 이론: 심리적 경직성 38

수용전념치료란 무엇인가 43

제2장 수용전념치료 입문: 핵심 치료 과정, 중재 전략 및 치료자 능력 45

FEAR에서 수용전념치료로 옮겨 가기 46

수용전념치료의 여섯 가지 핵심 임상 과정 47

수용전념치료 치료자의 능력 69

수용전념치료 치료자로서 기술 향상시키기 75

결 론 77

제3장 수용전념치료 사례 공식화 79

문제의 범위와 본질 분석하기 81

동기부여 84

심리적 경직성에 기여하는 요인 87

심리적 유연성에 기여하는 요인 88

일련의 치료 목표 및 이와 연합된 중재 방안 선택하기 90

수용전념치료에 특수한 측정 도구 93

제2부 행동 문제와 수용전념치료

제4장 정서장애와 수용전념치료 97

공식화 99

임상적 중재 106

임상적 고려 사항 124

결 론 128

제5장 불안장애와 수용전념치료 129

공식화 132

임상적 접근 137

장애 특유의 임상적 고려 사항 154

전반적인 임상적 고려 사항 160

결 론 161

제6장 외상후 스트레스장애와 수용전념치료 163

공식화 165

임상적 중재 171

임상적 고려 사항 184

요 약 185

제7장 물질 남용 및 의존과 수용전념치료 187

사례 개념화 189

수용전념치료 중재 전략 191

종합적인 물질 관여 워크시트에는 무슨 문제가 있는가 198

특별한 임상적 고려 사항 217

결 론 223

제8장 심각한 정신질환과 수용전념치료 225

공식화 227

임상적 중재 230

임상적 고려 사항 247

결 론 251

제9장 성격장애와 수용전념치료 253
사례 개념화 256
임상적 중재 263
임상적 고려 사항 295
결 론 298

제3부 특정 전집, 상황 및 방법과 수용전념치료

제10장 아동, 청소년 및 부모에 대한 수용전념치료 301
평가와 사례 개념화 301
수용전념치료의 임상적 중재 303
임상적 고려 사항 322
요 약 327

제11장 스트레스와 수용전념치료 331
스트레스에 대한 수용전념치료 개념화: 내용을 넘어선 맥락 333
스트레스에 대한 수용전념치료 중재 프로그램 334
임상적 고려 사항 351
결 론 353

제12장 의료 장면의 수용전념치료 355
수용과 전념-건강관리 모형 357
수용전념치료 중재 363
1차 진료 제공자 훈련을 위한 권고 사항 375

제13장 만성 통증 환자와 수용전념치료 377
사례 공식화 379
임상적 중재 385
임상적 고려 사항 403
아동 만성 통증에 대한 수용전념치료 406
임상적 중재 406
결 론 411

제14장 집단 형식의 수용전념치료 413
집단 형식으로 적용된 수용전념치료에 관한 선행 연구 414
집단 형식으로 수용전념치료를 적용할 때의 이점 415
수용전념치료 집단을 시작하기 전 고려 사항 416
수용전념치료 집단 운영하기 421
임상적 중재: 핵심 수용전념치료 영역과 집단에서의 기술 적용 431
결 론 443

● 참고문헌 445
● 찾아보기 466

제1부

수용전념치료 접근

제1장 수용전념치료란 무엇인가

Steven C. Hayes, Kirk D. Strosahl, Kara Bunting,
Michael Twohig, and Kelly G. Wilson

인간은 자신의 세계를 조형하기 위해서, 즉 세상을 구성하고 세상에 의미를 부여하기 위해서 언어를 사용한다. 언어는 우리의 마천루를 건설하고 강철에 강도를 부여하고 수학적 계산의 정확함을 창출하며 아름다움을 예술적으로 묘사한다. 언어는 아주 많은 인간 성취의 원천이므로, 우리가 문제를 규명하고 해결책을 찾기 위해 가장 먼저 언어에 주의를 기울이는 것은 아주 자연스러운 일이다. 하지만 언어는 매우 도움이 될 수 있는 만큼 문제도 될 수 있다. 언어는 인간의 성취를 가능하게 할 뿐만 아니라 두려운 미래를 투사한다. 우리 자신을 비현실적인 생각에 비유하여 자신이 원하는 것을 찾게 하고, 혹은 인생 그 자체의 유한성으로 영혼을 고문하는 것도 가능케 한다. 언어는 풍요 속에서 고통을 겪는 놀라운 인간 경향성의 중심에 존재한다.

언어의 내재화된 경험은 소리나 상징 혹은 어떤 반응이 아니라 즉각적인 경험의 형태로 그 자체를 드러낸다. 언어의 이러한 특징은 언어가 어느 정도는 유용하지만, 언어와 사고가 위험할 수도 있다는 이유도 된다. 상상 속의 마천루는 표면적으로는 우리 마음의 눈 속에 '존재'하는데, 이것은 마치 헤어진 연인이 존재하지 않는 미래에 대한 냉혹한 환상과 같다. 인간 경험에 대한 상징 세계에 말려들자 이 세계가 곧 인간 경험이라는 착각이 생겨났다.

세상이 열린 후로 각종 종교에서 언어의 이러한 본래의 위험성을 경고해 왔다. 아담과 이브 이야기가 그 예다. 인간이 '지식 나무'에서 열매를 따먹자 우리는 '선과 악 사이의 차이점을 알게 된다.' 즉, 평가하기 시작하고, 나체와 옷 입은 상태를 구분할 수 있게 되고, 나체로 있는 것은 '나쁘다'고 평가할 수 있고, '수치심'을 경험할 수 있다. 우리는 인과적 분석을 할 수 있고, 생각 속에서 '옳고 그름'을 제대로 판단할 수 있다. 성경에서 아담은 이브가 사과를 먹도록 유혹했다고 자신의 원죄에 대하여 설명한다. 이브는 뱀이 그렇게 하도록 유혹했다고 설명한다. 문제의 원인을 명명하고 구분하고 평가하고 구성하는 것과 같은 이러한 기초적인 언어 능력은 인간 언어의 진화적 우수성의 핵심에 자리한다. 이러한 언어 능력이 없다면 인간의 진보는 불가능했을 것이다. 그렇지만 거기에는 어두운 면이 존재한다. 일단 당신이 사과를 먹으면 비언어적인 순수함으로 돌아갈 길은 없다.

수용전념치료(Acceptance and Commitment Therapy: ACT)(Hayes, Strosahl, & Wilson, 1999)는 언어가 특별하게는 많은 심리 장애, 일반적으로는 인간적 고통의 핵심에 자리 잡고 있다는 견해에 기초한다. ACT는 언어를 복종시키기 위해 고안된 중재 접근법이다. 언어는 필요할 때 사용할 수 있는 도구이지, 언어를 활용하는 인간을 몰락시키는 미지의 과정이 아니다. 이 접근법은 관계 틀 이론(Relational Frame Theory: RFT)(Hayes, Barnes-Holmes, & Roche, 2001)으로 불리는 인간 언어와 인지에 대한 기본적인 행동주의 연구의 연장 선상에 기초하고 있다. ACT와 RFT 둘 다 기능적 맥락주의(functional contextualism)라고 부르는 실용주의 철학 전통에서 유래하였다.

과학적 연관성으로 보자면, ACT와 RFT는 단순한 기술에 그치지 않는다. 이 둘은 가장 기초적인 것에서부터 가장 응용적인 것에 이르기까지 분석의 초점과 수준에서 다양한 원리와 이론에 근거해 통합적으로 접근하고 있다. ACT는 장애 특수적인 치료법이 아니라 오히려 특정한 문제, 환자 전집 혹은 장면에 초점을 둔 많은 프로토콜의 발달을 자극할 수 있는 일반적인 접근법이다. ACT는 행동과 언어적 관계를 조형한 유관성에 대한 과학적 지식을 더 효과적인 치료적 통일체에 통합한다.

이 책에서 우리는 다양한 전집을 대상으로 광범위한 인간의 심리 문제와 폭넓은 장면에 ACT가 어떻게 응용될 수 있는지 보여 줄 것이다. 이 책의 주된 목적은 현장 임상가들이 ACT 원리와 중재를 응용한 최근의 혁신에 관심을 갖도록 하는 데 있다. 다양한 분야의 선구자들은 임상가인 당신에게 이러한 혁신적인 치료법이 실제에서 어떻게 개념화되고 전달되는지 설명해 줄 것을 요구받고 있다. 우리의 희망은 이러한 정보를 접한 후에 정신건강 클리닉이건 물질 남용 치료 프로그램이건 가족 서비스 기관이건 학교에 기반을 둔 프로그램이건 만성 통증 프로그램이건 1차 치료 클리닉이건 병원이건 간에, 당신이 실무에서 직면한 다양한 임상 문제에 ACT를 전하는 법을 훨씬 더 잘 이해하여 떠나는 것이다. 당신이 이 새로운 적용을 환자에게 시도하고 효과성을 평가하고, 만일 당신이나 환자들이 좋은 결과를 보여 준다면 실무에 통합하기를 권한다.

이 책의 처음 세 장에서는 ACT 접근법을 기술하고 그것의 이해를 돕고자 한다. 우리는 ACT 기술(technology)을 구성하는 핵심 기술과 유능성을 기술하고, 어떻게 이 원리들이 사례들을 개념화하는 데 이용될 수 있는지 보여 준다. 뒤이은 11개 장에서는 어떻게 ACT 모형이 일부 주요한 특정 문제, 전집 및 장면에 응용될 수 있는지 보여 줄 것이다.

본문에서는 연구 문헌을 부분적으로 인용하고 있지만 임상적 조망에서 ACT 모형을 고려하는 것이 목적이기 때문에 학문적인 논쟁은 의도적으로 단순화시켰고, 인용은 최소한으로 제한했다. 이 책은 원본 ACT 교재(Hayes et al., 1999)의 대체본이 아니다. 특정한 인용은 그 책에서 따온 특정 은유나 연습을 포함하고 있지만 그 책을 재생산하지는 않을 것이다.

이 첫 장에서 우리는 'ACT란 무엇인가'라는 단순한 질문에 대답을 할 것이다. 우리는 그 접근법에 대한 구체적인 견해를 제공하기 위해서 핵심 ACT 과정을 기술하고, 그것에 대한 간단한 정의를 제공하여 일종의 반대 순서로 이 이야기를 해 나가려고 한다. ACT의 가치는 기저하는 이론과 철학에 상당히 의지하고 있으므로 우리는 뒤로 돌아가서 어떻게 ACT가 행동 및 인지치료 내에서 보다 폭넓은 변화의 일부인지, 어떻게 그 이론과 철학이 ACT 모형을 낳게 하였는지를 보여 줄 것이다. 이는 ACT의 더 많은 기술적 정의를 제공할 것이다.

변화에 대한 수용전념치료 이론: 심리적 유연성의 획득

비록 많은 심리 문제가 생각과 언어에서 시작되더라도 우리가 언어 없이 살아가는 일은 가능하지도 건강하지도 않다. 언어는 하인 또는 주인으로 기능할 수 있다. 대부분의 치료 형태가 문제가 되는 생각의 내용을 변화시키고자 하는 것과는 달리 ACT는 내담자가 생각과 언어를 적절한 맥락적 통제 아래에 두는 방법을 추구하는 데, 도움이 된다면 논리적이고 선형적인 언어를 사용하고, 더 많은 효과가 있다면 안내보다는 직접적인 경험을 더 많이 하게 한다. 목적은 '심리적 유연성(flexibility)'이다. 심리적 유연성이란 의식적인 인간 존재로서 현재 순간에 더욱더 충분히 접촉하고, 그렇게 하는 것이 가치 있는 목적에 도움이 되는 경우 변화하거나 지속하는 능력이다(Wilson & Murrell, in press). 행동주의 관점에서 볼 때 쓸모없는 목적과 곤경을 회피할 수만 있다면, 인생 그 자체는 세월을 따라 더욱더 효과적인 행동을 새로 형성하여야 한다. (나중에 개관할) ACT 이론은 이러한 곤경을 창출하는 것은 바로 그릇된 목적을 대상으로 한 과도한 언어적 규제라고 제안한다. ACT의 모든 중재의 목적은 반응에 대해 더 큰 유연성을 갖는 것과 행동의 실효성(workability)에 대해 더 큰 민감성을 갖는 것이다. ACT의 모든 구성 요소는 동일한 궁극적인 표적을 지니고 있기 때문에 다양한 순서로 소개될 수 있다. ACT는 일반적인 임상 접근법이지 특수한 기술이 아니다. 명시된 심리적 유연성과 경직성 쟁점은 거의 모든 인간의 문제이기 때문이다.

ACT는 내담자 행동에서 중요하고 빠른 변화가 가능함을 가정한다. 실용적이라는 가정에 더하여 빠른 변화는 ACT가 언어를 표적으로 하는 통로이기 때문에 가능한 것으로 가정된다. 일반적으로 ACT는 관계망의 형태가 아니라 기능을 변경시키고자 하므로, 결과적으로 발전에 앞서 살아오면서 조건 형성된 반응을 제거할 필요가 없다. 은유적으로 말해서, 우리가 만성적으로 지기만 해 온 게임을 어떻게 이길 수 있는지 그 방법을 배우려고 시도하기보다는 오히려 훨씬 더 쉽게 이기는 게임으로 그 게임을 변화시키는 것이 ACT이다.

ACT는 비교적 비선형적인 형태의 언어를 사용하는 경향이 있다. ACT 치료자들은 역설, 은유, 이야기, 연습, 행동 과제 및 경험 과정에 큰 비중을 둔다. 직접적인 지시와 논리적 분석을 행하기는 하지만 상대적으로 그 역할이 제한되어 있다. ACT 관련 개념들은 의도적으로 유연한 방식으로 취급된다. 요점은 새로운 신념 체계를 만드는 것이 아니라 오히려 언어 그 자체에 대해 보다 효과적인 접근법을 형성하는 것이다.

치료 관계는 이러한 새로운 행동을 확립하는 주요 수단이다. 관계 그 자체는 수용하는 것과 가치에 초점이 맞추어져 있다. 치료자는 가르칠 것을 실천하고 모형을 만들고 강화하고자 한다. 치료는 수용, 탈융합, 현재 순간에 초점두기 및 기타 ACT 관련 행동을 지원하는 유관성을 위해 융합과 회피를 지원하는 정상적인 유관성이 제거된 사회적/언어적 공동체다. ACT 치료 관계에서 가치 있는 목적과 연관된 지속과 변화는 관계 그 자체의 중심에 놓여 있다.

수용전념치료의 여섯 가지 핵심 과정

[그림 1-1]에서 보듯이 심리적 유연성은 ACT에서 수용, 탈융합, 맥락으로서의 자기, 현재 순간에 접촉하기, 가치 및 전념 행동이라는 여섯 가지 핵심 과정에 초점을 둠으로써 형성된다. 이러한 과정 각각은 선택한 가치와 연관된 변화 혹은 지속성을 확립시킨다. 다음 장에서 우리는 이러한 과정을 증진시켜 줄 특정한 연습과 임상 단계를 검토할 것이다. 이 장에서는 모형 그 자체에 초점을 두기로 한다.

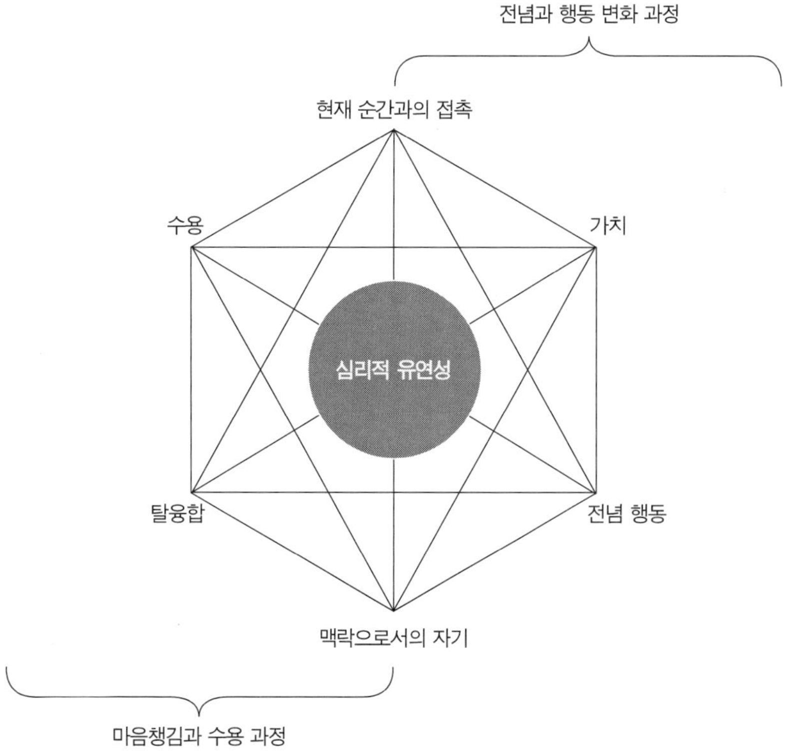

그림 1-1 ACT에 기저하는 변화 모형에 따른 심리적 유연성 측면

수 용

어원학적으로 수용은 '제공된 것을 취하는 것'을 의미한다. 수용은 수동적이고 숙명적인 인내 혹은 포기와 혼동되어서는 안 된다. 수용은 비판단적인 알아차림의 태도를 취하는 것이며, 일어나는 그대로의 생각, 감정 및 신체 감각의 경험을 적극적으로 껴안는 것이다.

ACT는 사적 사건을 부적절하게 통제할 때 통제의 대가를 접함으로써 일차적으로 수용을 촉진한다. 많은 ACT 중재의 주요 주제는 '통제는 문제이지 해결책이 아니다.'는 것이다. 내담자들은 생각과 감정의 영역에서 통제의 역설적인 효과에 즉각적이고 경험적인 방식으로 노출되며, 인생의 이러한 영역에서 통제의 쓸모없는 결과 대 인생의 다른 영역에서 이와 동일한 레퍼토리의 엄청난 유용성 간에 명백한 대조가 생겨난다. 이러한 어려운 문제를 해결할 수 없다는 고통은 다음과 같은 수용 메시지와 연관된다. 그 메시지에 따르면 이것은 내담자의 잘못이 아니다. 다시 말해서 그것은 우리 모두가 하는 준비된 게임이며, 우리는 거기에서 떠날 수 있다. 이러한 쟁점들은 의도적으로 비문자적인 방식으로 검토된다. 더 경험적이고 환기하는 중재를 위해 언어적 설득과 지적인 통찰은 회피된다.

수용 그 자체가 초점이 되기 때문에 내담자들은 수많은 작은 단계, 은유와 연습을 통해서 수용과 인내 간의 차이를 배우며, 다양한 고통스러운 사적 사건의 맥락에서, 흔히 대략적으로 단계가 있는 방식으로 수용 기술을 연습한다. 경험적 치료, 마음챙김 전통, 게슈탈트 치료 및 기타 영역에서 비롯된 기술들을 사용하여 수용 기술을 획득한다. 내담자는 아무런 해 없이 강한 감정을 느끼고 강한 신체 감각을 알아차리는 것이 가능함을 단계적인 연습을 통해 배운다. 그들이 불러일으키는 사적 사건들 때문에 정상적으로 추구되지 못하는 구체적인 행동 표적은 그러한 사건들을 수용하는 맥락에서 추구된다.

인지적 탈융합

ACT의 목적은 고통스러운 사적 사건들의 영향과 중요성을 감소시키기 위해 생각이 일어나는 맥락을 변경시키는 것이다. 인지적 탈융합은 관계적 학습을 통해 발생하는 유해한 기능을 지지하는 맥락을 변화시킴으로써 기능하므로 관계 맺는 과정은 그러한 과정의 결과에 우선한다. 인지적 탈융합 중재에는 경험적 수단, 본래적인 역설, 마음챙김 기법 및 유사한 절차를 통해서 문자적 의미를 무너뜨리는 연습이 포함된다. 탈융합 기술이 확립되었을 때 문자 언어 그 자체는 더 나은 맥락적 통제하에 놓이게 된다. 우리는 임상적으로 내담자들이 생각을 생각으로, 감정을 감정으로, 기억을 기억으로 그리고 신체 감각을 신체 감각으로 보도록 가르치고자 한다. 이러한 사적 사건 중 어느 것도 있는 그대로 경험되는 경우 인간 복지에 본래 해로운 것은 아니다. 그것들의 해로움은 그것들이 해롭고 건강하지 않은 나쁜 경험이기 때문에 통제되고 제거되어야 마땅하다는 견해에서 생긴다.

또한 내담자의 개념화된 자기와 결합된 융합을 약화시키기 위해 이러한 기법을 사용한다. 곤란한 생각과 감정은 종종 자기감을 위협하는 것으로 나타나기도 한다. 예를 들어, 우울한 생각은 자신을 정상인으로 여기는 사람의 생각을 위협할 수도 있다. 그렇지만 이 예에서 위협당하는 '자기'는 개념화된 자기, 즉 일반적으로 기술적이면서(나는 남자다.) 동시에 평가적인(나는 우울증을 앓는 병든 사람이다.) 자기 참조 관계들의 집합체다. 개념화된 자기의 평가 요소는 심리적 유연성을 특히 위협한다. ACT에서 자기에 대한 생각들로 구성된 망은 지금까지 살아온 세부 사항(나는 어렸을 때 성학대를 받았다.), 인과 관계(그 사건은 내가 결코 남자를 신뢰하지 못하게 만들었다.) 그리고 현재 행동에 대한 설명(나는 남자들을 믿지 못하기 때문에 관계를 추구하는 데 관심이 없다.)을 포함하는 '이야기'의 수준에까지 이른다. 어떤 사건 세트에도 그것을 구성하는 무한한 수의 관계망이 존재한다. 글자 그대로 동일한 역사적 사실 세트에 기초하여 구성될 수 있었던 수천 가지의 잠재적인 이야기가 존재한다. 자신의 전체적인 학습 내력을 통합하는 '정확한' 자기 기술을 철저하게 하고자 하는 것은 어느 점들도 번호를 매길 수 없는 Kandinsky의 '점을 연결하기 그림'과 비교할 만하다. ACT 탈융합 중재는 언어의 숨겨진 속성을 드러내려고 할 뿐만 아니라 사람들이 내적 사건들을 이해하고 사건 간의 응집성을 구축하고자 하는 다소 임의적인 방식이다.

맥락으로서의 자기: 초월적인 자기감

ACT는 개념화된 자기에 대한 과도한 융합을 심리적 유연성에 대한 위협으로 간주하기 때문에 우리는 자기 경험의 대안적인 유형과의 접촉을 높이려고 의식적으로 노력한다. 그중 하나가 생각, 감정, 기억 및 감각 같은 사적 사건이 일어나는 맥락으로서의 자기감이다. ACT에 기저하는 이론인 RFT에 따르면 나-당신, 여기-저기, 지금-다음과 같은 지시적인 관계 틀은 사건을 언어적 공동체에게 신뢰롭게 보고할 수 있는 '지금-여기' 관점을 산출한다(Hayes, 1984; Hayes et al., 2001). 그렇지만 다른 모든 사건과 달리 '지금-여기'는 ~와 같은 것이 아니다. '지금-여기'는 항상 사건을 직접적으로 경험하는 관점이므로("내가 어딜 가더라도 나는 그곳에 존재한다.") 이 과정을 경험하는 개인은 의식적으로 그것의 한계와 접촉할 수 없다. 왜냐하면 '지금-여기' 관점으로 사건을 접하는 것은 의식이기 때문이다. ACT 관점에서는 초월적인 자기감이 언어적인 인간 존재 내에서 형성되고, 탈융합과 마음챙김 과정을 통해 접근될 수 있다고 본다. 이러한 자기감의 커다란 이점은 맥락 내 의식의 내용이 위협적이지 않다는 것이다. 다시 말해서 맥락으로서의 자기는 수용을 지지한다. 수많은 핵심 ACT 중재의 목적은 내담자가 직접적으로 맥락으로서의 자기의 질적인 측면을 경험하게 해 주는 것이다. 여기에는 마음챙김/명상, 경험적 연습과 은유가 포함된다.

현재에 존재하기

ACT는 현재 순간에 효과적이고 개방적이고 방어하지 않은 채 접촉하는 것을 증진시킨다. 이러한 과정에는 두 가지 특징이 있다. 첫째, 내담자는 환경과 사적 경험에 존재하는 것을 관찰하고 알아차리는 훈련을 받는다. 둘째, 내담자는 과도한 판단이나 평가를 하지 않은 채 존재하는 것을 명명하고 기술하도록 배운다. 이것들은 다 함께 사건과 경험들이 '진행 중인 알아차림의 과정으로서의 자기감'을 형성하게 한다(예: 지금 나는 이것을 느끼고 있다, 지금 나는 그것을 생각하고 있다).

현재에 존재하는 것을 방해하는 두 가지 주된 근원인 융합과 정서적 회피를 제거하면서 내담자가 현재를 향하도록 하기 위해 광범위한 기법을 사용한다. ACT에서는 내담자가 생각의 산물에 의해 구성되는 것으로서의 세계보다는 내담자가 직접적으로 경험하는 것으로서의 세계를 향하도록 하기 위해 마음챙김 수련을 사용한다. 마음챙김과의 연관이 단지 기법적인 것만은 아니다. 마음챙김은 지금-여기에서 비판단적으로 사건을 접하는 것으로 정의된다(Kabat-Zinn, 1994, p. 4). 이런 의미에서 마음챙김(광범위하게 정의하면 수용 그 자체와 같음)은 수용, 탈융합, 맥락으로서의 자기 및 현재 순간과의 접촉의 조합으로 생각해 볼 수 있다. ACT에는 이 네 가지 과정 모두가 포함되어 있으므로, ACT는 마음챙김 기법을 사용하는 것에 더하여 과정 수준에서 마음챙김에 기반한 치료로 볼 수 있다. 동시에 ACT는 종교적 혹은 영적 교의나 전통에 기반을 두지 않으며, 종교적 혹은 영적 수련의 장비는 ACT 작업의 일부가 아니다. 그렇지만 많은 ACT 치료자는 부분적으로는 ACT가 행해지는 '공간'에 대한 경험적인 이해를 얻는 방법으로 마음챙김과 명상 수련을 자신의 삶에 도입하고 있다.

또한 현재 순간과의 접촉은 많은 행동치료의 중심을 이루는 행동적 · 인지적 노출을 포함할 수 있다. 그렇지만 ACT에서 이러한 연습을 하는 목적은 다르다. 경험하는 것이 불안과 같은 감정을 줄일 목적으로 행해진다면, 불안이 바람직하지 않은 것으로 평가되는 인지적으로 융합된 과정에 빠져 버리게 된다. 대신에 ACT는 크나큰 활력과 심리적 유연성을 목적으로 기꺼이 현재 순간에 접촉하는 것에 대한 가치를 강조한다.

가 치

ACT는 가치를 목적이 있는 행위의 선택된 자질로 정의하며, 이러한 가치는 하나의 대상으로 처리되기보다는 오히려 구체적인 예를 통해서만 나타날 수 있다. ACT는 내담자에게 선택과 추론된 판단 사이를 구분하고, 가치를 선택의 문제로 선택하도록 가르친다. 내담자는 직업, 가족, 친한 관계, 우정, 개인적 성장, 건강 및 영성과 같은 다양한 인생 영역에서 자신의 삶을 지탱해 주기를 바라는 것을 고려하라는 도전을 받는다. 두려워하는 심리적 장애물에 내담자를 직면시키려면 그렇게 할 목적이 필요하다. 수용하고 탈융합하고 현재와 접촉하는 것을 단지 아는 것도 중요하지만, ACT는 행동치료이므로 우리는 내담자가 '행동을 취하고' 보다 더 활력 있고 목적 있는 인생을 구축하도록 도와준다. 가치는 일련의 효과적인 삶의 형태를 구축하도록 해 나가는 나침반으로서 기능한다.

내담자가 근본적인 가치를 명료화하도록 돕기 위해서 다양한 연습을 사용한다. 예를 들어, ACT 치료자는 내담자에게 자신의 묘비에 가장 새기고 싶은 것을 써 보게 할 수도 있다. 기사를 쓰는 것과 브레인스토밍을 사용한다. 한 방향으로 이동하는 것과 또 다른 방향으로 이동할 때 어떻게 느끼는지를 직접 접해 보도록 하는 것을 검토한다.

그런 다음 개인의 가치에 의해 결정된 방향으로부터 가치 있는 행로와 병행하는 구체적인 목적과 특정한 행동을 정의한다. 또한 가치 있는 행로에서 직면할 수 있는 장애물을 정의한다. 보통 이러한 장애물은 수용, 탈융합 및 현재에 존재하는 것이 내담자가 앞으로 나아가는 것을 도와줄 수 있는 심리적인 것들이다.

전념 행동

일단 회피와 융합의 심리적 장애물을 더 많이 인식하게 되고 여행의 전반적인 방향이 정해지면, 특정한 (종종 공개적인) 전념을 하는 것이 유용하다. ACT에서 전념은 자신의 가치 있는 행로에 맞춰 특정 영역의 목적을 정의하는 것이며, 그다음에는 심리적 장애물을 예측하고 여지를 만들어 주면서 이러한 목적을 수행하는 것이다. 살펴본 영역의 크기와 폭을 단계적으로 늘려감으로써 점점 더 큰 전념 행동 패턴을 구성한다. 결과로 일어나는 행동 패턴에 내담자가 책임을 지도록 격려한다. 예를 들어, 만일 전념이 유지되다가 나중에 포기된다면 구축하게 될 더 큰 패턴은 전념을 유지하고 나서 포기하는 것이다. 이것을 알게 되는 순간 내담자는 가치 있는 행로로 되돌아가는 선택(이러한 더 큰 패턴을 강화시킴)을 하거나 자기를 불평과 무기력에 빠뜨리는 선택(이러한 더 큰 패턴을 강화시킴)을 하게 된다. 목적은 내담자에게 효과가 있는 행동 패턴을 구성하는 것이지 그것에 대항하는 것이 아니다. 탈융합, 수용, 가치 및 전념 행동 과정은 필요 시 적응하고 유지하면서 행동 변화에 대한 책임을 수용하게 해 준다. 따라서 ACT는 전략들의 균형을 맞추는 데 쉽사리 변화 가능한 영역은 변화에 초점을 두고(예: 외현 행동), 변화가 가능하지 않거나 도움이 되지 않는 영역에서는 수용/마음챙김에 초점을 둔다.

행동 영역에서 ACT의 중재 전술은 개별 내담자와 개별 문제점에 따라 매우 다양하며, 심리 교육, 문제 해결, 행동 과제, 기술 구축, 노출, 행동치료의 첫 번째와 두 번째 흐름에서 개발된 다른 중재를 포함한다. 현재 순간에 접촉하기, 맥락으로서의 자기, 가치 및 전념 행동 패턴 구축이라는 핵심 ACT 과정은 종종 행동 변화 전략을 위해 첫 번째로 활용되며, 이 영역들에서 ACT 프로토콜은 전반적인 접근법의 일부로서 기존의 행동 변화 기술을 사용할 것이다.

심리적 유연성

[그림 1-1]은 여섯 가지 핵심 과정을 넘어 ACT의 심리적 유연성 모형의 상이한 측면을 반영하기 위해 조직되었다. 각 과정은 [그림 1-1]의 모든 점을 연결하는 선들이 표현하는 것처럼 다른 과정들과 관련되어 있고 상호작용한다(총 15개 관계). 이러한 관계 중 일부는 공유된 기능적 속성을 포함하는데, 세 개의 수직선이 그러하다. 수용과 탈융합은 둘 다 파괴적인 언어 과정을 약화시킨다. 맥락으로서의 자기와 현

재 순간에 접촉하는 것 둘 다는 지금–여기와의 효과적인 접촉을 증진시킨다. 가치와 전념 행동 둘 다는 언어의 긍정적인 측면을 행동 변화의 패턴 속에 구축한다. 한쪽의 수용과 탈융합, 다른 쪽의 가치와 전념 행동 간의 관계(중앙의 수평의 'X'선)들은 수용과 변화를 위해 언어 기능을 분해하고 구성하는 것을 포함한 변증법적 관계다. 이러한 여섯 개 과정 간의 다른 열 가지 관계는 상호 촉진적이다. 예를 들어, 탈융합은 내담자가 현재 순간에 접촉하는 것을 도와준다. 현재 순간에 접촉하는 것은 탈융합을 지지하며, 그것을 요구하는 재료에 접근하도록 해 준다. 여기에서 이것들을 다 이야기할 시간은 없지만, ACT 모형의 범위를 이해하는 수단으로 이러한 각각의 관계들을 곰곰히 따져 생각해 보는 것은 가치 있는 일이다.

도표 중앙에는 우리가 추구하는 심리적 공간인 심리적 유연성이 있다. 본질적으로 심리적 유연성은 이러한 질문에 대한 해답이며, 여기에는 여섯 가지 ACT 과정 모두가 포함된다.

- 의식적인 인간 존재로서의 당신과 갈등하고 있는 심리적 내용 사이를 구분한다면(맥락으로서의 자기)……
- 그것이 어떠한 것이라고 말하는 대로가 아닌 있는 그대로(탈융합)를……
- 충분히 만족하고 방어하지 않은 채 기꺼이 경험하는가(수용) 그리고……
- 이 순간 그리고 이 상황에서(현재 순간과의 접촉)
- 당신이 선택한 가치들이(가치)……
- 당신에게 방향을 제시해 주는 대로 수행하라(전념 행동)……

본질적으로 인생은 이러한 질문을 계속해서 반복적으로 우리 모두에게 묻는다. 만일 이 질문에 대한 대답이 주어진 순간에 '예.'라면 심리적 유연성은 증가하고, '아니요.'라면 감소한다.

수용전념치료란 무엇인가

우리는 이제 이 장의 주제인 'ACT란 무엇인가?'에 대답할 준비가 되었다. 우리는 이미 ACT의 여섯 가지 핵심 과정이 커다란 두 집단으로 나뉠 수 있다는 것에 익숙하다. 수용과 마음챙김 과정은 [그림 1-1]의 왼쪽에 있는 네 과정을 포함하는 반면 전념과 행동 변화 과정은 오른쪽에 있는 네 가지를 포함하고 있다. 두 가지를 혼합하는 것은 다음과 같이 ACT의 실용적인 정의를 제공한다. 간단히 말해서 **ACT는 더 큰 심리적 유연성을 제공하기 위해 수용과 마음챙김 과정, 전념과 행동 변화 과정을 사용하는 치료 접근법이다.** 'ACT'라는 이름 그 자체는 이 접근법의 핵심인 다양한 과정을 두 개의 묶음으로 상기시킨다.

ACT는 치료 전략의 특수한 프로토콜도, 한정적인 모음도 아니다. 하나의 특정 문제 영역에서조차 다양한 ACT 프로토콜이 생성될 수 있다. ACT에 부합하는 중재 패키지는 수용, 탈융합, 초월적 자기감의 형성, 현재에 마음챙겨 존재하기, 선택한 가치 및 그 가치와 연관된 전념 행동의 패턴을 점점 더 크게 구축하기의 전반적인 영역 내의 광범위한 기법들을 포함한다. 이것들 중 어느 것은 일정한 내담자의 주어진 문제가 개인이건 혹은 환자군이건 혹은 둘 다이건 간에 이들을 대상으로 수행한 ACT 사례 개념화에 기반을 두고 있음을 설명하는 데 사용된다. ACT는 전통적인 행동치료, 인지행동치료(CBT), 경험적 치료 및 게슈탈트치료는 물론 정신건강 패러다임의 밖에 존재하는 전통(즉, 마음챙김, 선불교, 인간 잠재성 운동)에서 기법들을 가져왔다. ACT에 이것들을 통합하는 것은 그것에 생명을 부여하는 철학적이고 과학적인 뼈대다. 이제 그 주제와 ACT 모형을 성장시킨 역사로 돌아가기로 한다.

수용전념치료와 행동치료의 제3의 물결

ACT는 행동치료 전통의 일부이며, ACT를 이해하려면 폭넓게 말해서 그 전통을 돌아보고 살펴보는 것이 도움이 될 것이다. 행동치료는 경험과 연구 지향을 덜 하는 치료 전통에 대한 대안적인 접근법으로 시작되었다. 전통적인 행동치료는 잘 확립된 기초적인 학습 원리에 기반을 둔 명확하게 정의된 경험적 치료의 발달에 전념하였다. 애매한 임상 개념 대신 행동치료자는 외현적인 문제 행동에 초점을 두었고, 문제 행동을 제거하고 그 심도를 감소시키려는 시도로 직접적인 유관성을 조작하였다(조작적, 조건적 둘 다). 다시 말해서 행동치료는 '일차적 변화'를 증진시키는 철학에 뿌리를 두었다. 만일 어떤 사람이 사회적 상황을 회피한다면, 사회적 상황에 있는 시간을 늘리거나 사회적 상황에 대한 불안을 줄이는 것이 표적이 되며, 그것에 직접적으로 접근하였다. 만일 행동적인 결함이 분명하다면, 단도직입적인 시도가 기술 결함의 본질을 탐지하고, 직접적인 훈련을 통해 그것을 조정하였다. 정신분석 이론가들은 그러한 직접적인 행동주의적 중재가 환자 문제의 뿌리에 도달하지 못할 것을 두려워했지만 '증상 대치'는 그들이 상상했던 것보다 훨씬 더 작은 쟁점임이 밝혀졌다. 그 당시에 가용한 기법들과 비교했을 때 일차적 변화를 창출하기 위한 행동주의 원리의 사용은 매우 잘 작용하였으며, 행동치료의 제1흐름은 잘 수용되어 경험을 지향하는 임상 접근법으로서 그 자체를 확립하였다.

하지만 무엇인가 빠진 것이 있었다. 행동분석이론(조작적)과 신행동주의이론(S-R) 둘 다는 생각의 문제를 다루는 데 어려움이 있었고, 인간 행동에 대한 사적 경험의 부정적 영향을 조정할 중재가 결여되었다. 약 30년 전 인지 방법들이 이러한 단점을 언급하는 장면에서 터져 나왔다. 일부 초기 행동치료자들의 주장에 의하면 인지는 처음부터 다루어져 왔으나 임상가들이 많은 심리 프로그램의 분석과 치료에서 생각이 더 중심 역할을 해야만 한다고 여겼기 때문에 반대가 무시되었다는 것이다.

이러한 진화를 유발한 인지이론은 그다지 현학적이지 않다. 치료 혁신은 보통 인간의 생각에 대한 상식적인 접근에 기초하고 있었다. 특정 문제를 지닌 내담자들은 특정한 도움이 되지 않는 것들을 생각한다. 이것들은 말로 설명되고 직접적으로 표적이 되며, 이전 세대에서도 외현적인 행동 문제들이 동일한 방식으로 표적이 되는 일이 많이 있었다. 예를 들어, 내담자는 비합리적인 인지를 탐지하여 그것을 논박하고, 인지적 오류에 주목하여 논리적으로 그것을 교정하며, 핵심 신념을 끌어내어 그것의 타당성을 평가하기 위해 행동적 실험을 구성하는 것을 배웠던 것이다. 정보처리 연구 모형은 때때로 치료 합리성과 연관되지만, 보통 이것은 정말로 연관성을 요구했던 기법들의 극히 일부분이자 부가 조항이었다.

기저의 모형이 기본보다는 상식에 더 가까웠기 때문에 행동치료의 이 '두 번째 흐름'은 중재란 기본적인 과학 원리에서 드러난다는 원래의 생각에 손상을 입혔다. 무선 할당된 통제 시행의 결과에 거의 강박적인 초점을 두는 일이 그곳에서 매뉴얼화된 치료가 무선 할당된 임상 연구에서 효과가 있다면, 왜 그 치료가 효과가 있는지를 결정하는 일에만 제한된 관심을 두었고, 이러한 구성 요소를 기본적인 과학 원리와 연관시키는 데는 관심을 훨씬 덜 기울였다. 더욱이 인지 과정을 더 많이 강조하는 동안 전통적인 행동치료의 '일차 변화' 강조는 바뀌지 않았다. 만일 개인이 사회적 상황을 회피한다면, 사회적 상황에 참여하는 시간을 늘리거나 사회적 상황에 대한 불안을 줄이는 원래의 표적은 그러한 상황에서 일어날 수 있는 일에 대한 비합리적인 생각을 변화시키는 것을 포함하는 것으로 확장되었을 뿐이다. 인지적 방법들은 'CBT'라는 규정하에서 이용 가능한 중재 목록에 추가될 뿐이다.

행동치료의 두 번째 흐름은 이제 서른 살이 되었다. 경험적으로 지지된 치료 목록에서 CBT 절차를 활용한 수가 예시하듯이 그것은 전례 없는 성공을 거두었다(Chambless et al., 1996). 그렇지만 경험에 기초한 임상 중재의 발달에 필요한 지속적인 경험적 · 이론적 쟁점이 존재한다.

먼저 인지행동적 중재를 설명하는 이론 모형이 과학적 검증에서 제대로 드러나지 않았다. 이러한 문제는 다양한 증거를 통해 나타나고 있다. CBT의 임상적 개선은 종종 성공에서 핵심이라고 생각되는 절차가 이행되기 전에 잘 일어난다(Ilardi & Craighead, 1999). 인지 변화 측정치들은 종종 CBT의 영향을 설명하지 못하는데(예: Burns & Spangler, 2001), 특히 치료 성과를 예측하는 연구에서 그렇다(예: Bieling & Kuyken, 2003). CBT의 성분 분석(예: Jacobson, Dobson, Truax, Addis, Koerner, Gollan, Gortner, & Prince, 1996; Zettle & Hayes, 1987)은 매우 존경받는 인지행동 연구자들에 의해 "인지치료에서 인지적 중재를 제공하여 얻는 어떤 부가적인 이득도 없을"(Dobson & Khatri, 2000, p. 913) 수 있다는 혼란스러운 결론을 이끌어 냈다. 잘 확립된 CBT 중재의 전반적인 임상적 효과성에서의 향상은 특히 잘 연구되어 온 임상 문제들을 대상으로 할 때 얻기가 힘들었다.

이와 같은 문제점은 변화의 발판이 되었지만 실제로 변화하기 위해서는 그 이상이 필요하다. 과거 10여 년 이상 새로운 치료 모형들은 문제가 되는 인지, 정서, 기억 혹은 감각의 내용, 형태 혹은 빈도보다는 오히려 기능을 더 강조하고 있다. 이러한 '이차' 변화 방법들은 현재 순간에 접촉하기, 명상/마음챙김과 같은 중재들을 형성하는 맥락과 레퍼토리에 초점을 둠으로써 이러한 인간 경험의 기능을 변경시키고자 한다. ACT(Zettle & Hayes, 1987), 마음챙김에 기초한 인지치료(MBCT: Segal, Williams, Teasdale, 2001) 및 변증법적 행동치료(DBT: Linehan, 1993; DBT와 ACT에 대한 최근 결과를 보려면 Hayes, Masuda, Bissett, Luoma, Guerrero, in press 참조)와 같은 치료의 긍정적인 경험적 효과는 이러한 변화를 지지해 왔고, 이러한 치료에 대한 흥미를 폭발시켰다(이러한 새로운 치료에 대한 책 한 권 분량의 개관을 보려면 Hayes, Follette, & Linehan, in press 참조). 행동치료의 제3의 흐름이 시작되었다.

수용전념치료의 지적인 역사

ACT(Hayes et al., 1999)와 RFT(Hayes et al., 2001)는 행동치료의 제3의 흐름을 자극하는 데 중심 역할을 해 왔다. ACT/RFT의 가시성은 우리가 활용한 발달 전략 때문에 이제서야 중요시되고 있지만, 우리의 발달 전략이 이제야 열매를 맺게 되었다고 생각한다. 짤막하게 개관해 볼 가치가 있다. 그렇게 함으로써 독자들은 왜 ACT에는 기법들을 단순하게 기술하는 것보다 훨씬 더 많은 것이 존재하는지, 그리고 비록 ACT가 경험적인 행동치료라고 주장하고 이미 20년이나 되었는데도(강한 비판을 가져온 사실임, 예: Corrigan, 2001) 왜 이제야 유명해지고 잘 연구되지 않았는지를 이해할 수 있다.

개략적인 형태로 ACT와 RFT는 1980년대 초에 개발되었다. ACT/RFT 모형을 세상 밖으로 내놓은 첫 번째 출판물은 영성에 대한 일원론자 접근이 이론적으로 중요하고 실제로도 유용하다고 주장한 한 논문으로, 1984년에 출판되었다(Hayes, 1984). ACT의 첫 번째 통제 연구(Zettle & Hayes, 1986)와 임상 중재 패키지를 맨 처음 기술한 것(Hayes, 1987)은 몇 년 후에 출판되었다. 그런 다음 ACT 성과 연구는 의도적으로 중지되었다. 왜 그랬을까?

첫 번째 이유는 철학적이었다. 행동치료의 첫 번째 흐름과 두 번째 흐름은 모두 일차적인 변화 방법에 전념했지만, ACT는 맥락적 치료이고 이차적인 변화 방법에 초점을 둔다. ACT는 임상적으로 문제가 되는 행동들의 형태(예: 이 생각은 논리적인가? 그것은 얼마나 자주 일어나는가?)가 아니라 기능(예: 이런 생각, 정서, 충동 및 행동은 무슨 용도로 쓰이는가? 어떤 조건하에서 저런 식으로 기능하는가?)에 관심이 있다. 이것은 행동치료의 첫 번째와 두 번째 흐름에 상당히 기저하는 내재적 철학에서의 중대한 철학적 이탈이다. 이 새로운 치료 형태에 대한 관심이 실제로 인기를 얻게 되자 우리의 철학을 구비할 필요가 있었고, 현장으로 진출할 잠재성은 일관성 있는 접근법을 구성하지 못한 채 동양 사상 혹은 보다 경험적인 기법의 무분별한 도입으로 산산조각날 것만 같았다. 따라서 ACT의 특징을 이루는 급진적으로 기능적인 변화 방법들을 지지하는 철학적 가정들을 명확하게 하는 데 수년이 소요되었다(예: Biglan & Hayes, 1996; Hayes, Hayes, & Reese, 1988; Hayes, 1993). 우리는 이 철학에 대해 짤막하게 소개하겠다.

두 번째 이유는 비슷하지만 보다 더 이론적이다. CBT는 기초 과학과의 연관성이 약했는데, CBT 패키지에 훌륭한 틀을 제공한 인간 언어와 인지에 대한 어떤 원리도 가용하지 않았기 때문이었다. 정보처리 설명은 임상가가 치료 성과를 향상시키기 위해 직접 조작할 수도 있는 맥락 변인들을 구체화하는 데 크게 실패하였다. 그 밖에 어떤 것도 가용하지 않았기 때문에 정보처리 설명을 사용하긴 하였으나, 임상가가 하는 일은 항상 내담자 행동 맥락의 일부분이기 때문에 맥락 변인에 대한 명확성의 결여는 임상적 수행과의 연관성이 약함을 의미했다. 기초적인 행동 원리들은 직접적인 유관 통제에 대해서는 매우 성공적이었지만 그 자체로는 인간 인지를 이해하는 데 적절하지 않았다.

임상적 유용성을 지니는 인간 인지의 토대가 되는 기초과학을 제공하려는 필요성을 느낀 우리는 언어와 인지의 맥락 이론을 구축하게 되었다. 우리는 단지 ACT만이 아니라 모든 맥락적 접근법에 유용할 만한 구체적이고 실험적인 접근법을 원했다. RFT(Hayes et al., 2001)가 그 결과였다.

전 세계적으로 다양한 장면에서 확장된 연구 프로그램을 수행하는 RFT 연구는 많다. 우리의 견해로 볼 때, 그 결과는 유관성 조형 학습과 고전적 조건 형성 원리에 관한 이용 가능한 과학을 주장하고, 응용 분석과 기술 발달의 새로운 흐름에 토대를 제공하는 이론적으로 일관성 있는 인지 원리 세트다. 이 이론을 간략하게 소개하고자 한다.

앞서 언급한 두 가지 문제와 더불어 우리는 이러한 바탕에서 흘러나온 정신병리학 모형을 개발하기 시작하였다(Hayes, Wilson, Gifford, Follette, & Strosahl, 1996). 우리는 이 모형을 다음에서 기술할 것이다.

마지막으로, 우리는 또다시 임상적 성과 연구를 시작했다. 성과 프로그램을 다시 시작하면서 이 모형이 이론이라면 마땅히 그래야만 한다고 여겨질 만큼 광범위하게 응용될 수 있는지를 보고자 했다. 그래서 임상가가 마주치는 모든 범위의 내담자에 대하여 훌륭한 성과를 산출하는 데 있어서 ACT 훈련이 일반적으로 더 나은 임상가들을 배출했음을 보여 준 효과성 연구를 시작하였다(Strosahl, Hayes, Bergan, & Romano, 1998). ACT 매뉴얼은 일 년 후 출판되었다(Hayes et al., 1999). 그 후 댐이 터지듯이 성과 연구가 터져 나오기 시작했다. 2004년 말경 ACT에 대한 35개 이상의 사례 연구와 통제된 시도가 나왔고, 거의 모든 영역의 응용 분야가 망라되었다(Hayes, Masuda et al., in press). 이 연구 프로그램은 전 세계적으로 일어나고 있다. 훌륭한 성과가 산출되고 있으며, 때로는 아주 놀라울 정도다(예: Bach & Hayes,

2002; Dahl, Nilson, & Wilson, in press). 변화에 대한 ACT/RFT 모형은 이러한 연구에서 중요한 것으로 비춰지고 있는 것 같다(예: Bach & Hayes, 2002; Bond & Bunce, 2000). 몇몇 연구는 수용(Hayes Bissett, Korn, Zettle, Rosenfarb, Cooper, & Grundt, 1999; Levitt, Brown, Orsillo, & Barlow, in press)과 탈융합(Masuda, Hayes, Sackett, & Twohig, in press)과 같은 다양한 ACT 구성 요소에 대하여 독립적인 영향을 보여 주었다.

ACT는 전통적인 행동치료가 아니며, 고전적인 CBT도 아니다. ACT는 과학 철학, 언어와 인지 기능에 관한 기초 이론, 정신병리학과 행동변화이론 및 치료 프로토콜이 개발될 수 있는 핵심 세트 과정에 기반을 둔 행동치료다. ACT는 더욱더 통일되고 유용한 학문의 발달을 추구하는 보다 광범위한 접근법의 일부다. 비록 이 책이 임상 안내서이긴 하지만 ACT의 그러한 특징에 대해 간단하게 개관하는 것은 가치 있는 일이며 이 책을 읽어 나가는 데도 도움이 될 것이다. 우리가 매우 간단하게 개관하는 까닭에 이 재료는 약간 이해하기 어려울 수도 있을 것이다. 만일 완전히 이해하지 못한다면 읽어 나가다가 되돌아오길 제안한다. ACT 자체와 더 많이 익숙해지는 일은 그것에 기저하는 이론과 철학을 이해하는 데 도움이 될 것이다.

철학과 기초적인 학문적 토대

철학: 기능적 맥락주의

ACT가 급진적인 행동주의에 뿌리를 두고 있긴 하지만 우리는 ACT에 대해서 그런 방식으로 거의 말하지 않는다. 급진적 행동주의는 거의 보편적으로 잘못 이해되고 있으며, 광범위한 우산 아래에서 서로 갈등하는 관점을 포함하고 있다. 우리는 이러한 이중적인 부담 아래에서 한정 없이 싸우기보다는 차라리 신선한 외관을 허용하는 용어들을 사용하여 우리 접근법의 철학적인 기반을 정의하고, 그것의 응용적인 함의를 찾아냈다. ACT의 일부 독특한 특징은 그것에 기저하는 철학을 이해한다면 훨씬 더 잘 이해할 수 있다. 우리는 여기에서 작업에 대한 맛보기격으로 두어 페이지 정도만 할애하겠지만 더 많은 철학적 소질을 지닌 독자들은 앞서 언급한 저서들에서 내용을 좇아갈 수 있을 것이다.

당신은 논리적 혹은 경험적인 체계를 개발하는 가정들을 요구하지만, 실제로 그것들에 대한 충분한 증거를 제시할 수 없으며, 단지 소유할 수 있을 뿐이다. 만일 두 사람이 상이한 가정들로 출발한다면 그들은 상이한 수단에 의해 성취한 상이한 장소에 도달할 수도 있지만, 그렇다고 그것이 한 사람은 옳고 다른 사람은 그르다는 것을 의미하지는 않는다. 은유적으로 그것은 뉴욕을 출발하여 걸어서 가능한 한 먼 서쪽을 향하는 것 대 뉴올리언즈를 출발하여 보트를 타고 가능한 한 먼 북쪽을 향하는 것 사이의 차이점과 같다. 어떤 여행도 어떤 절대적인 의미로 보면 '옳지도' 혹은 '더 낫지도' 않다. 두 여행자가 서로를 비판하는 것은 어리석은 일일 것이다. 왜냐하면 그 둘은 각각 서로 다른 방향을 향하고 있거나 서로 다른 교통수단을 사용하고 있기 때문이다. 결국 선택한 여행의 목적에 따라 그러한 차이가 생긴다. 그러나 두 여행 모두 자신의 입장에서 고려될 때 어떤 일치성을 내포한다. 예를 들어, 만일 뉴욕을 출발한 사람이 모르고 동쪽을 향해 출발한다면 '걸어서 가능한 한 먼 서쪽' 여행은 성공하지 못할 것이다. 만일 뉴올리언즈 여행자가 배가 아닌 버스를 탄다면 강들과 시냇물이 얼마나 먼 북쪽으로 흘러가는지 알기 어려울 것이다. 이러한 경우 비판은 정당하며 유용할 수 있을 것이다.

같은 방법으로 철학은 어떤 것도 입증하지 않는다. 즉, 철학은 단순히 가정들을 상세히 설명하고(예: 당신은 어디에서 출발하는가, 당신은 어디로 가는가.), 그 가정들이 상충되지 않음을 확실히 한다(예: 당신의 방법과 측정치들이 목적과 화합을 이루고 있는가). 이것은 임상적으로 훌륭한 생각이다. 만일 치료 체계가 불일치한다면 가정들에 대한 불일치가 그것의 기반일 수도 있으므로 정당하고 유용한 비판보다는 차이점을 이해하는 것이 본질이 될 수 있을 것이다. 역으로 치료 체계가 수렁에 빠지면 가정들이 갈등 상태에 있거나 그것들이 일치하지 않기 때문일 수 있으며, 그런 경우 비판은 정당하고 유용할 수 있다.

ACT는 기능적 맥락주의로 알려진 다양한 실용주의에 기초한다(Hayes et al., 1988; Pepper, 1942). 상식 행동(우리는 '가게 가기' 예를 사용할 것이다.)은 맥락주의적 해석에 대한 일종의 추상적인 모형이다. 이런 사건은 사람과 장면 간의 상호작용을 포함하며, 그것들은 얼마나 크고 세세하게 보이는가와 상관없이 역사와 목적을 가진 전체적인 사건들이다. 예를 들어, '가게 가기'는 가는 이유, 가는 곳, 그곳에 가는 수단 등을 포함하는데, 그 모든 것은 함께 혼합되어 있다. 만일 전체가 사라진다면 특징은 의미를 잃는다. 운전대를 꽉 쥐는 것과 같은 작은 행동과 지도를 따라 가는 것과 같은 보다 큰 행동은 모두 '가게 가기'의 특징이 될 수 있지만, 만일 그것들을 분리하여 본다면 의미가 없다. 만일 우리가 사람들을 실험실로 데려와 반복적으로 운전대를 꽉 쥐도록 한다면, 우리는 더는 '가게 가기'를 연구하는 것이 아닐 것이다. 왜냐하면 그 행동의 맥락이 없어질 것이기 때문이다.

따라서 기능적 맥락주의는 심리적 사건들을 전체 유기체와 역사적으로(예: 이전 학습 내력) 그리고 상황적으로(현재의 선행 사건들과 결과, 언어 규칙) 정의되는 맥락 간의 상호작용으로 본다. 그것을 분석하는 것(예: 과학자나 임상가에 의해)은 역사와 목적을 지닌 전체 사건 그 자체다. 가게에 가는 것은 그것의 목적에 의해 정의되고 그곳에 도착할 때 사건으로서 종결되는 것처럼 맥락주의적 관점에서 보면 내담자의 행동은 가치 있는 목표를 촉진하는 경우에만 유용한 것으로 간주되며, 과학적 혹은 임상적 분석은 특정한 목적을 달성한 경우에야 비로소 '참'으로 간주된다. 이것은 진실에 대한 색다르고 실용적인 견해로서 진실은 일치의 문제이지 실효성의 문제가 아닌 것으로 간주하는 '진실'에 대한 보다 전형적인 접근법과는 다르다. 진실에 대한 이러한 접근법을 이해하려면, 집 그림, 집을 그린 지도 및 집 구조 청사진을 상상해 보라. 만일 우리가 "어느 것이 집에 대한 진짜 견해인가?"라고 묻는다면, 우리는 목적을 알고 있어야만 할 것이다. 만약 집에 도착하는 것이 목적이라면 지도가 답이 될 것이고, 청사진은 아닐 것이다. 만일 기초를 강화하는 것이 목적이라면 청사진이 답일 것이고 그림은 아닐 것이다.

기능적 맥락주의는 목적이 분명하다. 즉, 그것은 정확성, 범위 및 깊이를 가지고서 심리적 사건들의 예측-영향력을 추구한다(Hayes & Brownstein, 1986). 다른 형태의 맥락주의(예: 여성주의 심리학, 사회적 구성 개념, 이야기 심리학)는 다른 목적을 추구하므로(Hayes, 1993) 그것들의 분석은 동일한 기본 철학을 공유하고 있음에도 달리 보인다. '예측-영향력'은 하나의 목적이지 둘이 아님을 나타내기 위해 연결선(-)을 사용하였다. 영향력이 아니라 예측만을 이끄는 변인들에 대한 분석은 기능적 맥락주의 관점에서는 그다지 관심이 없다. 분석은 정확성(특정한 용어와 개념만 주어진 현상에 응용함), 범위(원리를 폭넓은 범위의 현상에 응용함) 및 깊이(원리들이 생물학, 심리학 및 문화 인류학과 같이 과학적인 분석 수준에 이름)에 대해서 이루어진다.

ACT/RFT 전통을 구성하는 많은 특징은 주어진 이런 다양한 가정과 목적을 이해한다.

첫째, 대부분의 심리치료는 그렇지 않은 반면, ACT는 진행 중인 기초 연구 프로그램과 연관되어 있다. 그 이유는 정확성, 범위 및 깊이를 지닌 분석에 전념하기 때문이다. 그것은 기본적인 설명을 요구한다.

둘째, ACT는 생각이나 감정을 기계론적 의미에서 원인으로 보려고 하지 않는 경향이 있다. 예측 – 영향력의 목적을 달성하려면 직접적으로 조작 가능한 사건이 필수적이며(정의상 '영향력'은 변화 혹은 조작을 요구함), 상황 행동에서 치료자나 다른 사람들이 직접 조작할 수 있는 것은 맥락 변인뿐이다(Hayes & Brownstein, 1986). 이것은 왜 ACT에서 생각과 감정이 중요한 것으로 간주되고 외현 행동과 관련되는지, 그러나 ACT의 치료 표적은 분리되어 있는 생각과 감정이 아니라 왜 항상 맥락인지(예: 정서 회피에 대한 사회적 지지) 설명해 준다.

셋째, ACT에서는 항상 가치와 목적이 중요한데, 그 이유는 그것들이 성공의 측정치와 실용적인 진실을 제공해 주기 때문이다. ACT 내담자에게 종종 자신의 생각이나 평가에 대한 문자 그대로의 진실에 관심을 두는 것을 포기하고, 그 대신 자신의 가치에 따른 삶의 과정으로 나아갈 모든 반응을 수행하는 방법에 열정적이고 지속적인 관심을 갖도록 격려한다. 만일 내담자가 과거 힘들었던 일에 대해 이야기한다면, 쟁점은 '그 분석이 옳은가?' 혹은 심지어 '이 이야기가 증거와 일치하는가?'가 아니라 '무슨 목적으로 이런 식으로 말하는 것인가?' 혹은 '그런 이야기는 내 인생을 활력적인 방향으로 이끌어 주는가?' 혹은 '나는 그런 생각을 갖고서도 행동의 세계에서 앞으로 나아갈 수 있을까?'가 될 것이다. 마찬가지로 ACT와 RFT 연구자들은 자신의 이론들에 대한 존재론적인 진실에는 관심이 없고, 대신에 인간의 삶에 영향을 미치는 분석을 개발하는 데 정열적이고 지속적으로 헌신한다.

넷째, 상이한 말하는 방식이 유용한 것으로 발견되는 경우 클리닉과 RFT 실험실 둘 다에서 언어의 사용에서 고려할 만한 유연성이 존재한다. ACT와 RFT는 무엇이 '객관적으로' 참인지가 아니라 무엇이 유용한지를 발견하는 데 초점을 두고 있다. 개념들은 구체화되지 않으려는 경향이 있으며, ACT 회기 내 그리고 연구 프로그램 내에서 상당히 실용적인 특질이 존재한다. 임상적 맥락은 실험실에서는 저주일 수도 있고 그 반대일 수도 있는 어떤 말하는 방식(예: 자유로운 선택)의 사용을 정당화하지만, 어떠한 불일치도 내포하지 않는다. 이러한 특질은 왜 처음부터 ACT와 RFT의 엄격한 행동주의 이론이 영성 혹은 의미와 같은 주제들의 논의와 혼합되어 왔는지를 설명해 준다(예: Hayes, 1984).

기본 이론: 관계 틀 이론

RFT(Hayes et al., 2001)는 인간 언어와 인지에 대한 기초 행동주의 연구의 포괄적인 기능적 · 맥락적 프로그램이다. RFT에 대한 연구는 매우 빠르게 성장하고 있으며, 이런 저런 형태로 거의 모든 분야가 검증되었다. ACT 이론과 이와 연합된 치료 전략은 기초 과학 수준에서 RFT와 철저하게 통합되어 있다. ACT가 표적으로 삼는 것은 RFT 실험실에서 인간 행동을 직접 통제하기 위해 나타났던 언어 과정이다.

RFT의 핵심에는 인간은 임의적인 맥락적 통제하에서 사건들을 관련시키는 것을 학습한다는 전제가 깔려 있다. 모든 복합 유기체는 관계된 사건들의 형태적 속성('비임의적 관계'로 불리는 것)에 의해 정의되는 자극 관계에 반응한다. 예를 들어, 인간이 아닌 존재(non-human)는 어느 특정한 대상들이 비교되는가와 상관없이 두 대상 중 더 큰 것을 선택하는 것을 쉽게 배울 수 있다. 인간은 관계적 반응을 맥락적 통제 아래로 가져다가 반드시 그런 식으로 관련될 필요가 없는 사건에도 적용할 수 있다. 이러한 관계적 반응은 특정한 관계가 사회적 변덕이나 관습에 의해 구체화될 수 있음을 의미하면서 '임의적으로 응용 가능'하다. 예를 들어, 'x'는 'X'보다 작다는 것을 학습한 사람들은 나중에 이런 동일한 관계를 어떤 임의적인 단서들('보다 더 작은'이란 말과 같은)의 통제하에 있는 사건에 응용할 수도 있다. 아주 어린 아이는 니켈(5센트 백통돈)이 다임(10센트 은화)보다 더 크다고 알 것이다. 하지만 약간 더 큰 아이는 형식적인 의미는 그렇지 않을지라도 사회적 속성에 의해 니켈이 다임 '보다 더 작다.'는 것을 배울 것이다.

RFT에서 행동을 언어적으로 고려하려면 세 가지 주요 속성, 즉 상호적 함의(entailment), 조합적 함의 및 자극 기능의 변환을 설명해야만 한다. 상호적 함의는 만일 개인이 A는 맥락에서 B와 특정한 방식으로 관련되어 있음을 배운다면(맥락은 '관계적 맥락'이란 말로 'C_{rel}'로 표시함), 이것은 그 맥락에서 B와 A 간에 어떤 관계가 있음을 함의해야만 한다. 예를 들어, 만일 개인이 축축한 것은 건조한 것의 반대임을 배운다면, 그 사람은 건조한 것은 축축한 것의 반대임을 추론할 것이다. 조합적 함의는 상호 관계가 조합될 수 있음을 의미한다. 예를 들어, 한 개인이 Mike는 Steve보다 더 강하고 Kara는 Mike보다 더 강하다는 것을 주어진 맥락에서 배운다면, 그 사람은 Kara가 Steve보다 더 강하다는 것을 추론할 것이다. 끝으로, 이런 종류의 관계망 속 사건의 기능은 기저하는 관계에 의해 변환될 수 있다. 당신은 무거운 기구를 움직이는 데 도움을 필요로 하며 Mike가 이것을 잘할 수 있음을 알고 있다고 가정해 보자. 이 맥락에서 보자면(맥락은 '기능적 맥락'이란 말로 'Cfunc'로 표시함), 이전에 Steve와 Kara가 물건들을 옮기는 데 어떤 도움이 되었는지를 반드시 알 필요 없이 Steve는 덜 유용할 것이고 Kara가 도우미로서 더 유용할 것임을 추론할 수 있다.

모든 세 가지 특징이 주어진 유형의 관계적 반응과 함께 확립될 때 우리는 이것을 '관계 틀'이라고 부른다. 동등성의 틀(즉, 같음), 구분, 대조, 비교, 시간 및 위계가 그 예다. RFT 관점으로 보자면, 관계 틀을 짜는 것은 모든 인간 언어와 인지에서 핵심 과정으로 간주된다(Hayes & Hayes, 1989).

임상적으로 관련된 관계 틀을 구성한다는 것은 관계망 내 한 구성원의 기능이 다른 구성원들의 기능을 변경할 수 있다는 것이다. 한 아이가 친구들과 놀다가 나무 상자 속에 갇힌 것을 가정해 보자. 아이는 매우 놀라서 울 것이다. 그런 두려움과 불안의 일부는 나중에 힘든 수업이나 관계에서와 같이 '갇힐' 수 있는 다른 사건들의 기능을 변형시킨다. 관계와 나무 상자 간에는 거의 형식적인 유사성이 없다. 이러한 반응을 연결시키는 것은 그것들의 형식적인 속성이 아니라 언어망 내에서 그것들 간에 추론된 관계다.

아이들은 발달하기 때문에 관계 틀의 수와 그것들을 지배하는 맥락적 특징의 범위는 늘어난다. 단순한 동등성, 차이, 대조의 틀에서 시작하여 보다 복잡한 틀인 시간, 이유, 위계 및 비교가 추가된다. 여기-저기 혹은 나-당신과 같은 직시적인 틀이 자기감이나 관점을 형성한다. 이러한 관계망이 구성되며, 유추, 이야기, 은유 및 규칙을 통해 새로운 상황이 생긴다. 문제 해결 과제들은 동등성, 위계, 시간 혹은 유관성과 비교의 틀을 사용한다(x는 y 특징들을 지니기 때문에 만일 내가 x를 한다면 이득이 되는 q가 일어날 것이다). 언어 공식은 다른 사람들을 통제하는 데 사용된다. 다시 말해서, 언어 공식은 먼저 규칙 제공자에게 구체적인 이점을 얻기 위해(융통성 있는), 그런 다음 청자에게 환경 내 유관성을 향해 방향을 돌리도록 하기 위해(추적하는) 그리고 마지막으로 추상적인 결론과 가치를 창출하기 위해(논쟁하는) 사용된다.

우리는 단지 몇 개의 문단만으로 말하고 있지만, 이것은 수십 개의 연구와 자세한 분석에 의해 지지를 얻고 있다(책 한 권 분량의 요약을 보려면 Hayes et al., 2001 참조). 여기에서 RFT 연구를 요약하는 것이 우리의 목적은 아니다. 그것은 너무 방대하다. 그렇지만 RFT가 ACT 이론의 기초에 적용되기 때문에 RFT 연구 프로그램에서 도출된 몇 가지 핵심 결론을 요약해 보기로 한다.

- 관계 틀은 인간 경험의 중심 조직 원리인 학습된 행동 과정이다. 심리치료는 필수적으로 다양한 관계 틀과 맞물리며, 필요한 경우 다양한 관계 틀의 기능을 변경하는 것을 포함한다.
- 내담자에게서 나타난, 보다 더 공통적인 기술 결함의 일부(빈약한 문제 해결, 정서적 고통과 충동성을 감내하는 능력의 결여)는 빈약하게 통제되거나 부적절하게 발달된 관계 레퍼토리에 기인한다.
- 관계 틀은 그렇게 많은 인간 노력의 영역에서의 전반적인 유용성, 자극 기능의 변형을 통해 영향력을 넓히려는 경향성, 그것을 통제하는 단서들의 임의성 그리고 사회적 단위의 개인 구성원의 행동을 통제하기 위해 언어를 사용하는 도처에 널린 문화적 추동 때문에 유관성 조형 학습과 같은 다른 행동 조절 원천의 우위를 점하는 경향이 있다.
- 언어 레퍼토리가 발달함에 따라 사람들은 변형된 기능(관계 틀 참여에 기반을 둔 사건의 기능)을 마치 (단지 사건들의 형식적인 특징에만 기반을 둔) 직접적인 것처럼 취급하는 경향이 있다. 사람들은 직접적인 기능과 언어적으로 형성된 기능 사이를 구분하기 어려워하므로 자신이 얼마나 많이 언어적으로 변형된 세상을 살아가는지 알아채지 못한다. 예를 들어, 자신의 침 한 잔을 마시는 '구역질 나는' 특질은 침 그 자체의 속성이지 우리의 생각 속에 있는 침이 아니라고 생각될 것이다. 우리는 그런 구역질 반응을 하지 않은 채 단순히 삼키기만 하면서 자신의 침을 하루에 1.14L를 마시고 있기 때문에 위 반응은 분명히 잘못된 것이다.
- 상징적이고 일시적이고 평가적인 관계 틀의 본질은 사람들이 현재 순간과 직접적으로 접촉하는 것을 어렵게 만든다. 다른 행동 조절 원천 위에서 언어 과정을 지배하는 것('인지적 융합')은 진정한 인생 결과에 무뎌지게 할 수 있고, 정신병리의 주된 기여 요인이 될 수 있다.
- 효과적인 인간 문제 해결을 허용하는(예: 문제를 정의하고, 원인을 탐지하고 변경하도록 허용해 주는) 관계 틀의 동일한 속성은 현재 우리 환경의 형식적인 특징과는 무관하게 고통의 상태에 빠뜨리고(예: 과거의 상실이나 아픔을 기억함으로써), 쓸데없이 고통을 악화시킨다(예: 우리의 상황을 이상과 지속적으로 비교하면서, 미래를 두려워하면서). 이러한 부정적인 효과는 그것을 만들어 내는 언어 관계를 제거한다고 해서 통제되는 것이 아니다. 왜냐하면 이러한 관계가 긍정적인 인간 기능에 필요하기 때문이다.

- 인간은 상황을 통제함으로써 간단하게 고통을 통제할 수 없기 때문에 종종 부정적인 경험 그 자체에 초점을 둔다. 개인이 외적인 문제를 변경하는 것과 같은 방식으로 고통스러운 사적 사건을 조절하려는 시도(즉, 통제에 대한 직접적인 규칙-지배적인 시도를 통해서)는 종종 이러한 사적 사건의 강도, 빈도 혹은 행동적 영향을 증가시킨다. 이 과정은 일반적으로는 인간의 고통, 특히 정신병리의 근본 원인이다.
- 관계망은 뺄셈이 아니라 덧셈에 의해서 작용한다. 따라서 임상적 중재를 경유하여 역사적으로 조건 형성된 언어적 관계의 내용을 변경하기는 힘들다. 그러한 이유로 내용에 초점을 둔 변화 과정은 종종 바람직하지 않은 개인적 사건의 경우 성공하지 못하는 것 같다.
- 관계 틀의 존재와 내용을 통제하기는 어려운 반면, 부정적인 관계망이 손상되지 않은 채 남아 있는 경우 관계 틀 구성의 부정적인 기능을 상당한 정도까지 맥락적으로 통제할 수 있다. 행동 기능을 바꾸기 위해 부정적으로 틀을 형성한 사건을 통제하거나 제거하거나 회피할 필요는 없다. 달리 말하면 효과적인 임상 중재를 설계하는 데 있어서 특정한 관계적 맥락(C_{rel})과 비교하여 기능적 맥락(C_{func})에 초점을 두는 것이 임상적으로 더 중요하다.

정신병리에 대한 수용전념치료 이론: 심리적 경직성

비언어적 행동에 대한 전체적인 관점을 고려할 때, 언어는 레퍼토리 확장이다. 시간적인 관계 틀은 '미래'를 상이한 방식으로 고려하도록 한다. 그래서 언어적 유기체는 비언어적 유기체가 할 수 없는 방식으로 계획을 세우고 문제를 해결할 수 있다. 비교 틀은 결과를 언어적으로 고려하게 해 준다. 따라서 관계적이고 확률적인 사건은 더 많은 영향력을 지닐 수 있다('음식 x를 먹는 것은 음식 y를 먹는 것보다 더 많은 질병에 걸릴 확률을 줄여 줄 수도 있다.'—비교 과정은 언어가 없으면 불가능함). 시간과 비교의 조합은 미래 사건들에 관한 규칙들이 더 많은 자기통제와 지연된 행동의 결과에 민감해지도록 유도한다. 인간 언어의 레퍼토리 확장 효과는 왜 인간 존재와 같이 느리고 약한 피조물이 훨씬 더 강하고 빠르고 방어를 더 잘하는 다른 동물과 경쟁할 수 있었는지에 관해 부분적으로 설명해 준다.

그렇지만 언어가 행동 레퍼토리를 협소화하는 크고 중요한 영역이 존재한다. 이것은 특히 언어와 생각의 과잉으로 문제가 발생하는 상황에서 일어난다. ACT는 인간을 언어와 생각의 과잉에서 해방시키는 것만큼 마음을 훈련하는 데 큰 관심을 두지 않고, 적절한 맥락적 통제하에 레퍼토리를 두는 것만큼 관계적 레퍼토리를 구축하는 데 큰 관심을 두지 않는다. 우리는 내담자에게 관계적 레퍼토리(규칙 따르기)가 제대로 기능하면 그것의 사용을 가르치고, 그것이 제대로 기능하지 않으면 행동 조절의 다른 원천을 사용하도록 가르치길 원한다.

ACT 관점에서 보면 도처에 널려 있는 인간의 고통과 정신병리는 지배적으로 인지적 융합과 경험적 회피라는 두 가지 핵심 영역에서 일어나는 언어의 레퍼토리의 축소 결과다. 이러한 두 과정은 심리적 경직성이라는 결과를 가져오는데, 심리적 경직성이란 바라는 목적을 이루기 위해 유용성—변화가 필요한 경우 행동을 변화시키고, 유지가 필요한 경우 유지하는 것—에 따라 행동을 제대로 조절하지 못하는 것이다.

인지적 융합

인지적 융합은 사건들의 직접적 기능보다 언어적으로 속해 있는 기능에 기초하여 사건들과 상호작용하는 인간 경향성을 말하며, 이러한 기능을 형성하는 지속적인 관계 틀 구성에는 관심이 없다. 사건과 사건을 생각하는 사람은 분리될 수 없을 만큼 융합되어 있고, 언어적 해석은 전혀 존재하지 않는 인상을 창출해 낸다. 부드러운 의자는 부드러운 것과 마찬가지로 나쁜 컵은 나빠 보인다. 미래에 대한 걱정은 단지 미래를 해석하는 즉각적인 과정에 대해서가 아니라 표면적으로 실제 미래에 대한 것이다. '인생은 살 만한 가치가 없어.'라는 생각은 지금 진행되는 언어적 평가 과정이 아니라 표면적으로 인생과 그 질에 대한 결론이다. 효과는 레퍼토리 협소화하기다. 왜냐하면 본질적으로 언어적 관계는 언어망 그 자체를 유지하려는 그런 방식으로 사건들과의 접촉을 재구성하기 때문이다. 예를 들어, '인생은 살 만한 가치가 없어.'를 기초로 행동하는 것은 활기가 덜하고 의미도 적고 덜 지지적인 인생—생각 그 자체를 확신하는 경향이 있는 사건들의 세트—을 만들 경향성이 있다.

인간 언어와 함께 발생하는 것처럼 보이는 변화에 대한 저항의 일부는 문화적으로 전개되어 왔을 수도 있다. 언어는 문화적 관행을 선전하는 일차적 수단이다. 언어 공동체의 구성원들이 문화적으로 지지된 규칙들을 배우는 경우, 이 규칙들은 종종 사회의 관심사를 더 많이 보호한다. '훌륭한' 인생 계획(즉, 좋은 직업 구하기, 결혼하여 가정 꾸리기, 가정에서 훌륭한 부양자 되기) 속에서 살아가는 것에 대한 우리의 가장 기초적인 믿음은 이어지는 인생을 억누르는 규칙으로 종종 변한다(예: 너는 가족을 부양해야 하니 직장의 만족 여부와는 상관없이 이 일을 관두지 마라, 건전한 사람은 이혼을 안 하니까 이렇게 아무런 보상도 없는 관계를 계속 유지하라). 그렇지만 만일 이러한 문화적으로 지지된 규칙들이 쉽게 주목받고 도전받고 변화될 수 있다면, 문화적 관행 그 자체는 세대를 통해 이어지기가 훨씬 더 어려울 것이다.

관계 틀에 포함된 규칙들이 통제하는 행동은 규칙 주위에서 일어나는 결과에 상대적으로 민감한 경향이 있지만, 다른 종류의 직접적이고 프로그램화된 결과에는 상대적으로 민감하지 않다(책 한 권 분량의 개관을 보려면 Hayes, 1989 참조). 이것이 임상적으로 의미하는 것은 산출된 결과의 측면이 일관성 있게 나쁠 때조차 사람들은 규칙에 지배된 행동에 계속해서 참여할 수 있다는 것이다. 인지적 융합은 문제의 참된 근원을 숨겨서 앞으로 지속시키는 데 기여할 것이다.

인지행동치료자들은 이것을 잘 자각하고 있다. 고전적인 CBT 중재는 종종 사람들에게 자신의 생각을 알아차리고 검증하고 평가하도록 가르친 다음, 비합리적인, 과잉 일반화된, 과도한, 검증 불가능한 등의 생각의 내용을 바꾸도록 설계되어 있다. 이 모형에 의하면 빈약한 성과를 산출하는 것은 바로 역기능적 사고의 실재이므로 이것들을 다음과 같이 수정할 필요가 있다는 가정에 기초를 두고 있다. "인지치료는 역기능적 신념을 수정하기 위해 고안된 다양한 기법을 사용하여 특정 장애에 대한 인지적 모형을 응용하는 것이다."(Beck, 1993, p. 194) 나중에 설명하겠지만, 그러한 해결책에는 실질적인 문제점이 존재하는데, 그것은 그 자체로 레퍼토리를 협소하게 할 수 있다.

언어에 기반을 둔 문제들을 동반한 문제로, 우리가 앞의 RFT 부문에서 주목했듯이 언어와 언어에 기반한 해결책에 널리 퍼져 있는 본질이 그것의 본질과 존재를 숨기고 있다는 것이다. 언어 과정이 어떤 영역에서는 아주 효과적이므로 사람들은 그것을 모든 영역에 적용하는 경향이 있다. 언어에 의해 가능한 자극 기능의 변환은 마치 사건이 구체적인 비언어적 사건(예: '진짜인' 무엇)이나 되는 것처럼 사람들이 언어적으로 해석한 사건(예: 상상한 것이나 두려운 것)과 상호작용하게 만든다. 사람들은 생각에 기저하는 과정보다는 생각의 산물과 더 많이 상호작용한다. 관계적 반응을 지지하는 맥락 단서들은 임의적이며 편재해 있다.—그러므로 언어 반응을 불러일으킬 수 없는 것은 말 그대로 아무것도 없으며, 일단 형성되기만 하면 언어 반응은 거의 어떤 다른 언어 반응과도 연관이 있다. 언어는 언어가 만들어 낸 주요 결과 중 하나인 임의적인 사회적 결과의 영향력을 확장시킨다—효과적인 것보다는 '옳은' 것이 더 중요할 수도 있다.

언어는 우리가 '세상'을 이해하게 해 주는데, 이때 세상을 이해하려는 과도한 시도가 그 자체로 문제의 일부가 되는 경우 어려움을 겪을 수 있다. 이런 저런 이유로 언어에 기반한 문제들은 논리적이고 선형적인 언어 과정에 기반을 두지 않은 행동의 형태에 관여할 정도로 주목할 만한 무능력을 만들어 낸 채 그 자체로 굳어지는 경향이 있다. 언어의 유용성에도 언어는 그 속에 레퍼토리를 협소화하는 경향성을 포함하고 있다.

경험적 회피

경험적 회피는 개인적 사건의 형태, 빈도나 상황적 민감성을 도피 혹은 회피하고자 하고자 하는 시도인데, 그렇게 하려는 시도가 심리적인 해를 유발할 때조차 그러하다(Hayes et al., 1996). 경험적 회피에는 억제(suppression)와 사회적 도피/회피라는 두 가지 주요한 형태가 있다. 억제는 원치 않는 생각, 감정, 기억 혹은 신체 감각과 같은 부정적인 사적 사건에 대한 즉각적인 경험을 통제 또는 제거하려는 적극적인 시도다. 예를 들어, 알코올중독자는 죄의식, 수치심 혹은 우울을 '마비시키려는' 시도로 결혼 갈등의 불쾌한 결과에 반응하여 술을 더 마실 수도 있다. 조현병이 있는 환자는 내적으로 향한 슬픔으로 가득 차 있지만 겉으로는 표정이 없고 단조롭다. 경계선 환자는 지각된 비판과 유기에 대한 두려움의 반응으로 비판을 누르기 위해 화를 폭발시킨다.

상황적 도피/회피는 선행하는 맥락적 특질을 원치 않는 사적 경험의 출현과 연합시키는 것을 변경하려는 시도다. 광장공포증을 지닌 환자는 만일 식료품 가게를 방문하면 확실히 일어날 불안 발작을 회피하기 위해 집에 남아 있게 된다. 우울한 사람은 자신이 재미없고 비호감일 것이라는 생각에 대한 반응으로 가족이 모이는 자리를 회피한다. 이러한 경험적 회피 전략은 광범위한 장애의 영역에서 보다 더 빈약한 성과를 내는 것으로 밝혀졌다(개관을 보려면 Hayes et al., 1996 참조).

사람들은 '만일 내가 x한다면 y를 느낄 것이다. 그리고 그것은 z의 결과를 낳을 것이다.'라는 형태의 규칙들을 구성한다. 예를 들어, 공황장애를 지닌 사람은 "만일 내가 식당에 가지 않는다면 나는 불안하지 않을 것이고, 그것은 좋은 것이다."라고 말한다. 혹은 강박장애를 지닌 사람은 "만일 내가 손 씻는 것을 잊는다면 나는 내 가족에게 균을 퍼뜨릴 것이고, 그들은 아파서 죽게 될 것이다. 그래서 그것은 나쁜 것이다."라고 말한다. 불행히도 이런 규칙들은 자기를 확장하는 속성이 있다. 어떤 것을 생각하지 않으려고 노력하는 것은 그것에 대한 생각을 불러일으킨다. 나쁜 결과를 회피하기 위해 나쁜 무엇인가를 느끼지 않으려고 노력하는 것은 현재 순간을 그런 나쁜 결과와 관련시키므로 현재 순간은 나쁜 감정을 불러일으킨다. 사적 사건을 억제하는 의도적인 시도는 그것의 발생과 행동적 영향을 증가시키고(예: Cioffi & Holloway, 1993; Wegner, Schneider, Carter, & White, 1987), 노출에 기반한 전략의 효과성을 감소시킨다(Feldner, Zvolensky, Eifert, & Spira, 2003)는 것을 보여 주는 광범위한 연구가 존재한다. 억제와 회피에 기반을 둔 전략 모두는 그것들이 기저하는 관계 틀에 기반을 두기(따라서 강화되기) 때문에 두렵거나 원치 않는 사적 사건의 단서가 될 것이다('x를 생각하지 마라.'는 것은 'x'에 대하여 그리고 언급하는 실제 사건 'x'의 기능 일부에 대한 맥락적 단서로서 작용할 것이다). 관계망은 쉽게 변화되지 않으며, 직접적이고 모순적인 훈련조차도 그것들을 깨뜨리지 못할 수도 있다(Wilson & Hayes, 1996).

경험적 회피 과정은 우리의 '좋게 느끼기' 문화에 의해서도 상당히 강화된다. 문화는 건강한 사람들은 심리적 고통(스트레스, 우울증, 외상 기억 등)을 겪지 않으며, 부정적인 사적 사건들의 결여가 바람직한 상태라는 생각을 촉진시킨다. 회피 해결책(알코올, 약물, 정신 나간 성행위)은 TV쇼, 광고 및 기타 대중매체에서 모델링된다.

실제로 좋게 느끼기는 종종 많은 정신건강 모형의 핵심에 위치한다. 장애와 치료의 명칭은 이러한 연관성을 나타낸다. 우리는 사적 사건과 경험의 특정한 구성의 실재에 근거하여 '장애'를 진단하며(자기 비판적 생각, 자살 생각, 피로감은 '우울증'의 일부임), 표면상 개인에게 '좋은 건강'을 되찾아 주려는 목적으로 이러한 증상을 제거하기 위해 치료를 설계한다.

어떤 분야에서 우리는 이러한 오도된, 문화적으로 촉진된 건강에 대한 견해에 빠지지 않도록 배웠다. 예를 들어, 동성애적 생각, 충동 및 각성을 제거하거나 바꾸려고 노력하는 것이 윤리적인 것으로 간주된 적이 있었다. 동성애 내담자들은 확실히 고통을 받았고, 그들은 자신이 이러한 사적 사건들 때문에 고통을 받았다고 말했으며, 우리는 싸움터로 나아가서 이러한 사건들을 제거하고자 노력했다. 이제 많은 치료자들은 이러한 접근법이 비윤리적이라고 생각한다. 대신에 동성애 내담자들 자신의 생각과 감정을 비우도록 도와주고 긍정적으로 기능하도록 치료한다. ACT의 기본 메시지 중 하나는 바로 우리가 모든 내담자에게서 이러한 쟁점을 살펴야만 한다는 것이다. 해로운 것은 증상 그 자체인가 아니면 그런 증상을 가지고 행하는 것에 대한 문화적으로 지지된 규칙인가?

인지적 융합과 경험적 회피의 결과는 심리적 경직성이다. 사람들은 중지할 필요가 있을 때 지속하고, 지속할 필요가 있을 때 중지한다. 사람들은 그릇된 이유에 대해서 그리고 그릇된 수단을 사용하여 지속하고 중지한다. 사람들은 중대한 상실을 경험하는 경우 그러한 상실의 맥락에서 효과적이고 요구되는 행동에 참여하고 있으면서도, 상황이 상실과의 간단한 접촉을 가져올 때는 상실감을 피하려는 시도로 회피, 억제, 문제 해결 및 이해를 지속하는 경향이 있다. 자기통제 도전에 직면한 경우 사람들은 자기통제가 처음에 유발하는 바람직하지 않은 감정에 초점을 두는 경향이 있거나(따라서 지속성을 손상시키고 정서적 탐닉을 촉진함), (그러나 또한 정서적 마비나 스트레스와 같은 이차적 수준 반응을 생산하는 것을) 지속하기 위하여 그러한 감정을 억제하거나 회피하고자 한다. 한 손의 정서적 탐닉과 다른 한 손의 억제된 지속성은 현대사회와 '좋게 느끼기' 문화가 우리 모두에게 강요되는 것 같은 해로운 선택을 만든다. 효과적인 삶을 살기 위해 개인의 능력에 대하여 이렇게 문화적으로 인정된 모형이 끼치는 영향은 끔찍하다. ACT는 탐닉하지도 않고 억제하지도 않는 중도를 표방한다.

수용전념치료란 무엇인가

이제 이 장의 중심 주제로 돌아가 보려고 한다. 우리는 ACT의 보다 더 정교한 정의를 마련해 두었다. ACT는 RFT에 기반을 둔 기능적 맥락주의 중재 접근법이다. RFT란 인간의 고통을 인지적 융합과 경험적 회피에 의해 촉진된 심리적 경직성에 기원을 두고 있는 것으로 본다. ACT는 치료 관계의 맥락에 직접적인 유관성과 간접적인 언어 과정을 가져와 수용, 탈융합, 초월적인 자기감의 확립, 현재에 존재하기, 가치 및 그러한 가치와 연관된 전념 행동을 확대하는 유형을 구축하여 보다 큰 심리적 유연성의 경험적 확립을 낳도록 한다. 이제 우리는 ACT 기법으로 방향을 돌리기로 한다.

제2장

수용전념치료 입문:

핵심 치료 과정, 중재 전략 및 치료자 능력

Kirk D. Strosahl, Steven C. Hayes, Kelly G. Wilson, and
Elizabeth V. Gifford

이 장의 목적은 수용전념치료(Acceptance and Commitment Therapy: ACT) 치료 중재와 치료 과정의 통합된 개요를 소개하는 것이다. 제1장에서는 ACT를 하나의 임상적 체계로 총괄하여 정의한 철학, 기초 이론, 응용 이론 및 이론적 과정을 기술하였다. 이 장에서 우리는 ACT 모형을 실시하는 데 사용된 구체적인 임상 단계들을 검토하려고 한다.

ACT 치료 모형이 1999년 처음 단행본으로 출판된 이래로 많은 혁신적인 발달이 있었으며, 특히 다양한 임상 문제와 특수한 집단에 적용되어 왔다. 이러한 혁신은 명백히 ACT 접근법의 발달에 필요하며, 이 책이 출판되어야 할 중요한 이유이기도 하다. 동시에 ACT는 한정된 핵심 과정 세트로 구성된 비교적 초점화된 임상 모형이다. 심리적 유연성을 구성하는 요소들은 ACT 프로토콜에서 표면화된다. 이 장의 목적 중 하나는 ACT 치료자와 내담자들이 개발하여 사용하기 편한 체계가 된 중재 기술을 핵심 과정과 연결하는 것이다. 마지막으로, 우리는 점점 더 많이 묻는 질문인 '훌륭한 ACT 치료자의 자질은 무엇인가?'에 대하여 다룰 것이다. ACT를 배우고자 하는 정신건강 전문가라면 누구라도 노력할 수 있는 핵심 능력을 제시할 것이다. 이 장을 읽는 최종 목적은 ACT 치료의 핵심에는 무엇이 존재하는지, 그리고 다양한 ACT 중재가 심리적 경직성과 임상 효과성을 증진시키기 위해 당신이 개발할 수 있는 능력의 특정한 측면을 어떻게 표적으로 삼는지를 더 잘 이해하는 것이다.

FEAR에서 수용전념치료로 옮겨 가기

ACT 본질에 대해 생각하는 가장 간단한 방법은 결국 내담자를 삶의 쓸모없는 방식에 빠뜨리는 과정을 기억하는 것이다. 이 과정을 약어로 표현하면 FEAR 알고리즘이다.

- 융합(Fusion): 건강한 심리적 유연성을 어렵거나 불가능하게 만드는 방식으로, 특히 겉보기에는 해롭고 받아들일 수 없는 원치 않는 사적 사건들(예: 생각, 감정, 기억, 감각)과 직접적이고 무방비된 접촉을 하는 방식으로, 그리고 현재 순간에서 벗어나 과거와 미래의 삶에 초점을 두는 방식으로 생각의 문자적 내용에 과도하게 집착하는 것
- 평가(Evaluation): 평가가 필요하지도 도움이 되지도 않는 경우임에도 자기, 타인, 일반적인 세계 그리고 개인 내력이나 최근의 사적인 경험과 같은 인간 경험의 중요한 구성 요소에 대해 자극적이고 환기시키는 평가를 하는 것
- 회피(Avoidance): 상당한 행동적 대가를 치를 때조차 정서적 회피, 무감각 혹은 다른 경험적 통제 방법을 포함하는 원치 않는 사적 사건들(예: 생각, 감정, 기억, 감각)과 고통스러운 외적 사건들을 다루는 방식
- 이유 대기(Reason Giving): 쓸모없는 대처 전략의 사용을 '설명'하고 '합리화'하며, 개인을 환경 내 실제 유관성에 덜 반응하도록 하는 표면상 논리적이고 문화적으로 허용된 정당화를 과도하게 사용하는 것

ACT는 FEAR을 지지하는 과정을 공격하는 것을 포함한다. 치료의 목표는 FEAR에 기반한 기능을 대안인 ACT로 대체하는 것이다.

- 수용하기(Accept): 생각, 감정, 기억 및 감각과 같은 원치 않는 사적 사건과 그것들이 드러나건 드러나지 않건 간에 직접적인 통제를 따르지 않는 외적 사건도 수용하기
- 선택하기(Choose): 자신의 활력과 목적, 의미를 확장해 줄 일련의 가치 있는 삶의 방향을 선택하기

- 행동 취하기(Take Action): 이러한 가치 있는 목적과 일치하는 전념 행동 패턴을 점점 더 확대하기

수용전념치료의 여섯 가지 핵심 임상 과정

제1장에서 우리는 가치 있는 행동을 유지하거나 변화시키는 핵심 능력인 여섯 가지 과정을 기술하였다. 이러한 과정은 총체적으로 ACT 중재 모형을 정의한다. 이 과정은 ACT에만 있는 독특한 것은 아니며, 다른 치료 모형에서는 다른 형태로 나타난다. 독특한 점이라면 ACT 치료가 인간 언어와 인지의 기능적인 속성에 대한 철저한 이론에 근거하여 함께 그것들을 끌어낸다는 것이다. ACT 치료자는 다음과 같이 내담자를 도와주고자 한다.

- 내담자의 반응 위계에서 감정 통제와 회피의 지배를 파헤치면서 수용과 기꺼이 경험하는 것을 촉진하기(수용)
- 융합, 불필요한 이유를 대거나 도움이 되지 않는 평가를 조장하여 결과적으로 사적 경험을 삶을 조성하는 활동에 대한 심리적 장애물로 기능하게 만드는 언어에 기반을 둔 과정을 파헤치기(탈융합)
- 발생하는 경험의 지속적인 흐름에 더욱더 충실히 접촉하면서 현재의 순간을 더 열심히 살아가기(현재의 순간과 접촉하기)
- 사적 경험을 수용하는 것이 덜 위협적이라는 자세를 제공하기 위해 맥락으로서의 자기 대 개념화된 자기 사이의 구분을 경험적으로 접촉하기(맥락으로서의 자기)
- 이전에 회피했던 심리적 장애물에 직면하는 것을 정당화할 삶에서의 가치 있는 결과를 확인하기(가치)
- 가치 있는 인생 목적과 일치하는 전념 행동 패턴을 점점 더 크게 확립하기(전념 행동)

이러한 여섯 가지 핵심 임상 중재 과정과 함께하는 몇 가지 중요한 원리가 있다. 첫째, 이러한 과정은 실제로 상당히 상호의존적인 관계에 있으므로 어떤 지점에서

는 다른 과정들의 발생을 자극하는 연쇄에 빠진다. 실질적으로 말해서 이러한 핵심 목적을 상세히 설명하기 위한 '정확한' 순서란 없다. 만일 당신이 가치를 명료화하고 전념 행동 패턴을 구축하는 것으로 시작한다면, 정서적 통제에 대한 과도한 의존, 행동을 차단하는 사건들과의 융합 혹은 의식의 개념화된 내용에서 영적 또는 초월적인 자기감을 분리하는 것의 어려움과 같은 쟁점을 자극할 것이다. 만일 당신이 과도한 경험적 회피를 파헤치는 것으로 시작한다면, 아마도 융합과 맥락으로서의 자기와의 접촉 상실과 관련된 쟁점을 자극할 것이고, 결국 가치 있는 전념 행동을 위해서 수용과 탈융합을 사용하게 될 것이다.

둘째, 내담자는 이들 임상적 차원을 가지고 독특한 프로파일(다음 장에서 다룰 주제임)을 표현하게 된다. 모든 내담자가 이 모든 영역에 들어맞는 것은 아니다. 어떤 내담자는 하나 혹은 그 이상의 영역에서는 그런대로 기능하지만 다른 영역에서는 심하게 차단될 수 있다. 훌륭한 ACT 치료란 이들 각각의 차원에서 내담자의 상태를 고려한 다음 보강할 필요가 있는 영역(들)을 표적으로 삼는다. 내담자가 심리적 역기능을 더 많이 표현할수록 표적으로 삼아야 할 핵심 과정은 더 많아진다.

셋째, 훌륭한 ACT 치료자는 이들 핵심 과정 중 어떤 것에 대해서도 중재를 제공할 수 있도록 매우 숙달될 필요가 있다. 모든 치료자는 자신이 선호하는 중재 및 그에 따르는 방법을 지니는 경향이 있지만 '천편일률적인' 접근의 함정은 피해야만 한다. 이러한 원리는 유능한 ACT 치료자의 핵심 능력을 정의하는 것과 결과적으로 ACT 치료자를 훈련시키고 슈퍼비전하는 것에 관한 중요한 함의를 지닌다.

넷째, 이러한 핵심 영역 중 하나 혹은 그 이상의 영역에서 발전을 촉진시키기 위해 많은 ACT 중재를 사용할 수 있다. ACT는 맥락적인 치료이기 때문에 중재의 의미는 전적으로 내담자의 독특한 학습 내력과 인생 상황에 달려 있다. 예를 들어, 동일한 은유가 많은 상이한 의미를 지닐 수 있음을 이해하는 것은 이러한 전략을 적용하는 데 더 많은 융통성을 갖게 해 줄 것이다.

수용과 기꺼이 경험하기: 경험적 통제의 지배 파헤치기

ACT 관점에서 보면, 경험적 통제는 인간 조건에서 광범위하게 퍼져 있는 것으로 생각된다. 그렇지만 내담자 개개인은 통제 전략에 더 많이 혹은 더 적게 시간을 투자할 수도 있다. 어떤 내담자는 자신이 배운 내력대로 자신의 경험에서 수용의 효과를 시험하는 데 상당히 개방적일 수 있다. 다른 내담자는 우울하고 불안한 감정의 재앙적인 결과에 완전히 융합되어 상상할 수 있는 경험의 영역에서조차 수용하지 못할 수도 있다. 특히 후자의 내담자에 대하여 우리는 통제 의제를 파헤치는 것으로 시작한다. 통제 의제의 지배가 충분히 약화되었을 때라야 우리는 수용과 기꺼이 경험하기를 촉진하는 중재를 사용한다.

통제 파헤치기

언어 공동체는 고통스럽거나 원치 않는 사적 내용이 없는 것을 '심리적 건강'이라고 주로 정의한다. 이 메시지의 어두운 면은 부정적인 사적 내용은 해롭고 위험하며, 심리적 건강의 이름으로 통제되어야만 한다는 것이다. 이러한 신념에 내재되어 있는 생각은 건강한 사람은 부정적인 사적 내용을 통제하고 제거할 수 있으며, 그 결과 심리적 건강을 얻을 수 있다는 것이다. ACT에서는 이것을 '쓸모없는 변화 의제'라고 부른다. 이 의제는 기본적으로 당신이 처음에 부정적인 내용의 원인을 탐지하고, 그 다음 원인을 제거하여 내용을 제거하는 것을 의미한다. 이러한 언어적으로 확립된 문제 해결 전략은 외부 세계에서는 잘 들어맞지만 피부 안쪽에서 일어나는 사건에 적용하면 종종 엉뚱한 결과를 낳는다. 우리는 역사를 지닌 유기체이며, 우리의 역사와 그것을 포함한 경험을 간단히 제거할 수는 없다. 원치 않는 사적인 내용을 밀어내려고 애쓰면 애쓸수록 그것의 지배력은 더욱더 커질 것이다. 임상적 문제로 인한 그러한 고통은 변화 의제를 작동시키려고 애쓰기 위해 파괴적인 경험적 회피 전략(예: 알코올, 약물, 자살 행동, 공황, 우울)에 종종 의지할 것이다. 이러한 상황은 통제에 초점을 둔 이유가 삶을 제한하는 행동의 원인(예: 나는 우울했기 때문에 일하러 갈 수 없었다, 나는 어릴 때 성적으로 학대받았기 때문에 남자들을 믿을 수 없다.)으로 전면에 내세워짐으로써 점점 더 악화된다. 변화 의제에 의하면 심리적 건강이 나타나기 전에 원인이 통제되거나 제거되어야만 한다. 하지만 관계에서 구체화된 원인은 제거될 수 없기 때문에 내담자는 함정에 빠진다.

이 핵심 영역에서 ACT의 기본 목표는 내담자에게 경험적 통제와 회피가 무엇인지 알게 해 주는 것, 내담자가 이러한 전략을 사용할 때 지불하는 대가와 경험적으로 접촉하게 하는 것, 그리고 이러한 변화 의제가 결코 실현되지 않을 가능성을 열어 두는 것이다. 내담자가 대안 및 기꺼이 경험하기와 함께 개방적으로 실험에 임하는 것만이 고통을 벗어나는 유일한 길이다. 이러한 영역에 속하는 기본적인 ACT 메시지

몇 가지는 다음과 같다.

- 당신은 파멸한 것이 아니다. 단지 함정에 빠진 것뿐이다.
- 당신이 희망이 없는 게 아니라 당신의 변화 의제가 희망이 없는 것이다.
- 통제는 문제이지 해결책이 아니다.
- 정신적 사건들의 규칙: 당신이 그것들을 덜 원할수록 더 많이 얻게 된다.
- 당신이 무엇을 시도했는가? 그것은 어떻게 작용했는가? 그것은 어떤 대가를 치렀는가?
- 당신의 감정에 대해서는 통제를 획득하고, 당신의 인생에 대해서는 통제를 놓도록 노력하라.
- 만약 당신이 투쟁을 멈춘다면 무슨 일이 일어날까?

이 영역에서 당신의 노력을 지지하는 데 사용할 수 있는 ACT의 다양한 경험적 훈련, 은유 및 자기 모니터링 과제가 있다. 더 보편적으로 사용되는 책략 중 일부를 〈표 2-1〉에 제시했다. 대부분의 이러한 중재는 ACT의 첫 번째 단행본(Hayes, Strosahl, & Wilson, 1999)에 기술되어 있다. 일단 통제 의제가 충분히 무너지면 개방이 대안으로 제시된다.

수용과 기꺼이 경험하기 발달시키기

수용은 일종의 신뢰의 도약으로서 현재 순간을 완전히 아무런 방어 없이 적극적으로 껴안는 것이다. 모든 곳에서 언제나 기꺼이 경험할 수 있는 사람은 아무도 없다. 따라서 어느 순간에 당신이 존재함을 기꺼이 받아들인다 하더라도 항상 할 일이 더 남아 있다. ACT가 시도해 보고자 하는 것은 과정—인생 그 자체는 내담자에게 자신이 참여하고 있는 과정의 가치를 보여 줄 것이다—에 문을 여는 것이다. ACT 치료의 이 부분에서 당신은 기꺼이 경험하기란 선택한 가치를 추구하면서 맞닥뜨리는 심리적 장애물과 비방어적인 접촉을 하는 선택이라고 내담자에게 가르친다. 수용과 기꺼이 경험하기를 발달시키기 위한 전형적인 ACT 중재는 〈표 2-2〉에 제시되어 있다(덧붙여 이 표에 제시된 기법들은 종종 하나 이상의 핵심 과정에 적용되지만, 명확하게 하기 위해서 우리는 동일한 기법을 여러 영역에 제시하지 않았다).

표 2-1 정서적 통제의 지배를 파헤치기 위한 ACT 중재

중 재	임상적 해설
창조적 무희망감	내담자는 또 다른 방법이 있을 수도 있음을 고려할 의지가 있는가?
당신을 치료받으러 오게 한 것은 무엇인가?	내담자가 곤경에 처했다는 생각과 궤도에서 이탈한 삶 등을 회기에 가져오기
구덩이에 빠진 사람 연습	내담자는 무언가를 하고 있는데 그것이 제대로 되지는 않고, 내담자가 땅 파는 일을 그만둘 때까지는 아무런 소용이 없음을 예시로 들기
중국 수갑 은유	내담자가 수갑에서 빠져나오려고 아무리 열심히 노력해 봤자 그곳으로 더 빠져 들어간다.
투쟁 알아차리기	괴물과의 줄다리기. 목표는 싸움에서 이기는 것이 아니고, 밧줄을 내려놓는 것이다.
호랑이에게 먹이 주기 은유	정서적 통제 전략을 더 많이 사용할수록 단계적으로 올라가는 상승 사이클에서 그것들을 더 많이 요구하게 됨을 내담자에게 가르치기
백미러 보면서 운전하기	통제 전략을 배운다 해도 소용 없을 수 있다.
새 것이 낡은 것을 대체하게 하라.	죽은 나무로 가득 찬 벌판은 새로운 나무가 자랄 수 있도록 불로 태울 필요가 있다. 소용없는 것들은 내버려 두어라.
낡은 의제에 의지하는 것을 버려라.	"그것이 당신과 같지 않은가? 그것은 익숙하지 않은가? 낡았다고 여기는 것으로 무엇을 하려는가?"
역설	혼란이 훌륭한 결과라고 내담자에게 말해 주는 것은 낡은 친숙한 논리가 여기서는 소용이 없다는 사실을 강조한다.
마이크-스피커 소음 은유	문제는 소음이 아니라 통제 전략에 의해 유발된 증폭이다.
통제가 문제다.	내담자는 원치 않는 경험과 투쟁(=통제 전략)을 어떻게 하는가?
통제의 역설: 정신적 사건의 규칙	"만일 당신이 기꺼이 그것을 하려고 하지 않는다면, 당신은 그것을 얻을 것이다."
통제의 착각 은유	사랑에 빠지기, 젤리 도넛: 긍정적인 정서나 생각조차도 통제될 수 없음을 보여 준다.
통제의 결과	거짓말 탐지기 은유: 통제를 하기 위한 '말뚝'을 높게 세우면 세울수록 결과를 통제하기가 더 어려워진다.

표 2-2 기꺼이 경험하기와 수용을 증진시키기 위한 ACT 중재

중 재	임상적 해설
갈고리 벗기기	생각/감정이 항상 행동을 이끄는 것은 아니다.
문제가 쓸모없는 투쟁임을 확인하라.	우리가 자신의 내적 경험과 싸울 때 주의가 분산되고 탈선한다. 예를 사용하라.
회피의 영향을 정의하기	회피 경험은 가치를 둔 목표 쪽으로 장애물을 향하게 하는 기능을 하게 한다.
경험적인 자각	내적인 경험에 주의를 기울이는 것과 그것들에 반응하는 법을 배워라.
스키 타고 언덕 내려가기 은유	거절로부터 두려운 경험을 받아들이는 것으로 방향을 바꿔라.
반응 확대하기	방 안의 경험을 알아차리기. '그 느낌을 좀 더 크게 할 수 있는가?' 당신은 개인적인 경험에 접근하여 그것과 함께 놀 수 있다. 경험의 강도는 종종 역설적인 방식으로 감소한다.
공감	내담자와 함께 정서적인 반응하기에 참여하기. '방금 당신에게 무슨 일이 일어났는가? 갈등 없이 그것과 그냥 앉아 있을 수 있는가?' 회피하기보다는 고요를 유지한 채 알아차리는 것을 내담자에게 가르친다.
평온을 청하는 기도	우리가 할 수 있는 것은 변화시키고, 할 수 없는 것은 받아들여라.
익숙하지 않은 것 행하기 연습	당신이 자동적인 반응으로 행동하지 않았을 때 무슨 일이 일어나는지 주의를 기울여 보라.
수용 숙제	밖으로 나가서 당신이 두려워하는 것을 찾아보고, 투쟁하는 일 없이 그냥 그곳에 있어 보라.
마음 읽기 연습	두렵거나 원치 않는 경험에 대하여 생각하도록 요구받았을 때 '급습했던' 다양한 생각을 단지 알아차려 보게 한다.
일기 쓰기	고통스러운 사건에 대하여 적어 보라.
깡통 괴물 연습	힘들었던 사건 전반에 대한 반응 차원을 체계적으로 탐색하라. 내담자에게 투쟁을 그만두고, 대신에 힘들었던 사적 경험을 단지 수용하도록 가르친다.
깨끗한 정서와 더러운 정서를 구분하기	외상=고통+고통을 기꺼이 경험하지 않기. 고통은 자연스러운 것이고 해로운 것이 아니지만 고통을 없애려는 투쟁은 외상을 낳는다.
바라기와 기꺼이 경험하기를 구분하기	문 앞의 거지 은유: 당신은 그가 거기에 있음을 행복해하지 않으면서도 손님으로 환영할 수 있다.

외상을 인정하는 법	당신은 사건 혹은 그 이상을 기꺼이 덜 경험할 것인가? 내담자에게 경험은 어떤 식으로든 회피하거나 갈등하지 않는다면 본래 외상이 아님을 가르친다.
느낌을 기꺼이 경험하기와 행동을 기꺼이 경험하기를 구분하기	마음을 여는 것은 그대로 느끼는 것보다 더 중요하다. 당신은 노출되는 것을 좋아하지 않을 때조차 기꺼이 경험하기 행동을 할 수 있다.
기꺼이 경험하기를 선택하기: 기꺼이 경험하기 질문	당신과 당신이 투쟁하고 있는 것 사이에 구분이 존재한다면, 이 상황에서 당신은 그것이 무엇이라고 말하는 대로가 아니라 그것을 있는 그대로 기꺼이 지니고 작용하는 대로 행할 수 있는가?
두 개의 저울 은유	사적인 경험이 자동적이고 통제 불가능함에 반하여 기꺼이 경험하기 수준은 의도적으로 설정될 수 있다는 것을 내담자에게 보여 준다.
분노발작 아이 은유	기꺼이 경험하기에 질적인 제한을 두는 것이 원치 않는 경험에 대한 역설적인 충동을 유발한다는 것을 내담자에게 가르친다.
탐닉하는 것과 기꺼이 하는 것을 구분하기	늪지대 통과하기 은유: 계속 가는 유일한 이유는 당신과 당신이 가고자 하는 곳 사이에 늪이 존재하기 때문이다.
얼굴을 맞대고 앉기, 시선 접촉 연습	아주 사소한 기꺼이 경험하기 행위조차도 거대한 정서적 장애물을 유발할 수 있음을 보여 준다.

기꺼이 경험하기의 질은 실무율 그 이상인 반면, 그것이 발생하는 맥락은 매우 다양할 수 있다. 어떤 느낌을 기꺼이 경험하지만 다른 느낌은 그렇지 않고, 어떤 상황에서는 기꺼이 개방하지만 다른 상황에서는 그렇지 않고, 어떤 기간에는 기꺼이 행하지만 다른 기간에는 그렇지 않는 것이 가능하다. ACT 치료자는 과정을 시작하는 방법을 찾아서 내담자가 행동에 익숙해지고, 이러한 성장 과정을 일상생활에서 지속할 수 있을 때까지 그와 함께 걸어간다. 그 후 유관성 그 자체가 유지되는데, 아마도 이것이 ACT 성과 연구의 추적 조사에서 지속되는 향상이 규칙적으로 발견되어 온 이유인 듯하다.

핵심적인 치료 메시지에 포함되는 내용은 다음과 같다.

- 기꺼이 경험하기/수용은 정서적 통제와 투쟁의 대안이다.
- 당신이 가치를 두고 있는 것을 향한 인생을 살기 위하여 당신이 받아들여야만

하는 것은 무엇인가?

- 당신이 (행동을) 통제하고 바꿀 수 있는 것에 초점을 두고 그럴 수 없는 것은 수용하라.
- 기꺼이 경험하기는 선택이지 결정이 아니다.
- 기꺼이 경험하기는 원하는 것이 아니다. 당신은 기꺼이 소유하고자 하는 어떤 것을 원할 필요가 없다.
- 기꺼이 경험하기는 행동이지 생각이나 느낌이 아니다.

일반적으로 경험적 통제에 대한 대안으로 기꺼이 경험하기/수용을 촉진하는 연습, 은유 및 행동 과제는 내담자가 직면하고 있는 갈등에 맞게 만들어질 수 있다. 예를 들어, 한 가지 흔한 ACT 전략은 공포스러운 재료를 치료 회기에서 환기시킨 다음, 다양한 연습(예: 깡통 괴물, 버스에 탄 괴물)을 사용하여 치료자의 도움하에 그 재료를 직접 내담자가 설명해 보게 하는 것이다. 기꺼이 경험하기의 질적인 속성은 가장 사소한 행위에서도 존재하고 있음을 강조하는 것도 중요하다. 몇 초 동안 기꺼이 경험하는 것은 몇 시간 동안 기꺼이 경험하는 것과 동일한 '공간'을 내담자에게 제공할 수 있다. 이러한 자각은 어떤 영웅적인 변화를 만든다는 이름으로 당신이 내담자에게 인내 수준을 초과하게 만드는 것—이것은 실패하기 쉬울 뿐만 아니라 지각된 위협 때문에 내담자의 회피 전략을 재활성화시킬 수도 있다—을 피하게 해 준다.

어떤 내담자들은 기꺼이 경험하기가 효과가 있음을 재빨리 발견하지만, 그렇지 않은 내담자도 있다. 일반적으로 효과를 빨리 발견하는 내담자는 중대한 인지적 융합 문제를 지니지 않은 사람들이다.

인지적 융합 파헤치기

인지적 융합이란 개념은 인간 고통에 대한 ACT 모형에서 핵심이다. 융합은 문자 언어에 의해 과도하게 구성된 세계에 살고 있는 인간의 경향성이다. 언어에 기반을 둔 직접적인 기능은 상당히 융합되어 있어서 인간은 종종 언어적으로 개념화되고 평가적인 세상과 직접적으로 경험하는 세상을 구분할 수 없다. 이것은 바람직한 일이 아니다. 왜냐하면 언어에 의해 인간 경험을 나타내는 어떤 것(예: 관습적인 평가 패턴, 개념화된 과거 또는 미래, 정서적 회피 규칙)은 마치 결과가 자연의 산물 그 자체인 것처럼 그것의 결과를 지닐 것임을 의미하기 때문이다.

엄밀히 말해서 융합은 다른 직간접적으로 가용한 심리적 기능을 넘어선 특정한 언어적 기능의 지배다. 그래서 예를 들어, 불안은 나쁜 것이라고 평가하는 내담자는 불안, 나쁜 것 그리고 불안해하는 '나'가 뒤엉켜 융합되어 있다. 심리적으로 말하자면 그것들은 그 순간에 하나의 대상이다. 그리고 '나', 나쁜 것 그리고 불안은 불명료할 수도 있는 어떤 다른 심리적 기능이라는 점이 중요하다.

임상적 관점에 의하면 내담자가 언어적 내용과 융합될 때 그 내용은 내담자의 행동을 넘어서 거의 완전히 지배력을 행사한다. 부정적인 사적 사건은 유해하며 인간이 기대하는 것의 반대라는 문화적으로 지지된 메시지와 융합이 연합될 때 매우 위험한 사이클이 작동된다. 내담자가 통제되어야만 하는 사적인 사건들을 제거하고 통제하기 위해 점점 더 열심히 노력하면 할수록 그는 점점 더 융합되고, 부정적인 내용의 역설적인 상승이 일어난다. 내담자의 관점에서 보면 이러한 심리적 건강에 대한 투쟁은 삶이자 죽음이다. 우리는 부정적인 생각, 감정, 기억 혹은 감각을 열린 마음으로 방어 없이 경험하는 일로 죽은 내담자를 다루어 본 적은 결코 없지만, 그것들을 가지느니 차라리 죽기를 선택할 내담자들은 많이 알고 있다.

이러한 핵심 ACT 과정의 일반적인 목표는 내담자가 융합을 만들어 내는 언어의 숨겨진 속성을 탐지하고, 사적인 경험의 '실제'를 암묵적으로 신뢰하는 확신을 흔들며, 생각과 생각하는 사람, 느끼는 것과 느끼는 사람 사이에 존재하는 '공간'을 재창조하도록 도와주는 것이다. 당신은 내담자에게 날아가는 언어를 붙잡게 함으로써 사적인 사건을 충고하는 대로가 아니라 정말로 있는 그대로 보도록 가르치려고 노력할 것이다. 생각과 평가로부터 탈융합하는 것은 심리적 장애물로서 기능하는 능력을 감소시키므로, 이것은 궁극적으로 내담자가 보다 더 일관성 있는 토대 위에서 기꺼이 경험하기와 수용 전략을 사용하게 해 준다.

당신이 치료 요소에서 공격하게 될 세 가지 특히 파괴적인 융합 형태는 다음과 같다.

- 평가와 얽매인 사건 간의 융합
- 고통스러운 사건의 상상 속 유해성과의 융합
- 내담자가 '이야기'를 형성하는 자의적인 원인 관계와의 융합
- 개념화된 과거 또는 미래와의 융합

이러한 핵심 과정 동안의 핵심적인 치료 메시지는 다음과 같다.

- 당신의 마음은 친구도 아니고 적도 아니다.
- 여기에서 책임지는 자는 누구인가? 마음인가 아니면 사람인가?
- 당신의 생각과 감정은 행동의 원인이 아니다.
- 당신의 과거에 대하여 가장 위험한 일은 당신의 마음이 과거를 미래로 만들 것이라는 것이다.
- 당신은 어느 것을 신뢰하겠는가? 당신의 마음인가 아니면 경험인가?
- 옳은 것이 더 중요한가 아니면 효과적인 것이 더 중요한가?

이러한 임상적 목적을 추구하기 위해 보편적으로 활용되는 ACT 중재 중 일부가 〈표 2-3〉에 제시되어 있다. 이러한 중재에는 담론의 적어도 네 가지 분명한 수준이 존재한다. 하나의 수준은 매우 자동적이고 프로그램화할 수 있는 성질을 나타내기 위하여 직접적인 방식으로 언어와 생각의 기본 속성을 대상으로 작업한다(예: 우유, 우유, 우유; 숫자 기억하기). 두 번째 중재 수준은 자의적인 관계가 얼마나 쉽게 개념적인 수준에서 형성되는지를 보여 주기 위해 고안되었다(왜, 왜, 왜; 자서전 다시 쓰기). 이 두 수준은 개인 내력과 마음의 현재 상태와 같은 것을 '설명'하는 경우, 마음의 유용성에 대한 건강한 회의론을 내담자가 발달시키는 것을 돕기 위해 고안되었다. 담론의 세 번째 수준은 사건의 본래 속성으로서의 평가(좋은 컵, 나쁜 컵; '그러나'를 떼어 내기)와 반대되는 인간 활동으로서의 평가에 대한 융합을 공격하는 것이다. 이러한 중재 세트는 기본적으로 이유 대기의 평가적인 기능에 대한 내담자의 '애착'을 공격한다. 중재의 네 번째 수준은 주의를 생각의 산물보다 생각의 과정으로 돌리는 것이다(예: 그러한 생각을 하는 당신의 마음에 고마워하기, 마음을 '그것'으로 만들기, 시냇물 위의 나뭇잎).

표 2-3 탈융합을 증진하기 위한 ACT 중재

중 재	임상적 해설
'마음'	'마음'을 외적 사건, 즉 거의 별개의 사람으로 취급하라.
정신적 감사: 그러한 생각을 하는 당신의 마음에 감사하라.	내담자에게 마음으로부터 자기를 분리하는 방법과 마음의 산물에 대한 미학적인 감사를 표현하는 방법을 가르쳐라.

범주 명명하기	치료자는 사적 사건을 은연중에 동조하는 대화로 기능하는 것으로 명명한다.
"나는 ……라는 생각을 하고 있다."	회기 내 언어 연습을 사적 사건의 기술에 범주 명명을 포함하는 것으로 바꾸라.
생각 '구입하기'	생각과 믿음을 구분하기 위해 적극적인 언어를 사용하라. 자동적인 선택이 아니라 의식적인 선택으로 평가를 하라.
Titchener의 반복(우유, 우유, 우유)	내담자는 고통스러운 생각(나는 상처받았다.)을 더 이상 생각처럼 들리지 않을 때까지 자꾸 반복한다.
물체화하기	이름을 붙여라. 생각의 물리적인 차원은 집착을 줄여 주고, 생각의 경험을 재맥락화한다.
그것들과 거리두기	내담자 곁에 앉아서 각각의 생각과 경험을 사물 형태로 만들어라. 사건과 그것을 지각하는 사람 간의 '거리'를 창출하라.
소리내서 말하기	고통스러운 생각을 매우, 매우 천천히 말하라.
노래하기	당신의 생각을 노래로 불러라.
바보 목소리	도널드 덕 목소리 같이 다른 목소리로 당신의 생각을 말하라.
양극성: 당신은 완벽함과 동시에 쓰레기라는 경험적 연습	생각의 평가 구성 요소를 강화하여 그것을 정반대편으로 끌어당겨서 지켜보아라. 그것은 언어, 자기 평가의 변증법적 본질을 강조한다.
나에게 걷는 법을 가르쳐라.	비언어적 행동을 지시하려고 해 보아라. 그것은 행동 전체를 이해하는 데 언어의 한계가 있음을 보여 준다.
당신의 마음은 당신의 친구가 아니다.	당신의 마음은 마음이 없다고 가정하라. 당신은 누구를 믿는가? 당신의 경험인가 아니면 당신의 마음인가?
그 일로 잘못되는 것은 누구인가?	만일 기적이 일어나서 (이유 목록에서) 아무것도 바뀌는 일 없이 이 일이 해결된다면, 그 일로 잘못되는 것은 누구인가?
이상한 고리	정상적인 생각에 원래부터 존재하는 문자적 역설을 지적하라.
생각은 원인이 아니다.	'생각을 생각으로 생각하면서 그리고 x를 하는 것이 가능한가?'
옳은 것을 택할 것인가 아니면 사는 것을 택할 것인가.	만일 당신이 나머지 것을 즐기기 위해 하나를 지불해야 한다면, 어느 것을 선택하겠는가?
여기에는 모두 네 명이 있다: 당신, 나, 당신 마음 그리고 내 마음	마음이 듣고 있을 때 사람들과 어떻게 연관되는지에 대해 치료 논의에서 공개한다.

누가 책임자인가? 당신인가 아니면 당신의 마음인가?	생각을 깡패로 취급하라. 내담자와 내담자의 마음 사이를 구분하는 것을 보여 주기 위해 화려한 언어를 사용하라.
당신의 마음과 함께 산책하라.	당신이 어느 곳으로 걸어갈지 선택하는 동안 마음이 재잘거리는 내담자 뒤를 걸어가라. 이것은 내담자에게 정신적인 재잘거림을 하고 선택하는 것을 가르친다.
이것은 얼마나 오래되었는가? 이것은 당신과 같은가?	내용에서 한 발 물러나 이 질문을 해 보라.
그것은 효과가 있는가?	내용에서 한 발 물러나 이 질문을 해 보라.
좋아. 당신이 옳다. 그래서?	'옳음'을 주어진 것으로 취하라. 그리고 행동에 초점을 두어라.
Mary는 작은 ……을 가지고 있었다(Mary had a little ……).	흔한 문구를 말하고 나머지 단어를 남겨 두어라. 내담자가 갈등하고 있는 생각의 자동적인 성질과 연결시켜라.
'그러나'를 떼어내기	사실상 자기 참조적인 '그러나'의 사용을 '그리고'로 대체하라. 이것은 내담자에게 '둘 다 그리고'의 변증법을 가르쳐 준다.
그 수가 뭐였지?	단순한 일련의 수를 가르친 다음 이러한 정신적 사건의 자의성과 연속성을 지적하라.
왜, 왜, 왜?	반복해서 '왜'라고 물어봄으로써 원인을 설명하는 것의 피상성을 보여 주라.
새로운 이야기 만들기	정상적인 이야기를 적은 다음, 반복해서 그 사실들을 다른 이야기에 통합하라.
자유로운 생각 찾기	내담자에게 자유로운 생각을 찾으라고 요구하라. 어떤 것과도 관련되지 않은 자유로운 생각은 언어 고유의 역설을 보여 준다. 성공은 다른 생각과의 연관을 요구한다.
'x'를 생각하지 않기	생각하지 않으려는 생각을 구체화하고 나서 당신이 그 생각을 하고 있음을 알아차려라.
평가될 수 없는 것을 찾기	방 안을 둘러보고, 그 어떤 것도 부정적으로 평가될 수 있음을 알아차려라.
카드를 하나씩 튕기기	3×5 카드에 고통스러운 생각을 적은 다음 내담자의 무릎에 그 카드들을 튕기고 그것들에 손을 대지 않게 하라.
카드 지니고 다니기	3×5 카드에 고통스러운 생각을 적은 다음 그것들을 지니고 다녀라.
열쇠 지니고 다니기	내담자의 열쇠에 고통스러운 생각과 경험을 할당하라. 내담자가 열쇠를 손으로 만지작거릴 때마다 그 생각을 하나의 생각으로 생각하도록 하라. 그 열쇠와 생각을 계속 지니고 다녀라.

현재 순간과 접촉하기: 과정으로서의 자기

수용과 탈융합은 현재 순간, 가치와의 연결 및 삶을 '드러내는 데' 도움이 된다. 현재에 존재하는 것은 활력, 자발성, 연결 및 창의성의 특질에서 나타난다. 치료가 개념화된 내용, 즉 종종 상당히 평가적이고 과거나 미래에 대한 언어적인 일시적 관계를 짊어지게 될 때, ACT 치료자는 그 과정을 현재로 되돌린다. 이것은 회피와 융합을 파헤치는 경향이 있고, 지금, 지금, 지금 발생하고 있는 지속적인 알아차림 과정을 경험하는 토대를 제공한다(RFT에서는 과정으로서의 자기라고 부름; Barnes-Holmes, Hayes, & Dymond, 2001).

이러한 초점두기의 이점은 치료 관계와 치료자의 유연성에서도 느껴진다. 현재에 참여하는 것은 다음과 같은 사소한 내담자 행동을 다룰 때, 다양한 분석 수준에 대한 민감성을 요구한다. 즉, 내담자가 말하거나 행동하는 것의 내용, 그 순간에 발생하는 특별한 행동으로서의 이것(예: 생각하기, 감정을 느끼기, 기억하기, 감각을 느끼기), 그 순간에 발생하는 기능적인 과정으로서의 이것(예: 정서적 회피), 회기 밖 행동의 예로서의 이것, 그 순간에 발생하는 치료 관계에서의 움직임으로서의 이것 그리고 사회적 행동의 일반적인 견본으로서의 이것이다. 내용을 회피하는 것은 가능하지 않지만, 종종 더욱더 중요한 수준은 말하고 있는 문자적인 이야기의 밖에 존재하는 것들이다. 핵심적인 치료 메시지는 다음과 같다.

- 인생은 당신이 문제를 제거할 때 살아가게 되는 어떤 것이 아니다. 인생은 지금 진행되고 있다.
- 기쁨의 순간만큼이나 고통의 순간에서 살아갈 일도 많다.
- 당신은 이제 당신 내면에서 그리고 우리 사이에서 진행되고 있는 것을 기꺼이 알아차리겠는가?
- 생각과 감정은 종종 과거나 미래에 대해서도 나타나지만, 지금과 지금의 관점에서 경험된다.

더 흔한 행동 과제, 은유 및 연습의 일부가 〈표 2-4〉에 제시되어 있다. 현존하는 것을 알아차리는 능력을 확장하는 것이 마음챙김의 특징이며, 이러한 연습이 도움이 될 수 있다. 체내 수용기 노출, 목록 만들기 및 관계에서 느낌의 의사소통은 현재에 초점을 둔 중재의 예다. 맥락으로서의 자기와 과정으로서의 자기는 중첩되는데, 그 이유는 현재 순간에 경험되는 것을 알아차리는 것(과정으로서의 자기)을 포함하는 연습은 또한 알아차리는 '당신'을 가리키는 기회(맥락으로서의 자기)가 되기 때문이다.

표 2-4 현재 순간과의 접촉을 증진시키기 위한 ACT 중재

중 재	임상적 해설
그곳에 존재하는 것을 드러내기	지금 당장 당신에게 나타나고 있는 것은 무엇인가? 내담자를 현재로 데려오라. 이것은 종종 감정 변화가 일어날 때 혹은 아무런 감정도 없을 때 사용된다.
지금 당장 당신은 이것에 대해 어떻게 느끼는가?	내담자를 자극하거나 환기시키는 내용과 관련된 치료자와의 즉각적인 상호작용에 데려오는 치료 관계 상호작용
단지 알아차림 연습	내담자에게 현재 존재하는 어떤 생각, 감정, 기억 혹은 감각을 단지 알아차리게 하라.
마음챙김 연습	통제된 호흡하기, 내담자가 현재에 존재하도록 고안되고 설계된 시각화 연습. 이것들은 종종 회기 시작 시 유용하다.
현재에 존재하는 것이 필요한 시기를 확인하기	내담자에게 절대적으로 현재에 존재하는 것이 필요한 상황(예: 응급 상황)을 확인하게 하라.
깡통 괴물	감정을 회기에 가져온 다음 내담자가 그 감정을 새로운 맥락에서 보게 하라.
경험적 추구	내담자가 방 안의 풍경, 냄새, 소리 및 기타 감각에 초점을 맞출 것을 요구하는 현재에 존재하는 연습
지속적인 반응을 일기로 쓰기	내담자에게 생각, 감정, 기억 및 감각의 환기에 초점을 두면서 매일의 사건에 대한 반응을 이야기 방식으로 일기를 쓰게 하라.
시냇물 위의 나뭇잎 연습	내담자에게 눈을 감은 채 각각의 사적인 사건을 알아차린 다음, 각 사건을 흐르는 시냇물 위의 나뭇잎에 올려놓게 한다. 이것은 간단하게 알아차림하는 데 유용하다.
미래 – 과거 – 지금	내담자에게 대화가 과거나 미래로 전환되는 바로 그 순간을 알아차리도록 요구한다.
인간으로 존재하는 연습	대상이 아닌 한 사람의 인간으로서 또 다른 사람과 함께 현재에 존재하려고 노력하라. 당신이 보고 경험한 것을 알아차려라.

개념화된 자기와 맥락으로서의 자기 구분하기

ACT의 또 다른 핵심 과정은 당신의 내담자가 인간의 사적인 경험의 내용과 그러한 경험이 발생하는 맥락 사이의 구분을 경험하게 하는 것이다. 대부분의 내담자는 우리 모두에게 가용한 변치 않는 자기감과 접촉하는 기술이 충분하지 못하기 때문에 분리에 어려움을 겪는다. 이것이 바로 ACT가 '맥락으로서의 자기'라고 기술하는 것이다. 이것은 단순한 심리적 알아차림의 맥락으로서 경계가 없다. 맥락으로서의 자기는 우리가 언제나 존재해 오고 있는, 내가 지금껏 보아 온, 내가 존재하는 어디에나 있었던 '나'에 대해서 우리가 언급하는 방식이다. 만일 개인이 이러한 심리적 공간과 신뢰할 만하게 접촉할 수 없다면, 매일의 인간적인 경험의 산물은 매우 위협적일 것이다. 만일 생각과 생각하는 사람, 느낌과 느끼는 사람 간의 구분이 없다면 이러한 사건들의 내용은 갈등을 유발할 것이다. 단지 인간 역사의 산물일 뿐인 존재하는 그대로를 보게 되면, 특별히 투쟁할 필요가 없다. 이러한 과정에 표적을 둘 때 당신은 내담자가 이런 간단하지만 손에 잡히지 않는 알아차림을 발달시키도록 다양한 은유, 연습 및 행동 과제를 사용할 것이다. 핵심적인 치료 메시지는 다음과 같다.

- 당신은 당신의 생각, 정서, 기억, 역할이 아니다.
- 당신의 인생 전체를 나타냈던 '~와 같은 것'이 아닌 당신이 존재한다.
- 무언가가 두려울 때 누가 그것을 알아차리는지 주목하라.
- 당신은 완벽하게 당신 자신의 경험을 경험한다.
- 당신이 알아차린 내용은 당신보다 더 크지 않다. 그 내용을 포함하는 것은 당신이다.
- 당신은 있는 그대로를 경험할 수 있는 안전한 장소다.

맥락으로서의 자기를 촉진하기 위해 개발되어 온 다양한 ACT 중재가 〈표 2-5〉에 목록으로 제시되어 있다. 당신이 알다시피 이것은 ACT의 마음챙김과 명상을 구성하는 일부 요소다. 당신의 내담자는 이러한 공간과 직접적인 경험적 접촉을 하여 그것의 독특한 비언어적 특질을 이해할 필요가 있다. 내담자가 개념화된 자기(내담자의 인생 이야기, 자기 평가 등)와 이러한 사건들이 발생하는 맥락(나는 이러한 생각, 감정, 평가 등을 하는 사람이다.) 사이를 구분할 수 있을 때, 장기적인 심리적 유연성을 구축하

표 2-5 맥락으로서의 자기를 증진시키기 위한 ACT 중재

중 재	임상적 해설
관찰자 연습	다양한 경험의 영역에서 누가 알아차리고 있는지 주목하라. 이것은 경험의 근원으로서의 자기로 주의를 되돌린다.
치료 관계	내담자 경험의 무조건적인 수용을 모형화하라.
체스판 은유	내담자에게 '좋은' 사적 사건과 '나쁜' 사적 사건은 단지 의식의 구성 요소일 뿐임을 보여 준다.
집 안의 가구 은유	예쁘고 추한 가구는 모두 그 집의 특징에 포함되고 측정된다. 내담자에게 불쾌하거나 부정적인 내용은 그것을 소유하고 있는 사람'보다 더 크지' 않음을 보여 준다.
감정 확신 대 행동 확신	자기에 대한 본래의 충실함을 반영하는 행동을 하라. 이것은 내담자에게 행동의 결과가 아니라 자기 충실성의 질이 중요하다는 것을 가르쳐 준다.
자전거 타기	당신은 항상 균형을 잃고 넘어지지만, 여전히 앞으로 나아간다. 이것은 맥락으로서의 자기와의 접촉을 잃었다가 다시 얻는 지속적인 경험에 대한 은유다.
경험적 중심두기 연습: 관점의 순차적인 확장	의자, 천장, 지붕, 지붕에서 100마일 위에서 자기 관점과 접촉하라. 이것은 관점의 변화에도 불구하고 동일한 자기 자각이 존재함을 보여 준다.
무조건적인 수용 실천하기	존재하는 그대로를 허용하기: 자기를 있는 그대로, 완전하게 만들어진 대로, 존재해야만 하는 그대로 받아들여라.
당신을 당신이라고 부르는 당신	인간 경험에서 변하는 것은 무엇이고 변하지 않는 것은 무엇인지 분리하라. 생각, 정서, 신체적 성숙은 변하지만 의식은 결코 변하지 않는다.
두 대의 컴퓨터 연습	내담자에게 내용에서 뒤로 물러나 앉는 것이 맥락으로서의 자기와 접촉하는 유일한 방법이며, 내용과 가까이하는 것은 너무 위협적이어서 내려놓을 수 없음을 가르친다.
프로그래밍 과정	내용은 항상 생성된다. 회기 내에서도 일부를 생성한다. 이 내용을 관찰하는 누군가가 있음을 알아차려라.
자기 평가는 자기 경험과는 다르다.	자기에 대한 생각/감정(심지어 '좋은' 것일지라도)은 의식의 직접적인 경험을 대체하지 못한다.

분석의 대상으로서의 자기	개념화된 자기를 '좋은 것'과 '나쁜 것' 둘 다로 기술하라. 이것은 내담자에게 어떻게 평가가 변하는지와 항상 평가자가 존재하고 있음을 보여 준다.
말 등에 타기	그들은 항상 회기의 안과 밖에서 맥락으로서의 자기 관점을 취했다가 그만두었다 할 것이라는 사실과 연관시키기
관찰자 자기와 개념화된 자기를 대비시켜라.	정체성 선택 연습

는 중요한 발걸음을 내딛게 된다.

가 치

인간을 동물의 왕국의 다른 동물과 구분하는 모든 속성 중에서 아마도 목적을 생각해 내고 그러한 목적을 위해 행동하는 능력만큼 중요한 것은 없을 것이다. 정서적 통제와 회피의 덫에 걸려 있는 내담자들은 목적 지향적이고 풍요로운 행동 패턴을 이끄는 '안내 기제'를 천천히 상실한다. 그들의 행동은 원치 않는 사적 사건이나 고통스러운 외적 결과를 통제하고 제거하려는 '노력'을 점점 더 많이 하게 된다. 시간이 흐름에 따라 이러한 의제의 대가는 "당신의 감정을 통제하려고 노력하라. 그러면 당신의 인생에 대한 통제를 잃게 될 것이다."라는 ACT 격언에서 구체화된다. ACT의 궁극적인 목표는 내담자가 자신의 가치와 일치하는 인생 방향 감각을 되찾고, 그런 다음 그러한 가치들과 일치하는 방식으로 행동을 시작하도록 돕는 것이다. ACT에서 우리는 내담자가 '느끼기 위해 느낌과 접촉'하게 하는 데는 별로 관심이 없다. 자신의 정서적인 수프에 빠져 허우적대는 것에 대하여 본질적으로 삶을 고양시키는 것은 아무것도 없다. 내담자에게 '뜨거운' 사건에서 거리를 두고, 맥락으로서의 자기로부터 그러한 사건들을 경험하고, 정서적 통제에 대한 투쟁을 내려놓으라고 가르치는 이유는 사적 경험들이 가치를 둔 행동에 대한 장애물로 기능하기 때문이다. 인생에서 가치 있는 목표를 추구하기 위해서 내담자는 인간으로 존재하는 것과 함께하는 모든 부정적인 내용을 기꺼이 소유해야만 한다. ACT 치료의 이런 점에서 당신은 내담자가 심리적 장애물과 방어 없이 접촉하도록 가치 있는 인생 방향을 명료화하기 시작하는 것을 도와줄 것이다. 주요한 치료 메시지는 다음 내용을 포함한다.

- 당신은 무엇이 당신의 인생을 상징하기를 원하는가? 당신을 지금 그것을 하고 있는가?
- 인생의 방향을 선택할 수 있는 세상에서 당신은 무엇을 선택할 것인가?
- 가치 있는 목표를 향해 나아가기 위하여 수행할 필요가 있는 것을 기꺼이 하겠는가?

더욱 공통적인 행동 과제, 은유 및 연습 일부가 〈표 2-6〉에 제시되어 있다. ACT의 이 부분에서는 그 일이 발생할 때마다 가치 명료화에서 공식적인 시도가 정상적으로 있을 것임을 주목하라. 첫 번째 ACT 책은 가치를 평가하고 특정한 목표, 행동 및 전략을 수립하기 위한 방법들의 의미 있는 개발을 자극해 온 가치 평가 프로토콜을 제시한다. 그런 장치 중 하나가 의료 전집에서의 ACT 장에 제시되어 있다. 이 책을 저술하는 시점에도 가치 있는 인생 질문지(Valued Living Questionnaire) 같은 몇 가지 다른 가치 평가 질문지가 개발 중이다.

전념 행동 패턴 구축하기

ACT를 본질적으로 행동치료로 만드는 것은 창조적 무희망감, 탈융합, 자기와의 연결, 수용, 현재 순간과의 접촉 및 가치두기가 가치 있는 목표에 도움이 되는 내담자의 행동에서 실질적인 구체적 차이를 이끌어야만 한다는 점이다. 내담자가 빠지는 함정은 정서적 · 행동적 회피를 더욱더 증가시키는 것을 제외한 어느 곳으로도 나아가지 않으려는 매우 정교한 행동 패턴을 포함한다. ACT의 목표는 내담자가 이러한 함정의 본질을 파악하고, 삶에 도움이 되도록 그러한 함정을 빠져나오는 방법을 발달시키는 것이다. 결국 내담자는 '퇴장하여 반대 의사를 표명'해야만 하거나 그 시간을 허비하게 된다.

동시에 가치 있는 행동에 참여하는 것은 거의 불가피하게 심리적인 장애물을 촉발한다. 아무도 장애물을 건들지 않고 인생을 쉽게 살지는 못한다. 이 시점에서 묻게 되는 핵심 질문은 '장애물을 경험하면서도 기꺼이 앞으로 나아갈 것인가 아니면 멈출 것인가?'이다. 이러한 기본적인 질문이 떠오르는지 여부보다 어떤 형태로, 언제, 얼마나 자주 이런 질문을 하게 되는지가 중요하다. 이러한 핵심 과정은 종종 ACT의 정점이 되는데, 그 이유는 일단 전념 행동 패턴이 발달하면 삶을 장악하게 되고 치료

표 2-6 가치 명료화 및 가치 있는 목표 추구를 위한 ACT 중재

중 재	임상적 해설
당신의 가치는 완벽하다.	가치는 평가될 수 없으므로 당신의 가치는 문제가 아님을 지적하라.
묘비	환자에게 자신의 묘비에 자신을 상징하는 것을 쓰게 하라.
추모사	내담자에게 자신이 가장 듣고 싶어 하는 추모사를 들어 보게 해 주어라.
당신은 무엇이 당신의 인생을 상징하기를 원하는가?	내담자에게 어떤 유형의 반응을 요구하는 특정한 인생 딜레마를 위한 가치 중재
가치 명료화	모든 주요한 인생 영역에서 가치를 목록으로 작성하라.
목표 명료화	이러한 가치들을 예시하는 구체적인 목표를 목록으로 작성하라.
행동 명세화	이러한 목표들을 이끄는 구체적인 행동을 목록으로 작성하라.
장애물 명료화	이러한 행동들을 택하는 데 따른 장애물을 목록으로 작성하라.
입장 취하기	내담자에게 자리에서 일어나서 회피하는 일 없이 가치를 선언하게 하라.
당신이 가치를 두고 있는 것과 일치하는 삶 속에서 당신은 무엇을 하고 있는가?	최근 행동과 가치 있는 인생 목표 사이의 불일치를 강조한다. 이것은 동기부여 효과를 얻을 수 있다.
외상 편향	당신은 가치를 두고 있는 것과 접촉하기 위해 어떤 통증을 겪어야만 하는가?
즐길 게임 고르기	게임을 '당신이 아직 존재하지 않는 곳이 지금 존재하고 있는 곳보다 더 중요하다고 가정하는 것'으로 정의하라. 가치를 게임을 선택하는 것으로 정의하라.
지평선 가리키기	가치는 지평선의 어느 한 곳을 가리키는 것과 같다. 목표는 나무를 향하여 나아가는 것과 같다.
아무도 모른다면 어떻게 하지?	아무도 당신이 무엇을 성취했는지 모를 수 있다고 상상하라. 그때 당신이 가치를 두고 있는 것은 무엇인가?

자의 역할이 수행되기 때문이다.

전념 행동 패턴의 시작은 미약하지만, 이러한 ACT 단계의 일부 목표는 내담자에게 패턴을 점점 더 크게 구축하는 방법을 보여 주는 것이므로 행동 습관은 내담자에게 그것들과 싸우기보다는 흥미를 제공하는 역할을 한다. 한 순간에 전념을 유지하

는 것이 출발점이며, 하루 동안 그렇게 하는 것은 향상이고, 한 주 동안 그렇게 하는 것은 훨씬 더 나아지는 것이다. 때로 일어나는 실수는 문제가 되지 않는다. 왜냐하면 훨씬 더 큰 전념 행동 패턴을 구축하면서 만나는 장애물이 해결될 수 있는 것이 바로 그 순간이기 때문이다. 실수에 책임을 지는 것과 실수와는 다른 무언가를 하는 것은 '전념하라 그리고 실수하라.' 패턴('전념하라, 실수하라 그리고 그만두어라.'가 훨씬 더 나쁜 패턴임)이 더 광범위하고 더 오래 걸리고 더 심오하고 더 정교화된 전념 행동 패턴으로 될 수 있게 해 준다.

지금껏 우리가 알다시피 이 과정에 결승점은 없다. 얼마나 '큰' 것을 얻는지와 상관없이 얻게 될 더 '큰' 것이 있다. 전념하는 것은 전념이 결코 실패하지 않음을 의미하지는 않는다. 전념은 확장된 순간에서 가치를 영위하는 것을 포함한다. 이것은 우리가 실패하지 않을 것임을 의미하지 않는다. 즉, 그것은 우리가 자신을 포기하지 않고 있음을 의미하며, 우리가 실패할 때 실패에 책임을 지고 다시 전념한다는 것을 의미한다.

이 핵심 과정에서 주요 목표는 현재의 연속적인 순간을 향한 접근을 포함하는 지속 가능하고 가치에 기반을 둔 행동 패턴을 내담자가 발달시키도록 돕는 것이다. 이 단계의 핵심적인 치료 메시지는 다음과 같다.

- 과정이 목표가 되는 경우 목표는 단지 과정일 뿐이다.
- 자신감 있게 행동하는 것은 자신감을 느끼는 것과는 다르다.
- 당신은 반응-가능한 사람이다.
- 효과적인 행동 패턴을 점점 더 크게 구축하는 데 초점을 두어라.
- 만일 실수하면 패턴을 알아차리고 전념으로 되돌아오라.
- 장애물이 드러날 때에도 당신이 가치를 둔 것을 향하여 계속 나아갈 수 있는가?

이 단계에서 ACT는 다양한 '여행' 메시지를 의미 있게 사용한다. 여행에서 목표는 결과에 도달하는 것이 아니라 결과를 추구하는 과정에 참여하는 것에 있다. 더욱 공통적인 행동 과제, 은유 및 연습의 일부가 〈표 2-7〉에 제시되어 있다. 전념 행동은 한정된 목표와 함께 출발할 수 있으며, 내담자가 행동을 기꺼이 경험하는 것을 확장하는 것으로 시작한다. 우리는 이러한 행동의 규모에는 별 관심이 없고, 이 행동이 내담자가 가치에 기반을 둔, 접근 지향적인 행동과 경험적인 접촉을 시키는 정도에 관심이 있다. 사실상 어떤 내담자에게는 활력을 향하여 미약하게 한 발을 내딛는 것조차 더 큰 장소에 내담자를 옴짝달싹 못하게 가두는 것과 동일한 심리적 장애물을 즉시 유발할 수도 있다. 예를 들어, 만성적으로 곤경에 처해 있는 내담자는 사회에서 기능하고 기여하는 구성원이 될 가능성에 대해 갈등할 수도 있는데, 그것은 내담자의 '이야기'가 더 이상 옳지 않음을 의미하기 때문이다. 또 다른 내담자는 겉으로는 솔직해 보이는 가치에 기반을 둔 목표가 실패할 때, 좌절하면서 철수하기 시작할 수도 있다. 장애물이 무엇이건 당신은 내담자가 결과에 집착하는 대신 과정을 즐기고 배우도록 지속적으로 격려해야 한다. 과정과 접촉하는 것에서 내담자가 무엇을 배우건 간에 내담자는 한 명의 인간 존재로서 성장하는 것을 배울 필요가 있다.

표 2-7 전념 행동 패턴을 증진시키기 위한 ACT 중재

중 재	임상적 해설
목표와 과정의 관계	전념 행동은 과정이 목표가 되는 과정에서 출발한다.
스키 타고 산을 내려가기 은유	내려가는 것이 올라가는 것보다 더 중요한데, 당신은 스키를 탈 수 없다. 만일 헬리콥터가 당신을 아래로 실어다 준다면 그것은 스키를 타는 것이 아니다. 이것은 행동의 결과에 초점을 두는 내담자의 경향성과는 반대로 작용한다.
스위치백 산악 철도 은유	산 정상에 도달하는 데 틀린 방향으로 가는 것 같지만, 실은 그것이 정상에 갈 수 있는 유일한 방법임을 알고 그 방향으로 가는 것이 필요하다. 이것은 내담자가 인생 목표를 향한 '진전'을 잘못 평가하는 것을 피하면서 전념 행동에 대한 장애물을 예상하게 해 준다.
도보 여행자 은유	산을 오르는 길에 당신은 결코 그곳에 도착하지 못할 것이라고 확신할 수도 있다. 쌍안경을 들고 골짜기를 가로지르는 사람은 당신이 제대로 가고 있음을 볼 수 있다. 이것은 내담자에게 결과에 대한 강조를 줄이고 전념에 열중하라고 가르친다.
코카콜라 대 세븐업	내담자에게 좋아하는 음료수를 선택하라고 한 다음 그것을 좋아하는 이유를 반복적으로 물어본다. 이것은 선택이 이유를 위해서가 아니라 이유들로 만들어진 행동임을 강조한다.
선택하지 않음을 선택하기	선택하지 않는 것도 선택이기 때문에 당신은 선택을 회피할 수 없다. 이것은 내담자가 행동을 선택하는 것이 현존하고 있음을 인정하도록 해 준다.

책임감 대 비난	당신은 반응-가능한 사람이다. 그것은 비난하는 것과는 다르다. 이것은 내담자에게 자기 비난은 행동할 수 있는 것과는 관계가 없음을 가르친다.
책이나 종이에서 뛰어오르기	내담자에게 문제가 되는 것은 전념 행동의 규모가 아님을 가르친다. 문제가 되는 것은 전념 행동의 질이다. 이것은 실패율이 높은 영웅적인 전념을 하는 것을 회피하게 한다.
손을 펜으로 찌르기	건강 회복은 이것—당신은 그것을 할 것인가—을 필요로 했음을 가정하라. 이것은 바람직한 인생 목표를 향해 나아가려면 일부 고통스러운 내용을 받아들여야만 한다는 기대를 창출한다.
당신의 인생을 되돌려 본다면 누가 옳았을까?	어떤 내담자들이 지니고 있는 옳고 그름 쟁점은 전념 행동으로 자기 패배적인 결과를 이끌 수도 있음을 다룬다.
낚시 은유	내담자가 인생 문제를 비난하는 또 다른 사람을 자유롭게 해 줄 필요성을 다룬다.
용서: 자신에게 은혜 베풀기	용서 행위는 잘못된 행동을 부인하는 것이 아니라 자기를 향해 은혜를 베푸는 행위임을 구체화한다.
어린아이와 마주하기	어른에게 무언가를 요청하는 어린 시절로 내담자를 돌아가게 한다.
일단 이긴 다음 놀아라.	가치 있는 것(그것은 '얻을' 수도 논리적으로 도출될 수도 없기 때문에)을 선택한 다음 전념 행동을 시작하라.
각각의 행동에 책임지기 (예: 나는 금주를 선택한 사람인데, 목요일에 술을 마신 다음 '금주가 뭐가 중요해. 나는 그럴 수 없어.'라고 생각했고, 내 전념을 포기했다.)	서술적인 자기 기술로 전념하면서 내담자의 성공과 실패를 한 줄로 나란히 편집하라. 이것은 실패 혹은 실패의 배열 때문에 내담자가 전념을 포기하는 것을 막아 준다.

전념 행동은 수용과 탈융합을 필요로 하는 장애물을 생성하면서 동시에 활력을 생성하기도 한다. 우리가 창출한 이야기 중 하나는 우리에게 살아 있고 도덕적이고 활력이 있음을 느끼게 해 줄 어떤 성취가 존재한다는 것이다. 그렇지만 우리가 활력을 발견하는 것은 우리의 움직임과 현재 순간에서다. 실제에서 이것이 의미하는 바는 가치와 일치하는 어떤 움직임이 아무리 작다 하더라도, 우리 내담자들에게 활력을 추가해 줄 것이라는 점이다. 물론 아주 조금 움직이는 내담자는 멈춰 버릴 수도 있고, 자신이 예전에 움직였을 수도 있고 혹은 더 많이 움직였을 수도 있다는 사실을

반영할 수도 있다. 그런 반영에 옴짝달싹 못하고 갇히는 것은 지금-여기를 벗어나 '오직…… 하기만 한다면'의 개념화된 세계에 빠지는 것이다. 그 세계에서는 활력이란 없다. 유일한 해결책은 병적인 반영의 순간에 활력의 결여를 알아차리고, 전념으로 다시 돌아온 다음 그 순간에 활력을 알아차리는 것이다.

수용전념치료 치료자의 능력

ACT 치료자의 핵심 능력을 기술하기는 어렵다. 왜 그런가? 왜냐하면 ACT가 만들어 내는 공간은 회기마다 순간마다 새로운 행동 과제, 경험적 연습 및 은유를 이끌어 내기 때문이다. 이것이 바로 ACT를 단순히 한정된 세트의 과제, 연습, 은유 및 숙제로 기술하는 것이 ACT에 참여하는 사람들에게 해를 끼치는 이유다. 만일 ACT의 목표가 내담자에게서 심리적 유연성을 끌어내는 것이라면, 치료자는 확실히 심리적 유연성을 모델링해 주어야만 한다. ACT는 기법이라기보다 일련의 기능 혹은 과정이다. 그럼에도 기능이나 과정에서 파생된 그런 풍부한 세트의 치료 전략을 갖고서 기법은 훌륭한 결과를 산출하는 데 중요하지 않다고 주장하는 것은 어리석은 일이다. 자격을 갖춘 너무나 많은 치료자들, 특히 초보 ACT 치료자들은 과정들에 초점을 둔 일련의 절차들과는 무관한 내용으로 ACT를 정의하는 일련의 과정 속에서 이미 너무나 많은 작업을 해 오고 있다.

결국 우리는 '좋은' ACT 치료와 '나쁜' ACT 치료를 구별하는 방법이 존재한다고 믿는다. 좋고 나쁨 간의 구분은 방금 기술했던 핵심 과정이 치료에 얼마나 잘 통합되는지에 의해 부분적으로 결정된다. 거기에는 각 과정에 포함된 핵심 메시지에 대한 지식을 비롯하여 그것과 연합된 경험적 연습, 과제, 은유 및 회기 밖 과제들이 포함된다. 게다가 훈련에서 우리가 얻은 경험은 ACT 치료자의 자세가 상당히 독특하고 치료실에서 확인하기 쉽다는 것을 시사한다. 우리가 가져오는 비유는 훌륭한 스키어가 되기 위해 취해야 할 것에 관한 것이다. 모든 훌륭한 스키어가 지니고 있는 어떤 기본적인 '스키 타는 자세'가 있다. 이 자세를 제대로 갖추지 못하면 이후에 슬로프에서 필요한 모든 특정 기술을 사용하는 것이 불가능하다. 동시에 각각의 특정 기술은 그 자체의 신체적 요구 조건이 있고, 그것들 역시 잘 이루어져야만 한다. 그렇지 않으면 스키어는 특정 기술이 필요할 때 넘어질 수 있다. 한 걸음 더 나아가서 훌륭한 스키어가 이러한 특정 기술을 자신의 스키 타는 양식에 적합하도록 '개인의 요구에 맞추는' 방법은 매우 많다. 마찬가지로 ACT 치료자는 훌륭한 기본적인 ACT 자세를 지녀야만 하고, 핵심 과정의 철저한 이해에 기반하여 특정 ACT 기술을 행할 수 있어야만 하며, 내담자 각자의 실정에 맞게 이러한 기술들을 개인의 요구에 맞출 수 있어야 한다. 이 부문에서 우리는 상호 관련된 핵심 능력 두 세트를 기술하고자 한다. 하나는 치료자의 일반적인 태도, 자세 및 품행과 관련된다. 다른 하나는 핵심 과정을 이해하고 그러한 과정을 지지하는 중재를 시행하는 것과 관련된다.

수용전념치료 자세에 포함된 핵심 능력

ACT 치료자의 기본적인 심리 자세는 훌륭한 치료를 제공하는 데 특히 중요한 요인이다. 이것은 우리가 내담자에게 알려 주고자 하는 심리적 유연성의 어떤 측면을 모델링할 뿐만 아니라 ACT가 자연스럽게 흐르는 '공간'과 접촉할 수 있는 것을 포함한다. 많은 치료 전통과 마찬가지로 ACT는 치료자의 온정과 진실성이 중요함을 강조한다. ACT 관점에서 보면 이러한 자세는 인간의 고통에 대한 핵심 이해에서 상당히 자연스럽게 떠오른다. 우리는 내담자가 언어의 덫에 갇혀 있는 것을 볼 때, 우리 자신의 고통을 만들어 내는 덫과 우리 자신을 보게 된다. '나와 당신' 관점은 이러한 인식의 자연스러운 침전제다. 전체적으로 ACT의 기본 치료 자세를 정의하는 것은 다음과 같은 속성이다.

- 치료자는 내담자에게 동등하고 취약하고 진실하고 공유하는 관점으로 말하고, 비효과적인 반응에서 효과적인 반응으로 이동하는 내담자 고유의 능력을 존중한다.
- 치료자는 도전적인 내용(예: 치료 동안에 발생하는 것)을 수용하는 것과 모순되거나 고통스러운 생각, 감정 혹은 기억을 기꺼이 경험하는 것 둘 다를 적극적으로 모델링한다.
- 치료자는 내담자가 직접적인 경험과 접촉하도록 하고, 고통스러운 심리적 내용에서 내담자를 구하려고 시도하지 않는다.
- 치료자는 내담자에게 무언가를 확신시키기 위해 논쟁하거나 강의하거나 강요하거나 시도하지 않는다.

- 치료자는 적절하게 경험적 연습, 역설 및 은유를 소개하고, 그것들에 대해서 말할 때 문자적인 '이치 파악'을 강조하지 않는다.
- 치료자는 치료적으로 중요한 경우, 사적인 쟁점에 대해서 기꺼이 자기 노출을 한다.
- 치료자는 '미리 조리된' ACT 중재의 사용을 피하고, 대신 특정 내담자의 특정 요구에 중재를 맞춘다. 치료자는 어느 순간에나 그러한 요구들을 맞춰 주기 위해 과정을 바꿀 준비가 되어 있다.
- 치료자는 중재를 조정하고, 내담자의 경험, 언어 관행 및 사회적 · 민족적 · 문화적 맥락에 적합한 새로운 은유, 경험적 연습 및 행동 과제를 개발한다.
- 치료자는 ACT 자세(예: 옆으로 나란히 앉기, ACT 개념을 신체적으로 구현하기 위해 방 안의 물건을 사용하기)를 모델링하기 위해서 치료 환경의 물리적 공간을 사용할 수 있다.
- ACT 관련 과정은 그 순간에 인정되며, 적절한 곳이라면 치료 관계의 맥락에서 직접적으로 지지된다.

수용전념치료의 핵심 과정과 치료 중재를 위한 핵심 능력

일단 정확한 치료 자세를 갖게 되면, ACT 치료자는 핵심 과정을 이해하는 데 능력을 보여 주어야만 하고, 기술적으로 손쉽게 경험적 연습, 은유, 역설, 행동 과제와 같은 중재를 선택하고 이행해야만 하며, 집에서 할 수 있는 연습을 선택할 수 있어야만 한다. ACT를 수행하면서 기억해야 할 핵심은 이러한 기법들을 단순히 진공 상태에서 적용하는 것은 훌륭한 ACT 수행과 일치하지 않는다는 것이다. 기법은 치료적 상호작용의 맥락적 속성에 '적합'해야만 한다. 다양한 분야의 핵심 능력에 대하여 우리는 몇 가지 전형적인 ACT 중재 전략을 인용할 것이다. 동시에 우리는 당신만의 혁신적인 연습, 은유 및 과제들을 만들어 내기를 권하는데, 특히 그것들이 당신의 내담자의 언어 체계와 경험적 맥락에서 유래한다면 더욱 그렇다.

수용과 기꺼이 경험하기/경험적 통제 파헤치기 개발하기

- 치료자는 내담자가 상처 입은 것이 아니라 실효성 없는 전략을 사용하고 있다

고 말한다.

- 치료자는 내담자가 직접적인 경험을 알아차리고 탐구하며, 정서적 통제 전략을 확인하게 한다.
- 치료자는 내담자가 정서적 통제 전략의 역설적인 효과와 직접적인 접촉을 하게 한다.
- 치료자는 임상적 중재에서 '실효성' 개념을 적극적으로 사용한다.
- 치료자는 정서적 통제에 대한 투쟁을 그만두는 실험을 하는 내담자를 적극적으로 격려하며, 그에 대한 대안으로 기꺼이 경험하기를 제안한다.
- 치료자는 통제의 실효성과 기꺼이 경험하기 전략 내의 대조를 강조한다(예: 활력, 가치 혹은 의미에서의 차이).
- 치료자는 내담자가 기꺼이 경험하기 수준과 고통 수준 간의 관계를 탐구하게 한다(예: 고통을 기꺼이 경험하기 일기, 깨끗한 고통과 더러운 고통).
- 치료자는 내담자가 가치 있는 인생 목표와 관련하여 기꺼이 경험하지 않는 것의 대가와 경험적인 접촉을 하게 한다(예: 단기 · 장기 대가와 이점).
- 치료자는 내담자가 기꺼이 경험하기의 특질을 경험하게 한다(예: 선택, 행동, 원하지 않기, 상금의 크기와 상관없이 똑같이 행동하기).
- 치료자는 고통스러운 재료가 존재하는 곳에서 행동을 기꺼이 경험하는 것을 예시하기 위해 연습과 은유를 사용할 수 있다(예: 점프하기, 무릎에 카드 던지기, 잡동사니로 가득 찬 상자, 부랑자 Joe).
- 치료자는 기꺼이 경험하기 과제에 대해 단계적이고 구조화된 접근을 사용할 수 있다.
- 치료자는 치료 관계에서 기꺼이 경험하기를 모델링하고, 내담자가 치료 맥락 밖의 사건들에 대해 이러한 기술을 일반화하게 한다(예: 적절한 자기 노출 사용하기, 회기 내 내용으로 다루기 힘든 반응을 치료실로 가져오기).

인지적 융합 파헤치기

- 치료자는 내담자가 정서적, 인지적, 행동 및 신체적 장애물을 접촉하게 하며, 이러한 장애물에 대한 집착을 기꺼이 경험하게 한다.
- 치료자는 내담자의 '마음'이 말하는 것이 작동하게 될 것 대 내담자의 경험이

말하는 것이 작동하고 있는 것을 적극적으로 대비시킨다.

- 치료자는 내담자의 직접적인 경험과 그러한 경험에 대한 내담자의 개념화 사이를 분리하기 위하여 언어 관습, 은유 및 경험적 연습을 사용한다(예: '그러나' 떼어내기, 머리 위의 거품, 깡통 괴물).
- 치료자는 원치 않는 사적 경험이 해롭지 않고 판단 없이 수용될 수 있음을 나타내기 위해 다양한 중재를 사용한다.
- 치료자는 언어와 생각의 조건화되고 문자적인 속성을 나타내기 위해 다양한 연습, 은유 및 행동 과제를 사용한다(예: 우유, 우유, 우유; 그 숫자가 뭐였죠?).
- 치료자는 이야기에 대한 문자적인 집착의 잠재적으로 비효과적인 결과를 강조하면서, 내담자에게 자신의 '이야기'를 설명하게 한다(예: 평가 대 기술, 자서전 다시 쓰기, 좋은 컵/나쁜 컵).
- 치료자는 회기 내에서 '마음 두기(mindiness)'(융합)를 탐색하고, 내담자에게 그것을 탐색하라고 가르친다.

현재 순간과 접촉하기

- 치료자는 내담자 내용으로부터 탈융합하여 그 순간으로 주의를 돌릴 수 있다.
- 치료자는 치료 관계 내에서 그 순간에 감정, 생각 혹은 감각과 접촉하고 그것들을 표현하는 것을 모델링한다.
- 치료자는 내담자가 지속적인 과정으로서의 경험 자각을 확장하기 위해 연습을 사용한다.
- 치료자는 다양한 수준(예: 언어 행동, 신체 자세, 정서적 변동)에서 회기 내용을 추적하고, 유용한 경우 현재에 존재할 것을 강조한다.
- 치료자는 '마음'에서 벗어나 현재 순간으로 돌아오는 것을 모델링한다.
- 치료자는 내담자가 과거나 미래로 이동하는 것을 탐색하고, 내담자에게 현재로 되돌아오는 방법을 가르친다.

개념화된 자기와 맥락으로서의 자기 구분하기

- 치료자는 내담자가 자기 평가와 평가하는 자기를 구분하게 한다(예: 그런 생각을

하는 당신의 마음에 감사하기, 생각을 생각이라고 부르기, 사건에 이름 짓기, 정체성 선택하기).
- 치료자는 내담자가 맥락으로서의 자기와 접촉하는 것을 돕기 위해 마음챙김 연습(당신이 당신이라고 부르는 당신, 퍼레이드하는 군인/시냇물 위의 나뭇잎)을 활용한다.
- 치료자는 의식의 산물과 내용 대 의식 그 자체 사이의 구분을 강조하기 위해 은유를 사용한다(예: 집 안의 가구, 체스판, 당신은 자신을 소유할 만큼 충분히 큰가).
- 치료자는 내담자가 사적 사건을 자기 자각의 맥락과 구분할 수 있도록 행동 과제(마음과 함께 산책하기)를 사용한다.
- 치료자는 내담자가 자기의 세 가지 측면(즉, 개념화된 자기, 지속적인 과정으로서의 자기, 맥락으로서의 자기)과 직접적으로 접촉하도록 도와준다.

가치 있는 방향 정의하기

- 치료자는 내담자가 가치 있는 인생 방향을 명료화시키도록 해 줄 수 있다(예: 가치 질문지, 가치 명료화 연습, 당신의 인생이 무엇을 상징하기를 바라는가, 장례식 연습).
- 치료자는 내담자가 가치 있는 인생 목표를 상징하는 것을 '공식적으로 발표'하게 한다.
- 치료자는 치료와 관련된 자신의 가치를 진술하고, 가치의 중요성을 모델링한다.
- 치료자는 내담자에게 가치와 목표 사이를 구분하게 한다.
- 치료자는 내담자가 결정과 선택 사이를 구분하게 하고, 이것을 가치에 응용한다.
- 치료자는 성취한 결과와 인생의 과정에 관여하는 것 사이를 구분한다.
- 치료자는 내담자의 가치를 수용하며, 만일 가치를 대상으로 작업할 의지가 없다면 내담자를 다른 제공자나 지역사회 자원에 의뢰한다.

전념 행동 패턴 구축하기

- 치료자는 내담자가 가치에 기반한 목표를 확인하게 하고, 구체적인 행동 계획을 구하게 한다.
- 치료자는 내담자가 지각된 장애물(예: 실패에 대한 두려움, 외상 기억, 슬픔, 올바르

기)이 존재하는 곳에서 전념하도록 격려하고, 전념 행동에 참여한 결과로 부가적인 것들을 기대하도록 격려한다.

- 치료자는 내담자가 전념 행동의 특질(예: 활력, 성장감)을 인정하게 한다.
- 치료자는 내담자가 효과적인 행동 패턴을 점점 더 개발하게 한다.
- 치료자는 비판단적으로 내담자가 전념을 유지하고 효과적인 행동 패턴을 점점 더 구축하는 과정에 실수나 재발을 통합하게 한다.

수용전념치료 치료자로서 기술 향상시키기

치료자가 기본적인 ACT 자세를 통합하고, 핵심 과정의 적용에서 전문 기술을 향상시킴에 있어서 능숙함을 향상시킬 수 있는 잠재적인 방법은 많다. 우리는 다음과 같은 훈련 전략이 ACT의 핵심 개념들에 '유창성'을 더할 수 있음을 발견하였다. 유창성은 내담자의 현실과 내담자의 언어 양식 등에 맞는 전략을 채택하여 ACT 개념들을 '서둘러' 적용하는 능력이다. 이러한 훈련 경험 중 그 어떤 것도 훈련 연습을 하지 않는 것보다는 낫고, 마찬가지로 이러한 훈련 연습에 많이 참여할수록 ACT 치료자로서의 기술을 더 많이 향상시킬 수 있을 것이다.

- 원판 ACT 치료 매뉴얼과 임상 핸드북을 철저히 읽어라(이것은 당신이 ACT 모형과 적용의 기본 책략을 배우는 데 도움이 될 것이다. 하지만 ACT 공간과 접촉하는 데는 도움이 덜 될 것이다).
- 유능한 치료자들이 이끄는 하나 이상의 ACT 훈련 워크숍에 참석하라(ACT 공간과 ACT 기법에 대한 기본적인 노출).
- ACT 집중 수행에 참석하라(ACT 공간과 더 많은 집중적인 경험적 접촉을 할 수 있게 하며, 특정 ACT 기법을 배우는 데 도움이 될 것이다).
- 마음챙김/명상 수행이나 워크숍에 참석하라(ACT '공간'을 접하기에는 좋지만, ACT 기법을 배우는 데는 도움이 덜 될 것이다).
- ACT 연구 문헌을 읽어라.
- ACT와 RFT 연구를 발표하는 대회에 참석하여 발표자들과 그것들에 대해 논의하라(미국 내 흔한 대회로는 Association for Advancement of Behavior Therapy

와 Association for Behavior Analysis가 있다. 대회에 대한 더 많은 정보를 원한다면 ACT 웹사이트 참조).

- 특정한 적용은 당신이 작업하는 것에 관련된 내용이 아닐 때조차 가능한 한 많은 프로토콜을 보아라. 많은 적용을 살펴보는 것은 자신의 적용에 대한 새로운 아이디어를 제공해 줄 것이며, 특정한 현재 호소와는 별개의 작업에서 이루어지고 있는 원리들을 보게 해 줄 것이다.
- ACT 중재의 정상적인 흐름에 대한 느낌을 구하도록 노력하면서 ACT 발췌문을 소리내어 읽어라(이러한 발췌문을 접하려면 이전 장에서 언급했던 ACT 웹사이트를 방문하라).
- ACT(RFT 역시) 목록 서브에 가입하고(ACT와 RFT 웹사이트 참조), 당신이 갖고 있는 의문점을 그곳에서 논의하라.
- 최고의 ACT 센터에 비디오테이프를 제출하라(당신의 치료 자세와 기법의 응용에 대한 피드백을 얻는 데 좋다).
- 경험 많은 ACT 치료자에게 임상 자문을 받아라(중재에 대한 주기적인 피드백을 얻는 데 좋다. 일부는 ACT 자세의 통합에 도움이 된다).
- 경험 많은 ACT 치료자에게 당신의 수행에 대하여 장기간의 슈퍼비전을 받아라(ACT 자세에 대하여 정말로 잘 배울 수 있고 기법들을 '유창하게' 적용할 수 있게 되는 최고의 방법이다).
- RFT, 기능적 맥락주의 및 행동주의 원리에 대해 더 많이 배워라.
- ACT에 관심 있는 지역 전문가들을 대상으로 논의 집단/독서 집단/동료 슈퍼비전 집단을 조직하라.
- 다른 집단이 수행한 것들을 발견하기 위하여 ACT 온라인 논의 집단의 집단 활동에 대해 이야기 나누어라.
- ACT 핵심 과정을 위한 핵심 능력에 대해 앞에서 논의한 목록을 사용하고 당신이 각각의 기술에 참여할 수 있는 범위를 자기 평가하라. 그런 다음 자신의 약점에 대해 스스로 확인한 영역이 추가 훈련을 하는 데 초점이 될 수 있다(이 목적을 위해 사용할 도구를 보려면 ACT 웹사이트 참조).

결 론

이러한 전반적인 ACT 과정은 추상적으로 수행되지 않는다. 즉, 그것들은 실질적인 문제들과 투쟁하는 실질적인 사람들과 함께 수행된다. 이어지는 장에서 우리는 사람들이 도움을 구하기 위해 치료에 가지고 오는 몇 가지 문제를 살펴보면서 이런 문제들에 대한 ACT의 적용을 알아보고자 한다. 그렇게 하면서 우리는 증후군적인 생각을 믿지 않는다. 즉, 이러한 문제군들은 ACT를 사용한 실질적인 임상 수행에서 떠오르는 일반적인 쟁점의 단순한 안내자일 뿐이다.

제3장

수용전념치료 사례 공식화

Steven C. Hayes, Kirk D. Strosahl, Jayson Luoma,
Alethea A. Smith, and Kelly G. Wilson

수용전념치료(Acceptance and Commitment Therapy: ACT)는 맥락적 치료법이기 때문에 현재의 문제를 개념화하려는 시도는 전통적인 사례 개념화 모형과 다를 수 있다. 맥락적 분석에서 가장 중요한 원리는 특정 증상이 특정 지형에만 국한되는 것으로 평가하지 않고, 현재 호소의 기능적 영향을 이해하려고 시도하는 것이다. 동일한 임상적 호소가 내담자마다 매우 다른 방식으로 기능할 수 있다. 따라서 사례 개념화 및 이와 연합된 치료 계획은 동일한 문제를 가진 것처럼 보이는 내담자에게서도 달라질 수 있다. 예를 들어, 많은 환자는 기술한 증상의 수와 심각성(지형학적 평가)에 근거하여 주요 우울증, 단일 삽화(범주적 공식화)로 진단된다. 그렇지만 임상적 실제에서는 우울증을 앓는 환자 중 같은 증상을 가진 사람은 없다고 하는 편이 타당하다. 그들의 생활공간이 어떻게 조직되어 있는지, 우울증이 그들의 기능에 어떤 영향을 미치는지, (그리고 그 반대는 어떤지) 우울한 신념과 행동이 자기와 외부 세계에 관한 생각을 어떻게 정의하는지는 개인마다 서로 다르다.

이러한 방식으로 기능을 이해하는 것은 사건이 일어나고 있는 현재의 맥락뿐만 아니라 내담자의 학습 내력에 초점을 맞출 필요가 있다. ACT 치료자는 내담자의 초기 아동기 외상에 관심을 가질 수도 있지만, 어떤 식으로는 보다 전통적인 접근법과 약간 다를 수도 있다. 전통적 개념화는 현재의 역기능을 설명하기 위해 외상을 직접적으로 이용할 수도 있다. ACT 공식화는 이러한 과거가 ACT 모형 내 특정한 기능

과정을 어떻게 변화시키는지를 고려할 것이다. 예를 들어, 외상은 정서적 회피 가능성을 높일 수도 있다. 왜냐하면 강한 부정적 경험은 회피에 근거한 대처 방법을 사용할 준비를 하게 하기 때문이다. 만일 외상이 충분히 강하고, 직시적인 틀이 '내가 지금-여기 존재한다'는 틀을 통해 맥락으로서의 자기감을 완전히 형성하기 전에 일어난다면, 이러한 자기감 자체는 정서적 회피라는 방법으로 손상될 수 있다(예컨대, 해리성장애에서 그러하듯이). 이러한 외상은 '세상은 안전하지 않아.' 혹은 '나는 학대당할 만해.'와 같은 잔인한 생각과 융합되는 결과를 낳을 수도 있다. 맥락적 관점은 어떤 단일 시점을 고려하며, 이러한 모든 과정의 역동적이고 상호작용하는 성질을 강조한다. 내담자는 외상을 포함하여 동시에 도움이 되면서도 해로운 특정한 과정 역시 포함하는 많은 종류의 학습 내력을 현재에 가져올 것이다. 이러한 내력이 기능적으로 조직되는 방식은 내담자가 자신의 가장 큰 관심사를 증진시키거나 좌절시킴으로써 상황적 변인과 상호작용하는 방식을 변화시킬 것이다.

ACT 사례 개념화 틀 작업은 다양한 과정이 어떻게 심리적 유연성과 관련되는지를 서술한다는 점에서 독특하다. 심리적 유연성은 화를 북돋우거나 좋은 감정을 불러일으키는 개인적 내용으로부터 탈융합하고, 사적인 경험을 있는 그대로 받아들이고, 현재의 순간과 접촉하여 머물고, 초월적 자기를 의식의 내용과 구분하고, 가치 있는 삶과 접촉하며, 그러한 목적을 추구하기 위한 전념 행동 패턴을 구축하는 능력이다. 심리적 유연성이 존재할 때, 유관성은 행동적 효율성을 형성하는 경향이 있고, 개개인은 삶의 활력과 목적, 의미를 증진시키는 방향으로 살아가는 경향이 있다. 반대로 개인들은 유연성을 정의하는 여섯 가지 영역 중 하나 이상의 영역에서 갈등할 때 전문가에게 도움을 요청하곤 한다. 이러한 매우 단순한 원리는 다음과 같은 중요한 사실을 함축하고 있다. 즉, 당신은 심리적 유연성을 증진시키는 요소와 저하시키는 요소를 모두 평가해야 하며, 이것들의 독특한 구성도 고려해야 한다. ACT에서는 우울증, 불안, 중독과 같이 고통의 형태를 이름으로 불러 주는 일이 중요하지 않다. 중요한 것은 다양한 영역에서 심리적 유연성이 결여되는 것이 내담자의 고통에 어떠한 영향을 끼치는가를 이해하는 것이다. 마찬가지로 당신이 선택한 중재는 전형적으로 하나 이상의 영역에서 심리적 유연성이 더욱 효과적으로 기능할 수 있게 도움을 주도록 고안될 것이며, 반면에 통증 그 자체를 제거하는 일에는 초점을 덜 맞출 것이다.

내담자가 저마다의 학습 내력, 현재의 맥락 및 현재 당면한 문제를 제시하는 동안

ACT 사례 개념화에 포함되는 다섯 가지 분명한 활동은 일반적으로 다음과 같다.

- 현재 문제의 범위와 본질을 분석하기
- 변화를 위한 내담자의 동기 수준에 영향을 미치는 요인을 평가하기
- 내담자의 심리적 유연성을 저하시키는 요인을 분석하기
- 심리적 유연성을 촉진하는 요인을 평가하기
- 치료 목표 및 이와 연합된 중재 세트를 개발하기

〈표 3-1〉은 당신이 이러한 과정을 유도하기 위해 사용할 수 있는 간단한 사례 공식화 매트릭스를 제시하고 있다.

문제의 범위와 본질 분석하기

평가는 내담자가 진술한 현재의 문제를 분석하는 것에서부터 시작해야 하며, 이 과정에서 종종 ACT에서 사용하는 용어로 재진술하게 된다. 〈표 3-1〉에는 현재 문제에 대하여 ACT와 일치하는 분석을 실시할 때 도움이 될 수 있는 간단하고 핵심적인 질문이 제시되어 있다. 내담자 문제에 대한 전반적인 기능 분석은 이러한 ACT 관련 요인들을 넘어설 수도 있으므로 ACT 관련 과정의 평가와 공식화가 일반적인 임상 평가, 신체 건강 평가, 신경학적 평가, 가족 기능 평가 및 유사한 요인을 대체함을 의미하지는 않는다. 또한 ACT 관련 요인들이 중요하지 않은 사례도 존재한다. 예를 들어, 경험적 회피, 인지적 융합, 가치 등의 문제를 수반하지 않는다면, 단순한 기술 습득 문제는 ACT 공식화에서 유용하게 검토되지 않을 것이다. 그렇지만 ACT의 임상적 시도에서 나타나다시피 ACT 특정 요인이 얼마나 빈번하게 임상적 고통에 핵심적으로 나타나는지를 보면 놀라게 된다.

일반적으로 내담자는 일련의 부정적인 사적인 사건들(예: 부정적인 감정, 생각, 기억, 감각, 신체 증상 등)을 '문제'로 지명할 것이다. 현재의 질병분류학에서 임상 장애는 대체로 그러한 호소의 내용(예: 우울증, 불안, 환각 등)에 의해 정의된다. 호소의 형태가 통상적인 분류를 거쳐 장애로 정의되는 반면, ACT 관점에서는 현재의 문제가 반영하는 기능을 진정한 장애로 정의한다.

표 3-1 간략한 ACT 사례 공식화 매트릭스

심리적 유연성의 근원	현재 문제 분석(핵심 질문)	동기부여 요인의 분석	심리적 경직성에 기여하는 요인	심리적 유연성에 기여하는 요인	치료 함의
수용	내담자가 기꺼이 경험하려 하지 않는 사적인 경험들(생각, 감정, 기억, 감각)은 무엇인가? 어떠한 회피 유형이 나타나는가? 내담자가 방어하지 않고 비판단적인 방식으로 경험할 '여유를 지닐 수' 있을까?				
탈융합	내담자가 경험에 대한 믿음, 기대, 옳고 그름, 좋고 나쁨 평가에 과도하게 집착하는가? 내담자가 평가와 경험을 혼동하는가?				
현재 순간과의 접촉	내담자가 즉각적인 경험에 대해 계속해서 유동적으로 추적하는가? 내담자가 '체크 아웃'하거나 머릿속에서 지워 버릴 방법을 찾는가? 내담자가 과거 혹은 미래에 몰두하거나 맥 빠진 이야기를 하는가?				
맥락으로서의 자기	내담자가 화를 북돋우거나 좋은 감정을 불러일으키는 내용과 자기를 구분할 수 있는가? 내담자의 정체성이 문제의 내용 혹은 특정한 인생 이야기에 의해 지나치게 단순화되고 판단적인 용어로 (긍정적이라 하더라도) 정의되는가?				
가치와의 접촉	내담자가 다양한 영역에 걸쳐 개인적인 가치를 기술할 수 있는가? 내담자는 현재의 행동과 가치 사이의 불일치를 알고 있는가? 내담자는 견고하지만 검증되지 않은 목표(예: 돈을 버는 것)를 마치 가치인 것처럼 기술하는가?				
전념 행동 패턴	내담자는 성공적인 작용을 촉진하는 행동을 하는가? 환자는 특정한 단계별 행동 패턴을 보이는가? 행동이 효과가 없을 때 내담자는 방향을 전환할 수 있는가? 충동이나 자기 파괴 행동과 같은 만성적인 자기통제 문제가 있는가?				

일반적으로 내담자는 만약 우리가 사적인 사건 중 하나 혹은 그 이상을 제거할 수 있다면 자신의 삶은 더욱 긍정적인 방향으로 바뀔 것이라는 목표를 가지고 치료받으러 올 것이다. 예를 들어, '불안장애'가 있는 내담자는 불안을 줄이거나 제거하기를 원하면서 치료를 받으러 올 것이다. 만약 임상가가 내담자에게 원하는 일이 일어나면 무슨 변화가 있을 것인지 묻는다면 "음, 아마 나는 여행을 할 수 있을 거예요." (혹은 "나는 직업을 계속 유지할 수 있을 거예요." 혹은 "나는 인간관계를 맺을 수 있을 거예요.")와 같은 긍정적인 목표를 진술할 것이다. 이러한 대답은 ACT 모형에서 매우 중요한 의미를 가진다. 이러한 대답은 개인의 부정적인 내용(예: 불안 증상)이 장애물로 기능하고 있음을 나타낸다. 이러한 대답이 시사하는 바 경험적 회피(예: 불안을 제거하려는 시도)와 인지적 융합(예: "기분이 더 좋아지면 삶이 더 나아질 거야."와 같이 더 긍정적으로 살아가는 방법에 대한 언어 공식과의 융합)은 만성적인 고통이 흔히 수반하는 비효율적인 해결책에 고집스레 초점을 맞추어 역할을 한다. 또한 이러한 대답은 실현 가능한 특정 가치를 제시한다(세상에 참여하고 싶어 하고, 인간관계를 맺고 싶어 하고, 공헌하길 원함). 이는 건강한 고통의 원천이자 임상적 변화의 협력자다(인생을 제대로 살지 않는 고통은 종종 원치 않는 사적인 사건으로 인한 고통보다 훨씬 더 크다).

표면상으로 ACT 치료의 표적은 내담자가 드러내는 문제와는 다르다. "불안을 없앰으로써 나는 새 삶을 시작할 수 있어."(현재 문제에 대한 내담자의 관점) 대신에 당신은 결국 '그 문제'를 다른 방식으로 재공식화할 수 있을 것이다(예: '불안과 서로 싸우기' 또는 더 구체적으로 '불필요하게 불안과 서로 싸우느라 제대로 인생을 살아가지 못함'). 더 깊이 들어가면 이러한 재공식화는 내담자의 진정한 목표와 틀림없이 일치한다. 이러한 이유로 치료 계약과 치료 계획에 동의하는 것은 단순히 형식에 불과한 것이 아니다. 이번 장에서는 이러한 쟁점에 대해 다시 다룰 것이다.

맥락적 관점에서 치료자로서의 관심사는 통상적으로 고려되는 현재 문제의 이면을 보는 것이며, 더욱 만족스러운 삶을 살아가는 데 방해가 되는 기능적인 과정을 탐지하는 것이다. ACT 관점에서 가장 중요한 두 가지 초기 질문은 다음과 같다. 첫째, 내담자가 피하려고 하는 사적인 경험은 무엇인가? 둘째, 내담자가 어떠한 회피 행동을 이용하며, 이는 어느 정도로 침투했는가?

이러한 관점은 아마도 불안이나 우울증과 같은 문제에서 분명하게 나타날 것이다. 하지만 실제로 경험하고 있는 것처럼 보이는 호소나 심지어 기술 개발 쟁점에서조차 그 이면을 보는 것이 중요하다. 예를 들어, 내담자가 "제 삶에서 사람들과 의미 있고 친밀한 관계를 형성할 수 없었어요."라는 문제를 말한다고 가정해 보자. 당신은 아마도 "만약 기적이 일어나서 이 문제가 완전히 해결된다면 당신의 삶은 어떻게 변화될 수 있을까요?"라고 물어볼 수 있다. 그러면 내담자는 "음, 나는 헌신적인 관계를 맺을 거예요. 마침내 저는 결혼도 하고 가정도 가질 수 있겠지요."라고 대답할 수도 있다. 이러한 답변은 내담자가 정서적 회피를 하지 않는 상태에서 적절한 삶의 목표에 대해 이야기하고 있음을 나타낸다. 같은 질문에 대한 다른 답변과 비교해 보자. "음, 아마도 저는 제 자신에 대해 더 좋게 느끼고, 이렇게 끔찍한 외로움도 사라지겠지요." 이 경우 내담자는 부정적인 자기 평가 혹은 외로움이나 고독감과의 접촉을 피하기 위해 '관계'를 이용했을 수도 있다. 한층 더 나아간 탐구는 바로 이러한 의제야말로 과거의 관계들이 제대로 역할을 하지 못했던 이유 중 일부라는 것을 밝혀 줄 수도 있다. 문제에 관한 내담자의 견해는 관계를 맺는 것이 초점이 되어야 하지만, 내담자는 관계를 마땅히 정당한 결과로서가 아니라 과정으로 사용하고 있다. ACT 치료자는 정서적 회피를 문제로 볼 수 있다.

'현재의 문제'가 기본적이고 더욱 위협적인 문제에 대한 경험적 회피를 증가시키는 경우도 자주 일어난다. 예를 들어, 개인은 '불안'을 표현할 수 있지만 결국에는 분노의 회피를 표적으로 삼을 수 있고, 개인이 '우울'을 표현할 수 있지만 결국에는 핵심 관계와 자기 돌봄 가치에 대한 접촉과 행동의 실패를 표적으로 삼을 수도 있다(예: 돌이킬 수 없을 정도로 학대 받는 폭력적인 관계를 끝내지 못하는 것의 반영과 같이).

이러한 이유로 당신은 내담자가 드러낸 초기의 공식화를 무조건적으로 받아들이거나 도전하는 행동을 피해야 한다. 내담자의 학습 내력, 현재 상황을 촉발한 요인, 회피되었던 사적인 사건 영역 및 특정한 행동 회피 패턴을 평가하기 위해 열린 자세로 정보를 수집해야 한다.

동기부여

초기에 현재 문제의 범위와 본질을 이해하는 것뿐만 아니라 내담자가 별 효과가 없는 행동 패턴의 대가와 접촉하는 정도를 이해하는 것이 중요하다. ACT 평가 과정에서 동기부여는 내담자가 현재의 행동 패턴이 효과적이지 않으므로 이를 중지하거나 다른 대안을 시도해야 한다는 견해에 충분히 열린 태도를 취하는지 여부에 달려 있다.

심지어 중대한 심리적 고통이 있는 순간에도 내담자의 동기부여에 부정적인 영향을 줄 수 있는 요인은 매우 다양하다. 〈표 3-1〉에 제시된 사례 공식화 매트릭스에서 내담자의 변화에 대한 동기를 촉진하거나 약화할 수 있는 요인을 평가해 보길 바란다. 동기부여를 가로막는 많은 장애물이 심리적 유연성을 구성하는 하나 이상의 영역에도 존재할 수 있음을 주목하라. 예를 들어, 자살 환자는 자살에 대해 생각하는 것이 억눌린 정서적 고통을 줄이는 데 '효과가 있다.'고 주장할 것이다. 마치 대인 관계에서 거절당할 가능성이 있는 상황을 회피하듯이 말이다. 또한 환자는 사람들 사이에서 거절당할 가능성이 있는 상황을 회피한다. 환자는 자신의 이러한 행동 패턴을 바꾸는 것이 왜 효과가 없을지에 관해서 자신의 개인적인 내력에 바탕을 둔 '이론적 근거'를 제시한다. 동기부여를 가로막는 장애물로는 원하지 않는 사적인 경험을 받아들이지 않는 것의 대가(수용 영역)와 이러한 유형이 왜 바뀔 수 없는지에 대한 일련의 이유(탈융합 영역)가 있다.

앞의 두 장에서 계속해서 강조했던 것처럼 심리적 유연성의 영역은 상호 보완적이고 상호작용하는 관계로 존재한다. 만일 당신이 어느 한 영역에서 어느 한 가지 중재를 하게 된다면, 보통 다른 영역에서 내용을 '끌어오게' 될 것이다. 그러므로 당신은 반드시 '옳은' 영역에 대해 '옳은' 중재를 골라야만 하는 상황에 있을 필요가 없다. 동기 요인들을 평가하는 것은 중요한 치료 요인의 '스냅 사진'에 불과하며, 보통 이러한 부정적인 힘을 꺾기 위해 하나 이상의 ACT 중재를 선택하게 된다.

동기부여를 가로막는 공통적인 장애물 중 일부가 다음에 제시되어 있으며, 이를 임상적으로 검토하는 방법 또한 소개했다.

- **내담자의 규칙 준수와 올바르기 내력**: 만일 이것이 문제라면 탈융합 전략을 통해 이유 대기에 직면하는 것을 고려하라. 올바르기에 흠집을 내는 것 대 활력에 대한 대가를 고려하라. 개념화된 자기에 대한 집착을 줄이기 위해 맥락으로서의 자기와 마음챙김 작업을 할 필요성을 고려하라.
- **효과 없는 전략에 대한 높은 수준의 확신 또는 행동적 제약**: 이것은 흔히 내담자 자신이 효과가 없을 것이라고 인정함에도 같은 행동을 계속하는 것으로 나타난다. 만약 이것이 문제라면 창조적 무희망감 중재를 사용하여 표적이 부적절한 변화 의제를 파헤칠 필요가 있음을 고려하라.

- **변화는 불가능하다는 믿음을 결론으로 이끄는 이야기에 강하게 집착함**: 만성적으로 고통받는 내담자나 반복적인 외상을 겪는 내담자에게서 자주 볼 수 있다. 만약 이것이 문제라면 탈융합 전략들, 특히 이야기에 대한 집착을 공격하는 방법을 고려하라. 가치 있는 인생 목표에서 애쓰지 않는 것의 대가를 다시 살펴보아라. 심지어 작은 변화라도 일어날 수 있는지를 시험하기 위해 행동 실험을 계획하라.
- **변화의 결과에 대한 두려움**: 이것은 낯선 것에 대한 두려움 때문에 만족스럽지 않은 관계나 직업에 안주하며 숨어 지내는 내담자에게서 자주 나타난다. 만약 이것이 문제라면 가치 명료화 작업을 하고, 전념 행동, 선택 및 결정의 본질을 가르치는 것을 고려하라. 변화의 조건하에서 두려운 경험을 수용하는 작업을 해 보라.
- **변화는 값비싼 대가를 치러 형성된 자기 믿음에 위협을 가하는 것이라고 여기는 엄격하고 내용 중심적인 자기 정체감의 지배**: 이것은 '치료를 맹신'하거나 이전 치료에서 실패 경험이 있는 내담자에게서 자주 나타난다. 만약 이것이 문제라면 자서전 다시 쓰기와 같은 다양한 탈융합 전략을 사용하여 그 이야기를 서서히 약화시키는 것을 고려하라. 내담자가 그 이야기를 유지함으로써 얻게 되는 '대가'를 접해 보도록 가치 작업을 수행하라.
- **개념화된 과거와 미래의 지배**: 이것은 효과적인 행동을 차단하는 기능을 하는 지나친 걱정, 후회 혹은 예기 공포를 호소하는 내담자에게서 자주 나타난다. 만약 이것이 문제라면 '단지 알아차림' 중재와 그 순간과 접촉하는 것을 도와 줄 경험적 훈련을 포함하여 과정으로서의 자기와 맥락으로서의 자기를 고려하라. 일시적인 생각을 믿음이나 불일치 없이 관찰할 수 있도록 탈융합 작업과 연관시켜라.
- **궁극적으로는 효과가 없는 변화 전략의 단기적인 효과가 긍정적인 것으로 평가됨**: 이것은 중독 행동, 만성적인 자살 행동 또는 만성 통증에서 자주 나타난다. 만약 이것이 문제라면 당신이 지금껏 시도해 온 것은 무엇이고, 그것은 어떤 효과가 있었는지 그리고 그것의 대가는 무엇이었는지와 연관된 가치 명료화와 창조적 무희망감 작업을 고려하라.
- **회피와 융합에 대한 사회적 지지**: 이것은 외상 피해자와 모든 유형의 '장애인' 내담자에게서 자주 나타나며, 관계와 가족 그리고 재정적 혹은 제도적 강화가

포함할 수 있다. 만약 이것이 문제라면 초기의 가치 명료화 작업이 변화하지 않는 것의 대가를 강조하는 데 이용할 수 있다.

심리적 경직성에 기여하는 요인

ACT 사례 공식화의 다음 단계는 심리적 경직성에 기여하는 요인을 평가하는 것이다. 아마도 당신은 동기부여의 결정 요인에 대한 자신의 평가에 근거하여 이 영역에 관해 가설을 이미 설정하고 있을 것이다. 이와 같은 결정 요인은 사례 개념화 매트릭스의 다른 열과 '겹칠' 것이다(사실, 〈표 3-1〉에서 많은 열을 작성하지 않은 이유는 동일한 질문과 쟁점이 많은 칸에서 나타날 수 있기 때문이다).

당신은 심리적 경직성의 다양한 형태의 본질, 강점과 맥락적 통제를 평가하고, 어떤 중요한 관계를 확립하기를 원할 것이다. 평가 영역에 포함되는 사항은 다음과 같다.

- 경험적 회피의 일반적인 수준(예: 받아들일 수 없는 핵심 감정, 생각, 기억, 신체 감각; 낮은 수준의 친밀감)
- 겉으로 드러난 외현적인 행동 회피 수준(예: 내담자가 중도에 포기한 삶의 부분은 무엇인가, 만약 문제가 해결될 경우 발생할, 하지만 아직은 발생하지 않은 활동과 일은 무엇인가.)
- 회피의 행동 지표가 될 수 있는 빈약한 인내심과 자기통제 문제의 일반적인 수준(예: 미루는 습관, 낮은 성과, 건강을 해치는 행동, 충동적인 행동)
- 내적인 면에 근거한 정서 조절 전략 수준(예: 부정적인 주의 산만, 부정적인 자기 지시, 과도한 자기 탐지, 해리)
- 행동에 초점을 둔 정서 조절 전략 수준(예: 음주, 약물 복용, 흡연, 신체 훼손, 자살 시도, 과식)
- 불충분한 인생 방향(예: 가치의 전반적인 결여; 일, 친밀한 관계, 가족, 친구, 운동/영양, 취미, 기분 전환 및 여가, 영적 수행에 효과적으로 참여하지 못함; 정서적 회피나 융합으로 인해 환자가 '포기한' 중요한 목표들)
- 평가하는 생각과 개념적인 범주와의 융합(예: 해로운 상황에서도 '옳고 그름'이 지

배하는 것; 높은 수준의 이유 대기; '통찰력'과 '이해하기'를 지나치게 남용하는 것, 자기 혐오, 타인과의 비교나 타인에 대해 비판적인 태도를 취하는 것)

시간을 두고 평가를 진행하는 동안 〈표 3-1〉에 제시된 사례 개념화 매트릭스의 행 안에 새로 발견한 사항을 써 넣길 바란다. 이는 당신이 더욱 큰 임상적 효과를 가져올 수 있는 표적 영역을 선택하는 데 도움을 줄 것이다. 게다가 시간이 흐르면서 사례 체계 매트릭스에서 일어나는 변화는 다양한 경직성의 근원이 어떻게 상호작용을 하고 있는지에 관해 잘 알려 줄 수 있다.

ACT는 이러한 심리적 경직성의 근원이 내담자에게 자주 나타난다는 사실을 강조하므로 당신은 일단 한두 가지의 훌륭한 사례를 발견한 후 이를 중단해 버리기 쉽다. 당신은 맥락에서 사람을 이해하려고 노력하고 있기 때문에, 시간이 허락하는 한 많은 세부 내용을 토대로 각 영역을 검토하는 데 시간을 들이는 것은 가치가 있다. 이러한 '스냅 사진' 찍기는 ACT와 관련된 과정들의 광범위성과 내담자가 이러한 문제를 개념화하는 방법에 대해 매우 가치 있는 임상적 정보를 제공할 것이다. 예를 들어, 내담자가 직장에서 갈등이 잦은데, 이 갈등의 일부 원인이 내담자의 회피 대처 방식에 있음을 당신이 즉시 알아차렸다고 가정하자. 내담자는 과정이 드러낼 정서 반응 때문에 건전하고 열린 방식으로 업무 관련 문제를 해결하는 것을 두려워할 수도 있다. 자세히 살펴보면 당신은 이 문제와 '옳고 그름'이라는 생각의 지배 사이에 연관이 있는지 묻는 것을 잊어버릴 수도 있다. 이것은 큰 실수가 될 수 있는데, 열린 방식으로 업무 관련 문제를 해결하는 것에 대한 정서적 반응을 성공적으로 수용하는 것에 목표를 두는 것이 내담자가 업무 관계를 통해 다른 사람들의 관점이 틀렸다는 것을 알게 하도록 하는 시도로 발전될 수 있으며, 이는 더욱 심한 업무 갈등을 유발할 수도 있기 때문이다. 치료의 초기 단계는 이러한 어려움을 중재할 시기가 아닐 수도 있다. 하지만 만일 당신이 실정을 안다면 무슨 일이 어떠한 결과를 가져오고, 이에 따라 중재를 어떻게 할지에 대한 생각을 공식화할 수 있다.

심리적 유연성에 기여하는 요인

거의 모든 내담자는 심리적 유연성을 더욱더 촉진시킬 수 있는 일련의 강점을 가지고 치료에 임한다. 대부분의 내담자는 수용, 자신을 괴롭히는 사적인 경험을 내려놓기, 현재에 존재하는 순간, 가치 세우기 혹은 전념 행동에 참여하기와 일정 수준 접촉(짧은 순간, 드물게)을 해 본 경험이 있다. 이러한 요인들과 심리적 유연성을 저하시키는 상쇄 요인의 잠재성을 아는 것이 중요하다. 예를 들어, 어떤 내담자들은 이전의 영적 수행이나 많은 인간의 잠재성 프로그램 중 하나에 참여하여 주의와 수용 개념에 대해 이미 알고 있을 수도 있다. 만약 이러한 경험이 내담자에게 긍정적인 것이라면 이는 당신이 발전시키고자 하는 장점이 될 수 있다. 내담자는 이미 그러한 개념의 일부를 알고 있고, 이를 이용하는 중재 방법을 선택하는 것이 더 쉬울 수 있다. 이와는 반대로 만약 독단적 견해로 영성을 혼란시키는 것 또는 마음챙김 명상을 경험적 회피의 수단으로 이용하는 것과 같이 이전의 경험에 문제가 있다면 특히 조심해야 하고, 당신의 중재가 쓸모없는 과정에 이용될 수도 있다. 예를 들어, 당신이 맥락으로서의 자기와 마음챙김 기술을 논의하는 경우 당신이 말하는 것과 내담자가 이전의 삶에서 이러한 책략을 어떻게 사용해 왔는지를 구분하는 방법을 찾아야만 할 것이다.

내담자가 가지고 있는 외부 세계에서 효과적으로 작용할 수 있는 기술에 대해 평가하는 것 또한 중요하다. 행동 변화 계획을 추진할 수 있도록 당신이 동원할 수 있는 일련의 가치를 내담자가 분명히 표현하는가? 당신의 내담자는 더욱더 효과적인 삶을 살 수 있게 해 줄 수 있는 특정한 교육적 · 사회적 혹은 직업적 능력을 가지고 있는가? 가치에 근거한 전념 행동의 효과적인 계획을 작성할 기술을 내담자가 지니고 있는지를 고려하라. 만약 이러한 능력이 더 개발되어야 한다면 대인 관계 효율성, 시간과 스트레스 관리, 개인적 문제 해결, 이완과 기분 전환 혹은 갈등 해결과 같은 영역에서 직접적으로 기술을 훈련시키는 것을 목표로 삼는다.

우리는 만약 적절히 동원할 수만 있다면, 더 효과적인 삶을 살 수 있도록 '활성화시킬' 수 있다는 특정 유형의 심리적 자산을 찾아보는 경향이 있다. 여기에는 다음과 같은 내용이 포함된다.

- 마음챙김, 영적 수행 또는 인간의 잠재적 개념과 관련된 이전의 긍정적인 경험
- 충동, 자기 패배적 사고, 제어할 수 없는 감정을 '내려놓는 것'이 더 큰 개인적 효능을 가져온 삶 속의 에피소드[익명의 알코올중독자들(AA), 금연, 죽음을 극복하기]

- 경험이 부정적인 영향을 끼쳤을 때조차 내담자가 강하게 현재에 존재하고 있으며, 삶과 접촉하고 있음을 느꼈던 인생의 순간
- 어떤 상황에서 자신을 비웃거나 풍자나 유머를 경험하는 것이 그것과 관련된 중압감을 줄여 준 적이 있는 과거의 경험
- 내담자가 고통스럽긴 했지만 자신의 가치를 시종일관 지키는 일련의 행동을 취했던 과거의 시기
- 개인적인 목표를 설정하고, 이를 달성하기 위해 구체적인 단계를 하나씩 밟았던 과거의 경험
- 어떤 삶의 방향에서 출발하여 종료 시에는 또 다른 더욱 긍정적인 방향으로 가게 되었던 과거의 경험

일련의 치료 목표 및 이와 연합된 중재 방안 선택하기

사례 개념화 과정의 두 가지 주요 결과물은 당신과 내담자가 서로 동의한 일련의 치료 목표와 이러한 목표를 달성하기 위해 당신이 사용하고자 하는 일련의 중재 방안이다. 이것은 결국 '현재의 문제'에 대한 당신의 인상을 내담자와 논의하고, 이러한 목표를 달성하기 위해 설계된 치료 과정을 진행할 수 있도록 내담자의 동의를 얻을 필요가 있다. 동의를 얻는 과정에서 치료 모형으로서 ACT를 설명하는 방법의 일부는 첫 번째 책(Hayes, Strosahl, & Wilson, 1999)에 제시되어 있다.

서로 동의한 치료 목표를 정하는 과정은 '문제'에 대한 ACT 개념화와 내담자의 문제에 대한 인식이 매우 다른 경우가 자주 있다는 사실 때문에 더욱 복잡해진다. 예를 들어, ACT 워크숍에 참가한 한 치료자가 최근에 "불안장애 클리닉에서는 어떻게 ACT를 실시할 수 있죠? 사람들은 불안을 없애 달라고 우리에게 옵니다. 그러한 목표에 도전하는 것은 제 역할이 아니에요."라고 물었다.

결과 목표(치료가 달성해야 할 궁극적인 목표)와 과정 목표(이러한 궁극적인 목표에 도달하는 수단)를 구분하는 것이 도움이 된다. 보다 일반적으로 임상 질병분류학과 우리 문화에서는 이 두 가지를 상당히 혼동해 왔으므로 내담자가 이를 혼동한다고 해도 그다지 놀라운 일이 아니다. 궁극적인 결과 목표는 내담자에게 달려 있다(물론 임상가가 비윤리적이라고 생각하는 목표에 대해서는 치료를 거부할 수 있다고 하더라도). 이

전에 언급했듯이 만약 내담자가 또 다른 목표를 제시함으로써 어떤 목표를 정당화하지 않는다면, 그것이 아마도 결과 목표일 것이다. 그렇지만 과정 목표는 상당 부분 과학적이고 전문적인 문제다. 목표를 설정할 방법을 아는 것이야말로 임상가가 내담자를 위해 반드시 해야 하는 일의 일부다. 예를 들어, 내담자들은 정서적 회피가 절대 효과가 없으므로 '불안을 없애도록' 임상가에게 치료 동의를 요구하는 것이 상대적으로 도움이 되지 않는다는 것을 잘 모르고 있다.

내담자는 결과 목표(내담자가 살기 원하는 삶)와 과정 목표(자신이 원하는 삶에 이르는 방법)를 모두 가지고 있다. 내담자는 치료를 받으러 오기 전에 거의 항상 특정한 과정 목표를 찾는 데 실패하였다. 그러한 실패에도 불구하고 내담자는 일반적으로 당신에게 치료에서 그와 똑같은 것을 더 많이 해 주기를 요구한다(그 자체가 일종의 심리적 경직성의 반영이다). 임상가는 이러한 계획에 동의할 필요가 없으며, 일반적으로 그것은 ACT 치료 목표가 아니다.

다음 분석은 치료 목표로 가장한 과정상의 불만과 진정한 결과 목표 사이의 구분을 강조한다. 바닥에 물이 있어서 어떤 사람이 배관공을 불렀다고 가정하자. 배관공이 도착하자 집 주인은 물이 새는 것을 막도록 수납장 뒤에 있는 천연 가스관을 작업할 필요가 있다고 주장한다. 이러한 경우 배관공과 도움을 요청한 사람 모두의 결과 목표는 동일하다(물이 새는 것을 막는 것). 하지만 공통된 목적을 가지고 있음에도 책임감 있는 배관공은 소비자가 자신에게 요청한 것을 정중하게 거절할 것이다. 가스관 작업을 하는 것이 물이 새는 것을 멈추게 하지 않을 것이고, 가스관을 여는 것이 위험할 뿐만 아니라 시간과 돈을 낭비하는 것이 될 수도 있기 때문이다. 소비자가 문제를 진단할 만한 능력이 있다거나 고칠 방법을 알고 있다고 가정해서는 안 된다. 그렇기 때문에 소비자가 처음부터 배관공을 불렀을 것이다. 배관공은 가스관이 물을 지탱하지 못하고 있다고 설명하고(아마도 가스관이 검고, 아연 도금이 되어 있지 않았기 때문이거나 이 가스관이 싱크대가 아닌 스토브로 가기 때문일 수도 있다.), 대안적 과정을 제공할 것이다(예를 들어, 물이 새는 것이 온수 히터의 구멍에서 나오는 것일 수도 있다). 만약 소비자가 어쨌든 배관공에게 가스가 흐르고 있는 가스관을 열도록 요구한다면 아마도 배관공은 이렇게 위험하고 필요 없는 행동 과정을 거절해야만 할 것이다.

임상가는 항상 이와 동일한 상황에 놓여 있다. 많은 경우 내담자는 문화적인 힘에 의해 조형된 과정 목표[예: '좋은 느낌을 추구하는 사상(feel goodism)']를 달성하는 데 관심을 갖지만, 이는 내담자의 장기적인 관심을 받지 못할 수도 있다. 이러한 경우 당신은 이와 같은 유형의 심리적인 '배관 문제'와 이를 고칠 수 있는 방법에 대한 논의를 시작할 필요가 있다. 우리의 경험에 의하면 굉장히 많은 경우 내담자들이 진정으로 원하는 것은 만족스럽고 효과적인 삶을 살아가는 것이며, 이제 그 목표를 향해 나아갈 수 있는 직통이 있다는 것을 듣고 싶어 한다.

ACT의 특징은 치료자가 사용할 수 있는 굉장히 다양한 임상적 중재가 있고, 이러한 중재들과 이러한 작업에 핵심적인 기능적 모형 간에 비교적 밀접한 연관성이 있다는 것이다. 우리는 이전 장에서 이러한 중재 중 일부를 다루었으며, 중재의 선택을 이끄는 사례 공식화 과정을 고려할 때 중재들을 염두에 두는 것이 도움이 될 것이기 때문에 이를 이례적인 위치(평가 장 이전)에 배치하였다. 당신이 내담자와 협력하여 적절한 치료 목표를 확인하는 경우 당신이 지향하고 있는 심리적 유연성의 영역에 맞는 중재를 선택하여 사례 개념화 매트릭스에 기록할 것을 권한다. 예시를 위해 다음에 다양한 전형적인 중재 목표의 목록과 한두 가지 특징적인 이유를 제시하였다.

- 창조적 무희망감을 만들어라(내담자는 최신 의제의 실행 불가능한 본질에 직면하지 않고 있다).
- 정서적 통제가 문제라는 사실을 이해하라(내담자는 통제의 역설적인 효과를 경험적으로 이해하지 못하고 있다).
- 수용과 탈융합을 통한 사적 사건의 무해한 성질에 대한 경험적 노출(내담자는 두려운 사건에 직면했을 때의 결과에 대한 믿음 때문에 행동 변화를 두려워한다.)
- 현재 순간에 두려운 사건을 경험하는 것을 촉진시키기 위해 맥락으로서의 자기 경험을 만들어라(내담자는 반응, 기억, 불쾌한 생각으로부터 자신을 분리시키지 못한다. 내담자는 노출 시 안전한 공간을 필요로 한다).
- 현재 순간 · 마음챙김과 접촉하라(내담자는 걱정과 같은 개념화된 미래에 살고 있다. 내담자는 환경 내에 이미 존재하는 강화와 접촉하지 않고 있다).
- 가치 탐구(내담자는 일련의 상당한 공인된 가치를 갖고 있지 않거나 이러한 가치들과 더 이상 접촉하고 있지 않다.)
- 선택한 가치에 근거하여 전념 행동에 참여하라(내담자는 가치에 기반을 둔 삶의 방식을 재발견하기 위해 도움을 필요로 한다. 일반적으로 내담자의 행동은 비생산적이거나 옳은 방향을 향하고 있지 않을 수도 있으며, 내담자는 인생 방향을 일관성 있게 유

지하기 위해 도움을 구할 수 있다. 내담자는 노출할 동기가 거의 없다).

수용전념치료에 특수한 측정 도구

다양한 평가 방법은 표준화된 방식으로 치료에 대한 반응을 결정하는 것뿐만 아니라 사례 공식화를 돕는 데도 유용할 수 있다. 당신이 치료 '결과'에 대해 내담자와 서로 동의한 다음 이러한 목표의 달성을 측정하기 위해 신뢰할 수 있고 수량화할 수 있는 방법을 선택하는 것이 중요하다. 사례 개념화 면담에 덧붙여 표준화된 평가 도구를 실시하는 것이 도움이 될 것이다. 여기에는 일반적인 결과 측정, 과정 측정 혹은 더 구체적인 ACT 관련 측정이 포함될 수 있다. 증상 목록과 같은 일반적인 결과 측정치를 사용할 때 주의할 한 가지 사항은 보통 증상의 형태(수, 심도)를 측정하지만 증상의 기능(믿는 정도, 심리적 영향)을 측정하지 않는다는 점이다. 게다가 이러한 증상은 종종 결과와 관련된다고 생각되는 사적인 사건이다(이러한 결과는 전형적인 맥락에서는 사실일 수도 있지만 ACT가 설정하는 예외적인 맥락에서는 반드시 사실이 아닐 수도 있다).

보편적으로 실제적인 외현적 결과에 대한 측정은 존재하지 않는다. 예를 들어, 불안이라는 존재는 측정되겠지만 불안의 기능이나 전반적인 삶의 기능 수준은 측정될 수 없다. 본질적으로 이것은 앞서 제시한 '배관 문제'의 전문가 버전으로서, 현장에서는 물이 새는 것 대신 가스관을 측정하도록 주장한다. 이는 치료 반응에 관해 오해의 여지가 있는 결과를 불러올 수 있다. 예를 들어, 정신과 입원 환자들을 대상으로 한 ACT 연구에서 ACT 중재는 정신과 환자들 중 환각과 망상을 인정한 환자의 숫자에서 보편적인 병원 치료보다 더 적은 감소를 보였다(Bach & Hayes, 2002). 그렇지만 ACT 환자들은 보편적인 치료를 받은 환자들보다 재입원율이 50% 더 적었고, 보편적인 치료를 받은 환자들보다 자신의 증상을 유의미하게 덜 믿는 것으로 보고하였으며, 재입원은 ACT 조건에서 증상을 인정한 사람에게는 특히 낮았지만 보편적인 조건에서 치료를 받은 사람은 그렇지 않았다. 본질적으로 증상들은 ACT에서 완전히 다르게 기능하였다(본질적으로 증상의 존재와 그것을 믿는 정도가 수용과 탈융합의 측정치였으며, 그 둘은 외현적인 행동 결과와 정적인 관련이 있었다). 하지만 만일 증상을 믿는 정도와 재입원 측정치들이 이용 가능하지 않았다면, 마치 ACT가 덜 효과적이고 순전히 증상 발발에만 초점을 맞추는 보편적인 치료처럼 보였을 것이다.

일반적으로 가장 좋은 ACT 과정 측정은 문자 그대로 임상 증상에 대해 믿는 정도(즉, 사람들이 존재한다고 말하는 것)와 계속해서 효과적으로 행동하는 동안 그 증상들을 기꺼이 경험하는 정도에 대한 내담자의 지각을 측정하는 데 초점을 두는 것인 듯하다. 이러한 인지적 융합과 수용의 측정은 대체로 ACT의 긍정적인 치료 결과와 경험적으로 연관되어 오고 있다. 이러한 측정치들을 제작하는 것은 어려운 일이 아니다. 예를 들어, 특정 장애로 고통 받는 환자들이 쓰는 일지는 특정 영역의 비효과적인 행동과 연관된 생각과 감정, 신체 감각 등에 관한 목록을 수집하는 데 사용할 수 있다. ACT 접근은 이러한 사건에 대해 두 번째 질문을 던진다. 내담자들은 단순히 이러한 사건의 빈도를 평가하는 것 대신 이러한 사건이 일어날 때 그것을 믿는 정도 혹은 이러한 사건을 기꺼이 경험하면서 여전히 효율적으로 기꺼이 행동하는 정도를 평가할 것이다. 이러한 종류의 측정치가 앞으로 많이 제작될 것이다. 일반적인 ACT 측정치도 있다. 수용과 행동 질문지(Acceptance and Action Questionnaire: AAQ)(Hayes, Strosahl, Wilson, Bissett et al., in press)는 수용 및 전념 행동과 관련된 요인을 측정하는 것 같다. 초기 타당도 연구는 9문항 버전과 16문항 버전 두 가지로 제작되었다. 두 번째 타당도 연구(Bond & Bunce, 2003)는 약간 다른 16문항 버전으로 만들어졌다.

인구 전집에 기반한 연구에서 AAQ는 수용 측정치로 효과가 있는 것처럼 보인다. 몇몇 연구에서 이 도구는 스트레스, 외상, 불안, 우울 등에서 경험적 회피 역할을 보여 주는 데 성공적으로 사용되었다(예: Marx & Sloan, in press). 일반적으로 AAQ-16문항 버전은 9문항 버전보다 과정 측정치로서는 더 효과적이다. AAQ-2는 심리적 유연성의 더 폭넓은 개념을 반영하려는 시도와 함께 현재 개발 중이다.

가치 평가 또한 현재 개발 중이다(Wilson & Murrell, in press). 이것 또한 임상적 반응의 매개 변인으로서 기능할 것인지는 아직 분명하지 않다. 맥락으로서의 자기나 현재의 순간과 접촉하기에 대해서는 구체적인 측정치가 없지만, 이러한 영역을 반영하는 것으로 보이는 수많은 마음챙김 측정치들은 현재 존재하고 있다.

두 번째 변화 과정의 측정치를 개발하는 일은 ACT 작업 중 매우 빠르게 발달하고 있는 분야이며, 현재의 발전과 발맞추는 가장 좋은 방법은 ACT 실무자와 연구자들로 구성된 세계적인 공동체를 이용하는 것이다.

제2부

행동 문제와 수용전념치료

제4장

정서장애와 수용전념치료

Robert D. Zettle

일반적으로 정서장애, 특히 주요 우울증과 연관된 인적 · 사회적 · 재정적 비용은 문서로 충분히 입증되어 있다. 미국에서 주요 우울증의 평생 유병률은 17.1%(Welshman et al., 1996)인 반면, 양극성장애의 유병률은 대략 1%(Myers et al., 1984)로 유의미하게 낮다. 주요 우울증은 2020년경 세계적으로 무능력의 두 번째 원인이 될 것으로 예상되며, 그 자체로 미국에서 건강 보험, 생산성 손실 및 기타 비용에서 연간 700억 달러의 비용이 들어갈 것으로 추정된다(Tanouye, 2001). 비극적으로 그러한 '기타 비용'은 영구적인 고용 상실을 포함할 수 있다. 주요 우울증으로 진단되는 사람들 중 약 15%는 일생 중 어느 시점에서 자살할 것이다(Maris, Berman, Maltsberger, & Yufit, 1992).

이 장의 주요 목표는 주요 우울증과 기분부전장애를 개념화하고 치료하는 수용전념치료(Acceptance and Commitment Therapy: ACT) 접근을 기술하는 것이다(이러한 치료 모형은 양극성장애로 진단받은 환자에게 도움이 될 만하다고 믿을 만한 이유가 있지만, 이 장에서는 다루지 않을 것이다. 양극성장애에 대해서는 제8장 참조).

우울증에 대한 ACT와 인지치료(Beck, Shaw, Rush, & Emery, 1979)의 비교를 수행한 두 개의 소규모 무선화된 임상적 시도가 있었다. 비교 치료로 인지치료를 의도적으로 선택한 이유는 인지치료가 꽤 엄격한 '기준'을 제공하고 있고, 확실히 독특한 변화 모형을 갖고 있기 때문이다. 첫 번째 연구(Zettle & Hayes, 1986)에서 18명의 우울한 여성이 인지치료 또는 ACT의 개인 회기를 12주 동안 받았다. 인지치료 조건은 Aaron Beck에게 수련 받은 Robert Zettle이 실시하였다. 두 조건 모두 참가자는 사전 조사부터 2개월 추적 조사가 끝났을 때 유의미한 향상이 있었다. 그렇지만 ACT를 받은 참가자는 인지치료를 받은 사람들보다 추적 조사에서 유의미하게 덜 우울한 것으로 맹검 독립 평가자에 의해 평정되었다. 자동적 사고 질문지(Automatic Thought Questionnaire: ATQ)(Hollon & Kendall, 1980)와 특히 역기능적 행동에 대한 이유 대기를 평가하기 위해 개발된 이유 질문지(Reasons Questionnaire)가 과정 측정치로 분석되었다. 양쪽의 치료 조건에 참가한 사람들은 ATQ로 평가된 우울한 자동적 사고의 빈도에서 유의미하고 동등한 감소를 보고하였다. 사후 조사에서 ACT 치료를 받은 환자들은 인지치료를 받은 환자들보다 그러한 사고에 대한 믿음이 유의미하게 훨씬 더 감소한 것으로 보고하였다. 사실상 우울한 사고를 믿는 정도에서의 변화는 ACT가 경험적 회피를 파헤치는 것을 강조하는 것과 일관되게 ACT 치료를 받은 참가자들에게는 우울한 사고 빈도의 감소가 독립적으로 일어났다. ACT와 인지치료가 상이한 기제를 통해 작동한다는 것은 이유 질문지에서 얻은 결과에 의해 시사되었다. 특히 ACT 치료를 받은 참가자들은 사적인 사건을 역기능적 행동에 참여하는 이유로 결부시킨다는 점에서 사전 조사부터 추적 조사까지 유의미한 감소를 보였다. 인지치료를 받은 참가자들은 사적인 사건을 자살과 같은 역기능적 행동에 대한 '훌륭한 이유'로 본다는 점에서 단지 미약하고 의미 없는 감소를 보였다.

두 번째 결과 비교 연구(Zettle & Rains, 1989)는 ACT와 인지치료가 일주일에 한 번 12회기 집단 형식을 통해 수행되었다. 31명의 우울한 여성 모두 ACT 치료 혹은 인지치료의 두 가지 변형 중 하나에 무선적으로 할당되었다. 세 집단 모두 사후 조사와 2개월 추적 조사에서 유의미하고 동등한 우울증 감소를 보였다. 역기능적 태도 척도(Dysfunctional Attitude Scale: DAS)(Weissman & Beck, 1978)의 점수 분석은 ACT와 인지치료가 서로 다른 과정을 통하여 변화를 매개한다는 것을 시사하였다. 인지치료를 받은 참가자들은 사전 조사부터 추적 조사까지 DAS 점수가 유의미하게 감소한 반면, ACT를 받은 사람들은 우울 신념에서 단지 미약하고 유의미하지 않은 감소를 보고하였다. 예상한 대로 ACT를 받은 환자들은 사고의 내용이 ACT에서는 특별히 중요한 표적이 아니기 때문에 역기능적 신념이 '참'인지 '거짓'인지에 대하여 관심이 없는 것으로 보였다.

세 번째 무선화된 시도는 우울증 때문에 병가를 낸 사람들을 대상으로 ACT와 보편적 치료(treatment as usual)를 비교하였다(Folke & Parling, 2004). 치료 후 ACT 집단은 보편적 치료 집단과 비교하여 유의미하게 더 높은 수준의 삶의 질, 전반적인 건강 및 기능 수준의 지각과 더 낮은 수준의 우울을 보였다.

종합하면 이러한 결과는 우울증에 대한 ACT의 긍정적인 효과가 인지치료의 성과와 같거나 더 낫다는 것을 보여 준다. ACT는 인지치료 과정과는 상이하지만, ACT가 기반을 두고 있는 모형과는 일치하는 과정을 통해 작용하는 것으로 보인다.

공식화

ACT 관점으로 정서장애 개인 사례를 개념화하는 데 포함되는 보다 더 구체적인 고려 사항 중 일부를 논의하기 전에, 이 접근에 대해 보다 더 전반적인 논평을 하는 것이 순서인 것 같다. 가장 기본적이고 일반적인 수준에서 보자면, ACT는 정서장애를 개인이 기꺼이 경험하지 않으려는 부정적인 사적 사건에서 도피하려는 성공하지 못한 시도의 결과로 본다. 경험적인 회피의 일반적인 개념이 원치 않는 심리적 경험에서의 회피(avoidance)와 도피(escape)를 모두 포함하는데(Hayes, Strosahl, & Wilson, 1999), 후자인 도피는 정서장애의 경우 비교적 더 큰 역할을 하는 것으로 보인다. 종종 우울한 환자들은 '무감각'과 '무관심한' 감정 상태에 대하여 말한다. 우울과 무쾌감증을 시사하는 의사소통은 일종의 정서적 도피를 제공하는 기능을 한다. 고전적으로 우울과 연합되는 행동 유형(예: 사회적 철수, 흥미 상실, 에너지 저하, 자기 초점적인 부정적 주의)은 모두 경험적 도피의 목적과 일치하는 것으로 보인다. 일반화된 불안장애에 대한 연구에서 나타나듯이 인지 증상과 행동 증상은 종종 훨씬 더 기본적인 원치 않는 사적인 사건에서 주의를 분산시키는 기능을 한다(제5장 참조). 이것은 아마도 우울의 핵심적인 기능적 특징일 것이다. 사람은 우울해질수록 실질적인 정서적 고통을 야기하는 문제에 초점을 맞추는 일이 더 어려워지고 행동적인 기대도 덜 하게 된다.

당신의 환자가 기꺼이 소유하지 않으려는 원치 않는 특정한 부정적인 사적 사건과 그 사건들이 원래 일어난 역사적 맥락은 개별적인 바탕 위에서 결정되어야 한다. 보통 당신의 환자는 지각된 개인적 단점과 관련된 자기 비난적 사고, 상실, 가치 있는 인생 목표를 추구할 기회를 잃어버린 고통스러운 기억, 자신이 이미 언젠가 심리적 접촉을 했던 중요한 타인들에 의해 받은 학대에 따른 죄책감과 슬픔 같은 원치 않는 감정과의 접촉을 피하고자 할 것이다. 일반적으로 우울증 환자는 자신이 이미 경험한 부정적 사건들에 반응하고 있고, 그것들을 회피하려고 시도하는 대신 심지어 기억을 통해서 계속 참고 지낸다. 인지적 융합은 이러한 회피 행동의 주요한 요인이다. 즉, 생각을 생각으로 보는 것이 아니라 글자 그대로 진짜 사건으로 본다. 생각 그 자체의 과정이 상실되어 단지 결과만 존재할 뿐이다.

경험적 회피를 촉발하는 사적인 사건과 연합된 특정한 부정적 생각, 감정, 기억 등은 환자마다 다르므로 회피 행동의 형태도 다양하다. 내 경험으로는 정서장애의 형태를 구별하고자 시도하는 변별 진단(예: 주요 우울장애 대 양극성장애 I 대 양극성장애 II)의 복잡한 과정을 수행하는 것이 ACT 사례 공식화를 발달시키는 데 별 도움이 되지 않았다. 마찬가지로 내인성 대 반응성 혹은 지체성 대 초조성과 같이 지배적인 증상에 기초한 우울증의 하위 유형을 분류하려는 노력(Grove & Andreasen, 1992)은 전형적으로 치료 계획이나 성과에 큰 이익을 주지 않는다. 우울 상태를 기술하는 이러한 보다 전통적인 접근법은 ACT 공식화와 양립하기 어려운 우울증에 대한 많은 가정(생물의학적 증후군, 증상 제거가 목표, 증상은 그것이 발생하는 맥락의 외부에 의미를 둠)을 포함하고 있다. 그러한 정보는 개인이 안도감을 찾는 특정한 개인적 사건, 아마도 정서장애가 제공하는 도피를 넘어선 어떤 부차적 기능, 역기능적 행동을 지지하고 유지하는 다양한 맥락을 확인할 수 없기 때문에 그다지 유용하지 않은 듯하다. ACT에 따르면 동일한 기능을 제공하는 행동이 지형학적으로는 다를 수 있지만, 다소 상이한 원천에서 지지를 받고, 형태가 유사한 정신병리학적 행동 유형이 서로 다른 기능을 제공할 수도 있다(Hayes, Wilson, Gifford, Follette, & Strosahl, 1996). 간단히 말해서 ACT와 같은 맥락적 모형은 조증 삽화와 주요 우울 삽화가 동일한, 받아들일 수 없는 심리적 경험에서 도피하려고 시도하는 방법이 단지 다를 뿐이라고 예측할 수도 있다. 초점은 조증이나 우울증 그 자체의 증상(일차적인 변화 모형)이 아니라 이러한 증상 행동이 살면서 발생하는 문제에 대한 환자의 반응에 기여하는 기능(맥락적 모형)에 두는 것이 적절하다.

사례 공식화를 개발할 때 평가를 정당화해 주는 네 가지 핵심적인 맥락적 쟁점이 있다. 비록 이들 쟁점이 꽤 논리적인 연속선에서 논의된다 할지라도 흔히 실제 임상 실무에서는 그렇지 않다는 것을 이해해야 한다. 이들 영역은 사례마다 다른 기반을 두고 있다는 것을 말해 둘 필요가 있고, 그렇게 하는 과정은 개별 내담자의 반응에 따라 예상치 못하게 꼬이고 바뀔 수도 있다. 사례 공식화에 도달하는 다양한 경로가 있음에도 모든 경우의 궁극적인 목표는 당신이 적절한 치료 계획을 공식화할 수 있도록 도와주는 각 내담자에 대한 공식화에 도달하는 것이다.

설명하고자 하는 첫 번째 중요한 쟁점 혹은 영역은 현재의 문제를 어떻게 내담자의 관점에서 해석하는가다(예: "오늘 무슨 일로 오셨나요?"). 내담자들은 보통 '문제'가 비롯된 상황들에 대한 개인사적 정보를 제공할 것이다. 만일 그들이 그렇게 하지 않으면 나는 그들에게 질문한다(예: "당신이 처음 우울해졌던 상황에 대해 이야기해 주세요"). 그러한 정보는 사실상 개인사적으로 정확하거나 사실적이지 않더라도 매우 유용하다. 문제에 대한 환자의 해석은 내담자가 해결하고자 애쓰고 있는 사건, 사용하고 있는 경험적 도피 유형 및 내담자를 우울에 '빠뜨리는' 요인을 규명하는 데 도움이 될 것이다. 가령, 내담자는 자신의 우울증의 '원인'으로 대인 관계의 구조 안에서 원치 않는 눈물을 보일 수도 있다(예: 방임됨, 이혼, 배우자의 외도 발견 등). 내담자는 종종 '순교자 역할'("내가 해야만 했던 일을 견디어 본 사람이라면 누구라도 우울해졌을 것이다.")을 스스로 설정하기 위하여 이유 대기("남편이 나를 학대했던 방식 때문에 우울해졌다.")와 '올바르기'("나는 학대를 받을 만한 어떤 일도 하지 않았다.")를 혼합할 것이다. 내 생각에 더 기능적인 우울을 겪는 환자들은 이 역할에 깊이 빠져들지는 않지만, 그러한 일이 일어날 때 표면상 아주 교활하고 완고하므로—내담자에게는 계속해서 '올바르기' '우울한 상태에 머무르기' '잘못'되거나 '망신당할' 위험에 빠지기와 삶에서 나아가기 사이에서 선택하는 일이 남아 있다—나는 초반에 그것을 경계한다. 나의 임상 경험에 의하면 이러한 함정에 빠진 환자들은 만성화된 우울증 문제를 경험하기가 더 쉽고, 성격장애에 대한 ACT 치료를 설명한 장에서 기술된 전략을 사용하는 것이 더 도움이 될 수 있다(제9장 참조). 이러한 목적을 위해서 문제에 대한 환자의 해석을 얻는 것(단지 증상뿐만 아니라 증상에 대한 개인 내력과 현재의 맥락에 대한)으로 평가와 공식화를 시작하는 것이 많은 임상적 효력을 제공할 것이다.

내가 평가하는 또 다른 보편적인 과정은 환자가 우울에 의해 생성되는 생각, 정서, 기억 등과 어느 정도 융합되었는가이다. 그러한 개인적인 반응과 그러한 반응을 일으키는 사건을 섞는 경향은 인지치료자들(Burns, 1980)이 '정서적 추론'이라고 부르는 것과 매우 유사하며, 다양한 형태를 가정해 볼 수 있다. 예를 들어, Beck(1967, 1987)의 고전적 인지 삼제는 자기("나는 무가치하다."), 세상("나에게 관심을 가져 주는 사람은 아무도 없다!") 그리고 미래("일들은 나빠지기만 할 뿐이다.")에 대한 신념과의 융합을 내포하고 있다. 인지적 융합이 취하는 형태와는 무관하게 우울한 내담자는 자기 자신의 우울한 생각을 일시적인 기술적 반응이 아니라 고정된 실질적인 평가와 관련짓는다. 실제 속성과 평가를 구별하지 못하는 것이 나중에 치료 과정에서 중심 표적이 되므로, 치료자인 당신은 이 문제가 당신의 환자에게 얼마나 널리 퍼져 있는지 알고 싶을 것이다. 만일 필요하다면 내담자에게 왜 자신이 무가치하다고 느끼는지 물어볼 수도 있다. 이것은 인지치료에서 하듯이 표적이 되는 생각이 옳은지 그른지에 대한 증거를 체계적으로 평가하는 인지적 재구조화 과정을 시작하는 일도 아니고, 내담자가 우울한 이유를 더 잘 '이해하기' 위해 내성법을 권장하는 일도 아님을 말해 두어야 하겠다. 오히려 인지적 융합이 내담자의 현재 문제에 기여하는 정도를 평가하는 것이 목적이다. "내가 무가치하다고 느끼기 때문에 무가치한 것이 틀림없어요."와 같은 내담자의 말이 지표가 될 수 있을 것이다. ACT에서 이러한 융합은 인지 변화를 통해서가 아니라 인지적 탈융합 기법을 통하여 표적이 될 것이다.

평가에 대한 두 번째 핵심 표적은 내담자가 현재의 문제를 어떻게 다루려고 시도하는가다. 나는 "당신의 우울증을 다루려고 당신 스스로 혹은 다른 사람을 통하여 이미 해 본 것은 무엇이었나요? 그것은 당신에게 얼마나 효과가 있었는지 말해 주세요."라고 질문한다. 이때 보인 내담자의 반응은 파헤칠 필요가 있는 경험적 회피 · 도피 행동의 유형을 규명할 수 있게 해 준다. 무슨 시도를 해 보았는지 그리고 그것은 얼마나 효과가 있었는지(혹은 효과가 없었는지)를 아는 것은 또 다른 환자에게는 효과가 있지만 이 환자에게는 경험적 회피 수단으로 기능할 수도 있는 대처 반응을 나에게 강화시키는 것을 막아 준다. 특히 나는 내담자가 이미 시도해 본 내 · 외적인 정서 통제 전략과 그것들이 여전히 사용되고 있는 정도를 평가한다. 내적 통제 전략의 일반적인 예는 내담자가 우울한 이유를 이해하거나 '밝히려는' 반추적인 시도다(예: "만일 내가 왜 이렇게 우울한지 이해할 수 있다면 그것을 극복할 수 있는 방법을 알아낼 수 있을 텐데"). 외적인 정서 통제 전략으로는 약물 처방, 처방전 없는 약물, 오락성 약물, 음주, 엄격한 활동 요법 유지 그리고 가장 극단적인 경우 과도한 억제할 수 없는 쇼핑, 성행위, 물질 남용이 있을 수 있다.

일반적으로 경험적 회피 전략과 같은 우울증의 마비 행동은 긍정적 행동을 수행하려는 동기에 영향을 미친다. 그것은 행동 활성화 치료가 우울증과 싸우는 데 아주 성공적이라는 것의 한 가지 이유가 될 것이다. 전형적으로 나는 "당신이 우울해진 이후로 함께 멈춰 버린 것 혹은 훨씬 덜 하게 된 일이 있습니까?"라는 질문을 한다. 예를 들어, 내담자는 상실한 배우자를 연상시키기 때문에 이전에 즐기던 활동(예: 영화를 보거나 운동을 하는 것 등)을 하지 않게 되었을 수 있고, 어떤 장면이나 장소(예: 공원, 음식점 등)를 회피할 수도 있다. 이러한 정보는 행동 활성화 중재의 어떤 형태가 ACT에서 적절한 치료 옵션(Jacobson et al., 1996)이 될 수 있는지를 결정하는 데 유용하다. 나는 행동 활성화와 거리두기가 인지치료의 두 가지 효과적인 구성 요소임을 밝힌 바 있고(Zettle & Hayes, 1987), 가장 초기의 ACT 프로토콜이 개발되고 검증된 이래로 이것들이 ACT와 가장 중첩되는 인지치료의 두 가지 구성 요소라는 것은 우연이 아니다.

내담자가 불쾌한 정서 경험에서 회피나 도피하려는 노력은 사회적으로 지지되기 때문에 내담자가 자신의 현재 문제를 어떻게 바라보고 반응하는지를 타인이 입력하는 것을 평가하는 것 또한 타당하다. 사회적 지지의 한 형태로 내담자 이유 대기를 강화하거나 '순교자 역할'과 같이 평가에 기반을 둔 반응을 강화하는 동정적인 진술("당신이 대접받는 방식은 옳지 않아요. 만일 나에게 그런 일이 일어난다면 난 우울해질 거예요.")이 있다.

모든 정서장애 사례에서 평가되어야 하는 공통적인 경험적 도피 전략은 바로 자살 행동이다(Hayes, 1992). ACT 관점에서 보면 자살 행동은 기본적으로 더 극단적인 형태의 경험적 도피다. 많은 우울한 환자에게는 항상 자살할 수 있다는 생각 그 자체만으로도 정서적 통제 전략이 된다. 보통 자살 행동은 참을 수 없고 도망칠 수 없고 끝날 것 같지 않은 정서적 고통으로 지각되는 것에서 환자가 벗어나는 방식이다(ACT 관점에서 다룬 자살 행동에 대한 더 상세한 논의는 제9장에서 제시됨). 일반적으로 나는 그들의 현재 자살성(suicidality)뿐만 아니라 자살 생각이나 자살 시도에 대한 어떤 개인 내력의 예가 있는지 기술하도록 요청한다. 치료자로서 당신은 놀라게 하지 않는 방식으로 실제로 이렇게 해야만 한다. 그렇게 하는 가장 좋은 방법은 자살 행동을 환자가 시도해 본 경험적 도피의 다른 형태와 연결하는 것이다. 종종 내담자들은 자신이 어떻게 자살에 대해서 생각하게 되었는지 이해하지 못하므로 이러한 경험에 의해서 상당한 압박을 느낀다. 내담자들은 자살 생각과 충동이 그들의 통제 바깥에서 기인하는 것으로 보며, 자살 생각이 일어나는 것을 의식적으로 통제하려는 경향이 있다. 일반적으로 경험적 회피의 사례처럼 이러한 전략은 흔히 실패하며, 더욱 강렬한 자살 생각의 불꽃을 일으킨다.

자살 생각, 심지어 자살 시도를 정서적 통제의 노력으로 재구성하는 것은 환자에게 자살의 순간에 대하여 생각할 확실한 방법이자 안도의 수단이 될 수도 있다. 과거 자살 행동의 예를 논의할 때 도움이 되었던 기능(들)을 이해하는 것이 중요하다("자살을 시도하여 당신이 이루고자 하는 것은 무엇이었습니까?"). 그 과정에서 내담자가 자살을 시도함으로써 안도감을 구하는 특정한 심리 상태(예: 죄책감, 무희망감, 수치심, 무가치감 등)를 아는 것이 도움이 되며, 그러한 심리 상태에 반응하는 다른 방식을 치료에서 논의해 볼 수 있다. 끝으로 치료의 과정 동안 주기적으로 환자를 재평가하는 것이 중요하다. 자살은 흔히 삽화로 발생하기 때문에 내담자를 만날 때마다 평가하는 것이 현명하다. 평가는 회기를 시작할 때 아주 간단하게 비공식적으로 할 수 있다. 만일 자살성이 나타나면 당신이 치료 표적으로 삼고 있는 어떤 다른 경험적 회피 행동보다 그것을 먼저 임상적으로 다루는 것이 옳은 일이다.

사례 공식화에서 평가할 세 번째 핵심 쟁점은 내담자가 왜 자신의 현재 문제를 '문제'로 보는가다. 그렇게 하는 것은, 예를 들어 '우울해지는 것'이 관여하고 있는 다양한 관계 틀과 보다 큰 언어-사회적 망을 규명하도록 도와줄 것이다. 내담자에게 이것에 대해 질문하는 것(예: "우울해진다는 것은 무엇을 의미하지요? 그것이 당신에게 전달하는 메시지는 무엇입니까?")은 반추를 강화하고, '그것을 해결하려고' 시도하며, 정서적 통제에 이로운 노력을 하게 할 위험 때문에 애매하다. 나는 "우울해지는 것은 무엇이 그렇게 나쁘지요?"라고 묻는다. 이것은 우울증이 내담자에게 기여하는 기능을 규명하는 은밀한 방법이다. 내담자는 보통 우울증이 삶의 질(예: "나는 틀림없이 무언가를 잘못하고 있어.")이나 인간으로서 가치(예: "보통 사람들은 우울하지 않아. 그러니까 나는 뭔가 잘못되고 있음에 틀림없어.")를 반영하고 있고, 다른 행동의 원인(예: "나는 기분이 가라앉을 때 술을 더 많이 마시는 경향이 있어.")이나 행동의 부재(예: "내가 이렇게 기분이 나쁘면 일하러 가기 위해 침대에서 일어날 수조차 없어.")로서 유지되고 있기 때문에 우울증을 '나쁜 것'으로 본다.

사례 공식화에서 평가하는 마지막 쟁점은 내담자 가치 및 가치와 관련된 목표다. 수많은 이유로 나는 치료 초반에 내담자의 가치 및 가치와 연합된 목표에 대하여 논의하는 것을 선호한다. 누군가에게는 실제로 낙담과 무감동은 은밀하게 품고 있는 가치와 불일치하는 목표를 추구하고, 심지어 그 목표에 도달하는 자연스럽고 적절한 결과일 수 있다. 내담자는 이들 원치 않는 정서를 제거하려는 시도에서 실패하게 되고, 그 결과 자신의 목표를 재평가하고 가치를 명료화하는 대신 우울해지는 것에 대해서 우울해한다. 탐색된 내담자 목표와 가치 사이의 불일치(예: 내담자는 자신이 학위를 취득하기 위해 학교로 돌아가고 싶지만 지금 하는 일에서 시간 외 근무를 계속 수용함으로써 아주 많은 돈을 벌 수 있기 때문에 그렇게 할 수 없다.)를 초기에 다루어 볼 수 있다. 나의 임상 경험에 의하면 가치에 이렇게 초점을 두는 것이 종종(항상은 아니지만) 보다 기능적인 우울증 환자에게서 치료 과정을 촉진시킨다.

목표-가치 갈등의 다른 예는 보다 미묘해서 이러한 쟁점이 전형적으로 더욱 광범위하게 논의되는 치료 후반까지 분명히 드러나지 않을 수도 있다. 예를 들어, 매력적인 배우자, 건강한 아이들, 교외에 있는 집과 포춘지 500대 기업에 드는 높은 연봉을 받는 지위에 있으면서 표면적으로는 '아메리칸 드림을 이룬 인생을 사는' 우울한 내담자가 자신이 왜 불행한지 이해할 수 없다고 호소할 수도 있다. 그러한 내담자는 아마 행복을 위해 갖추어야 할 규칙들(예: 아름다운 아내, 높은 보수의 직업 등)을 성공적이긴 하지만 보다 맹목적으로 따랐을 것이고, 결과적으로는 근본적으로 자신의 핵심 가치와 갈등하는 목표를 추구하고 달성하고야 말았던 것이다.

치료 초반에 핵심 가치를 명확히 해야 하는 또 다른 이유는 핵심 가치가 행동 초과(예: "술에 취하는 것이 당신이 원하는 곳에 더 가까이 도달하게 해 주는가?")와 행동 결핍(예: "침대에 누운 채 일하러 가지 않는 것이 당신에게 얼마나 도움이 되는가?") 둘 다의 효과성을 평가하는 '닻'으로 기능할 수 있기 때문이다. 게다가 핵심 가치는 이어지는 행동 활성화 중재를 안내하는 데도 도움이 될 수 있다. 예를 들어, 더 높은 교육을 받는 일에는 가치를 두지만 실패할지도 모른다는 두려움 때문에 대학 학위에 도전하는 것을 회피해 온 내담자는 기초 강의를 등록할 수 있을 것이다.

내담자가 자신의 가치와 일치하는 목표를 적극적으로 추구할 때조차 분명히 우울을 경험할 수 있고, 우울의 구렁텅이에 빠질 수도 있다. 예를 들어, 가치 주도적인 목표를 추구하는 일이 항상 순조롭지만은 않다. 불쾌한 심리적 경험(예: 때때로 낙담하기, 무력감 느끼기 등)은 우울을 조장하는 관계 틀, 규칙 및 기타 언어 구성(예: "만일 내가 목표를 달성하기 위해 싸워야만 한다면 내가 무언가 잘못했기 때문이거나 내가 그렇게 해서는 안 되기 때문임에 틀림없다.")을 활성화할 수도 있다. 가치에 초점을 두는 것은 내담자가 길을 가다가 만난 장애물과 방해물에 반응할 때 직면하게 되는 좌절과 자기 의심을 경험하지 않으려는 상황과는 대조적으로 우울증이 일차적으로 개인적 가치와 불일치하는 목표의 추구와 관련된 사례들 사이를 구분하는 데 유용하다.

임상적 중재

정서장애를 경험하는 내담자를 대상으로 ACT를 수행하면서 맞닥뜨리게 되는 공통적인 임상적 쟁점을 〈표 4-1〉에 나열하였다. 각 쟁점을 논하는 데 도움이 될 만한 ACT 중재 역시 표에 포함되어 있다. 공간의 제약으로 임상적 쟁점의 목록과 적용 범위, 연합된 중재를 충분히 포함하지 못하였다. 따라서 다음에 이어지는 임상적 쟁점에 대한 논의는 ACT 관점의 사례 공식화에 대하여 제2장에서 이미 언급했었던 가장 핵심적인 것들을 강조한다.

표 4-1 정서장애를 위한 ACT의 임상적 쟁점과 치료적 함의

임상적 쟁점	치료적 함의
내담자가 자살을 암시한다.	자살 행동의 기능을 결정하라(예: "자살하여 당신이 얻는 것은 무엇인가?"). 유발된 창조적 무희망감의 적정한 수준을 고려하라. 수용할 수 없는 무희망감과 그것을 구별하라. 순교자 역할을 포함시킬지 고려하라.
내담자가 정서적 추론 속에 단단히 자리 잡고 있다.	생각(예: "나는 정말로 훌륭하지 않아.")을 반복적으로 크게 말함으로써 생각으로부터 내담자를 탈융합시켜라. 체스판 은유로 돌아가게 하라. 생각에 대한 물질적 은유를 사용하라.
내담자가 자신이 우울한 이유를 이해할 필요가 있다고 주장한다.	그것을 구덩이에 빠진 사람 은유와 관련지어 이해의 유용성에 질문을 던져라(예: "당신이 어떻게 구덩이에 빠지게 되었는지를 이해하는 것이 밖으로 나오는 데 도움이 되는가?").
내담자는 우울 때문에 다른 사람들에 의해 부당한 대우(예: 순교자 역할하기)를 받았다고 이야기한다.	다른 가능한 반응을 고려하라. 용서하기를 고려하라. '올바르기'를 약화시켜라(예: "당신이 인생을 개척해 나갈 때 잘못되는 사람은 누구인가?"). '체면을 잃는 것'과 '나쁘게 보이는 것'을 파헤칠지 고려하라.

내담자가 경험적 도피 행동이 효과가 없음을 이해하고 받아들이게 하는 것이 ACT의 핵심 과정이다. 치료에서 이러한 일이 일어나게 하는 한 가지 방법은 다양한 창조적 무희망감 중재를 사용하는 것이다(Hayes et al., 1999). 우울한 내담자에게 창조적 무희망감을 유발시키려는 나의 시도는 전형적으로 현재의 자살성을 상당 부분 고려

하여 보다 미묘하고 규범적인 방법으로 이루어진다. 나는 보통 명백한 경험적 도피 기능을 해 온 자살 시도 과거력이 있는 우울한 내담자들, 특히 만일 그들이 안도감을 구하는 주요한 정서가 무희망감이라면 치료 초기에 이러한 기법의 꽤 적절한 '용량'을 제시한다. 원치 않는 심리적 경험에서 도망치려는 의도가 있어 절박하게 자살할 수도 있는 내담자에게도 동일한 방법을 적용한다. 현재의 자살성을 전통적인 위험 중재 기반으로 단순하게 논하기보다 자살성이 제공하는 경험적 도피 기능을 논하는 것이 더 효과적이다. 예를 들어, 치료자로서 당신은 "당신이 자살 생각이나 자살 행동을 하는 경우 당신이 자기 자신에 대하여 느끼는 방식 혹은 당신의 인생이 영위하고 있는 방식은 무엇인가? 자살하는 것이 당신의 운을 좋게 한다고 생각하는가? 자살 행동을 하는 것의 대가는 무엇인가?"를 질문해 볼 수 있다. 이 질문을 강의하는 투의 도덕적인 어조로 하는 대신 내담자가 경험했던 자살 행동의 효과성에 대하여 개방형으로 제시한다. 그러한 내담자들을 대상으로 가장 보수적인 수준에서 수행하는 기법은 곤경에 처했다는 느낌을 반영하는 것으로 제한될 수 있으므로, 대신에 무엇이 그들을 치료에 데려왔는지, 우울증 대처법으로 이전에 기울인 노력이 얼마나 효과가 없었는지에 대한 보편적인 질문을 한다. 나는 이렇게 말하기도 한다. "당신은 어려움에 처했고, 기분이 좋아지려고 노력했었던 것 중 아무것도 효과가 없었던 것 같군요. 당신이 고려해 보았으면 하는 것은 우울증을 단지 없애려고 노력을 기울였던 그 어떤 것도 효과가 없었으므로 다른 접근을 해 볼 필요가 있다는 것입니다."

대조적으로 구덩이에 빠진 사람 은유(Hayes et al., 1999, pp. 101-102)를 비롯하여 창조적 무희망감을 증가시키는 더 많은 기법이 자살 시도 내력도 없고 현재 자살 의도도 없는 우울한 내담자에게 효과적으로 사용되고 있다. 만일 자신을 해치려는 시도가 명백한 경험적 회피 기능을 하지 않는다면, 같은 전략을 자살 경험이 있거나 현재 자살 생각이 있는 내담자에게도 사용한다. 구덩이에 빠진 사람 은유를 제시함으로써 정서적 통제, 연합된 무희망감을 계획적으로 시도하는 것이 쓸데없는 일임을 이해하게 된다(예: "당신이 얼마나 열심히 땅을 파건 간에 구덩이 밖으로 나오는 길을 팔 수 없고, 당신이 얼마나 오랫동안 땅을 파는 의제에 매달려 있건 간에 당신이 밖으로 나갈 방법은 없습니다. 이것은 농담이 아닙니다. 다시 말해서 당신이 그러한 관점으로 얼마나 오랫동안 우울증에 반응하건 간에 희망은 없습니다").

우울한 내담자들이 유발하는 창조적 무희망감의 적정한 수준이 어느 정도인지를 기술한 전략에 대해서 현재로서는 어떠한 경험적 지지도 존재하지 않는다. 따라서 자살 위험이 있는 내담자를 다루는 데 내가 권하는 주의의 수준이 공인된 것이라고는 볼 수 없다. 우울한 내담자가 창조적 무희망감을 사용하는 데 기울이는 자연스러운 관심은 바로 자살 잠재성의 증가를 예언하는 것으로 알려진 일종의 수용할 수 없는 무희망감과 창조적 무희망감을 구별하는 것이 어렵다는 것이다(Beck, Brown, Berchick, Stewart, & Steer, 1990; Beck, Steer, Kovacs, & Garrison, 1985). 창조적 무희망감은 감정이 아니다. 그것은 보다 생산적이고 혁신적인 행동이 일어날 수 있도록 그동안 효과가 없었던 의제를 내려놓은 해방 행위다. 그럼에도 이 일은 그동안 효과가 없었던 것을 실제로 바라볼 것을 요구한다. 나의 해결책은 내담자들이 비생산적인 변화 의제를 포기하게 할 만큼 충분히, 하지만 잠재적인 자살 행동에 의지하는 것을 정당화하지는 않을 정도로 그들이 원하는 것을 얻도록 이러한 실패를 점검하는 것이다. 만약 내담자가 여전히 경험적 도피 전략에 얽매여 있는 것이 분명하다면 치료하는 내내 창조적 무희망감의 추가 '용량'을 제공할 수 있다. 내담자에게 융합 개념을 소개하고, 생각과 평가를 고정된 사실과 더 잘 구별할 수 있게 된 다음에는 창조적 무희망감 중재를 추가 적용하는 것에 대해 일반적으로 관심을 훨씬 덜 쏟게 된다.

창조적 무희망감을 유발함에 있어서 방금 기술한 보다 보호된 접근과는 대조적으로 나는 우울한 내담자들과 작업할 때 아주 공격적으로 '정서적 추론', 이유 대기 및 다른 형태의 인지적 융합을 전형적으로 뒤쫓는다. ACT에는 상당히 광범위한 기법과 전략들이 존재하는데, 그것들은 생각과 정서를 스스로 광고하는 대로가 아니라 존재하는 그대로 내담자가 볼 수 있게 해 준다. 여기서 논의된 기법은 내가 선호하여 가장 많이 사용하는 것들이므로 다른 치료자들은 개인적인 선호가 다를 수 있다.

체스판 은유(Hayes et al., 1999, pp. 190-192)는 맥락으로서의 자기를 증가시킬 때 가장 쉽게 떠오르는 ACT 중재이지만, 내가 융합 문제를 강조하기 위해 사용하는 것이기도 하다. 내담자들이 종종 자신의 우울한 생각과 감정을 어두운 색으로 묘사하기 때문에 나는 원치 않는 심리적 경험을 체스판 위의 검은색 말로 표현하기를 좋아한다(예: "체스판 위의 검은색 말들을 당신이 제거하기 위해 무척 힘들게 노력하는 모든 우울한 생각, 죄책감 및 불쾌한 기억이라고 상상하세요").

다음과 같이 말하면서 특정한 흰색 말들을 검은색 말들의 정반대 위치에 놓는다.

> 체스판 역시 함께 존재하는 무한정의 흰색 말을 보유하고 있음을 명심하세요. 그

래서 당신이 정말로 유능하고 가치가 있으며, 종국에는 당신에게 유리하도록 상황이 돌아갈 것이라는 생각은 자기 확신감 및 당신의 인생에서 과거에 성공했었던 기억과 협력할 수도 있습니다. 그러나 체스판 위의 흰색 말들 반대편에 존재하는 것은 오직 검은색 말들뿐입니다. 여기에서 당신은 "나는 괜찮아. 다 잘 될 거야."라고 말하는 흰색 말을 갖게 될 수도 있습니다. 하지만 저쪽에서는 "너 누구에게 장난치는 거야? 너는 괜찮지 않아. 네가 지금까지 해 온 모든 것이 네 인생을 망쳤어."라고 말하는 검은색 말이 있습니다. 이 두 가지 말들의 세트는 공존할 수 없으므로 검은색 말은 제거해야만 하는 것처럼 보입니다. 그러나 만일 그 말들이 단지 당신의 생각과 감정일 뿐이라면 그것들이 함께 존재할 수는 없을까요? 당신이 괜찮다는 것과 당신이 괜찮지 않다는 생각을 동시에 할 수 있을까요?

이 지점에서 내담자는 흔히 "그것 둘 다 단지 생각일 뿐이에요. 하지만 제가 괜찮지 않다는 것은 진짜 사실입니다."라고 말함으로써 정서적 추론을 한다. 이에 대해 나는 "하지만 그것은 진짜 사실이다."라는 생각이 또 다른 생각("나는 괜찮지 않다.")과 연합된 채 체스판 위에 있는 단지 또 하나의 말일 뿐임을 지적하며 내담자에게 '진짜' 생각의 유용함에 대해 다음과 같이 물어본다.

또 다른 생각이 사실이라고 생각하는 것이 그렇게 만듭니까? 이것은 그냥 또 다른 생각 아닌가요? 어떤 것은 사실이 아니라고 밝혀질 때까지만 사실이라는 점을 생각해 본 적 있습니까? 그 반대는 어떤가요? 어떤 것이 사실이라고 밝혀질 때까지만 사실이 아님을 생각해 본 적 있습니까? 그것이 사실이라는 생각을 가지고 있는지 혹은 아닌지에 기초한 생각에 반응하는 것은 단지 하나의 접근일 뿐입니다. 당신의 생각과 감정에 반응하는 또 다른 방식, 즉 그것들이 얼마나 유용한지를 당신이 발견한 것을 근거로 한 또 다른 방식이 있을 수도 있다는 가능성을 고려해 보길 바랍니다.

이 시점에서 일부 내담자는 어느 것이 사실이고 어느 것이 사실이 아닌지를 아는 것이 중요하다는 것에 대해 저항할 수도 있다(예: "하지만 나는 어느 것이 사실이고 어느 것이 사실이 아닌지 알게 되었어요. 내 방식으로 이것을 알아낼 수 있으려면 어떻게 해야 할까요? 사실인 것에 주의를 기울이지 않는 것은 어리석어요"). 다른 내담자들은 진실성이 유용성과 동의어라고 믿는다(예: "거짓인 것이 무슨 소용이 있죠?"). 앞으로 보게 되듯이 '진실을 아는 것'은 옳은 것이 유용하건 혹은 유용하지 않건 간에 옳은 것이 핵심에 자리 잡고 있는 언어적으로 구성된 양파의 바깥 껍질 중 하나로 판명나게 된다.

사적인 사건과의 융합을 약화시킬 수 있는 또 다른 움직임은 언어적 기술과 평가 사이의 구별을 소개하는 것이다. 이것은 정서적 추론에 관여하는 우울한 내담자들이 경험하는 부정적인 생각과 감정이 전형적으로 자기 초점적이기 때문에 특히 중요하다. 물질적 대상을 치료 장면에 끌어들이는 나쁜 컵 은유의 변형을 다음과 같이 제시할 수 있다.

> (내담자가 이해하기 쉽게 기술할 수 있는 치료실 안의 의자와 같은 물건을 토론 소재로 선택한다.) 여기 이 의자를 보세요. 우리가 (예를 들어) 그것의 색깔을 어떻게 기술할 수 있는지에 대하여 이야기해 봅시다. 여러분은 그것의 색깔을 어떻게 기술하시겠습니까? 저 또한 그 의자는 (색깔 이름)이라고 말할 것이라는 것에 동의합니다. 이제 당신이 저 의자를 '좋은 의자'라고 말한다고 가정해 봅시다. 그러나 저는 그 의자가 '나쁜 의자'라고 말합니다. 어느 것이 그 의자입니까? 우리는 의자의 색깔에는 동의했지만 그것이 좋은 의자인지 나쁜 의자인지에 대해서는 의견이 불일치합니다. 그것은 어떻게 둘 다일 수 있죠? 의자의 색깔은 어디에 있습니까? 그것이 의자에 있는 것을 당신이 봅니까? 우리가 그 의자는 (색깔 이름)이라고 이야기할 때 우리는 의자의 색깔을 기술하는 것입니다. 이것은 의자가 좋은 것인지 나쁜 것인지를 이야기하는 것과는 어떻게 다른 걸까요? 의자의 좋음 혹은 나쁨은 의자의 어디에 있습니까? 의자 그 자체에 있습니까? 만일 그렇다면 어떻게 그럴 수 있습니까? 어떻게 의자가 좋으면서 동시에 나쁠 수 있습니까? 의자의 좋음 혹은 나쁨을 의자에서는 전혀 발견할 수 없지만 의자에 대한 우리의 평가에서는 발견됩니까? 의자에 대한 우리의 평가가 서로 다른 이유는 우리가 의자를 기술하는 것이 아니라 의자에 대한 우리의 반응에 관하여 무언가를 말하기 때문입니다. 제가 의자는 나쁜 것이라고 말할 때 저는 사실상 "의자가 있다. 그리고 의자에 대한 나의 평가는 그것이 나쁘다는 것이다."라고 말하고 있는 게 아닌가요? 이제 당신이 지금껏 몸싸움을 해 온 당신 자신에 대하여 갖고 있는 부정적인 생각과 감정의 일부인 당신의 체스판 위에 있는 말 중 몇 개에 이것을 적용해 봅시다. "나는 훌륭하지 않아."라는 생각을 선택해 봅시다. 그것은 기술입니까 아니면 평가입니까? 당신이 정말로 말하고 있는 것은 "나는 인간이다. 그리고 적어도 이 시점에서 나는 내가 소위 훌륭하지 않다는 평가를 하고 있어."와 같

은 말을 하고 있는 것은 아닐까요? 평가로서 당신의 '훌륭하지 않음'이 당신 내부가 아니라, 즉 당신의 불가피한 부분이 아니라 당신 자신에 대한 당신의 반응이라는 것을 주목하십시오. 사물에 대한 우리의 평가는 변할 수 있습니다.

이러한 경우에 나는 전형적으로 내담자들에게 '목록' 작성하게 하여 사적인 경험과 그 경험을 하는 사람 사이의 공간을 만들어 주는 물리적 은유를 그들에게 보여 준다. 목록 작성이란 내담자가 자신의 사적인 사건을 기술할 때 외현적인 범주 이름을 사용하게 해 주는 ACT 실습을 말한다(예: "나는 ~라는 생각을 하고 있다." "나는 ~을 느끼고 있다"). 나는 이 범주 이름들을 체스판 은유와 연결하는 것을 좋아한다(예: "남편이 당신을 속이는 것에 대하여 생각할 때 어떤 말이 떠올랐습니까? 당신은 그것들의 목록을 만들 수 있습니까?"). 나는 이 행동을 모델링 하는 것(예: "아마도 나는 바로 지금 당신이 내가 방금 당신이 이상하냐고 물어봤던 질문을 생각할 것이라고 생각하고 있습니다.") 그리고 필요하다면 숙제의 일환으로 관련 활동을 내 주는 것이 종종 도움이 된다는 것을 발견하였다. 그러한 숙제에는, 예를 들어 '나는 무능하다, 나는 결코 행복하지 못할 것이다, 아무도 나를 좋아하지 않는다 등의 생각'과 '모든 것은 내 잘못이다, 나는 지쳤다, 나는 포기하고 싶다 등의 감정'과 같이 분명하게 인식되는 현저한 우울한 생각과 감정을 목록으로 적어 보는 것이 포함된다. 체크리스트는 내담자에게 위험한 상황에서 탐지해 보라고 할 수 있는 재발하는 원치 않는 생각과 감정들로 구성될 수 있다(예: "당신이 스스로 우울한 생각과 감정에 사로잡혔다는 것을 발견할 때 체크리스트를 작성하고 목록을 만드시오. 주변에서 당신을 압박하는 것으로 보이는 것을 알아차리시오"). 목록을 만드는 것은 마치 문자 그대로 진실인 것처럼 자신의 생각과 감정에 반응하는 내담자의 자동적인 고리를 부수는 데 도움이 될 수 있다.

당신은 원하지 않는 생각들의 목록을 기록하는 것과 우울증의 인지치료에서 핵심 전략인 역기능적 사고 일지(Daily Record of Dysfunctional Thoughts)(Beck et al., 1979) 사이의 어떤 유사성을 알아챘을지도 모른다. 마찬가지로 사적인 사건의 자기 탐지는 다양한 형태의 행동 평가와 행동치료에서 공통적으로 사용하는 연습이다(Bornstein, Hamilton, & Bornstein, 1986). 자기 탐지의 목적이 어떤 특정한 사적인 사건의 빈도와 갈등하거나 그것을 통제 혹은 감소시키는 것이 아니라는 점이 바로 ACT가 이러한 다른 전통과 상이한 점이다. 필수적으로 사적인 사건의 형태를 변화시키는 일 없이 그것의 기능을 변경하는 것이 목적이다. 개인적 사건의 형태를 판단하거나 바꾸려고 애쓰지 않은 채 사건의 발생을 '단지 알아차리는 것'이 유일한 목표다. 단지 알아차리는 행위 그 자체는 환자가 관계 틀과의 융합을 통해 생성된 규칙-지배적인 반응에 참여하는 것을 막아 주는 탈문자화 전략이다. 대조적으로 인지치료와 행동치료에서는 자기 탐지 과제에서 확인된 우울한 자동적 사고의 형식이나 내용을 변경하는 것에 노력을 기울인다. 암묵적인 가정은 '건강'하고 정상적인 기분 상태를 가져다주는 생각이 존재한다는 것이다. '건강하지 않은' 생각은 우울증을 유발하고, 그러한 생각의 내용은 수정될 필요가 있다. 행동 평가에서 행하는 우울한 생각의 자기 탐지는 비록 행동을 기록하는 단순한 행위가 흔히 반응적이기는 하지만, 치료 기능보다는 정보를 제공하기 위해 설계된다. 이러한 이유로 발생의 빈도와 심도의 수준을 감소시키기 위한 하나의 행동치료 기법으로 사적 사건에 대한 자기 탐지를 수행할 수도 있다(예: Harmon, Nelson, & Hayes, 1980; Williams, 1976).

또한 나는 생각, 정서, 기억 및 기타 사적 사건들로부터 내담자를 탈융합시키기 위해 물리적인 은유를 사용한다. 예를 들어, 앞서 암시했듯이 우울한 내담자들에게 자신의 생각과 감정을 물어보았을 때 다음과 같이 어두운 색으로 기술할 것이다.

> 때때로 우리는 더욱 분명한 그림을 얻기 위해서 우리 얼굴의 정면에 있는 것으로부터 뒤로 물러서야만 할 수도 있습니다. (이것을 예시하기 위해 치료자는 펜, 신문 등과 같은 사물을 집어 들고 그것을 내담자의 눈에 아주 가까이 두어 제대로 식별할 수 없게 만든다.) 펜의 색깔은 무엇인가요? 신문 기사의 첫 번째 문단을 읽어 보세요. (내담자가 펜을 기술하거나 신문을 읽을 수 없다는 것을 알게 한 후에 그것들을 내담자의 얼굴 앞에서 뒤로 이동시켜 그것들을 볼 수 있게 한다.) 이제 펜의 색깔이 무엇입니까? 신문 기사의 첫 번째 문단은 무엇입니까? 같은 일이 우리 자신의 생각과 감정에서도 일어날 수 있습니다. 당신이 그것들에 완전히 사로잡히고 휩쓸렸을 때, 그것들이 얼굴 바로 앞에 있을 때 그것들을 보기 어려울 수도 있습니다. 너무 가까워서 볼 수 없는 생각으로부터 당신을 떨어뜨려 놓는다고 상상해 보세요. 그러면 우리는 그것의 크기를 알 수 있고 그것의 다른 면을 알게 될 수 있습니다. 만일 이러한 생각이 색깔을 갖는다면 그것은 무슨 색깔일까요?

이 예에서 추가 질문으로 생각의 크기, 모양, 무게, 밀도, 재질, 온도 혹은 다른 물리적 차원에 대하여 물어볼 수도 있다. 만일 '대상'(이 경우 내담자가 아무것도 제대로 할 수 없다는 생각)이 과정의 마지막까지 처음의 물리적 차원 중 아무것도 변하지 않는다면 내담자에게 물리적 은유의 형태로 생각에 대한 반응을 규명해 보도록(예: "나는 그것의 무게에 눌리는 것을 느낀다.") 요구할 수 있다. 종종 내담자는 우울을 유발하는 불확실한 사건 · 경험의 잠재성을 감소시키는 방식으로 물리적 은유에 반응한다. 내 경우로 보자면 이 기법에 대한 내담자의 반응이 실무율적인 경향은 있지만, 내담자가 '그것을 이해하는' 경우 매우 극적으로 좋아질 수 있었다. 예를 들어, 어떤 우울한 내담자는 처음에 우울을 불쑥 튀어나온 큰 못이 박혀 옮기거나 오르는 것이 불가능한 어두운 검은색의 빽빽하고 뚫고 들어갈 수 없는 산과 같은 구조라고 기술하였다. 몇 회기 내에 그녀의 우울은 스스로 그 속에 걸어 들어갈 수 있다고 상상함으로써 흩뿌려진 회색의 안개로 변환되었다. 일반적으로 나는 내담자들이 물질적인 용어로 기술하는 우울한 생각과 감정에 주목하도록 한다. 왜냐하면 그것들은 종종 치료실에서 이용 가능한 보편적인 사물로 표현될 수도 있고, 고의로 최소한의 불편감만을 주면서 소개될 수도 있기 때문이다.

내 치료 접근법의 핵심은 우울증의 중심 성분이라고 내가 믿고 있는 이유 대기를 파헤치는 것이다. 자신의 우울증에 더 많은 이유를 대는 사람들은 우울한 기분에 대한 반응을 더 많이 반추한다(Addis & Carpenter, 1999). 부가적으로 우울한 내담자 중에서 자신의 우울 행동에 '훌륭한 이유'를 제공할 수 있는 사람들은 더 우울해지고 성공적으로 치료하기가 더 어려운 경향이 있다(Addis & Jacobson, 1996). 이유 대기를 표적으로 할 때, 개인의 과거사 분석에 기초한 이유 대기와 현재 행동을 설명하는 이유 대기를 구분하는 것이 유용하다. ACT에서는 내담자의 과거사에 기초한 이유 대기를 '이야기'라고 부른다. 이것은 내담자가 처음에 자신이 우울해진 이유를 설명하기 위해 만들어 낸 변명이다(예: "내 우울증은 2년 전 근무했던 최고의 직장에서 아무런 경고도 없이 해고당했을 때 시작되었어요"). 현재의 이유 대기는 보통 내담자의 게으름과 가치 있는 활동의 회피에 대한 정당화로 우울한 생각과 감정을 표현하는 것이다(예: "내가 일어나서 출근해야 한다는 것을 알았지만 나는 너무나 우울했어요"). 두 가지 세트의 이유 중에서 일반적으로 개인사적인 성질을 지닌 이유가 파헤치기도 더 어렵고, 자신의 우울증을 유지하는 도구도 된다. 이러한 이유로 나는 전형적으로 환자의 이야기를 먼저 다룬다. 이야기를 다루는 것은 순교자 역할을 부여하고 있는 우울한 내담자에게 특히 중요하다. 이 역할을 시작하고 유지하는 데 많은 요소가 결합되어 있는 것으로 여겨지며, 성공적으로 이야기를 파헤치기 위해서는 이러한 모든 요소를 다루어야 할 수도 있다.

이야기에서 공격할 하나의 중요한 요소는 중요한 타인에 의한 학대가 현재 우울증의 원인이라는 내담자의 주장이다(예: "남편이 나에게 거짓말하고 속이기 시작할 때까지 우울증이 뭔지도 몰랐어요"). 이것을 파헤치는 것을 돕기 위해 나는 이렇게 말하기도 한다. "당신은 남편에게 학대받았다는 생각을 하고 있군요. 당신은 또한 이러한 학대가 당신을 처음으로 우울하게 만들었다고 생각하고 있어요." 이 경우에 내담자가 주장하는 학대 그 자체와 학대에 대한 내담자의 반응을 의도적으로 분리한다는 점을 주목하라. 이 시점에서 많은 내담자는 학대가 단지 자신의 입장에서 이루어지는 지각이나 견해의 문제가 아니라 학대가 실제로 일어났다고 주장할 수도 있다. 이 점에 대해서 다음과 같은 반응을 보일 수 있다.

> 좋아요. 우리 둘 다 당신이 실제로 남편에게 학대받았다는 데 동의한다고 가정합시다. 그것은 사실입니다. 그것에 대한 당신의 반응은 우울해지는 것입니다. 그 일이 일어났을 때 당신에게 일어날 수 있었던 다른 반응이 있습니까? 지금 당장 일어날 수 있는 반응으로는 어떤 다른 것들이 있나요? (내담자가 어떤 다른 가능한 반응을 내놓지 못하면 몇몇 가능성을 제안한다. 당신은 화를 내고, 실망하고, 당신 인생에서 당신이 원했던 사람이 아니라는 결론을 내리고, 손해를 보기 전에 헤어지고, 이직하는 것을 선택할 수 있었는가?) 우리가 정말로 이야기 나누고자 하는 것은 두 가지 일, 즉 남편에게 학대받은 것에 대한 당신의 감정과 우울해지는 것으로 그것에 반응하는 것 사이의 관계입니다. 만약 당신이 그에게 학대받은 것이 사실이라면 그것이 변화될 수 있을까요? 만일 그것이 변화될 수 없고, 그것에 반응하는 법을 아는 유일한 방법이 우울해지는 것과 우울증에 머무는 것이라면 당신은 곤경에 처한 것입니다. 저는 이제 이미 일어났던 일에 다르게 반응할 수 있는 가능성을 당신이 고려해 보길 바랍니다. 당신이 미처 이것을 깨닫지 못했을 수도 있고, 당신이 상이하게 반응할 수 있는 방법을 유지하는 데 장애물이 있었을지도 모릅니다.

평가는 ACT 내 FEAR 알고리즘의 일부분이며, 종종 순교자 역할을 지지하는 방식으로 이유 대기와 상호작용한다. 이야기의 공통적인 요소는 바로 문제의 학대가 부당하고 정당하지 않다는 것이다. 많은 내담자가 심지어 자발적으로 그것을 언급하기도 한다(예: "나를 그토록 괴롭히는 것은 내가 학대를 당했다는 것이 아니라 내가 학대를 당할 만한 그 어떤 일도 하지 않았다는 사실입니다. 만일 내가 학대를 당할 만한 일을 저질렀다면 아마도 나는 그런 대접을 받은 이유를 이해할 수 있었을 겁니다"). 이에 대한 반응으로 나는 흔히 다음과 같은 말을 한다.

그래서 이것에 관한 체스판 위의 또 다른 말은 당신이 학대받을 만한 일을 하지 않았다는 생각입니다. 당신이 그럴 만한 짓을 했다는 생각을 가졌다고 가정해 보세요. 그렇게 하면 어떤 차이가 생깁니까? 당신은 아마도 이 모든 것을 더 잘 이해할 수 있게 되었다고 말합니다. 하지만 그것을 이해하는 것이 당신을 덜 우울하게 만들어 주나요? 당신이 학대받아 마땅하다는 것을 제가 확신시킬 수 있다고 가정해 보세요. 그것은 당신에게 얼마나 도움이 됩니까? 우리가 이미 당신이 학대받았다는 것에 동의한 사실은 변하지 않습니다. 어떤 사람이 당신을 총으로 쏘아 죽였다고 가정해 봅시다. 당신이 총에 맞아 죽을 짓을 했는지 안 했는지 여부가 당신에게 어떤 차이가 있습니까? 어쨌거나 당신은 죽은 사람일 뿐이지 않습니까?

그러한 과정의 이 시점에서는 자신에게 못되게 굴었던 사람을 용서하는 내담자의 선택을 끌어들이는 것이 유용하다. 종종 내담자들은 용서하는 것을 내켜하지 않거나 (예: "그는 내 용서를 받을 자격이 없어요.") 혹은 그렇게 할 능력이 없다고 지각한다("심지어 내가 그렇게 하고 싶어도 그가 했던 것처럼 나를 심하게 학대한 사람을 결코 용서할 수 없어요"). 나는 단지 이유 대기의 또 다른 형태로 용서를 인정하지 않도록 이러한 이유들에 대해 다음과 같이 부드럽게 도전한다.

용서 행위는 누구를 위한 것인가요? 그것으로 이익을 얻는 사람은 누구입니까? 누가 용서할 자격이 있습니까? 당신입니까 아니면 남편입니까? 당신은 남편이 용서를 받을 만한 자격이 없다고 생각하고 있어요. 그 말은 곧 당신이 남편을 용서하는 것을 인정할 수 없다는 말입니까? 물론 당신이 원한다면 그렇게 할 수 있긴 하겠지만, 저는 당신이 그를 용서한다는 것을 얼굴을 맞대고 혹은 서면으로 그에게 전달하는 것에 대하여 말하고 있는 것이 아님을 주목하십시오. 더 중요한 것은 당신이 스스로를 위하여 무엇을 하는 가입니다. 어쨌든 그가 죽었거나 그가 어디에 있는지 당신이 모르거나 그와 접촉할 길이 없다면 어떻겠습니까? 그래도 당신이 여전히 그를 용서하는 것을 선택할 수 있을까요? 당신은 그를 용서하기를 원하지 않고 또 그렇게 할 수 없다고 생각할 수도 있어요. 당신이 남편을 용서하는 것을 선택하고, 동시에 그를 용서하기를 원치 않는다는 감정을 지니고, 동시에 당신이 그를 용서할 수 없다는 생각을 지니고, 동시에 그는 그럴 만한 자격이 없다는 감정을 지니는 것이 가능한 일입니까? 저는 당신에게 남편을 용서하려는 노력을 하라고 요구하는 것이 아닙니다. 그것은 당신이 하려고 시도해 보지 않은 어떤 것이지만 일종의 비행기 밖에서 낙하산 펼치는 일처럼 모든 것을 걸고 하세요. 저는 당신이 과거에 취급받았던 방식대로 당할 필요가 없다는 생각과 감정에 반응하는 또 다른 방식으로 이 방법을 고려해 보라고 요청할 뿐입니다. 또한 당신이 그렇게 한다고 해도 당신의 인생이 더 좋아질 것이라는 것을 저는 보증할 수 없고, 제가 그렇게 하는 것이 더 나을 것이라고 말한다 해도 당신이 어쨌든 저를 믿지 않기를 바란다는 것에 주목하세요. 하지만 그것이 당신에게 어떤 식으로든 해를 끼칠 것이라고 생각할 어떤 훌륭한 이유가 있습니까? 당신은 그것이 해를 끼치리라는 것을 어떻게 알아낼 수 있죠?

이 쟁점을 다루기 위해 내가 사용해 온 또 다른 치료 선택은 게슈탈트 치료의 빈 의자 연습(Empty Chair Exercise)의 변형이다(Hayes et al., 1999, pp. 257-258 참조).

이야기는 종종 내담자를 순교자 역할로 내몬 또 다른 평가적인 측면, 이름하여 '올바르기'를 포함한다. 스스로를 다른 사람들에게 불공정하게 학대받아 왔다고 여기는 내담자들은 자신이 상당히 '틀렸다'고 느낀다. 이러한 쟁점은 다음과 같은 방법으로 다룰 수 있다.

이것에 대한 당신의 체스판 위의 또 다른 말은 남편이 당신에게 했던 방식이 잘못되었다는 생각입니다. 이것과 같은 검은색 말은 종종 반대편에 있는 흰색 말과 관련이 있다고 말했던 것을 기억하세요. 이 경우에 흰색 말과 관련된 반대편에 있는 것이 무엇입니까? (만일 내담자가 '그가 틀렸다.'의 반대가 '내가 옳다.'라고 반응하지 않는다면 "또 다른 말은 '내가 옳다.'라는 생각이 될 수 있는가?"라고 제안해 볼 수 있다.) 당신은 이것에 대하여 계속 '올바르기' 위해서 우울을 유지할 필요가 있습니까? 누가 당신 인생의 발달을 망치게 했습니까? (우울을 유지하는 것은 내담자가 스스로를 가장 먼저 우울하게 보는 이유를 타당화하는 기능을 할 수도 있다. 왜냐하면 내담자는 부당하게 학대받았고 불공정하게 나쁘게 취급당했기 때문이다.) 당신 인생의 발달이 어떤 식으로든 당신에게 일어났던 일을 최소화시켜 줍니까? 남편이 잘못되는 것에 대해 당신이 올바르기 위하여 당신은 우울을 유지해야만 합니까? 체스판으로서 당신이 계속 전진하기 위해서 특정한 말, 즉 당신은 마땅히 학대받을 사람이 아니라는 생각과 당신이 틀렸다는 생각을 제거해야만 합니까? 그것들을 제거하려고 시도하여 모두 성공했을 때 당신의 인생은 잘 작동합니까? 모든 것을 바로 세우는 방법으로 그것들을 제거한다면, 당신은 처음에 학대받지 않았다고 믿도록 자신을 속여야 하지 않습니까? 당신의 인생을 적극적으로 사는 것과 당신이 지금껏 소극적으로 살아온 방식으로 취급되는 것이 마땅하지 않다는 생각을 하는 것이 가능합니까? (만일 내담자가 이러한 생각에 대한 물리적 은유에 노출된 적이 있다면, 그것을 집어 올려 전달하는 것을 상상해 보라고 요구할 수 있다. 즉, "그 생각을 집어 올려서 가방 안에 집어넣고 어깨 위에 메고 떠나는 것을 상상해 보세요.") 더 큰 그림으로 당신에게 더 중요한 것은 무엇입니까? 즉, 당신 인생이 잘 작동되는 것입니까 아니면 당신이 대접받는 방식에 대하여 '올바르기'를 유지하는 것입니까? 당신은 무엇을 선택하겠습니까? '올바르기' 의제를 포기하고 인생을 향해 앞으로 나아가는 것입니까 아니면 그것을 붙잡고 당신의 우울증에 올바르게 매여 있는 것입니까?

내담자가 순교자 역할을 포기하기 위해 극복해야 할 몇 가지 최종 핵심 장애물은 '훌륭하게 보이기' '체면 차리기', 이와 관련된 옴짝달싹도 못하는 사회적 강화물이다. 이것은 내담자가 수년 동안 우울했을 때 그리고 다른 가족과 친구들에게 자신의 '이야기들'을 널리 공유했을 때 특히 그렇다. 그렇게 하여 내담자가 우울증에서 얼마라도 회복되었다면 그리고 건강한 기능적 인생을 살기 시작했다면 다른 사람들의 눈에는 결국 '좋지 않게 보이기'와 '체면 잃기'로 보이는 상황이 올 수도 있다. 그러한 상황에서 나는 보통 다음과 같이 말한다.

당신은 저보다 얼마나 많은 다른 사람에게 당신이 왜 우울해졌고 계속 우울해했는지에 대한 이야기를 했습니까? 만일 당신이 더 이상 우울하지 않다면, 그들은 당신을 어떻게 생각하고 당신에 대해 무엇이라고 말합니까? 그들이 다음과 같이 이야기했다고 가정해 보세요. "몇 년 전 당신 남편에게 당한 방식 때문에 우울하다고 당신이 말했던 게 생각나요. 그가 당신을 다르게 대하는 것을 본 적이 없는데, 왜 당신은 여전히 우울하지 않죠? 남편이 당신을 대하는 방식이 변하지 않았다면 당신은 여전히 우울해야 하지 않습니까? 만일 당신이 더 이상 우울하지 않다면, 당신이 남편에게 얼마

> 나 지독하게 학대당했는지에 관해 말했던 것이 정말로 그렇게 나빴던 것은 아닐 수 있다고 생각합니다. 그렇지 않다면 당신은 여전히 우울하겠지요." 이에 대한 반응으로 당신은 무엇이라고 말하고 행동하겠습니까? 어떤 생각과 감정이 듭니까? (이 시점에서 내담자에게 자신의 반응들에 대해 '목록 작성'을 해 보게 할 수도 있다.) 당신은 당혹감을 지닐 수도 있고, 만일 당신이 최근 몇 년간 내내 우울했다면, 당신 친구들은 자신이 생각했던 것보다 당신이 훨씬 더 당황하고 있어야만 한다고 생각할 수도 있습니다. 만일 당신이 집착을 벗어나기 위해 이러한 생각과 감정을 경험할 필요가 있다면, 당신은 기꺼이 그렇게 하겠습니까? 더 중요한 것은 무엇입니까? 계속 우울을 유지함으로써 친구와 가족들 앞에서 체면을 차리는 것입니까 아니면 그 과정에서 당신의 인생을 성장시키면서 바보처럼 보이는 위험을 감수하는 것입니까? 당신은 어느 것을 선택하겠습니까? 나를 포함해서 당신이 얼마나 학대받았는지에 대한 개인 내력을 들어서 알고 있는 모든 사람이 내일 지구에서 사라져 버린다면 어떻게 될까요?

극단적으로 순교자 역할을 하는 것이 자살 위험에 어떤 영향을 미치는지에 대해서 일부나마 언급할 필요가 있다. 지금까지 ACT 관점에서는 자살 행동을 개념화하고 그것에 반응하는 데 있어서 자살 행동의 경험적 회피 기능에 초점을 두었다. 순교자 역할에 상당히 빠져 있는 내담자에게 자살 행동의 또 다른 기능은 '올바르기' '훌륭하게 보이기' 및 '복수할 방안 찾기'(예: "나는 그들에게 보여 줄 것이다. 그들은 내가 사라졌을 때 미안해할 것이다.")를 동시에 수행하는 방식이다. 나의 임상 경험으로 볼 때 심리적 고통에서 도피하고 '올바르기'를 확신하는 의도로 다양한 형태의 자살 행동을 해 본 우울증 내담자의 수는 꽤 한정적이었다. 보통 자살 행동의 현저한 기능은 경험적 도피와 정서적 통제다. 올바르기가 이 등식에 더해질 때 치료자로서 당신은 환자의 자살 잠재성을 두 가지 방면의 공격으로 다루게 될 것이다.

통상적으로 나는 이야기에 대한 확신을 파헤치는 것에서 현재의 회피 행동과 행동 과다를 정당화하는 이유 대기를 공격하는 것으로 치료의 초점을 옮길 것이다. 변함없이 내가 사용하는 하나의 기법은 치료 수행 시 '그러나'라는 단어를 '그리고'로 대체하는 언어 관습이다(예: "나는 이번 주말에 몇몇 친구와 함께 나갈 수 있었다. 그리고—그러나 대신에—나는 그렇게 하고 싶지 않았다"). 이 기법은 일단 소개가 되면 이후에도 지속적으로 응용할 수 있다. 특히 나는 내담자들과 이야기를 나눌 때 의식적으로 그것을 사용하려고 노력하며 내담자에게도 따라서 해 보게 한다.

현재의 이유 대기를 파헤치기 위해 선호하는 또 다른 기법은 선택과 결정 사이를 구분하게 하는 것이다. 내가 선호하는 중재 중 하나는 상상 속 두 개의 아이스크림 접시 중에서 자신의 선택을 정당화하도록 내담자에게 요청하는 것이다.

> 나는 초콜릿 맛입니다. 당신은 어떤 것을 고르겠습니까? (일단 내담자가 선택한 것을 말하면 "왜요?"라고 질문한다. 내담자가 제공하는 답이 무엇이든 계속해서 반복적으로 그렇게 한다. 어느 지점에 이르면 내담자는 종종 좌절하여 "좋아요, 나는 내가 왜 초콜릿 맛을 선택했는지 모르겠어요, 그냥 그렇게 했어요!"라고 선언할 것이다. 그 지점에서 다음과 같이 말하라.) 바로
>
> 그거예요! 당신은 왜 바닐라 맛 대신에 초콜릿 맛을 선택하게 되었는지 그 이유를 모른다는 것이 사실이죠? 오, 물론 당신은 그것에 대해 그럴 듯한 이야기를 내게 해 줄 수 있고, 당신 자신에게도 해 줄 수 있겠지요. 하지만 당신이 그것을 단순하게 선택한 것은 당신이 그것과 그것에 대해 말한 모든 재료를 선택하기 때문에, 즉 당신이 그것을 맛보는 것과 같은 방식을 좋아하기 때문에 당신의 선택을 지지하기 위한 단순한 이야기일 뿐이지 않을까요? 내가 당신이 고려하기를 바라는 것은 당신, 나, 즉 우리 모두는 종종 우리의 행동과 그 이유를 확신시키거나 설명해 주려고 애쓰는 유일한 대상이 바로 우리 자신일 때조차 똑같은 일을 한다는 것입니다. 또한 당신이 고려했으면 하는 점은 우리가 이렇게 하는 것이 다른 것 대신에 좋아하는 아이스크림 하나를 선택하는 것처럼 인생에서 중요하지 않은 문제에서뿐만 아니라 결혼을 한다든지, 아이를 몇 명 낳을 것인지, 어떤 직업을 가질지 등과 같이 인생에서 훨씬 더 중요한 일에도 그렇게 한다는 것입니다.

선택과 결정 사이의 구분을 더욱더 강조하기 위하여 나는 전형적으로 버스에 탄 승객 은유(Passengers on the Bus Metaphor)의 변형을 사용한다. 이 은유는 여러 가지 목적을 제공한다. 선택에서 발생하는 전념 행동의 개념에 초점을 두도록 하면서 기꺼이 경험하기 역할이 가치 있는 행동을 수행하는 데 도움이 될 것이라고 소개한다. 나는 이 은유를 다음과 같이 수정하여 내담자가 가치를 둔 목표를 향해서 나아가게 하고, '승객들'을 우울증에 더욱더 특정화한다.

> 당신이 주 박람회에 소풍 가는 아이들을 태운 작은 버스를 운전하게 되었다고 가정해 봅시다. 당신은 어쨌든 박람회에 가는 계획을 세우고 도움을 주기로 생각했습니다. 당신이 그 여행을 위해 봉사하기로 하자 주최자는 어린 Johnny Boogernose가 무리에서 가장 상스럽고 심술궂은 아이이며, 그의 친구들이 당신과 함께 타고 갈 거라고 알려 주었다고 상상해 보세요. 여전히 박람회에 가고 싶은 당신은 결국 아이들을 태우고 가겠다고 말합니다. 그래서 박람회 가는 방향으로 출발하여 수 킬로미터를 달렸습니다. 출발 후 겨우 몇 분 지나서 어린 Johnny Boogernose와 친구들이 재빠르게 움직이는 것을 상상해 보세요. 그들은 불평하고 소리 지르고 흠을 잡으면서 "잘못된 길로 가고 있어!" "도대체 뭐하고 있는지 모르는군! 뭐하는 거야, 멍청이!" "제대로 하는 게 하나도 없어!" 등과 같이 당신을 놀려 댑니다. 그래서 당신은 길가 대피소에 차를 댄 후 그들이 입을 다물고 예의 바르게 행동할 때까지 가지 않겠다고 말을 합니다. 그 애들이 그렇게 하지 않는다고 가정해 봅시다. 사실 아이들은 훨씬 더 버릇없이 욕을 합니다. "우리는 입 다물고 싶지 않아! 누구도 우리를 그렇게 만들 수 없어!" 당신이 길 옆에 차를 댔을 때 무슨 일이 일어났는지 주목하십시오. 이제 누가 당신이 박람회에 가는지 마는지에 대한 통제를 하고 있습니까? 당신인가요 아니면 무례한 아이들인가요? 그들이 결코 입을 다물지 않는다면 어떻게 될까요? 당신은 혼란에 빠집니다. 당신은 길가에 차를 대고 그 아이들이 예의 바르게 행동하도록 구걸하고 변명하고 흥정하면서 당신 인생의 나머지를 소모할 준비가 되어 있습니까? 박람회에 가는 당신의 선택은 이제 당신의 손을 떠난 결정으로 변환되었습니까? 모든 무례한 아이들, 심지어 어린 Johnny Boogernose조차 당신의 체스판에서 검은색 말—당신이 입 다물기를 바라는 모든 부정적이고 우울한 생각, 감정 및 기억—이라고 상상하십시오. 당신은 이제 단지 박람회 여행길에 있는 것이 아니라 인생의 여행길에 있음을 알아차리십시오. 당신은 인생에서 당신이 택한 방향을 선택하겠습니까 아니면 당신의 생각과 감정이 당신을 위해 결정하게 내버려 두겠습니까?

내담자가 어떤 경험을 하든 심리적으로 위협을 느끼지 않는 자기감과 접촉해 온 관점에서 선택하는 일은 심리적으로 보다 쉽다. ACT에서 관찰자 연습(Observer Exercise)은 이러한 초월적인 자기감을 증가시키는 데 사용된다. 비록 이 연습이 여기에서 선택하는 것과 가치를 둔 행동 과정에 전념하는 것과 결합하여 논의되고 있긴 하지만, 인지적 탈융합을 돕기 위해 치료에서 좀 더 일찍 소개할 수도 있다. 내 경험에 의하면 대부분의 우울한 내담자가 이 연습에서 도움을 받았다. 도움을 받은 사람 대부분은 나중에 종종 울기도 하면서 정서적으로 아주 강렬하게 반응하였다. 관찰자 연습은 매우 길어서(Hayes et al., 1999, pp. 193-195) 여기서 반복하지는 않을 것이다. 이 연습을 하는 동안 자신의 인생의 여러 시점, 예를 들어, 십대나 어린아이였을 때 발생한 사건들을 내담자에게 상상하도록 요구한다. 이 연습을 수행하면서 나는 내담자가 우울한가 아니면 우울하지 않은가 여부를 떠나서 존재하는 자기감과 접촉하도록 자신이 우울하지 않았던 과거의 순간을 기억해 보게 한다. 만일 필요하다면 나는 아동기로 되돌아가는 방법을 모두 강구해 보라고 하는데, 만일 우울하지 않았던 시기를 회상할 수 있는 유일한 순간이 아동기일 경우에 그렇다. 많은 내담자가 청소년기에도 역시 우울했었다고 지적하는 반면 아동기 때 우울했었다는 보고를 하는 사람은 훨씬 적다. 그렇지만 나는 내담자가 어린 시절에도 우울했었다는 개인사를 알게 되면 내담자가 우울하지 않았던 시기를 기억해 보라고 의도적으로 요청할 것이다.

치료 후반기는 내담자가 전념 행동 패턴을 점점 더 구축하는 것을 도와주는 데 사용할 수 있다. 이것 또한 ACT의 핵심 과정 표적인데, 그 이유는 인생에서 기능성은 말이 아니라 행동에 의해서 결정되기 때문이다. 치료의 이 지점에서 나는 우리가 세운 행동 목표를 내담자의 가치와 확실히 일치시키기 위해서 내담자에게 목표와 가치를 명료화할 시간을 제공할 것이다. 필요하다면 나는 Hayes 등(1999, pp. 222-228)이 기술한 것과 같은 공식적인 가치 명료화 평가 절차나 이 책에 제시된 또 다른 가치 명료화 방법을 사용할 것이다. 전형적으로 나는 내담자가 가치, 목표, 관련 행동 과정 및 그러한 행동을 취하는 데 생기는 장애물을 명료화하기를 원한다. 고무되고 강해지는 행동 과정은 외현적인 행동적 회피와 정서적 통제의 형태가 남아 있는 맥락에서 고려해야만 한다. 우울한 환자들은 가치 있는 삶의 방향으로 나아가면서 거의 항상 보다 더 기본적인 정서적 장애물을 발견할 것이다. 나는 이러한 긴장이 아마도 내담자가 겪는 우울증 고통의 핵심 요소일 것이라고 강조한다. 예를 들어, 사회적 초대를 계속해서 거절하는 것(예: "몇몇 친구가 함께 영화 보러 가자고 나에게 말하지만 나는 그렇게 하고 싶지 않다.")은 '더 나은 친구 되기'의 가치와 모순된다. 마찬가지로 음주를 지속하는 것(예: "음주는 나를 몽롱하게 만든다.")과 그 결과로 실직하는 것은 내담자가 '보다 책임감 있는 사원되기' 목표에 더 가까이 가지 못하게 만든다. 나는 종종 그러한 행동적 회피와 정서적 통제의 예들을 이끌어 내는 것을 목표로 삼는다. 이들 장애물은 내담자가 가치 있는 인생 목표를 향해 나아갈 때 '들이마시게' 될 것이다. 이러한 환경하에서 나는 다음과 같이 말하곤 한다.

> 친구의 영화 보러 가자는 초대를 승인하거나 거절하는 것은 당신이 그것에 대하여 갖고 있는 감정에 의해 내린 결정이었다는 것처럼 여겨집니다. 당신은 영화를 보러 가는 것 그리고 그렇게 하고 싶지 않다는 감정을 갖는 것을 선택할 수 있었습니까? 영화를 보러 가면서 그러한 감정도 함께 가져갈 수 있었습니까? 당신은 더 나은 친구가 되기를 원한다고 말했죠. 그들의 초대를 거절하는 것은 당신을 그것과 더 가까워지게 합니까 아니면 더 멀어지게 합니까? 당신은 더 좋은 친구가 되는 것에 더 가까워지기 위해 적극적으로 행할 수 있는 어떤 것에 대하여 생각할 수 있습니까? (만일 내담자가 생각하지 못한다면, 어떤 활동에 참가하도록 친구를 초대하는 것과 같은 몇 가지 제안을 제공하고 논의할 수 있다.) 또한 당신은 취할 때까지 술을 계속 마시게 된다고 언급하였습니다. 그렇게 하는 것은 당신에게 무엇이 이로운가요? (내담자가 도피/회피를 추구하고 있는 사적인 사건을 찾아서 기꺼이 경험하기와 수용을 강조하면서 그것에 반응하는 대안적인 방법을 논의하라.) 당신처럼 술을 마시는 것은 보다 더 책임감 있는 사원이 되려는 당신의 목표에 더 가까워지게 합니까 아니면 더 멀어지게 합니까? 그러한 방향으로 걸어가면 어떤 일이 일어날까요?

또한 가치 지향적인 행동 과정을 추구하는 것에 대해 논의하면서 내담자가 전념을 고수하는 과정에서 만날 수도 있는 장애물에 대해 분명히 다루어야만 한다. 장애물을 내적인 것(예: "나는 학교에 돌아가고 싶지만 실패할까 봐 그리고 바보처럼 느껴질까 봐 두렵다.") 대 외적인 것(예: "어쨌든 나는 학교에 돌아가고 싶긴 하지만 그렇게 할 돈이 없을 것이다.")으로 분리하는 것이 도움이 될 수도 있긴 하지만, 후자가 종종 전자보다 명백하긴 하다(예: 학교에 돌아가는 것은 내담자가 회피하고 싶은 경제적인 걱정거리로 존재할 것이다). 덧붙여 장애물은 즉각적으로 분명한 것일 뿐만 아니라 잠재적으로 목표를 추구하는 과정에서 일어날 수도 있는 것으로 고려해야 할 것이다. 따라서 나는 내담자가 일단 특정한 행동 과정에 전념하면 다음과 같이 '고장 수리'와 개인적인 문제 해결에 참여시킨다.

> 당신이 교육에 가치를 두기 때문에 당신은 학교로 돌아가서 자신을 위한 적절한 목

표로 학위를 마치기로 하였습니다. 그리고 이 과정의 일부로 적어도 다음 학기에 세 과목을 수강하기로 당신 자신과 약속했습니다. 그렇게 하는 과정에서 우리는 당신이 얼마나 원치 않는 생각과 감정을 경험하게 될 것인지, 그리고 그런 일이 일어날 때 어떻게 그것을 수용할 수 있는지에 대해 이야기했습니다. 당신의 약속을 지키기 어렵게 만들 수 있는 앞으로 만나게 될 장애물이나 방해물로 또 어떤 것이 있을지 생각할 수 있습니까? [어떤 장애물을 말하든지 간에(예: "아마도 나는 다시 정말로 우울해질 거예요.") 그 장애물을 어떻게 다룰 수 있는지, 만일 내담자가 약속을 지킬 수 있고 그리고 장애물이 나타난다면 어떻게 할 것인지에 대해 반응하라. 내담자가 언급하지 않은 추가적인 가능한 장애물을 제안하라(예: "당신의 자동차가 고장 나서 학교에 운전해서 갈 수 없다면 어떻게 될까요?").] 만일 당신이 다음 학기에 세 과목을 마친다면, 내가 당신에게 백만 달러를 준다고 가정해 보세요. 그것을 해 낼 수 있을까요? 만일 당신이 10층 건물로 뛰어올라 날아간다면, 내가 당신에게 백만 달러를 준다고 가정해 봅시다. 당신은 해 낼 수 있을까요? 자, 당신이 약속을 지킬 수 있다는 것이 분명해졌어요. 유일한 문제는 당신이 그렇게 하기를 선택하느냐의 여부만 남았군요.

이 시점에서 환자가 가치 있는 인생 목적을 추구하고 장애물을 들이마실 기회를 가질 때, 나는 다음과 같은 치료적 대화로 ACT 질문을 하는 것이 유용함을 발견하였다.

당신과 당신이 투쟁하고 바꾸려고 시도해 온 것 사이를 구분한다면, 당신은 그것들을 완전히 그리고 방어하지 않은 채 그것들이 무엇이라고 말하는 대로가 아니라 있는 그대로 기꺼이 그것들을 경험할 수 있습니까? 그리고 그 상황에서 가치 있는 방향으로 선택한 것을 행하겠습니까?

이 질문은 맥락으로서의 자기와 과정으로서의 자기, 수용, 탈융합, 노출 및 현재 순간에 초점두기의 긍정적인 측면을 초점화된 행동 활성화에 통합시킴으로써 ACT 접근법 전반을 요약하고 있다. 그러므로 ACT는 점차 표적화된 행동 목표, 행동 과제와 함께 행동 활성화 접근법으로 되어 가고 있다. 이 단계에서는 감정이나 생각을 회피하는 비밀스러운 방법이 아니라 가치와 연결된 숙제를 하는 것이 중요하다. 가치 있는 행동이라는 점은 살아 있는 것이지 자기 조작이 아니다. 이러한 목표를 성취하기 위해서는 행동 연습이 '쉽게 얻을 수 있는 것'이어야 한다. 만일 목표를 추구하면서 즉시 도달하지 못한다면, 그것은 비극이 아니다. 대신에 그러한 도전은 인생 과정의 단지 한 부분일 뿐이다.

임상적 고려 사항

ACT에서 우울한 내담자의 반응을 평가하는 가장 일반적이면서 객관적인 방법은 우울증 심도를 정기적으로 평가하는 것이다. 비록 오늘날의 관리 의료 제도 환경에서는 어려울 수도 있지만 응급이나 위기 상황은 예외로 하고, 나는 주 단위로 내담자를 만난다. 매번 약속 시작 시 Beck 우울척도(BDI)를 실시한다. 원판(Beck, Ward, Mendelson, Mock, & Erbaugh, 1961)이나 BDI-Ⅱ(Beck, Steer, & Brown, 1996) 둘 중 하나를 사용할 수 있다. 두 버전 모두 척도 2번과 9번 문항을 통하여 자살 위험의 어떤 변화를 특수하게 탐지할 수 있을 뿐만 아니라 내담자의 우울 수준(총점을 통해)을 추적하는 객관적이고 편리한 방법을 제공한다. 2번 문항은 비관주의 · 무희망감("미래는 절망적이며 나아질 수도 없다.")을, 그리고 9번 문항은 자살 의도를 직접적으로 평가한다("나는 기회가 있다면 자살할 것이다").

창조적 무희망감을 유발하는 것이 목표인 ACT의 초기 단계에서 내담자가 처음에는 더 우울해질 수도 있다는 걱정이 있음에도 나의 임상적 경험과 연구 경험에서는 이러한 일이 일어나지 않았다. 일반적으로 대부분의 내담자는 창조적 무희망감을 자비롭고 타당한 것으로 경험한다. 이것이 앞서 논의했던 창조적 무희망감의 수준을 적정하게 하는 전략에 귀인될 수도 있는 정도는 분명하지 않으며, 나는 이러한 질문을 체계적으로 연구해 보지 않았다.

가장 보편적인 성과 연구 추세는 내담자들이 ACT에 호의적으로 반응하고, 치료 과정 동안 그들의 BDI 점수가 아주 일관되게 감소한다는 것이다. 치료 전 내담자 대부분은 중등도(BDI=20~28)에서 심한 정도(29~63) 범위의 우울증 수준이었는데, ACT 10~12회기에서는 가벼운 정도(14~19) 혹은 낮은 정도(0~13)로 감소되었음을 보고할 것이다. 치료 3~4주경 BDI 점수의 감소를 보여 주는 데 실패하거나 자신의 우울증 수준이 증가하는 것으로 나타나거나 악화되는 내담자에게는 관심을 기울여야만 한다. 치료의 첫 달 동안 우울증의 감소를 보여 주다가 '수렁에 빠져서' 그다음 달에는 그 수준이 일정해지는 내담자에게도 똑같이 해당된다.

내담자가 자신의 BDI 점수를 추적하는 것을 기반으로 치료에 대하여 초기에 혹은 지속적으로 호의적인 반응을 보이는 데 실패하는 경우 치료 자체 내에서 그리고 외적으로 발생하는 몇 가지 기여 요인을 고려해야만 한다. 만일 반응 실패가 치료의 시작 시 일어난다면, 창조적 무희망감 '용량'을 더 많이 늘리고(내담자는 구덩이 밖으로 나오는 길을 파는 의제를 아직 포기하지 못했을 수도 있다.) 인지적 탈융합과 기꺼이 경험하기에 더 많은 노력을 기울이도록 요구할 것이다(내담자는 은유적으로 삽을 던졌을 수는 있지만 여전히 사다리를 제공받기에 적절하게 반응하는 위치에는 있지 못하다). 비록 내가 평소에는 일반적으로 ATQ-B(believability version of the Automatic Thoughts Questionnaire: 자동적 사고 질문지-믿는 정도)를 실시하지 않음에도 이 경우에 그렇게 하는 것은 내담자의 무반응에 어떤 통찰을 제공할 수도 있다. 이 장 앞부분에서 언급했듯이 ACT로 치료에 성공한 우울한 내담자들은 우울한 자동적 사고 빈도의 유사한 변화와는 독립적으로 ATQ-B 점수에서 유의미한 감소를 보였다(Zettle & Hayes, 1986). ATQ 점수를 반복적으로 평가하는 것은 내담자가 우울한 생각에 대하여 높은 수준의 믿음을 지속적으로 보고하는 것을 확인하는 데 도움이 될 것이다. 이들 내담자들은 아마도 여전히 인지적 융합 혼란을 겪고 있으며, 탈융합 중재를 통해서 도움을 얻어야만 할 것이다.

'재수 없는 일도 생기며' 때때로 그런 일은 내담자들이 치료를 시작하기 전에도 일어날 뿐만 아니라 치료 동안에도 일어난다. 예를 들어, 내담자가 갑자기 실직할 수도 있고, 대인 관계가 깨지는 것을 경험하기도 하고, 예상치 못한 가족의 죽음을 맞이할 수도 있다. 많은 내담자는 자발적으로 이러한 사건들을 가져오지만 어떤 사람들은 수치심과 죄책감 등의 이유로 이러한 사건들을 숨길 것이다. 이러한 이유 때문에 치료자로서의 당신은 만일 치료에서 일어나는 진척이 멈추거나 우울 점수가 올라가기 시작한다면 내담자에게 최근의 부정적 생활 사건에 대하여 직접적으로 물어보아야 한다. 내담자가 현재의 부정적인 생활 사건에서 보이는 어떠한 반응이라도 풍부한 임상 기회를 제공한다. 생활 사건에 관한 원치 않는 생각과 감정을 확인하기는 쉬우며, 경험적인 회피에 내담자가 관여하는 전형적인 방식은 더욱더 분명해질 수 있고, 대안적인 대처 방법을 소개하고 밀접하게 탐지해 볼 수 있다.

ACT 치료에 대한 반응에 부정적인 영향을 미칠 수 있는 또 다른 외적 요인 세트는 일반적으로는 정신병리, 특수하게는 정서장애를 치료하는 대중매체의 지속적인 메시지다. 내담자들은 토크쇼, 텔레비전 특별 프로그램, 뉴스, 인쇄된 기사 및 항우울제에 대한 직접적인 마케팅의 공격적인 홍보의 증가에 노출될 수도 있다. 이러한 호소는 전형적으로 정서장애를 유전적인 토대를 지닌 것으로서 신체적 치료를 요구하는 뇌의 신경화학적 장애로 묘사한다. 경험 많은 치료자는 알고 있듯이 많은 환자들은 이미 항우울제를 복용하는 치료를 받고 있거나 자신은 오직 약물에 의해서만 치료될 수 있는 화학적 불균형을 지니고 있다고 확신하였다. ACT 체제에 이러한 보편적인 지각을 통합하는 방식은 단순한 문제가 아니다. 왜냐하면 많은 측면에서 우울증에 대한 ACT 모형은 생각하는 방식 증후군에 정말로 근거하지 않기 때문이다.

우울증의 생의학적 모형과 치료는 ACT 체제와 강한 갈등 상태에 있는 이유 대기 체제를 영속시킨다. 나는 내담자가 치료 받으려고 스스로 찾아올 때 이미 항우울제를 복용하고 있는 우울한 사람이어도 함께 작업하는 데 동의한다. 하지만 (만일 나의 회상이 맞다면) 나는 결코 약물 치료에 내담자를 의뢰해 본 적이 없다. 간단히 말해서 항우울제 치료의 목표는 내담자가 기분 좋게 느끼는 것을 돕는 것이지만, ACT의 목적은 건강하고 활력 넘치는 목적 있는 삶을 사는 것이다. 더욱이 SSRI에 대한 FDA 데이터베이스 전체에 대한 최근 분석은 이 약물이 Hamilton 우울 척도에서 위약보다 단지 2점의 향상을 가져왔고(17 항목 혹은 21 항목 척도를 사용하였을 때 50점에서 62점임), 심지어 그러한 약간의 이득조차 이 연구들이 적극적인 위약을 사용하는 데 실패하였기 때문에 대부분의 환자가 맹검의 침투를 통제하기 전에 있었음을 밝혀냈다(Kirsch, Moore, Scoboria, & Nicholls, 2002). 따라서 만일 어떤 사람이 경험적으로 지지된 치료에 전념한다면 근거의 상태는 단순히 항우울제의 사용을 요구하지 않을 것이다. 나는 이미 약물 치료를 하고 있는 내담자들에게 적극적으로 그것을 중단하라고 권하지 않는다. 그렇지만 ACT 과정은 증상 제거 전략이 증상을 증상으로 수용하도록 격려하는 변화의 모형에 얼마나 적합한지에 대하여 전반적인 관심을 불러일으키는 경향이 있다. 나의 많은 환자들은 ACT가 동등하게 효과적인 치료가 될 수 있다는 사실에 덧붙여 이러한 이유로 항우울제 복용 중단을 독립적으로 결정한다.

자신의 우울증이 유전된 신경화학적 불균형에 의해 야기되었다고 믿으며, 자신이 항우울제를 사용해야만 하는지에 관하여 나의 선택을 원하는 내담자들에게는 다소 상이한 전략을 사용해 볼 수도 있다. 매우 당연하게 그러한 내담자들은 ACT의 타당성과 적절성에 대한 질문을 진지하게 시작한다(예: "만일 내 우울증이 뇌장애에 의해 야기되었다면 ACT의 어떤 점이 나를 도울 수 있죠?"). 내가 보통 사용하는 요령은 이러한 견해에 대하여 과학적인 본래 모습('문자적인 진실')을 묻는 것이 아니라 대신에 문제의 원인을 아는 것 대 그것을 해결하는 것의 유용성에 대해 질문을 하는 것이다. 나는 종종 요점을 말하기 위해 다음과 같은 은유를 사용한다.

> 어제 밤 당신의 우울증이 뇌의 신경화학적 불균형에 의해 야기되었다는 TV 프로그램을 본 후에 그러한 생각을 갖게 되었군요. 그것 참 흥미로운 생각입니다. 당신이 오늘 여기를 떠나서 차에서 내렸을 때 타이어가 펑크 났다는 것을 발견했다고 가정해 봅시다. 타이어가 펑크 난 이유에 대한 질문에 바르게 대답하는 것은 얼마나 유용합니까? 타이어 펑크를 유발하기 위해 일어날 수도 있는 여러 가지 일이 있었을까요? 타이어를 교체하기 전에 타이어가 펑크 난 이유를 알아야만 한다는 입장을 당신이 취했다고 가정해 봅시다. 그것은 얼마나 유용할까요? 적어도 이 특별한 펑크 난 타이어에 관심을 갖기까지 무엇이 타이어를 펑크 나게 했는지 당신이 결코 알지 못하는 것이 가능합니까? 설령 타이어를 살펴서 펑크가 난 이유를 결정하기 위해 펑크 타이어 전문가를 고용한다 할지라도 말입니다. 만일 그렇다면, 나는 결코 그 타이어가 바뀌지 않을 것이라고 추측합니다. 여기서 더 중요한 것은 먼저 타이어가 펑크 난 이유를 알아내는 것입니까 아니면 그것을 바꾸는 것입니까? 당신은 타이어를 바꾸기 위해서 타이어가 펑크 난 이유가 무엇인지 알 필요가 있습니까?

내담자에게 공평하도록 나는 항우울제를 사용할지 안 할지에 대한 궁극적인 결정은 내담자에게 있다고 생각한다. 설령 내담자가 항우울제 시도를 선택하더라도 나는 목적이 제약 광고들이 내포하는 것보다는 더 현실적으로 되도록 치료의 기능을 재구성할 수 있다. 약은 당신의 인생을 더 잘 작동시키는 방법에 대한 해답이 아니다. 항우울제는 기능하는 것을 방해할 수도 있는 증상들을 감소시키는 데 도움이 될 수도 있다. 만일 증상이 감소된다면 원치 않는 경험에 직면하고, 자기 패배적인 대처 전략을 포기하고, 가치 있는 행동을 확인하여 선택하고 그리고 더욱더 효과적인 새로운 행동 패턴을 수립할 필요가 여전히 존재한다. 약이 이러한 보다 더 근본적인 인생 목적을 성취할 수 있다는 연구는 결코 존재하지 않는다. 대부분의 내담자는 이 메시지를 암묵적으로 이해하고 있으며, 우리가 ACT 모형에 충실하여 작업할 수 있게 해 준다.

결 론

첫 번째 ACT 연구는 거의 20년 전에 우울증을 대상으로 수행되었으므로 주요한 ACT 프로토콜은 우울증 환자의 요구에 매우 잘 부합한다. 이제 ACT는 더욱더 폭넓게 사람들에게 도달하였고, 우울증에 대한 ACT의 부가적인 체계적 응용이 가능한 것 같다. 개별 임상가를 위해서 이 모형은 이러한 형태의 인간 고통을 경감시키기 위해 새롭고 창조적인 수많은 대안을 제공하고 있다.

제5장 불안장애와 수용전념치료

Susan M. Orsillo, Lizabeth Roemer, Jennifer Block-Lerner,
Chad LeJeune, and James D. Herbert

불안장애는 미국에서 가장 흔하게 경험되는 정신건강 문제다. Narrow, Rae, Robins와 Regier(2002)는 미국 국립정신건강연구소(NIMH) 역학 조사 프로그램[Epidemiological Catchment Area(ECA) Program]과 국립공존질환조사[National Comorbidity Survey(NCS)]의 자료를 조합하여 18~54세 성인의 13.1%가 불안장애라는 연간 유병률을 보수적으로 추정하였다. 이러한 상태는 만성적인 경향을 보였다. 3년 후 관해율은 사회공포증, 일반화된 불안장애, 광장공포증, 광장공포를 동반한 공황장애에서 16~23%였다(Keller, 2000, in Barlow, 2002). 한 종단 연구에서는 삽화 발병 후 첫 22달 내에 공황장애와 광장공포증 진단을 받은 사람 중 단지 18%와 광장공포증이 없는 공황장애를 가진 사람 중 약 43%가 회복된 반면, 주요 우울장애를 가진 사람은 거의 80%가 회복되었다(Hirschfeld, 1996). 불안장애를 가진 환자의 기능 상태는 재정적 의존과 실업률이 높았고(예: Leon, Portera, & Weissman, 1995), 삶의 질이 더 빈약했으며(Massion, Warshaw, & Keller, 1993), 자살 성공의 위험이 증가하였다(Allgulander, 1994).

불안장애와 관련한 유병률, 만성화 및 비용을 가정하면 효과적인 치료 개발에 그렇게 많은 노력이 들어간 것은 놀랄 일이 아니다. 예를 들어, 공황장애에 대한 인지행동치료는 큰 효과 크기를 산출하였고(.68~.88; Gould, Otto, & Pollack, 1995), 몇몇 연구를 개관한 결과 내담자의 41%와 100% 사이에서 치료 종결 후 12달까지 공황 상태를 보이지 않았다고 보고하였다(Barlow, 2002). 특정 공포증에 대한 노출치료는 매우 높은 성공률과 관련된다(예: Ast, 1989). 사회공포증 또는 사회불안장애에 대한 인지행동 집단치료(Heimberg, 1991) 역시 단일(.89) 또는 인지적 재구성을 결합한 치료(.80; Gould, Buckminster, Pollack, Otto, & Yap, 1997) 모두 가장 큰 효과 크기를 산출하는 노출 중재와 함께 강력한 실험적 지지를 얻었다(예: Heimbert et al., 1998). 노출 및 반응 방지(exposure and response prevention: ERP)와 인지치료는 강박장애(obsessive-compulsive disorder: OCD) 치료에 상당히 효과적인 것으로 밝혀졌다(Abramowitz, 1997). 마지막으로, 일반화된 불안장애(generalized anxiety disorder: GAD)에 대한 인지행동 접근은 6개월에서 12개월 추적 조사에서 유지되거나 향상된 유의미한 변화(큰 효과 크기와 함께)를 보여 주었다(Borkovec & Ruscio, 2001).

불안장애 치료에 가용한 풍부한 임상적 연구와 겉보기에 낙관적인 성공 기록에도 불구하고, 현재의 치료 접근에는 개선할 여지가 많다. 치료 성공의 주요 지표로 증상 감소에 한정된 측정치의 과신과 효과의 장기적 지속성에 대한 제한된 연구는 임상 실제에서 이러한 결과를 일반화하기에 한계가 있을 수 있다. 최신 중재 프로토콜을 제공했을 때조차 많은 내담자가 치료에 제대로 반응하지 못하고, 범주 지표에 의해 '반응하는 사람'으로 분류된 많은 사람은 증상을 계속 나타내면서 기능적으로 손상을 입은 채 부가적인 치료를 찾는다. 이것은 심각한 정신병리나 공존 상태를 동반한 사람들이 연구 과정 치료에서 배제되지 않을 때 특히 사실이다(예: Barlow, 2002).

최근에는 불안장애에 대한 치료의 효과성(수용성 포함)을 증가시키는 데 많은 노력을 기울이고 있다. 예를 들어, OCD를 위한 노출과 반응 방지의 혐오적인 성질을 고려할 때 인지치료가 잠재적인 대안으로 연구되어 왔다. 그렇지만 이러한 노력은 혼합된 결과(예: Cottraux et al., 2001; McLean et al., 2001)와 연합되어 있는데, 인지치료가 불안장애를 위한 행동치료에 대하여 부가적 혹은 대안적 접근법으로서 의도된 영향력을 미치는 데 실패했다는 증거가 쌓여 가는 것은 놀라운 일이 아니다(Orsillo, Roemer, Block Lerner, & Tull, in press). 노출치료에 대한 강한 경험적 지지를 고려할 때 우리는 노출 요소를 유지하고 강화하는 불안장애 치료가 임상적으로 중대하고 의미 있는 결과를 가장 많이 산출하는 경향이 있음을 주장한다.

수용전념치료(Acceptance and Commitment Therapy: ACT)(Hayes, Strosahl, & Wilson, 1999)는 여러 면에서 노출치료와 일치하며, 공병, 노출과 관련된 두려움과 회피 그리고 삶의 질에 대한 관심과 같은 쟁점을 직접적으로 다루는 접근법으로서 전도가 유망해 보인다. ACT의 주요 목표는 의미 있고 가치 있는 인생을 살기 위해 현재 순간과 발생할 수도 있는 모든 사적 사건과 비회피적인 접촉을 증가시키는 것이다. 더욱이 ACT는 심리장애의 범위에 해당하는 증상(예: 물질 사용, 자해, 행동 회피)을 경험적으로 회피하는 기능에 기여하는 것으로 개념화하는 통합적인 치료 접근법이다(Hayes, Wilson, Gifford, Follette, & Strosahl, 1996). 그러므로 ACT는 전통적 인지행동치료(CBT)에 적절하지 못한 후보자로 여겨질 수도 있는 복잡하고 공병 조건을 지닌 사람에게 사용될 수 있다. 노출에 대한 두려움과 회피는 융합 감소시키기, 과정으로서의 자기 수립하기, 맥락으로서의 자기와 접촉하기, 가치 있는 인생 방향 정의하기 및 전념 행동 패턴 수립하기에 목적을 둔 방법들을 통해서 ACT에서 직접적으로 다룬다. 사실상 ACT에서 파생된 수용 이론적 근거는 공황 증상을 경험하는 공황장애를 지닌 환자들의 기꺼이 경험하기를 증가시키는 것으로 보인다(Levitt, Brown, Orsillo, & Barlow, in press).

이 장에서 우리는 불안장애, 특히 공황장애, 특정 공포증, 사회불안장애, OCD 및 GAD의 치료에 대한 ACT의 적용을 논의하고자 한다(PTSD와 외상에 대한 ACT 적용은 다음 장에서 더욱더 전반적으로 논의된다). 이 장애들의 발달과 유지에 경험적 회피와 인지적 융합의 역할이 상당히 크다는 증거가 있고, ACT 중재가 표적으로 삼는 핵심적인 심리 과정(정서적 통제/회피 감소시키기, 융합 감소시키기, 과정으로서의 자기 수립하기, 맥락으로서의 자기와 접촉하기, 가치 있는 인생 방향 정의하기 및 전념 행동 패턴 수립하기)은 많은 새로운 불안장애 치료 프로토콜로 진입 중인 것 같다. 그러므로 우리는 ACT 모형이 기존의 경험적으로 지지된 치료를 보완하거나 촉진할 수 있다고 믿으며, 특히 거기에서 우리는 경험적으로 지지된 치료의 효과적인 구성 요소에 관하여 무언가를 알고 있고, 이러한 구성 요소들은 ACT 모형과 일치한다. 때때로 기존의 경험적으로 지지된 패키지는 ACT와 조합될 수 없는 요소들(예: 인지적 재구성)을 포함한다. 이러한 경우에 기존의 경험적으로 지지된 대안적 치료가 거부되거나 가용하지 않거나 성공하지 못한 곳에서 ACT 치료 프로토콜을 사용하려면 더 많은 윤리 관념을 지녀야 하는 것 같다. ACT는 경험적인 임상적 전통의 일부이며, 이러한 보수적인 접근은 그러한 전통 안에서 떠오르는 모든 기술과 동일하다.

이러한 권고는 현재의 증거 상태를 반영하며, ACT가 다양한 특정 프로토콜이 개발될 수 있는 일반 모형이라는 사실을 반영한다. 현재는 일반 모형으로서 받는 경험적 지지가 특정 프로토콜이나 불안장애 영역에 속하는 프로토콜 세트일 때보다 더 강하다. 관심사에 대한 그러한 경험적인 상태는 시기에 따라 바뀌는 경향이 있는 것 같다. 성공적인 사례 연구는 상당히 많지만(Carrascoso, 2000; Huerta, Comez, Molina, & Luciano, 1998; Luciano, & Gutierrez, 2001; Zaldívar, & Hernández, 2001), 불안장애를 대상으로 ACT 프로토콜을 사용한 통제 시도는 적으나 일반적으로 성공적이다(예: Block, 2002; Block & Wulfert, 2002; Twohig & Woods, in press; Zettle, 2003). 또한 성공적으로 무선 통제된 시도가 스트레스 관련 영역에서는 존재한다(예: Bond & Bunce, 2000; 제11장 참조). 많은 다른 연구가 현재 진행 중이므로 우리는 곧 이러한 전집들을 대상으로 한 ACT의 유용성에 관해 훨씬 더 많이 알게 될 것이다. 이후에 우리는 이러한 윤리적 측면을 준수하리라고 가정해 볼 수 있다.

공식화

일반적으로 말해서 불안장애에 대한 ACT 공식화는 비교적 간단하다. 다양한 불안 문제는 다음과 같은 경우에 발생한다.

① 내담자가 정상적인 불안 증상(심장이 두근거림, 막연한 두려움)이나 정상적인 불안을 불러일으키는 사적 경험(사회적 실수에 대한 두려움, 미래 성과에 대한 걱정, 반복적인 '비합리적인' 생각)을 기꺼이 경험하지 않는다.
② 대신에 내담자는 사건과 관련된 정상적인 불안을 통제하거나 제거해야만 하는 건강에 대한 근본적인 위협으로 본다.
③ 사건들과 관련된 불안을 통제하려는 시도는 수용할 수 없는 수준까지 불안을 직접적으로 적극적으로 상승시킨다.
④ 내담자는 원치 않는 불안 상태에 대해 어떤 단기적인 통제를 행사하는 심리적(반추, 걱정, 과경계) 혹은 행동적(확인하기, 상황 회피) 성질을 지닌 정서적 도피/회피 전략을 개시하지만 불안 반동(rebound) 효과를 창출한다.
⑤ 정서적 회피/도피는 반동을 유지하는 데 더 자주 적용되며, 불안으로부터 단기적인 안도감을 얻는 것에 의해 강화된다.
⑥ 정서적 도피/회피 반응 패턴의 지속적인 확장은 기능의 핵심 영역에서 심각한 심리 · 행동적 제약과 삶의 질의 결여를 이끌고, 결국에는 최종 진단(GAD, 광장

공포증)을 받게 된다.

다음에서 우리는 각 불안장애와 연합된 현재 증상을 간단하게 개관하고, ACT 관점에서 이러한 증상을 어떻게 개념화하는지 논의하고자 한다.

공황장애

DSM-IV에는 공황장애를 신체 증상과 인지 증상이 동반된 예상치 못한 강렬한 두려움 삽화의 발병으로 정의한다[American Psychiatric Association(APA), 1994]. 공황발작이 대부분의 불안장애 환자에게 흔하며, 공황장애가 있을 때 발작은 미래의 발작에 대한 걱정, 발작 결과에 대한 걱정(예: 미치는 것, 심장발작을 하는 것) 혹은 발작과 관련된 행동 변화(예: 다리를 건너 운전하는 일을 피하기 위해 직업을 바꾸기)를 동반한다. 공황장애가 있는 사람들은 종종 '내부 수용기 회피' 또는 공황발작 동안에 경험한 것과 유사한 신체 증상을 일으킬 만한 행동의 회피(예: 카페인 음료 마시기, 운동, 성관계)에 몰두한다(Rapee, Craske, & Barlow, 1995).

공황장애의 기원에 대한 모형은 극단적으로 위험한 것으로 신체 증상을 평가하는 것이 기여하는 역할을 강조한다. 공황발작을 경험하는 사람들은 그들의 부모가 공황 증상을 더 많이 보였고, 가족 내에서 만성질환을 더 많이 앓았으며, 그런 증상이 없는 사람들보다 공황과 유사한 증상을 스스로 경험하는 동안 환자 역할 행동에 대한 부모의 격려를 더 많이 받는 경향이 있다(Ehlers, 1993). 그러므로 신체적 민감성의 잠재적인 위험을 강조하는 초기 학습 내력이 이 장애를 가진 환자들 사이에서는 흔한 것일 수 있다. 전향적인 연구들은 불안 민감성 또는 불안 및 그와 관련된 증상이 해로운 결과를 가져온다는 믿음과 이후의 공항발작의 발생 사이의 관계에 대하여 일부 증거를 제공한다(예: Hayward, Killen, Kraemer, & Taylor, 2000).

ACT 관점에서 볼 때 신체 감각에 대한 이러한 두려움은 그러한 신체 감각을 기꺼이 경험하지 않으려는 태도를 가져오며, 공황장애를 촉발할 수도 있는 경험적 회피 패턴을 일으킨다. 공황이 발병하는 경우 사람을 보호한다고 여기는 '안전 행동'(예: 물과 크래커, 약 휴대하기)을 포함하여 외부에 기반을 둔 수많은 통제 전략을 제시할 수도 있다. 특히 남자들은 공황 증상을 회피하거나 견디려는 노력으로 알코올이나 니코틴을 사용할 수도 있다(Kushner, Abrams, & Borchardt, 2000). 궁극적인 경험적 회피 전략인 자살 시도는 정서장애, 약물 사용, 섭식장애 및 성격장애를 함께 지니고 있는 공황장애 환자에게서 더 자주 발생한다(예: Warshaw, Dolan, & Keller, 2000). 마지막으로, 공황발작(APA, 1994) 사건이 일어날 때 도피하거나 도움을 얻기 어려운 상황의 극단적인 고통을 회피하거나 견디는 광장공포증을 동반한 공황장애를 겪는 내담자의 경우, 불편한 신체 증상의 단서가 될 수도 있는 상황을 회피하려는 노력으로 자신의 인생의 가치 있는 측면을 추구하는 것으로부터 이탈할 수 있다.

특정 공포증

특정 공포증은 현저한 고통이나 삶의 방해를 유발하는 사물, 동물 또는 상황에 대한 상당한 두려움을 포함한다. DSM-Ⅳ(APA, 1994)는 특정 공포증을 네 가지 주요 유형인 동물(예: 거미, 뱀, 개), 자연 환경(예: 높은 곳, 폭풍, 어둠), 피-주사-부상(예: 피를 보는 것, 수술을 하는 것, 주사를 맞는 것) 및 상황(예: 비행기 타는 것, 운전하는 것, 다리)과 잔류 '기타' 유형으로 나누고 있다.

경험적 회피가 역사적으로 행동적 회피처럼 특정 공포증과 분명하게 연관된 것은 아니지만 특정 공포증을 지닌 사람들에 대한 이해의 초점과 관련된 몇몇 연구 결과는 이러한 과정의 역할을 지지한다. 예를 들어, 공황 유발 도전을 통합한 한 연구에서 Craske와 Sipsas(1992)는 밀실공포증이 있는 사람들이 자신의 두려움과 관련된 자극인 벽장 안에 있을 때만큼 과호흡 도전을 두려워한다는 것을 발견하였다.

그러므로 ACT 관점에서 보자면, 특정 공포증을 지닌 사람들은 자신이 두려워하는 사물이나 상황에 노출될 때 일어나는 불안 증상(특히 생리적인 각성)을 기꺼이 경험하려 하지 않는다. 어떤 사람들은 자신이 두려워하는 상황이나 사물을 회피하는 것이 어렵지 않을 수도 있는 반면(예: 만일 현재 사막에 살고 있다면 홍수), 많은 사람의 삶은 자신의 두려움에 의해 제약을 받고, 이것은 자신의 가치와 일치되는 삶을 사는 것을 방해할 수도 있다. 예를 들어, 어떤 사람이 다른 사람을 돕는 것을 가치 있게 여겨서 의사가 되려는 꿈을 가지고 있다면, 그리고 만일 그 사람이 피를 보는 것에 대한 두려움과 가치 있는 행동과 연합된 생각 및 신체 감각을 기꺼이 참으면서 '유지'하지 않는다면, 그러한 두려움은 그 목적을 실현하는 것을 방해할 수도 있다.

사회불안장애

사회불안장애의 특징은 당황스러움이 일어날 수도 있는 사회적 상황이나 수행 상황에 대하여 지속적으로 상당한 두려움이 일어나는 것이다. 이 장애를 겪는 사람들은 사회적 맥락에서 일어날 수 있는 내적 경험(예: 불안감, 부정적인 자기 평가, 각성 증상)을 두려워한다. 이러한 두려움은 종종 사회적 수행의 손상과 연합되고(예: Norton & Hope, 2001), 다른 사람들과 의미 있는 연관을 짓는 개인의 능력을 감소시킨다고 알려진 높은 수준의 자기 초점적인 주의와 연합된다. 경험적 회피에 대한 ACT 모형과 일관되게 일단 불안에 대한 내적 경험과 빈약한 사회적 수행 간에 관계가 성립되면 사회불안장애가 있는 개인은 전형적으로 불안의 내적인 단서에 경계를 늦추지 않은 채 이러한 불안 반응을 통제할 목적으로 수많은 인지적 도피 반응(예: 혼잣말, 주의 분산)과 행동적 도피 반응(예: 시선을 돌림)을 할 것이다.

ACT의 중요한 핵심 원리 중 하나는 두려워하는 사적 사건들을 통제할 수 있는 양을 개인이 어느 정도까지 '구매'할 수 있는가다. 하지만 이때 구매 가격은 자신의 삶의 질이다. 이것은 사회불안장애에서 매우 명백하다. 사회공포증을 지닌 사람들은 종종 해를 끼치지 않는 피상적 방식으로 공손하게 미소 짓고 동의를 표시하면서 자주 고개를 끄덕이고(Leary, 1983, Leary, Knight, & Johnson, 1987, Patterson & Ritts, 1997), 미안함과 사과를 구하면서 다른 사람을 대한다(Edelman, 1987; Schlenker, 1987). 사회공포를 지닌 사람들은 사회적 관계의 맥락에서 일어나는 불편한 생각과 감정을 피하기 위해서 대인 관계 연결이 빈약하고(예: Antony, Roth, Swinson, Huta, & Devins, 1998), 사회적인 토대를 둔 인생 영역이 손상되어 있다.

강박장애

OCD의 특징은 개인이 원치 않고 위험한 것으로 평가한 생각, 이미지 혹은 충동(강박 사고)이 실재하는 것이다. OCD가 있는 사람들에게서 강박 사고의 내용과 형태는 대부분의 일반인이 경험하는 원치 않는 생각과 별반 다르지 않다. 그렇지만 OCD를 지닌 사람들은 이 장애가 없는 사람들보다 더 고통스럽고 더 오래 지속되고 더 강렬하게 원치 않은 생각을 경험하는 경향이 있다(Rachman, 1997). 이러한 생각을 관리하려는 (혹은 이러한 생각과 연합된 불안에서 도피하려는) 시도로 OCD를 지닌 사람들은 부정적으로 평가된 내적 사건을 중화하기 위해 고안된 행동적 · 인지적 의식(강박 행동)에 몰두한다. 이러한 도피 반응이 강박 사고와 연합된 고통을 일시적으로는 경감시켜 주지만, 그것들은 의식 반응을 강화하고, 내담자가 내적 경험과의 투쟁을 내려놓는 것을 방해한다. 알코올이나 불안 경감제, 수면제 혹은 진정제 약물의 과도한 사용 또한 흔하며(예: Dimitriou, Lavrentiadis, & Dimitriou, 1993), 이것은 경험적 회피와 도피의 부차적인 시도로 생각할 수 있다.

Shafran, Thordarson 및 Rachman(1996)은 생각이 직접적으로 외적 사건에 영향을 미칠 수 있다는 것(예: "만일 내가 차로 내 아들을 치는 상상을 하면 그 일이 일어날 것이다.")과 부정적으로 평가된 침투적 생각을 하는 것(예: "나는 내 아이들을 칼로 찌르고 싶다.")이 사실상 금지된 행동을 수행하는 것에 해당한다는 것은 OCD를 지닌 사람들에게서 흔한 믿음이며, 이것을 '생각 행동 융합'이란 용어로 기술하였다. OCD를 지닌 사람들은 자신의 생각이 사실이고 자신의 행동이 비합리적이라고 믿는 정도에서는 다르지만(Foa & Kozak, 1995), 통찰력이 낮을수록 보다 심각한 증상과 더 나쁜 예후와 관련이 있다는 일부 증거가 존재한다(Solyom, DiNicola, Sookman, & Luchins, 1985).

ACT 체제에서 보면 부정적으로 평가된 생각과 이미지, 정서를 동반한 인지적 융합은 경험적 회피를 영속시킨다. 내적 경험이 원인이며 위험하다는 관점은 그것들을 기꺼이 경험하지 못하도록 강화한다. 원치 않은 생각이나 충동을 억압하려는 의도적인 시도는 역설적으로 중요성과 행동 조절력 그리고 이러한 생각이나 충동의 비율을 증가시켜 악순환을 더욱 증폭시킬 수 있다.

OCD로 진단된 사람들은 삶의 질이 상당히 결핍된다. 이는 이 장애를 지닌 사람들이 강박사고 및 이와 관련된 불안감을 유발할 수도 있는 자극을 회피하기 위하여 채택하는 엄격한 생활양식에 기인하는 것 같다. 예를 들어, 도로에서 동물을 치는 것에 대한 강박적 생각을 지닌 사람은 밤 운전을 피하고, 업무 후 사회 활동에 참여하는 자신의 능력을 제한할 수도 있다. OCD의 의식적 행위들 또한 수행을 위해 과도한 양의 시간과 에너지를 요구하여 삶의 질을 침해한다.

일반화된 불안장애

GAD를 정의하는 주요 특징은 과도한 걱정이다. 전형적으로 걱정의 과정은 잠정적인 부정적 결과에 관해 미래에 초점을 둔 생각이 밀려드는 것을 포함한다. 이러한 불안의 언어적인 형태는 부정적인 정서적 회피의 충분한 영향력을 감소시키는 회피 전략으로 여겨져 왔다(Borkovec, Alcaine, & Behar, 2004). 연구는 걱정이 내적 고통을 일시적으로 줄이거나 회피하는 기능을 할 수도 있다는 생각을 지지한다(Borkovec, & Roemer, 1995). 따라서 GAD에서 가장 주목할 만한 회피 형태는 경험적일 수 있다. 즉, GAD를 지닌 사람은 미래에 일어날 다양한 사건을 걱정함으로써 불쾌한 내적 경험을 전략적으로 혹은 자동적으로 회피할 수도 있다. 반어적으로 GAD에서는 걱정 그 자체가 원치 않는 내적 경험이 된다. 이때 걱정은 원치 않는 내적 경험을 피하려는 시도를 유발하는데, 역설적으로 걱정은 그것의 빈도를 증가시킬 수도 있다(Wells, 1995; Roemer & Borkovec, 1993; 이 문헌에 일치하지 않는 내용을 개관하려면 Purdon, 1999 참조). 이런 방식으로, GAD를 겪는 사람들은 이러한 경험을 종식시키기 위한 시도를 통해 부정적인 내적 경험을 영속시키면서 경험적 회피의 순환에 갇히게 된다.

GAD는 행동 제약과 교묘하게 연관된다. 반어적으로 미래에 관한 걱정은 문제 해결을 지체시키고 성공시키지 못하고 구체화하는 것처럼 보인다(Borkovec, Hazlett-Steven, & Diaz, 1999).

임상적 접근

불안장애로 진단된 내담자 치료에서 ACT를 고려하는 경우, 우리는 내담자에게 치료 모형을 설명하고, 내담자가 충분한 설명을 듣고 난 후 동의서를 작성한 것에 책임을 지기 위해 대안적 접근을 논의하는 것으로 시작한다. 예를 들어, 사회불안장애를 겪는 내담자를 치료할 경우 우리는 다음과 같이 말해 줄 수 있다.

> 사회불안장애 치료에 효과적이라고 몇몇 연구에 의해 지지받고 있는 한 가지 접근법은 당신 생각의 본질을 바꾸는 것에 주로 초점을 두고 있는 CBT입니다. 만일 당신이 누군가에게 밖에서 데이트하자고 요청할 만큼 충분히 멋지지 않다고 생각한다면, 인지행동 접근은 그러한 생각을 지지하는 증거를 찾는 작업을 하고, 그러한 생각을 보다 합리적인 생각으로 대체하고자 노력할 것입니다. CBT는 결국 불안이 줄어들 것

이라는 가정하에서 당신을 불안하게 만드는 일들을 수행해 보도록 하는 과제를 당신에게 부여하게 됩니다. 우리의 치료 접근법은 CBT와 다소 유사하면서도 어떤 점에서는 다릅니다. 기본적으로 우리는 당신의 생각을 바꾸려는 직접적인 시도가 항상 도움이 되지는 않으며, 오히려 때로 그러한 생각을 더욱 강하게 만들어서 당신을 점점 더 제어할 수 없게 만들 수 있다고 생각합니다. 우리는 두려움, 슬픔 및 자기 의심 이 모두가 정상적인 인간 경험의 일부이며, 우리에게 그렇게 많은 고통을 일으키는 것은 생각과 감정 그 자체라기보다는 오히려 그러한 생각과 정서에 반응하는 방식일 수 있다고 생각합니다. 당신의 불안 및 이와 관련된 회피가 당신이 진정으로 가치 있는 인생을 영위하는 것을 방해하므로, 우리는 정말로 당신에게 문제가 되는 것과 당신을 재연결시키는 데 치료의 초점을 둡니다. 이 부분은 당신이 진정으로 원하는 삶을 영위하는 데 방해가 되는 장애물에 대처하는 대안적인 방법을 검토하는 것을 의미합니다.

앞의 간략한 기술에서 보여 주었듯이 우리는 실제로 내담자 치료를 시작하기 전에 가치의 개념을 소개하는 것이 유용함을 알게 되었다. 불안장애를 겪는 내담자들은 거의 항상 자신의 문제에 대한 명확한 개념화와 치료 목표를 가지고 치료에 임한다. 즉, 그들의 개념화와 치료 목표는 너무 많이 불안하다는 것과 불안을 없앨 필요가 있다는 것이다. 그들은 치료의 주 목표가 불안 감소라고 확신한다. 따라서 내담자와 처음 만날 때 우리는 그 목표를 재고해 보고 대안을 고려해 볼 것을 요구할 것이라고 제안한다. 우리는 불안장애 치료 클리닉 맥락에서 내담자를 치료할 때, 내담자가 전에 CBT에 참여한 적이 있을 때, 혹은 내담자가 불안치료에 관하여 상당한 조사를 해 왔을 때 이 쟁점에 대하여 특히 주의를 기울인다. 종종 이 영역에서 우리의 치료법의 우수성을 강조하기 위해 우리는 사전 치료 평가에서 가치 있는 영역에서의 행동 평가(Wilson & Murrell, in press; 초판은 Hayes et al., 1999, pp. 222-228)를 포함시킨다.

대부분의 사례에서 노출 절차의 일부 형태는 대부분 경험적으로 지지된 불안장애 치료의 구성 요소이며, 이러한 전략들은 우리가 다른 ACT 방법을 적용하는 경우에도 포함된다. 우리가 경험한 바에 의하면 내담자들은 처음에는 노출에 참여하는 것을 꺼려하고, 심한 고통을 경험하는 일 없이 그렇게 할 수 있는 경우에만 기꺼이 노출에 참여하며, 노출하는 동안 다양한 회피나 인지적 융합으로 되돌아가는 것으로 발견되는 일이 흔하다. 이러한 사례에서 우리는 ACT가 종종 내담자에게 더욱 융통성 있고 효과적인 방식으로 행동을 취하도록 격려할 수 있는 치료 맥락을 창조함을 발견하였다. 불안장애의 본질과 치료 과정에 따라 노출은 상당히 전통적일 수도 있고(예: OCD 경우), 가치 있는 행동을 과제로 부여하는 것을 통해 창출될 수도 있다(예: GAD 경우).

다음에서는 불안장애 치료에 특히 유용할 것으로 생각되는 일부 ACT 방법을 조명할 것이다. 우리는 다양한 ACT 방법이 각 장애의 치료에 유용하다는 것을 알고 있지만, 각 장애의 완전한 치료에 대한 전체적인 기술은 이 장의 영역을 넘어서는 것이다. 대신에 우리는 몇몇 장애에 특수한 쟁점을 논의하기 전에 어떤 불안장애를 지닌 내담자에게도 도움이 될 수 있는 몇 가지 일반적인 기술을 제시하고자 한다. 치료 접근, 특히 ACT와 같이 상당히 경험적인 초점을 두는 심리치료를 기술하면서 발생하는 갈등 중 하나는 기술은 본질적으로 선형적이고 일반적인 반면 치료의 수행은 암묵적으로 그리고 외현적으로 수많은 개념을 함께 짜깁기하여 내담자와의 상호작용에서 그것들을 통합한다는 것이다. 그럼에도 우리는 치료자인 당신이 이런 흔한 장애의 치료에 ACT를 사용하는 것을 도와줄 일부 정보를 개관하고자 한다.

평가 전략

동의서 작성 단계에서 내담자에게 치료에 대한 기술을 한 다음, 우리는 전형적으로 내담자가 현재 드러내는 문제의 개념화, 치료에 대한 기대, 지각된 문제에 대처한 과거 시도 및 전반적인 삶의 질을 평가하도록 고안된 과정을 시작한다. 평가에는 흔히 구조화된 임상 면담, 불안과 증상 및 삶의 만족도에 대한 우리의 개념화와 관련된 구성 개념을 평가하는 질문지 그리고 내담자가 가치를 둔 방향을 탐구하는 것과 통제 노력 및 회피가 내담자에게 이러한 영역에서의 활동을 단절시키는 방식을 탐구하는 데 초점을 둔 임상적 면담이 포함된다. 우리가 사용하는 특수한 측정치는 사례별로, 그리고 장애별로 다양하지만, 불안 감각에 대한 두려움 측정치인 불안 민감성 지표-개정판(Anxiety Sensitivity Index-Revised)(Taylor & Cox, 1998), 강한 정서 상태를 경험할 때 통제 상실에 대한 두려움 측정치인 정서 조절 척도(Affective Control Scale)(Williams, Chambless, & Ahrens, 1997), 수용에 기반한 정서 조절 측정치인 정서 조절 곤란 척도(Difficulties in Emotion Regulation Scale)(Gratz & Roemer, 2004), 불쾌하고 원치 않은 생각을 통제하는 전략 측정치인 사고 통제 질문지(Thought Control Questionnaire)(Wells & Davies, 1994), 생각 억제 측정치인 White Bear 억제 질문지(White Bear

Suppression Inventory)(Wegner & Zanakos, 1994) 및 정서적 회피와 정서에 초점을 둔 무활동 측정치인 수용 및 행동 질문지(Acceptance and Action Questionnaire)(Hayes et al., in press)가 흔히 포함된다. 가치 있는 인생 질문지(Valued Living Questionnaire)(Wilson, 2002)는 특정 내담자에게 특정한 삶의 영역(예: 친밀한 관계, 직업)의 중요성과 내담자가 각각의 영역에 대한 개인적인 가치에 맞추어 행동하고 있는 일관성을 평가하는 데 사용된다.

중재 전략

통제 의제에 도전하기

내담자의 현재 문제에 대한 개념화를 탐색하는 과정에서 흔히 "내가 X를 접할 때 경험하는 생각과 신체 감각을 통제하는 것은 내가 인생에서 앞으로 나아가는 데 필수적이다."라는 믿음이 밖으로 드러난다. 내담자의 문제에 근본적으로 상이한 접근을 취하기 위해, 우리는 이 의제를 더욱 부풀린 이전의 시도들이 헛된 것이었음을 내담자가 직접적으로 접하게 함으로써 치료를 시작한다. 내담자에게 방심, 억압, 인지적 변화 노력, 회피 및 물질 사용(처방전과 기분 전환)과 같이 불안, 공황, 걱정, 강박사고 등에 대처하기 위해 과거에 시도했던 방법을 기술해 보라고 격려한다. 이러한 전략들을 사용한 대가와 이득은 그런 전략의 단기적 효과, 불안 통제의 반복적인 실패와 연관된 고통스러운 생각과 감정 그리고 결과적으로 제한된 생활양식에 특히 주의를 기울이면서 논의된다. 많은 경우 내담자들은 불안 유발 자극을 회피하는 것이 자신에게 중요한 삶을 추구하는 데 걸림돌이 된다는 것을 이미 고통스럽게 자각하고 있다. 예를 들어, 비행기 타는 것에 특정 공포증을 지닌 내담자는 가족 관계 영역에서 자신의 가치와 일치하는 행동(예: 가족을 위해 신체적 · 정서적으로 그곳에 존재하는 것)이 딸과 손자 손녀들이 나라를 가로질러 이동할 때 방해받기 때문에 치료에 올 수도 있다. 더 심각하고 만성적인 불안장애를 겪는 내담자들의 경우, 불안 통제 노력과 삶에서 가치 있는 행동 감소 간의 관계는 회피에 의해 동기화된 행동이 습관화되어 있고 미묘하기 때문에 덜 분명할 수도 있다. 과거에 시도했던 해결책에 대한 논의를 통해서, 치료자는 이러한 방법이 효과가 있어야만 한다고 생각하는 내담자의 믿음("나는 불안에 대한 통제력을 얻을 수 있어야만 한다.")과 그것이 얼마나 효과적인지에 대한 내담자의 실제 경험 사이를 친절하게 구분한다.

이러한 초기 단계 동안 내담자들은 불안을 통제하려는 직접적인 노력의 대안에 대하여 자연스럽게 호기심을 갖는다. 그렇지만 다음과 같은 몇 가지 이유 때문에 내담자의 요구에 미숙한 대답을 제공하는 것을 삼가는 것이 중요하다. 첫째, 너무 빨리 이동함으로써 내담자의 독특한 경험을 헤아리는 데 실패할 수 있다. 둘째, "목표는 당신의 생각과 감정을 수용하는 것을 배우는 것이다."와 같은 '대충의' 해결 방식을 제공하는 것은 그다지 많은 효과를 거두지 못하며, 심지어 단순하거나 하찮은 것으로 지각될 수도 있다. 아마도 가장 중요한 것은 내담자가 그것을 받아들일 때조차 그러한 진술은 인지적 연루와 규칙 지배적인 행동을 격려하여 결과적으로 ACT의 궁극적인 목표 중 하나를 약화시킬 뿐이다. 경험적 통제의 대안에 대한 내담자의 질문에 즉각적인 대답을 제공하는 데 실패하는 것은 때때로 어색하고 불편할 수 있다. 우리는 내담자에게 가치 있는 인생을 영위해 줄 수 있는 불안을 다루는 방법을 찾기 위해 함께 노력할 것이라는 것을 단지 알려 주는 것만으로도 즉각적인 대답의 필요성을 만족시켜 줄 수 있음을 발견하였다.

표 5-1 불안장애에 대한 ACT의 임상적 쟁점과 치료적 함의의 예

임상적 쟁점	치료적 함의
내담자는 불안과 불안 관련 생각을 없애려는 목표를 표현한다.	합리적인 소망으로 타당화하고, 그것이 효과가 없을 가능성을 탐구하라. ACT의 창조적 무희망감 단계의 은유를 고려하라(예: 구덩이에서 빠져 나오기 위해 땅을 파기). 이러한 목표에 도달하기 위해 과거와 현재에 시도했던 것들의 효과 및 통제 노력과 연관된 대가를 검토하라(회기 내에서와 숙제를 통해서).
내담자는 통제 노력이 효과가 있다/유용하다고 보고한다.	내적 통제 노력이 때때로 효과가 있는 것처럼 보이지만 종종 정말로 필요할 때에 실패할 가능성을 열어 놓기 위해 은유(예: 거짓말 탐지기, 사랑)를 소개하라. 내담자에게 불안을 촉발하는 상황에서 통제 노력의 효과성을 탐지하라.
내담자는 일상생활에서 회피의 간섭을 최소화한다.	회피의 축적된 결과를 예시하기 위해 '호랑이에게 먹이 주기' 은유를 사용하라. 매일의 행동과 가치 있는 영역에서의 잠재적인 행동에 대한 장애물을 탐지하라.
내담자는 불안 관련 생각과 감정을 유발할 수도 있는 행동을 기꺼이 취하지 않으려 한다.	내적 경험의 위협적인 본질을 줄이기 위해 마음챙김 연습과 다른 탈융합 방법을 사용하라. 감정보다는 행동으로서의 기꺼이 경험하기를 검토하라. 내담자를 가치와 재연결시키기 위해 경험적인 연습을 사용하라.

내담자는 생각과 감정을 수용하는 '방법'에 대하여 보다 명백한 지시를 요구한다.	언어적 지시의 한계를 설명하기 위하여 "걷는 방법을 말해 주세요." 연습을 사용하라.

치료의 다음 단계는 전형적으로 불안장애의 발달, 유지 및 치료에 대한 우리의 개념적 모형을 내담자에게 제공한다. 이러한 소개는 정서의 적응적인 기능과 정서적 경험과 인지적 경험을 통제하는 시도의 부적응적인 결과라는 두 가지 별개의 개념을 포함한다. 불안에 대한 전통적인 CBT, 변증법적 행동치료(Linehan, 1993)와 같은 수용에 기반한 다른 치료를 끌어들이면서 우리는 정서가 맥락에 대한 개인의 반응에 대하여 자신에게 중요한 정보를 전달한다는 점에서(예: "차가 나를 향해 움직일 때 두려움을 느낀다." "내가 돌보는 누군가가 멀리 떠난다고 말할 때 나는 슬픔을 느낀다.") 그리고 정서가 행동을 동기화한다는 점에서(예: 차에서 멀리 이동하기, 친구와 만나 머무르려는 행동 취하기) 정서가 얼마나 적응적인지를 논의한다. 정서는 때때로 불편한 상태를 만들 수도 있지만, 정서를 무시하거나 바꾸려고 시도하는 것은 막대한 부정적인 결과를 낳을 수 있다.

우리는 신체적 고통(또 다른 원치 않는 그러나 적응적인 내적 경험)과 정서적 고통 간의 유사성을 강조하기 위해 난로 은유(Stove Metaphor)를 사용한다. 만일 어떤 사람이 뜨거운 난로에 닿아 신체적 고통을 경험한다면, 그러한 내적 고통 신호를 멈추게 하거나 다른 데로 주의를 돌리려는 시도는 중요한 결과를 가져올 수 있다(예: "당신은 난로 위에 손을 올려놓아 계속해서 타도록 내버려둘 수도 있다"). 고통 경험이 불쾌하기는 하지만 어떤 행동이 필요하다는 메시지를 보낸다는 점에서는 적응적이다. 게다가 만일 어떤 사람이 신체적 고통을 경험할 가능성에 대한 두려움 때문에 난로 사용을 피한다면, 자기 보호(예: 자신에게 영양을 공급하는 것)의 가치는 고통의 내적 경험을 피하기 위한 시도에 부차적인 것이 될 것이다.

정서의 기능에 대해 이러한 논의를 하면서 우리는 또한 특정 상황에 대해 분명하게 반응하는 정서 경험(예: "나는 연설할 때 불안을 느낀다.")과 그러한 초기 정서 반응에 대한 반응에 의해 애매해진 정서 경험(예: "나는 연설할 때 불안을 느끼는데 이런 식으로 느껴서는 안 된다, 또 시작이다, 나는 이 느낌을 통제할 수 없다, 나는 실패자다.")을 구별한다. 우리는 이것을 ACT의 '깨끗한 그리고 더러운' 정서 개념에서 따와 '분명한' 그리고 '애매한' 정서라고 부른다.

우리는 두 가지 이유로 더러운 정서보다는 애매한 정서라는 용어를 선호한다. 첫째, 일부 내담자에게는 정서 상태를 더럽다고 명명하는 것이 자신의 내적 경험과의 부정적인 연합을 증가시켰고, 회피 노력을 지속시키는 것처럼 보였다. 둘째, 우리는 애매하다는 용어가 개인이 분명한 정서 반응에 대해 복잡한 반응을 지니는 경우 발생하는 과정을 더욱 구체적으로 기술함을 발견하였다. 예를 들어, 우리는 애매함에 대해 기술하면서 정서조절장애를 유발하는 불충분한 자기 돌봄과 같이 정서 반응의 명확성을 감소시킬 수도 있는 다른 요인들, 특정한 맥락에 대해 과장된 반응을 이끌 수도 있는 정서적 환기 맥락의 암시 그리고 특정한 상황에서 과장된 반응을 또 다시 이끌 수도 있는 과거의 정서적 사건에 대한 잔존 반응을 포함한다.

우리는 첫 번째 분명한 반응에 대한 반응이 정상적이고 적응적임을 제안한다. 어떤 경우에 이러한 반응은 행동이 필요하다는 것을 전달해 줄 수 있다(예: "나는 낯선 사람이 총을 들고 다가올 때 두려움을 느낀다"). 다른 경우에 이러한 반응은 당신이 힘들어하면서도 중요한 것으로 여기는 활동에 참여하고 있다는 신호가 될 수도 있다(예: "나는 상사 앞에 서 있을 때 불안을 느낀다"). 후자의 경우 개인은 정서 반응에 주목하고 가치 있는 방향과 일치하는 행동을 할 것이다. 반대로 애매한 정서 반응은 자각과 탈융합을 증진시킬 필요가 있다는 신호일 수 있다(이후의 치료에서 논의되며, 다음에서 더 자세히 설명됨).

우리가 제시하는 두 번째 개념은 불안과 행동 간의 기능적 관계에 대한 기술이다. 우리는 걱정, 강박 행동적 반응, 의식 행위, 안전 행동 및 회피가 내담자가 불안을 통제하거나 '제거하려는' 노력의 모든 예임을 강조한다. 예시를 통해 우리는 인간이 환경을 통제하는 일과 불쾌하다고 여기는 경험을 제거하는 일에 얼마나 익숙해져 왔는가를 설명한다. 결과적으로 이것은 ACT '정신적 사건들의 규칙'에 대한 논의를 이끌 것이다.

> 생각하고 계획하고 문제를 해결하는 능력 때문에 인간은 매우 넓은 범위까지 환경을 통제할 수 있습니다. 예를 들어, 만일 저는 너무 덥다면 스웨터를 벗을 수 있습니다. 만일 제가 물 잔을 엎지른다면 수건으로 닦을 수 있습니다. 다시 말해서 만일 제가 어떤 것을 좋아하지 않는다면 저는 보통 그것을 제거할 수 있습니다. 당신이 불안한 생각이나 감정을 경험할 때도 이와 같은 일이 일어날 것 같군요. 당신은 불안을 느낍니다. 그래서 당신은 불안감을 없애기 위해 고안된 행동을 취합니다. 이것은 당신

에게 통제감을 제공합니다. 그러나 여기에서 재미있는 일이 일어난다는 것을 주목하세요. 당신이 지금껏 저에게 말한 바에 의하면, 당신의 직접적인 경험은 당신이 불안을 통제하려고 노력하면 할수록 불안이 더욱 심해진다는 것입니다. 그래서 저는 의도적인 통제가 외부 세계에서 작용하는 방법과 우리 자신의 마음과 신체에서 작용하는 방법이 차이가 있는지 궁금합니다.

회피, 강박 행동, 안전 행동의 통제 기능을 일단 제시하면, 치료자는 내담자에게 다음의 역설을 설명한다. 이러한 반응은 환경 또는 내적 경험에 대한 분명한 통제 연습인 반면 내담자는 종종 반응 그 자체를 자신의 통제 너머에서 경험한다(예: 걱정, 강박 행동적 의식). 이때 탐구되는 질문은 "실제로 통제하에 있는 것은 누구인가? 내담자인가 아니면 불안한 생각과 감정인가?"이다. 이 질문은 논의, 회기 내 경험적 연습 및 회기 사이의 자기 탐지를 통해 수많은 회기에 걸쳐 검토된다.

구덩이에 빠진 사람 은유(Man in the Hole Metaphor)(Hayes et al., 1999. pp. 101-104)는 종종 외부 세계에서 통제의 명백한 성공이 이러한 전략을 내적 경험에 적용하는 것을 포기하는 것이 그것의 쓸데없음에 대한 평생의 증거 앞에서조차 얼마나 어려운지를 예시하기 위해 사용된다.

만일 내담자가 불안을 통제하려는 시도가 효과가 있었던 예를 보고한다면(예: "나는 술을 두어 잔 마시면 불안이 정말로 가라앉는다."), 통제의 한계와 통제 시도의 잠정적인 대가에 대한 검토가 유용할 수 있다. 따라서 우리는 주의를 다른 데로 돌리거나 알코올 사용과 같은 활동에 참여함으로써 자신의 불안을 일시적으로 감소시킬 수 있음을 인정한다. 동시에 우리는 내담자에게 그런 일시적 문제 해결이 가져오는 취약성의 증가를 인지시키고, 정말로 불안을 통제할 필요가 있는데 그렇게 할 수 없다고 느꼈을 때를 주목하게 하며, 때때로 통제 시도가 실제로 자신의 고통을 증폭시켰음을 알게 한다. 거짓말 탐지기 은유(Polygraph Metaphor)(Hayes et al., 1999, pp. 123-124)는 내담자에게 불안한 생각과 감정, 통제 노력 그리고 그 결과로 생기는 생각과 감정을 탐지해 보라는 숙제를 부과하여 이러한 개념과의 접촉을 촉진시킬 수 있다.

버스에 탄 승객 은유(Passengers on the Bus Metaphor)(Hayes et al., 1999, pp. 157-158)는 통제를 얻기 위한 내담자의 시도가 실제로는 어떻게 자신의 인생 방향에 대한 통제를 상실하는 결과를 낳았는지를 예로 보여 줄 수 있다. 이 은유에서 내담자의 불안한 생각(예: "내가 난로를 켜 놨나?" "문을 정말 잠갔나?" "이런 대화가 바보 같아 보이지 않나?")은 '승객'으로 제시되며, 회피와 강박 행동 반응, 의식 행동은 진로를 벗어난 운전자가 택하는 취하는 '골목길'로 표현된다(면접을 보기 위해 아파트를 나서는 대신 몇 시간 동안 위험에 대한 생각을 없애기 위해 고안된 의식 행동에 몰두한다).

대안으로서 기꺼이 경험하기

일단 내담자가 불안 통제 노력의 헛됨과 대가를 경험하기 시작하면, 가치 있는 목표를 향해 나아가는 동안 그런 경험을 자신에게 허용할 가능성을 제시한다. 중국 수갑(Chinese Handcuffs) 은유(당신 자신을 수갑 속으로 더 멀리 밀어 넣는 것이 주변으로 움직일 수 있는 공간을 제공해 준다.)와 괴물과의 줄다리기(Tug of War with a Monster) 은유(밧줄의 반대편에 있는 괴물과 줄다리기를 하며 싸우는 대신 당신이 괴물에 의해 구덩이에 끌려 들어가는 것을 막는 가장 좋은 방법은 아마도 줄을 놓아 버리는 것일 것이다.)는 인지적 · 정서적 통제 의제에 대한 대안으로 수용 개념을 소개하기 위해 제공된다(Hayes et al., 1999; p. 104와 p. 109를 각각 참조).

두 개의 저울 은유(Two Scales Metaphor)(Hayes et al., 1999, pp. 133-134)는 기꺼이 경험하기와 불안 간의 관계를 소개하는 효과적인 방법이 될 수 있다. 이 은유에서 우리는 내담자가 자신의 '불안 반응' 저울의 무게를 줄이려고 시도하지만, 우리가 '불안을 기꺼이 경험하기'라고 부르는 두 번째, 간과된 저울이 낮게 세팅되어 있기 때문에 '불안 반응' 저울은 높은 곳에 고정되어 있음을 시사한다. 반응 저울의 움직임은 내담자의 통제 너머인 반면, 내담자는 기꺼이 경험하기 저울의 세팅을 결정할 수 있다. 내담자는 종종 기꺼이 경험하기 저울이 낮게 세팅되어 있는 상황에 놓이며, 이 낮은 세팅은 반응 저울을 높은 불안으로 잠가 놓고 있다. 만일 내담자가 기꺼이 경험하기 저울을 올리기로 선택한다면, 반응들은 구속에서 해방되어 행복, 즐거움, 슬픔, 불안, 놀람 등을 비롯해 다양해질 수 있다고 내담자에게 제안한다. 다시 말해서 기꺼이 경험하기를 선택하는 것이 반드시 불안을 감소시키는 결과를 가져오지는 않겠지만(예: 그것은 불안 통제 방법이 아님), 그것은 반응 저울의 잠금장치를 풀어서 가치 있는 삶을 영위하는 과정에서 발생하는 정서적 경험을 경험하게 해 줄 것이다.

흔히 기꺼이 경험하기와 수용은 처음에 포기—내담자가 지속적인 불안의 불가피함과 제한된 생활양식을 받아들일 필요가 있다는 생각—와 동의어로 오해되었다. 이러한 오해는 응용된 기꺼이 경험하기의 특질을 정의하는 일과 기꺼이 경험하기와 가치 있는 행동에 대한 전념 사이의 관계를 조명하는 일에 약간의 시간을 소비하는 것으로 다루어진다. 예를 들어, 기꺼이 경험하기는 부랑자 Joe(Joe the Bum)(Hayes et al., 1999, pp. 239-240) 또는 우리가 때때로 채택하는 귀찮은 이웃 Joe(Joe the Annoying Neighbor) 은유에서 예시하듯이 원하는 것으로부터 분명히 기술된다. 이 이야기에서 내담자는 자기 집을 개방하여 모든 이웃을 초대하여 주인 역할을 하는 것을 상상하라는 요청을 받는다. 파티가 즐겁게 진행되고 있는데, Joe가 짜증난 목소리로 불평과 혹평을 하면서 당혹스런 옷차림과 태도로 도착한다. 선택은 당신이 그에 대해 매우 부정적인 견해를 지니고 있음에도 Joe의 참석을 환영할 것인가 아니면 그를 쫓아내려는 시도를 하면서 그가 다시 돌아오지 못하도록 하는 데 파티의 나머지 시간을 쓸 것인가이다. 당신이 Joe와 그에 대한 당신의 부정적인 평가와 함께 파티에 참석하거나 Joe를 멀리 쫓아 버리려는 시도를 하면서 파티에 참석하지 못하거나 둘 중 하나다. Rumi의 '여인숙(The Guest House)'(Segal, Williams, & Teasdale, 2002에 수록됨)이라는 시는 종종 마음챙김에 기반한 중재에서 사용되며, 기꺼이 경험하기의 특징을 전달하는 데도 사용할 수 있다.

불안한 내담자들은 특히 노출 연습을 고려 중일 때, 흔히 기꺼이 경험하기에 대한 한계를 협상하려고 시도한다. 예를 들어, 광장공포증을 지닌 내담자는 쇼핑몰을 기꺼이 모험하겠다고 선언하지만, 심장이 빠르게 뛰기 시작하지 않는 상황에서만 그렇다. 진정한 기꺼이 경험하기는 자신의 내적 경험의 질이나 양에 의해 제한되지 않는다. ACT 워크숍에 참석했던 한 아이스 스케이트 선수는 그것을 이런 방식으로 기술하였다. '나는 싱글 악셀을 할지 더블 악셀을 할지 결정할 수 있다. 하지만 어떤 점프든 한다면 점프에 전념해야만 한다.' 그렇지만 기꺼이 경험하기는 개인이 불안을 촉발하는 자극, 개인이 직면하게 될 특정한 자극과 접촉하는 시간의 양을 통제함으로써 행동적으로 제한될 수 있다. 내담자는 보통 처음에는 꺼려하지만, 매우 짧은 기간(예: 처음에는 30초 또는 1분)이나 비교적 안전한 상황(예: 치료자의 사무실)에서 완전한 기꺼이 경험하기를 경험하도록 설득될 수 있다. 그다음 치료자는 내담자가 기꺼이 경험하는 동안 상황과 기간을 확장하도록 그런 경험을 구성할 수 있다.

불안장애로 진단된 사람을 위해 ACT를 적용하는 주요 목표 중 하나는 새로운 기꺼이 경험하기 맥락에서 불안과 강박사고, 걱정 경험을 촉진하여 경험의 본질을 원치 않는 위험한 사건에서 자신이 기꺼이 지니게 될 생각이나 감정으로 바꾸는 것이다. 그것은 문제를 만드는 생각이나 감정의 내용이 아니라 그것을 '기꺼이 경험하지 않는 것'이다. (예: OCD를 사용하여) 이러한 생각을 증명하는 한 가지 방법은 내담자가 고통스러워하는 바로 그 생각을 다른 사람들은 어떻게 경험하는지 기술하는 것이다. 다른 사람들은 이러한 생각이 들 때 그 생각을 '제거하기 위해' 의식을 행하지 않으며, 생각을 생각으로 단순히 경험하고 강박사고로 발전시키지도 않는다는 것을 내담자에게 보여 줄 수 있다. 그러한 생각을 혼란스럽거나 불안을 유발하는 것으로 경험할지라도 이것은 사실이다. 이 점은 다음과 같은 예를 통해서 설명할 수 있다.

> 두 사람이 어느 날 아침 각자 자신의 차로 똑같은 길을 출근하면서 운전하고 있습니다. 1번 운전자는 강박장애를 겪고 있고, 2번 운전자는 그렇지 않습니다. 스쿨 존을 운전해서 통과한 후 둘 다 다음과 같은 일련의 생각을 합니다. "내가 어떠한 암시도 느끼지 못했고 아무것도 못 보긴 했지만, 아마도 나는 우연히 내 차로 어린아이를 쳤을지도 모른다. 만일 그렇다면 나는 지금이라도 차체 밑에 그 아이를 질질 끌고 가는 것인지도 모른다." 이것은 2번 운전자에게 이상한 생각일 수도 있지만, 사람은 누구나 때때로 이상한 생각을 합니다. 두 사람 모두에게 이러한 생각은 혼란스럽고 불안을 유발하지요. 1번 운전자는 이러한 생각과 이에 동반되는 불안을 기꺼이 경험하지 않기 때문에 차를 길가에 대고 차 밑을 살피기 위해 밖으로 나갑니다. 아마도 그는 길 옆에 누워 있을지도 모를 어떤 시체를 찾기 위해 스쿨 존까지 차를 되돌려 갈지도 모릅니다. 이러한 '확인 행동'은 혼란스러운 생각과 불안을 '제거하려는' 시도입니다. 2번 운전자는 그러한 생각이 드는 것이 확실히 불쾌하긴 하지만, 그러한 생각을 기꺼이 하면서 계속해서 직장까지 운전합니다. 둘 다의 경우에 생각은 동일합니다. 그러한 생각과 연합된 불안 수준조차 동일할 수 있습니다. 1번 운전자와 2번 운전자 사이의 유일한 차이점은 그러한 생각을 그저 하나의 생각으로 기꺼이 경험하느냐 기꺼이 경험하지 않느냐입니다.

기꺼이 경험하기는 불안을 통제하려는 명목으로 포기해 왔던 가치 있는 인생 활동을 내담자가 선택하게 해 주는 그 무엇으로 항상 논의된다. 우리는 내담자에게 고통을 고통 그 자체로 경험하라고 요구하는 것이 아니라 가치 있는 인생 목표를 추구하는 데 도움이 되기를 바란다. 사실상 기꺼이 경험하기와 전념 행동 간의 이러한 연결은 심리치료에 대한 전통적인 경험적 접근들과 ACT를 구분하는 핵심 특질 중 하나다. ACT처럼 많은 인본주의 심리치료, 실존 심리치료 및 게슈탈트 심리치료 또한 원치 않거나 고통스러운 사적 경험에 대한 수용적 자세를 강조한다. 그렇지만 대개 이러한 접근법들은 가치와 특정한 행동 목표에 기꺼이 경험하기를 분명하게 연결하지 않은 채 경험을 그 자체로 경험할 것을 강조한다. ACT는 한편으로는 경험적 개방성과 수용 그리고 다른 한편으로는 특정한 가치 있는 목표를 향한 작업이 혼합되어 있다.

우리는 적극적으로 내담자에게 가치 있고 충만한 인생에 참여하기를 원하는 것과 불편한 경험을 회피하기를 원하는 것 사이의 갈등을 제시한다. 그러한 소원 모두 아주 타당하고 이해할 만 하지만, 내담자의 개인적 경험은 그것들이 동시에 성취될 수 없음을 시사한다. 행동적으로 제한된 삶을 살아가는 내담자의 부정적인 경험이나 삶을 영위하는 동안 내적인 경험을 통제하려고 시도하는 것은 행동에 동반되는 불가피한 생각, 감정 및 신체 감각을 기꺼이 경험하면서 가치 있는 삶을 살아갈 가능성과 대조를 이룬다. 전형적으로 치료의 이 시점에서, 내담자는 이전에 시도하지 않았던 선택인 기꺼이 경험하기, 탈융합 및 가치 있는 행동을 탐구할 가능성을 조심스럽게 개방한다.

기꺼이 경험하기 촉진 방법

개인적 가치와 일치하는 행동을 하는 기꺼이 경험하기는 내담자가 가치와 가치가 자극하는 전념 행동에 경험적 접촉을 하도록 요구한다. 종종 가치와의 접촉은 불안 통제를 위한 시도들이 활력 있고 목적 있는 인생을 영위하는 데 얼마나 방해가 되는지를 인식하는 데서 오는 고통을 야기한다. 자기 초월감과의 접촉을 고무하고 생각을 탈융합하거나 탈문자화하는 방법은 기꺼이 경험하기에 대한 장애물을 제거하는 데 유용할 수 있다.

내담자의 자각을 증진시키고 내적 경험을 명명하는 수단으로 생각, 정서, 신체 감각 및 행동에 대한 자기 탐지를 첫 회기 후에 소개할 수 있다. 예를 들어, 초기에 "나는 항상 끔찍함을 느끼는 걱정하는 사람이에요."라고 보고하는 GAD를 경험하는 내담자는 대신에 불안감이 동반되었던 수요일에 아이들의 안전에 대한 생각을 했었다는 것을 인지할 수 있다.

우리는 전형적으로 치료 초반에 마음챙김 개념—자신의 경험을 바꾸려는 시도를 하지 않은 채 비판단적으로 그것을 관찰하는 것—을 소개하며, 치료를 하는 내내 계속해서 마음챙김 개념으로 돌아와서 수행한다. 처음에 우리는 호흡, 근육 긴장 및 소리 지각과 같은 신체 경험을 관찰하는 마음챙김 연습을 수행한다. 일단 기꺼이 경험하기 개념을 완전히 이해하고 내담자가 내적인 경험을 관찰하는 연습에서 전문적인 기술을 획득하면, 우리는 자신의 생각과 정서를 관찰하는 더욱더 어려운 마음챙김 수행을 소개한다. 내담자에게 알아차린 각각의 생각을 나뭇잎 위에 올려놓아 그것이 시냇물을 따라 흘러 내려가는 것을 지켜보도록 요구하는 시냇물 위의 나뭇잎(Leaves on a Stream) 연습(Hayes et al., 1999, pp. 158-162)은 이러한 과정을 촉진하는 데 이용할 수 있는 수행이다.

OCD를 겪는 한 내담자는 자신의 내적 경험을 관찰하는 과정을 컨베이어 벨트 위를 지나가는 부스러기 금속에 비유하였다. 그의 충동은 그것이 이동할 때 그것을 분류하기 위해 부스러기 금속에 팔을 뻗으려는 것이었다. 일부 부스러기 금속은 '좋은 것'이고 구제할 수 있는 것인 반면 다른 부스러기 금속은 결함이 있고 위험하기조차 한 것으로 간주하였다. 부스러기 금속을 분류하는 일의 문제점은 맨손과 팔이 찢어지고 잘릴 수 있다는 것이다. 마음챙김의 목적은 단순히 부스러기 금속이 계속 이동해 가도록 내버려 둔 채 지켜보기만 할 뿐 손을 내밀지 않고 옆으로 비켜서 있는 것이다.

관찰자 연습(Observer Exercise)(Hayes et al., 1999, pp. 192-196) 또한 자신의 인생에서 왔다가 사라지는 생각, 감정, 기억, 신체 경험 및 역할에 상관없이 지속되는 자기감을 조명하는 강력한 경험일 수 있다. Kabat-Zinn(1994)의 산 명상과 호수 명상 또한 내면에서는 지속되고 있지만 표면상 발생하는 일상적 변화와 계절 변화를 경험하는 자기감을 경험적으로 강화할 수 있다. 잡동사니로 가득 찬 상자와 체스판(Hayes et al., 1999, pp. 136-138, pp. 190-192)과 같은 수많은 은유는 불안한 생각, 이미지, 감정 및 감각의 내용이 존재하는 맥락으로서의 자기감을 예시한다. 또한 인지적 탈융합과 탈문자화 기법은 내담자 자신의 내적 경험과 거리를 두도록 하는 데 도움이 된다. ACT 관점에서 보면 궁극적으로 경험적 회피에 기저하는 것은 인지적 융합이므로 모든 기꺼이 경험하기 작업은 이러한 탈융합과 그 반대의 경우를 다룬다. 이 장을 통해서 설명한 많은 기술은 어느 정도는 탈융합 기술이다. 탈융합 절차가 지금으로서는 독립적으로 평가되고 있지만, 고통스럽고 불안을 유발하는 사건들을 대상으로 한 초기 결과들은 긍정적이다(Masuda, Hayes, Sackett, & Twohig, in press).

단순하지만 잠재적으로는 강력한 중재 중 하나는 회기 내 또는 회기 밖에서 기술할 때 생각, 감정 및 감각을 언어로 명명하기 시작하는 것이다. 예를 들어, 당신은 내담자에게 "나는 ~라는 생각을 하고 있다."는 문구로 강박적인 생각을 시작해 보게 할 수 있다. 다른 방법으로는 생각을 노래하기, 바보 같은 목소리로 생각을 말하기 또는 바보 같은 손글씨(예: 버블 레터)로 써서 생각을 관찰하기 등이 포함된다. 이러한 관습은 회기 내에서 발달하여 회기 밖에서는 자기, 내적 경험 및 행동 간의 분리를 습관적으로 상기시켜 줄 수 있다.

치료의 이 단계에서 다루게 되는 또 다른 중요한 쟁점은 행동의 원인으로 생각과 감정을 흔히 사용하는 것이다. 불안장애가 있는 내담자들이 어떤 가치 있는 활동에 참여하지 않으려고 대는 가장 흔한 이유는 "전 너무 불안했어요."이다. "난 파티에 가고 싶었지만 너무 불안했어."와 "나는 공황발작 때문에 쇼핑몰을 떠났어."와 같은 진술은 이러한 불안장애를 본질적으로 정의한다. 우리는 이러한 당연시되는 관계를 파헤치는 언어 관습 몇 가지를 채택한다. 특히 내담자에게 실제로 모든 자기 참조적인 '그러나'를 '그리고' 단어로 대체하도록 요구한다(예: "나는 파티에 가고 싶었다. 그리고 불안감을 느꼈다"). 우리는 또한 내담자에게 "나는 직장에서 프레젠테이션을 할 수 없어."를 "나는 직장에서 프레젠테이션을 하지 않기로 선택한다."와 같이 "할 수 없어."를 "하지 않기로 선택한다."로 대체하게 한다. 이러한 변화 둘 다 흔히 내담자의 환경에 의해 지지되고 유지되었던 내적 경험과 행동 사이에서 구축된 연관성을 약화시키기 위해 고안된다. 따라서 이러한 방법들 또한 탈융합 절차다.

가 치

가치 명료화가 이 장에서 논의된 ACT의 마지막 단계임에도 가치 있는 활동에 참여하는 내담자의 능력을 촉진시키는 것은 치료의 궁극적인 목적이자 치료 과정을 통해서 내내 다룰 내용이다. 앞서 논의한 바와 같이 치료를 시작할 때 우리는 가치 있는 영역들에서의 행동을 평가하고, 치료가 가치 있는 활동을 증진시키는 데 목적이 있음을 내담자에게 고지한다. 내적 경험을 통제하려는 시도의 문제점과 그러한 경험을 기꺼이 현존하게 할 가능성을 논의할 때, 우리가 삶에 대한 이러한 접근법을 비교하는 기준점은 가치 있는 영역과 일치하여 행동하는 것이다. 일단 기꺼이 경험하기 개념을 제시하고 나면, 치료에서 남은 것은 다음 두 가지 주제에 초점을 맞춘다. 즉, 기꺼이 경험하기를 촉진하기 위해 고안된 방법들을 사용하는 것을 가르치고 강화하면서 가치로 되돌아오는 것과 전념 행동 패턴을 구축하는 것이다.

우리는 가치를 두는 것이 삶에 활력과 의미를 가져다주는 목적 있는 행동 과정이라는 생각을 전달하기 위해 고안된 수많은 토론, 은유, 연습 및 과제 할당을 사용한다. 치료 초기에 우리는 가끔 내담자에게 Wilson과 Murrell(in press)이 개발한 것에 기초한 쓰기 과제를 내준다. 일주일에 세 번 20분 동안 '다음에 나열된 주제들에 대하여 가장 깊은 곳에 내재해 있는 정서와 생각을 정말로 기탄없이 탐색'하도록 한다. 이러한 쓰기 과제에 잠정적으로 포함된 주제로는 가치 영역의 기술, 가치와 일치하는 행동에 대한 잠재적인 장애물의 탐색 그리고 진술한 가치와 일치하는 행동을 하지 않는 것과 관련된 가장 깊은 곳에 내재된 생각과 감정 등이다.

이어지는 회기에서는 내담자에게 수많은 인생의 영역(예: 가족 관계, 직업, 여가 활동, 영성)을 고려하여 이 영역에서 자신이 유지하고 있는 가치들을 확인해 보게 한다. 회기 내에서 가치 개념과 관련된 많은 쟁점이 이러한 과제를 촉진하기 위해 제시된다. 예를 들어, 내담자는 처음에는 자신의 존재를 증명하기 위해 혹은 남들에게 인정이나 수용을 받기 위해 성취해야만 한다고 생각하는 목표 목록을 가치의 표현으로 제시할 수 있다. ACT에서는 목표와 가치 간의 차이점을 명료화하고, 가치에서 선택의 역할을 강조하고(추론하거나 이해하는 것과 비교하여), 사회적 영향력이 행동 선택을 완전히 통제하지 못하도록 내담자에게 가치에 대해서 '주인의식'을 갖게 하는 작업을 한다. 예를 들어, 스키 타기 은유(Skiing Metaphor)(Hayes et al., 1999, pp. 220-221)는 과정과 결과로 가치와 목표 간의 관계를 명료하게 해 준다. 내담자에게 "당신이 산꼭대기에서 스키를 탈 준비를 하고 있으면 헬리콥터 조종사가 당신이 스키를 타고 내려오려고 할 때마다 산 아래로 당신을 태워다 준다고 상상해 보세요. 당신은 산 아래에 도달하는 목표를 성취하긴 했지만, 스키를 타는 과정은 산 아래까지 도달하는 데 무엇이 중요한지를 분명하게 해 줍니다."라고 말해 준다. 선택의 개념을 경험적으로 보여 주기 위해서 내담자에게 자신이 좋아하는 아이스크림 향을 진술하고 변호하라고 요청한다. 그것은 내담자가 이유나 설명, 합리화를 할 필요 없이 취할 수 있는 행동을 반영한다.

일단 내담자가 자신이 보유한 가치를 확인하면, 우리는 내담자가 일상생활에서 이러한 가치와 일치하는 활동에 참여하는지 하지 않는지를 자기 탐지해 보도록 하고, 만일 참여하지 않는다면 그러한 행동을 방해하는 장애물이 무엇인지 자기 탐지하게 한다. 이러한 숙제 연습은 종종 몇 가지 유용한 관찰을 낳는다. 어떤 내담자들은 행동을 취하지 않는 것에 대한 이유로 생각, 행동, 신체 감각 및 정서를 사용한다는 것이 이러한 과정을 통해서 명확해진다. 어떤 내담자들은 자신이 실제로는 가치와 일치하는 행동에 참여하고 있으나 걱정, 자기 의심 또는 불안과의 투쟁이 이러한 활동에 완전히 참여하여 즐기는 것을 방해함을 발견한다.

일단 내담자가 자신의 가치에 대해 더 나은 생각을 갖고서 가치 있는 영역에서 행동하는 것에 마음을 열면, 우리는 내담자에게 행동에 전념하도록 요구한다. 치료의 이 단계는 수많은 방식으로 수행될 수 있다. 예를 들어, GAD에 대한 우리의 치료에서는 회기 내에서 전념의 개념을 논의한 후 과거의 전념 시도 실패를 포함하여 전념하는 것과 관련된 가장 깊이 내재되어 있는 생각과 감정에 관하여 회기 밖에서 쓰기 숙제를 하도록 내담자에게 또다시 요구한다. 사회공포증의 집단치료에서 우리는 내담자에게 일어서서 집단원들에게 공개 선언을 하도록 요구해 왔다. 이것은 내담자에게 자신에게 문제가 되는 것에 대하여 공개적으로 '정확하게 입장을 밝힐' 기회를 제공한다. 또한 그것은 불안을 유발하는 자극에 대한 실제(in vivo) 노출 기회를 제공하고, 자신 내면의 욕구를 공유하는 과정 동안에 궁극적으로 일어나는 불안과 불편에 대한 즉각적이고 부차적인 반응을 알아차릴 기회를 제공한다.

정원 은유(Garden Metaphor)는 가치 있는 방향을 선택하는 것의 중요성과 장애물에 직면했을 때도 그러한 방향에 다시 전념할 필요성을 강조한다. 이 은유는 사탕무와 감자 같은 풍부한 작물을 키우기 위하여, 우리는 땅의 모든 결함(너무 적은 일조량, 너무 많은 돌)을 파악하고 배수와 일조량이 더 나은 땅을 상상함에도 불구하고 땅의 풀을 뽑고 막대기를 세워야만 한다. 이 시점에서 그리고 치료를 계속해 나가면서, 우리는 전념이란 자신의 가치와 일관되게 행동하려는 의도를 반영하고, 의도한 행동을 가져오는 데 실패하는 것 역시 기대된다는 것을 계속해서 암시한다. 우리는 종종 실패(혹은 행동에 재전념한 후 가치 있는 활동에 참여하는 데 실패함)와 재발(행동 시도의 실패가 돌이킬 수 없는 실패와 그것에 대한 지속적인 반추를 반영한다는 가정)을 구별하기 위해 Marlatt(1994)가 기술한 은유를 사용한다. 이 은유에서 여인을 만지거나 심지어 쳐다보지도 않는 것은 물론 묵언을 서약한 두 스님이 진흙탕 물을 건너지 못하고 있는 한 여인을 우연히 만났다. 첫 번째 스님은 재빨리 여인을 들어 올려 물을 건넌 후 내려놓고 가던 길을 계속 갔다. 두 번째 스님은 이 행동을 믿을 수 없어 그가 할 수 있는 한 오래도록 그것을 곱씹어 본 다음, 마침내 그의 파계 행동을 훈계하기 위해 묵언 서약을 깼다. 그러자 첫 번째 스님이 "저는 몇 시간 전에 이미 그 여인을 내려놓았습니다. 당신은 아직도 그녀를 데리고 다니고 있는 것처럼 보이는군요."라고 대답하였다.

비록 내담자가 남은 치료를 통해 초점을 둘 한두 가지 가치 있는 영역을 확인했을 때 그것이 도움이 될 수는 있지만, 보다 공통적으로 내담자들은 친밀한 관계, 자녀 양육, 동료와의 관계, 사회적 연결 구축 및 개선과 같이 수많은 영역을 가로지르는 대인 관계 가치에 최종 안착한다. 종종 내담자들은 치료 과정을 통하여 계속 자신의 가치를 탐색하고 재발견한다. 외적인 요구 사항은 흔히 특정 가치 영역에 초점을 더 많이 두거나 덜 둘 것을 요구한다. ACT의 핵심 목표는 심리적 유연성을 더 많이 확립하는 것이기 때문에 우리는 내담자에게 환경적인 긴급 사태에 유연하게 반응하도록 격려한다. 특히 GAD를 겪고 있는 일부 내담자들은 가치 영역에 너무 많은 중요성을 두는 것이 스트레스와 불안을 상승시킨다고 보고한다. 그런 경우 특정 가치와 관련된 강제 따르기(pliance)("나는 일하는 데 더 많은 시간을 써야만 한다." "훌륭한 부모는 모든 부모 교사 협의회에 참석할 것이다.")에 대한 주의 깊은 분석은 행동에 대한 선택을 더 자유롭게 할 수 있게 해 준다. 가치를 두는 과정이야말로 특정 영역에서 행동을 엄격하게 고수하는 것보다 치료 성공에 중요하다는 것이 우리의 임상적 자세다. 살아갈 가치가 있는 삶을 살아가는 것에 대한 이러한 강조와 뜻을 같이하는 우리는 종종 내담자에게 자신의 일상적인 가치 부여에 주의를 유지시키는 방법으로써 모든 영역에 걸쳐 가치 있는 행동에 대한 일상적인 참여를 탐지해 보게 한다.

남은 치료 동안 우리는 계속해서 한 주 동안 잠재적인 가치 있는 활동을 생각해 내기 위해 내담자와 협동하고, 그러한 전념 행동을 유지하면서 발생하는 성공과 실패를 탐지한다. 내담자들이 전념 행동을 따르기 힘들어할 때 우리는 그들이 고려해 볼 만한 제안을 많이 가지고 있다. 예를 들어, 우리는 내담자에게 선택한 가치에 대한 개인적 관련성과 중요성을 글로 쓰고 토론하거나 상상해 보게 할 수도 있다. 우리는 지각된 내적 장애물로부터 일정한 거리를 두기 위해 고안된 무수한 마음챙김이나 탈융합 연습을 제안한다. 우리는 가치 있는 활동에 참여하는 것과 연관된 고통은 물론 그것을 회피하는 것과 연관된 고통도 경험적으로 탐구해 볼 수 있다. 만일 내담자가 통제 노력이 가치 있는 행동을 더 쉽게 해 줄 것이라는 희망으로 되돌아온다면 우리는 그러한 가설을 검증하기 위해 작은 실험을 수행할 것이다.

어떤 경우 가치 작업은 불안장애를 치료하는 데 적절한 '노출'을 제공한다. 그렇지만 보다 전형적으로, 특히 OCD, 사회불안장애 및 공황장애를 지닌 사람들의 경우에 전통적인 CBT에서 수행되는 것과 같은 어떤 유형의 체계적인 노출이 치료의 핵심이 된다. 그렇지만 노출이 ACT 체제에서 수행되는 경우 이론적 근거는 약간 변경된다. 내담자에게 불안을 줄이려는 목표로 노출에 참여하도록 권고하는 대신 우리는 가치 있는 활동에 참여하는 것을 이론적 근거로 강조한다. 우리가 추구하는 '노출'은 내담자가 중요시하는 삶의 영역에 대해서다. 이것은 내담자에게 가치 있는 행동에 참여하는 동안 불안 경험에 여지를 만들어 주는 데 필요한 방향 감각을 제공한다. 우리는 불안 증상이 완화되거나 악화되는 것을 예측하지 않으며, 이런 종류의 노출의 목표도 그것이 아니다.

장애 특유의 임상적 고려 사항

공황장애

CBT, 특히 공황 통제 치료(Panic control treatment: PCT)(Barlow & Craske, 2000)는 공황장애 치료에 매우 효과적임을 보여 주었다(예: Barlow, Gorman, Shear, & Woods, 2000). 이 접근에서는 내담자에게 자신이 공황발작으로 명명하고 재앙적이라고 평가한 경험이 정상적이고 무해한 신체 감각이라고 가르친다. 공황발작이 일어날 가능성을 감소시키는 것을 목표로 내담자에게 내부 수용기 노출 혹은 공황의 내적 단서와 감각에 대한 의도적인 노출에 참여하도록 격려한다. 일단 내적 감각에 대한 두려움을 표적으로 삼으면, 초점은 동반되는 광장공포 회피를 목표로 실제 노출로 이동한다. 또한 인지적 재구조화는 최근에 제공된 이러한 치료 패키지의 필수적인 부분이다.

ACT는 이런 접근의 핵심 요소 대부분, 특히 그것의 성공에 가장 핵심이라고 알려진 요소들과 일치한다. 예를 들어, 내부 수용기 노출은 불편한 내적 반응을 기꺼이 경험하는 것을 포함한다. 인지적 재구조화 중재와 같은 기타 요인은 보다 갈등 상태에 있는 듯하지만, 여기에서 전통적인 CBT 메시지의 핵심은 부정적으로 평가된 생각과 감각을 경험하는 동안에도 행동을 취할 수 있다는 것이다. 대조적으로 중재의 이름(공황 통제 치료)이 증명하듯이 치료의 분명한 목표는 불안을 촉발하는 내적 감각을 포함하여 불안의 감소다. 반면에 ACT는 주된 치료 목표로 불안 증상의 제거나 감소를 강조하지 않는다. 불안을 그 자체로 보는 것, 자기를 불안 증상과 구분하는 것 그리고 가치 있는 삶을 증진시키는 것을 행하는 것이 ACT의 핵심이다.

전통 CBT의 통제에 초점을 둔 요소들을 제거하는 것이 유용한지 아니면 해가 되는지는 아직 잘 알려져 있지 않지만, 일부 실험 연구는 공황장애 진단을 받은 내담자들 사이에서 노출치료를 강화하기 위해 수용 이론적 근거를 사용하는 것에 대해 예비적인 지지를 제공하고 있다. Levitt과 동료들은 CO_2 흡입 도전에 참가하기 전 억제, 수용 혹은 통제 지시 조건에 무선적으로 할당된 공황장애 진단을 받은 참가자들이 두 번째 이산화탄소 흡입 도전에 참여하는 것에 관한 생리적 각성, 자기 보고 불안 및 기꺼이 경험하기를 비교하였다(Levitt et al., in press). 수용 이론적 근거는 원래의 ACT 매뉴얼(Hayes et al., 1999)을 사용하였다. 도전에서 집단들이 보인 생리적 반응은 다르지 않았음에도 수용 집단에 속한 내담자들은 다른 두 집단보다 두 번째 도전에 참여하는 데 덜 불안하였고 기꺼이 경험하기를 더 잘하였다고 보고하였다. Eifert와 Heffner(2003)는 횡격막 호흡 훈련 또는 ACT 수용 연습(Hayes et al., 1999, pp. 104-105의 '중국 수갑'의 공공연한 버전)을 사용한 후 CO_2가 풍부한 공기에 노출된 AAQ에 의해 선발된 불안한 여성들을 대상으로 비슷한 결과를 보고해 왔다. 이 연구는 Levitt 등에게 경의를 표하는데, 왜냐하면 상이한 특정 ACT 성분이 동일한 결과를 내는 데 사용되었고, 그것은 불안장애 환자에게 가치 있는 것으로 알려진 조건(호흡 훈련)과 성공적으로 비교되었기 때문이다.

이러한 연구들과 동일선상에서 수행된 다른 상관 연구나 아날로그 연구(예: Felder, Zvolensky, Eifert, & Spira, 2003; Karekla, Forsyth, & Kelly, in press)의 결과는 우리가 공황장애의 치료에서 ACT의 잠재적인 유용성을 계속해서 검증해야 함을 시사한다. PCT에 대한 어떠한 성분 분석도 그것의 극히 소수의 ACT에 불일치하는 요소들이 효과가 있었다는 것을 보여 주지 못했다는 점을 주목해야만 한다. 사실 PCT와 ACT에 일치하는 방식으로 구성된 PCT 형태(예: 통제와 연관된 이론적 근거 대신에 수용 이론적 근거를 동반하는)를 비교하는 시도가 현재 수행 중인데, 이것은 ACT와 일치하는 노출 형태를 동일한 중재에 대한 전통적인 CBT와 어떻게 비교하는지를 결정할 것이다.

특정 공포증

특정 공포증을 가진 많은 개인은 두려움과 관련된 영향을 변화시키는 극적인 삶을 경험하지 못할 수도 있고 치료에 대해 양가감정을 지닐 수도 있음을 고려할 때, 당신이 역점을 두어 다루어야 할 첫 번째 쟁점은 두려움의 '늪을 빠져 나오는 것'이 내담자에게 가치가 있는지 여부다. 따라서 치료는 초기에 내담자에게 삶의 의미를 주는 것을 명료화하는 것과 두려운 사물이나 상황에 대한 회피가 어떻게 삶의 질에 영향을 주는지에 초점을 둔다. 우리는 묘비와 추모사 연습(Tombstone and Eulogy Exercise)이 치료에 전념하도록 동기를 증가시키는 효과적인 방법임을 발견하였다.

특정 공포증을 드러내는 개인은 종종 부가적인 공포증의 준거에 부합하거나(예: Curtis, Magee, Eaton, Wittchen, & Kessler, 1998), 색인 공포증은 직장에서 엘리베이터 타기, 친척을 방문하기 위해 비행기 타기 및 MRI를 포함하는 건강 검진 약속을 회피하는 폐쇄 공포증의 경우와 같이 다양한 맥락에 걸쳐 방해를 초래할 수도 있다(Antony & Barlow, 2002). 따라서 당신은 모든 관련된 인생 영역에서 기능 상태를 광범위하게 평가하는 작업을 수행해야만 한다.

특정 공포증의 국한된 본질을 고려할 때, 경험적 회피의 잠재적인 실재(그리고 만연함)를 과소평가하기 쉽다. 내담자는 신체 감각, 생각 혹은 감정을 자신의 두려움의 초점으로 쉽사리 확인하지 못할 수도 있다. 대부분의 경우 내담자들은 자신의 행동 문제를 공포 자극 앞에 놓이는 것과 관련 짓는다. 그럼에도 우리는 내담자가 두려움과 관련된 자신의 사적 경험을 어떻게 '관리'하는지를 일상적으로 평가한다. 이것은 중요한 임상 변인이다. 연구는 신체 감각에 대한 두려움이 더 높은 불안 민감성을 보고하는 것과 연합된 상황 공포증(폐쇄 공포증 포함)을 동반한 특정 공포 유형에 따라 다양하다는 것을 시사하기 때문이다(Antony & Barlow, 2002). 게다가 특정 공포증의 주요 진단에 걸맞는 것으로 나타난 사람들의 약 1/3에서 1/2은 부가적인 불안장애나 기분장애 준거에 부합하며(예: Brown, Campbell, Lehman, Grisham, & Mancill, 2001; Sanderson, DiNardo, Rapee, & Barlow, 1990), 이미 드러나고 있는 것보다 더 광범위한 정서적 회피 문제를 지니고 있을 것으로 시사된다. 수용과 행동 질문지(Hayes et al., in press)와 불안 민감성 지표(Taylor & Cox, 1998)는 개인이 두려운 자극에 의해 야기되는 사적 경험을 두려워하는 정도를 평가하기에 좋은 방법이다.

사회불안장애

사회불안장애에 대한 CBT 프로그램은 전형적으로 점진적이고 체계적인 노출(실제 과제 할당은 물론 모의 대인 관계와 수행 연습을 사용함)과 인지적 재구성, 사회 기술 훈련을 포함하여 몇 가지 독특한 치료 성분을 강조한다(Cohn & Hope, 2001;

Kashdan & Herbert, 2001). ACT 모형에 맞추기 위해 내용의 변화를 덜 강조하도록 수정해야만 하는 인지적 재구조화 성분을 제외하고, 각각의 치료 전략은 ACT 체제에 기꺼이 통합될 수 있다. 사회불안장애 치료를 위한 인지적 접근은 전형적으로 노출 연습 직전과 직후에 불안과 관련된 생각의 내용을 다루는 데 초점을 둔다. ACT에서 우리는 현재의 생각과 감정, 신체 감각을 알아차리도록(아마도 이것들을 큰 소리로 기술하면서) 그리고 그것들 중 어느 것도 바꿀 필요 없이 이 모든 것을 지니고서 행동할 수 있음을 알아차리도록 노출 연습 전과 후에 잠깐의 시간을 갖도록 내담자를 격려하여 이러한 절차를 수정한다. 특히 집단 형태로 ACT 접근법을 사용하면서 불안장애를 치료했다는 일부 예비 연구가 있다(Block & Wulfert, 2002).

이러한 전집을 대상으로 한 가치 명료화와 목표 설정 작업의 한 측면을 언급할 필요가 있다. ACT 관점에서 볼 때 당신은 모든 사회적 회피를 제거하는 것이 반드시 내담자의 목표라고 가정해서는 안 된다. 당신의 목표는 내담자가 자신의 가치를 탐구하고 명료화하며, 두려운 상황을 회피하는 것이 이러한 가치들을 향해 나아가는 데 방해가 될 수 있는 정도를 논의하도록 돕는 것이다. 우리의 경험에서 보자면, 대부분의 내담자는 사회적 회피의 부정적 영향을 인식하게 될 것이다. 그다음 내담자들은 회피를 선택한 가치를 향해 효과적인 행동을 하는 데 장애물로 개념화할 수 있고, 회피에 직면하려는 행동을 취하기 시작한다. 내담자에게 스스로 결론을 맺게 하는 것은 회피를 줄이는 목표에 대하여 주인 의식을 갖게 해 주며, 잠재적으로 역기능적인 강제 따르기 가능성을 줄여 준다.

강박장애

전형적으로 강박적인 생각을 불러일으키는 상황에 대한 지연된 노출과 불안을 감소시키거나 개선하려고 고안된 행동적 · 정신적 의식 행위의 방지(노출 및 반응 방지, ERP)는 OCD에 효과적인 치료인 것으로 밝혀졌다(예: van Balkom et al., 1994; Steketee & Frost, 1998). 노출로 드러날 수 있는 강박사고와 강박 행동 관련 단서는 자극(오염 물질을 보유하는 것, 어질러진 방을 바라보는 것)이나 행동(난로 불을 끄는 것, 문을 잠그는 것)을 포함할 수도 있다. 노출은 이미지나 생각에 대한 노출에 바탕을 둔 강박사고와 강박 행동 혹은 심상과 연합된 실질적 자극이나 상황에 대한 실제 노출을 포함할 수 있다. ERP에 대해서 자주 논의되는 단점 중 하나는 임상 연구에서 관찰된 비교적 높은 환자 탈락률이다. 많은 OCD 환자는 이런 유형의 매우 침입적인 노출치료에 단순히 기꺼이 전념하려 하지 않는다.

우리의 경험에 의하면 ACT 중재를 섞는 것이 때때로 내담자가 ERP 치료를 더 잘 받아들이게 해 주었다. 예를 들어, 우리는 종종 '마음과 함께 산책하기(take your mind for a walk)' 연습을 변형하여 사용한다. 이 연습에서 우리는 내담자가 강박적인 생각과 연관된 강박 행동에 참여하는 것을 회피하는 동안 강박적인 생각을 재잘거리면서 내담자의 뒤를 따라 걷는다. 대신에 당신은 단지 산책할 장소에 대한 명령을 재잘거릴 수 있으며, 그동안 내담자는 재잘거리는 사람과는 독립적으로 산책할 장소를 선택한다. 어느 경우에서건 이러한 탈융합 연습은 내담자가 자신의 생각을 어떤 더 많은 것보다 '단지' 생각으로 볼 기회를 제공해 준다. 또 다른 ACT 노출 기법은 내담자에게 자신의 집 열쇠 하나 하나에 강박적인 생각을 할당하게 하는 것이다. 여기에서 강조하는 바는 생각을 생각으로 경험하여 그것을 다루거나 내담자가 열쇠들을 지니고 다니는 것과 마찬가지로 생각을 지니고 다니라는 것이다.

노출 목적이 내담자에게 강박적인 생각은 물론 그것에 동반되는 불안을 경험하게 하는 것이므로 불안을 감소시키기 위해 기능하는 어떠한 반응도 금지되어야 한다. 여기에는 손 씻기나 확인하기와 같은 외현적인 행동 반응은 물론 주의 이동이나 치료자에게 위안을 구하기 같은 민감한 반응 모두 포함된다. OCD 내담자에게 경험적 회피는 아주 민감하고, 종종 과도한 행동으로 표현되지 않는다. Foa와 Kozak(1986)은 심지어 노출 연습을 하는 동안에도 일어나는 인지적 회피의 무수한 예를 제공한다. 그들은 환자들이 어딘가 다른 곳에 있었다고 상상하였고, 어떤 상황의 두렵지 않은 측면에 초점을 두었으며, 혹은 두려운 이미지를 왜곡했음을 발견하였다. 한 예로 오줌에 의한 오염을 두려워하는 어떤 내담자는 오줌이 그의 팔의 여러 부위에 묻은 후 별 특징 없이 재빠르게 불안이 감소함을 보였다. 나중에 그 내담자는 자신의 상상 속에서 오줌이 '퍼지는 것'을 막기 위해서 오염된 지점을 '얼려 버렸고' 그 결과 오염된 구역에 남아 있지 않을 수 있었다고 설명하였다. 이 예에서 ACT 중재는 오줌에 노출되는 것뿐만 아니라 오염에 대한 생각과 노출에 관련된 '퍼지는 것'을 경험하는 것에 대하여 기꺼이 경험하기의 중요성을 강조할 것이다. 실무율 개념으로서의 기꺼이 경험하기는 모르는 사이에 진행되면서 포착하기 힘든 회피 및 도피 행동의 결과를 강조하기 위해 여기에서 논의할 수 있었다.

일반화된 불안장애

GAD에 대한 우리의 치료 접근법은 전통적인 인지행동 전략을 ACT와 다른 수용에 근거한 중재 전략과 결합하는데, 이 모든 ACT 전략은 GAD의 ACT에 일치하는 개념화의 맥락에서 비롯되었다(앞에서 기술됨; Roemer & Orsillo, 2002 참조). 앞에서의 전반적인 기술은 GAD를 특징짓는 경험적 회피와 행동적 제약을 다루기 위해 우리가 ACT 전략을 사용하는 방법을 예를 들어 증명해 준다. 우리는 GAD 치료에서 다양한 마음챙김에 기초한 전략을 강조한다.

우리는 마음챙김이 몇 가지 이유에서, 특히 GAD 치료에 유익하다고 믿는다. 첫째, GAD를 겪는 사람들은 미래에 지나치게 초점을 두며, 마음챙김은 현재 순간의 자각을 용이하게 하고 현재의 환경적 유관성에 주의를 두게 한다. 이것은 환경에 적응적으로 반응하는 것을 향상시킨다(Borkovec, 2002). 둘째, GAD를 겪는 사람은 자신의 정서 반응을 확인하고 구분하기 어려우며(Mennin, Heimberg, Turk, & Fresco, 2002), 마음챙김 중재는 위협을 주지 않는 방식으로 정서 경험과 접촉하는 것을 향상시키고 정서 구분을 더 잘하도록 이끌어 줄 수도 있다. 마지막으로, 마음챙김은 내담자가 걱정하는 내용을 확인하는 것을 감소시키는 데 특히 도움이 될 수도 있다.

마음챙김을 촉진하기 위하여 우리는 마음챙김의 본질과 기술에 관하여 심리 교육을 제공하고, 회기 내에서 그리고 회기 사이에서 폭넓은 실습 기회를 제공한다. 우리는 마음챙김 먹기와 호흡 공간과 같은 보다 전통적인 마음챙김 연습(Kabat-Zinn, 1990; Segal et al., 2002)은 물론 횡격막 호흡과 점진적 근육 이완(Bernstein, Borkovec, & Hazlett-Stevens, 2000)과 같은 인지행동 전략을 사용한다. 이 모든 연습은 자신의 내적 경험(예: 호흡, 근육 긴장, 정서, 생각)을 판단하거나 바꾸거나 회피하기보다는 그것을 알아차리고 허용하는 맥락에서 실천된다. 우리는 이완 전략을 엄격한 통제 전략으로 사용하는 것의 잠재적인 위험을 상세히 다루는 반면, 그러한 전략(마음챙김 연습을 포함하여)이 사실상 때로는 즐거운 내적 경험(그리고 걱정과 불안을 통제하는 것이 가능한 상황)을 가져오기도 한다는 것을 숙지한다. 우리는 삶을 영위하기 위하여 불안을 제거하거나 줄이는 것이 목표가 아님을 강조한다. 만일 이러한 전략이 불안을 감소시키는 결과를 낳는다면, 그 반대도 역시 참이 될 것이다. 마음챙김 수행의 진정한 목적은 유쾌하건 혹은 불쾌하건 간에 현재 순간 경험과의 접촉을 증가시키는 것이다.

전반적인 임상적 고려 사항

치료를 기술하면서 분명해졌듯이 숙제 할당을 통해 내담자의 경험과 행동에 대한 지속적인 평가는 ACT 적용에서 필수 성분이다. 이것은 우리와 내담자에게 그동안 발생한 행동 변화 및 그것의 임상적 유의미성과 관련된 중요한 정보를 제공한다. 우리는 일반적으로 어떤 방향으로 유의미한 변화가 일어나는지 회기 내에서 검토하고 논의해 볼 만한 가치가 있기 때문에 관련 증상(예: 불안, 우울, 자살 생각)을 매주 평가한다. 마지막으로, 우리는 흔히 ACT에서 핵심이라고 간주되는 과정(예: 수용, 기꺼이 경험하기)에서의 변화를 평가하는데, 이는 내담자가 이러한 구성 개념들과 일치하는 방식으로 행동하는 것을 매주 시간의 백분위로 평정해 보게 하는 방식으로 평가한다.

이러한 평가 정보는 치료 반응 측정치로 간주될 수 있는 반면, 신중하게 해석해야 한다. 우리의 경험에 의하면 ACT에 대한 반응은 선형적이지 않으며, 내담자가 내적 경험과 행동을 연결하는 데 갈등을 빚을 때 시간에 따른 증상 감소와 증대가 기대된다. 우리의 수많은 경험에 따르면 내담자들은 치료에 대한 희망감과 예비적인, 그러나 제한적인 수용에 대한 경험적 이해와 관련되어 나타나는 초기의 증상 감소를 경험하였다. 내담자에게 불안한 생각, 감정, 신체 감각과 연합된 행동에 참여하도록 요구하면, 내담자는 본능적으로 이전의 불안 감소에 목표를 둔 습관으로 돌아가 증상이 더 악화되는 것을 경험할 수도 있다. 우리는 ACT 치료 과정에서 기대했던 대로 증상들이 조수처럼 밀려왔다 밀려가는 것을 보며, 첫 회기에서 내담자에게 이러한 부분을 언급한다. 이론적으로 내적 경험을 기꺼이 수용하는 것과 도전적인 상황이 발생하는 실제 삶에서 그것을 수행하는 것은 또 다른 문제다. 우리는 등산로 은유(Path up the Mountain Metaphor)(Hayes et al., 1999, p. 221)를 사용하여 궁극적으로 우리를 정상에 도달하게 해 주는 것은 산길의 꼭 필요한 부분인 '험한 길'임을 내담자에게 상기시킨다. 내담자는 이러한 갈등의 시간을 겪은 후 더 큰 치료 효과를 얻었다고 보고하는데, 아마도 그 이유는 내담자가 ACT 개념을 매우 실제적이고 고통스러운 방법으로 적용하고 있기 때문일 것이다.

또 하나 고려해야 할 쟁점은 ACT 치료를 언제 종결할지를 결정하는 일이다. 우리는 내담자가 기꺼이 경험하기와 가치 있는 행동을 계속 선택하는 것으로 일단 치료가 끝나면 그때 가장 중요한 ACT 작업이 시작된다고 믿는다. 우리는 일단 내담자가 경험적 통제를 시도하는 것과 연관된 문제를 효과적으로 이해하고, 기꺼이 경험하기에 마음을 열고, 가치 있는 행동에 전념하는 것을 보여 주면 치료를 주당 회기에서 격주 회기로 서서히 줄여 나간다. 마지막 회기에 우리는 내담자에게 치료가 종결되기 전 추가로 주의를 기울일 필요가 있다고 여기는 쟁점이 있는지 물어본다. 그에 따라 우리는 회피하려는 시도를 알아차리기, 경험에 반응하기 그리고 행동을 선택하기를 포함하는 생애 전반 과정에 첫 발을 딛는 치료 단계를 설정한다. 우리는 내담자에게 치료 후 힘든 경험을 하는 동안에 사용할 유인물과 연습을 제공하고, 필요에 따라 추후 치료 동안 우리와 접촉하도록 내담자를 격려한다. 우리는 분명히 '실수' 가능성을 예상하는 바, 내담자에게 미래에 도전하게 하고 핵심 개념을 스스로 상기할 수 있는 연습을 확인시켜 준다. 우리는 경험적인 수용을 계속해서 실천하도록 돕기 위하여 어떤 형태의 마음챙김 (혹은 탈융합) 수행을 권한다.

결 론

효과가 큰 것으로 알려진, 현재 경험적으로 지지되는 치료(empirically supported treatments: ESTs)의 요소들이 불안장애 영역에서 최근에 많은 치료적 발달이 있었던 것과 마찬가지로 ACT에서도 존재한다. 여기에는 불안장애의 발생에서 정서적 회피의 역할에 대한 강조가 증가되고 있는 점을 비롯하여 수용에 기반을 둔 중재가 미래의 강화된 치료 모형에서 수행해야만 하는 중요한 역할이 포함된다. 더불어 ACT는 상당히 독특하고(가치에 기반을 둔 행동, 탈융합), 부분적으로 경험적인 지지를 받고 있으며, 최근의 EST의 효과를 강화해 줄 수도 있는 중재다.

ACT 그 자체가 하나 이상의 불안장애에 근거 기반 치료가 될지 여부는 진행 중인 임상 연구에 의해 결정되겠지만, ACT와 불안 간의 연결은 점차 증가하고 있는 것으로 보인다. ACT는 원래 불안장애에 사용하기 위해 개발되었고, 그러한 계승은 이 장 전체에 걸쳐 아주 분명히 드러나고 있다. 불안한 내담자에 대한 ACT 모형의 관련성이 점차 강한 경험적 기반을 두고 있는 것처럼 보이며, 이러한 중요한 전집을 대상으로 작업하는 임상가들을 위해 혁신적이고 응집력 있는 접근법을 제공해 주고 있는 것은 놀라운 일이 아니다.

제6장 외상후 스트레스장애와 수용전념치료

Alethea A. Varra, Victoria M. Follette

미국에서 수행된 역학 연구에 의하면 외상 스트레스에 노출될 유병률이 성인 전집의 70%에 이를 정도로 높다고 한다(Norris, 1992; Resnick, Kilpatrick, Dansky, Saunders, & Best, 1993). 외상 관련 경험은 범죄의 희생(예: 강간, 폭행, 무장 강도), 가정 폭력, 아동기 성적 학대, 자연재해(예: 토네이도, 화재) 및 전투와 관련된 위험 등 다양한 형태에서 나타난다. 외상에 대한 정상인의 반응(예: 마비, 비현실감, 이인화)은 아마도 중대한 적응적 의미를 지닐 수도 있고, 시간이 지남에 따라 개인이 외상의 영향을 기능적인 방식으로 통합해 나가면서 단계적으로 사라지는 경향이 있다. 그렇지만 어떤 외상 생존자에게는 이러한 적응적 통합이 일어나지 않는다. 대신에 외상의 영향은 심리적 · 사회적 · 행동적 기능에서 심각한 손상이 일어나는 시점까지 확대한다. 연구에 의하면 일반 전집의 약 8%가 결국 외상후 스트레스장애(Posttraumatic Stess Disorder: PTSD)를 발달시킨다고 한다(Breslau, Davis, Andreski, & Peterson, 1991; Kessler, Sonnega, Bronet, Hughs, & Nelson, 1995). 많은 외상 생존자가 외상 여파로 겪는 사적인 갈등을 다루기 위해서 그리고 제대로 작동하지 않는 인생 요인들을 회복하기 위해서 치료를 구한다.

PTSD의 진단은 극단적인 외상 사건에 노출된 후 이후 개인에게서 나타나는 특징적인 증상을 기술하려는 의도로 맨 처음 DSM-III에서 모습을 보였다[미국정신의학회(APA), 1980]. PTSD는 종종 높은 수준의 불안과 우울로 특징지어지나 구체적인 증상에 포함되는 내용은 다음과 같다. 첫째, 침투 사고, 악몽, 원래 외상 사건의 요소들에 대한 해리성 재현 그리고 외상 사건 단서에 대한 심리생리학적 재활성화와 그 사건에 대한 몰두, 둘째, 외상 사건과 유사한 생각, 사람 및 장소의 회피, 정서적 마비, 긍정적 정서를 느끼지 못하는 것, 셋째, 화들짝 놀라는 민감성, 수면 문제, 주의 문제, 과잉 경계 및 좌불안석, 분노 또는 격노를 포함하는 과잉 각성(DSM-IV, APA, 1994)이 그것이다.

게다가 PTSD 진단의 필수 조건은 개인이 '실제적이거나 위협적인 신체적 상해'와 관련된 사건을 경험하거나 목격해야 하고 '격렬한 두려움, 무력감 혹은 공포'와 관련된 이러한 경험에 대해 즉각적인 주관적 반응을 겪는 것으로 구성된 첫 번째 진단적 준거(준거 A)(APA, 1994)다. 그렇지만 외상 사건의 경험이 필수 조건이긴 하지만 PTSD의 충분 조건은 아님을 명심하는 것이 중요하다. 역학 연구에서 밝혀졌듯이 외상 사건에 노출된 사람 중 일부만 PTSD로 발전한다. 이것을 설명하기 위해 외상 이론가들은 개인차에 호소해 왔다. 광범위한 연구(예: Dohrenwend & Dohrenwend, 1981; King, King, Foy, & Gudanowski, 1996; Fontana & Rosenheck, 1993)는 인생 외상의 영향이, 첫째, 외상 사건의 자극 성분, 둘째, 사건이 발생하는 지속적인 상황적 맥락, 셋째, 희생에 대한 개인적 특성(예: 연령, 사전에 존재하는 생물학적 혹은 심리적인 요인, 과거의 외상 사건에 대한 노출, 사회적 지지 및 개인적 대처 양식)과 같은 것에 달려 있음을 보여 준다.

이러한 모든 요인은 잠재적인 외상 사건에 노출된 후 누가 PTSD를 일으킬 것인지를 예언하는 데 도움이 되긴 하지만, 개인적 특징(특히 개인의 대처 양식)이 치료에 가장 중요한 것으로 여겨진다. 왜냐하면 이러한 반응이 쉽게 영향을 받고 변화할 수 있기 때문이다.

이것을 수용전념치료(Acceptance and Commitment Therapy: ACT)에 적용해 보면 수용, 경험적 회피 및 PTSD 간의 관계를 탐색하는 문헌이 증가하고 있다(예: Boeschen, Koss, Figueredo, & Coan, 2001; Pistorello, Follette, & Hayes, 2000; Walser & Hayes, 1998). 이러한 논문들이 ACT와 관련된 개념들의 이론적이고 경험적인 관련성을 탐색하는 동안 이 장애에 대한 ACT의 직접적인 임상 적용을 기술한 연구는 상대적으로 적다(Follette, 1994; Follette & Pistorello, 1995). 이 장의 목표는 ACT 관점으로 PTSD를 개념화하고, PTSD를 나타내는 다양한 환자 전집에 응용할 수 있는 ACT 치료 프로토콜을 기술하는 것이다. PTSD를 치료하는 데 주요한 임상적 도전 중 하나는 외상 전집의 이질성이다. 외상은 어느 정도까지는 우연이나 운명의 행위이기 때문에 치료에서 나타나는 외상의 범위는 믿을 수 없을 정도로 넓고, 관련된 기간은 다양할 수 있다.

공식화

외상 문헌에서 점차 강조하는 가장 문제가 되는 대처 방식은 회피다. 회피란 용어는 스트레스원에 대한 대처와 반응의 많은 상이한 방식을 기술하는 데 사용되어 왔고, 문헌에서 단일화된 조작적 정의는 없다. 그렇지만 회피의 변형은 여러 이론적 접근과 모형에서 PTSD의 발달과 유지에 영향을 미치는 것으로 알려져 왔다. 예로, 사고 억제(Shipherd & Beck, 1999; Guthrie & Bryant, 2000), 회피(Shalev, Peri, Canetti, & Schreiber, 1996), 반추와 침투의 억제(Steil & Ehlers, 2000), 정서적 마비(Litz, Orsillo, Kaloupek, & Weathers, 2000) 및 경험적 회피(Boeschen, Koss, Figurereddo, & Coan, 2001; Follette, 1994; Hayes, Wilson, Gifford, Follette, & Strosahl, 1996; Pistorello, Follette, & Hayes, 2000; Walser & Hayes, 1998)가 있다. 이 목록에서 경험적 회피는 다음과 같은 이유로 독특하다. 첫째, 경험적 회피는 인지적 · 정서적 · 행동적 회피를 요약함으로써 위의 모든 현상을 통합하고, 둘째, 그것은 외상 관련 후유증에만 국한되지 않고 대신에 다양한 심리적 문제에 걸쳐 발견된 차원으로서 개념화되기 때문이다.

경험적 회피는 PTSD 내담자에 대한 ACT의 적용에서 핵심이다. 외상 생존자에게 경험적 회피는 일반적으로 외상과 관련된 생각, 정서, 기억 및 신체 감각을 회피하기 위해 사용된 부적응 행동의 중심에 있다. 외상 사건에 대한 정서, 생각 및 기억은 그 자체로 병리적인 것이 아니다. 역기능을 유발하는 이러한 정서, 생각 및 기억을 회피하거나 제거하기 위한 시도가 바로 병리적이다(경험적 회피와 외상 간의 관계에 대한 심도 있는 논의를 위해서는 Walser & Hayes, 1998 참조). 외상 관련 자극을 회피하기 위해 그러한 부적응적인 시도를 하는 예로는 물질 사용, 신체화, 강박 행동, 자해 행동 및 사회적 고립과 같이 다른 지형학을 가진 행동이 포함된다.

최근의 여러 연구는 경험적 회피가 병인론과 유지 혹은 외상 관련 정신병리에서 중요한 역할을 한다는 경험적 지지를 제공하기 시작하였다. 61명의 전투 경험자 표본에 대한 임상적 면담을 사용하여 Roemer, Litz, Orsillo 및 Wagner(2001)는 정서적 반응을 억제하려는 경향이 최근의 심리적 고통 수준을 공변량으로 다룰 때 PTSD와 연관이 있음을 보고하였다. 또 다른 연구에서 Polusny, Rosenthal, Aban 및 Folltte(2002)는 경험적 회피가 성인의 성적 학대와 심리적 고통 간의 관계를 매개한다는 것을 발견하였다. 세 번째 연구에서 Boeschen, Koss, Figueredo 및 Coan(2001)은 경험적 회피가 강간을 당한 여성 생존자에게 전반적으로 해로운 심리적 결과를 야기한다는 것을 발견하였다. 이러한 결과들은 외상 관련 정신병리에서 경험적 회피의 역할을 예비적으로 지지한다.

ACT 모형에서 수용과 기꺼이 경험하기는 정서적 회피의 대안으로 제공된다. ACT는 외상 생존자들에게 특히 실용적인 치료적 접근법이다. 왜냐하면 ACT에서 사용하는 기술은 회피 · 변화 의제를 파헤치고, 외상 생존자가 자신의 개인적 내력, 사적인 사건, 자기 및 타인을 받아들일 수 있는 맥락을 제공하기 때문이다. 이것은 생존자들에게 외상 내력을 지니도록 하고, 삶에서 자신의 가치 및 목표와 일치하는 변화를 하도록 한다.

PTSD 증상에 대한 ACT 개념화는 외상 경험에 대한 역기능적인 적응이 다음과 같은 핵심 인지 과정에 달려 있음(Horowitz, 1986; Horowitz & Becker, 1971)을 가정한다는 점에서 전통적인 인지행동 모형과 일부 유사하다. 핵심 인지 과정은 다음과 같다. 첫째, 외상 관련 기억에 대한 회복의 극단적인 용이성 혹은 과도한 접근 가능성(예: 외상에 대한 침투 사고와 감정), 둘째, 이러한 고통스러운 원치 않는 기억을 방어하거나 회피하려는 부적응적인 노력(예: 연관된 단서의 회피)이다.

치료에서 외상 노출의 효과를 성공적으로 다루기 위해서 반드시 적절하게 평가할 내용은, 첫째, 내담자의 내력, 최근의 생활 맥락 및 일반적인 회피 패턴, 둘째, 내담자의 현재 호소와 이러한 호소가 그의 외상 경험과 어떤 관련이 있는지, 셋째, 부적응적인 행동과 회피를 지속시킬 수도 있는 요인들, 넷째, 건강한 대처 방안을 증진하는 데 필요한 기술을 가지고 있는지, 다섯째, 내담자의 변화에 대한 동기 등이다.

우리는 치료 관계를 형성하는 데 더 많은 시간이 필요하므로 외상 생존자들을 대상으로 치료의 평가 부분을 수행할 때 더 오래 걸린다는 것을 발견하였다. 이러한 관계는 당신이 치료 초기에 외상의 세부 사항을 공유하도록 내담자에게 요청할 때 특히 중요하다. 더욱이 많은 외상 생존자가 신뢰와 안전, 가까운 대인 관계를 형성하고 유지하는 것을 힘들어한다. PTSD 환자들이 흔히 먼저 치료를 구하는 이유가 이러한 문제들이고, 내담자와의 작업을 통해서 이러한 문제들을 다루게 될 것이다.

치료를 계획할 목적으로 내담자에게서 전반적인 내력을 수집하는 것이 중요하다. 여기에는 외상 내력(예: 가장 최근의 혹은 가장 고통스러운 사건과 외상이나 학대를 당한 과거 내력), 외상이 내담자의 생활에 어떻게 영향을 미쳤는가(예: 내담자는 어떤 활동, 상황 혹은 사람을 회피하는가), 내담자가 자신의 경험을 다루려고 노력해 온 방식(예: 음주, 그것에 대해 생각하지 않기) 그리고 자신의 경험을 이해하거나 설명하기 위해 노력해 온 방식(예: 책임감, 사람들이 나쁘다고 느끼기)이 포함된다. 외상이 성인기에 일어났다면 자신의 인생이 어떠한지 그리고 외상을 경험하기 전 경험에 어떤 방식으로 대처했는지 물어보는 것이 도움이 될 수 있다.

관련이 있을 수도 있는 광범위한 외상후 행동 패턴이 제공되면, 외상 생존자에게 자신의 관심, 호소 및 목표를 이해하는 일이 더 복잡해질 수도 있다. 내담자는 우울, 불안, 성적 역기능, 외상과 관련된 침투, 과경계, 전반적인 관계 문제 혹은 문제가 되는 물질 남용을 호소할 수도 있다. 당신이 수행해야 하는 첫 번째 평가 중 하나는 현재 호소하는 문제가 어느 정도까지 부정적인 외상 관련 자극에 대처하는가다. 만약 그 호소가 외상과 관련된 자극을 회피하는 수단으로 기능한다면, 어떤 구체적 내용 영역이 회피되고 있는지(예: 구체적인 생각 혹은 물리적 장소)와 내담자가 그 영역에 접촉함으로써 어떤 결과를 기대하는지(예: 무력감 혹은 공포)를 평가해야만 한다. 더 나아가 내담자가 비슷한 회피 전략을 사용하고 있는 다른, 비외상과 관련된 영역이 있을 수도 있다. 종종 내담자가 과도한 통제 요구나 예측 불가능, 변화에 대한 부적응적인 두려움을 보이는 어떤 주제가 나타난다. 내담자에게 어떤 주제들이 존재하는지 이해하면, 당신이 중점을 둘 특정 ACT 은유나 치료 기술을 선택하는 데 도움이 되고, 정서적 회피가 특정 영역에서 어떻게 작동하는지 보여 줌으로써 내담자가 치료 이익을 일반화하는 데 도움을 준다. 게다가 당신은 단지 외상과 관련된 재료보다는 내담자의 인생 전체에 초점을 맞춤으로써 변화와 이해를 증진할 수 있는 더욱더 큰 맥락을 창출하기 시작한다. 외상 생존자는 흔히 외상 증상을 회피하는 것이 앞으로 자기 인생이 될 것이라는 정도까지 자신의 인생 공간을 제한한다. 앞으로의 인생에 대한 이러한 협소한 견해를 확장하는 것이 바로 ACT 그 자체의 목표의 일부분이다.

당신이 제거 의제에 끌려 들어가지 않음을 확실히 하기 위해 내담자의 치료 목표를 탐색하는 것이 중요하다. 외상 생존자가 자신에게 일어난 일을 잊거나 그것을 사라지게 해서 '더 나아지기'를 바라는 일은 드문 일이 아니다. 이것은 이해는 가지만 가능하지는 않음을 설명해야만 한다. 대신에 당신은 실행 가능함과 동시에 내담자가 최고의 관심을 가질 만한 치료 목표를 찾으려는 작업을 하기를 원한다. 만약 내담자가 잘 지내기 위한 전제 조건으로 외상의 기억이나 증상을 제거하고자 한다면, 당신이 개인적인 내력을 변화시킬 만한 위치에 있지 않음을 분명히 해야 한다. 이 일이 명백한 것처럼 보임에도 ACT 의제가 외상과 관련된 생각, 기억 혹은 정서를 포함한 것을 '제거'하지 않는다는 것을 미리 강조하는 것이 중요하다. 이러한 강조를 하지 않는다면, 치료 과정은 외상 내력을 지닌 내담자에게 매우 큰 혼란과 좌절을 가져다 줄 수 있다.

외상 생존자들에게 부적응적 행동을 지속시킬 수 있는 여러 요인이 있다. 그 요인들은 종종 치료의 순서와 과정에 영향을 줄 수 있기 때문에 초기에 평가하는 것이 중요하다. 고려해야 할 가장 중요한 요인 중 하나는 부적응적 행동과 연관된 단기 이익이 있는가다. 명백한 단기 이익은 참을 수 없이 고통스러운 외상 관련 자극의 경험을 회피하는 능력이다. 그러한 내담자를 창조적 무희망감으로 곧장 이동시키는 것은 치료의 끝이나 심각하게 손상된 치료 관계를 의미할 수 있다. 우리는 치료적 변화를 위한 보다 큰 맥락을 만들어 내기 위해 가치 명료화로 시작하는 것이 일반적으로 더 많은 도움이 된다는 것을 발견하였다. 내담자가 가치 있는 인생 목표를 확인하도록 도와주는 것은 나중에 당신이 가치 있는 인생 성과에 대한 부적응적 행동의 영향을 다루도록 해 줄 것이다. 외상 생존자에게 그러한 맥락 없이 두려움을 주는 자극과 접촉하도록 요구하는 것은 혼란과 공포를 일으킬 수 있고, 잠재적으로는 외상을 재경험하게 할 수도 있다. 가치를 출발점으로 사용하는 것은 기꺼이 경험하기가 바람직한 인생 방향으로 움직이는 데 도움이 된다는 것을 이해하는 필요한 맥락을 제공한다.

외상 생존자들은 변화란 불가능하다고 믿을 수도 있다. 예를 들어, 베트남 퇴역군인이나 아동기 성학대 생존자는 수십 년 동안이나 PTSD 경험 및 이에 동반되는 만성적 증상과 심리사회적 상실(예: 가족, 친구 및 직업상 문제)을 바탕으로 이러한 믿음을 지니고 있을 수 있다. 내담자는 자신을 자신의 외상 및 이와 연관된 고통으로 정의하고, 자신이 외상 때문에 그래야만 한다는 생각과 융합되어 있을 수도 있다. 이 경우 당신은 먼저 탈융합 전략과 맥락으로서의 자기 연습을 강조하고 싶어질 것이다. 이 전략들은 내담자에게 뒤로 한 발짝 물러나 자신에 대해 생각해 보게 하고, 변화가 불가능하다는 믿음의 단편과 접촉시켜 줄 수 있다. 게다가 당신은 내담자가 또 다른 보다 적응적인 방식으로 행동하는 능력을 지니고 있음을 증명해 줄 만한 사소한 행동 실험을 시작해 볼 수도 있다.

외상 생존자의 부적응적인 행동을 영속시킬 수 있는 세 번째 요인은 정서적 회피가 결국에는 작동하리라는 확신이다. 이러한 믿음은 흔히 내담자의 친구들과 가족에 의해 그리고 종종 회피 전략과 연관되는 단기적 이득에 의해 강하게 강화되기 때문에 확인하기 어려울 수도 있다. 마찬가지로 이러한 신념은 때로 특정한 확고한 경험에 바탕을 두며, 때로는 사실이기도 하다. 이러한 신념과 흔히 연관된 두 가지 전략으로 '시간이 약이다.'는 생각과 '지리적 치료'("만약 내담자가 이사를 가고 직업을 바꾸고 새로운 친구를 만나거나 한다면 모든 것이 나아질 것이다.")의 호소가 있다. 이 경우 창조적 무희망감으로 시작하는 것과 변화 의제를 파헤치는 데 나머지 시간을 상당히 바치는 것이 도움이 될 수도 있다.

PTSD 내담자를 대상으로 치료 계획을 세울 때 내담자가 ACT 치료에 온전히 참여하기에 충분한 기술을 지니고 있는지 여부를 평가하는 것이 중요하다. 극단적인 정서 조절 장애와 개인적인 문제 해결이나 대인 관계 기술의 심각한 결함은 내담자가 당신이 말하는 것에 주의를 기울이거나 회기 후 일을 기억하는 것을 어렵게 할 수도 있다. ACT 치료는 기술 구축 중재와 같은 일순위 변화 전략을 적절하게 포함할 수 있다. 만약 이것이 쟁점이라면 당신의 치료 계획에 기술 훈련 초점을 통합하는 것이 도움이 될 것이다. Linehan(1993)의 마음챙김, 대인 관계 효율성, 정서 조절 및 고통 감내 기술 모듈이 외상 생존자들과 작업을 하는 데 특히 적절할 수 있다. 이러한 특정 기술은 ACT와 일치하는 방식으로 외상과 관련된 부정적인 정서, 생각 및 기억을 지닌 내담자를 도울 수 있다. 그렇지만 당신은 기술 훈련이 내담자에게 변화 의제를 통제하고 제거하는 데 이용되게 해서는 안 된다는 것을 확실히 해야 한다. 당신은 내담자에게 자신의 생각, 감정 혹은 기억을 바꾸거나 멈추거나 회피하라고 전략들을 가르치는 것이 아님을 분명히 해야만 한다.

내담자의 변화 동기는 외상 생존자를 대상으로 한 ACT의 성공에 결정적일 수 있다. 변화 동기에 긍정적으로 혹은 부정적으로 영향을 미칠 수 있는 두 가지 중요한 요인은 치료 관계의 강도와 중요성 그리고 현재의 행동으로 인해 성취되지 못하고 있는 가치 있는 목표의 명확성과 중요성이다.

앞에서 언급했듯이 지지적이고 안전한 치료 관계의 발달은 외상 생존자의 치료에서 극도로 중요하다. 직접적인 긍정적 지지와 피드백을 ACT의 각 단계와 통합할 필요가 있다. 여기에는 흔히 외상적인 인생 경험과 연관된 고통을 확인하는 것과 이전에 회피했던 경험을 상세히 다루는 것의 어려움이 포함된다. 우리가 내담자에게 해보도록 요구하는 조치의 어려움을 정당화하기 위해 우리는 흔히 자기 노출을 사용한다. 예를 들어, 우리는 그것이 내담자가 계속 느껴왔던 것에 대한 슬픔이건 아니면 자신이 행해 온 어떤 일에 대한 놀라움이건 내담자가 말하고 있는 것에 대한 우리 자신의 반응을 내담자와 공유할 것이다. 우리는 ACT 연습이나 은유 중 하나를 가지고 우리가 경험해 왔던 어려움을 공유해 볼 수도 있다. 우리의 목적은 내담자의 투쟁을 누그러뜨리는 것이다. 이것은 종종 외상 생존자가 자주 경험하는 수치심과 굴욕감의 일부를 감소시키는 효과가 있다.

이루지 못한 가치 있는 목표의 명확성과 중요성은 동기 평가의 매우 중요한 구성요소다. 이 쟁점은 치료 과정 전반에 걸쳐 많은 방법으로 떠오른다. 가장 흔한 동기 쟁점 중 하나는 전투 관련 PTSD에서 무능력감과 연관된 서비스의 존재다. 일부 참전 용사에게는 서비스 제공이 유일한 수입원이다. 내담자는 PTSD 증상의 개선이 생계 수단의 상실이나 다른 부정적인 결과를 낳을 것이라고 믿을 수도 있다(그들에 대한 서비스 제공이 영구적이라 하더라도). 많은 참전 용사에게 무능력감은 생활의 일부분이 되었고, 가치를 바꾸는 기능적인 인생 계획은 주요한 개념적 전환이다. 그러한 환자들에게 우리는 거의 항상 어떤 유형의 가치 명료화 작업으로 평가 과정을 시작한다. 가치 있는 인생 계획과 무능력한 생활 방식 간의 괴리를 파악하는 것은 변화 없이 머물러 있는 것에 대한 강력한 단기적인 유인가 앞에서 변화 동기를 창출하게 할 수 있다.

평가 과정에서 수집된 모든 정보는 치료 계획을 공식화할 때 고려해야 한다. 이 치료 단계의 기본 목표는, 첫째, 치료의 구체적 목표 설정하기(그리고 내담자의 동의 구하기), 둘째, 내담자의 목표, 구체적 증상 및 개인적 강점과 약점을 고려하여 중재를 선택하고 치료 과정을 세우기, 셋째, 치료의 내적인 면과 외적인 면에서 치료 성공에 있을 수 있는 장애물 예견하기, 넷째, 중재와 은유의 강조와 순서에 대한 안내로 예견된 장애물 사용하기다.

임상적 중재

대부분의 ACT 중재 전략은 외상 생존자를 대상으로 작업하는 데 적절하다. 어떤 ACT 중재는 효과를 향상시키기 위해 수정될 수 있는 반면 다른 중재는 신뢰, 안전 및 외상 재경험을 유발할지도 모른다는 쟁점 때문에 기계적으로 적용하는 경우 그다지 도움이 되지 않을 수도 있다는 것이 밝혀졌다. ACT는 치료가 뒤따르는 것이 아니라 대신 일련의 핵심 과정에 의해 정의되는 까닭에 핵심 과정이 다양한 순서로 다루어질 수 있다.

대부분의 외상 생존자에게 가치를 충분히 탐색하는 것으로 치료를 시작하는 것이 도움이 된다. 여기에는 두 가지 임상적 이유가 있다. 첫째, PTSD 내담자들은 종종 신뢰와 안전감을 갖기가 어려우므로 자신의 대처 전략에 대해 직접적으로 도전하는 일(예: 창조적 무희망감을 통해서)은 자신을 한층 신중하게 만들며, 심지어는 ACT가 제공하는 것에 대해 두려움을 갖게 된다. 가치 작업은 치료자와 내담자에게 정서적 회피 전략의 실효성에 친절하게 도전하는 것을 허용해 주는 안전한 맥락과 더욱 강한 관계를 발달시킬 기회를 제공해 준다. 둘째, 만성적인 PTSD 내담자들은 보통 그들의 인생에 적절한 (혹은 최고의) 영향을 끼쳐 온 치료를 받아 왔다. 그들은 안전한 행동을 버리고 외관상 더 큰 고통의 위험이 있는 치료를 받으려 하지 않을 수도 있다. 가치 작업은 훨씬 덜 위협적이고, 내담자에게 매우 효과가 좋으며, 심지어 힘들고 두렵더라도 치료에 전념하게 해 줄 것이다.

외상 생존자들을 치료하는 데 추가되는 고려 사항은 치료 패키지에서 역설, 혼란, 은유 및 경험적 연습을 어떻게 통합하는가다. 이러한 방법은 많은 ACT 프로토콜에 공통적으로 들어 있고, 언어로 이해하고 통제하고 평가하려는 내담자의 요구를 파헤치는 데 상당히 유용하다. 외상 생존자와 작업하는 경우 그러한 기술이 외상 사건(들)의 어떤 측면을 재현하지 않음을 확실히 하기 위해서 개인 내력을 고려하는 것이 중요하다. 예를 들어, 아동기 학대 생존자들은 가족의 언어 행동이 신체 행동과 일치하지 않거나(예: 아빠는 딸을 괴롭히면서 "사랑해."라고 말함) 혹은 아동의 생각과 감정이 일관적으로 무시되고 반박되는(예: 부모가 배고픔을 등한시하거나 아동이 실제로는 슬프지 않다고 주장하는 것) 가정환경을 경험해 왔을 수도 있다. 이와 관련하여 당신은 내담자와 강한 관계를 맺고, 내담자의 외상 내력을 이해하고, 내담자에게 그러한 기술의 사용을 분명하게 설명해 주고, 내담자가 이러한 중재에 어떻게 반응하는지를 규칙적으로 확인해 주는 것이 중요하다. 외상 생존자의 잠재적으로 부정적인 영향에 대한 민감성이 존재한다면 이러한 전략은 그들에게 효과가 있다고 우리는 믿는다.

우리의 임상 경험에 의하면 외상 생존자들은 정서적으로 침투하는 것으로 보이는 중재에 매우 강한 반응을 보이며, 만약 너무 강하게 위협을 받으면 쉽게 치료를 그만둔다. 초보 치료자가 일부 ACT 기술에 지시적인 모습을 보이는 것은 드문 일이 아니며, 그러한 접근의 위계적 본질은 외상 내력을 지닌 내담자에게 위협적일 수 있다. 더욱이 이 전집에서 해리의 발병은 내담자가 심리적으로 현재에 존재하면서 재료를 추적하고 있음을 납득시킬 것을 요구한다. 내담자의 고통 수준에 따라 회기 테이프를 내담자가 들어 보게 하는 것이 도움이 되기도 한다.

가 치

가치로 되돌아가서 ACT 치료를 시작하는 것은 초기 평가에서 나타난 '내담자가 원하는 것은 무엇인가?'의 확장 버전으로서 도움이 될 수 있다. 가치에 대한 ACT의 전통적인 접근이 바뀌지는 않는다. 우리는 최근에 자신이 곧 죽을 거라고 생각한 사건을 경험했던 내담자에게 묘비나 장례식 은유를 사용하지 않도록 주의한다. 이것은 쓸데없이 내담자를 당황시킬 수 있으므로 장례식 은유를 영광에 찬 축하 만찬으로 간단하게 바꿔 볼 수 있다.

외상 생존자를 대상으로 가치 작업을 할 때 하나의 도전은 그들이 실제로 원하는 것을 분명하게 말하기 힘든 경우가 종종 있다는 것이다. 때때로 미래가 단축된 느낌을 갖게 되어 내담자는 실제로 구체적인 목표를 달성할 만큼 충분히 오래 살지 못할 것이라고 상상할 수 있다. 다른 때에 그들은 미래에 무슨 일이 일어나기를 원하는지 대신에 외상을 겪은 후 무슨 일이 일어났는지, 왜 그 일이 일어났는지에 대해서 생각하는 데 시간을 보낼 수도 있다. 이러한 각각의 요인은 내담자와 가치 있는 인생 계획을 개발하는 데 드는 시간과 노력의 양을 증가시킬 수도 있다. 당신은 단순히 이것을 알아차려서 내담자가 이러한 관심사를 통해 작업하도록 도와주어야 한다.

일부 외상 내담자는 그들의 개념화된 자기를 자신이 견뎌온 외상의 직접적인 결과와 같은 '상처 입은' 것으로 정의하기 때문에 그들이 미래에 원하는 것을 처음에는 기꺼이 고려하려고 하지 않는다. 부모가 되거나 친밀한 관계를 형성하는 것과 같이 바람직한 인생 방향에 대하여 생각하는 것이 외상 관련 자극과 연합될 수도 있고, 고려하기에는 너무나 두려울 수도 있다. 만일 그러하다면 중재의 크기를 줄이고, 내담자에게 특히 중요하다고 생각되는 한두 개의 영역에 초점을 맞추는 것이 유용하다. 그다음 나머지 영역과 가치 작업은 이후의 프로토콜과 내담자가 더욱 안정되고 자기와 아주 밀접하게 관련된 쟁점을 토론할 준비가 되었을 때로 옮겨갈 수 있다.

표 6-1 임상적 쟁점 및 외상 내력을 지닌 내담자에게 권하는 ACT 중재

임상적 중재	권고된 ACT 반응
환자가 그 사건에 대한 감정, 기억 및 생각과의 지속적인 갈등에 관하여 불평하고, 자신의 과거 내력이 어떤 진전을 방해한다고 불평한다.	• 내담자에게 갈등의 목표(이해, 설명, 고통을 사라지게 하기, 미래 예방)를 확인하라고 요구하라. • 목표에 대한 갈등의 실효성을 탐색하라. • 상자 속 물건 은유 • 내담자에게 자서전을 쓰게 한 다음 사실은 그대로 두고 결과만 바꿔서 몇 차례 다시 써 보게 하라. • 만일 당신이 오늘 내담자의 과거 역사가 항상 똑같이 고통스러울 것인지 결정한다면, 내담자는 내일 무엇을 할 것인지 물어보라.
내담자가 회기 도중 반복적으로 화를 낸다.	• 분노를 회피의 수단으로 재구성하라. • 깨끗한 정서와 더러운 정서 개념을 논의하라. • 내담자에게 무슨 생각, 감정 및 기억을 받아들일 수 없는지 확인해 보게 하고, 맞서 싸울 것을 요구하라. • 내담자에게 자신의 분노의 장 · 단기적 실효성을 평가하게 하라. • 물체화 연습 • 괴물과의 줄다리기, 궁지에 몰린 사람 및 당신은 무엇을 위해 뛰고 있는가(올바르기 대 인생을 살기)와 같은 은유
내담자가 회기 동안에 반복적으로 해리 증상을 보인다.	• 현재 순간과의 접촉을 향상시키도록 내담자와 작업하는 시간을 보내라. • 내담자가 기술(예: 마음챙김과 고통 감내; Linehan, 1993)을 구축하도록 도와라.
내담자가 회기에 반복적으로 지각하거나 결석한다.	• 만일 이러한 행동이 경험적 회피의 수단이라면, 현재 상황과 과거 경험의 측면에서 이 행동의 실효성을 논의하라. • 치료에 참여하기 위해 내담자가 기꺼이 직면할 필요가 있는 것을 결정하라.

	• 만일 이러한 행동이 빈약한 치료 관계, 신뢰의 결여 혹은 압도당한다는 느낌의 결과라면, 당신이 내담자에게 하라고 요구하고 있는 것의 어려움을 잘못 해석하고 있음을 알아라. • 치료 관계를 구축하는 데 더 많은 시간을 보내라. • 기술 결함이 존재하는지 결정하고, 기술 레퍼토리를 구축하는 시간을 가져라.
내담자 자신이 기꺼이 하고 싶은지 확실하지 않다고 진술한다.	• 현재 접근법의 실효성으로 되돌아오라. • 기꺼이 경험하기에 초점을 두어라. 만일 당신이 그것을 원치 않는다면 그것을 얻게 된다. • 가치에 초점을 두고, 당신이 내담자에게 요구하고 있는 고통이 무슨 역할을 하는지 알게 하라. • 당신이 내담자에게 참여하도록 요구하는 행동이나 활동의 난이도 수준을 낮춰라. 내담자가 기꺼이 할 수 있는 작은 것부터 시작하라. • 내담자가 참여에 필요한 적절한 기술을 지니고 있는지 확인하라. 만일 그러한 기술이 없다면 기술 수준을 구축하는 데 시간을 써라. • 당신과 내담자가 작업하고 있는 것의 어려움을 타당화하고 정상화시켜라.

창조적 무희망감

외상 생존자의 ACT 치료에서 우리는 내담자가 정서적 통제와 회피에 대한 대안을 고려하려는 맥락을 설정하기 위해 다양한 창조적 무희망감 중재를 사용한다. 가치 있는 인생 목표를 명료화하는 과정이 일단 완성되면 창조적 무희망감으로의 전환을 시도한다. 창조적 무희망감의 맥락은 효과 없는 정서적 회피 전략을 내버려 두고 가치 있는 인생 방향을 취하는 것이다. 이러한 식으로 내담자는 가치 있는 인생 목표를 추구할 수 있다는 점에서 정서적 통제의 대가를 점차 발견할 것이다. 우리는 원치 않았던 생각, 정서 및 기억을 통제하기 위해 과거에 사용했던 모든 방법을 내담자와 살펴본 다음, 이러한 행동이 가치 있는 삶에서 성과를 만들어 내는 데 얼마나 잘 작용해 왔는지를 검토한다.

외상 내력을 지닌 내담자에게 창조적 무희망감을 소개할 때 그들이 대처하거나 반응해 온 방법이 틀렸다는 것을 은근히 심어 주지 않는 것이 중요하다. 외상 내력을 지닌 대부분의 내담자는 외상 시 자신에게 일어나던 일에 대해 통제력을 행사할 수 없었다. 그들은 단순히 생존하기 위해 경험적 회피와 해리를 사용해 왔을 수 있다. 아동기 학대나 전쟁과 같은 반복된 외상이 전체의 일부분인 경우 이러한 대처 기제가 오랜 기간에 걸쳐 발달하였고, 아마도 내담자에게 유사한 기능을 제공했을 것이다. 치료자는 내담자가 생존하기 위해 했었던 일을 정당화하는 일이 중요하다. 동시에 치료자는 그와 같은 전략들이 현재의 삶에서 어떻게 작용하고 있는지 이해하기 위해 내담자와 함께 작업해야 한다. 본질적으로 환자가 직면해야 하는 문제는 내담자로 하여금 어떤 시점에서는 기능하게 해 주었던 정서적 회피 전략이 이제는 내담자가 가치 있는 존재로 살아갈 기회를 억압하고 있다는 점이다.

과거의 경험을 정당화하는 것과 정서적 회피 전략의 비실효성과 접촉하는 것 간의 균형을 맞추는 행위는 어떤 다른 경우보다 더 민감하고 덜 침입적인 창조적 무희망감 대화를 야기한다. 내담자에게 그들이 행하고 있는 것이 작동하지 않고 명백한 대안을 제공하지도 않음을 고려하게 하는 것보다 가치가 기꺼이 경험하기와 수용을 탐색하기 위한 선택에서 어떤 역할을 하고 있는지를 고려해 보게 한다. 가치 작업에 사용된 시간과 노력의 양은 치료가 단지 현재 전략들을 포기하는 것에 관한 것만은 아님을 강조한다.

기꺼이 경험하기를 유발하는 데 사용된 많은 은유는 또한 외상의 경험에 아주 쉽게 적용되고 있다. 예를 들어, 구덩이에 빠진 사람 은유(Person in Hole Metaphor)(Hayes et al., 1991, pp 101-104)는 그들이 단지 구덩이에 떨어졌다기보다 오히려 거기에 끌려 들어갔다는 생각을 쉽게 구체화한다. 본질적으로 외상 생존자가 자신의 과거 내력이 현재 자신이 존재하는 곳에 어떻게 도달하게 되었는지를 이해하기 쉽게 연관시켜 주는 것을 아는 것은 도움이 된다. 우리는 종종 다음과 같이 말함으로써 그 은유의 원래 구조를 수정해 보고자 한다.

> 당신은 자신의 일에만 신경 쓰면서 그냥 걷고 있었는데 누군가 무작위적으로 (혹은 당신이 믿고 있는 누군가) 당신의 팔을 잡아 구덩이에 밀어 넣었습니다. 당신은 이 경험을 했습니다. 이제 당신은 삽 하나를 제외하고는 아무것도 없이 구덩이에 빠져 있는 자신을 발견합니다. 당신은 처음에 어떻게 구덩이 안으로 들어가게 됐는지 그리고 당신이 왜 구덩이에 던져졌는지 이해하려고 노력하지만 그것은 당신이 밖으로 나오는 데 도움이 되지 않습니다. 당신은 땅을 파려고 애쓰지만 그것은 누군가가 당신을 구덩이에 던져 넣었다는 사실을 변화시키지는 않습니다. 사실 그것은 구덩이

를 더 깊게 할 뿐입니다.

이 접근은 내담자가 통제할 수 없는 사건에 의해 희생되어 왔다는 사실을 이해하게 해 주지만, 그런 간단한 사실을 넘어선 분석은 아마도 도움이 되지 않을 것이다. 과거를 이해하는 것이 실제로 내담자를 구덩이 밖으로 꺼내 주지 않는다는 것을 인식하는 것은 그 은유의 결론을 손대지 않은 채 그대로 둔다. 내담자는 여전히 자신이 하고자 하는 바대로 선택해야만 한다. 내담자는 계속해서 땅을 파기를 원하는가 아니면 기꺼이 또 다른 방법을 고려해야 할 것인가?

꽤 유용할 수 있는 또 다른 창조적 무희망감 은유는 마이크-스피커 소음(Feedback Screech) 은유(Hayes et al., 1999, p. 108)다. 외상 생존자들은 종종 '조용히 살기' 위해 자신이 즐기는 활동에 참여하는 일과 자신이 사랑하는 사람들과 상호작용하는 일 그리고 온전히 삶을 경험하는 일을 그만두기 때문에 이 은유를 흔히 강하게 인지할 수 있다. 조용하게 살아가는 목표는 외상과 관련된 생각, 정서 혹은 기억을 자극할 가능성이 있는 어떤 것도 회피하는 것이다. 이 은유를 사용하여 우리는 이것이 흥미로운 은유일 뿐만 아니라 과학에 의해 지지된다는 점을 주장하기 위하여 외상과 관련된 자극의 회피에 관한 일부 연구를 종종 언급할 것이다.

'조용하게 사는 것'의 대가를 극복하기 위해 우리는 내담자를 그들의 가치와 다시 연결시키고, 그 결과 발달되는 기꺼이 경험하기 목표는 불필요하거나 격렬한 고통을 유발하지 않는다. 예를 들어, 온종일 혼자 앉아 지내는 참전 용사는 '조용히 살아가는' 방식에 대한 두 가지 대안을 고려해 볼 수도 있다. 첫 번째 대안은 자녀들을 동네 레스토랑 저녁 식사에 초대하는 것일 수 있다. 두 번째 대안은 7월 4일에 시내의 불꽃놀이에 참가하는 것이 될 수도 있다. 둘 다 기꺼이 경험하기의 예이지만, 첫 번째는 함께 어울리는 아버지가 되는 것의 가치와 관련될 수 있고, 두 번째는 순수한 고통과 더 관련될 수 있을 것이다. ACT 치료는 내담자에게 원치 않는 심리적 사건에 기꺼이 여지를 마련해 주기를 요구하지만, 이것은 전통적인 의미에서 말하는 고통은 아니다. 왜냐하면 합목적적인 행위의 고통 부분인 가치 있는 목표가 존재하기 때문이다.

우리가 즐겨 사용하는 또 다른 중재는 괴물과 줄다리기(Tug of war with a Monster) 은유(Hayes et al., 1999, p. 109)다. 외상 내력을 지닌 내담자는 때때로 외상, 외상 그 자체의 경험, 학대 가해자 혹은 외상 사건을 가능하게 한 어떤 사람을 상기시키는 외상과 관련된 생각, 감정, 기억 및 신체 감각으로 괴물을 인식한다. 이러한 유형의 경험에 대한 정서적 통제를 유지하려는 투쟁은 정상적인데, 왜냐하면 이러한 경험은 자극과 동등한 과정의 연쇄 반응을 시작하기 때문이다. 물론 이러한 자극의 발생을 단속하려고 애쓰면 애쓸수록 의미 있는 삶의 추구가 더욱 감소하며, 이들 괴물이 스스로 나타날 때 통제를 더욱더 하지 못하게 되는 것 같다. 어떤 경우에도 이 은유는 기꺼이 경험하기와 생각으로부터의 분리라는 ACT 의제를 강조해 주고, 기꺼이 경험하기가 바로 투쟁을 놓아 버리는 것임을 내담자에게 이해시켜 준다.

통제가 문제다

시간이 지남에 따라 외상 생존자들은 자신이 치료 과정을 신뢰하고, 보다 기본적인 정서적 회피 문제에 접근하는 데 안전감을 느낀다는 신호를 당신에게 보낼 것이다. 문제에 대해 이름을 소개하는 동안 우리는 내담자의 경험과 내담자의 과거 인생에서 정서적 통제 전략들의 단기적 효과를 정당화하는 데 초점을 둔다. 그렇지만 우리는 현재의 실효성으로 초점을 옮기기 시작하며, 이것은 우리에게 내담자가 현재 사용하는 정서적 회피 전략에 직접적으로 도전하게 해 준다. 통제 전략이 많은 상황에서 효과적임을 관찰하는 것은 물론 역사적이고 학습된 통제의 원인론을 논의하는 것은 이 전략의 정상화에 기여한다. 이것은 환자가 비판받지 않고 수용되고 있다는 느낌을 갖게 해 주고, 더 많은 안전감을 준다. 따라서 우리는 전형적으로 통제를 공격하는 보다 직접적인 접근을 더 많이 취하고, 일단 치료의 이 단계에 도달하면 의제를 제거한다.

잡동사니로 가득 찬 상자(Box Full of Stuff) 은유(Hayes et al., 1999, pp. 136-138)는 내담자가 자신이 경험한 외상적 사건이 자신의 전 인생을 어떻게 장악해 왔는지 이해하게 해 준다. 반대로 은유는 자신이 그 사건을 하나의 대상으로 그리고 자신의 은유적 인생에서 이루어지는 단지 한 부분으로 보게 한다. 표준 은유는 외상 경험과 잘 합치되고 매우 작은 변화만을 필요로 한다. 그렇지만 당신은 외상적 사건의 높은 부정적인 유의성을 강조하기 위하여 상자에 정말로 혐오스러운 무언가를 넣는 것을 두려워해서는 안 된다.

인지적 탈융합

대부분의 PTSD 내담자는 자신에게 무슨 일이 일어났는지, 왜 그 일이 자신을 이런 식으로 만들었는지 그리고 결과적으로 자신이 무엇을 더 이상 다룰 수 없는지에 관한 잘 만들어진 이야기를 갖고 있다. 내담자가 이러한 이야기의 요소들과 융합되어 있는 정도는 역기능의 강력한 예측 인자다. 외상 생존자의 이야기를 가지고 작업할 때 다루기 힘든 부분은 그 이야기 중 상당 부분이 사실에 기반을 두고 있다는 것이므로 이야기 전체가 거짓이라는 것을 암시하는 것은 항상 피할 필요가 있다. 이것은 심지어 외상적 사건이 발생했다는 것을 부인하는 것과 같을 수도 있다. 인지적 탈융합 중재를 사용하는 데 우리의 목표는 내담자가 자신의 이야기에서 한 발 벗어나 그것을 적어도 부분적으로는 자의적인 것으로 바라보고, 그 이야기가 미래의 가치 있는 인생을 얼마나 잘 준비하고 있는지를 평가할 기회를 제공하는 것이다. PTSD를 겪는 내담자와 작업하는 데 매우 적합한 몇 가지 인지적 탈융합 연습이 있다. 이것은 보통 내담자가 가치를 이해하게 된 후 해 볼 수 있는 일련의 연습이라는 사실과 관계가 있을 것이다. 내담자가 과거의 재료 일부가 가치와 인생 변화 둘 다에 얼마나 적절한지를 살펴보기 시작하는 것은 바로 이 단계에서다.

생각, 감정, 기억 및 신체 감각에 대한 탈문자화는 여러 방식으로 외상 생존자에게 강력한 연습이 될 수 있다. 첫째, 침투적인 개인적 경험은 PTSD 진단의 핵심이며, 이러한 경험을 단순한 심리적 경험에 대한 고유의 정신장애 신호로 재구성하는 것은 그 자체로 감정을 고양시킬 수 있다. 둘째, 외상과 관련된 자기 판단의 진실성을 파헤치는 것은 내담자가 나쁘지도 더럽지도 상처입지도 않은 존재임을 알게 해 준다. 셋째, 있는 그대로 이러한 경험을 바라보고 그 경험을 할 것인지 말 것인지를 선택하는 것은 외상 생존자가 작업할 자세를 취하는 데 진정한 반응 가능성을 제공해 준다.

ACT에서 탈문자화 연습은 특히 PTSD와 관련된 많은 핵심 문제(융합, 평가 및 회피)를 다룬다. 우리는 전형적으로 행동의 형태로서의 마음, 생각 및 감정의 본질에 대해 내담자에게 교육하는 데 꽤 많은 시간을 사용한다. 대부분의 외상 생존자는 자신의 마음과 상당히 융합되어 있고 두려운 자극을 상당히 찾기 때문에 융합의 개념을 진정으로 이해시키기 위해 특별한 노력을 기울인다. 시간의 양은 내담자에 따라 다양하지만 그 전에 내담자는 관찰자 관점의 중요성을 적어도 개념적으로는 이해하고 있어야만 한다. 제공된 대부분의 연습과 은유는 내용에 따라 다르지 않기 때문에 변화 없이 사용하도록 간단하게 되어 있다. 그렇지만 내담자가 자신의 외상과 관련된 생각을 탐색할 특별한 기회를 제공해 주는 몇 가지 연습이 있다.

일단 내담자가 생각을 생각으로 명명한다는 생각을 사용하면, '나는 ~라고 생각한다.' 전주곡을 사용하여 자신의 외상과 관련된 생각을 내담자가 다루어 보게 하는 것이 도움이 된다. 내담자가 외상과 관련된 생각과 정서에 압도된 현재의 상황에 대해서 말하는 것으로 시작하고, 무슨 생각을 하였는지에 주목하게 하라. 내담자가 생각과 감정을 보고할 때면, '나는 ~라고 생각한다.' 혹은 '나는 ~라고 평가하고 있다.'는 ACT의 언어적 협약을 적용해 보게 한다.

버스에 탄 승객 은유(Passengers on the Bus Metaphor)(Hayes et al., 1999, pp. 157-158)는 외상과 관련된 생각, 정서 및 기억과 이러한 요인이 내담자의 인생에 어떤 영향을 미치는지에 대하여 밀접하게 검토할 또 다른 기회를 제공한다. 예를 들어, 우리는 먼저 내담자를 괴롭히는 증상과 관련된 외상과 관계가 있는 생각, 기억, 신체 상태 혹은 정서를 사용하여 그 은유를 온전히 경험한다. 그다음 내담자에게 가능한 한 버스에 타고 있는 많은 승객에게 이름을 붙여 보라고 요구한다. 시간이 허락한다면 각각의 승객이 어떤 옷을 입었는지, 누구와 닮았는지에 대하여 내담자에게 물어보는 것이 도움이 될 수 있다. 이 연습은 내담자의 자극적인 심리적 내용을 객관화시켜 주며, 동시에 안전한 환경에서 일종의 노출 치료로 기능한다. 이 모든 것은 노래를 부르거나 바보 같은 목소리로 말하는 것과 같이 이상한 방법으로 내담자의 고통스러운 생각을 표현해 보게 할 때 진정성이 있을 수 있다.

특히 외상 생존자에게 탈문자화가 유용한 또 다른 측면은 이유의 유용성을 파헤치는 것이다. 만일 내담자가 이유(자신의 외상)가 자신의 고통에 책임이 있다고 믿는다면, 내담자는 부정적인 외상 관련 자극을 기꺼이 경험하지도, 새로운 행동을 시도하려고도 하지 않을 수 있다. 거의 모든 이야기에서 빠지지 않는 것은 과거의 부정적인 사건이 현재의 역기능적인 행동의 원인이라는 가정이다. 그렇지만 만일 우리가 내담자에게 이유가 원인이 아니라는 것을 보여 줄 수 있다면, 내담자는 외상과 관련된 자극에 기꺼이 더 다르게 반응하고, 자신의 가치와 더 잘 조화를 이루는 방식으로 반응할 수도 있다.

우리가 흔히 사용하는 ACT 연습 한 가지는 내담자에게 자신의 상황을 설명해 줄 수도 있는 잘못된 이유를 말하게 하고, 이어서 현재의 부적응적인 행동에 대한 이유를 말해 보게 하는 것이다. 이 연습은 특정 영역에서 내담자를 괴롭히고 있는 이유로서 외상적 사건이 사용되고 있음을 다루는 것으로까지 확장될 수 있다. 예를 들어, 치료자는 내담자에게 왜 그녀가 친밀한 관계에서 고통을 겪고 있다(그녀의 현재 호소)고 생각하는지를 물어볼 수도 있다. 목표는 원인의 사슬까지 이유를 추적하는 것이 될 것이다. 보통 내담자의 외상 경험에 도달하는 데 오래 걸리지는 않는다. 이러한 대화가 어떻게 작용하는지에 대한 예가 다음에 기술되어 있다.

치료자: 자, 연습을 좀 해 봅시다. 당신이 친밀한 관계를 맺는 데 어려움이 있다고 생각하는 이유를 한두 문장으로 말해 주세요.

내담자: (멈춤) 글쎄요. 저는 사람을 믿기가 어렵고 마음을 여는 데 익숙하지 않아요.

치료자: 좋아요. 또 다른 이유는?

내담자: 모르겠어요. 저는 상처를 받지나 않을까, 겁을 주어 쫓아내지나 않을까 두려워요.

치료자: 그러면 당신은 왜 사람들을 믿기 어렵다고 생각하나요? 그리고 왜 상처를 입지나 않을까 혹은 그들을 겁을 주어 쫓아내지나 않을까 생각하나요?

내담자: (멈춤) 저, 강간을 당한 후부터 그래왔어요.

치료자: 그렇군요. 강간이 당신으로 하여금 사람들을 믿기 어렵게 하였고 상처를 받을까 두렵게 만들었고 친밀한 관계를 맺기 어렵게 만들어 왔군요. 그것이 일반적인 생각인가요?

내담자: 네.

치료자: 이해합니다. 그건 정말로 진짜 이유처럼 들리는군요. 이제 제가 당신을 위해 하고자 하는 것은 몇 가지 가짜 이유에 대해서 생각해 보고자 하는 것입니다. 왜 당신이 사람들을 믿거나 친밀한 관계를 맺기 어려운지 몇 가지 다른 이유를 제게 말씀해 주실 수 있나요?

내담자: 지어낸 것 같은 거요?

치료자: 물론이죠. 그것들은 현실적일 수도 있고 바보 같을 수도 있어요. 하지만 저는 당신이 강간을 당하지 않았어도 이러한 수렁에 빠질 수 있었던 또 다른 방식에 대해 생각해 보기를 원합니다.

내담자: 좋아요. 부모님이 끔찍한 결혼과 지저분한 이혼을 했던 거 같은 거군요. 그 일이 내게 관계를 한껏 경계하게 만들었을 수도 있죠.

치료자: 좋아요. 그 밖에 또 뭐가 있죠?

내담자: 내가 편집증이 있어서 정부가 나를 감시하고 있다는 생각이요.

치료자: (내담자가 몇 가지 이유를 더 댄 후) 우와, 사람이 믿음과 관계에서 어려움을 보일 수 있는 방식이 많군요.

그러한 광의의 의미에서 외상의 영향에 대해 말할 때 내용 수준에서 내담자의 이야기에 도전하는 것은 유용하지 않다. 대신에 우리는 하나의 이유로 외상을 전반적으로 파헤치기 위한 기회로서 이 연습을 사용한다. 그렇지만 만일 특정한 외상 관련 자극이 특정 행동에 대해 이유로 주어진다면(예: "나는 그 사고에 대한 생각 때문에 술을 마셨다.") 더 직접적인 접근이 취해질 수 있을 것이다. 당신은 그 생각이 내담자가 술을 마시는 '원인'이었다는 생각에 도전해 볼 수도 있다. 매우 효과적인 한 가지 전략은 내담자에게 '~때문에'와 같은 조건적인 원인 단어 대신에 '그리고'라는 단어를 사용하게 하여 원인과 결과의 갈고리를 벗겨 내는 것이다. 이러한 협약은 회기 구조에서 쉽게 가르칠 수 있고, 비록 사적인 경험이 행동과 같은 시간대에 발생할 수 있음에도 그것이 행동을 유발하지 않음을 내담자에게 이해시키는 데 유용하다.

맥락으로서의 자기

맥락으로서의 자기 개념은 사람이 자신의 생각과 감정이 아니라 그것들이 일어나는 맥락이라는 것이다. 외상 생존자에게 이것은 두 가지 형태를 취할 수 있다. 하나는 외상 내력을 지닌 많은 내담자가 외상의 과거와 현재의 효과에 크게 영향을 받은 자기에 대한 개념화된 버전을 발달시킨다. 그런 내담자에게 인생에 대해 더욱더 기능적이고 수용적인 태도를 갖도록 요구하는 것은 그 이야기를 보호하는 기능을 하는 다양한 행동을 촉발할 수 있다. 두 번째 문제는 외상 생존자들은 종종 지금-여기에서의 심리적 경험을 피한다. 그들은 지속적인 과정으로서의 자기와 접촉하는 데 어려움을 겪는다. 즉, '현재에 존재하는 것'에 어려움을 겪는다. 학대 내력을 지닌 내담자들은 현재에 존재하는 것이 고통스러운 외상 관련 생각, 감정 및 기억과 짝지어져 있기 때문에 지속적인 과정으로서의 자기에 대한 회피의 지속적인 강화를 경험한다(Follette, 1994). 부가적으로 외상과 무관한 다른 가족 역동이 자기감을 발달시키는 데 문제를 유발해 왔을 수도 있다. ACT에서 맥락으로서의 자기 중재의 목표는 내담자가 안전하고 일관성 있는 자기 유형과 접촉하게 해 주고, 즉각적인 개인적 내용을 비판단적으로 자각하게 해 준다.

우리의 경험에 의하면 관찰자 연습(Observer Exercise)(Hayes et al., 1999, pp. 192-196)은 내담자에게 외상 전과 후 존재에 대한 기본적인 자각에서 본질적인 지속성이 있음을 보여 주는 데 매우 효과적이다. 목표는 내담자에게 사적인 내용에 의해 정의되는 일 없이 그것을 자각할 수 있음을 보여 주는 것이다. 외상 생존자들은 경험에 의해 근본적으로 변화되어 왔다고 정말로 믿고 있으므로 완전히 연습하는 데 시간을 들여서 노력하는 것이 중요하다. 이러한 연습의 영향은 또한 외상이 발생했을 때 외상의 유형과 환자의 나이와 같은 요인에 의해 영향을 받을 수도 있다. 예를 들어, 아동기 학대를 경험했던 내담자는 맥락으로서의 자기감이 매우 불안정한 그런 극단적인 외상 왜곡에 몰두할 수도 있기 때문에 효과가 덜 할 수도 있다. 전형적으로 심각한 학대 내력을 가진 내담자는 더욱 심각한 형태의 정서적 회피(예: 해리장애, 자기 손상)를 보이는 경향이 있다. 그렇지만 우리는 당신이 체스판 은유(Chessboard Metaphor)(예: 외상은 체스판의 말이다; Hayes et al., 1999, pp. 190-192) 혹은 앞서 논의한 잡동사니로 가득 찬 상자 은유를 사용하여 동일한 개념을 다룰 수 있음을 밝혔다. 궁극적으로 내담자의 자기는 여전히 상자이고, 외상과 기타 사건은 단지 상자 속의 잡동사니다.

만일 내담자가 관찰자 연습에서 관찰자를 발견할 수 있다면, 이것은 그가 자신의 과거 생각이나 기억보다는 현재에 초점을 맞추도록 연습하는 효과적인 방식일 것이다. 대부분의 마음챙김 연습과 마찬가지로 내담자가 '관찰하는 자기'에 접촉하도록 하는 것에 초점을 둔다. 우리는 전형적으로 내담자를 이완시킨 다음 그가 판단이나 평가에 마음을 쏟는 일 없이 즉각적인 환경, 생각, 기억 및 신체 감각의 특질에 주목하도록 내담자에게 지시한다. 우리는 보통 어떤 유형의 마음챙김 연습을 매일 하도록 내담자에게 교육하고, 특히 외상 관련 자극에 의해 고통을 받을 때 그렇게 하게 한다.

기꺼이 경험하기와 수용

PTSD를 겪는 내담자에게 기꺼이 경험하기와 수용 작업은 기능적으로 노출 치료의 한 형태다. 치료의 이 단계에서 목표는 다양한 정서적 장애물을 유발하는 경향이 있는 행동에 내담자를 참여시키고, 정서적 회피 대신에 수용을 실천하게 하는 것이다. 궁극적으로 기꺼이 경험하기와 수용은 내담자가 가치 행동에 참여하려고 시도할 때 필요하다. 내적 경험을 알아차리고 고통스러운 생각과 감정을 회피하려고 시도하는 대신 그것들을 향해 나아가는 연습을 하도록 내담자를 격려한다. 예를 들어, 우리는 내담자에게 외상과 관련된 자극 때문에 위협을 느꼈을 수도 있는 상황에 대해 말해 보게 한다. 동시에 우리는 내담자에게 자신이 경험하고 있는 생각과 감정, 특히 정서적으로 회피하는 반응을 이끌 수도 있는 '정신적 재잘거림'을 특히 주목하라고 가르친다. 결국 우리는 내담자에게 같은 방식으로 실제 외상에 대해 말해 보라고 할 것이다. 만일 우리가 어떤 기본적인 외상 관련 자극에 직면하는 것이 어렵다면 우리는 내담자에게 외상과 연합된 장소(예: 레스토랑이나 은행)에 물리적으로 노출시키거나 외상 사건과 연합된 활동에 참여하게 한다(예: 자동차 사고 생존자에게 운전을 시키는 것).

물체화(Physicalizing) 연습과 깡통 괴물(Tin Can Monster) 연습(Hayes et al., 1999, pp. 170-172) 같은 일부 전통적인 기꺼이 경험하기 연습은 덜 직접적이거나 외상 특수적인 노출 작업을 해 볼 기회를 제공한다. 이것은 내담자가 더욱더 직접적인 노출 연습으로 많은 고통을 경험한다면, 혹은 우리가 단순히 일반적으로 노출 작업을 소개하기 위해 연습을 사용한다면 도움이 될 수 있다. 가장 중요한 기꺼이 경험하기 중재 중 하나는 눈 맞춤(Eye contact) 연습이다(Hayes et al., 1999, pp. 244-245). 우리가 이것을 좋아하는 이유는 그것이 거의 항상 신뢰와 안전성 쟁점을 위한 '견인력'이며, 이러한 쟁점은 대부분의 환자에게 있어서 PTSD의 핵심이다. 이 연습은 사적인 공간에 대한 침입이기 때문에 당신은 이 연습에 대한 내담자의 반응을 잘 인식하고 있어야 한다. 당신은 이 연습을 분명하고 철저히 설명해야 하며, 그다음 내담자의 허락을 얻어 계속해야 한다. 우리는 내담자에게 이 연습을 하도록 요구하지 않는다. 만일 우리가 이 연습을 기술한 후에 그것에 대한 불편함이 남는다면, 우리는 또 다른 유형의 기꺼이 경험하기 중재로 넘어갈 것이다. 이 연습을 할 때 우리는 평상시보다 내담자와 좀 더 멀리 앉는 경향이 있고, 내담자와 닿지 않도록 주의한다.

우리는 외상 생존자들이 타인을 신뢰하고 안전함을 느끼는 자동적인 반응을 더 잘 자각하게 하는 방법으로 이 연습을 사용한다. 이 요소는 연습을 하는 동안 반드시 나타나며, 우리는 종종 내담자가 신뢰와 안전 유형 내용으로 행했던 것에 초점을 둔 연습을 보고받게 될 것이다. 어떤 면에서 이것은 내담자가 관계, 가족 활동 혹은 사회적 관계 영역에서 가치 있는 행동 과정에 전념하는 경우 부딪히게 될 완벽한 은유다.

이전에 경고했듯이 이 모든 활동은 내담자가 가치 있는 인생 목표를 향해 나아가는 데 도움이 되어야 한다. 만일 내담자가 기꺼이 경험하기 연습과 연관된 부정적인 심리적 내용의 일부를 기꺼이 경험한다면, 자신의 가치와 일치하여 행동하도록 내담자를 도와주는 것으로 틀을 짜야 한다.

임상적 고려 사항

외상에 대한 ACT 접근과 보다 전통적인 CBT 및 노출에 기반을 둔 접근 간의 철학적 구분을 고려하면, 중요한 임상적 쟁점은 성공을 어떻게 정의하느냐다. 성공은 PTSD 증상의 감소 혹은 제거인가? 아니면 외상 생존자들이 기꺼이 증상을 가지고서 가치 있는 삶의 방향으로 나아가는 정도가 성공의 측정치인가?

우리가 치료에 대한 반응을 평가할 때 측정하기로 선택한 요인은 경험적 회피의 측정치에서의 변화 그리고 가치 있는 행동의 패턴에서의 변화, 이 두 가지다. 다른 진단 영역에서의 ACT와 마찬가지로 우리는 치료 전반에 걸쳐 경험적 회피의 감소를 보고 싶어 한다. 게다가 내담자는 자신이 선택한 가치와 일치하여 일관되게 행동하는 최종 목표와 함께 새로운 방식으로 행동하기 시작해야 한다.

PTSD 증상의 측정치는 치료 동안의 변화를 평가하는 데 도움이 될 수도 있지만 우리는 증상 심각도 점수의 꾸준한 감소를 기대하지 않는다. 내담자에게 자신의 경험을 더 많이 개방하라고 요구할 때 내담자는 시간이 지남에 따라 더 많은 외상 관련 증상이 존재함을 보고한다. 이러한 이유로 PTSD 측정치에는 증상의 영향력에 대한 측정치(예: "이것이 당신을 얼마나 많이 괴롭힙니까?")와 내담자의 기능하는 능력에 대한 측정치(예: "특정한 증상을 지니고 있을 때조차 당신이 가치를 두고 있는 것을 할 수 있습니까?")가 포함되어야 한다. 일부 면담은 내담자에게 증상이 미치는 영향을 묻지만, 내담자가 그것들을 얼마나 쉽게 마음 밖으로 밀어내는지, 그 밖의 다른 것에 대해 생각하는지 등을 질문함으로써 증상이 미치는 영향을 물어본다. 이러한 측정치들은 ACT 철학에 대한 반박 논문이 하는 방식으로 성공을 정의하고 있다. 그러므로 이러한 요인들은 PTSD 증상 그 자체의 치료에서 성공을 계량할 때 고려되어야 한다.

요 약

ACT는 여러 이유로 PTSD 치료의 잠재성을 보여 준다. 첫째, ACT는 정서적 및 행동적 회피와 외상 후유증의 일부인 관련 문제를 상세히 다룬다. 둘째, ACT는 내담자가 자신의 삶을 향상시키고, 과거 내력에 의해 유발된 고통스러운 삶을 살기보다 과거 내력과 함께 가치 있는 방향으로 움직이도록 도와준다. 마지막으로, ACT 치료 과정은 내담자에게 불필요한 고통 없이 치료에 자신을 노출시키는 연습에 참여하기에 충분한 이유(가치의 형태로)뿐만 아니라 안전한 맥락을 제공한다. 비록 이 전집에서 치료 성과 연구와 해체 연구가 많이 필요함에도 불구하고 철학과 기술로서의 ACT는 기존의 치료 접근과 함께 전도가 유망하다.

제7장

물질 남용 및 의존과 수용전념치료

Kelly G. Wilson, Michelle R. Byrd

약물 의존과 남용이 전염병이 되기에 이르렀다. 2002년 약물 사용 및 건강 국가 조사(National Survey on Drug Use and Health: NSDUH)는 12세 이상 미국인의 9.4%, 즉 2,200만 명이 물질 의존 또는 남용에 대한 진단 기준을 충족시켰다고 추정하였다. 약물과 알코올중독에 대한 개인 및 사회적 비용이 휘청거리고 있다. 정부, 사용자 및 가족들이 지불하는 알코올 및 약물 남용에 대한 전체 간접 비용은 어림잡아 연간 2,457억 달러로 추정된다[국립약물사용연구소(National Institute on Drug Abuse)/국립알코올 남용 및 알코올중독 연구소(National Institute on Alcohol Abuse and Alcoholism), 1992]. 이러한 비용에는 중독 치료, 건강 관리 지출, 노동 능력 장애로 인한 노동 생산성 상실과 소득 상실이 포함된다.

2002년 동안 대략 350만 명이 (상호 배타적이지 않은) 다양한 장면에서 물질 문제로 치료를 받았다(NSDUH). 대다수(200만)는 익명의 알코올중독자들(AA)과 익명의 마약중독자들(NA)과 같은 자조 집단에서 치료를 받았다. 거의 50만 명이 응급실 치료를 받았고 25만 명은 감금되어 치료를 받았다. 물질 남용 문제의 엄청난 유병률에도 치료를 필요로 하는 사람 중 단지 10%만이 이러한 서비스를 받는다. 이 통계에서 중요한 점은 약물 남용자들이 먼저 치료를 구하도록 동기화시키는 중재 모형과 그러한 사람들이 치료를 계속 받을 더 나은 방법을 개발해야 한다는 것이다. 일부 치료 장벽이 경제적인 면과 시스템에 관한 한 화학적 의존 치료 모형에 기저하는 특성이 장애물로 기능할 수도 있다. 여기에는 내담자가 존경과 품위를 지키는 상태에서 치료받는 범위, 치료가 내담자 가치에 민감한 범위 그리고 치료가 내담자를 기존의 지역사회 자원과 연결해 주는 범위가 포함된다.

경험적인 회피가 중독의 발달과 치료 시작의 방해물 역할을 한다는 것을 시사하는 경험적 연구가 존재한다. 예를 들어, 기분, 인지 및 물질 사용의 무선 표집을 사용한 연구는 술에 취하는 것이 부정적인 사적 사건에 의해 자극되고 그것들을 조절하기 위해 사용되는 경향이 있으며(Armeli, Tennen, Todd, Carney, Mohr, Affleck, & Hromi, 2003), AAQ로 측정된 수용 수준이 물질 남용과 관련됨(Forsyth, Parker, & Finlay, 2003)을 보여 준다.

물질 남용이 경험적 회피에 의해 유발되고 삶을 마비시키는 중독의 결과와 혼합될 수도 있다는 가능성은 수용전념치료(Acceptance and Commitment Therapy: ACT)가 이 전집을 대상으로 하여 잠재적으로 효과적인 치료가 될 수 있음을 시사한다. 사실상 ACT가 물질 사용과 남용에 대한 효과적인 치료임을 시사하는 작지만 증가하는 경험적 문헌이 존재한다. 최근의 무선 할당된 통제 시도에서는 ACT가 복합 물질을 남용하는 아편 의존 환자에게서 약물 사용을 감소시키는 것을 보여 주었고(객관적인 평가와 자기 보고 모두에서), 6개월 추적 조사에서 메타돈 유지만 하는 것보다 유의미하게 더 효과적이었다(Hayes, Wilson, Gifford, Bissett, Piasecki, Batten, Byrd, & Gregg, in press). 이 연구에서 내담자들은 대부분 실직이나 불완전 고용으로 상당히 어려운 상태에 있었다. 피험자들의 52%가 DSM 축 2 장애 기준에 부합되었는데, 기분장애 40%, 불안장애 42%였다. 평균적으로 이 연구의 내담자들은 화학적 의존 치료 체제 이전에는 줄곧 6.5였다. 이 연구는 상대적으로 심각한 물질 남용 내담자들을 대상으로 ACT 가치에 대한 예비적인 지지를 제공한다. 연속선의 다른 끝에서 일 년의 추적 조사 말미에 흡연을 중단하는 데 니코틴 대체 치료보다 ACT가 유의미하게 더 효과적인 것으로 밝혀졌다(Gifford, Kohlenberg, Hayes, Antonuccio, Piasecki, Rasmussen-Hall, & Palm, in press). 더욱이 ACT는 12단계 접근법(Wilson, Hayes, & Byrd, 2000), 동기 면담(Budney et al., 1997; Miller, 1996) 및 재발 방지 · 유해 감소 모형(Carroll Rounsaville, Nich, & Gordon, 1994; Marlatt & Gordon, 1985)과 공통점을 공유하고 있기 때문에 물질 남용 치료의 임상 환경과 잘 맞는다.

사례 개념화

물질 남용의 내적 작동을 근본적인 경험적 회피로 이해하는 것은 임상가인 당신이 효과적인 ACT 치료 접근을 공식화하는 데 많은 도움을 줄 것이다. 비록 다음의 ACT 사례 개념화 모형이 만성적이고 심하고 중다 문제 중독에 초점을 두고 있음에도 이와 같은 원리는 다른 경미한 형태의 중독에 잘 들어맞도록 수정될 수 있다. 만성적인 물질 남용자와 함께 초기 평가를 실시하는 경우에는 다음 영역에서 정보를 수집해야만 한다.

- 회피 레퍼토리
  - 물질 관여 형태—특히 시간에 따라서 그리고 다른 상황에서 물질 남용 패턴의 전환
  - 물질 관여 이외의 회피 행동 패턴
- 회피 사건
  - 경험적 회피 전략을 촉진시키는 맥락
  - 물질 남용을 촉발하는 맥락에서 특정한 생각, 정서, 기억, 신체 상태 및 행동 소질과의 융합 정도
  - 물질 남용이 원치 않는 사적 사건을 조절하거나 제거하는 데 하는 역할
- 이러한 경험적 회피 전략들의 즉각적인 강화 효과 혹은 물질 남용이 원치 않는 사적 사건을 제거하거나 통제하는 데 '효과가 있다'고 내담자가 믿는 정도
- 인생 방향을 자유롭게 선택할 수 있다는 가정하에 다양한 영역에서 이루어지는 내담자의 가치 있는 인생 방향
- 내담자의 가치 있는 인생 방향에 반하여 측정하게 되는 경우 주요 전략으로서 물질 남용의 실효성. 물질 남용은 이러한 인생 방향의 구체화에 기여하는가 아니면 주의를 딴 데로 돌리거나 심지어 가치와 일치하는 행동을 억누르는가?
- 내담자가 무언가를 다르게 하려고 애쓰는 것을 정당화할 수도 있는 '관심'의 근원으로 가치 있는 인생 방향과 현재의 현실 간의 '불일치'를 바라보는 정도

예를 들면, 복합 물질 남용과 주요 우울증의 오랜 과거력이 있는 서른 살 남성이

두 번째 결혼의 파경으로 불행에 빠져 치료를 시작하였다. 그는 십대부터 자살 생각을 동반한 지속적인 우울증이 있었다고 보고하였다. 그의 자살성은 최근의 관계 단절과 같은 삶의 위기 동안에 가속화되었다.

내담자는 남용한 물질, 투여 방법 및 사용 농도에서 변화가 있었음을 보고하였다. 처음 사용할 때는 물질의 정적인 강화 효과를 위해 혼합하여 사용한 것으로 드러난 반면 사용이 잦아지자 사회적 불편감을 관리하는 것, 약물을 사용하는 동질 집단에서 소속감을 증진시키는 것 그리고 물질을 소유하고 공유함으로써 '중요한 인물'이 되는 것을 포함한 경험적 회피와 연합되는 것으로 보였다. 때때로 사용 패턴의 전환은 더욱더 효과적인 약물의 발견이나 코카인을 코로 흡입하는 것에서 정맥에 주입하는 것으로의 전환 같은 상이한 투여 방식을 포함하였다. 사례 개념화의 이 단계는 삶을 파괴하는 문제가 드러났는데도 내담자가 긍정적인 자기와 관련된 결과와 연합된 혼합 물질 남용을 매우 오랫동안 해 왔음을 시사하였다. 게다가 물질 남용은 그가 부정적인 사적 내용을 관리해 왔던 주된 방식이었음이 드러났다.

물질 관여는 실제로 삶의 모든 영역에서 문제를 일으켰다. 예를 들어, 비신뢰성은 그를 변변치 않은 직업에 머물게 하였고, 부모, 배우자 및 딸(치료 당시 여덟 살)과의 관계에서 중대한 문제를 일으켰다. 이러한 사례에서 흔히 나타나는 것처럼 한 영역에서의 어려움은 다른 영역에 부정적인 효과를 미쳤다. 집에서의 문제는 업무를 파괴시켰다. 직장에서의 문제는 집에서 훨씬 더 많은 문제를 불러일으켰다. 성인 발달에서 이 모든 실패는 해가 되었다. 물질 관여는 시간이 지남에 따라 제공하는 것이 점점 더 적어지고 회피하는 것이 점점 더 많아지는 세상에서 기댈 만한 유일한 안도감의 원천이 되었다.

단기적으로 약물 사용은 점점 늘어 가는 고통스러운 세상과의 접촉을 줄이는 것과 기능적으로 관련이 있다. 그렇지만 장기간에 걸쳐 이 내담자는 자신이 가장 깊이 관심을 가졌던 것에서 점점 더 멀어져 가고 있는 자신을 발견하였다. 이러한 불일치와의 경험적인 접촉 또한 물질 남용의 '촉발인'이었다. 예를 들어, 이 내담자의 핵심 가치는 여덟 살 딸과의 관계였다. 그의 비신뢰성은 전 부인이 그의 접촉을 최소화하게 만들었다. 그와 같은 비신뢰성은 딸이 그와 시간을 보내는 것을 꺼리게 하였다. 그는 전화할 때마다 혹은 전화하는 것을 고려할 때조차 자기혐오, 자신의 과거 행동에 대한 부정적인 평가 그리고 가능한 경우에도 그 관계를 유지할 수 없으리라는 확신으로 가득 찼다.

만성적인 물질 남용자들은 자신의 물질 관여를 넘어선 문제들을 갖고 있다. 그들은 중대한 삶의 기술 결함을 남겨 준 매우 역기능적인 가정환경 출신인 경우가 흔하다. 사례 개념화의 핵심 부분은 대인 관계 효율성(즉, 사회 기술, 갈등 해결 기술, 주장 기술), 개인 문제 해결 및 개인 목표 설정과 같은 영역에서 이러한 결함의 정도를 결정하는 것이다. 심각한 기술 결함이 존재하는 경우에도 인지적 융합과 경험적 회피가 그런 결함과 상호작용하는지 여부, 그리고 상호작용한다면 어떻게 하는지를 결정하는 것이 중요하다. 예를 들어, 만일 물질 남용자가 사회 기술이 부족하다면 수치심, 무능력 및 무희망감을 생산하면서 사회적 상호작용에서 실패할 가능성이 있다. 물질 남용자가 물질 남용의 세계에 빠져 상호작용을 그만둘 때 사회적 행동을 조형할 기회는 점점 더 줄어든다. 이것은 점점 더 사회적인 실패와 고립을 낳을 수 있는 악순환을 만든다.

마찬가지로 많은 물질 남용자가 불안과 우울증 같은 다른 부정적인 정서 상태를 통제하거나 제거하기 위해 물질 사용에 몰두한다. ACT 관점에서 보면 융합과 정서적 회피가 이러한 심리적 갈등에서 하는 기본 역할은 유사한 것으로 여겨진다. 그것들은 '한 패거리'다. 그러므로 공병장애를 지닌 물질 남용자에 대한 ACT 치료는 상당히 간단하다. 사실상 ACT 치료 프로그램에 근거한 어떤 공동체는 특히 물질 남용과 기타 문제(예: 외상, 우울증) 둘 다를 표적으로 삼는다.

수용전념치료 중재 전략

치료 계약 세우기

중독으로 치료를 시작하는 사람을 둘러싼 강제적인 사건은 흔하다. 가장 극단적인 경우 내담자들은 감금의 위협에서 치료 명령을 받는다. 이러한 극단적인 경우에서도 굳건한 치료 계약은 가능하다. 계약을 세우는 데 필요한 전부는 작업을 품위 있게 할 수 있는 치료자와 내담자 간의 공유된 가치다. 내담자 스스로 결정을 하는 능력이 시작점이 될 수 있다. 다음 예시는 이러한 매우 중요한 쟁점에 접근하는 한 가지 방법이다.

치료자: 저는 당신이 법원의 명령으로 치료받으러 왔다는 것을 알고 있습니다. 저는 당신을 알지는 못하지만 어떤 것을 하라고 명령받는 것을 그다지 좋아하지 않을 것 같습니다. 그래서 저는 당신이 여기에 있는 것에 대하여 어떤 부정적인 생각을 가지고 있을 거라고 예상하고 있다는 것을 알아주길 바랍니다.

내담자: 아니요. 저는 정말로 치료를 원한다고 판사에게 말씀드렸어요. 취하는 것은 많은 문제를 일으켰어요.

치료자: 좋아요. 취해서 당신 인생이 앞으로 나아가지 못하는 것이 분명하다면 저는 당신을 돕고 싶습니다. 그렇지만 저는 당신이 우리가 매우 중요한 작업을 함께할 수 있음을 아주 명확히 하길 바랍니다. 당신이 이곳에 와야만 한다는 생각을 싫어할 때조차도 말이죠. 실제로 당신이 화가 난다면 혹은 여기에 있는 것에 대해 복잡한 감정을 느낀다면, 그것을 솔직하게 말할 때 제가 당신에게 가장 도움이 될 것입니다. 저는 지금 여기에서 당신에게 두 가지 약속을 하고자 합니다. 첫째, 당신이 여기에 있는 것이 화가 난다고 말한다면 당신이 치료에서 못되게 행동했다고 보고하지 않을 것입니다. 사실상 저는 우리가 잘하고 있다고 말할 것입니다. 그것은 당신이 무엇에 관심을 기울이고 있는지, 당신이 인생에서 무엇을 원하는지 그리고 치료는 무엇에 관한 것인지에 대하여 당신과 제가 말할 수 있음을 의미하기 때문입니다. 또한 저는 지금 여기에서 당신이 치료를 받아야만 한다거나 심지어 약물 사용은 나쁜 것이고 끊어야만 함을 확신시키기 위해 노력하지 않을 것임을 약속합니다. 저는 당신에게 그런 것을 말하는 것을 제 직무로 여기지 않습니다. 제가 당신 입장이라면 저는 분명히 치료를 받을 거라고 생각합니다. 제가 생각하는 것이 어떤 가능한 차이를 만들 수 있을까요? 그것은 당신 인생이지 제 인생은 아닙니다. 우리가 취하는 것은 당신의 방향이지 제 방향은 아닐 것입니다. 판사가 당신 인생에서 무엇을 하라고 말한 첫 번째 사람은 아닐 것이라고 저는 확신합니다. 만일 그것이 효과가 있을 것이라면, 진작에 효과가 있었을 것입니다. 대신에 이 치료는 당신의 가장 깊은 욕구에 대한 것이 될 것입니다. 저는 제가 지금 말하고 있는 것을 당신이 반드시 믿으리라고 기대하지 않습니다. 제가 기대하는 것은 이 치료의 방향 감각이 당신 자신의 경험을 밖으로 떠올리는 것과 제가 당신에게 도움이 될지 여부 또한 생각으로서가 아니라 당신 인생에서 앞으로 나아가는 것에 대한 직접적인 경험에서 드러나게 되는 것입니다.

이 글에서 보여 주듯이 통상적으로 이러한 ACT '메시지'를 즉시 치료 과정에 넣는 것은 좋은 생각이다. 치료에 대한 부정적인 생각은 적이 아니다. 약물 사용에 대한 양가감정은 적이 아니다. 생각과 감정은 알아차리는 것이 중요하지 치료의 특징을 결정하는 것이 아니다. 대신에 치료는 가치, 전념 그리고 실효성에 대한 내담자의 직접적인 경험에 호소하는 것에 관한 것이다. 내담자는 치료의 이 시점에서는 이러한 구성 요소들을 인지하지 못하지만, ACT 철학은 초기 상호작용에서 촉진된다.

치료 시작 단계에서 발생할 수 있는 문제

치료 계약을 형성하려는 당신의 시도를 좌절시킬 수 있는 어려움이 많을 수도 있다. 일부 물질 남용자는 과도하게 순종적일 수도 있다. 앞 글은 순종이 다루어지는 일부 방식을 예시한다. 당신은 그것을 공격하거나 꼬리표를 붙여서는 안 된다. 단순히 그것을 한쪽으로 놓고 당신 앞에 있는 사람에게 직접적으로 전념하라. 또한 내담자들은 일종의 언짢은 이탈을 표현할 수도 있다. 순종에서와 마찬가지로 그러한 표현을 한쪽으로 두고 계약을 맺어라. 이러한 표현 둘 다는 일반적인 상호작용에서 구실이나 철수의 강제적인 효과에 기초한 관계의 해체를 이끄는 기능적인 레퍼토리로 가정된다. 어느 사건에서나 '그 행위'에 참여하는 것은 그 행위로 하여금 치료에 참석한 실제 인간 존재와 그 치료에 진정으로 참여하는 것 사이의 분열을 낳는다.

언짢고 독선적이고 화가 난 내담자는 방어하지 않은 채 분노와 논쟁하지 않으면서 다음과 같이 완전히 유사한 방식으로 다룬다.

내담자: 내가 여기 있어야만 하는 것은 아주 미친 짓입니다.

치료자: 그래요. 저도 무엇을 하라는 말을 듣는 것을 좋아한다고 말할 수 없습니다. 아마도 그것이 바로 제가 이 직업을 택한 이유일 수도 있지요. 적어도 제가 이 방 안에 있는 동안 저는 제 자신의 우두머리입니다. 저는 저를 만나러 오게 되는 것을 싫어합니다. 그래도 어떤 점은 분명히 합시다. 저는 여기에서 당신을 위해 일하고 있습니다. 당신이 치료를 그만두지 않는 한 저는 끊임없이 확고하게 당신을 위해 일할 것입니다. 우리는 치료의 목표로 동의할 수 있는 적어도 한 가지는 발견할 수 있을 것임을 의심하지 않습니다. 지금 당장 당신은 여기에 있어야만 하든지 아니면 감옥에 갈 것입니다. 저는 무엇을 하라는 말을 듣는 것을 좋

> 아하지 않으며, 누군가가 무엇을 하라는 말을 듣는 것도 좋아하지 않고, 제 세계에서 커다란 성과는 치료가 당신을 치료가 선택이라는 입장으로 인도해 줄 수 있다는 것입니다. 저는 당신이 저를 믿기를 기대하지 않습니다. 결국 저는 당신을 붙잡아 두고 있는 기계의 일부분입니다. 그럼에도 지금 여기에서 저는 제가 당신을 위해 일하고 있고, 당신이 나를 그만두게 하는 유일한 방법은 자리를 떠나 돌아오지 않는 것이라고 단언합니다. 저는 당신에게 저를 믿으라고 요구하지 않습니다. 이것은 당신이 믿고 안 믿고에 관한 것이 아닙니다. 제가 말하고 있는 것이 제가 하고 있는 것입니다. 저를 지켜보세요. 여기 제가 있는 쪽의 당신에게 자신의 경험을 말하게 하세요. 당신에게 이렇게 요청합니다. 바로 여기에서 스위치를 가졌다고 상상하세요. 만일 당신이 이 스위치를 누른다면 치료에 참석하는 것은 완전히 당신의 선택일 겁니다. **스위치는 당신을 치료에 참석시키거나 배제하지 않습니다. 그것은 온전히 당신의 선택입니다.** 당신은 스위치를 누르시겠습니까? 만일 제가 말하고자 하는 바를 정확하게 말하였고, 당신을 위해 이런 식으로 작업하는 것이 당신이 여기에 참석하는 것을 선택으로 여기도록 할 수 있다면, 당신은 가치 있는 어떤 일을 하시겠습니까?

여기에 깔려 있는 가정은 순종적이건 도전적이건 이러한 레퍼토리가 효과가 없었다는 것이다. 치료자인 당신이 과도하게 순종적인 행동을 강화하거나 언짢은 도전에 직면하려고 시도한다면, 당신은 법적인 치료 집단과 같은 식으로 반응하기 쉬우며, 아마도 동일한 빈약한 결과를 보게 될 것이다. ACT에서 효과가 있는 가정은 심지어 가장 만성적으로 물질을 남용하는 내담자라 할지라도 가치를 지닐 수 있고 선택을 할 수 있다는 점이다. 치료를 성공하려면 물질 남용자가 '참석'하고, 가치 있는 인생 방향을 확인하고 선택을 해야만 한다. 실효성에 대한 완전한 신뢰는 가치 있는 인생 성과의 개념과 연결되어 있다. 만일 당신이 만성적인 물질 남용자는 '망가져서' 가치에 접촉하고 선택을 하는 것이 불가능하다고 믿는다면, 그러한 메시지는 당신의 치료적 상호작용에 시사하는 바가 있을 것이다.

창조적인 무희망감과 중독

일단 치료 계약을 세웠다면, 다음 과제는 창조적 무희망감을 촉진하기 시작하는 것이다. 장기간의 중독은 종종 실직, 가족과 함께한 시간의 상실, 친구 상실, 기회 상실과 같은 상실의 흐름을 의미한다. 상실은 그 자체로 고통스럽고, 자신이 적극적으로 그러한 상실에 참여했다는 생각에 두 배로 고통스럽다. 이 과정의 첫 번째 단계는 내담자의 물질 관여 패턴과 접촉하는 것이다. 〈표 7-1〉과 〈표 7-2〉에서 제시된 종합적인 물질 관여 워크시트(Comprehensive Substance Involvement Worksheet: CSIW)는 이 과정의 촉진을 도와줄 것이다.

표 7-1 CSIW: Part I

당신의 약물 사용(알코올 포함) 내력을 기록하시오. 워크시트에 나이, 사용한 약물 종류, 사용 빈도(주당 회수, 월간 회수) 및 사용 방법(피우기, 먹기, 주사 등)을 적으시오. 다음 물질에 대한 부문을 포함하시오.

- 알코올
- 마리화나
- 환각제(LSD, 버섯, 페이요트 선인장 등)
- 진정제(자낙스, 바륨, 바르비투르산염 등)
- 흥분제(스피드, 코카인, 엑스터시, 에페드린 등)
- 흡입제(아교, 가솔린, 팜 등)
- 아편(헤로인, 비코딘, 코데인, 옥시콘틴, 페코틴 등)

물질의 양이 소량이라 하더라도 기분을 변경하는 물질을 사용한 최초의 시기를 기억하는 것으로 시작하시오. 이 작업을 노력을 아끼지 않고 철저히 하는 것이 중요합니다. 다음 형식을 사용하시오.

흥분제

나이	양/빈도	사용 방법
12~15세	암페타민 2~3정/6~8회×매년	경구
16세	약간의 코카인 흡입/약 4번×그 해	코로 흡입
17세	코카인 약 1/4g/약 3~6회×매주	코로 흡입/일부는 피움
	⋮	

이것은 시간이 많이 걸리는 어려운 과제처럼 보일 수도 있습니다. 그렇지만 실제로 할 수 있습니다. 물질 하나를 골라서 처음 사용했을 때부터 현재까지 작업하십시오. 시간을 투자하세요. 만일

어떤 물질이나 시기에 대하여 기억해 낼 수 없다면, 또 다른 물질로 바꾸어 잠시 동안 그것에 대해 작업하십시오. 때로 또 다른 영역에서 작업하는 것이 문제가 되는 물질에 대하여 더 많은 것을 기억하는 데 도움이 될 것입니다. 만일 끝내 특정 물질이나 시기를 기억해 낼 수 없다면, 최대한으로 추정을 하십시오. 이 과제를 철저히 하는 것이 치료 효과에 중대한 영향을 미칠 것입니다.

표 7-2 CSIW: Part II

이 부문은 워크시트 I을 완성한 후 작성해야 합니다. 목록화된 영역의 각 물질을 사용하는 것과 연관되어 당신의 인생에서 일어난 어떤 문제나 변화를 기록하시오. 아무런 결과도 없었다면, 없다고 적으시오. 그렇지만 우리는 미치는 결과가 아무리 적더라도 목록으로 작성하기를 권합니다. 예를 들어, 직장에서 해고되지는 않았지만 술에 취한 채 일하러 갔고, 그 결과 업무에 차질을 빚었을 수도 있습니다. 이러한 요구는 다른 사람들이 알아차린 업무 차질에 관한 것이 아닙니다. 중요한 것은 당신이 스스로를 덜 효과적으로 보는지 여부입니다. 각 부문에 번호를 붙여서 열 개 분야를 가능한 한 많이 서로와 구분되게 하십시오. 우리가 여기에서 찾고자 하는 것은 물질 사용으로 인한 대가입니다. 물질 사용(혹은 약물 구하기) 결과 당신의 개인적인 가치에 위배되는 일(숨기기, 합리화하기, 비밀로 하기, 위반하기 등)을 한 장소에 특히 주의를 기울이십시오. 각 영역에서 일어난 특정 사건을 기술하시오.

- 친밀한 관계(아내/ 남편/ 여자 친구/ 남자 친구)
- 가족(원가족과 자녀 포함)
- 친구(물질을 사용하는 친구들로 바꾸기, 고립, 약물 사용에 대한 갈등)
- 교육 · 훈련(시작에 실패, 불충분한 수행, 학교/훈련 프로그램 중단)
- 직업 · 고용(실직, 만성적인 실업)
- 법적인 문제(모든 체포와 그 결과-유죄 판결이건 아니건 간에 구속, 보호관찰, 집행유예: 벌금, 숨어서 살기 포함)
- 신체 · 건강 문제
- 위험한/위험 추구 행동에 참여하기
- 여가 활동
- 영성 · 종교적 수행
- 치료의 이점 취하기

CSIW의 목적은 평가 정보를 제공하고 대부분의 중독자가 흔히 회피하는 문제가 되는 물질 사용 내력과의 심리적 접촉을 증가시키는 것이다. 사용의 대가와 접촉하는 일 없이 분명해지는 방법은 없다. 본질적으로 CSIW 연습은 내담자를 위한 노출

치료의 한 형태로 기능한다. 불안에 대한 노출에서와 마찬가지로 당신은 내담자의 각성 수준과 회기의 내용을 심리적으로 '확인하기' 위한 전략(명백하면서도 미묘한)에 민감할 필요가 있다(ACT와 노출에 대한 더 많은 사항은 제5장 참조). 목표는 내담자의 실제적인 경험과 좀 더 개방적이고 융통성 있는 접촉을 촉진하고 유지하는 것이다.

CSIW-I은 전형적으로 숙제로 주어지고, 그다음 회기에서 검토되고 정교화되며, 단순히 내담자에게는 물질 관여의 패턴을 상세히 기술하도록 요구한다. 항목표는 각 물질의 유형에 따라 독립적으로 작업하게 되며, 양, 빈도, 투여 방식 및 이러한 특징의 패턴에서의 전환을 상술한다.

물질 사용 내력을 개관하는 것은 세부 사항을 하나하나 끌어내는 식으로 수행해야 하지만 치료자의 입장에서 판단이나 해석하는 일 없이 이루어져야 한다. 당신은 결론을 끌어내는 일 없이(예: "그래서 1979년 마리화나 흡연을 줄이려는 그러한 시도는 실제로는 성공하지 못했군요.") 이 이야기들에 나타난 뉘앙스, 애매함 및 역설을 이해하려고 시도해야 한다. 치료의 이 단계에서 이러한 결론은 아마도 순종이나 방어를 유발할 것이며, 어느 것도 도움이 되지 않을 것이다. 차라리 치료자인 당신은 적극적인 호기심을 지닌 자세를 취해야 한다. "그래서 당신은 1979년 일시적으로 마리화나의 사용을 줄인 것으로 보이는 군요. 그러한 변화의 시기에 무슨 일이 일어났나요? 당신이 줄이려고 결정했던 이유를 기억할 수 있습니까? 당신이 줄이는 것을 원하지 않은 이유를 기억할 수 있습니까?" 사용 패턴이 변화했던 시기를 특별히 주목하라. 이는 종종 경험적 회피에 새로운 노력을 기울이는 것이나 경험적 회피를 다른 행동 전략으로 대체하려는 시도를 나타내기 때문이다.

일단 CSIW-I이 완성되면(물질 사용 내력의 범위와 내담자 나이에 따라 한 회기 이상 소요될 수도 있음) CSIW-II를 숙제로 내고 다음 회기에 검토한다. CSIW-II는 알코올이나 약물 사용과 연합된 대가를 가정생활이나 직장에서와 같이 특정한 기능 영역에 대하여 광범위하게 정의하고 목록화할 것을 요구한다. 이러한 분석에 포함되는 대가로는 경제적 비용, 기회비용 및 관계에 대한 비용이 있을 것이다. 작거나 경미한 정도(예: 숙취를 느낌, 직장에 5분 늦게 도착함)부터 심각한 정도(예: 물질을 사용하지 않는 사람들과 친구 관계를 단절함, 자신이 돌봐야 할 누군가를 다치게 함, 과다 복용)에 이르는 결과를 상세히 설명하도록 내담자에게 요구한다. 내담자가 광범위한 범주로 대가를 적지 않게 하라. 대신에 당신과 내담자가 대가를 접할 수 있는 특정 사건을 유발하라. 만일 내담자가 가족을 위험에 몰아넣었다고 적는다면, 특정한 예를 들어 보게 하라. CSIW는 평가이지만 노출이기도 하다. 내담자가 중독된 상태로 차에 딸을 태워 운전했던 특정한 예는 타인을 위험에 빠뜨렸다는 일반적인 지식보다 지금과 나중에 더 나은 도움을 제공할 것이다.

이러한 종합적인 연습을 보고할 때 물질 남용자들은 종종 자신이 살아오면서 얼마나 오래/얼마나 많은 물질을 사용해 왔었는지에 대해 놀라움을 표현할 것이다. 치료자는 이러한 유형의 논평에 대해 신중하고 비판단적이며 존경하는 접근을 취해야만 한다. 내담자들은 보통 그들이 경험해 온 대가와 접하는 것에 대한 고통을 관리하려고 시도한다. 이 과정을 표현하는 한 방법은 '영원히 끊을 것을 맹세하는 것'일 수도 있다. 만일 중독자들이 잠깐 동안이라도 물질 사용을 그만둔다고 확신할 수 있다면, 개인의 과거력과 접촉하는 것에 대한 정서적인 고통이 잠깐은 줄어들 것이다. 그것은 약물 사용을 악마화하는 데 중독자를 끌어들이는 것일 수 있지만 이것은 반복적으로 중독자와 다른 사람들에 의해 시도되는 것 같다. 개방적이고 탈융합되고 수용하는 자세가 보통 더욱더 효과적이다. 두 번째 전략은 최소화하고 합리화하는 것으로, 혹은 그 밖의 모든 것이 실패하면 절망에 빠뜨리거나 재발하는 것으로 그것을 완전히 회피하는 것일 것이다. 당신의 업무는 내담자가 이러한 반응에 기저하는 것과 접촉할 만큼 충분히 오랫동안 과제에 머물게 하고, 이것을 치료 그 자체에서 진행시키는 것이다.

잘 진행되었을 때 CSIW I과 II의 조합은 내담자들에게 강한 정서적 반응을 불러일으키고 물질 사용의 비실효성(종종 물질 관여의 선행 및 결과 둘 다에서)과 접촉하게 해 준다. 이것은 '창조적 무희망감' 단계의 핵심이다. 즉, 무슨 일이 일어나고 있는지에 대한 실효성에 직면하기, 쉬운 해결책이 고갈되었음을 인정하기 그리고 실질적인 변화의 가능성에 마음을 열어둠으로써 그 경험의 타당성과 결합하기다.

종합적인 물질 관여 워크시트에는 무슨 문제가 있는가

일부 임상적 도전이 제시될 수 있는 이 연습을 하는 동안 떠오를 수 있는 몇 가지 행동 패턴이 있다. 가장 흔한 것은 전통적인 융합 형태로 나타나는 절망감과 무희망감이지만 분노 역시 나타날 수 있다. 이러한 모습들은 내담자가 회기에 오지 않거나 중독된 채 회기에 나타나거나 혹은 재발을 이끌 수도 있다. 이 작업은 고통스럽다.

만일 내담자가 고통은 요점이 없다는 생각과 융합되어 있다면, 스스로를 방어할 것이다. 만일 내담자가 분노 혹은 무희망감의 회기에서 재발한다면, 그것으로 놀라서는 안 된다.

치료자: 어렵죠, 그렇죠? 살펴보는 것이 힘들지요. 그것과 함께 머무는 것도 어렵고요.

내담자: 저는 이전에 살펴본 적이 있어요. 아무런 차이도 없었죠. 요점이 뭡니까?

치료자: 이전에 살펴보았을 때 무엇을 보셨습니까? 문제를 보았나요?

내담자: 이봐요. 저는 상황이 바뀌기를 원해요. 저는 상황이 변하기 전에 저 스스로 확신했습니다. 하지만 항상, 항상 저는 제가 출발했던 곳으로 다시 돌아오는 것으로 끝났죠. 그냥 한 바퀴 더 도는 것뿐이었어요. 그 길을 벗어나는 최선의 방법은 어느 누구도 이 길에 들어서지 않도록 노력하는 것이죠.

치료자: 한쪽에는 당신에게 친숙한 것들, 그러니까 희망하기, 바라기, 스스로를 믿도록 노력하기가 있군요. 다른 한쪽에는 쿵 하고 쓰러져 움직이지 않기, 포기하기, 물질 사용으로 도망치기가 있고요. 그것들 속에서 삶은 어떠했습니까? 그것들 중 어느 쪽입니까? 이 작업이 뭔가 다른 것이라면 어떠시겠습니까? 노력하고 그만두고 노력하고 그만두고, 희망하고 포기하고 희망하고 포기하고, 또 그렇게 하고 또 그렇게 하고를 벗어난 어떤 것 말입니다.

내담자: 예를 들면?

치료자: 때때로 아무것도 존재하지 않는 곳에서 얻는 것이 도움이 될 수 있습니다. 심지어 당신이 그것이 어디에 있는지 모를 때조차도 말이죠. 때때로 당신은 마치 산 채로 묻혔다고 느낍니까? 그것은 마치 당신 자신의 역사가 당신의 적인 듯하고, 매일 그것은 조금씩 더 커지는 듯하며, 조금씩 더 당신을 짓누르는 듯합니다. 당신이 희망을 갖는 시간이 많을수록 희망이 있는 바로 그곳에서 다음에 무엇이 올지 당신은 압니다. 바로 희망, 붕괴, 희망, 붕괴지요. 이것이 계속해서 되돌아오는 이유가 당신을 위해 그곳에 무엇인가가 있기 때문이라면 어떨까요? 쓰레기 한가운데에서 놀라운 가치를 지닌 무엇인가가 있다면 어떨까요? 그러한 모든 고통의 한가운데에서 당신의 인생을 변화시킬 수 있는 무언가가 존재하는 것이 사실이라면 어떨까요? 여기 우리의 작업에서 어떤 일이 일어나서 당신의 고통을 특별한 자산으로 변화시킬 수 있다면 어떨까요?

내담자: 저도 전에는 희망이 있었습니다.

치료자: 저는 일종의 유쾌한 '긍정적인 생각을 가져라.' 태도에 대하여 말하는 것이 아닙니다. 저는 당신에게 어떤 것을 생각하거나 희망하거나 믿으라고 말하는 것이 아닙니다. 당신은 그렇게 하려고 해 왔지요. 당신은 압니다. 이것은 당신이 믿고 있는 것에 대한 것이 아닙니다. 마치 제가 산타나 되듯이 산타를 믿으라는 것이 아니에요. 제가 거짓말투성이임을 믿으라는 것이 아니에요. 그것은 어느 것을 믿으라는 것이 아니에요. 정말로 제 말은—당신이 믿는 것을 행하는 것이 당신을 여기에 오게 했어요—저와 함께 치료에 열중해 보자는 것입니다. 저는 모든 어리석은 것을 믿어 왔습니다. 그래서 뭐 어떻습니까? 제가 요구하는 모든 것은 당신 고통의 중심에 특별한 가치가 있는 어떤 것이 존재하는 것이 가능한지 여부입니다. 당신은 그것이 믿을 만한지 진실인지 혹은 있음직한지를 생각하지 말고 단지 그것이 가능한지 여부를 생각하세요.

내담자: 물론 그것은 가능하죠. 하지만 저는 그렇게 생각하지 않아요.

치료자: 물론 당신은 그렇게 생각하지 않습니다. 왜 그래야만 하지요? 그러나 이것은 나와 당신의 생각 사이의 일이 아닙니다. 이것은 인간으로서의 당신과 나 사이의 일입니다. 빌어먹을. 저도 때로는 그것을 믿지 않습니다. 그래서 뭐가 어떻다는 겁니까? 하지만 제가 할 것이 여기에 있고, 제가 당신에게 하라고 요구할 것은 바로 그것을 믿지 말고 그것을 가정하라는 것입니다. 저기에 있는 저 문처럼 말이지요. 만일 우리가 방을 나가고 싶은데 방문이 잠겨 있다고 가정한다면 우리는 그냥 여기에 앉아 있을 겁니다. 만일 방문이 잠겨 있지 않다고 가정한다면 우리는 손잡이를 돌리러 가겠지요. 우리는 나중에도 항상 여기에 앉아 있을 수 있습니다—손잡이를 돌리러 갑시다. 만일 치료가 믿음으로 계속된다면—당신 것이든 제 것이든—우리는 엉망진창이 될 겁니다. 때로 제게 안 좋은 날이 있습니다. 저는 제가 어떤 것이나 할 수 있다고 믿지 않습니다. 그것들을 좋아하지 않고 그것들을 원하지 않지만 그것들은 나타납니다. 만일 우리가 제가 믿고 있는 것을 보고도 그냥 지나친다면 어떤 날은 제가 그냥 들어와서 모든 제 내담자에게 그냥 집으로 돌아가라고 할 것입니다—희망은 존재하지 않아요. 믿음이란 왔다가 가는 것이며, 우리는 그것을 선택할 수 없는 것 같습니다. 이제 가정으로 돌아옵시다. 가정이란 냉정한 거예요. 우리는 우리의 가정을 선택할 수 있습니다. 그것이 우리의 믿음과 불일치할 때도 말이죠. 만일 당신이 정말로, 정말로 문이 잠겨 있다고 믿는다면, 당신은 그것이 잠겨 있지 않다고 가정하고 손잡

> 이를 돌리러 갈 수 있습니까? 어디 봅시다. 손잡이를 돌리러 갑시다. 모든 고통의 한가운데에서 가치 있는 무언가를 찾는 한 왜 안 되겠습니까. 당신은 그 밖의 모든 곳에서 찾았습니다. 당신은 가방 속에서 병 속에서 희망 속에서 그리고 절망 속에서 찾았습니까? 제기랄, 제가 틀렸다면 저는 치료의 말미에 당신에게 비참함을 돌려드릴 것을 약속합니다.

이 삽화에서 증명되듯이 자신을 비난하는 것과 무희망감을 유발하는 평가와의 융합을 공격하는 것과 내담자에게 종종 나타나는 심각한 개인적 고통에 '여지를 만들어' 주는 것이 매우 중요하다. 믿음의 효과는 상당히 떨어진다. 더욱이 내담자의 믿음을 왜곡된 것으로 여기며 도전하는 인지치료와는 달리 이 접근법은 가볍게 (치료자의 믿음을 포함하여) 모든 믿음을 붙잡아 두기 위한 것이다.

가치: 과정 설정하기

만성적인 약물 중독자에게 깨끗하고 맑은 정신으로 숨을 쉬는 것은 매우 고통스러울 수 있다. 약물 사용을 그만두는 것은 개인이 통제하지 못하는 사건의 결과로 얻어지는 고통(예: 아동으로서 성적 학대를 겪는 것)과 중독의 결과로 일어나는 고통(예: 결혼 실패, 양육 관계의 상실)을 포함하여 종종 약물 남용자가 일상생활에서 겪는 고통과 충분히 접촉하는 것을 배척하는 베일을 걷는 것의 일부가 될 수 있다. 심각한 물질 남용자의 과거력에서 흔히 보게 되는 정서적 상처의 정도를 상상하는 일은 어렵다. 그들에게 '맑고 술에 취하지 않은' 상태를 요구하는 것은 정말이지 이런 파멸과 직접 접촉하라고 요구하는 것과 같다. 버팀목이 이러한 부정적인 내용에 대한 자발적인 노출이 정당하고 목적 지향적이고 인생을 촉진하는 행동을 하게 할 만큼 충분히 높지 않다면, 이러한 전환을 이루어 낼 내담자는 거의 없다. 이 점에서 가장 강력한 동기를 부여하는 힘은 내담자의 가치다. 원판 ACT 가치 프로토콜(Hayes et al., 1999, pp. 222-228)은 심각한 물질 남용자가 그러한 고통의 한가운데에서 수용 통로라고 그럴듯하게 부를 그러한 목적의식을 접하게 해 주기 위해 개발되었다.

우리는 다음의 열 가지 영역, 즉 ① 가족(양육과 친밀한 관계와는 다름), ② 결혼/커플/친밀한 관계, ③ 양육, ④ 우정, ⑤ 직업, ⑥ 교육, ⑦ 여가 활동, ⑧ 영성, ⑨ 시민의식, ⑩ 신체적 돌봄에서 가치를 평가한다(Wilson & Murrell, in press). 양육 가치가 종종 내담자에게 특히 중요하고 별도로 평가할 만하기 때문에 가족 관계를 양육과 기타 가족 관계로 구분하여 ACT 교재에 포함된 원래의 목록을 확장하고 있다. 우리는 가치 평가를 위해 사용될 수 있는 가치 있는 인생 질문지(Valued Living Questionnaire)(Wilson & Groom, 2002)도 개발하였다.

ACT 관점에서 보면 가치란 상이한 인생 영역에서 하게 되는 맹세의 역동적으로 지속하는 패턴과 같은 것이 아니다. 가장 비판적으로 보면 가치는 행동을 조직하고 특정한 방향감을 제공하는 기능을 한다. 첫 번째 ACT 교재에서 논의한 바와 같이 가치는 인생 목표와 구분되어야 한다. 목표는 가치의 구현이 될 수도 있는 성취 가능한 성과이지만(즉, 결혼은 건강한 친밀한 관계를 추구하는 가치의 추구에서 하나의 성취 가능한 성과가 될 수도 있다), 이상적으로 보면 가치는 결코 도달할 수 없는 인생 과정을 제공한다. 가령 결혼은 목표가 될 것이다. 그렇지만 가치는 풍요롭고 사랑하는 친밀한 관계를 가지는 것이 될 수 있다. 관계가 얼마나 긍정적인지에 상관없이 친밀성을 창조하기 위해 할 수 있는 일은 항상 더 많이 존재한다.

효과적인 인생 방향 의식은 자신이 어떻게 느끼는지와 무엇을 생각하는지에 따라 인생을 살아감으로써 어려움에 처한 내담자와 강력한 협력자다. 삶을 영위하기 위해 당신이 어떻게 느끼고 무엇을 생각하는지에 대한 문제는 그러한 생각과 감정이 놀라울 정도로 순간적일 수 있다는 점이다. 때때로 모든 부모는 아이를 갖는 것이 얼마나 좋은 생각인지 여부에 대하여 열심히 생각한다. 대조적으로 개인적 가치는 대단히 안정적이다. 내담자들은 시간이 흐름에 따라 가치 있는 영역을 포기해 왔을 수도 있지만 전형적으로 기저하는 방향 감각은 포기되지 않았다. 앞에서 소개한 남성 물질 남용자에게서 얻은 다음 대화 기록을 고려해 보자. 여기에서 치료자는 내담자와 그의 아홉 살 딸과의 관계에 대하여 물어보고 있다.

치료자: 당신이 Olivia에게 전화한지 얼마나 지났습니까?

내담자: 두어 달 되었어요.

치료자: 몇 달이라. (잠시 멈춤) 오랜 시간이군요. 저는 그녀가 당신에게 무엇을 의미하는지 알고 있습니다. 틀림없이 고통스럽겠군요.

내담자: 당신도 알다시피 저는 이렇게 오래 기다리지 않을 것이라고 저 자신과 약속했어요. 저는 그냥 사라져야만 해요. 딸은 나로부터 이것을 충분히 겪었어요. 저는 전화를 한 다음 바로 사라집니다. 애 엄마인 Sue는 내가 방문할 계획을 세웠을

때 딸에게 말하는 것조차 막았어요. 저는 계속 술에 취했고 며칠 늦게 나타나곤 했죠. Olivia는 제가 나타나길 기다리며 현관에 앉아 있을 거라고 그녀는 제게 말했어요. "아빠는 언제 여기에 오실까?" 그녀는 제가 어지럽힌 것들을 치우느라 지쳤어요.

치료자: 예. 그 어린 여자아이가 현관에 앉아서 아빠를 기다리는 것에 대해서 생각하는 것만으로도 아주 슬픕니다.

내담자: 일단 술에서 깨어 맑은 정신이 되면 바뀔 거라고 생각했어요. 저는 술에 취하진 않지만 여전히 무가치해요. Sue가 옳아요. Olivia는 내가 없는 편이 더 나을 거예요.

치료자: 딸의 사진을 가지고 있나요? (내담자가 머리를 흔든다.) 아니요. Tim, 잠깐 눈을 감아 보세요. (매우 천천히 신중하게 말하면서) 자, 저는 당신이 딸이 살고 있는 그 집을 마음속에 그려 보길 원합니다. (오랫동안 멈춤) 그 현관에 딸이 앉아 있는 것을 당신 스스로 보세요. 딸이 무엇을 입고 있는지 스스로 알아차려 보세요. (오랫동안 멈춤) Tim, 딸의 머리카락을 주목하세요. (오랫동안 멈춤) Tim, 딸이 아빠를 기다릴 때의 얼굴 표정을 주목하세요. (오랫동안 멈춤) 좋아요, Tim. 이제 눈을 뜨고 저를 바라보세요. 당신이 지금 당장 어떤 기분이 드는지 알아차리세요.

내담자: 아픔이 느껴져요. 저는 이것이 싫어요. 제가 Sue에게 말할 때마다 이런 식으로 느껴요. 그녀는 저를 혼쭐내고 그러면 저는 화가 나요. 하지만 그게 당연하다는 것을 알고 있죠. 제가 Olivia를 생각할 때마다 이런 기분이 들어요. 그녀는 이럴 필요가 없는데 말이죠.

치료자: 예. 그러나 Tim, 이것을 당신에게 물어볼게요. 제가 당신에게 선택을 할 수 있다고 한다면 어떨까요? 저는 당신에게 이러한 선택을 제공할 수 있다고 말하는 것이 아니에요. 저는 그럴 수 없어요. 하지만 저는 당신이 걱정하는 것을 분명히 할 수 있도록 선택을 표현하길 바랍니다. 제가 당신에게 당신의 나머지 인생 동안 또다시 당신이 지금 당장 느끼고 있는 방식을 결코 느끼지 못할 가능성을 제공한다면 어떻겠습니까? 그래도 지불할 가격이 있습니다. 그 가격은 바로 당신이 딸과 연결된 모든 것입니다. 당신은 오늘을 거부하며 결코 뒤돌아보지 않습니다. 딸은 영원히 그 현관에 앉아서 기다립니다. 다른 한편으로 저는 상이한 선택을 가지고 있습니다. 아빠가 나타납니다. 그는 마침내 거기에 도착합니다. 정

말로 거기에 있는 것 말입니다. 그녀는 아빠가 뚱뚱하든 말랐든 상태가 어떻든 상관없이 자신이 믿는 어떤 사람이라고 알고 있듯이 그는 그녀를 사랑할 것이고 그녀를 위해 거기에 있을 것입니다. 그러나 또다시 지불할 가격이 있습니다. 당신의 딸 인생에 당신이 발을 들여놓은 것은 어떨까요? 풍요롭고 의미 있게 말이죠. 그 현관에서는 물론 졸업식장에서, 딸이 결혼할 때, 당신의 첫 손자가 태어났을 때요. 제 말은 거기에 있는 것입니다. 그러나 그러한 일이 일어나기 위해서 당신은 당신이 느끼는 것을 느껴야만 하고 점점 더, 열 배는 더 느껴야 합니다. 딸의 아빠가 되는 것이 가능하다는 느낌이요. Tim, 당신은 어느 것을 선택하시겠습니까?

내담자: 저는 선택을 좋아하지 않습니다.

치료자: 물론 아니죠. 그러나 이것이 선택이라면 당신은 무엇을 선택하겠습니까?

내담자: 저는 그렇게 할 수 있다고 생각하지 않아요.

치료자: 저는 당신이 생각하는 것에 관심이 없어요, Tim. 알아서 뭐합니까? 저 또한 제가 생각하는 것에 관심이 없어요. 저는 당신이 가치를 두고 있는 것에 관심이 있어요. 당신의 삶에서 일어날 일에 관심이 있습니다. 저에게도 마찬가지입니다. 저는 제가 생각하는 어떤 것 때문에 이 작업을 여기에서 하는 게 아니에요. 저는 제가 가치를 두고 있는 어떤 것 때문에 여기 있는 겁니다. 물론 당신은 그렇게 생각하지 않지요. 저는 당신이 그렇게 생각하고 있는지 여부를 묻고 있는 게 아닙니다. 저는 당신이 무엇을 선택할 것인지 묻고 있어요. 당신이 Tim을 선택할 수 있는 세상에서 당신은 어느 것을 선택하시렵니까?

내담자: 저는 Olivia를 선택할 겁니다.

치료자: 예. 좋아요. Tim, 여기 거래가 있습니다. 이 치료가 Olivia와 풍요롭고 의미 있는 관계를 가능하게 해 줄 수 있다면 어떨까요? 확신할 순 없어요. 저는 미래를 모릅니다. 그러나 가능하죠. 이것이 그것을 가능하게 할 수 있다면 어떨까요? 치료가 당신이 비석에 써 넣고 싶은 무언가에 관한 것이 되도록 해 봅시다. 만일 당신의 비석에 "그는 인생을 약물을 사용하지 않는 데 헌신했다." 또는 "그는 나쁜 감정을 갖지 않는 데 인생을 헌신했다." 또는 "그는 딸의 아버지가 되는 일에 인생을 헌신했다."라고 쓸 수 있다면 어느 것을 택하겠습니까? Og Lindsley라는 이름을 가졌고 관습적으로는 Tim이라 부르는 한 남자가 있습니다. Og는 사람들과 작업하는 것에 대하여 격언이 하나 있었습니다. 죽은 자가

더 잘할 수 있는 목표는 결코 선택하지 않았어요. 그래서 '약물을 사용하지 않는 것' 혹은 '나쁜 감정을 갖지 않는 것'과 같은 어떤 것—죽은 사람은 그렇게 할 수 있죠—을 사실상 완전히 실현합니다. 죽은 자는 결코 취하지 않고, 결코 나쁜 감정을 갖지 않지요. 하지만 죽은 자는 아빠는 될 수 없습니다. 말도 안 되지요. 당신은 아빠가 될 수 있습니까? 아마도? 아마도? 당신은 그렇게 생각하지 않는 군요. 하지만 당신은 어떤 것을 생각해 봤다가 나중에 그것이 틀렸다는 것을 발견한 적이 있나요? 산타가 있었다는 걸 정말로 믿은 적이 있나요? 우리는 어떻게 이것이 밝혀지게 될지 확신할 수는 없지만 이 치료가 무엇에 대한 것인지는 결정할 수 있습니다. Olivia는 당신이 시간을 들여 투자할 가치가 있습니까? 당신의 고통을 투자할 가치는 있습니까? 당신은 어느 것을 선택하겠습니까?

내담자: 저는 Olivia를 선택합니다.

치료자: 그래요. 저는 우리가 여기에서 계약을 한다고 생각합니다. 여기가 바로 제가 당신에게 약속할 수 있는 것입니다. 만일 우리가 이것을 한다면, 정말로 이것을 한다면 고통이 따를 것입니다. 제 말은 해독과 같은 고통이 소풍처럼 보일 것임을 의미합니다. 하지만 이것 또한 약속합시다. 우리의 고통은 당신이 가치를 두는 어떤 것을 행할 때뿐입니다. 당신이 이야기하는 어떤 것은 당신에게 고통을 줄 것입니다. 마지막 한 가지가 있습니다. 저는 이 작업을 해 나가는 동안 당신과 함께 거기에 있을 것임을 약속합니다. Tim, 제 말 이해할 수 있습니까? 이것이 제게 중요하다는 것을 알고 있습니까? 저는 Tim, 당신의 길을 택하지 않았어요. 하지만 삶을 위해 모습을 드러내는 것이 힘들다는 것을 알고 있습니다. 이것이 당신에게 얼마나 중요한지 그리고 제가 당신의 행동을 위해 작업하는 데 전념하는 일이 얼마나 중요한지 알고 있습니다.

이 삽화에서 치료자의 초점은 치료자와 내담자 모두의 활동에 영감을 주고 방향을 제시해 줄 수 있는 어떤 가치를 발견하는 것이다. 이 회기에서 세운 치료 계약이 치료의 방향을 결정한다. 그것은 동기를 제공한다. Tim의 세계에서 그리고 우리의 세계에서 Olivia는 약물을 끊는 것보다 더 큰 상이다.

이 방향은 확실히 겪게 되는 고통을 고상하게 보이도록 한다. Tim의 가치는 생각이나 감정보다 훨씬 더 안정적인 나침반을 제공하는 것 같다. 그가 딸을 위해서 항상 있어 주겠노라고 생각한 때(예: 딸의 생일)가 있었다. 그가 누군가에게 어떤 일을 하는 것도 가치가 없다는 것을 확실하게 해 준 다른 때(예: 아내가 이사했을 때)도 있었다. 대조적으로 그의 양육에 대한 가치는 같은 기간에 안정적이었다.

가치 평가에서 나타나는 문제점은 무엇인가? 평가와 중재에 기초하여 가치를 수행할 때 직면하게 되는 잠재적인 임상적 도전이 많다. 다행히 대부분의 이러한 함정은 수용과 탈융합을 사용하고 내담자 반응의 궁극적인 실효성으로 되돌아갈 기회를 준다. 가치 작업에서 떠오르는 공통적인 문제로 실질적이거나 지각된 사회적 관습에 순종하기(ACT 교재에서 잘 다루어지고 있으므로 여기서는 반복하지 않음), 가치에 대한 혼란, 정서적 회피로 가치를 전환하기 그리고 핵심 분야에서 가치의 부재를 들 수 있다.

가치에 대한 혼란과 가치 전환은 종종 정서적 통제 및 회피와 기능적으로 관련된다. 만일 우리가 특정 영역에서 자신의 가치와 혼란을 겪고 있다면, 게으름을 피우는 것이 현명하고 상대적으로 안전한 선택일 것이다. 또한 혼란은 '옳고 그름'에 대한 평가와 융합되어 생긴다. 이러한 유형의 평가와 이유 대기는 전통적인 ACT 탈융합과 경험적 연습을 사용하는 것을 표적으로 삼아야 한다. 가치 전환하기는 또 다른 상당히 보편적인 반응이며, 임상적 문제 혹은 긍정적인 사건을 나타낼 수도 있다. 당신과 내담자는 특정한 상태에 있는 가치를 가지고 작업할 수도 있고, 그 가치가 더 큰 가치와 연결되어 있음을 발견할 수도 있다. 이것은 치료 계약을 확대시킬 절호의 임상적 기회다. 그래서 딸과 더욱더 귀중한 관계를 맺는다는 가치는 사람들과의 연결이라는 더 큰 가치와 연결될 수 있었다. 그다음 내담자의 딸과의 관계가 더 큰 전념 행동 패턴의 일부가 되도록 계약을 확장할 수도 있다. 동일한 행동 형태학 또한 딸과의 관계를 보강하는 것으로 연결될 수 있지만, 치료자로서의 당신은 하나의 가치에서 또 다른 가치로 전환하는 일의 기능적인 결정 요인을 주의 깊게 살펴볼 필요가 있다. 치료가 초점을 잃고 산만한 특질을 보이면서 강한 방향 감각이 부족한 경우 내담자는 종종 가치 초점을 정서적 회피로 전환시킨다.

내담자들은 때때로 자신이 가치를 두고 있는 것이 아무것도 없다고 표현한다. ACT 치료자로서 우리는 내담자가 자신의 경험을 잘못 전하거나 혹은 내담자가 정서적 회피 패턴의 덫에 걸려서 '자동 조종' 상태에 놓여 있는 것으로 가정한다. 증거가 없을 때에도 이 가정은 존재론적이거나 미경험 상태가 아니라 전략적이다. 만일 내담자가 문자 그대로 아무것에도 가치를 두지 않지만 취해 있고 걸리지 않는 것이 사실이라면, 치료에서 우리가 작업할 것은 아무것도 없다. 반대로 개인이 어떤 것에 가치를 두고 있지만 매우 두려워하고 의기소침하고 포기하는 것이 완전히 가능하고, 가치가 알아차림을 밖으로 밀어내는 것도 완전히 가능하다. 내담자가 가치를 지니고 있음을 당연시하는 것과 임상적으로 그 방향으로 진행하는 것은 치료자인 당신에게 만연한 경험적 회피의 패턴을 개방하는 최고의 기회를 준다.

회피되었던 가치를 드러내는 전략에는 시간을 거슬러 올라가 "당신이 어떤 것을, 어떤 것이 되기를, 어떤 것을 하기를 원했던 때가 있었습니까?"라는 질문이 포함된다. 또는 우리는 "당신이 무언가를 걱정했던 세계에서 무슨 일이 있었습니까?"라고 물어볼 수도 있다. 사람들은 약물 중독자가 되기를 원하면서 인생을 시작하지 않는다. 종종 시간을 거슬러 올라가다 보면 우리는 오랫동안 포기했던 희망과 꿈을 발견한다. 내담자는 가능한 것과 불가능한 것에 대한 이야기 속에서 살고 있다. 우리는 절대적으로 그들이 생각하는 것이 가능한지, 그들이 가능하다고 우리가 생각하는 것, 세상이 허용할 것이라고 그들이 생각하는 것 혹은 그들이 생각하는 것이 그들의 과거력이나 인생 여건에서 행할 수 있는지 묻지 않는다. 우리는 (그들이 진정으로 원하는 것이 가능한 세상에서) 그들이 무엇을 원하는지 물어본다. 예를 들어, 여러 차례 노숙자였고 헤로인을 구하기 위해 매춘을 했던 중독자와 가치를 논의하면서 우리는 그녀가 항상 간호사가 되길 꿈꿔 왔다는 것을 알고 매우 놀랐다. 이 내담자가 간호사가 되건 안 되건 간에 봉사와 영성에 기저하는 가치는 살아 있고 확장될 수 있다.

수용과 탈융합

수용과 탈융합에 기반한 중재들은 두렵고 회피했던 자극에 내담자를 노출시키는 상당히 상이한 방법들이다. 그렇지만 ACT는 제거가 아닌 건설적인 방법으로 내담자에게 노출을 사용한다. ACT는 전형적으로 두려운 사적인 내용이 '나타날' 가능성을 줄이는 데 초점을 두지 않는다. 목표는 내담자가 이전에 회피했던 사건들의 존재에 보다 유연한 심리적 반응을 보이도록 하는 것이다. 만일 그런 식으로 이해했다면 ACT는 부분적으로 노출법이거나 심지어 소거(더 많은 반응 유연성을 산출하는 방법으로 분석될 수 있음, Wilson & Murrell, in press)라고 말하는 것이 적절하다. 하지만 이러한 개념들과 제거 목표 간의 역사적인 연관은 매우 강하여 우리는 의미의 분명한 차이에 주의를 기울일 필요가 있다. ACT 관점으로 보면 두려운 대상 그 자체에 접근하는 것은 특별한 장점이 없다. 접근하는 것이 내담자의 가치에 도움이 되는 경우 접근에 대한 자유를 촉진하는 데 장점이 있다. 수용과 탈융합 방법의 표적은 경험적 회피 레퍼토리에 의해 생성된 경직성이다.

중독자들은 경직성을 생성하는 많은 사건을 경험한다. 어떤 것은 선천적이다. 예를 들어, 약물 사용을 그만두는 것은 더 많은 약물 사용에 의해서만 재빨리 제거될 수 있는 감각과 정서(예: 약물 갈망)를 생성할 수도 있다. 그런 내부 수용기 감각에 대한 노출을 구체화하는 방법들은 약물 치료 접근법으로서 이미 몇몇 예비적 지지를 얻고 있다(Pollack, Penava, Bolton, Worthington, Allen, Farach, & Otto, 2002). 다른 종류의 사건들은 '더러운 고통'이 결과이거나 적절하지만 고통스러운 심리적 내용을 일으키는 상황을 회피하려는 시도다. 당신은 종종 CSIW와 가치 평가를 수행할 때 이러한 경직성의 원천을 확인한다(즉, 자신이 내놓은 두려움, 죄책감이나 슬픔 때문에 관계의 회피 혹은 부모의 책임성). 당신은 심리적 경직성의 이러한 원천 모두를 다루기 위해서 수용과 탈융합 중재를 사용할 수 있다. 그것은 '논리'의 문제가 아니라 오히려 수행될 필요가 있는 작업과 중독자가 그것을 하는 동안 재미삼아 올 수 있는 불편감을 합법화할 '어떤 것을 이해하는 것'의 문제다.

앞 중독자의 예에서 Tim이 지갑에 딸 사진을 가지고 있지 않은 것은 우연의 일치가 아니다. Tim이 치료에 딸 사진을 가져와서 그 사진을 앉아서 바라볼 때 그는 Olivia 곁에서 자신의 외상 내력과 심리적인 접촉을 하였다. 그는 전처가 Olivia를 데리고 떠났던 날을 기억하였다. Olivia가 자신이 나빠서 아빠가 가 버렸는지 물었다고 말하는 아내 Sue를 기억하였다. Tim이 이러한 기억과 연합된 고통을 통제하거나 제거할 수 있었던 유일한 방법은 Olivia 및 그녀와 연관된 단서를 회피하는 것이었다. 치료에서 우리는 Tim이 Olivia의 사진, 그녀에게서 온 편지 그리고 Tim이 그녀의 첫 생일을 축하하기 위해 샀던 아기용 컵을 가지고 실제 노출을 수행하였다.

우리는 또한 Tim을 '눈 감기' 연습—그를 특별히 고통스러운 순간으로 시간을 거슬러 되돌리는 것—에 참여시켰다. 그러한 경험적 연습을 수행할 때 당신은 내담자의 반응을 가까이에서 모니터링하는 것이 중요하다. 예를 들어, 당신은 내담자가 신체적으로 경직되는 것을 관찰할 수도 있다. 여기에는 꽉 다문 턱, 긴장한 목소리 특징 혹은 손과 팔의 경직과 같은 관찰 가능한 신호가 포함된다. 이것은 전형적으로 정서적 각성이 일어나고, 정서적 회피에 대한 어떤 소인이 연습에서 그 자체를 드러낸다는 신호다. 각성과 정서적 회피의 물결이 커짐에 따라 당신은 내담자가 현재에 머물게 하고, 원래의 고통과 알아차림 속에서 그 고통에서 도망치려는 욕구 둘 다를 유지하도록 도와줄 필요가 있다. 내담자가 떠오르는 다양한 감정, 생각 및 감각을 '단지 알아차리도록' 도와주어라. 목표는 회피했던 사건과 그러한 심리적 순간의 내 · 외적인 참가자 모두와의 접촉을 최대화시키는 것이다. 그것은 수용과 유연하고 효과적인 반응하기를 구축하는 자극적인 심리적 내용 앞에서 고요함을 유지하는 것을 배우는 것이다.

Tim과 함께한 다음의 경험적 연습은 Olivia의 사진을 바라보는 것으로 시작하고, Tim이 Olivia와 Sue가 집을 나간 날 집에 있는 자신을 시각화하는 심상에 기반한 연습을 끄집어낸다. 다음 장면은 Tim이 아내가 Olivia를 데리고 떠나야만 한다고 말할 때 Olivia를 바라보면서 방 안에 있는 것으로 시작한다. 치료자는 그날의 일에 대해 Tim이 회상한 정확한 단어들을 수집하였다.

치료자: Tim, Olivia 얼굴을 보세요. 그 애의 머리와 그 애가 어떤 옷을 입고 있는지 알아차리세요. Sue가 하는 말을 경청하세요. "Tim, 우리는 가야만 해요. Olivia는 여기서 안전하지 않아요." Olivia의 눈을 들여다보세요. 그 애는 울고 있나요? 그 애와 함께 머무르세요.

내담자: (침묵) 울지 않아요. 그 애는 혼란스러워 보여요. 일종의 멍한 상태입니다.

치료자: Tim, 지금 당장 당신의 손과 팔을 주목하세요. 당신의 팔에 있는 긴장감을 느껴 보세요. 당신의 팔을 훑어보고 가장 두드러진 곳이 어디인지 알아차리세요. 잠시 그 긴장을 내려놓을 수 있는지 살펴보세요. (잠시 멈춤) 그러한 저항을 단지 내려놓을 수 있는지 살펴보세요. 이제 Olivia의 눈으로 되돌아옵니다. 그 애와 함께 그 방 안에 당신 자신을 존재하게 하세요. 당신의 몸 어디에서 그것을 느끼는지 말해 보세요.

내담자: 제 가슴과 목구멍에서요. 답답함이요.

치료자: 알겠어요, Tim. 잠시 동안 그 긴장감에 초점을 두시기 바랍니다. 긴장한 그 부분을 그려 보세요……. 그 부분의 모양이요. 긴장된 부분은 빨간색이고 가장 긴장된 부분은 가장 밝은 색이라고 상상하세요. (잠시 멈춤) 당신이 거기에서 느끼는 긴장감을 자신이 알아차리게 하세요. 긴장은 당신이 상처받게 되리라는 것과 같습니다. 어떤 상처에 자신을 준비시키는 겁니다. (잠깐 멈춤) 이제 그 긴장을 친절하게 내려놓기 바랍니다. (오랫동안 멈춤) 만일 그것이 Olivia에게 도움이 될 수 있다면 스스로를 다치게 할 수 있습니까? 이제 친절하게 Olivia의

얼굴과 눈으로 돌아오세요. Olivia가 느끼는 것을 당신도 느끼게 할 수 있는지 살펴보세요……. 마치 당신이 그 애와 직접적인 연관이 있는 것처럼 말이에요.

이 연습의 취지는 이 매우 슬픈 날에 대한 Tim의 슬픔을 줄여 주는 것이 아님을 명심하라. 그의 슬픔은 딸에 대한 사랑과 꼼짝없이 연결되어 있다. 오히려 치료자는 Tim의 반응에서 유연성을 만들어 내려고 노력한다. 그래서 이러한 슬픔과 기억이 발생할 때 그는 심리적으로 현존하고, 가치 있는 인생 성과를 증진시키기 위해 행할 필요가 있는 것을 하는 유연성을 지닌다. 이런 종류의 수용과 노출 작업을 할 때 당신은 진전이 이루어지고 있는 지표로서 내담자의 자세에서 보이는 수축 혹은 개방성, 표현성, 목소리의 질 등에 대한 경직성 혹은 유연성의 신호를 찾아야만 한다.

Tim은 딸과의 관계를 재정립하였고, 자신의 책임성에 부합하는 데 실패한 많은 세월을 보낸 후 그는 딸이 그와 시간을 보낼 만큼 실제로 충분히 안전함을 느끼기 전에 이러한 기억과 정서 반응의 많은 잔유물에 직면해야만 했다. 만일 이러한 심리적 사건을 접하는 것을 수용할 수 없다면, Olivia에 관한 그의 가치를 추구하는 것은 불가능할 것이다.

실제와 심상 둘 다에 기반을 둔 경험적 연습은 내담자가 직접적인 혐오 조건 형성 경험을 포함한 단서에 응하여 폭과 유연성 모두를 개발하게 도와준다. 부가적인 임상적 문제는 융합 과정이 생각의 세계에서만 일어나는 두려운 사건을 창출한다는 것이다. 예를 들어, 심각한 물질 사용 내담자는 종종 '내가 얼마나 열심히 노력하든지 간에 내가 무엇을 시도하건 간에 아무런 소용이 없을 거야.'와 같은 생각을 할 것이다. 이러한 생각 그 자체는 회피될 것이다. 다양한 탈융합 연습을 사용하는 것은 종종 이러한 생각을 생각으로 내담자가 볼 수 있게 해 주는 데 필요한 첫 번째 단계다. 어떠한 문자적인 미래도 존재하지 않는다. 존재하는 것은 미래에 대한 이야기다.

혼란스러운 생각이 회피를 요할 때 비판단, 열린 마음, 이해 및 수용은 ACT의 핵심 목적인 광범위한 레퍼토리를 나타낸다. 예를 들어, 치료자인 당신은 강한 노출 성분을 포함한 어떤 중재에 앞서 간단한 마음챙김 연습으로 각 회기를 시작할 수 있다. 경험적인 연습이 효력을 발휘하려면 내담자는 심리적으로 현존해야만 하고, 이러한 마음챙김 연습은 내담자가 의식적인 인간 존재로서 현재 순간에 머무는 것을 배우도록 도와준다. 이것은 내담자보다 치료자에게 더 필요하므로 보통 내담자와 함께 연습을 수행하는 것이 가장 좋다. 치료자인 당신이 특히 도전적인 회기에서 내담자의 반응과 접촉하여 머물기를 원한다면, 그 순간에 존재할 필요가 있다. 예를 들어, 이전 삽화에서 치료자의 생각은 내담자의 생각과 같은 방식으로 탈융합된다(예: "저는 당신이 무엇을 생각하는지 혹은 내가 무엇을 생각하는지 개의치 않습니다"). 우유, 우유, 우유(Hayes et al., 1999, pp. 154-156)와 같은 ACT 탈융합 중재는 물질 남용 내용에 쉽게 적용할 수 있다. 예를 들어, 치료자는 "나는 맑은 정신을 유지할 수 없어."와 같은 몸에 밴 혼잣말을 하기도 하고, 내담자와 함께 그 말을 계속해서 반복할 수도 있다. 당신은 내담자가 탈융합에 대한 경험적 이해를 발달시킬 수 있도록 재미있는 변형을 더 많이 사용할 수 있다. 예를 들어, 치료자와 내담자는 2분 동안 그 말을 매우, 매우 느리게 말하고, 그다음 2분 동안 매우, 매우 빨리 말하고, 그다음에는 2분 동안 낮은 목소리로, 그다음에는 2분 동안 가성으로, 그다음 2분은 만화 주인공 목소리로 말해 볼 수 있다. 무능력하다는 생각과의 이런 이상한 상호작용은 무능력하다는 생각에 자신의 힘을 제공하는 사회적인 언어 맥락을 위반한다. 이러한 표면적으로 두려운 단어들을 큰 소리로 말하는 것은 정상적인 사회적 · 언어적 맥락을 위반한다. 반복은 맥락을 위반한다. 목소리 질과 놀이를 하는 것은 맥락을 위반한다. 얼빠짐은 확실히 맥락을 위반한다. 그 연습을 시작하기 전에 당신은 무슨 일을 하게 될지 기술하고, 진행에 대한 동의를 구한다. 다음 삽화는 그런 재미있는 탈융합 중재를 시작하는 방법을 설명하고 있다.

치료자: 좋아요, Tim. 우리는 이제 그 연습을 해 볼 겁니다. 우리는 당신의 부적절감을 택해서 그것과 놀아 보려고 해요. 저는 당신이 무슨 일이 일어나는지 지켜보길 바랍니다. (치료자는 매우 진지해진다.) 잘 들으세요. Tim, 당신은 결코 깨끗하게 털어 버릴 수 없어요. 당신은 완전히 부적절해요. 당신이 언젠가는 적절해지길 희망한다 해도 그렇게 할 수 없다는 것을 당신은 마음 깊이 알고 있어요. 당신이 그것을 느끼게 해 보세요.

치료자인 당신은 직접적인 시선 접촉을 유지해야만 하며, 이러한 말을 할 때는 마치 당신이 그 말을 의미하는 듯이 말해야 한다. 이는 내담자가 부적절감을 드러낼 때 이에 대한 기저선 반응이 될 것이다. 당신 자신의 정서적 · 신체적 · 인지적 반응과 행동적 소인을 주목하라. 당신 둘 다 심리적으로 현존하고 있음을 확신하자마자 그 연습을 시작하라. 연습을 하는 동안 내담자를 지켜보라. 만일 그 연습이 충분한 압박이 된다면, 당신은 혼란스러운 생각에 대해 내담자가 드러내는 반응이 확장되는 것을 보게 될 것이다. 종종 내담자는 신체적으로 이완될 것이다. 웃음은 이상한 일이 아니며, 탈융합이 일어난다는 특히 좋은 신호다. 당신은 집단 장면에서 큰 영향을 미치는 이 중재를 사용할 수도 있는데, 왜냐하면 사회적 · 언어적 맥락을 비트는 것이 집단 수준에서 행해질 때 더 많은 효과가 있기 때문이다. 만일 힘든 내용에 대해 유쾌해지는 것이 문자 그대로의 해석 맥락을 위반한다면, 집단에서 유쾌해지는 것은 두 배가 될 것이다.

당신이 내담자 쪽에서 일어나는 유연한 반응의 가시적인 지표를 볼 때까지 이 연습을 계속해야 한다. 결론을 내린 후, 연습을 시작할 때 나타나는 신체 및 심리적 수축과 연습의 맥락에서 떠오르는 유연성을 대조하여 연습을 보고받는 것은 가치 있는 일이다. 만일 내담자가 고통스러운 재료를 심리적으로 막는다면(즉, 계속하기를 거부하기, 반복적인 생각의 내용에 대해 말하는 것으로 되돌아가기), 어떤 경험적 연습이나 노출 회기에서 하는 것과 같은 친절한 코칭을 할 필요가 있다.

심각하게 중독된 내담자에게 ACT 탈융합 연습은 조형과 단계적 접근이라는 용어로 생각해야 할 필요가 있다. 어떤 조형 절차에서와 마찬가지로 내담자와의 접촉이 친밀할수록 조형 절차에서 너무 빠르게 진행되는 경우가 덜한 것 같다. 치료자는 자세의 변화와 우리가 도전적인 재료를 어김없이 붙잡고 있는지 여부를 우리에게 말해 줄 목소리 질을 지켜보면서, 그러나 동시에 내담자보다 앞서 나가지 않으면서 내담자 행동의 일거수일투족에 상당히 주의를 기울여야 한다. 내담자가 심리적으로 고정된 것처럼 보인다면, 회피했던 내용과 현존하는 것을 정당화하는 가치를 '재계약하는 것'은 그 과정을 해체할 수 있다. 예를 들어, "만일 그것이 당신을 Olivia에게 더 가깝게 다가갈 수 있게 해 준다면 Tim 당신은 앞으로 나아갈 수 있습니까?"라고 내담자에게 물어본다.

전념 행동

모든 ACT 중재는 궁극적으로 전념 행동을 위한 것이다. 전념 행동의 두 가지 변이는 물질 남용에 대해 검토할 가치가 있다. 첫째, 어떤 전념 행동은 다른 전념을 도와주는 전념이 될 것이다. 이러한 두 번째 전념이 작업에서 더욱더 핵심적이다. 예를 들어, Tim은 맑은 정신을 유지하는 것에 전념할 수도 있는데, 맑은 정신을 유지하는 것의 미덕 그 자체 때문만이 아니라 오히려 맑은 정신을 유지하는 것이 다른 전념을 가능하게 해 주기 때문이다. 딸에 대한 Tim의 접근은 기꺼이 맑은 정신을 유지하는 것으로 제한되었다. 더욱 비판적으로 보면 Tim은 직장과 집, 사회적 상황에서 전념하고 이를 유지하는 능력을 방해하는 물질 관여 과거력이 있었다. 전념하는 과정에 대한 기술은 ACT 교재에 포함되어 있으며, 맑은 정신으로 전념하는 내담자를 대상으로 한 필기록이 포함되어 있다(Hayes et al., 1999, p. 243).

Tim과 같은 내담자를 대상으로 할 때 치료자인 당신은 그가 아버지 역할에 책임을 지는 것에 기꺼이 전념할 것인지 물어보고, 만일 그렇게 하겠다고 하면 ACT 교재에 있는 가치, 목표, 행동, 장애물 워크시트(Hayes et al., 1999, p. 227)를 사용한다. Tim은 이러한 가치와 연관된 몇 가지 목표를 확인하였다. Olivia와의 정기적인 접촉이 목표 중 하나였다. 행동에는 열두 장의 우편엽서를 사서 주소를 쓰고 각각의 엽서에 '안녕, Olivia. 오늘은 너만 생각했고, 내가 얼마나 너를 사랑하는지 쓰고 싶었어.'라고 쓰는 것이 포함되었다. Tim은 일주일에 한 장의 카드를 보내는 데 전념하였다. 전념 행동 과제는 그가 카드에 이보다 더 많은 내용을 쓰는 것을 허용하였지만, 어떤 카드는 내용 없이 발송해야만 했다. 전념 행동 연습은 종종 수용과 탈융합 중재를 다룰 수 있는 쟁점을 떠올렸다. 예를 들어, 당신은 Tim에게 회기에 우편엽서를 가져와서 딸에 대한 사랑과 심리적인 접촉을 하게 도와주는 경험적 연습을 수행하게 하였다. 당신은 그와 함께 우체통까지 걸어 가면서 마음챙김 연습을 할 수 있었다. 당신은 우편엽서를 보내는 행위와 관련된 그의 신체 감각, 생각, 기억 및 정서와 현재에 머물면서 큰소리로 기술해 보게 할 수 있었다. 대안적으로 당신은 팀에게 '마음과 함께 산책하기'를 해 보게 할 수 있으며, 거기에서 치료자인 당신은 그의 마음 역할을 하고 그의 실패와 Olivia가 다시는 그에게 관심을 갖지 않을 가능성 등을 강조하는 진부한 진술로 그를 괴롭힌다. '인간'으로서의 Tim의 직무는 엽서를 보내는 전념 행동을 완수하는 동안 당신의 괴롭힘에 귀를 기울이는 것이다. 이와 같은 중재는 당신의 내담자가 크기는 작아 보이지만 회피했던 사적인 자극의 커다란 망을 '유발'하는 데 기여하는 풍성하고 유기적으로 잘 연결된 행동 반응 패턴을 알게 하기 위해 고안되었다. 이런 식으로 당신은 심리적 유연성을 확립하기 위해 전념 행동 과제, 수용 및 탈융합을 상호적으로 사용할 수 있다.

전념 행동에는 어떤 문제가 있는가? 전념하고 전념을 깨는 오랜 역사를 지닌 물질 남용자들은 이러한 치료 구성 요소와 매우 힘든 시간을 보낼 것이다. 두 가지 주요한 임상적 쟁점을 다룰 필요가 있다. 첫째, 치료자인 당신은 전념의 의미에 대해서 분명히 할 필요가 있다. 물질 남용자들은 흔히 전념하는 것을 꺼린다. 그들은 한 번 더 약속했다가 그것을 지키지 못할 것을 두려워한다. 치료자인 당신은 당신이 말하고 있는 전념 유형이 성과 전념이 아님을 설명할 필요가 있다. 실패를 잘 포함하는 것은 시간의 흐름에 따라 가치 있는 전념에 참여하는 것이다. 예를 들어, 약물 사용을 끊는 것에 대한 전념은 중독자가 결코 다시는 약물을 사용하지 않을 것을 의미하지 않는다. 우리는 정말로 그런 것에 전념할 수 없다. 미래(그리고 과거)는 우리의 개인적인 통제에 있지 않기 때문이다. 내담자가 현재 순간에 100% 수준에서 의도적으로 목표를 갖고서 행동하는 것만 할 수 있다. 실패에 직면했을 때 가능한 한 빨리 궤도로 돌아가는 데 전념할 수 있음을 내담자에게 상기시켜라. 맑은 정신으로 머무는 것에 전념하는 일은 내담자가 물질을 사용하지 않을 것이라는 것을 의미하고, 만일 재발하면 내담자는 중단하는 일에 전념할 것임을 의미한다. 몇 번이나 이를 반복해야 하나? 걸리는 시간만큼 반복해야 한다. 흥미 있는 전념은 지금-여기에 있음을 분명히 해야만 한다.

때때로 더욱더 단순한 영역은 ACT 관점에서 비롯된 전념이 의미하는 바를 명료화할 수 있다. 예를 들어, 당신이 아이에게 걷는 것을 가르치고 있다면 당신은 아이가 넘어질 때 일어나도록 도와줄 것이다. 당신은 아이가 넘어지리라는 것을 알면서도 걷는 것을 가르치는 데 전념할 수 있을 것이다. 아이를 가르치는 과정에서 일어나는 것을 얼마나 많이 도와줄 수 있는가? 대답은 걸리는 시간 만큼이다. ACT에서 전념 행동은 시간이 흐름에 따라 가치 있는 방향과 약속하는 것과 동일한 질을 갖는다. 어떤 특정한 시점에서 성과는 전념 행동 그 자체의 질만큼 중요하지 않다.

표 7-3 임상적 쟁점 및 물질 남용 내담자에게 권하는 ACT 중재

임상적 중재	권고된 ACT 반응
치료 명령을 받거나 강요된다.	• 치료에 대한 반감을 효과적인 작업에 대한 장애물로 탈융합하라. • 순종과 반항 둘 다를 탈융합하라. • 가치 중재—치료 계약의 근거로 동의할 수 있는 가치를 찾아라. 예를 들어, 자기 결정, 치료를 치료적 가치로 선택하기
재발과 과실	• 실패에 대한 생각과 감정, 특히 과거의 실패에 대한 생각과 감정 그리고 '영원하고' '궁극적인' 실패에 대한 생각을 탈융합하라.

	• 가치와 재연결하고, 노출과 가치에 대한 탈융합을 연결하라. • 탈융합과 노출 연습에서 가치에 기반한 고통의 생명력을 경험하는 것과 실패에 대한 생각과 감정을 억압하려고 시도하면서 경험했던 고통을 대조해 보는 차별 훈련을 하라.
전념에 대한 두려움(예: 온전하게 살아가기 혹은 다른 가치들에 대하여)	• 대상 혹은 성과로서의 전념과 과정으로서의 전념을 구별하라. 전념은 성과에 대한 것이 아니다. 전념은 과정에 대한 것이다. 본질적으로 전념은 필요한 매 순간에 전념하고 또 재전념하는 것이다. • 믿음과 가정을 구별하라. 믿음은 오고 간다. 그렇지만 우리는 믿음이 차고 이지러지는 그 순간에 우리의 가정을 선택할 수 있다.
내담자는 자신이 어떤 것에도 관심이 없다고 말한다.	• 어떤 것에도 관심을 두지 않는 경험적 연습에 현존하라. 만일 내담자가 관심이 있거나 혹은 관심이 없는 어떤 사람이 되는 것을 선택할 수 있다면, 자신은 무엇을 선택할지 물어보라. 만일 내담자가 '아니요.'를 선택한다면, 가치로서의 자기 결정에 대해 작업하라(앞 참조). • 만일 '예.'를 선택한다면 "만일 이 치료가 가치가 있는 공간을 만들어 낸다면 어떻겠는가?"라고 질문하라.
내담자는 "저는 당신에게 모든 것을 말하지 않았어요. 어떤 것은 너무 나쁜 일이라 말할 수 없어요."라며 자신이 돌이킬 수 없이 나쁘다고 확신한다.	• 공감하라. 치료자는 내담자가 경험하고 있는 고립의 수준과 심리적인 접촉을 해야만 한다. "그 일은 당신에게 너무 고통스럽고 외로운 일임에 틀림없군요." • 내담자와 치료자는 접촉하기 위해 경험적인 연습을 사용해야 하고, 내담자의 알려지고 수용 받고 싶은 인간적 갈망도 탈융합시켜야 한다. • 자신이 수용할 수 있는지를 알기 위해서 말할 수 '있어야만 한다.'를 탈융합하라. • 말을 하거나 말하지 않는 것이 특별한 미덕이 아님을 분명히 하라. 문제는 말하는 것에 의해서 어떤 가치가 도움이 되는가다. • 다음과 같은 질문을 하라. "만일 여기에서 행하는 우리의 작업이 가장 끔찍한 일조차 말할 수 있는 공간을 만들어 낼 수 있다면 어떻겠습니까? 만일 말하는 것이 당신이 가치를 두고 있는 것에서 차이를 만들어 낼 수 있다면 어떻겠습니까?"
돌이킬 수 없는 상실이나 손해가 유발된다(예: 친권의 상실, 음주운전에 따른 과실치사).	• 고통에 심리적으로 현존하기 위해 경험적인 연습을 사용하라. • 연습에서 떠오르는 내용을 탈융합하라. • "여기에서 우리가 하고 있는 것의 일부가 상실이나 손해를 존경하는 방법을 찾는 것이라면 어떨까요?"

	• "만일 상실이 당신이 가치를 부여할 수 있는 활동을 안내할 수 있다면 상실을 존경할 수 있는 심지어 매우 작은 일이라도 어떤 것이 있을까요?" • 상실에 대한 생각을 억압하기 위해 행하는 활력의 결여와는 대조적으로 상실에 대한 가장 작은 존경이라도 포함된 활력에 관한 차별 훈련을 행하라.
내담자가 물질에 취한 채 치료 받으러 온다.	• 중재는 만취의 의미와 만취가 첫 번째인지 아니면 여러 번 일어났던 일 중의 한 번인지에 민감해야 한다. • 만남은 안이한 태도여서는 안 되며, 만취는 최소한으로 주목되어야 한다. 중독자들 곁에 있는 사람들은 만취를 등한시하고 만취에 대한 분노로 내담자를 거부해 왔음을 명심하라. 내담자가 과거에 만취했었던 것과 다른 반응으로 현존하는 순간을 택하라. • 만일 첫 번째라면, 가능한 정도까지 대가에 현존하게 하라. 이것은 철저히 비판단적인 방식으로 행해야만 한다. • 일부 심하게 중독된 사람들을 대상으로 할 때는 중독의 어떤 수준에서 그들을 만나는 것이 우리의 유일한 중재 기회일 수도 있다. • 맑은 정신으로 회기에 올 수 있는 내담자를 대상으로 할 때 치료자는 만남에서 자기 자신의 취약감과 무능감이 존재하는 것을 허용해야 한다. 치료자의 슬픔 그리고 지속적이고 인내심 있는 헌신을 표현한 다음 내담자를 집으로 돌려보내라.
치료자가 내담자에게 미칠 듯이 화가 난다.	• 침묵의 순간을 가져라. 내담자에게 자신의 호흡에 초점을 두도록 요청하라. 치료자는 이 순간을 분노에 마음챙김하고 떠오르는 생각, 이미지, 기억 및 신체 감각을 주목하는 데 사용하라(치료자는 자신의 분노를 탈융합한다). • 치료자는 가치 및 분노에 기저하는 취약성에 접촉하는 시도를 해야만 한다. • 치료자는 발생하는 분노에 주목하고, 내담자에게 자신과 함께 한 사람이 화를 냈던 과거의 경험에 대하여 물어보라. • 치료자는 자신의 끈기 있는 헌신을 이 언쟁에서 분명히 해야 한다.

특별한 임상적 고려 사항

물질 남용자를 치료하는 것은 매우 복잡하고 도전적인 임상 과제다. 과다한 요인이 치료를 복잡하게 할 수도 있다. 그러한 요인들로는 입원 치료 혹은 외래 치료에 대한 결정, 내담자를 해독하는 여부, 회기에서 만취에 반응하기, 공병 조건을 다루기, 12단계 프로그램과 치료 철학을 통합하기, 기술 결함 교정하기, 커플 고통 다루기, 메타돈과 다른 향정신성 약물 치료를 혼합하기 등이 있다. 마치 그 모든 것이 충분하지 않은 것처럼 당신은 이러한 특징들의 거의 무한한 조합을 볼 수 있을 것이다. 게다가 이 문제들에 대한 결정은 종종 거의 종교적인 확신—종종 임상적인 증거를 강요하지 않은 채 혹은 실용주의를 향한 시선으로—으로 이루어진다. 궁극적으로 이러한 많은 쟁점은 경험적인 질문들이다. 치료자인 당신은 증거를 의식하고, 최고의 증거와 일치하는 방식으로 이러한 결정을 다룰 필요가 있다. 이 영역의 일부에서는 아직 결정을 안내할 확실한 과학이 존재하지 않는다. 물질 남용자를 치료하기 위해 ACT를 사용하는 우리의 경험에 근거하여 어떤 권고를 하게 될 분야가 바로 이 분야다. 이러한 권고는 '진실'이 아니라 오히려 효과적이고 효율적이고 수용 가능한 치료 전략을 개발하려는 노력의 현명한 첫 번째 단계처럼 보인다.

입원 환자 치료 장면에 수용전념치료 적용하기

초기의 과학적 결과는 ACT가 물질 남용자를 위한 가망성 있는 외래 환자 치료 모형임을 시사한다. 집중치료 시설에 있건 중간 집에 있건 간에 입원 환자 장면에 ACT를 적용하는 방법에 대해서는 알려진 바가 매우 적다. 그렇지만 ACT를 입원 환자 환경에 통합시키는 것이 치료 성과에 유익한 효과가 있을 수 있음을 가정하는 것은 논리적으로 보인다. 그런 장면에서 훈련된 스태프는 치료 프로그램의 핵심에 ACT 모형을 설정하거나 기존의 치료 프로그램에 ACT 원리를 통합시킬 수 있다. 예를 들어, 가치 있는 방향을 확인하고 그러한 가치를 위해 행동에 전념하는 것에 초점을 둔 중재를 통합하는 것은 물질 남용 치료 집단에서 쉽게 통합될 수 있다. 행동적 문헌은 공적인 전념이 사적인 전념보다 행동에 더 큰 예언 인자임을 시사한다(Hayes, Rosenfarb, Wulfert, Munt, Zettle, & Korn, 1985). 만일 치료가 입원 환자 대상이라면,

전념의 공적인 측면이 강하다. 왜냐하면 그 사람은 집단치료 후에 집에 갈 수 없고 자신이 말했던 것에 대해 잊을 수 없기 때문이다.

해독을 먼저 해야 하는가

역사적으로 많은 치료 시설은 입원에 앞서 단기간의 중단을 요구한다. 완전히 해독된 사람을 치료하는 것은 몇 가지 이점이 있다. 치료는 개인이 신체적으로만 현존하는 것이 아니라 심리적으로 현존할 것을 요구한다. 만취는 현재 순간에 존재하는 것에 대한 실질적인 장애물이 될 수 있다. 게다가 만취한 사람의 등장은 치료에 참여한 다른 사람들에게 위험성을 줄 수도 있다. 그렇지만 사전 해독의 이점에는 대가가 따른다. 해독을 요구하는 것은 가장 심각한 중독 상태에 있는 내담자에게 특히 치료 참석의 장애물로 기능할 수도 있다. 역설적으로 해독을 위한 요구는 더 많은 치료 동기를 지닌 사람들을 선택할 수도 있지만(그리고 치료 작업을 더 쉽게 할 수 있다.), 타고난 환경에서 자연스럽게 발생하는 유관성을 발견할 가능성이 가장 적은 사람을 배제할 수도 있다.

물질과 내담자의 건강 상태에 따라 의료적인 관리를 받은 해독은 필요할 수도 있다. 그렇지만 해독이 의료적 이유를 필요로 하지 않는 경우 힘든 해독 과정을 이겨내는 것은 충동의 밀물과 썰물 그리고 금단 증상과 연합된 불편함(Alan Marlatt는 '충동 파도타기'라고 부름, Marlatt & Gordon, 1985)에 대해 수용과 마음챙김 알아차림을 실천할 많은 기회를 제공할 수 있다. 불편한 해독의 맥락은 '마음'이 제공할 해결책의 실효성을 검토할 기회도 제공한다(즉, 지금 당장 훌륭하게 느끼는 최고의 방법은 사용하는 것이다). 끝으로, 당신이 고통스러운 해독 기간 동안 당신의 요구를 더 낮추려 함에도 그렇게 하는 것은 금단 증상이 참을 수 없다는 생각과 융합하는 것에 기여할 수도 있다. 치료자인 당신이 과감한 전념 행동에 초점을 두는 것을 고려하는 것은 이러한 신체적 · 정신적 불편감이 나타날 때다. 만일 내담자가 맑은 정신으로 머무는 일에 전념하고, "약물을 끊는 것은 나중이 더 좋을 거야."와 같은 생각으로부터의 탈융합을 실천한다면 내담자는 덜 혼란스러운 순간에 맑은 정신으로 머물 훨씬 더 좋은 기회를 갖게 될 것이다. Marlatt의 은유를 확장하여 만일 내담자가 큰 파도를 타는 것을 배울 수 있다면 더 작은 파도가 그를 집어삼키는 일도 줄어들 것이다.

회기에서 만취한 상태 다루기

흥미로운 점은 물질 남용은 내담자를 치료에 데려온 어려움의 증상을 보여 주기 위해 심지어 내담자를 집으로 보내는 것을 고려하는 거의 유일한 영역이라는 것이다. 치료자인 당신은 이 쟁점에 대하여 도덕적인 견해보다는 실용적인 견해를 취할 필요가 있다. 만취한 내담자를 치료하는 것이 당신이 발판을 얻어야만 할 유일한 기회일 때가 있다. 만일 그렇다면 당신이 기회를 잡고, 만취한 채 회기에 나타나는 것이 어떻게 그렇게 많은 영역에서 내담자의 기능을 특징짓는 경험적 회피의 예가 될 수 있는지를 내담자와 함께 작업하기 시작하라고 권한다. 당신은 지금 당장 취해 있는 것이 가치 있는 성과를 촉진하는 데 얼마나 '효과가 있는지'를 내담자에게 기술해 보게 할 수도 있다. 만일 만취 수준이 어떤 수준에서 이런 정보를 처리할 수 없을 정도로 심하다면 유감스럽게도 내담자를 집으로 돌려보낸다. 내담자가 치료에 돌아왔을 때 만취하여 나타나는 것이 내담자에게 어떤 효과가 있는지를 검토해 보는 것이 중요하다. 치료자인 당신은 그런 내담자를 대상으로 할 때 자신의 수용 수준을 모니터해 볼 필요가 있다. 많은 치료자는 '올바르기' 위한 시도로 보복, 강의하기, 직면 혹은 설교를 하여 내담자가 '틀렸다'고 여기는 유혹에 빠진다. 분명히 이러한 역동을 치료 과정에 주입하는 것은 단지 내담자가 여러 해 동안 빠져 있었던 함정을 다시 활성화시킬 뿐이다.

작용제 치료와 항알코올중독제의 역할

우리는 아편에 대한 작용제 치료를 받고 있는 내담자들을 위한 ACT의 부가적인 이점에 대해서 최초의 증거를 갖고 있다(Hayes et al., in press). 여기에서 우리는 메타돈 치료에 대하여 불가지론적 입장을 취한 채 그것의 사용을 개인의 선택 문제로 재구성하도록 치료자들을 훈련시켰다. 만일 내담자들이 스스로 메타돈을 끊기를 원한다면, 우리는 그 곁에서 힘든 작업을 하였다. 만일 그들이 메타돈을 사용하지 않겠다는 선택을 하면, 우리는 그 선택을 한 그들을 지지하였다. 그런 약을 사용하는 것은 궁극적으로 내담자 가치의 문제다. 아마도 메타돈 사용은 경험적 회피 전략으로 기능할 수 있지만, 당신은 경험적 회피가 그 자체로 적이 아님을 항상 기억해야만 한다. 경험적 회피는 실무율 문제가 아니다. 우리 모두는 어떤 형태의 경험적 회피에 관여하고 있으며, 궁극적으로 그것의 영향은 그러한 회피가 가치 있는 삶을 방해하는 정도에 의해서만 판단될 수 있다.

우리는 항알코올중독(antidipsotropic) 약물 치료를 ACT와 조합하여 사용하였다. 예를 들어, 우리는 재판제도와의 치료 동의의 일부로 항알코올중독제를 복용한 알코올중독 내담자를 치료하였다. 우리는 약물 치료 동의를 고수하는 것을 전념 행동의 연습으로 전환하였다. 치료 중인 그 사람은 기혼이었다. 회기에서 그 내담자는 혼인 서약을 했던 그날을 기억해 보라는 요구를 받았다. 우리는 그에게 헌신의 물리적 상징인 결혼 반지를 보라고 요구했다. 그다음 그는 혼인 서약을 했던 마음으로 아내가 보는 앞에서 매일 아침 안티뷰즈(Antibuse)를 복용할 것이라는 약속을 했다. 이 경우 중재의 초점은 가치에 기반을 두고 의도적으로 수행한 행동인 약물 치료를 하는 것과 같이 간단한 어떤 것을 하는 것이었다. 초점은 음주를 그만두는 방식으로 안티뷰즈를 제시하는 것이 아니었다(비록 그것이 그런 효과를 지니고 있다 하더라도). 그것은 관계와 책임감에 대한 전념을 긍정적으로 확인하는 수단이었다.

기타 향정신성 약물 치료의 역할

작용제 치료와 마찬가지로 우리의 권고는 향정신성 약물 치료에 대하여 불가지론적이다. 약물 치료는 이점과 대가를 지니며, 치료자로서 당신이 해야 할 일은 가치 있는 인생을 살아가는 내담자의 능력을 참조하여 이러한 대가와 이점을 검토하는 것이다. 물질 남용자가 받는 특정한 치료를 주시할 필요가 있는데, 왜냐하면 그들은 경험을 다루기 위하여 물질을 매우 자주 사용해 왔기 때문이다. 당신은 경험적 회피를 지지하는 역할을 할 수도 있는 향정신성 약물 치료의 역할을 기꺼이 논의해 보아야 하며, 이러한 전략의 실효성을 내담자에게 평가해 보게 해야 한다. 예를 들어, 약물 치료를 중단하는 내력이 있는 조현병 내담자에게 약물 치료를 유지하는 것은 전념 행동의 한 형태가 될 수도 있다. 다른 경우 약은 잘 행동하기보다는 '좋은' 느낌을 갖는 것이 전부인 증상 통제와 제거 전략을 촉진하고 있을 수도 있다.

12단계 모형과 수용전념치료의 양립 가능성

이전의 몇몇 출판물에서 우리는 ACT와 전통적인 12단계 프로그램 간의 양립 가능성에 대해 수많은 영역에서 지적해 왔다(Wilson et al., 2000). 당신이 ACT 철학과 12단계 치료 철학을 통합시키는 최선의 방법은 상당히 깊이 있게 익명의 알코올중독자들(AA)에 관해 배우는 것이다. 12단계 프로그램은 미국 어느 곳에나 있다. 당신은 이러한 공동체 자원을 멀리하거나 그것을 귀찮은 것으로 간주해서는 안 된다. 그런 프로그램은 삶의 실제이며 많은 물질 남용자에게 주된 지지 역할을 할 수 있다.

Ernie Kurtz는 오늘날 이용 가능한 AA에 대해서 가장 학문적이고 권위 있고 철저한 설명을 기록하였다(Kurtz, 1979). 그 책에서 Kurtz는 다양한 AA 문화에 대하여 말하고 있다. 우리는 아주 독단적이고 질병에 초점을 맞추며 직면적인 회원들을 AA에서 만날 수 있다. AA의 이런 진부한 속성은 실제 AA의 새로운 획을 긋는 책인 『익명의 알코올중독자들(Alcoholics Anonymous)』(Alcoholics Anonymous, 1976)과 『12단계와 12전통(The Twelve Steps and Twelve Traditions)』(Alcoholics Anonymous, 1953)에서는 거의 찾아볼 수 없다. 이 두 가지 핵심 교재에 나와 있는 길의 방향을 내담자에게 제시하는 것은 내담자가 특정한 AA 지지 집단에서 우연히 접할 수도 있는 AA의 한층 더 독단적인 해석을 차단하는 고단한 길일 수 있다.

이러한 양립 가능성을 강조하기 위해 우리는 '부인에 직면하기'란 말이 이 두 권의 핵심 AA 교재에서 나타나는 위치를 확인하기 위하여 12단계를 지향하는 치료 제공자로 가득찬 방에 도전하였다. 우리는 결코 대답을 얻지 못하였다. 왜냐하면 이 말은 이 교재들 어디에서도 결코 발견하지 못했기 때문이다. '부인에 직면하기'는 AA에서 기지의 사실로 취해지는 반면 사실상 전통적인 AA 문헌에서는 완전히 그 반대이고, AA 자체보다 12단계 치료 센터들의 산물이다. 이 교재들은 자기기만에 대해 말한다. 그러나 대부분의 심리학 이론들(ACT 포함)은 자기기만, 합리화 및 심리적으로 도전하는 재료를 회피하는 다른 수단에 대한 인간의 능력을 인지하고 있다. AA 교재들은 알코올중독자들이 후원자나 모임에서가 아니라 삶에 의해 직면되고 있다고 말한다. 사실상 익명의 알코올중독자들은 누군가를 알코올중독자로 진단하는 것, 그들의 알코올중독에 관하여 그들을 홀로 직면시키는 것이 실수임을 분명히 하고 있다.

> 우리는 어떤 사람을 알코올중독자로 부르는 것을 좋아하지 않지만, 당신은 재빨리 자신을 진단할 수 있다. 가장 가까운 술집에 가서 약간은 통제된 음주를 시도하라. 술을 마시다가 갑자기 그만두려고 시도하라. 한 번 이상 그것을 시도하라. 당신이 그것

> 에 대하여 스스로에게 정직하다면 결정하는 데 오래 걸리지 않을 것이다. 만일 당신이 자신의 상태에 대해 충분히 알고 있다면 불안감의 나쁜 사례가 가치가 있을 수도 있다(Alcoholics Anonymous1976, pp. 31-32).

이러한 자세는 ACT 관점과 완전히 일치한다. 우리는 내담자들이 행하는 것, 그들이 가치를 두는 것 그리고 이 두 가지의 상호작용의 실효성과 내담자가 친밀한 접촉을 갖기를 바란다. 일부 AA 후원자와 AA 모임은 매우 독단적이어서 AA 치료와 양립이 불가능할 것이다. 당신이 지역 AA 공동체와 관계를 갖는 것은 가치가 있으며, 그래서 ACT 관점(그리고 핵심 AA 문헌)과 보다 더 일치하는 모임과 후원자들에게 AA를 사용하는 데 흥미를 갖도록 지도할 수 있다. 대부분의 지역사회에는 광범위한 AA 모임 집단들이 있는데, 어떤 모임은 알코올 문제가 없는 사람에게도 개방되어 있다. 그러한 모임에 참석하는 사람들의 익명성을 존중하는 한 개방된 AA 모임에는 누구나 참여할 수 있다. 또한 12단계 핵심 교재에 대한 충분한 지식은 전통적인 12단계 훈련을 치료 스태프에게 적용할 때 ACT 친화적인 관점을 개발하는 데 도움을 줄 수 있다.

다른 물질 남용 치료와 수용전념치료 결합하기

원칙적으로 ACT는 흔히 사용되는 다양한 물질 남용 치료와 결합될 수 있다. 예를 들어, Marlatt의 손상 감소 중재(Marlatt & Witkiewitz, 2002)와 Miller와 Rollnick(1991; 2002)의 동기 강화 면담은 ACT 원리와 상당히 양립할 수 있다. 치료의 단계적인 돌봄 모형에서 당신은 매우 짧고도 실용적인 첫 단계로 Marlatt의 심리 교육적이며 동기 강화적인 접근법을 사용할 수도 있다. 만일 이것이 그 문제를 제대로 설명하지 못한다면 당신은 ACT 중재의 특징인 정서적 회피, 수용, 탈융합 및 실효성을 사용하는 중재를 더욱 심층적으로 시작해 볼 수 있을 것이다. 마찬가지로 지역사회 강화 접근과 같은 다방면에 걸친 접근과 ACT 사이의 근본적인 불일치는 존재하지 않는다(Meyers, Miller, & Edwards, 2001). 심각한 물질 남용자는 흔히 옷 차려 입기, 중독 상태에서는 중요하지 않았던 직장과 교육 장면, 사회 활동에 제대로 참여하기와 같은 기본적인 생활 기술을 확립하고 유지하는 상황으로부터 스스로를 고립시켜 왔을 것이다. ACT는 가치 있는 작업에 바탕을 둔 동기 강화 구성 요소를 추가함으로써 혹은 심리적 장애물이 기술 훈련 활동의 장벽으로 나타날 때 수용 · 탈융합 중재를 적용함으로써 이러한 치료 프로그램에 도움을 줄 수 있다.

결 론

물질 남용자에 대한 ACT의 적용은 실제로 어느 다른 ACT 집단과 다르지 않다. 일반적으로 ACT에서 그러하듯이 우리는 물질 남용자가 특정한 생각, 감정, 기억, 신체 상태와 행동적 소인을 수용할 수 없다고 발견하고, 이러한 사적인 경험을 약화 혹은 제거하기 위해 다양한 전략을 사용한다고 가정한다. 이러한 경험적 회피 전략의 결과(이 경우 물질 사용이 가장 현저함)는 내담자들의 인생에서 유연성과 활력이 상실되는 것이다. 결과적으로 활력의 상실 그 자체는 더욱더 회피해야 할 무언가가 되며, 악순환은 끝을 맺는다. 회피는 회피와 어느 정도는 우리 자신의 타락한 존재를 번식시킨다는 생각과의 접촉을 유발하며, '요구'는 도망친다. 그리고 우리는 무의미와 절망으로 점점 더 깊이 가라앉는다.

ACT는 과도한 경험적 회피가 만들어 내는 부정적인 결과를 순환하는 자기의 출구를 제공한다. 함정의 출구는 회피적인 생활양식을 까불러 찌꺼기를 어떤 방향으로 날려 버리는 것이다. 처음에 이러한 방향 감각은 더 많은 것을 원한다는, 더 크고 더 풍요롭고 더 활력 있는 어떤 것을 원한다는 막연한 생각과 같이 아주 미미할지도 모른다. 그다음 우리는 내담자가 보다 큰 인생의 방향으로 나아갈 수 있도록 돕는다. 내담자가 더 크고 풍요롭고 활력 넘치는 인생을 향해 나아가기 시작할 때 불가피하게 심리적 장애물이 생긴다. 이러한 장애물을 다루기 위해 ACT 치료자는 심지어 표면상 극복할 수 없는 장애물 앞에서도 이동의 자유를 만들어 내기 위해 수용, 탈융합 및 마음챙김 중재를 활용한다. 내담자가 이러한 장애물 앞에서 앞으로 나아갈 때 인생은 의미와 목적의 신호를 구체적으로 보여 주기 시작한다. 고통은 사라지지 않을 수도 있다. 하지만 이제 고통은 목적이 있는 고통이다. 이것이 바로 ACT 모형의 핵심이다.

제8장

심각한 정신질환과 수용전념치료

Patricia Bach

일반적으로 정신장애, 특히 조현병은 비교적 치료하기 어려운 장애로 통상 간주되어 왔다. 정신약물학적 치료가 플라시보 통제 집단들과 비교하여 폭넓게 이용 가능하고 효과적이긴 하지만(Davis, Schaffer, Killian, Kinard, & Chan, 1980), 심각한 정신질환(Severely Mentally Ill: SMI)을 지닌 많은 환자는 약물 치료에 반응하지 않는다. 재발률은 정신사회적 치료와 항정신병 약물 치료를 받는 환자들 사이에서는 매년 20%이고, 약물 치료만 받는 사람들 사이에서는 두 배다(Gorman, 1996). SMI 환자들은 높은 수준의 서비스 이용과 서비스 비용이 들어가는 치료에 비순응적이고, 이용 가능한 치료를 제공할 때조차 중대한 가족 문제, 경제적 문제 및 사회적 문제를 지니는 경향이 있다(Miner, Rosenthal, Hellerstein, & Muenz, 1997).

정신장애 증상은 망상적 믿음과 환각으로 정의되며, 이 장에서 우리는 이러한 '양성' 증상에 꽤 많은 주의를 둘 것이다. 그 증상들이 완전히 제거되기 어렵다는 것은 주지의 사실이다. 지속적인 항정신병 약물 치료를 받는 SMI 환자 중 약 3/4은 양성인 정신 증상을 계속해서 경험한다(Breier, Schreiber, Dyer, & Pickar, 1991). 보다 새로운 비전형적인 항정신병 약물 치료가 정신증의 양성 증상은 물론 음성 증상도 감소시켜 주고 있긴 하지만, 정신사회적 성과에 대한 영향은 혼합되어 있다(Corrigan, Reinke, Landsberger, Charate, & Toombs, 2003). 아마도 그러한 이유로 정신장애를 포함한 심각한 정신질환에 사용할 수 있는 심리사회적 치료는 기술 훈련, 문제 해결,

토큰 경제, 약물 치료 관리, 직업 재활 그리고 적용 가능한 경우에는 가족 중재를 일반적으로 강조해 왔다(Kuipers, 2000). 이러한 정신사회적 중재는 심각한 정신질환과 연관된 기술 결함을 다룰 때 질환의 증상을 그렇게 많이 표적으로 삼지 않았다.

최근 들어 경험적 지지를 받은 보다 많은 심리치료, 특히 인지행동 접근법이 망상과 환각의 치료를 위해 개발되었다(Haddock, Tarrier, Spaulding, Yusupoff, Kinney, & McCarthy, 1998). 정신증의 증상에 대한 심리사회적 중재들은 현실 검증, 신념에 대한 언어적 도전, 기분 전환 혹은 증상과 증상 표현에 대한 지각된 통제의 증진을 일반적으로 강조하였다.

수용전념치료(Acceptance and Commitment Therapy: ACT) 관점에서 보면 단지 정신 증상(양성 증상 혹은 음성 증상)의 존재가 반드시 임상 문제의 핵심은 아니다. 실제로 환각을 보고하는 대다수의 사람은 정신건강에 아무런 문제가 없으며(Tien, 1991), 조현병을 지닌 사람들의 약 절반은 환각 경험에 대하여 부정적인 평가는 물론 긍정적인 평가도 한다(Miller, O'Connor, & DiPasquale, 1993). 정의상 망상적 신념이 현실과 일치하지 않는 내용이 있긴 하지만, 과정 수준에서 보자면 그것이 정치적 혹은 종교적 정체성과 같이 문화적으로 규범적인 신념보다 수정하기 더 어려운 것 같지는 않다(Maher, 1988). 대신에 이 책에서 논의된 다른 영역에서와 마찬가지로 문제는 이러한 증상이 환자의 전체적인 행동 레퍼토리에서 하는 역할이다. 다른 영역에서와 같이 ACT와 전통적인 인지행동 접근법 간의 가장 중요한 차이는 ACT 중재가 지각적 경험, 신념, 사회적 철수 등의 내용을 표적으로 삼지 않는다는 것이다. 그 대신 치료에서 강조하는 것은 이러한 사건들의 기능이며, 그와 관련하여 내담자가 취하는 외현적인 행동의 효과성이다.

이러한 ACT 접근법에 대하여 몇 가지 경험적인 지지가 존재한다. 사례 연구들은 환청을 보고하는 사람들에 대한 ACT의 효과를 지지하였고(Garcia & Perez, 2001), 망상이나 환각을 경험하고 있는 정신과 입원 환자들을 대상으로 한 최근의 무선 할당된 통제 ACT 시행은 ACT 중재에 단지 3시간 노출된 참가자들이 4개월 추적 조사 기간 동안에 재입원한 비율이 보편적 치료(treatment as usual: TAU)를 받은 참가자의 절반임을 보여 주었다(Bach & Hayes, 2002). 두 집단의 참가자들은 추적 조사에서 증상이 실재하는데도 고통 감소와 약물 치료 순종의 증가를 보고하였으므로 이것이 그러한 결과를 설명하지는 못하였다. 두 집단의 참가자들은 추적 조사에서 더 적은 증상을 보고하였으나, ACT 참가자들이 통제집단 참가자들보다 증상을 의미 있게 더 많이 보고하는 경향이 있었다. ACT 참가자들은 증상이 일어날 때 증상의 내용을 덜 믿는 경향이 있었다. 이러한 요인들이 그러한 결과를 설명하는 데 도움을 주었다. 환각을 보고하는 어떤 ACT 참가자도, 망상과 그러한 망상을 사실로 믿을 가능성이 감소했음을 보고한 어떤 ACT 참가자도 추적 조사에서 재입원하지 않은 것으로 나타났다. 이것은 ACT 조건에서 보고하는 더 높은 수준의 증상이 수용을 더 많이 하고, 이러한 증상을 덜 부인하며, 아마도 증상 내용을 사실로 믿을 가능성 수준이 더 낮은 데서 기인함을 시사한다. 이 연구는 최근에 박사논문에서 반복 연구되고 있으며, 사후 자료 및 초기 추적 조사는 처음 연구와 일치한다(Gaudiano & Herbert, 2004).

최근의 견해는 종종 심각한 정신질환을 동반하는 능력 장애가 생물학적 사건들, 증상의 영향 및 종종 증상의 영향과 장기간 입원에 부차적인 기술 결함을 포함하는 요인들이 혼합된 결과임을 시사하고 있다. 정신재활 접근법은 약물학적 · 정신사회적 중재, 기술 훈련 및 환경적 · 사회적 지지를 포함하는 광범위한 치료가 필요하다는 것을 강조한다. ACT는 증상들의 영향을 비롯하여 목적 설정 치료 요법을 잘 따르려는 동기 둘 다를 다루어 주는 심리치료로 전례 없이 적절할 수도 있다.

공식화

전체적으로 대부분의 인지치료 및 행동치료들은 바람직하지 않은 생각, 감정 및 신체 감각을 변화시키거나 제거하려고 시도하는 데 목적을 두고 있다. 강조점은 사적 사건의 내용을 변화시키는 것이다. 망상과 환각의 경우 대부분의 인지행동치료(CBT)는 망상적 사고나 환각의 제거, 현실 검증 혹은 내담자에게 그들의 경험이 '사실'이 아님을 받아들이게 해 주는 것을 강조한다. 망상과 환각의 치료에 대한 그런 접근법은 잘못된 생각 그 자체가 문제이며, 일단 사적인 사건이 더 이상 일어나지 않는다면 그 사람은 정상적으로 기능할 것이라는 암묵적인 가정에 기반을 두고 있다. 그렇지만 망상과 환각은 변화에 크게 저항하는 것으로 보이며, 관해 기간 이후에도 재발하는 경향이 있다. 많은 정신과 환자들은 망상과 환각을 따로 혹은 동시에 경험하면서 입원을 하고, 스스로를 돌볼 수 없다. 정신증의 많은 증상은 종종 환자가 약물 치료를 받을 때, 특히 정신증적 특징을 동반한 우울증 혹은 조증 삽화 진단을 받은 경우에는 급속도로 완화된다. 그렇지만 이러한 증상들은 기분장애 맥락에서 일어나건 혹은 정신장애 맥락에서 일어나건 간에 영원히 혹은 완전히 사라지지 않고, 더 낮은 수준으로 지속되며 증상 없이 여러 해를 지내 오다가도 재발하는 경향이 있다.

환각과 망상은 영원한 제거에 저항하기 때문에 자기 자신의 사적 사건에 다르게 반응하도록 가르치는 것이 보다 더 실용적인 접근법일 수도 있다. ACT 관점에서 볼 때 역기능을 이끄는 것은 증상의 발생이나 비발생이 아니라 개인이 이러한 증상과 상호작용하는 방식이다. 증상과 '정신질환'에 관한 생각에 대한 반응, 증상을 회피하거나 도피하기 위한 외현적 반응 그리고 자신의 삶을 제한시키는 생각(예: "나는 소리를 멈추어야만 해", "사람들이 나를 응시하는 것이 두렵기 때문에 나는 집 밖에 나갈 수 없어." 혹은 "나는 결코 직업을 구하지 못할 거야. 누가 조현병을 앓는 사람을 고용하겠어?")은 종종 증상 그 자체보다 더 많은 정서적 고통과 자기 패배적인 행동을 유발하는 것 같다. 무의지, 언어의 빈곤과 같은 조현병의 일부 음성 증상은 장애 그 자체와 마찬가지로 약물 치료의 부작용, 자극 부족과 사기 저하 같은 장애의 결과에 상당히 기인할 수도 있다.

ACT에 기저하는 정신병리의 회피와 융합 모형은 정신증의 양성 증상은 물론 많은 음성 증상에도 잘 적용되는 것 같다. 환각에 대한 반응은 정신증이 없는 사람이 침투적 사고에 대하여 지니는 반응 그리고 원치 않는 사고 내용을 억누르려고 애씀으로써 그것을 통제하려는 시도와 아주 유사하다. 망상은 회피의 대상이라기보다 회피의 수단인 경향이 있다. 이런 경우 부적절감(Bentall & Kinderman, 1999), 외로움, 불안, 인지적 불확실성(Bentall, 2001) 혹은 기타 그러한 사적 사건들은 종종 망상적 신념에 의해 부분적으로 통제되는 것 같다. 즉, 망상은 개인의 자기 존중감을 유지하기 위해 기능하는 귀인 양식을 반영한다. 회피와 융합은 이러한 사적 사건들을 훨씬 더 영향력 있게 만든다. 예를 들어, 치료자가 자신을 미워한다는 망상적 신념을 가진 사람은 분노나 두려움 같이 이러한 생각과 연합된 불쾌한 감정을 경험하는 것을 회피하기 위하여 정신건강 치료 약속을 빼먹을 수도 있다. 그러나 이러한 회피는 그를 별로 지지해 주지 않고, 궁극적으로 더 많이 두렵고 분노하게 만든다. 마찬가지로 자신의 정체성이나 성취에 대하여 과대망상을 지닌 사람은 부적절감을 증가시키는 거부, 비웃음 및 법적 문제를 유발하는 방식으로 행동할 수도 있다. 정신증의 많은 음성 증상(예: 사회적 철수, 감정 둔마)은 특히 사회적 맥락에서 견디기 힘든 정서와 생각의 만성적인 회피를 반영하는 것일 수 있다. 이 모든 경우 "해결책이 문제의 일부다." 즉, 고통을 통제하려는 시도는 더 많은 고통을 유발한다.

정신병리에 대한 ACT 모형의 특징을 이루는 회피 유형의 확장 효과는 정신증 행동의 특징 몇 가지와 일치한다. 심각한 정신질환을 가진 사람들을 정상 통제집단과 비교해 보면 그들은 자신의 인지를 더 많이 참조하고(Rosenberg & Tucker, 1979), 불안과 스트레스를 겪는 동안 더욱더 빈번한 환각을 경험하는 것(Slade, 1972)으로 알려져 있다. 환각을 지닌 사람은 침투적이거나 원치 않는 생각을 갖는 것이 정상이 아니라고 더 강하게 믿고 있고, 생각의 일관성에 더 많은 관심을 갖고 있으며, 자신의 인지 과정에 대해 확신이 더 낮다(Lobban, Haddock, Kinderman, & Wells, 2002). 정신증 내용과 싸우는 것은 유용한 행동이 아니다. 다시 말해서 어느 한 행동 영역에서 사적 사건을 통제하고자 할 때 동시에 발생하는 행동에 대하여 의식적 통제를 가하기는 더욱더 어렵다(Bargh & Chartrand, 1999).

전통적인 중재에서는 소리가 자가 생성적임을 내담자에게 확신시키고, 기분 전환과 다른 대처 기술을 가르치고, 환각에 대해 말하지 않도록 내담자를 격려하거나 내담자의 역사 속에서 환각에 대한 역사적인 설명을 찾으려고 시도하였다. 이런 모든 접근법은 환각 그 자체가 문제라는 가정에 기초한다. 대조적으로 기능적인 맥락적 관점에서 보면, 증상의 유래가 특별히 중요한 것은 아니고, 증상과 외현 행동 간의 관계가 중요하다.

기능적으로 고려했을 때 환각과 망상적 신념은 사람이라면 경험할 수도 있는 다른 언어적 사건과 본질적으로 다른 게 아니다. 유명한 관리에게 위협적인 편지를 씀으로써 편집 망상에 반응하는 것이나 약속을 빼 먹음으로써 조종 환각에 반응하는 것은 정책에 반대하기 위해 상원 의원에게 편지를 쓰는 것이나 자신이 부적격이라고 생각하여 승진을 포기하기로 결정한 것과 기능적으로 유사하다. 환청은 자기 자신에 대한 부정적인 생각과 침투적 사고로 이루어진 연속선상에 놓여 있다. 망상은 사람이라면 지닐 수도 있는 어떤 신념들로 이루어진 연속선상에 놓여 있다. 신념 그 자체는 현실에 맞지 않는 경우에도 해롭지 않다. 그 이유는 생각이 곧 행동을 일으키지는 않기 때문이다. 생각의 문자적 의미에 대해 지지하거나 특정 생각을 회피할 필요성과 같이 생각을 행동과 연관시키기 위해서는 맥락적 특징이 필요하다. ACT는 이러한 맥락을 표적으로 삼는다.

이 접근법에 대한 이론적 근거는 환자의 인생과 기능 수준에서의 실질적 차이는 증상이 아니라 행동에서 기인한다는 점이다. 사실상 증상 그 자체는 취직 성공과 같이 그 사람에게 중요한 성과에 대한 빈약한 예언 인자다(Rogers, Anthony, Toole, &

Brown, 1991). 조종 환각을 경험하는 사람은 소리를 듣기 때문에 입원하는 게 아니라 자신이나 타인을 해치려고 시도함으로써, 길거리 마약을 복용함으로써 혹은 처방된 약물 치료를 지속하지 않음으로써 환각의 내용대로 행동하기 때문에 입원한다. 피해망상을 지닌 사람은 기괴한 생각 때문에 입원하는 게 아니라 자신을 해칠 의도가 있다고 믿는 누군가를 공격하거나 배수구에 자신의 '독' 약물을 버리거나 반복적으로 경찰을 부르기 때문에 입원한다.

감정 둔마와 동기의 결여를 포함하는 조현병의 음성 증상은 양성 증상보다 더 '치료에 저항적'인 경향이 있다. 조현병을 지닌 다수가 직업이 없고 인생 계획이 불안정하며 사회적 지지 없이 사회적으로 빈곤한 삶을 살고 있다. 가치, 목표 및 선택을 탐구하고 행동을 변화시키는 장애물을 검토하는 것을 통해 ACT가 행동 활성화에 강조점을 두는 것은 강화의 기회를 증진시키기 위한 출발점이 될 수도 있다. 또는 개인적 선택, 목표 설정 및 힘 권한 부여를 강조하는 경향이 있는 정신 재활 프로그램과 쉽게 결합되고 통합될 수도 있다.

임상적 중재

정신장애를 지닌 사람을 대상으로 하는 ACT는 다른 전집들을 대상으로 한 ACT 만큼이나 많이 진행되고 있지만 증상, 인지적 결함 및 의사소통 기술이 치료를 방해할 수도 있는 정도에 따라 전략이 수정된다(〈표 8-1〉 참조). 조현병을 지닌 사람은 흔히 사회 기술과 대화 기술이 손상되어 있고, 사고의 와해 정도가 다양하다. 심각한 기분장애를 지닌 사람은 주의집중 및 의사소통 기술이 손상되어 있을 수도 있다. ACT 치료자는 천천히 진행해야만 하며, 사고 와해와 심각한 증상 혹은 제한된 의사소통 기술을 보여 주는 내담자에게는 보다 더 지시적일 필요가 있다. 게다가 조현병을 지닌 사람들은 보다 더 구체적인 단서를 제대로 이해하는 반면 추상적인 사회적 단서를 이해하는 데는 어려움을 보인다(Penn, Combs, & Mohamed, 2001). 그런 인지 손상이나 결함을 보이는 사람을 대상으로 작업할 때는 과정을 단순화해야 한다. 예를 들어, 해결책이 문제의 일부분이라는 개념을 소개하는 경우 구덩이에 빠진 사람(Person in the Hole) 은유(Hayes et al., 1999, pp. 101-104)는 너무 길고 추상적일 수도 있다. 중국 수갑(Chinese Handcuffs)과 새끼 호랑이에게 먹이 주기(Feeding a Baby Tiger) 은유

표 8-1 ACT 쟁점과 중재 예

내담자가 소리를 그치게 할 필요가 있다고 말한다.	• 호랑이에게 먹이 주기 은유 • 거짓말 탐지기 은유
내담자가 이것은 사실이라고 말한다(생각 구입하기).	• 단지 생각에 주목하기. 두 대의 컴퓨터 은유. 생각을 하면서 동시에 X를 하는 것이 가능한가?
내담자가 소리/망상적 신념에 관한 행동이 가치에 근거하고 있다고 말한다.	• 경쟁하는 가치를 탐구하라. • 증상에 관한 행동이 그 사람에게 중요한 목표에 도달하는 것을 어떻게 방해하는가?
내담자는 증상과의 투쟁에 얽매어 있다.	• 증상에 대한 외현적 반응이 혐오적인 결과를 이끌어 내는 방법을 탐구하라. • 구덩이에 빠진 사람 은유, 중국 수갑 연습(구체화하는 것을 고려하라.)
생각을 관찰하고 거리두기	• 퍼레이드 하는 군인 연습 • 잡동사니로 가득 찬 상자 놀이 • 마음과 함께 산책하기
증상 평가하기	• 나쁜 컵 은유
증상과 관련하여 떠오르는 사적 사건 탐구	• 물체화하기: 깡통 괴물 연습

(Hayes et al., 1999, p. 104)는 보다 짧으면서도 동시에 문제를 변화시키려는 것이 종종 그것을 악화시킨다는 것을 나타내 준다.

개별 내담자가 보다 길고 추상적인 재료를 다룰 능력을 보여 줄 때까지 당신이 사용하는 모든 연습은 단순하고 간단해야 한다. 연습은 수동적이기보다는 능동적이어야 하며, 그래야 당신이 내담자가 그 재료를 제대로 준수하고 있는지 여부를 평가할 기회를 갖게 된다. 물질적 소품과 보다 구체적인 연습을 사용하는 것도 도움이 될 수 있다. 이렇게 접근하는 방법이 많이 있다. 예를 들어, 이유 대기를 탐색하고 원인으로서의 이유를 파헤치는 일에서 당신이 내담자에게 보다 개인적으로 관련된 예를 들어 보라고 요구하기 전에 아주 구체적인 연습으로 시작하는 것이 도움이 될 수도 있다. 케이크 한 조각을 먹고 싶은지 물어봤을 때 누군가 "아니요, 괜찮습니다."라고 대답할 수 있는 이유를 가능한 한 많이 생각해 보라고 내담자에게 간단히 물어본다. 대답은 먹는 행동, 다른 환경적 사건, 내적 감정과 감각 혹은 케이크를 제공한 사람에 대한 귀인에 초점을 둘 수도 있다. 예를 들어, 그 사람은 배가 부르다, 케이크를 좋아하지 않는다, 잠시 후 저녁을 먹으러 나가려고 한다, 케이크에 독이 들어 있을지도 모른다, 다이어트를 하는 중이다, 케이크를 제공한 사람이 불결한 제빵사다, 다른 사람들 앞에서 먹는 것을 좋아하지 않는다, 배가 아프다, 초콜릿 알레르기가 있다라고 말할 수 있다. 이와 같은 구체적인 연습은 내담자가 다소 추상적인 재료를 이해하는 것과 치료자가 내담자의 이해 수준을 평가하는 것을 도와준다. 보다 물질적인 연습이 유용한 것 같다. 인지로부터 탈융합시키는 작업을 하는 경우, 마음과 함께 산책하기(Taking Your Mind for a Walk) 연습(Hayes et al., 1999, pp. 162-163)이 환각을 경험하는 내담자를 대상으로 할 때 매우 큰 힘을 발휘할 수 있다. 많은 사람이 그들 주위를 따라다니며 끊임없이 재잘거리는 '마음'으로 인해 초조함을 느끼긴 하지만 고통을 받지는 않는다고 말하며, 대부분의 내담자는 연습과 환각 경험 사이의 연관을 재빨리 파악한다.

특히 개인이 사고 와해나 환각을 자주 경험하고 있다면, 다른 내담자들을 치료할 때보다 더욱더 천천히 그리고 더 길게 진행될 수도 있다. 증상이 심하지 않다면 ACT를 실시하는 것이 유용하겠지만, 내담자가 상당한 정신증을 지니고 있거나 정신증적 양상을 동반한 조증 삽화 준거에 부합된다면, 증상이 다소 관해될 때까지는 보편적 치료가 별 도움이 안 된다. 각 회기는 이전 회기에서 다룬 재료를 철저히 검토하는 것으로 시작해야만 하고, 회기 동안에 주기적으로 재료를 요약해야만 한다. 만일 당신이 들어 주는 것보다 말을 더 많이 했다면, 내담자에게 들은 것에 대해 반응해 보라고 요구해야만 한다.

내담자가 환각 내용이나 망상적 신념이 사실을 기술하는 것으로 믿는지 여부를 결정하는 것이 중요하며, 동시에 내용을 사실로 믿을 가능성과 관련하여 깔보거나 비판적인 자세를 취하지 않아야 한다. (당연히 망상은 현실과 일치하지 않는 신념이다. 그렇지만 정신장애를 지닌 많은 내담자는 정신증이 활동적이지 않은 비급성적인 질환의 단계 동안에는 자신이 지니고 있는 신념의 망상적인 성질에 대해 통찰한다.) 자신의 환각이 '사실'이 아니라고 자각하는 내담자는 종종 환각 그 자체나 환각을 동반하는 불편을 회피하는 데 시간과 노력을 들이거나 증상의 존재에 근거하여 부정적인 자기 평가를 한다. 그들은 환각이나 망상적 사고 내용 및 부정적으로 평가한 감정의 동반 혹은 자가 치료를 위한 알코올이나 다른 물질의 남용을 유발할 수도 있는 자극을 회피하려는 전략으로 사회적 고립을 택할 수도 있다. 반대로 사고 내용이 사실이라고 믿는 내담자는 종종 두려움을 주는 결과를 회피하는 데 시간과 노력을 들인다. 그들은 무언가 좋지 않은 일이 자신에게 일어나거나 자신이 원치 않는 어떤 것을 하도록 강요받지나 않을까 걱정할 수도 있다. 여기에서 회피 전략은 생각을 멈추게 하기 위해 조종 환각에 복종하거나 망상적 사고 내용을 동반할 수도 있는 두려움이나 분노와 같은 감정을 회피하기 위해 망상적 신념에 따라 행동하는 것과 같이 다양하다.

초기에 결과 목표들을 파악하는 것이 중요하다. 왜냐하면 환각이나 망상적 신념 혹은 그것들에 대한 두려운 결과를 회피하려는 전략들은 비록 그 전략이 가치 있는 결과에 도달하려는 시도를 방해하더라도 단기적인 '효과'가 있을 수 있기 때문이다. 잦은 입원은 종종 증상과 관련된 고통을 회피하려는 부적응적 시도의 결과다. 입원 그 자체는 많은 내담자에게 고통을 안겨 주며, 직업과 가정생활, 중요한 관계를 유지하는 것과 같은 다른 가치 있는 목표를 방해한다.

치료 초기의 초점은 내담자의 치료 참여에 대한 자발성의 결정에 있다. 심각한 정신질환을 지닌 사람들은 흔히 입원을 통해서 마지못해 오거나 사례 관리자나 다른 정신건강 서비스 중개자들의 의뢰를 통해서 기껏 부분적으로 동의한 채 치료를 받으러 온다. 원치 않는 내담자를 참여시키는 접근법 중 하나는 창조적 무희망감보다 목표와 가치에 초점을 둔 치료를 시작하는 것이다. 내담자가 자신의 행동이 목표 및 가치와 바람직한 목표에 도달하는 것 사이에 위치한다는 것을 알 수 있다면, 특히 자신이 치료에 참가하는 것과 이러한 목표에 도달하는 것 사이를 연관 지을 수 있다면, 내담자는 치료 과정에 더욱더 기꺼이 참여할 수도 있을 것이다. 목표와 가치 그리고 현재 행동이 어떻게 목표 달성을 방해하는지에 대한 확인을 강조하는 ACT 중재가 동기강화면담(Miller & Rollnick, 2002)의 일부 특징을 공유하고 있다는 것은 주목할 만하다. 이러한 접근은 조현병을 지닌 사람의 통찰과 치료 응집력 둘 다를 증가시키는 것으로 밝혀졌다(Rusch & Corrigan, 2002).

심각한 정신질환을 지닌 사람은 처음에는 목표를 확인하고 분명히 표현하는 일에 힘든 시기를 보낼 수도 있다. 여러 해 동안 치료를 받아 온 사람은 종종 치료자에게 자신의 목표가 가치 검토를 거의 하지 않고 개인적 선택에 대한 강조가 제한된 것이 '당연하다.'는 말을 들었을 것이다. 예를 들어, 어떤 내담자는 자신의 아파트를 갖는 것 그리고 누군가가 음식을 준비해 주고 약속을 지키고 일상생활의 활동을 완수하도록 자극해 주는 것을 즐기는 것이 목표라고 기술할 수도 있다. 어떤 내담자는 직업을 찾았는데, 자신의 집이 보조금을 받는다면 급여가 수취인에 의해 보류될 수도 있음을 알게 될 때 분노하거나 무력감을 느낀다. 이것은 종종 독립적으로 생활하거나 일을 하려는 행동을 억제시킨다. 살 곳을 선택하는 가치 혹은 생산적이거나 자기 지지적인 가치와 같이 내담자가 단지 구체적인 목표보다 행동 변화를 지지하는 가치를 표현할 수 있을 때 도움이 된다. 예를 들어, 사회보장 영세민 보조가 줄어든 것에 분개하는 내담자는 만일 일을 시작하게 되면 단순히 직업을 갖는 것에 덧붙여 이 직업을 자기 지지나 적극적으로 되기 가치와 연관시켜 계속해서 직장을 유지하려고 할 수도 있다.

더 많은 동기를 지닌 내담자들을 대상으로 한 치료는 창조적 무희망감으로 시작하여 나중에는 목표와 가치에 대해 검토할 수도 있다. 이런 경우 ACT는 내담자의 정신 증상 대처에 대한 이전 접근법과 이것이 얼마나 성공적이었는지 그리고 그 결과는 무엇이었는지를 탐색하는 것으로 시작할 수도 있다. 시도해 본 문제 해결책이 문제의 일부일 가능성은 그다음에 탐구될 수 있다.

망상이나 환각의 내용은 종종 많은 사람이 갖고 있는 생각과 크게 다르지 않고, 내담자와 덜 혐오스러운 결과를 경험하는 타인들 간의 주된 차이가 그들의 이러한 인지적 현상에 어떻게 반응하는지를 강조하면서 환각이나 망상적 신념의 본질을 다루어 주어야 한다. 많은 사람이 지니고 있는 보편적인 망상이나 환각 주제들과 유사한 몇 가지 예를 제시해 주어야 하는데, 자신이 타인의 적대감의 표적이라는 두려움, 자신이나 타인을 해칠 것이라는 생각, 과대 사고 등과 같은 것이 여기에 포함될 수 있다. 만일 내담자와의 관계가 좋다고 여겨지면 자기 노출이 도움이 될 수도 있다. 이러한 전집을 대상으로 할 때 ACT가 갖는 이점 중 하나는 생각이 부정적이건 긍정적이건 정상이건 이상이건 간에 인지적 융합의 가치에 의문을 갖는 것이 바로 ACT에 기저하는 이론이라는 점이다. 따라서 이러한 상호작용에 대하여 근본적으로 공손하고 비위계적인 분위기가 존재한다. 거드름 피우는 자세에서 나온 어떤 확신감도(예: "그래, 그래, 가엾은 사람. 당신의 생각은 별로 이상하지 않아요.") 꾸준히 회피해야 한다.

문제가 증상 그 자체가 아니라 개인이 그것들에 반응하는 방법이라는 생각을 강조하면서 생각에 대한 전형적인 작용 대 비전형적인 작용이 논의되어야 한다. 환자의 정신증 경험의 특정한 내용과 무관하게 논의는 개방적이고 비판단적이어야 한다. 목표는 증상을 정상화하는 것, 즉 연속선상에서 그것들을 보는 것이지 '정상적인' 사람의 경험과는 완전히 다른 것으로 보지 않는 것이다. 그런 자세는 내담자가 치료자에게 증상을 보고하는 기회를 증진시키며, 자신의 증상이나 증상 내용을 '사실'로 방어하려는 지각된 욕구를 감소시킨다(Turkington & Siddle, 2000).

당신은 내담자와 증상을 상세히 탐구해야 한다. 내담자는 환각이나 망상 신념의 내용, 증상이 발생할 때 일어나는 관련 생각과 감정 그리고 개인이 무엇을 하고 싶어 하는지를 기술해야만 한다. 당신은 자의식 없이 탈융합적이고 수용적인 언어를 사용해야 한다. 예를 들어, 당신은 '당신이 (특정한 내용)을 생각할 때' 그 내담자가 어떻게 반응하는가에 대하여 물어볼 수 있지만, 이러한 경험이 '단지 생각일 뿐'임을 내담자에게 '확신시키려는' 생각을 해서는 안 된다. 이러한 재료가 가득 차게 될 때 들리는 소리에 맞서 소리 지르기, 집안에 머무르기, 불법 약물 사용하기, 조종 망상에 복종하거나 기분 전환하기와 같이 증상을 없애기 위해 사용해 온 전략을 끄집어내라.

내담자 자신의 경험이 당신의 가장 훌륭한 동맹자가 될 것이므로 내담자가 이러한 통제 전략들을 시도했던 과거에 무슨 일이 일어났었는지를 철저히 탐구해야만 한다. 자신의 원치 않는 생각 내용을 없애려는 시도의 결과를 확인할 때 거짓말 은유(Polygraph Metaphor) 또는 초코 케이크 연습(Chocolate Cake Exercise)(Hayes et al., 1999, pp. 123-125)은 원치 않는 사적 사건을 통제하려는 시도의 무익함을 예시하는 데 사용할 수 있다. 당신은 이 시점에서 '그것을 얻으려 하지 않으면 그것을 갖게 된다.'는 생각을 소개할 수도 있다. 이러한 생각을 내담자의 실제 경험과 연관시키는 것이 중요하다. 당신은 내담자에게 자신의 경험이 그 점을 확인해 주지 않는지를 주의 깊게 살피도록 요구해야만 한다. 예를 들어, 환청을 없애거나 편집증적 생각을 멈추도록 시도하는 것이 실제로 환청이나 편집증적 생각을 제거했는지 물어보라. 만일 회피 전략이 증상을 경감시켜 주기 때문에 '효과가 있다.'고 보고한다면, 당신은 시간대를 밀어내고 증상을 억제하는 시도에 뒤따르는 다른 결과를 검토해야만 한다. 만일 내담자가 어떤 것도 회상할 수 없다면 입원, 법적 결과, 집, 고용 및 관계에 관한 내담자의 내력에 대해 물어보라. 전형적으로 수많은 부정적인 결과는 증상 내용을 억제하려고 시도한 결과로 나타날 것이다.

갈등을 암묵적으로 정상화하는 것은 물론 '사실 문제' 치료의 이 부분에서 수용적인 어조를 취하는 것이 도움이 될 수 있다. 중국 수갑(Chinese Handcuffs)(Hayes et al., 1999, pp. 104-105)과 같은 단순한 은유는 갈등하는 것이 어떻게 정상적이면서도 도움이 되지 않는지를 보여 줄 수 있다. 이것을 좀 더 구체화하기 위해 회기 내에서 함께 해 볼 실제 손가락 올가미를 준비하는 것이 도움이 될 수 있다(그것은 비싸지도 않고 'Chinese finger traps'란 용어로 검색하여 인터넷에서 'gag gifts'를 파는 회사에서 살 수 있다). 갈등하는 것이 얼마나 정상적인지를 아는 것은 타인과의 상호작용에서 아주 흔히 '막대기의 짧은 끝부분에 있는' 내담자에게는 매우 타당할 수 있다. 누구나 그런 내용으로 행하는 것을 그들이 행하고 있고 우리 모두에게 이러한 노력의 비실효성이 내장되어 있음을 아는 것이 내담자에게 도움이 된다.

이 시점에서 ACT 프로토콜에서 보통 등장하는 쟁점은 수용과 탈융합이다. 이 집단에서는 탈융합 작업부터 시작하는 것이 통상적이다. 그렇지만 남들이 그들을 비합리적이거나 기이하다고 생각하기 때문에 생각은 생각이라는 타당하지 않은 아이디어와 탈융합을 내담자에게 혼동하지 않게 하는 것이 중요하다. 이것이 바로 이 집단에 대하여 ACT가 지니는 커다란 이점 중 하나인데, 전통적인 CBT나 다른 접근법은 "내 생각은 합리적이지만 당신 생각은 그렇지 않다."는 관점에서 비롯된 생각 내용에 의문을 가져야만 한다. ACT에서는 생각이 치료자의 것이건 아니면 내담자의 것이건 간에 모든 생각은 그저 생각일 뿐이다. 생각에 관하여 유일하게 중요한 쟁점은 개인이 생각을 어떻게 다루는지가 성공적인 인생에 기여하는지 여부다.

컴퓨터 화면의 메시지(Message on a Computer Screen) 은유로 시작하는 것이 좋다. 세부 사항이 완전히 같은—같은 소프트웨어, 같은 자료, 같은 기계—두 대의 컴퓨터가 나란히 있음을 상상해 보게 하라. 두 대의 컴퓨터 화면에 있는 것은 무서운 이미지다. 즉, 방의 벽이 녹아 내리는 그림을 상상하라. (만일 내담자가 망상을 지니고 있다면 기이한 생각이 아닌 것을 선택하라. 어떤 경우라도 내담자가 지니고 있는 생각과는 다른 것을 선택하라.) 어느 한 경우 컴퓨터 조작자는 가까이 앉아 있고, 자신이 보고 있는 것이 컴퓨터 화면에 있다는 것조차 잊고 있다. 두 번째 경우 컴퓨터 조작자는 의자 깊숙이 앉아서 화면에 무언가가 있음을 아주 분명히 알아차린다. 당신이 생각하기에 어느 조작자가 그 이미지에 더 두려움을 느낄 것인가? 어느 조작자가 그것을 바꾸기 위해 더 열심히 노력하겠는가?

이 은유(ACT에서는 널리 사용되지만, 이상하게도 ACT 교재에서는 그렇지 않다.)는 내담자가 사실을 기술한다고 믿고 있는 내용에 어떻게 반응할 것인지 대 반드시 믿지는 않으면서 알아차리게 된 내용에 어떻게 반응할 것인지 사이의 차이를 예시하는 데 사용된다. 그것은 증상 내용의 신뢰성 쟁점을 어떻게 다루는지에서 조용한 변화를 허용해 줄 것이다. ACT에서는 내담자에게 마치 그가 단지 관찰자인 것처럼 사적 사건들을 알아차리고, 거리두기가 더 어려운 생각이 무엇인지 알아차리고, 생각의 문자적 진실 대신에 생각에 대한 적응의 실효성을 고려하도록 요구한다. 퍼레이드하는 군인들(Soldiers in a Parade) 연습(Hayes et al., 1999, pp. 158-162)은 수행 관찰과 거리두기를 제공하는 데 사용할 수 있다. 이 연습에서는 내담자에게 자신의 생각을 단어나 이미지로 시각화하고, 생각을 멈추려고 시도하지 말고 단지 그것들을 알아차릴 것을 요구한다. 그것은 내담자가 그러한 생각을 크게 소리 내어 언급하는 것을 도와주므로 당신은 이 연습을 안내하고, 이러한 생각을 통제하고 믿거나 믿지 않는 시도를 교정할 수 있다. 대안으로서 마음과 함께 산책하기(Taking your Mind for a Walk) 연습(Hayes et al., 1999, pp. 162-163)을 사용할 수 있다. 이 연습에서는 당신의 내담자와 함께 산책을 떠나 의식의 흐름 기법으로 산책하는 동안(보통 5분이면 충분함) "저 꽃들은 아름답군. 몇 송이 꺾어야겠다. 하지만 먼저 식료품을 좀 구해야겠다…… 이런, 우유가 다 떨어졌잖아…… 난 너무 잘 잊어버려……."와 같이 멈추지 않고 재잘거리는 내담자의 '마음' 역할을 하라. 이 연습은 환각을 지닌 내담자에게 특히 효과가 강력하다. 왜냐하면 그들은 '자기 자신의 것이 아니고' 멈출 수 없는 소리의 경험에 대해 이야기할 수 있고, 그들이 어떻게 느꼈는지와 그들이 그 내용을 '믿고 있는지' 여부 그리고 그들이 그 소리에서 거리를 두고 단지 그것을 관찰할 수 있는지 여부를 관찰할 수 있기 때문이다. 어떤 내담자는 그러한 경험에 화를 낼 수도 있고 혹은 즐거워할 수도 있으며, 그 경험은 내담자에게 새로운 방식으로 소리를 듣는 경험을 고려하게 할 수도 있다.

생각이 말하는 그대로 그것을 행동화하지 않은 채 생각을 관찰하는 몇 가지 구체적인 일상생활의 예를 제시하는 것이 도움이 된다. 예를 들어, 다이어트를 하는 사람은 '저 케이크 한 조각 먹고 싶다.'는 생각을 알아차릴 수도 있고, 고용인은 '보스는 멍청이야. 그 여자를 해고한다고 말해 주고 싶어.'라는 생각을 알아차릴 수도 있다. 이때 그러한 생각대로 행동하지 않고, 그러한 생각을 믿거나 혹은 믿지 않은 채로 그렇게 한다. 일상생활의 연습(예: TV를 보거나 광고가 우리에게 전하는 것을 들으면서 그대로 하거나 그대로 해서는 안 된다고 우리 자신과 논쟁하지 않음)은 탈융합 모형들로 사용될 수 있다. 만일 내담자가 생각대로 행동하지도 않으면서 그 생각을 알아차릴 가능성에 계속해서 이의를 제기한다면 내담자에게 모든 사람이 생각한 내용 그대로 행동한다면 세상이 어떻게 될 것인지…… 우리는 아마도 감옥이나 병원에 가거나 묘지에 묻힐 것임을 고려해 보게 하라. 환각과 신념을 포함한 생각과 감정은 행동으로 이끄는 힘이 없음을 강조하라. 우리는 항상 생각이 우리에게 말하는 것 이외의 무언가를 행할 선택을 한다. 이 시점에서는 펜을 집어 들면서 "나는 펜을 집을 수 없다."

를 반복하는 것과 같이 구체적인 연습을 하는 것이 도움이 될 수 있다.

나쁜 컵(Bad Cup) 은유(Hayes et al., 1999, pp. 168-169)는 내담자가 사적 사건에 대한 기술과 평가 사이를 구분하도록 돕는 것과 환각과 같이 부정적으로 평가된 사고 과정을 계속해서 정상화하는 데 사용할 수도 있다. 증상의 과정과 내용 간의 구분을 탐구할 수도 있다. 당신은 생각에 대하여 말할 때 "나는 ~라고 생각한다."라고 말하는 언어 관습을 도입해야만 한다. "나는 나쁜 사람(혹은 "나는 자살해야만 해." "나는 메이저 음반사와 녹음 계약을 맺는다." "대통령은 정말로 사탄이다.")이라고 생각한다."에 함축된 행동적 경직성은 동일한 사건을 문자 그대로 기술하는 것(예: "나는 나쁜 사람이다." "대통령은 사탄이다.")보다 덜하다. 이러한 관습은 강력하거나 외부의 소리로 경험될 때조차 생각은 현실에 대응할 수도 있고 혹은 그렇지 않을 수도 있는 단지 생각일 뿐임을 인식하는 데 유용하다. 관습이 응용된다면 당신이 관습을 채택하는 것도 좋은 생각이다(예: 자기 노출을 할 때).

성공적인 작업 맥락에서 탈융합 개념, 즉 내담자는 자신이 진술한 목표에 도달하는 데 가장 효과가 있는 행동에 참여해야만 한다는 개념을 제시하는 것이 중요하다. 그것이 생각이나 감정과 관련되는 경우 당신은 몇 가지 생각을 대상으로 그것의 내용을 변화시키려고 하지 않을 때 발생한 것을 단지 알아차리고 수용하는 데 가장 효과가 있는 아이디어를 내담자에게 탐구하도록 요구한다. 이러한 아이디어는 자신의 신념의 망상적인 성질에 대한 통찰이 결여된 내담자에게 특히 유용하다. 그런 내담자와 작업할 때 어떤 사람은 그 생각의 내용이 정말로 '사실'이라고 믿을 때조차 생각을 무시하는 것을 선택할 수도 있음을 고려하는 것이 유용하다. 생각대로 행동하는 것은 그들이 가치 있는 목표에 도달하는 것을 막을 것이기 때문이다. 예를 들어, 다이어트를 하는 사람은 정말로 배가 고파서 정말로 쿠키를 원한다. 그는 다이어트를 하는 목표에 도달하는 데 기여하는 생각을 무시하는 것을 선택하며, 자신이 배고프지 않거나 쿠키를 원하지 않음을 스스로에게 확신시킬 필요가 없다. 망상적 신념을 지닌 사람은 보스가 자신을 좋아하지 않을 것이라고 믿고서 보스가 자신을 정말로 좋아한다는 것을 스스로에게 확신시키려는 시도를 하지 않은 채 직업을 유지하거나 임금을 받기 위해서 일하러 가는 것을 선택할 수도 있다. 신념의 내용이 도전적이지 않기 때문에 이것의 유효성을 경험할 수 있다. 이것은 논리적인 논쟁이 아니라 경험적인 논쟁이므로 절대적일 이유는 없다. 어떤 언어적 사건은 이야기 쓰기, 다른 사람을 설득하기 혹은 구체적인 문제 해결하기와 같이 유용하게 검토되고 변화되고 편집될 수 있다. 그러나 어떤 것도 생각을 회피하거나 생각과 싸우는 것을 포함하지 않는다. 내담자 자신의 경험은 자신의 사적 사건과 시간에 따른 생각이 지속적으로 실효성에 초점을 둘 수 있다면, 그것을 다루는 방법에 대한 훌륭한 지침을 제공할 것이다. 심각한 정신질환자에게 목표 달성은 종종 병원 밖에 머물면서 자신의 관심사를 추구하기 위해 증상에서 비롯된 혼란을 경험할 것을 요구한다. 이러한 사실을 아는 것은 치료가 끝난 후 오랫동안 행동 조절이 필요함을 말해 주며, 이는 이 집단을 대상으로 한 초기 연구에서 ACT의 장기적인 효과를 설명해 주는 데 도움이 될 수도 있다.

치료 응집력의 중요성은 실효성의 관점으로도 다룰 수 있다. 치료 불순종은 심각한 정신질환을 지닌 사람에게 매우 흔하다(Gorman, 1996). 적용할 수 있다면 내담자에게 충분한 치료 순종에 대한 거부 의사를 기술한 다음 실효성에 대한 자신의 경험의 관점으로 이러한 생각을 검토해 보라고 요구하라. 흔히 내담자는 치료 순종이 통상적으로 다른 목표와 관심사를 추구함에 있어서 가장 행동적인 선택을 하게 함을 주목할 것이다. 그게 사실이 아니라면 내담자와 그 점에 대해 논쟁하지 마라. 대신에 이 쟁점을 계속해서 단지 매우 주의 깊게 지켜보고 내담자 자신의 실제 경험을 알아차리게 하라. 치료 '순종'이라는 바로 그 개념을 탐구하고, 대신에 그것을 치료 '응집성'으로서 접근하는 것이 유용할 수도 있다. 순종은 타인의 규칙을 따르는 것을 시사하며, 역량 약화로 경험될 수도 있다. 응집성은 선택과 계획을 따르는 것을 시사한다. '치료 응집성'은 가치 있는 목표와 관심사를 추구하는 데 효과가 있는 행동을 선택할 역량 강화를 촉진하는 것과 더 잘 어울린다.

탈융합과 실효성은 수용을 학습하는 데 훌륭한 토대를 제공한다. 괴물과의 줄다리기(Tug of War with a Monster) 은유(Hayes et al., 1999, p. 109)는 이 쟁점을 펼치기에 간단하고 효과적인 방법이다. 이 은유에서 생각이나 감정을 통제하려는 싸움은 괴물과의 줄다리기 게임에 비유된다. 싸움을 끝내는 유일한 실질적인 방법은 줄을 놓는 것이지 싸움을 더욱더 격렬하게 하는 것이 아니다. 당신은 수용을 감정보다 행동으로 기술해야만 하며, 만일 내담자가 자신의 특정 증상을 변화시키거나 내용대로 행동하려 하지 않은 채 경험한다면 무슨 일이 일어날 것인지와 수용을 연관시켜야 한다. 일반적으로 주된 결과는 어느 정도의 주관적인 고통이다. 내담자가 무슨 감정이 일어나는지에 대해 애매해한다면, 물체화(Physicalizing) 혹은 깡통 괴물(Tin Can Monster) 연습(Hayes et al., 1999, pp. 170-174)과 같은 연습이 증상에 대한 반응을 불러일으키는 데 유용할 수도 있고, 부정적으로 평가된 증상과 관련하여 더욱더 수용적인 자세를 취하는 연습을 할 수도 있다. ACT 전반에 걸쳐 내담자는 안내된 연습을 통해 자신이 회피한 사적 사건에 노출되어야만 한다. 개인에게 안전하고 탈융합되고 수용하는 맥락에서 그동안 회피해 왔던 정서를 경험하는 연습을 하게 하는 것이 요점이다.

심각한 정신질환을 지닌 많은 내담자는 질환의 수용과 싸우기 쉽고, 이러한 작업을 하는 동안 부정적인 자기 평가가 일어날 수도 있다. 예를 들어, 내담자는 "만일 내가 목소리 들리는 것을 받아들이면, 그것은 바로 내가 미쳤다는 것을 의미한다."라고 말할 수도 있다. 보통 더 많은 탈융합과 수용은 앞으로 나아갈 길을 제공해 준다. 종종 그러한 걱정의 바탕에는 사회적인 걱정이 존재한다. 심각한 정신질환을 가진 사람에 대한 낙인, 편견과 차별은 매우 실제적인 경험이다. 타인의 평가에서 탈융합하는 것은 자신의 생각에서 탈융합하는 것과 본질적으로 다르지 않다. 우리는 부정적으로 평가되는 것이 고통스럽다는 것을 아는 와중에도 평가를 '구입하는' 것을 거부할 수 있다. 당신은 "내가 당신에게 이 방의 벽이 초록색이라고 말한다면, 당신은 나를 믿겠습니까? 내가 당신에게 당신의 이름이 'Debbie'라고 한다면, 당신은 나를 믿겠습니까? 만일 내가 당신에게 180cm(내담자의 키)는 '나쁘다.'라고 말한다면, 당신은 당신의 키를 받아들이기를 거부하여 걸을 때 슬럼프에 빠지기 시작하거나 높은 굽만을 신겠습니까? 내가 '본심은 당신에게 잘못된 무언가가 있다.'고 말한다면, 당신은 그것을 '구입'하겠습니까? 그렇다면 당신은 그것을 변화시키기 위해 무엇을 하겠습니까?"와 같이 말하여 난이도를 단계적으로 높일 수도 있다. 적절하다면 당신은 타인이 부정적으로 평가하고 있는 개인적인 경험을 함께 나눌 수도 있다.

실효성과 마찬가지로 수용은 그들이 자신의 진단, 약물 치료 및 외래 환자 집단과 개인 치료 활동의 참여에 대하여 어떻게 느끼고 있는지와 같이 이 전집에서의 치료 응집성에 관한 쟁점에 연관될 수 있고, 또 보통은 연관되어야 한다. 당신은 치료에 대한 필요성의 수용이 인생에서 행하는 선택에 하나를 더 추가하는 것임을 강조할 수 있다. 내담자는 증상의 빈도를 줄이기 위해서가 아니라 증상이 존재할 때 그것과 더불어 일상생활을 수행하는 것을 배우기 위해서 누군가에게 말을 하는 것, 정신건강 종사자와 약속을 하는 것 혹은 인생 기술을 연습하는 것과 같이 내용보다는 과정에 더 초점을 두는 증상 관리를 위한 새로운 전략 생성에 도움을 받아야 한다. 증상이 잦거나 내담자가 인지적 결함을 지니고 있다면, 처음에는 알림장으로 전략들을 기록해 두는 것이 도움이 될 수 있다.

목표와 가치는 목표 달성과 가능하다면 재발 방지를 위한 구체적인 행동 중재를 개발하기 전에 소개되거나 되돌아봐야 한다. ACT의 행동적 구성 요소는 처음에는 단기적이고 구체적이고 비교적 작은 목표들을 포함하고, 시간에 걸쳐 행동 패턴이 강화될 때 구축하는 표준 행동치료와 매우 유사하다. 한 가지 차이는 모든 목표(얼마나 작은지에 상관없이)가 무엇보다 앞서는 가치와 연관되며, 수용, 탈융합 및 기술 구축을 실천하기 위한 기회로 고려된다는 점이다. ACT는 심각한 정신질환을 지닌 집단에 유용한 것으로 알려진 광범위하게 다양한 기술 습득 접근법과 잘 들어맞는다. 가능하다면 치료의 이 단계에서는 다른 치료 제공자들과 의사소통을 하는 것이 특히 중요할 수도 있다.

개인 치료에 참여하는 심각한 정신질환을 지닌 많은 사람은 정신사회 재활 프로그램, 낮 병원 치료, 지지된 고용이나 집안일 혹은 적극적인 공동체 치료에 참여한다. 치료 제공자들 사이의 의사소통은 목표와 가치를 확인하고, 기술을 연습할 기회를 확인하고, 다른 치료 구성 요소에 참여하는 것의 방해물을 다루고, 진행을 모니터하는 것을 촉진할 수 있다. 입원 환자 장면에서 치료는 평균 입원 일수가 짧음을 고려하여 단지 몇 회기로만 구성할 수도 있다. 환경 치료는 내담자가 생각과 감정으로부터 탈융합하는 것을 연습할 기회를 제공해 주는 주요 장면이 될 수도 있다. 다른 스태프들과 의사소통 하는 것 그리고 "나는 ~라고 생각한다."라고 말하는 것 혹은 "당신은 그 생각을 구입할 것입니까?"라고 말하는 것과 같은 관습에 대하여 내담자에게 교육하는 것은 만일 ACT 개념들이 다른 스태프에 의해 반복되고 있다면 치료 회기의 학습을 강화할 수 있다. '치료 순종'보다 '치료 응집성'에 대하여 이야기하기 시작할 것을 다른 스태프에게 열심히 권하는 것 또한 유용할 수 있다. 마지막으로 다른 치료 제공자들은 병원에서 퇴원하기 전에 내담자의 증상이 완전히 완화되어야만 한다고 믿을 수도 있다. 많은 내담자가 증상 부인을 학습해 왔는데, 이유는 그들이 증상을 부인해야 더 잘 퇴원할 수 있는 반면 증상을 인식하는 것은 병원에 남아 있을 가능성을 더 높이기 때문이다. ACT 치료자는 이 상황에서 두 갈래의 접근법을 택할 수 있다. 첫 번째는 퇴원이 그 자체로 목적이 아닌 목표와 가치에 관하여 내담자와 작업하는 것이고, 병원에 남아 있는 것이 더 많은 기술을 학습할 기회를 증가시키고 가치 있는 목표에 도달하는 더 나은 위치에 내담자를 둘 수도 있음을 탐구하는 것이다. 두 번째는 치료 팀의 옹호자로서 행동하며 내담자의 행동에서 일어난 긍정적인 변화를 지적해 주는 것일 수도 있다(그리고 만일 가능하면 퇴원 준비도를 결정하기 위한 준거로서 증상의 유용성에 관해 스태프를 교육하는 것).

외래 환자 장면에서 ACT 치료자는 개인이 정신사회 재활, 낮 병원 치료 혹은 집단 생활과 같은 다른 치료 활동에 참여하는 구조화된 맥락에서 지내는지 또는 개인이 고용되어 있거나 다른 가족들 혹은 룸 메이트와 살고 있는지와 같이 내담자가 타인과 관여하는 정도를 탐색하기 원할 수도 있다. 이런 이유는 치료, 가족 혹은 공동체 장면 중 다른 사람들과 상호작용하는 맥락에서 목표 도달에 대한 회피와 방해물을 접촉하는 경우가 가장 많기 때문이다. 만일 개인이 혼자 살거나 비교적 고립되어 있다면 치료 과제는 더 어려워지는데, 왜냐하면 그 사람은 부정적으로 평가된 경험을 상당히 성공적으로 '도피해' 왔고 회피한 내용을 덜 보고하는 경향이 있기 때문이다. 달리 말해서 ACT는 내담자가 정신건강 프로그램과 같은 구조화된 활동에 규칙적으로 참여하거나 가족이나 룸메이트와 같이 중요한 타인들과 규칙적으로 상호작용할 때 가장 효과적이다. 그러한 경험은 치료적 '내용'의 원천이기 때문이다. 내담자가 다른 정신건강 프로그램에 참여하고 있다면 이러한 다른 치료 제공자들과 접촉하는 것이 도움이 될 것이다. 자기 참조적이고 타인이나 활동과 의미 있는 접촉을 하지 않는 내담자를 만날 수도 있지만, 그 내담자는 그 자체가 치료의 초점이 될 이러한 상태를 고통스러워할 것이다.

입원 환자와 외래 환자 정신사회 재활 프로그램에서 ACT는 심각한 정신질환을 지닌 사람들과의 집단치료 장면에서 효과적으로 수행될 수 있다(집단을 대상으로 한 ACT에 대한 더 많은 자료는 제14장 참조). 집단 만남 시간은 비교적 짧은 약 45분 정도를 유지해야 한다. ACT는 고정된 입원 집단과 회전하는 입원 집단 모두에서 사용할 수 있고, 각 입원 절차에는 장점과 단점이 있다. 고정된 집단에서는 모든 고객이 같은 입장에 놓여 있으며, 다른 한편으로 회전하는 집단에서는 보다 '앞선' 집단 구성원들이 수용과 목표 설정의 모델이 될 수 있다. 대안적으로 ACT 원리와 연습은 기존 집단에 통합될 수 있다. 예를 들어, 증상 관리 집단에는 인지적 탈융합과 수용을, 약물 관리와 목표 설정 집단에는 기꺼이 경험하기와 가치를 소개하는 것이 효과적일 수 있다.

또 다른 중요한 영역은 개념화된 자기로부터 탈융합하는 것과 다른 자기감을 발견하는 것에 대한 것이다. 자기 자각과 마음챙김에 초점을 두는 것은 흔히 심각한 정신질환, 특히 조현병을 지닌 사람들의 능력 그 이상으로 간주된다. ACT가 선천적인 능력이라기보다 기술로 간주된다면, ACT는 자기감이 감소된 사람이 자기 및 타인과 더욱더 효과적으로 관계하는 것을 배우는 시발점을 제공할 수도 있다.

조현병을 지닌 사람들은 무력화된 혹은 손상된 자기감을 지니고 있으며, 또한 타인의 관점을 제대로 알아보는 능력이 손상되었다는 증거가 있다(Penn et al., 2001). 마음챙김은 ACT와 다른 '제3의 흐름' CBT 접근법의 핵심 구성 요소다. 조현병과 다른 심각한 정신질환을 지닌 사람들은 '마음챙김'과 '자기'라는 비교적 추상적인 개념이 더욱더 구체적인 방식으로 접근될 필요가 있음에도 다른 내담자 집단들이 하는 만큼 많은 이득을 마음챙김 접근에서 얻을 수도 있다.

마음챙김을 소개하려면 자기 자각을 증진시키고 비위협적이고 중성적인 내용을 담은 연습으로 시작하라. 예를 들어, 안내된 연습 한 가지를 보면 내담자에게 성층권까지 높이 올라갈 때까지 방 안의 의자에서 위로 붕 떠오른 다음 지구로 다시 내려와 의자에 앉는 것을 상상하게 한다. 내담자(집단이라면 내담자들)에게 눈을 감게 하고, 신체 감각(예: 바닥에 있는 발의 느낌, 의자에 앉은 몸의 느낌)을 자각하게 한 다음 방 안에 있는 다른 사람의 존재(개인 치료라면 치료자, 집단이라면 다른 사람들)를 알아차리고 방 안과 밖에 있는 소음을 알아차리도록 자각을 확장시킨다. 그런 다음 내담자는 천장까지 붕 떠올라 의자, 책상, 바닥 등을 알아차리고…… 그다음 지붕을 뚫고 똑바로 나아가서 땅, 시내, 차, 사람 등을 알아차리고…… 더 높이 올라가서 모든 건물, 도로, 강 등을 알아차리고…… 도시 전체…… 지역 전체…… 대양, 산, 대륙 등을 보고, 멀리 떨어진 곳에서 결국에는 지구 자체를 보는 것을 상상하게 한다(당신은 지역을 기술하고, 그것을 지구상에 위치시키는 이러한 단계 각각에 대하여 충분히 상세한 사항을 제공하여야 한다). 그다음 내담자에게 단계적으로 아래로 내려와서(이 일이 일어나는 것을 알아차리기 위해 사물들에 직접적인 주의를 기울임, 특히 이전에 말한 내용을 반대 순서로 반복하면서) 의자에 앉을 것을 요구한다.

많은 내담자가 이 연습으로 이완됨을 발견한다. 내담자 혹은 내담자들이 의자에 앉은 후 구경한 모든 것에 대하여 보고하게 하라. 마치 동시에 두 장소에 있어 본 것이 어떠했는지, 그중 일부는 여전히 의자에 앉아 있는 동안 위에 붕 떠 있는 경험을 했고, 자신의 마음이 구경을 하고 있는 동안조차 자신이 누구이며 어디에 있는지를 알면서 방 안의 의자에서 얼마나 안전함을 느꼈는지를 보고하게 한다. 본질적으로 이것은 비위협적인 방식으로 내담자가 '관찰자 자기'를 알아차리는 것을 돕기 위해 시작한다.

그러한 자기감에 대한 ACT의 핵심 은유는 체스판(Chessboard) 은유(Hayes et al.,

1999, pp. 190-192)인데, 여기에서 심리적 내용은 체스 말에 그리고 말들이 다양한 싸움에 여전히 관여하고 있는 동안 가치 있는 방향으로 자유롭게 움직이는 게임판은 관찰하는 자기에 비유된다. 이 은유는 심각한 정신질환을 지닌 일부에게는 잘 들어맞을 수 있고, 어떤 사람들에게는 너무 추상적일 수 있다. 그것이 너무 추상적이라면 작은 물체들이 놓여 있는 쓰기 판과 같이 지지대가 있는 '판'을 활용하는 것처럼 더욱더 구체적인 방법을 사용할 수 있다. 만일 인지적 탈융합 작업에서 사용하는 잡동사니로 가득 찬 상자(Box Full of Stuff) 은유(Hayes et al., 1999, pp. 136-138)를 사용한다면, 이 은유는 자기에 대한 쟁점을 다루기 위해 확장될 수 있다. 당신은 종이와 자잘한 것들로 가득 찬 작은 쓰레기통을 이용하여 "이것은 당신의 질병, 목소리, 증상입니다. 상자는 가득 차 있어요……. 만일 그것이 쳐다보기도 싫은 물건들로 가득 차 있다면 어떻게 하실 건가요?"라고 말할 수도 있다. 환자들은 종종 "그것을 비워 버려요."라고 말하지만, 그 상자에 "그것을 비워 버려요."라는 것 하나를 더 넣어 그것의 무익함을 행동으로 옮길 수 있다. 환자들은 "그것을 쳐다보지 않을 것"이라고 말하지만, 당신은 "만일 당신이 (쓰레기통을 이동시킴) 그 쓰레기통을 쳐다보지 않으려고 애쓰면, 그것은 정말로 사라지는 것일까요? 아니면 그것이 거기에 있음을 당신은 여전히 알고 있나요?"라고 지적할 수 있다. 이것은 무언가의 뒤에 그것을 부분적으로 놓아두는 것으로 행동에 옮길 수 있으며, "이제 저는 당신이 이리저리 돌아다녀 보기를 바랍니다. 그리고 당신이 그것을 볼 수 있는지, 볼 수 없는지를 제게 말해주세요."라고 말한다. 환자에게는 그들이 쓰레기통을 볼 수 없는 방의 작은 부분에서만 존재할 수 있음을 알아차리게 하라. 이 은유는 "이제 저는 당신이 제가 쓰레기통을 보지 못하게 하려고 애쓰길 바랍니다."라고 말함으로써 사회적 철수나 사회적 두려움을 지닌 내담자들에게 확장할 수 있다. 당신이 방을 이리저리 돌아다닐 때 환자는 그것을 시야에서 숨기려고 해야만 하는데, 이것은 다른 사람들이 그것을 보는 것을 막는 일이 얼마나 힘 빠지는 일인지에 관해 보고하도록 할 수 있다. 그다음 당신은 "만일 당신이 그것을 숨기지도, 비우지도, 제거할 수도 없다면 어떻게 하시겠습니까?"라고 전환할 수 있다.

만일 환자가 어떤 것도 생각해 내지 못한다면, 방 전체를 둘러보고 쓰레기통보다 훨씬 더 많은 물건이 얼마나 많은지, 예를 들어 "벽의 그림, 책장, 창밖의 풍경 그리고 물건들로 가득 찬 쓰레기통을 넘어 방 안에 있는 모든 물건을 바라보세요."라고 제안하라. 쓰레기통이 여기에 놓여 있는 동안에도 내담자가 어떻게 당신에게 이야기하고 있는지를 지적해 줄 수도 있다. 쓰레기통이 거기에 놓여 있는 동안에도 내담자에게 자리에서 일어나 책장에 있는 책들을 여기저기 읽어 보거나 창밖을 보거나 컴퓨터로 일을 하거나 방에 들어오는 사람과 이야기 나누는 것을 상상해 보게 하라. 이러한 경험을 자기감과 연관시키기 위해 당신은 쓰레기통과 방에 있는 다른 내용물과 비교하여 때때로 내담자가 책상이나 의자에서 일을 하고 있는 사람과 같다고 제안할 수도 있다(당신은 내담자에게 실제로 다른 의자로 옮겨 가게 하고 방을 둘러볼 수 있게 해 준다). 그런 다음 "당신이 때로는 쓰레기통을 알아차리면서 때로는 알아차리지 못하면서 이 방에서 많은 것을 할 수 있었는데, 이러한 것들이 당신의 일부로 존재하고 있습니까?" 내담자들이 자신이 쓰레기통을 숨겨 놓거나 그것을 비우려고 계속 시도해야만 한다면, 그렇게 하기 위해 그 밖의 모든 것을 멈춰야만 한다는 것을 깨달을 것이다. 내담자가 이러한 통찰을 하지 못한다면, 당신은 그것을 지적해 줄 수도 있다.

이런 물리적 은유는 치료자인 당신이 방에 남아 있는 동안 내담자를 문까지 이동하게 함으로써 확장될 수 있다. "제가 당신인 것처럼 가장하세요. 그리고 당신이 무엇을 하고 있는지와 뭐라고 말하고 있는지 제게 말하세요."라고 말하라(내담자에게 '당신'이 아니라 '나'라고 말하라). 그다음 물건들을 조작하고 경우에 따라서는 말을 하면서 방을 이리저리 돌아다니게 하라. 내담자는 '나'라는 용어를 사용하여 이것에 대해 지속적으로 기술해 나간다. 예를 들어, "나는 책을 집어 들고 있고 책상과 의자와 쓰레기통을 본다. 이제 나는 창밖을 바라보면서 '날씨가 좋군.'이라고 말한다. 이제 나는 쓰레기통을 집어 들어 그것을 바라보며 '왝'이라고 말한다.

이제 나는 하품을 한다." 그다음 이것은 "당신은 여러 일을 하면서 책장과 창밖과 쓰레기통을 바라볼 수 있고, 사물의 좋고 나쁨을 판단하는 것을 알아차리며, 지난주와 작년에 이 방에서 무엇을 하고 있었는지에 대한 기억이 있고, 여기에서 내일 무엇을 하고 생각할 것인지를 알 수 있는데, 이러한 것들이 당신의 일부로 존재하는 것이 사실이 아닙니까?"라고 말하는 것으로 보고될 수 있다. 그다음 이러한 자기감과 수용의 관련성은, 예를 들어 "때때로 당신은 방 안에서 여러 가지 일을 하고 있는 사람과 같고, 때로는 방 안에 있는 자신과 물건을 바라보는 사람과 같습니다. 어떻든 당신은 결코 쓰레기통이 될 수 없으며, 단지 그것을 바라보는 사람일 뿐입니다. 가득 차 있건 비어 있건 나쁘게 보이건 좋게 보이건 냄새가 지독하건 간에 그것은 당신이 아닙니다. 당신은 방 안에 있는 존재이면서 동시에 쓰레기통을 바라보는 존재임을 상상할 수 있습니까? 그렇습니까?"라고 지적해야 한다. 증상들에 관한 특정 재료가 이 속에서 효과를 발휘할 수 있다. (단지 지적으로가 아니라 경험적으로) 이해해야 할 두 가지 핵심 사항은 "당신은 당신의 내용이 아니다와 내용과 싸우는 것은 시간과 에너지가 많이 필요하며 다른 것들을 하지 못하게 막는다."이다.

앞 연습은 자신의 신념의 망상적 성질에 대한 통찰이 부족한 망상 내담자에게는 약간 수정하여 사용하는 것이 유용할 수 있다. 당신은 쓰레기통에 있는 것이 내용임을 제시할 수 있다(예: "나는 록스타다." "대통령은 사탄이다." "그는 누군가를 죽였고 감옥에 가야만 한다"). 무슨 일을 하려고(예: 컴퓨터로 일하는 것, 책을 여기저기 읽어 보는 것) 시도하는 동안 쓰레기통을 운반하는 것 대 여전히 그것을 볼 수 있는 곳에 놓아두는 것의 물리적 은유를 사용하라. 이 접근법은 망상을 지닌 내담자에게 적용할 수 있는데, 왜냐하면 표적은 내용이 '사실'인지의 여부가 아니기 때문이다. 내담자가 에너지의 100%를 쓰레기통과 그것을 가까이 두려는 것에 쏟을 때 그들은 아무것도 할 수 없다는 것이 쟁점이다. 망상 체계에서 이러한 작은 틈은 커다란 행동 변화를 이끌기에 충분할 수 있다. 예를 들어, 이런 작업을 한 후 주지사가 사이비 종교의 신도임을 증명하려고 시도한 결과로 중요한 법적 · 사회적 문제를 지니게 된 내담자는 주지사에 대하여 근거 없이 주장된 불법적 활동에 관해 형사 재판관에게 통지하는 데 충분한 에너지를 소비했다고 했고, 그것은 직업과 적당한 집을 구하는 데 여력을 기울일 시간이기도 하다고 했다. 주지사에 대한 망상적 신념은 여전히 남아 있었고, 그 신념이 직접적으로 도전받으면 강력하게 방어적이었음에도 그녀는 자신의 행동을 극적으로 변화시켰다.

마음챙김 작업과 특히 관찰하는 자기의 개념은 중대한 사고장애나 다른 인지적 결함을 지닌 내담자에게는 깊이 있게 적용되지 못할 수도 있다. 다른 사람들은 깊이 있는 탐구에서 이익을 얻을 수도 있다. 예를 들어, 관찰자(Observer) 연습(Hayes et al., 1999, pp. 192-196)은 실제로 행하는 것들(예: 담배 피우기, TV 보기)로 역할을 단순화시키거나 혹은 만일 이것이 언어 빈곤, 경험 또는 부정적 경험에 대한 선택적 주의에 기인하여 환자에게 도전이 된다면, 최근 기억은 물어보지 않은 채 수정을 하여 이익을 얻을 수도 있다.

내담자가 목표를 충족시키기 위해 행동을 취하기 시작하는 시점은 종종 치료에서 중요한 시기다. 심각한 정신질환을 지닌 다수는 매우 사회적으로 고립된 삶을 살며, 부정적으로 평가된 경험과의 접촉을 오히려 성공적으로 회피해 왔다. 초기 탈융합과 수용 작업에서 그들은 중요한 관심사를 축소 보고할 수도 있는데, 이유는 그들이 실제로 그것들을 자각하지 못하기 때문이다. 두려움, 좌절 및 무희망에 대한 증가된 감정과 부정적인 자기 평가는 그들이 치료에 참여하거나 새로운 생활환경으로 이사하거나 직장 일을 시작할 때까지는 일어나지 않을 수도 있다. SMI 환자들, 스태프 및 중요한 타인들 모두는 종종 그러한 변화가 얼마나 대단할 것인지를 과소평가한다(Pratt, Gill, Barrett, & Roberts, 1999). 당신은 어떤 ACT 내담자와도 탈융합과 수용과 가치 있는 목표에 전념하고 추구하는 것 사이를 주기적으로 왔다 갔다 할 준비를 해야 한다. 하지만 이것은 SMI로 고통받는 사람에게서 훨씬 더 많이 일어나는 경향이 있다.

치료의 이 시점에서는 늪지대(Swamp) 은유(Hayes et al., 1999, p. 248)와 불편 씨를 찾아서(Looking for Mr. Discomfort) 연습(Hayes et al., 1999, p. 247)을 사용하는 것이 유용하다. 이 연습에서 내담자는 회기 중 사적 사건에 노출되며, 나타나는 것이 무엇이든지 그것과 함께 앉아 있는 '불편 씨(Mr. Discomfort)'를 기꺼이 발견할 것인지 그리고 나타나는 것이 무엇이든지 그것과의 관계를 기꺼이 재협상할 것인지를 내담자에게 물어보라. 일단 부정적으로 평가된 사적 경험에 관하여 작용하는 은유로서 확립된다면, 치료자와 내담자는 업무에서 혹은 기술 훈련 집단에서 나타나는 '불편 씨'에 대하여 이야기할 수 있고, 불편 씨가 나타나는 매 순간 그와의 관계를 재협상할 수 있다. 만일 내담자가 실패라고 지각한 것을 경험한다면, 이것은 전념을 탐구하거나 내담자가 경험에서 학습한 것에 초점을 두는 데 도움이 되는 기회가 될 수 있다. 예를 들어, 만일 누군가 독립적인 삶에서 이사하여 그룹 홈으로 되돌아온다면, 그는 자신이 독립에 실패했다고 생각할 수도 있다. 당신은 그가 다른 사람들과의 삶에 대하여 가치를 두는 것을 고려하고, 그가 더 큰 독립이라는 목표(예: 그룹 홈에서 생활하는 동안 독립적인 사회적 · 여가적 및 직업적 기회를 추구하는 것)를 달성하는 데 효과가 있을 수도 있는 다른 방식을 고려하게 도와줄 수 있다.

임상적 고려 사항

SMI를 지닌 내담자를 대상으로 작업할 때 고려해야 할 몇 가지 특수한 사항이 있다. 일부 고려 사항에는 심각한 정신질환에 대한 정의를 검토하는 것, 심각한 정신질환을 지닌 사람에 대한 치료자 자신의 신념을 검토하는 것, 억지로 참여하는 내담자와 작업하는 것, 물질 사용 장애와 정신증 혹은 기분장애로 이중 진단받은 내담자와 작업하는 것 그리고 정신장애 대 정신 증상을 동반한 기분장애로 진단된 내담자와 작업하는 것의 차이가 포함된다.

심각한 정신질환이란 무엇인가

다른 진단 범주들과는 달리 '심각한 정신질환'이란 용어는 보통 건강관리연합회보다 주정부 기관들에 의해 정의된다. 부분적으로 이러한 명칭이 종종 다양한 서비스와 등록에 적합한지를 결정하기 위해 사용되기 때문이다. SMI의 정의는 특정 진단, 질환의 기간이나 강도, 사회적 · 직업적 기능에서 기능 손상의 정도, 주관적인 고통이나 기타 요인을 고려한다. 따라서 어떤 정해진 진단을 받은 사람이 SMI의 지엽적인 준거에 부합하지 않을 수도 있다. 예를 들어, 양극성장애를 지닌 사람은 증상 기간이 짧거나 주기적인 사회적 · 직업적 기능의 감소가 더 많기 때문에 SMI 주정부 준거에 부합되지 못한다. 그렇지만 이 장은 정해진 관리 체계 내에서 SMI로 범주화가 되건 안 되건 간에 정신증의 긍정적 혹은 부정적 증상과 이러한 증상과 관련된 기능 손상을 경험하는 개인에 초점을 둔다. ACT 중재는 진단이나 법적 명칭보다 내담자의 증상, 목표, 기회, 자기감 및 구체적 사고 대 추상적 사고에 더 민감하다.

심각한 정신질환에 대한 치료자의 신념

SMI를 지닌 사람들과 작업할 때 당신은 이 집단에 관한 자신의 생각, 감정 및 신념을 검토해야 한다. 심각한 정신질환을 지닌 사람에 대한 낙인과 편견은 일반인은 물론 정신건강 전문가들 사이에서도 만연해 있다. 예를 들어, 내가 수행한 직업 재활 발표에서 일부 참가자는 내담자들의 직업적 동경에 관하여 '직업(career)'이라는 단어에 이의를 제기했다. 그들은 내담자들이 오직 '직업'에 반대되는 '직장(job)'만을 구할 수 있다고 믿었다. 임상가들이 중요한 타인과 직장을 갖는 것과 같은 그러한 기본적인 인생 목표에 놀라워하는 것이 이상한 일은 아니다. 내담자가 이러한 목표를 특별하게 형성했을 때조차도 말이다.

내담자 스스로는 다소 방어적이고 성취란 불가능한 일이라고 믿을 수도 있다. 슬프게도 이러한 믿음은 많은 사람뿐만 아니라 정신건강 전문가들에 의해서도 지지된다. 정신 증상이 있어 가치 있는 목표를 추구하지 못한다는 것은 적절한 이유가 되지 않는다. 사회의 생산적인 구성원이고 관계를 유지할 수 있고 일류 대학 학위를 취득하고 원하는 직업을 갖고 여가와 기분 전환 활동에 참여하는 심각한 정신질환을 지닌 사람의 예는 무수히 많다. 때때로 치료자가 지니는 낙인은 다른 길을 막고, 치료자는 고객이 택하는 선택(예: 독립적으로 사는 것과는 반대로 숙박 설비가 있는 환경에 사는 것을 선택하는 것)에 대하여 부정적인 평가를 할 수도 있다. 고객이 자신의 가치를 추구하도록 힘을 실어 주는 지속적인 자세를 유지하는 것이 중요하다. ACT는 이러한 점에서 유용하다. 왜냐하면 ACT 원리들은 내담자를 돕는 것뿐만 아니라 치료자 자신이 지닌 불편한 감정의 행동적 영향력과 낙인찍은 생각을 그대로 믿을 가능성을 파헤치는 것으로 알려져 있기 때문이다(Hayes, Bissett, et al., in press).

억지로 참여하는 내담자와 작업하기

입원 환자 장면에서 보게 되는 정신 증상을 지닌 내담자들은 종종 억지 상태에 놓여 있으며 입원 내력이 오래될 수도 있다. 중요한 것은 치료에 대한 내담자의 믿음과 태도를 검토하는 것이다. ACT가 과거 접근법과 분명히 다르다면, 그리고 ACT가 왜 병원에 입원하게 되었는지로 시작하는 것보다 목표와 가치의 검토로 시작한다면, 마지못해 치료를 따르는 내담자도 ACT에 참여하여 이익을 얻을 가능성이 더 많다. 사실상 이 집단은 증상 제거에 초점을 두는 전통적인 치료와 대조되는 ACT에 참여하는 것에 특히 동기를 부여받을 수도 있다.

이 집단의 내담자들은 환각을 인지하면 그것을 부인하는 내담자가 퇴원하는 동안에도 병원에 남아 있어야 하기 때문에 증상을 축소 보고하고 최소화하는 경향이 있다. 사실이 아니라는 증거가 증가하고 있는데도 불행히도 많은 정신병원 정책은 증상이 문제라는 자세를 유지하는 데 뜻을 같이 한다. 환각이나 망상적 신념이 문제라고 확신하는 가족 구성원들과 치료 제공자들도 증상과 행동 기능의 상대적인 독립성에 관해 교육을 받을 필요가 있다. 치료에서는 수용과 탈융합의 맥락에서 외현 행동에 초점을 두는 것이 효과가 더 크다. 심지어 매우 취약한 내담자조차 증상이 결코 완화되지 않아도 목표를 달성할 가능성을 인식한다면 치료에 들어올 수 있을 것이다.

물질 남용

심각한 정신질환자의 약 50%는 물질 사용 장애로도 진단받는다(Mueser, Bennett, & Kushner, 1995). 물질을 남용하는 이 집단에 속하는 사람들 대부분은 선택 약물을 사용하지 않는 기회주의적인 남용자이며, 규칙적으로 약물과 술을 구입하기 위한 경제 자원을 가지고 있지 못할 수도 있다. 보다 뿌리 깊은 사용 양상을 보여 주는 사람들도 있다. 이중으로 진단된 사람들은 종종 정신건강과 약물 및 알코올 관리 체계 사이를 왔다 갔다 한다. '통합 치료'가 도움이 되지만 이용 가능하지 않을 수도 있다. 다행히도 정신적 문제를 대상으로 작업해 온 것과 동일한 ACT 전략이 물질 남용에도 적용되므로 정신건강과 물질 사용 표적 모두에 역점을 두어 다룸으로써 이 환자들에 대한 통합적인 치료를 제공하지 못할 이유가 없다(제9장 참조). 물질은 증상을 다루기 위해서나 지루함과 같은 감정을 회피하기 위해 아주 흔히 사용되고 있으며, 이런 경우 물질 사용은 또 다른 회피 방법으로 취급될 수 있다.

인지 결함

조현병은 추상적 사고와 사회적 단서 재인에서의 결함을 포함하는 인지 결함과 연합되므로(Corrigan & Penn, 2001) 추상적 은유가 이 전집에는 도전적일 수 있다. 많은 치료자가 어떤 은유적 이야기의 사용도 과잉 일반화하거나 회피하지만, 사실 은유와 이야기는 간단하고 구체적이고 개인적으로 관련되고, 특히 중요한 임상적 쟁점과 관련된다면 인지 결함을 지닌 사람들에게 특히 유용하다. 은유를 '구체화'하는 하나의 방법은 물리적 소품을 사용하는 것이다. Hayes와 동료들(1999)이 기술한 일부 보편적인 ACT 은유들은 상세하고, 소품들을 포함한다. 그것들이 없는 곳에서 치료자는 쉽게 활용할 방안을 찾을 수도 있다. 예를 들어, 중국 수갑(Hayes, Strosahl, & Wilson, 1999, p. 104) 혹은 단순히 나쁜 컵 은유(Hayes, Strosahl, & Wilson, 1999, pp. 168-169)를 기술하는 대신 치료자는 이러한 은유들을 제시하면서 중국 수갑과 커피 잔을 사용할 수도 있다.

사회적 장면과 상황, 인생 경험을 언급하면서 치료자가 내담자의 사회적 내력 및 기능과 관련된 예들을 사용하는 것이 중요하다. 예를 들어, 많은 내담자가 파티에 부랑자 Joe(Joe the bum)(Hayes, Strosahl, & Wilson, 1999, pp. 239-240)를 초대하는 사람의 은유와 연관시키면 집이 없거나 인생 대부분을 시설에서 살아온 내담자는 파티를 주재한 경험이 없거나 파티 주최자보다는 '부랑자 Joe'와 더 많은 연관을 시켜 혼란을 겪을 수도 있다. 의심스러운 경우 치료자는 항상 그 순간 내담자가 이해하고 있는지에 관하여 피드백을 얻고, 각 회기 내에서 검토할 수 있다.

증상의 관해

어떤 내담자는 자신의 증상이 향정신성 약물 치료 과정을 시작하면서 재빨리 관해되는 것을 발견할 것이다. 이것은 치료의 조기 종료를 야기할 수도 있지만, ACT가 표적으로 삼는 과정은 급성 단계가 끝나고 난 후 재발을 방지하는 데 도움이 될 수 있다(Bach & Hayes, 2002). 당신은 재발 문제와 기분 증상에 관하여 내담자가 관심을 갖고 참여하도록 해야 하는데, 이것들은 빠르게 완화되지 않는 경향이 있기 때문이다. ACT가 수립하는 기술은 회피된 내용에 의존하지 않는다.

결 론

정신증이 있는 사람을 대상으로 한 심리사회적 중재들은 그 가치에도 불구하고 상당히 덜 발달되었다. 약물 치료가 환자들에게 도움이 될 수 있지만, 그다지 충분하지는 않다. ACT는 근본적으로 수용하고 타당화하고 비위계적이며 행동적으로 초점화된 이 작업에 대하여 강력한 새로운 모형을 제공한다. ACT 모형은 이 내담자들을 대상으로 작업하는 더 많은 제공자들이 연구하고 평가할 만한 가치가 있다.

제9장

성격장애와 수용전념치료

Kirk D. Strosahl

정신건강, 화학적 의존 및 일반 건강관리 제공자들이 보여 주는 많은 문제 중 어느 것도 만성적인 기분 장해, 낮은 사회 적응, 높은 수준의 대인 관계 고립, 갈등과 일상 스트레스, 빈번하게 재발하는 자기 파괴 행동을 경험하는 환자보다 더 도전적이지는 않다. 대개 이러한 환자들은 '성격장애'라는 임상 진단을 받지만, 그들의 인지적 · 정서적 · 행동적 · 사회적 기능에서의 광범위한 결함 때문에 '다중 문제'를 지닌 환자로 기술하는 것이 더 적절하다. 전형적으로 이러한 환자들은 우울, 불안, 냉담, 권태, 고독, 죄의식 및 분노와 같이 만성적인 부정적 정서 상태를 경험한다. 이러한 정서는 과도한 부적응적인 대처 반응, 즉 반복적인 자살 행동, 알코올이나 약물 남용과 같은 중독 행동, 섭식 장애 및 만성적인 자기 손상의 주된 원인이다.

다중 문제를 지닌 환자들은 사회적 · 대인 관계적 기능에서 중대한 곤란 또한 경험한다. 그들은 대인 관계를 유지하고 형성하는 데 문제가 있고, 종종 우연적인 성인 관계와 친밀한 성인 관계 둘 다를 형성하고 유지하는 과정에서 일어나는 갈등이 잦은 쟁점들을 치료 과정에 포함시킨다. 이러한 행동적 · 인지적 · 정서적 문제의 수와 양은 치료자를 좌절시키는 근원이 된다. 어떤 정해진 시점에서 환자가 그렇게 많은 기능 영역에서 일반화된 실패를 표현할 때 치료에서 행동 계획을 개념화하기 힘들다. 게다가 만성적인 자살 생각, 자살 시도 및 다양한 형태의 자기 파괴적 행동의 파괴적인 존재는 치료의 지속성을 방해하고 치료적 관계에 심각하게 도전할 수 있다.

놀랄 것 없이 다중 문제를 지닌 환자들은 심리치료와 한 번에 여러 약을 동시에 쓰는 일과 같은 복합적이고 비효과적인 상황을 겪는 경향이 있다. 치료자들은 종종 그러한 환자들을 '치료 방향으로(therapy-wise)' 기술하는데, 이 말은 환자들이 심지어 가장 능력 있는 치료자의 중재라도 예상하고 반박할 수 있다는 의미다. 다중 문제를 지닌 환자들은 어려움의 원인에서 표면적인 '통찰'을 보이기도 하지만 효과가 없는 행동 패턴을 변화시키지는 못하는 것 같다. 행동 변화 계획을 함께 고려하는 경우 치료자가 환자의 변화 동기에 의문을 갖게 함으로써 대개는 그것을 따르지 않는다.

이 장은 다중 문제를 지닌 환자를 이해하고 치료하기 위한 수용전념치료(Acceptance and Commitment Therapy: ACT) 접근을 기술한다. 이러한 목적을 달성하기 위해 성격장애 구성 개념의 기원을 검토하고, 어떻게 이것이 ACT 체제에서 재개념화될 수 있는지를 기술하고자 한다. 이 일은 임상가인 당신에게 다중 문제 행동 패턴을 지탱하는 핵심 과정을 확인시켜 주며, 이어서 중재 표적을 더 잘 택하게 해 줄 것이다. 이 장의 나머지 부분에서는 만성적인 자살 행동과 자기 파괴적 행동을 이해하고 다루는 방법을 포함하여 다중 문제를 지닌 환자에 대한 ACT 중재의 일관된 세트를 기술할 것이다. 마지막으로, 매우 기본적인 ACT 원리들을 사용하여 이러한 내담자들과 작업할 때 어떻게 당신이 대인 관계 '영역'과 동기 '영역'을 다룰 수 있는지에 대한 몇 가지 실무적인 제안을 할 것이다.

DSM-IV에서는 '성격장애'의 전통적인 개념을 '개인의 문화에 대한 기대에서 현저히 벗어나는 내적 경험과 행동의 지속적인 패턴이 널리 퍼져 있고 융통성이 없으며…… 시간에 걸쳐 안정적이고 고통과 손상을 초래한다.'로 정의하고 있다(American Psychiatric Association, 1994). DSM 분류 체계는 열 개의 특정 성격장애로 구성된다. 즉, 편집형 성격장애, 분열성 성격장애, 분열형 성격장애, 반사회성 성격장애, 경계선 성격장애, 연극성 성격장애, 자기애성 성격장애, 회피성 성격장애, 의존성 성격장애 및 강박성 성격장애다. 이러한 분류 체계에 대해서는 수많은 비판이 존재하며, 거기에는 증상 준거들 사이의 과도한 겹침, 증상들을 정의함에 있어서 높은 수준의 추론, 장애들의 사전 정의와 다차원적인 척도 연구에서 관찰된 증상 군집화 간의 낮은 증상 기저율과 빈약한 합의가 포함된다(Widiger, 2001; Widiger, Trull, Clarkin, & Frances, 1987; Livesley & Jackson, 1986 참조). 이러한 반론은 결코 성공적으로 해결될 수 없지만 명칭과 구분은 계속해서 광범위하게 사용되고 있다.

일반 전집에서 성격장애 유병률이 적절하게 조사되지는 않았지만, 추정치는 보다 일반적으로 진단되는 장애들에 있어 대략 1~1.5% 정도다(Liversley, 2001). 정신건강 장면에서 유병률 추정치는 매우 다양하지만 대략 10~15%다. 이러한 양상은 오해의 소지가 있다. 이 환자 집단은 모든 정신건강 자원의 40%를 소비하고 있기 때문이다(Strosahl, 1991).

성격장애는 부분적으로 전체 개념에 관한 논쟁으로 인해 행동치료자들에게 오랫동안 등한시되었다(개관을 보려면 Strosahl & Linehan, 1983 참조). 지난 10여 년간 다중 문제 행동에 대한 행동치료 접근법이 출간되기 시작했다(Chiles & Strosahl, 1995; Linehan et al., 1991; Linehan, 1993; Strosahl, 1991).

다중 문제를 지니고 있는 환자들을 이해하고 치료하고자 했던 행동치료자들의 초기의 선구적인 노력이 '제3의 물결' 행동치료에서 수용과 변화 원리에 대한 강조가 점증하는 데 기여했다고 볼 수 있다. 변증법적 행동치료(Dialectical Behavior Therapy: DBT)의 최초 무선적인 임상적 시도(Linehan et al., 1991)는 다른 맥락적 접근의 잠재성에 대한 낙관적인 파장을 이끌었다. DBT는 약물 남용 문제 여부와 상관없이 경계선 성격장애가 있는 여성에게 선호되는 치료로 간주되어야 한다(개관을 보려면 Hayes, Masuda, Bissett, Luoma, & Guerrero, in press 참조). 보다 더 인지에 초점을 둔 치료 모형 또한 경계선 성격장애가 있는 환자에게 유의미한 임상적 이점을 지닐 수도 있다(예: Beak, Freeman, & Davis, 2004; Young, Klosko, & Weishaar, 2003). 그렇지만 자료는 여전히 예비적이다.

다중 문제를 지닌 환자에 대한 유일한 ACT 연구는 통제되지 않은, HMO 외래 정신건강센터의 환자 60명을 대상으로 한 12회기 ACT 프로그램의 효과성을 살펴본 것이었다. 이 환자들 대부분은 많은 이득 없이 치료와 약물 치료의 다양한 체제를 경험하였다. 집단 모듈은 환자 교육과 가정에 기반을 둔 연습 접근법을 사용하여 ACT의 핵심 개념과 중재를 참가자들에게 소개하였다. 예를 들어, 이 프로그램에 참여한 참가자들은 가치 있는 인생 목표를 개발하고 교실 회기들 사이에서 그 목표를 향해 특정한 단계를 밟도록 기대되었다. 프로그램을 마친 사람 중에서 우리는 사전 검사에서 사후 검사에 이르는 동안 자가 평정 우울 점수가 유의미하게 감소되었음을 발견하였다. 게다가 ACT 교실 프로그램을 마친 참가자의 대다수는 스스로 정한 목표를 성취하는 데 유의미한 진전을 보였다(Strosahl, 1991). 통제 집단의 결여는 예비 연구보다 못한 결과를 낳았다.

ACT는 성격장애 환자들의 막대한 부분을 포함한 더 많이 통제된 연구에 사용되어 왔다. 예를 들어, Hayes 등(in press)은 ACT를 심각한 약물 남용 문제를 지닌 환자들에게 성공적으로 적용하였는데, 그들의 절반은 성격장애를 갖고 있었다(Strosahl, Hayes, Bergan, & Romano, 1998 참조).

사례 개념화

많은 전형적인 임상 문제에서 다중 문제 행동은 정도는 상이하지만 종류는 다르지 않다. 주된 차이점은 다중 문제가 있는 환자들을 이러한 문제들의 자기 확장 네트워크에 끼워 넣는 것이다. 다중 문제가 있는 환자는 세상에 대한 '개인적 논리'가 존재하며, 이러한 논리는 ACT 치료자에게 익숙하다.

다중 문제가 있는 환자들은 당신이 직면해야만 하는 임상적 도전을 정의하는 네 가지 독특한 특질을 나타낸다. 그것들은 다음과 같은 불변의 부적응적인 행동으로 나타난다.

- **만연함**: 동일한 제한된 반응이 광범위한 관련 없어 보이는 상황에서 발생함
- **지속적임**: 이러한 반응은 오랜 기간에 걸쳐 지속되며 습관 강도를 획득하는 것으로 보임
- **저항함**: 이러한 행동이 환자에게 가져다 준 상당한 부정적인 결과에 의해 조형되거나 수정되지 않는 것처럼 보임
- **자기 파괴적임**: 시간에 걸쳐 이런 한정된 반응 패턴들이 환자의 인생 영역을 제한하고, 가치에 기반한 행동을 억제하고, 역설적인 동기 결함을 야기함

임상 실무에서 이러한 기능적 과정은 깔끔하고 순수하고 독립된 패키지로는 거의 등장하지 않는다. 이것들은 항상 상호적이며, 과정(들)이 어떤 주어진 시간에 환자의 반응을 일으키는지에 대해서는 혼동하기 쉽다. 다행히도 이러한 과정이 순환적 방식으로 상호작용한다는 사실은 효과 없는 행동 패턴 속에 많은 가능한 '접근 지점'이 존재함을 의미한다. 어느 한 과정을 파헤치는 것은 나머지 과정이 어떻게 기능하는지에 영향을 미칠 것이다.

ACT/RFT 관점에서 이러한 과정을 검토하면서 우리는 다음 사항을 의심한다. 첫

째, 언어의 기본적인 기능적 속성은 잘못되어 왔다. 둘째, 규칙 지배적인 행동과 같은 고차적인 언어 기능은 보다 더 적응적인 행동을 조형하는 경험과의 직접적인 접촉을 무효화한다. 셋째, 단기적 강화는 정서적 회피 행동을 유지시킨다. 넷째, 기술 결함은 보다 더 유연한 반응을 이끌 수 있는 능력을 방해한다.

만연한 역기능

기능적으로 말하면, 다중 문제를 지닌 환자들은 크게 중첩되지는 않는 속성을 공유하는 상황 간에 적절한 구분을 하지 못한다. 예를 들어, 어떤 개인적인 갈등도 그것이 무엇에 관한 것이건 누구와 관련이 있건 혹은 얼마나 심각한지와 무관하게 동일한 재앙적 반응(즉, 회피 · 철수, 부정적 각성의 증가, 자살 생각 혹은 자살 시도)을 유발한다. 환자들은 여러 사건에 적용하는 언어적 관계를 조절하는 데 이용할 수 있는 수많은 맥락 특성과 심리적으로 접촉하는 일 없이 광범위한 규칙과 상당한 등가류(equivalence class)에 의하여 반응한다. 경험적 회피가 이러한 현상을 낳는 듯하다. 예를 들어, 만일 성적 학대, 신체적 학대, 방임이나 유기와 같은 외상적인 대인 관계 사건을 경험했다면, 환자는 이러한 사건들에 대한 생각을 회피하여 심지어 단서가 있는 경우에도 특정한 부정적인 기억을 끌어올리는 능력이 부족할 수도 있다(예: Pollock & Williams, 2001). 남아 있는 것은 아마도 (치료자를 포함한) 모든 사람이 잠재적으로 위험하다는 막연한 생각이다. 반추 사고는 가능한 해로움을 물리쳐 주지만 그 또한 자서전적인 회상의 특수성을 손상시키는 데 사용된다(Watkins & Teasdale, 2002). 이러한 발견은 일반화된 불안장애의 ACT 사례 개념화(제5장 참조)와 흥미로운 유사성을 제공한다.

정서적 회피를 위해 특정 기억을 상실하는 것은 상당한 대가가 따른다. 환자가 안전한 상황과 유해한 상황 사이를 회상하고 구별하기 힘들어하기 때문에 정서 조절이 문제다. 위험한 사건에 대한 애매하고 광범위한 등가류는 '위험'이 거의 언제나 존재하고, 환자는 만성적으로 과각성되어 있음을 의미한다.

다중 문제를 지닌 환자들은 어린 시절 흔히 부모나 다른 롤 모델이 음주, 학대, 도주, 실직, 감독관 때려 눕히기 등으로 부정적인 정서에 반응하는 데 노출되었다. 성인이 되었을 때 그들은 심리적 도전을 다루는 데 가용한 기술이 제한되어 있다. 치료에서는 환자의 어려움에 기여하고 있을지도 모르는 특정한 기술 결함을 평가하고 교정하는 것이 중요하다.

흔히 다중 문제를 지닌 환자들은 이러한 과정 둘 다를 나타낼 것이다. 예를 들어, 한 여성 환자는 식료품점에서 남자 계산원에게 인사 받고 미소를 지은 후 해리 경험을 보고할 수도 있다. 그녀는 아버지에게 성적으로 학대되었던 내력이 있다. 이러한 성적인 우연한 만남 동안 그녀는 학대의 정서적 · 신체적 고통을 피하기 위한 수단으로 그 상황에서 해리되었을 것이다. 상황이 현저히 다름에도 그러한 것들은 위험한 친밀성의 잠재적인 속성을 갖고 있을 수도 있는 한 남성과의 상호작용을 포함시켰고, 그 결과 동일한 해리 반응을 일으켰다. 게다가 환자는 특정한 기본적인 사회적 기술이 부족하여 남자 계산원이 인사하였을 때 사회적으로 효과적인 반응(즉, 계산원에게 미소를 지으며 인사에 보답하는 것)을 보일 수 없었다.

지속적인 역기능

환자들은 많은 정서적 · 인지적 · 행동적 역기능의 내력이 오래되었음을 보고하는데, 사실 그것들은 환자의 고통을 증가시키고 장기적으로는 점점 더 많은 무능력을 낳는다. 이러한 경직성은 무엇을 말해 주는가? ACT/RFT 관점에서 보면, 주된 원인은 역기능적인 규칙과 생각의 융합 그리고 정서적 회피와 연관된 단기적 강화다. 결과적으로 유연성의 부족은 자연적인 유관성이 더욱더 효과적인 행동을 조형할 수 없는 일종의 '행동적 함정'을 이끈다.

다중 문제를 지닌 환자들은 맨 처음에 규칙을 끌어들였던 근본 문제를 재유발하는 방식으로 규칙이 지배하는 반응을 사용한다. 이러한 규칙들은 새로운, 보다 효과적인 행동을 배울 만큼 충분히 오랫동안 그것들을 대신하기 힘든 환자의 레퍼토리에서 지배력을 획득한다. '만일 당신이 그것을 소유하지 못한다면 당신은 그것을 얻은 것이다.'라는 ACT 원리가 여기에 적용되는 것 같다.

하나의 예는 전에 기술했던 여성 환자의 딜레마다. 만일 그녀가 '봉당을 빌려 주니 안방까지 달라는 격이다.'라는 규칙을 갖고 있다면, 논리적인 반응은 그 점원과의 상호작용을 억누르면서 잠재적인 피해로부터 자신을 보호하는 것이다. 이것은 '만일 당신이 좋은 여자이며 그것을 이용하지 않는다면, 당신은 평생 지속될 사랑으로 보상받을 것이다.'라는 두 번째 규칙의 증가에 그녀를 묶어 놓을 수도 있다. 규칙이 지배하는 반응이 취하는 정확한 형태는 환자의 학습 내력에 의해 결정된다. 이 경우 그녀의 해리 반응은 과도한 학습과 자기 보호적인 것이지만 동시에 정서적으로 회피하는 반응이다. 사회적 성과의 수준에서 그 점원은 그 환자에게 어떤 더 이상의 흥미도 발달시키지 않을 것이며, 그녀는 고립된 채 남을 것이다. 그렇지만 규칙이 지배하는 행동의 관점에서 보면, 그녀는 자신의 예견된 피해를 막으면서 '좋은 여자'로 남게 될 것이며, 따라서 미래에 약속된 보상을 위해 여전히 줄을 서고, 새로운 행동이 만들어 낼 불편함을 경험하지 않을 것이다. 규칙은 자기 지지적이다. 왜냐하면 그녀는 대인 관계에서 고립되고 외롭고 신용 없이 남을 것이기 때문이다. 그녀는 지지적이고 친밀한 관계를 발달시키는 방법을 배울 가능성이 적을 것이다.

정서적 회피는 본래 자기 강화적이다(Hayes, Wilson, Gifford, Follette, & Strosahl, 1996). 당신이 나쁘다고 느끼는 무언가를 회피하거나 도피하는 경우 회피 행동은 부정적으로 강화되며 정서적 회피는 증가한다. 이것이 다중 문제 행동 패턴의 핵심 특징이다. 앞의 예에서 여성 환자는 미소 지으며 인사하는 점원을 규칙이 지배하는 반응 및 연합된 증대와 연관시키기 때문에 불안을 경험할 것이다. 어쨌든 그녀는 이용당할 위험에 처하며, 좋은 여자가 아니라는 위험에 처한다. 이것은 즉각적인 정서 상태로서 두려움과 불안 둘 다를 (학습 내력에 의해) 자동적으로 끌어들인다. 점원에게 반응하지 않음으로써 그녀의 사회적 고립감은 증가하지만(불행한 외적 결과), 불안 수준은 감소한다(긍정적인 내적 결과). 이것은 다른 환자들도 다르지 않다. 즉, 다중 문제를 지닌 환자들은 대부분의 사람보다 함정에 더 깊이 빠지기 쉽다.

변화에 대한 저항

다중 문제를 지닌 자살 환자들에 대한 연구에서 보다 공통적으로 발견되는 점 중 하나는 그들이 형편없는 문제 해결자라는 것이다. 그들은 더 적고, 덜 효과적인 해결책을 창출하는 경향이 있고, 운이나 다른 사람들의 변화 혹은 단지 시간이 흐르는 것과 같은 수동적 전략에 더 많이 의존한다. 당신이 살아가면서 드러나는 다양한 문제를 해결할 수 없다면 새로운 문제 속에서 성장할 수 없을 것이다. 당신은 지속적으로 같은 쟁점을 다루는 데 인생을 허비한다. 이것은 다중 문제를 지닌 환자의 치료에서 일어나는 일들의 표준 상태다.

문제 해결에서 이러한 약점은 이전에 언급했던 불충분한 자서전적 회상과 관련이 있을 수 있다. 실제로 지나치게 일반적인 회상은 개인적인 문제 해결에서의 결함과 강하게 연관되는 것으로 알려져 있다(Pollock & Williams, 2001). 만일 당신이 과거를 회상할 수 없다면 그것을 반복할 운명에 놓일 것이다.

두 번째로 중요한 기제는 과도한 규칙 따르기가 직접적인 유관성에 상대적인 둔감성을 일으킨다는 점이다. 유관성에 의해 새로 형성된 행동은 시간에 걸쳐 그것의 결과를 주조한다. 규칙이 지배하는 행동은 직접적인 유관성에 의해 통제될 필요가 없다. 즉, 그것은 광범위한 사회적 지지 혹은 언어적으로 왜곡된 '결과'에 의해 통제될 수 있다(사실상 모든 사회적 접촉을 회피한 경우 가게 점원으로부터의 '피해'를 회피하는 것과 같이).

다중 문제를 지닌 환자들은 자기 파괴가 일어날 정도로 규칙에 의해 통제된다. 그들은 서구 문화에서 아주 만연한 '통제와 제거' 변화 의제의 가장 두드러진 희생자다. 이 규칙은 안 좋은 결과에도 우리 문화에서 상당히 증가되었다(강한 사람이 자신의 감정을 통제할 수 있고, 건강은 고통이 없는 것이며, 정상적인 사람은 별로 고통을 겪지 않는다). 환자는 자신이 겪는 어려움에 대하여 다음과 같이 설명한다.

- 내 무능력의 원인은 하나 이상의 개인사적인 설명에 의해 유발되어 온 만성적인 부정적 기분 상태, 외상적 플래시백, 부정적 생각과 같은 혐오스러운 사적인 사건의 존재다.
- 또다시 기능적으로 되기 위하여 나는 나의 (혐오스러운 인생 사건의) 통제를 획득해야만 한다.
- 이것은 내가 이런 특별한 방식을 배워서 그것을 변화시킬 수 있는 방법을 이해함으로써 달성될 수 있다.
- 혐오스러운 사건이 더 이상 나타나지 않을 때 내가 통제하고 있음을 알게 될 것이다.
- 그다음 나는 기능적 존재로서 내 인생을 살아갈 수 있다.
- **그때까지 당신은 내 인생을 살아가는 나를 기대할 수 없다!**

다중 문제를 지닌 환자의 독특한 측면은 이러한 문화적 규칙이 논리적으로 부조리한 결론을 수반한다는 점이다. 만일 당신이 부정적인 내적 상태를 지니고 있지 않다고 단호하게 주장한다면, 당신은 인생의 모든 측면이 작동하는 것을 문자 그대로 멈출 수 있을 것이다. 당신의 인생은 문자 그대로 특정한 경험을 하지 않으려 할 수 있고, 규칙 그 자체가 틀릴 수도 있다는 것을 자신에게 드러내 보이는 일 없이 수십 년 동안 이런 어리석은 임무를 계속할 수 있다. 다중 문제를 지닌 환자들이 남들은 자신의 우울, 불안, 플래시백 등을 통제할 수 있다는 것을 (하나의 사실로) 강조하여 말하는 것을 듣기란 드문 일이 아니다. 이것은 환자가 충분히 열심히 노력하지 않는다, 변화에 필요한 의지력이나 특성이 부족하다 혹은 부적절하고 '상처 입었다.'의 증거로 계속 남아 있다. 이 과정은 규칙이 지배하는 생각이 유관성을 새로 형성한 행동에 대하여 행사할 수 있는 힘을 입증해 준다. 그런 환자들을 대상으로 내가 작업하는 접근법 중 상당 부분은 규칙 따르기를 있는 그대로 끌어내고, 내담자에게 '자동조종 장치'를 끄도록 시도하게 하는 것이다.

자기 패배적인 부적응 행동

대부분의 치료자가 놓치기 쉬운 부분은 다중 문제를 지닌 환자의 세계관에 대한 논리다. 인생이 비틀거리고 있다면 건강한 관계를 유지할 수 없고, 사회에 기여하지 못하며, 설명할 거리도 많을 것이다. '이야기'로 들어가라. 이야기는 문제를 야기한 어떤 일이 있었는지와 그것을 해결하기 위해 어떻게 해야만 하는지에 대한 환자의 설명이다.

이야기는 다중 문제를 지닌 환자의 일상생활의 중요한 부분인데, 특히 다루기 힘든 부정적인 정서와 자기 파괴적인 문제 해결 삽화 사이에서 그렇다. 이야기는 환자의 무서운 상태를 설명하고 정당화해 준다. 내가 다중 문제를 지닌 환자들을 대상으로 작업하고 있는 치료자들에게 흔히 듣는 한 가지는 환자가 자기 문제의 원인들에 대해 어떤 '통찰'을 하는 것처럼 보인다는 것이다. 치료자가 관심을 기울이는 것은 환자의 이야기이며, 그것은 보통 다음과 같이 일종의 상식 논리를 지니고 있다.

이 사건들은 과거 어느 시점에서 일어났고, 이제는 오늘날 내가 살아가는 방식의 원인이다. 나는 이러한 결과의 희생자이며, 내 안에서 발생한 생각, 감정 및 기억을 받아들일 수 없다. 내가 하는 모든 것은 이것들을 악화시키는 것 같다. 나는 보통 사람이 노력하는 모든 것을 시도해 봤지만 효과가 없었다. 어떤 대안도 없는 나는 내게 남은 유일한 행동에 관여하고 있다. 따라서 나는 내가 누구인지 그리고 내가 할 일이 무엇인지에 대해 훌륭한 이유를 갖고 있다.

이야기의 임상적 영향은 환자가 기존의 부적응적인 행동 패턴을 유지하게 하고, 제대로 작용하는지 여부를 검토하지 않은 이야기로 부정적인 삶의 결과들을 통합하게 하는 것이다. 시간이 흐르면서 이야기는 환자의 개념화된 자기—즉, 다중 문제를 지닌 환자의 경험을 지배하는 자기의 형태—와 융합하게 된다. 다중 문제를 지닌 많은 환자에게 있어서 이야기가 '옳고', 한 명 이상의 그런 환자가 그 점을 증명하기 위해 자살을 했다는 점이 매우 중요하다. 이야기를 내용 수준에서 파헤치는 것은 희생자가 되고 인생이 불공평하다고 주장하고 현재 고통의 가해자를 비난하는 환자의 권리를 제거할 수도 있다. 이것들은 이야기에 대한 집착을 지속시키는 언어적으로 왜곡된 '결과들'이며, 다중 문제를 지닌 많은 환자는 마치 자신의 인생이 이것에 달려 있기나 한 듯이 이야기를 옹호할 것이다. 임상적인 접근을 하면서 나는 이야기를 치료에서 논쟁할 필요가 있는 내용으로서가 아니라 하나의 이야기로 공격하는 데 많은 강조를 하고 있다.

중요한 역할을 하는 이야기의 또 다른 요소가 있다. 그것은 기본적으로 두려운 기분 상태, 기억 및 신체 감각에 직면하는 것은 심리적 무효화를 초래하는 것과 같은 것이라고 주장하는 믿음과 교육을 체계화한다. 환자 중 한 명이 언젠가 이렇게 말한 적이 있다. "만일 당신이 제게 어머니의 비판과 거부를 받아들이라고 요구한다면, 당신은 물어볼 사람을 잘못 골랐습니다. 저는 그런 일이 일어나길 허용하기 전 자살할 겁니다." 따라서 이 환자는 어머니와의 접촉을 회피하고, 가족 누구와도 함께하고 난 후면 받아들일 수 없는 정서 상태를 마비시키기 위해 마약이나 알코올을 사용하지 않을 수 없었다. 회피하고 있는 것은 온전한 정신의 상실, 통제할 수 없는 분노 혹은 죽는 것과 같이 자신이 속해 있는 곳보다 훨씬 더 나쁠 수 있는(아마도 그러할) 상상 속의 현실이다.

다중 문제를 지닌 환자들은 부분적으로 '맥락으로서의 자기감'이 약하기 때문에 지속적으로 알아가는 과정으로서의 자기와의 삶과 죽음 투쟁에 갇혀 있다. 그들은 단순한 자기 자각만 가능한데, 거기에는 불편한 생각, 감정, 기억 혹은 신체 감각과의 접촉이 포함되지 않는다. 부정적인 사적 내용이 드러나는 경우 그들은 자기감이 경험 과정에서 사라질 때까지 원치 않는 경험과 융합한다. 이것은 종종 어두운 진공 상태로 사라지는 것으로 환자들이 기술하는 매우 무서운 경험이다. 모순은 환자가 이러한 텅 빈 진공 상태의 바닥에 착륙할 때 분명히 '맥락으로서의 자기'의 중심에 놓이게 될 것이라는 점이다. 그 과정은 지속되는 대신 중단되며, 불편한 내용의 회피는 삶과 죽음의 문제보다 훨씬 더한 것 같다. 지시적인 틀이 관점과 '맥락으로서의 자기'에 대한 의미를 충분히 형성하기 전에 다중 문제를 지닌 환자들의 인생사가 종종 초기 외상을 지니고 있기 때문에 이러한 문제가 존재할 수도 있다. 그러한 계속되는 자기감은 자서전적 기억의 명료성을 비롯하여 혐오스러운 생각과 감정과의 접촉을 증가시킬 수도 있다. 결과적으로 그들은 비판단적인 관찰 자세를 취하는 방법과 혼란스러운 생각, 감정, 기억 혹은 신체 감각이 자연스러운 과정을 취하게 놓아두는 방법을 결코 배운 적이 없다.

만성적인 혐오스러운 사적 경험을 다룰 만한 어떤 다른 선택이 없는 다중 문제를 지닌 환자들은 재빨리 사용할 수 있는 자살을 생각하거나 시도하기, 자신에게 상해 입히기, 술에 취하기, 해리, 게걸스럽게 먹고 하제 사용하기 등과 같이 오히려 즉각적이고 단기적인 긍정적 효과를 지니는 마비 전략에 의지할 것이다. 다중 문제를 지닌 환자의 세계관에서 이러한 행동들은 효과가 있다. 왜냐하면 최우선적인 목표가 두려운 사적 내용에서 벗어나는 것이기 때문이다. 이러한 지속적인 마비 전략의 대가는 가치에 기반한 행동이 사실상 사라지는 것이다. 다중 문제를 지닌 환자에게 "자신에게 상해를 입히는 데 모든 시간을 소비하지 않았다면 인생에서 무슨 일을 했을까요?"라고 물어보는 것은 전혀 이상한 일이 아니다. 그러면 돌아오는 흔한 대답은 "몰라요."다. 그 환자는 혐오적인 사적 사건들을 회피하는 데 있어서 최근의 성공 이외에 활력, 목적이나 의미가 거의 없는 생활양식에 만족해 왔다. 이러한 가치 있는 인생 계획의 결여는 환자가 행동을 변화시키는 심리적 안전의 어떤 사항도 지각하도록 내버려 두지 않는다. 두려운 사건의 수용을 요구할 행동 변화를 하는 것에 대하여 본질적으로 동기를 부여하는 것이 아무것도 없다. 이러한 위험을 택하는 것을 정당화하는 조짐을 보이는 사항이 있어야만 한다.

임상적 중재

다양한 ACT 중재는 다중 문제 행동에 대한 ACT 개념화의 많은 기본 구성 요소를 단계와 순서로 구성한다(〈표 9-1〉 참조). 나의 치료 접근법은 기본적으로 네 단계로 구분할 수 있다.

- 높은 위험 행동을 포함하여 그것의 대가를 재구성하고 그것과 접촉하라.
- 이야기의 토대와 환자의 이야기와의 융합을 공격하라.
- 변화의 장애물, 주로 규칙이 지배하는 반응과의 융합에 의해 생성된 장애물을 다루어라.
- 가치와 접촉하고, 전념 행동의 패턴에 관여하라.

ACT의 목표는 자기 파괴적이고 뻔히 역기능적인 행동을 제거할 뿐만 아니라 환자가 '인간 존재'의 내면을 발견하게 도와주는 것이다. ACT는 그런 환자들을 '상처 입은' 혹은 '결함 있는' 존재로 보지 않으므로 전반적인 치료 목표는 환자가 함정의 본질을 발견하고, 오랫동안 억눌려 왔던 꿈을 재발견하고, 활력과 목적, 존재를 증진하는 방식으로 행동하기 시작하도록 돕는 것이다.

표 9-1 임상적 쟁점 및 권고된 ACT 중재

임상적 쟁점	권고된 ACT 반응
환자가 자살하고 싶다는 의사를 표현하거나 자살 행동에 관여한다.	• 자살 행동을 경험적 회피를 이용한 문제 해결 행동으로 재구성하라. • 환자에게 어떤 생각, 감정, 기억 혹은 감각을 수용할 수 없는지 확인해 보게 하라. • 환자에게 자살 행동에 관여하는 것의 장·단기 실효성을 평가해 보게 하라.
치료 과정에서 자살 행동이 다시 나타난다.	• 치료 모형에서 벗어나지 마라! 침착하고 현실성을 유지하라! • 문제 해결과 정서적 회피 재구성을 계속 사용하라. • 수용할 수 없는 사적 사건을 발생시키는 상황적 촉발 요인을 기능적으로 분석하려고 노력하라. • 단지 실험으로, 잠시라도 사적 사건을 회피하고자 했던 적이 있는지 환자에게 물어보라. • 기꺼이 경험하기, 고통, 실효성 일지에서 표적 변인으로 자살 행동의 사용을 고려하라.
환자가 만성적인 유사 자살 행동 패턴을 보인다(즉, 반복된 자살 시도, 자기 신체 훼손).	• 정서적 통제를 위한 유사 자살 행위의 역할에 초점을 두라. • 실효성 개념을 반복적으로 사용하고, 자살 행위에 대해 세력 다툼에 빠지는 것을 피하라. • 자살 행동의 외적 강화 요인들을 분석하고, 이를 최소화하기 위한 사례 관리 체계를 만들어라.

	• 유사 자살 행동이 추후에 일어날 것을 예견하는 위기 계획을 환자와 작성하라(즉, 위기 카드, 업무 시간 외 전화에 관한 동의, 무선적인 지원 전화). • 경험적 회피의 자기 과장적인 성질과 새로운 반응을 실천하기 위하여 자살 행동을 멈추어야 할 필요성을 증명하기 위해 삽과 구덩이, 현관 앞의 호랑이, 마이크-스피커 소음과 같은 다양한 ACT 은유를 사용하라.
환자가 회기 사이에 행동 연습을 끝마치지 못하고, 회기에 빠지거나 위기에 처했을 때만 나타난다.	• 이러한 행동이 경험적 회피를 위해서인지에 대한 쟁점으로 돌아가라. 환자가 이전에 이러한 유형의 행동 반응을 보인 적이 있는가? 그때 어떤 효과가 있었는가? 지금은 어떤 효과가 있는가? • 환자가 치료를 계속하기 위해 맞닥뜨려야 할 것은 무엇인가? • 변화의 규모를 오해한 것에 대해 책임을 져라. 실용적인 태도를 취하고, 환자의 기꺼이 경험하기 수준에 부합할 행동 연습으로 다시 돌아가라. • '저항', '당신은 고통을 변화시키길 원치 않기 때문에 고통을 좋아해야만 한다.' 등과 같은 부정적인 해석이나 이름 붙이기를 피하라. • 행동 변화가 어렵다는 것을 정상으로 여김으로써 저항 시점을 고의적으로 이용하라. 어떤 행동도 바꾸지 않으려는 악마의 변호인(devil's advocate)을 연기하라. • 이것은 선택의 문제이며, 선택은 오직 환자만 가능함을 강조하라.
환자가 특정한 '받아들일 수 없는' 사적 경험을 꺼리거나 거부한다.	• 효과적인 반응을 촉진시킨다는 점에서 이러한 자세가 지금까지 얼마나 효과가 있었는지 내담자에게 물어보라. • 당신의 인생이 어떠하기를 원하는지 장례식 연습이나 묘비명 쓰기 연습을 사용하여 가치를 명료화하기 시작하라. • 환자에게 가치 있는 방향으로 이동하는 데 실패한 점에서 회피의 '대가'를 보게 하라. • 기꺼이 경험하기의 작은 부분들, 즉 당신이 직접적인 경험에서 도망가지 않을 때 그러한 경험이 어떻게 보이는지에 대해 알아차리기 위해서 두려운 경험에 대한 노출을 제한하는 것에도 공을 들여라. • 자기 대 자기 경험의 내용을 강조하기 위해 체스판, 원양 정기선의 의자 같은 맥락적 은유를 사용하라.

환자가 감정, 기억, 생각, 생리적 증상과 지속적으로 싸우는 것을 불평한다(보통 자살성은 투쟁이 원치 않는 사적 사건들을 단계적으로 증가시킬 때 '즉효약'이 될 것이다).	• 환자에게 투쟁의 목표가 무엇인지('정상적인' '좋은' 감정을 갖는 것 혹은 고통에서 자유로워지는 것) 그리고 투쟁이 어떤 효과가 있었는지를 확인하게 하라. 그것은 감정을 통제하게 해 주었는가? 아니면 감정을 통제하지 못하게 하였는가? • 환자에게 만일 이 사건을 그냥 내버려 둔다면 무슨 일이 일어날지 상상해 보게 하라. 환자의 상상력을 발휘할 수 있을 때까지 결과의 연쇄를 취하라. • 기꺼이 경험하기와 수용이 투쟁과 거부에 대한 대안임을 강조하라. • 기꺼이 경험하기와 고통 및 실효성 수준 간의 정반대 관계를 강조하기 위해 기꺼이 경험하기, 고통과 실효성 일지를 사용하라. • 회기에서 두려운 사건을 유발하고 해체하기 위해 깡통 괴물과 같은 경험적 연습을 사용하라.
환자가 인생이 불공평하다거나 정상적인 삶이 불가능하다는 이유를 제공하면서 희생당한 내력을 강조하는 이야기를 한다.	• 환자에게 자서전을 몇 번 다시 쓰라고 요구하라. 환자와 이야기의 내용에 대해 논쟁하거나 환자의 집착을 무효화하지 마라(동일한 세트의 사실에 대한 영향을 기술하는 데 수많은 이야기를 만들 수 있다). • 이 이야기가 완전히 진실로 드러난다면 어떻게 할 것인가? 당신은 자신의 인생이 내일은 어떻게 되길 바라는가? • 이야기를 믿는 것은 환자의 '권리'임을 강조하라. 모든 인간은 자신의 선택으로 이야기를 만들어 낸다. 당신의 관심사는 어떤 특정한 요소가 환자의 활력감을 증진시키는 데 효과가 있음을 얼마나 믿는가다. • 환자의 이야기에서 가장 위험한 것은 과거 이야기가 미래도 될 수 있다는 것을 지적하라. • 논리, 추론적 오류 혹은 왜곡의 관점에서 나온 이야기를 공격하는 것을 피하라.
환자가 개선된 인생 기능의 가능성, 가치 있는 목표의 성취나 치료의 종결과 직면할 때 '악화되기' 시작한다.	• 보통 환자는 '범죄 구성 사실(corpus delecti)' 함정에 빠져 있다. 만일 당신이 건강하고 행복하다면 누가 옳은 것인가? • 공격자를 놓아 주는 것이 앞으로 전진하는 데 전제 조건임을 강조하기 위해 낚시 은유를 사용하라. • '용서'라는 단어의 어원이 희생을 부인하는 것이 아니라 자기를 회복하기 위한 행동이라고 말하라. • 가치 있는 목표를 향해 앞으로 계속해서 나아가는 동안 분노,

	정의, 복수와 같은 과정에 여지를 주는 것의 중요성을 강조하기 위해 여행 은유를 사용하라. • 종결 불안을 줄이기 위해 회기를 점점 줄이는 추후 모임과 현장 실험 재구성을 사용하라. '조정'을 위해 미래에 다시 돌아오도록 문호 개방 정책을 취하라.

고위험 행동 다루기

다중 문제를 지닌 환자의 문제는 자기 파괴성, 고위험 행동, 만성적인 자살 생각, 반복적인 자살 시도 및 자기 신체 훼손 패턴이다. 약물과 알코올의 반복적인 남용도 이러한 패턴을 부채질할 수 있다. 통제되지 않는 고위험 행동 패턴은 치료에서 많은 부정적인 결과를 양산한다. 첫째, 치료자가 이러한 행동을 지속적인 치료 과정에 통합하는 방법을 찾지 못하면, 치료의 지속성에 대해 계속해서 문제가 생길 것이다. 둘째, 고위험 행동 패턴은 종종 치료자가 매우 반응하는 자세를 취하는 효과를 지니는 '그 주의 위기' 증후군의 일부다(Strosahl, 1991; Chiles & Strosahl, 2004). 이 자세는 치료자와 환자 모두 치료의 초점에 관해 혼란을 겪는 결과를 낳으면서 치료 목표와 중재 방법에서 급격한 변화를 일으킬 수 있다.

고위험 행동은 대부분 자살과 법적인 적발 가능성이라는 혐오적인 결과와 관련하여 치료자들에게 다양한 두려움을 유발한다. 종종 치료자들은 자살성을 다룰 목적으로 지나치게 요구가 많은 위기관리 프로토콜이 구비된 장면에서 일을 한다. 한편으로, 치료자는 응급 상황 평가와 입원 가능성을 위한 위기관리 요구 사항에 기술적으로 들어맞는 자살과 관련된 이야기를 환자에게 지속적으로 듣는다. 다른 한편으로, 치료자는 환자가 어쨌든 자살에 대하여 생각하지 않은 적이 거의 없음을 알고 있다. 이것은 급성적인 삶의 위기를 경험하고 있는 보다 더 기능적인 환자에게서 관찰되는 자살 행동과 같은 유형이 아니다. 전형적인 다중 문제를 지닌 환자는 위기관리 목표와 효과적인 치료 목표 사이의 지속적인 긴장을 유발하는 자살 '생활양식'을 발달시켜 왔다.

궁극적으로 치료자는 '곤란한 입장'에 처하는 것으로부터 받은 스트레스로 지치게 된다. 이것은 환자와의 치료를 종료하려는 암묵적인 혹은 공공연한 시도를 하게 만든다. 심지어 노련한 치료자들조차 "만일 당신이 자살 행동을 멈추지 않는다면 저는 당신을 치료할 수 없습니다."와 같은 말을 하는 자신을 발견할 수 있다. 만일 환자가 치료를 받기 위한 사전 요구 사항으로 자살 행동을 통제할 수 있다면 왜 치료가 필요하겠는가? 전형적인 환자는 자살 생각과 자살 행동 등을 통제하기 위해 할 수 있는 모든 것을 시도해 왔다. 문제는 이 행동을 통제하기 위해 사용한 방법들이 맨 처음 환자를 자살성으로 이끌었던 것과 같다는 점이다(즉, 자살 유형을 통제하거나 제거하는 것).

한정된 공간에서 자살 행동의 많은 형태와 기능을 전부 탐색할 수 없고, 효과적인 임상적 관리 모형의 모든 세부 사항을 기술할 수도 없다(상세한 기술을 보려면 Chiles & Strosahl, 2004 참조). 현재의 목적을 위해서 나는 자살 행동과 고위험 행동에 대한 ACT 개념화와 이러한 행동에 효과적으로 반응하는 방법에 초점을 둘 것이다.

만성적인 자살 행동의 치료 목표는 그것의 빈도, 강도와 지속 시간을 줄여서 환자가 새로운, 보다 효과적인 반응을 배울 시간을 갖는 것이다. 구덩이에 빠진 사람(Man in the Hole) 은유(Hayes et al., 1999, pp. 101-104)에서 예시된 바와 같이 인간의 모든 시간과 에너지가 부정적인 대처 반응에만 몰두해 있는 상황에서 긍정적인 대처 반응을 배우기란 매우 어렵다. 나는 환자의 일상생활이 자살 및 자기 파괴적인 충동과 투쟁하는 것 위주로 조직되어 있을 때보다 더 적응적인, 삶을 확신하는 행동을 실험하는 것이 무익함을 지적하기 위해 이러한 은유를 종종 사용할 것이다.

ACT 관점에서 보면 자살 및 자기 파괴적인 행동은 경험적 회피의 극단적인 형태다. 이것은 환자가 참을 수 없고 도피할 수 없고 변화할 수 없는 사적 사건들로 지각된 것을 일시적으로 통제할 수 있게 해 준다. 자살 위기의 필수 조건은 다음에서 보듯이 정서적 고통을 회피하거나 제거하려고 시도하는 것이다.

- **참을 수 없는(Intolerable)**: 환자는 부정적인 각성을 참는 데 필요한 기술이 제한적이다. 여기에는 생리적인 과도한 각성을 감소시키기 어려움과 고통에 직면하기보다 도망가기를 강조하는 규칙이 지배하는 반응이 포함된다.
- **도피할 수 없는(Inescapable)**: 환자는 단지 일시적인 안정을 취할 뿐 항상 이러한 고통을 경험한다(보통 자살 행동 및 생각, 자기 신체 훼손 혹은 약물/알코올 남용에 빠지는 것으로 반응함).
- **끝이 없는(Interminable)**: 환자는 고통이 자연스럽게 어떤 다른 형태의 경험으로 발전할 것이라는 것을 믿지 않는다. 반대로, 환자는 자신이 죽을 때까지 계

속해서 자살할 운명이라고 믿는다.

이 세 가지 'I'와 직면했을 때 거의 모든 사람은 적어도 하나의 선택으로 자살을 생각해 볼 수 있다.

자살 행동이 일반적으로 도구적, 표현적 기능 둘 다를 제공한다는 것을 깨닫는 것이 중요하다(Chiles & Strosahl, 2004). 도구적이라는 말은 자살 행동이 환자가 직면해 있는 꽤 많은 수의 문제를 해결하기 위해 사용됨을 의미한다. 보통 자살 행동에서의 일관된 주제는 그것이 슬픔, 우울, 불안, 외상적 기억, 상실, 수치심 혹은 분노의 결과로 인한 것이든 아니든 참을 수 없는 정서적 고통을 통제하고 제거하려는 욕구다. 자살 행동의 표현적 기능은 세상, 치료자 혹은 학대하는 아버지에 대한 '메시지'다. 이것은 공황감이나 절망감을 포함하지만(예: '도움 요청'이라는 고전적인 자살 개념), 종종 환자가 '옳고' 누군가(혹은 세상)는 '틀리다'라는 생각 또한 포함한다. 후자의 표현적 기능은 많은 치료자가 자살 행위를 '조작적'이라고 여기게 만든다. 이것은 그 행동에 몰두하는 환자를 도덕적으로 비난하는 방법에 불과하며, 그것에 대한 우리의 이해에 아무런 도움이 되지 않는다.

자살 행동의 마지막 특징은 그것이 외적 혹은 내적 또는 둘 다의 강화에 의해 학습되고 조형되고 유지된다는 점이다. 외적 강화물은 중요한 타인들의 반응이나 기대를 변화시키는 것, 스트레스로 가득 찬 환경에서 벗어나는 것, 무능력 이점을 유지하는 것, 추가 치료 회기에 참석하는 것, 입원하는 것 혹은 무척 사랑해 주는 치료자와의 치료 종결을 막는 것을 포함한다. 내적 강화물은 참을 수 없는 혐오적인 상태를 통제하거나 제거하는 행동의 능력을 포함한다. 불쾌한 내적 상태를 줄이는 행동은 몇 번의 학습 시도로 강하게 조건 형성될 수 있다. 왜냐하면 혐오적인 내적 상태는 도피 지향적인 행동의 매우 강한 동기부여 요인이기 때문이다. 혐오스러운 내부 상태는 도피에 초점을 둔 행동의 강한 동기부여 요인이기 때문이다.

키르케고르가 언급했듯이 "자살에 대한 생각은 수많은 어두운 밤을 통해 나에게 엄습했다." 다중 문제를 지닌 환자들에게 자기 파괴적 행동은 이와 같이 위로해 주는 기능을 한다. 자살을 할 수 있다는 생각은 마음을 가라앉히는 영향력이 있는데, 이는 환자에게 참을 수 없는 상황에서 벗어날 수 있는 길을 터 주기 때문이다. 치료 시 나는 심각한 자살 행동 삽화를 침착하게 체계적으로 해체함으로써 이 주제를 이끌어 낸다. 나는 환자의 기분 상태와 얼마나 자기 파괴적인 행동에 의해 영향을 받는지에 관해 물을 것이다. 나는 이 과정에서 환자들이 특히 받아들일 수 없었던 사적인 사건들을 지적하려고 할 것이다. 대부분의 경우 (하지만 전부는 아니다.) 가장 자살 행동을 일으키기 쉬운 사적인 사건은 분노, 수치심, 우울, 죄책감 및 권태 등과 같은 부정적인 감정이다. 보통 환자는 적어도 단기적으로 볼 때 자기 파괴적인 행동이 이러한 감정 상태를 조절하는 데 도움이 된다는 사실을 발견할 것이다. 물론 이러한 행동 패턴이 극도로 짧은 반감기를 갖는다는 것은 역설적이다. 그것의 효율성을 유지하려면 반복적으로 그 일에 몰두해야만 한다.

시간이 지나면서 자살 행동 패턴은 살아 움직이기 시작한다. 그것은 환자의 에너지를 더욱더 집어 삼키며, 결국에는 환자의 일상을 지배하는 주제가 된다. 자살 충동은 내가 치료의 이 단계에서 종종 사용하는 은유인 '배고픈 호랑이'와 무척 닮아 있다. 호랑이에게 먹이를 더욱 많이 주면 줄수록 호랑이는 더욱더 포악해지고 위협적이 된다. 동시에 환자들은 자신의 자살 행동 패턴에 아주 친숙해져서 무엇이 이러한 반응을 행동으로 옮기고 또 옮기지 않을 것인지에 대해 거의 예측할 수 있게 된다. 나는 종종 다음과 같은 말을 하곤 한다.

> "자살 생각과 행동이 마치 당신의 친구, 즉 당신이 마주한 고통스러운 감정에 직면해야만 할 때 당신을 도와주는 친구인 것처럼 들립니다. 동시에 대부분의 친구와 같이 그것들은 당신과 더욱더 같이 있고 싶어 하며, 당신이 그것들을 그냥 내버려 둔다면 심지어 당신과 함께 살지도 모릅니다. 이것은 그것들을 나쁘게 만들지 않아요. 그것들은 당신이 얼마나 많은 시간을 함께 보내고 싶어 하는지에 대한 안내를 필요로 하지요."

나는 일반적으로 자살 행동을 없애는 것을 토론하는 데 초점을 두고 싶지 않다. 왜냐하면 그것은 환자가 이미 시도했지만 성공하지 못했기 때문이다. 나는 항상 삶의 측면에 서 보려고 노력하는데, 강제적이거나 대립되는 방식으로는 아니다. 나는 자살 행동이 덜 신비스럽고 덜 낭만적이고 더 평범해지길 바란다. ACT 용어로 자살 행동은 사적인 고통을 완전히 기꺼이 경험하고 그에 대한 여지를 주지 않으려 할 때 발생하는 것이다. 이러한 방식으로 자살성을 보는 것은 나로 하여금 환자의 다른 정서적인 회피 행동과 같은 옷을 입게 해 준다. 이것은 내가 기꺼이 경험하기와 수용 대 투쟁과 회피의 상대적인 대가에 대한 토론을 촉진하기 위해 치료에서 자살성 삽화를 사용하도록 허용해 준다.

환자가 깨닫길 바라는 또 다른 점은 만성적인 자살성이 정서적 위안을 약속해 주는 반면, 실제로는 혐오적인 정신 상태로 기능한다는 것이다. 자기 파괴적 충동을 느끼는 것은 감정적으로 고통스러우며, 자기 파괴적 충동에 따라 행동하는 것이 고통을 벗어나기 위한 한 가지 방법이라는 사실은 놀랍지 않다. "나는 항상 내 자신을 해치고 싶은 충동이 있어요. 그렇게 하지 않으려고 싸우고, 싸우고 또 싸우죠."와 같은 말을 듣는 일은 매우 흔하다. 달리 말하면, 환자의 투쟁은 더 이상 자살 행동을 처음에 촉발했던 사적인 사건에 대한 것이 아니다. 이는 오히려 투쟁의 기능적으로 자율적인 초점이 된다. '친구 은유'를 살펴보자. 이 친구는 환자가 초청하지 않았는데도 같이 살고자 들어 왔다. 이 친구와의 교우 관계가 점차 지겨워지지만 환자는 친구가 집을 떠나도록 우아하게 요청하는 방법을 모른다. 이럴 경우 나는 종종 다음과 같이 말할 것이다.

> "당신이 충동을 소유하고 있는 것이 아니라 오히려 자살 충동이 당신을 지배하는 것처럼 보이는군요. 충동을 통제하거나 제거하려 하지 않고 단지 그대로 내버려 두면 어떤 일이 벌어질 것이라고 생각하시나요? 충동을 억누르려고 하면 할수록 충동이 더욱 강해진다는 사실을 경험을 통해 알고 있지 않나요? 나쁜 생각이 들 때 당신의 마음은 이를 신속히 통제하라고 말한다는 사실을 알고 있습니다. 하지만 어떤 것을 믿으실 건가요? 당신의 마음입니까 아니면 당신의 경험입니까?"

나의 또 다른 접근법은 구덩이에 빠진 사람(Man in the Hole) 은유를 사용하여 환자가 자신이 사용하고 있는 유일한 도구가 '자살 충동' 혹은 '자기 훼손'뿐임을 깨닫도록 하는 것이다. 환자가 모든 사적인 문제를 해결하기 위해서 자살 행동을 이용하는 데 몰두하는 한 새로운 도구를 발견할 수 없을 것이고 새로운 행동도 취할 수 없을 것이다. 그런 경우 나는 치료 시 다음과 같은 몇 가지 신호를 사용한다. "당신은 지금 땅을 파고 있습니까?" 혹은 "당신은 지금 온갖 수단을 동원하여 어떤 도구를 꺼내고 있습니까?" 이 쟁점에 접근하는 더욱 자극적인 방법은 "자살 충동으로 항상 애태우는 일이 없다면 인생에서 어떤 일이 일어날까요?"라고 묻는 것이다. 나는 치료자가 의사소통 시 비하하거나 멸시하거나 틀에 박힌 태도를 보이지 않는 한 환자들에게 자극적인 태도를 취하는 것을 반대하지 않는다. 다음 질문을 환자에게 해야만 한다.

"당신의 모든 시간과 에너지를 자살에 관해 생각하고 이를 시도하는 데 사용하겠습니까? 만일 그렇게 하지 않는다면 당신의 인생에서 어떤 일이 일어날까요? 당신은 그렇게 하기 위해 어떤 괴물을 인지하여 여지를 주어야만 합니까?"

환자가 치료 회기 중에 자살성에 '몰두'한다면, 나는 종종 자동적인 행동 패턴을 약화시키는 새로운 전략을 사용한다. 내가 즐겨 사용하는 방법 중 하나는 똑딱거리는 소리가 큰 스톱워치를 사용하는 것이다. 만일 환자가 자살성에 빠져들면 나는 타이머를 눌러서 환자 앞에 가져다 놓고 이렇게 말한다.

> "이 소리가 들립니까? 이 소리는 당신의 남은 시간이 흘러가는 소리입니다. 당신 인생 시계가 똑딱거리고 있습니다. 이 소리를 들을 수 있습니까? 이것이 바로 당신이 원하는 것입니까?"

나는 다음과 같은 말을 하기도 한다.

> "스톱워치와 당신의 인생 간에는 중요한 차이점이 한 가지 있습니다. 이 버튼을 누르면 시계는 시간 재는 것을 멈춥니다. 당신의 인생에서는 끝이 올 때까지 시계가 똑딱거리는 것을 멈출 수 없습니다. 그러므로 당신이 살고 싶어 하지 않는 여러 이유와 당신의 꿈을 좇고 싶어 하지 않는 모든 이유에도 당신의 인생은 개의치 않습니다. 인생은 계속해서 똑딱 똑딱 똑딱거릴 뿐입니다."

나는 이러한 말을 교훈적으로 하려고 하지 않는다. 나는 현실적으로, 더 깊은 의미로 보면 자비로운 태도를 취하려 한다. 환자의 효과성 없는 언어적 행동 뒤에는 한 사람의 인생이 한 번에 일 초를 소비하고 있다.

나는 또한 환자가 본래의 '깨끗한' 회피 사건(즉, 학대하는 어머니에 대한 분노)과 본래의 사적인 사건을 통제하거나 제거하려는 데에서 오는 더러운 고통을 구분할 수 있도록 '깨끗한', '더러운' 고통 중재법을 사용할 것이다(Hayes et al., 1999, p. 136). 자살 생각과 시도, 자기 신체 훼손은 행동으로 일어나는 더러운 고통이다. 이러한 유형의 지속적인 고통은 다른 더욱 기본적인 사적 경험을 회피한 대가다. 나는 다음과 같은 질문을 환자에게 종종 던진다. "우리가 여기에서 깨끗한 고통과 더러운 고통에 대해 이야기하고 있나요?" 혹은 "만일 당신의 회피된 사적 경험에 여지를 제공하면 당신의 자살 충동에는 어떤 일이 발생할 것이라고 생각합니까?" 나는 항상 원치 않는 사적 사건과 자살 행동 같은 정서적 회피 전략 간의 기능적인 관계를 설명하려고 노력한다. 나는 치료의 이 단계에서 환자의 분노, 우울, 죄책감 등을 타당화하는 데 빠져들지 않는다. 나는 단지 이것을 있는 그 자체로 받아들이고, 대신에 자살 행동을 재구성하는 데 에너지를 집중한다.

알코올, 약물, 자기 신체 훼손, 폭식과 하제 사용 또한 모두 자살 행동과 깊이 관련된 흔한 고위험 행동이다. 이러한 행동의 기본적인 기능은 환자의 부정적인 기분 상태를 '마비'시키거나 주의를 다른 곳으로 돌리는 것이다. 다중 문제를 지닌 환자들은 자해 행위가 현존하는 정서적 고통으로부터 환자의 주의를 돌리는 신체적 고통을 초래하기 때문에 자해를 한다. 본질적으로 이와 같은 생각은 자살 행동과 기능상 동일한 역기능적 행동을 포함한다. 이러한 행동은 기능에서가 아니라 단지 형태에서만 차이가 나므로 약물과 알코올 남용, 자살 행동이 다중 문제를 지닌 대다수 환자에게서 동시에 나타나는 것은 놀라운 일은 아니다. 이 점을 주장하기 위해 나는 다음과 같이 말할 것이다.

> "당신도 알다시피 사람들이 직면하기를 원치 않는 것에서 관심을 돌리거나 회피하거나 도피할 수 있는 방법들은 그야말로 무궁무진합니다. 당신은 이러한 관점과 매우 유사해 보이는 많은 행동에 관해서 제게 말했어요. 이러한 행동은 당신에게 일시적인 탈출구를 제공하고, 당신은 그것들을 행복하게 만들어 주기 위해 계속해서 그것들을 만족시켜 주어야만 합니다."

마지막으로 다룰 쟁점은 자살 행동이 '효과가 있는지' 여부다. ACT에서 실효성 개념은 여섯 가지 모든 핵심 구성 요소에 널리 퍼져 있다. 실효성이 의미하는 것은 환자의 반응이 환자를 한 인간으로 형성하고 활력과 의미, 목적을 증진시키는 것이다. 초보 치료자는 환자를 '괴롭히기'가 매우 쉽기 때문에 다중 문제를 지닌 환자가 익숙해지기에는 매우 까다로운 영역이다. 괴롭힌다는 말은 치료자가 이미 환자에게 무엇이 효과가 있고 무엇이 효과가 없는지를 결정해 놓았음을 의미한다. 환자는 개방성의 결여를 느끼고, 치료자를 만족시킬 것들을 말하기 시작한다. 그렇지만 환자는 행동을 선택하는 것에 대한 책임을 져 본 적이 없고, 오히려 치료자가 쟁점으로 삼았던 경향에 반응하고 있으므로 연습은 공허하다.

치료자가 자살 환자와 작업하기 위해 자신의 의제를 가져오는 일은 매우 쉽다. 보통 의제는 환자가 자살 및 고위험 행동을 멈추게 하는 것이다. 왜냐하면 이러한 행동은 치료자에게 상당한 두려움과 불안의 원천이기 때문이다. 실효성 전략을 사용하기 위해서 당신은 끊임없이 실용적이고 비판단적인 태도를 취하고, 진정으로 그것을 의미해야만 한다. 이것은 언어적 게임도 속임수도 치료 조작의 형태도 아니다. 실효성은 개인에 따라 그리고 상황에 따라 측정되는 실용적인 개념이다. 그것은 도덕적이거나 이상적인 개념이 아니다. 자살 환자와 함께 실효성 쟁점을 시작하기 위해서 나는 그 과정을 방해하지 않으면서 내 자신의 사회적 조건을 확실히 형성하기 위해 계속해서 확인을 해야만 한다. 나는 환자를 위해 내 자신의 숨겨진 의제들을 추구하지 않으면서 전적으로 '결백'해야만 한다.

내 생각에 실효성 쟁점은 특히 만성적인 자살 행동과 일반적으로 다중 문제를 지닌 환자들을 대상으로 작업할 때 아주 중요하므로 나는 가능한 한 빨리 치료 과정에 이것을 도입한다. 만성적인 자기 파괴적 행동과 관련하여 환자가 "그래요. 약을 먹는 것과 자해하는 것은 효과가 있어요! 그러한 행동은 제 끔찍한 삶에 다소의 안도감을 주죠. 그래서 제가 이러한 행동을 하지 않고는 하루를 지낼 방법이 없어요."라고 말하는 것은 드문 일이 아니다. 무엇보다도 실효성이 의미하는 바에 관한 내담자의 초기 견해를 살피는 것이 중요하다. 환자에게 그것은 종종 어떤 유형의 사적 사건을 더 잘 느끼거나 혹은 전혀 경험하지 않음을 의미한다. 자살 행동은 부정적인 정서 상태로부터 단기적인 위안을 얻는 데 악명 높은 효과적인 방법이다. 그러므로 이러한 의미에서 환자는 어떤 진실을 말하고 있는 것이다. 당신이 자해를 하고 음주 갈망에 굴복하고 약을 먹고 게걸스럽게 먹은 후 하제를 사용하고 약물을 남용하는 경우, 겉으로는 효과적인 정서적 통제인 것처럼 보이는 즉각적인 안도감이 존재한다. 문제는 이러한 안도감이 단지 짧은 시간 동안만 지속된 후 '단기간의 이득, 장기간의 고통'이라는 더 깊은 과정이 뿌리 내리게 된다는 점이다. 바로 이 과정이 흔히 이야기로 통합된다. 그런 환자들은 "저는 남은 인생 동안 자살 행동을 계속 하리란 것을 알아요. 결국 저는 자살을 하는 데 성공하겠죠."와 같은 말을 할 것이다.

개인이 어떤 렌즈를 끼는가에 따라 만성적인 자살 행동은 효과가 좋거나(정서적 고통 관리) 효과가 없을 수 있다(다른 미래에 대한 희망, 자기 역량 강화, 활력). 나는 보통 반복되는 자살 행동의 첫 번째 이점은 받아들이고, 두 번째 영역은 공격할 것이다. 나는 다음과 같은 말을 할 수도 있다.

"저는 당신이 (타당성 있는 의사소통) 경험하고 있는 극단적인 정서적 고통을 견디기 위한 하나의 방법으로 이 행동이 당신에게 얼마나 중요한지 알고 있습니다. 저는 자살 행동이 그러한 고통을 무력화하는 데 효과가 있으며, 그러한 면에서 당신의 삶을 더 쉽게 견딜 수 있도록 만들어 준다는 점을 알고 있습니다. 제가 궁금한 것은 이러한 행동이 당신이 더 나은 삶을 살 수 있는 가능성을 얼마나 증가시킬 수 있는가입니다. 당신은 더 나은 삶을 살 수 있는 기회를 증가시키고 있다고 느낍니까? 아니면 이러한 기회를 줄이고 있다고 느낍니까? 실효성이 의미하는 바는 당신이 한 사람의 인간으로서 성장하고 있고, 가치 있고 활력 있고 목적 지향적인 삶을 사는 방향으로 스스로 나아가고 있다는 것입니다. 그러한 의미에서 자살 행동은 효과가 있을까요?"

만일 이러한 행동의 장기적인 효과가 부정적이라는 사실을 아주 조금이라도 인지할 수 있다면, 나는 즉시 '당신의 감정은 통제하고, 당신 인생은 통제하지 마라.'는 ACT 격언을 소개할 것이다. 나는 즉시 이렇게 말할 것이다.

"당신이 했던 맞교환은 이런 것 같습니다. 즉, 당신은 당신이 얼마나 심각하게 나쁘게 느끼고 있는지를 통제하기 위해 자살 행동을 사용할 것입니다. 그 대신 당신은 의미 있는 인생을 보낼 기회를 거래하겠지요. 그것이 바로 당신이 그것을 바라보는 방식입니까? 만일 선택을 한다면 그것이 바로 당신이 선택할 거래입니까?"

환자는 아마도 다음과 같이 말할 것이다.

"하지만 저는 선택을 하지 않아요. 저는 이러한 감정(기억, 충동)에 대해 무언가라도 해야만 해요. 그렇지 않으면 미쳐 버릴 거예요."

그러면 나는 이렇게 말할 것이다.

"그러면 당신의 친구들(자살 생각, 자해 충동)이 당신에게 말하고 있는 또 다른 것은 그것들이 유일한 출구라는 것이지요. 만일 당신이 이 상황을 다루기 위해 그것들을 사용하지 않는다면, 당신은 자신의 감정에 의해 산 채로 잡혀 먹힐 거라고 말이에요. 당신은 왜 그들이 그런 말을 한다고 생각합니까? 그것이 그들에게 무슨 의미가 있습니까?"

나는 이 시점에서 자살 생활양식을 지니는 것에 대한 '대가'에 치료의 초점을 둔다. 이것에 접근하는 방법은 무수히 많다. 예를 들어, 당신은 정서적 회피를 지지하는 믿음(예: 나는 어머니를 향해 분노를 표현하지 않을 것이다.), 그러한 믿음을 실제로 수행하는 상황(예: 어머니에게 전화하기, 가족 모임에 참석하기), 그 믿음을 따르기 위해 환자가 참여해야만 하는 행동(예: 내가 화난 것에 관해 말하는 것을 회피하기, 논쟁을 피하기 위해 겉으로만 동의하기) 그리고 환자가 결과로서 가치를 부여하는 것에 대한 영향(예: 나는 진심으로 대하는 대신 무언가를 숨기고 있다고 느낀다. 그런 겁쟁이라는 것에 대해 나 자신에게 몹시 화를 낸다.)을 글로 적을 수 있다. 비록 나는 이 일을 초기에 행할 때 보통 어떤 변화 동기를 형성한다는 목표와 함께하긴 하지만, 때때로 최대의 힘으로 작용하는 가치, 목표, 전략 행동을 수행하는 것이 이치에 맞을 수도 있다.

자살 행동을 관리하는 기술적인 측면

만성적인 자살 행동을 치료할 때 모든 치료자가 알고 있어야만 하는 기술적인 고려 사항이 많다(Chiles & Strosahl, 2004). 치료 초기 단계에서 나는 항상 비상 전화, 입원 선택, 병원 알선에 대한 대안, 전화 통화를 하는 동안의 자살에 관한 의사소통 등과 같은 쟁점에 관해 환자와의 이해를 발달시킨다. 일반적으로 환자들이 이러한 행동이 정서적 환기 회기가 아니라 문제 해결 중재임을 이해하는 한 나는 업무 외 시간에 전화를 받는 것에 대해 열린 태도를 취하고 있다. 나는 만성적인 자살 행동에 대한 병원 진료의 효율성에 대한 문헌이 예외적인 상황을 제외하고는 입원이 이러한 환자들에 대해 좋지 않은 생각임을 시사한다고 생각한다. 나는 환자와 입원에 대한 대안을 찾는다. 환자는 위기의 순간에 함께 있어 줄 지지적이고 유능한 가족이나 친구가 있는가? 환자가 사용할 수 있는 지역 위기 전화가 구비되어 있는가? 환자가 비상 시에 접촉할 수 있는 단기 위탁 시설이 있는가? 일반적으로 나는 환자가 자기 관리와 자기 돌봄 행동을 강화하는 방식으로 행동할 것을 요구하는 프로토콜을 개발한다. 어떤 점에서 나는 환자가 자기통제와 더 나은 자기 돌봄을 강조하는 새롭고 규칙이 지배하는 반응을 배우도록 이 상황을 조직화하려고 시도한다.

사례 관리에 의하면, 만일 당신이 수많은 의료 서비스 제공자가 오랜 시간 동안 환자를 보게 되는 치료 환경에서 일하고 있다면, 통일된 치료 계획을 만드는 것이 매우 중요하다. 여기에는 반드시 환자를 돌보는 책임을 지는 '치료 책임자'가 있어야 한다. 만일 환자가 자살 위기로 다양한 병원과 치료 시설을 이용한 내력이 있다면, 통일된 환자 관리 계획을 만드는 것이 중요하다. 여기에는 임상적 관리 계획을 설명하기 위해 응급실 의사, 1차 진료 제공자 및 응급실 사회복지사와의 모임을 포함시킬 수 있다. 일반적으로 나는 진료실이나 응급실에서 긍정적으로건 아니면 부정적으로건 자살 행동을 강화하지 않는 것이 중요함을 강조한다. 이것은 환자를 처음 치료자에게 되돌려 보내는 대신 포함된 대인 관계 상호작용의 양을 제한하는 것을 의미한다. 나는 일반적으로 다중 문제를 지닌 환자가 같은 이유로 자살 위기에 처해 있을 때 추가 치료 회기 계획을 세우지 않는다.

처음 치료자는 재발하는 자기 파괴적 행동을 다룰 때에는 매우 중요한 몇 가지 규칙을 인식하고 있어야만 한다.

- 자살 행동에 관해 도덕적으로 가르치려 들거나 비하하거나 위협적인 자세를 회피하라.
- 치료의 초점이 두렵고 회피했던 사적 경험에 여지를 주는 것을 배우고, 자극적인 생각을 탈융합하는 것일 경우 자살 행동을 치료의 초점으로 삼는 것을 피하라.
- 환자가 자살과 자기 파괴적인 문제 해결 전략에 참여하는지 여부에 대하여 선택할 수 있음을 강조하라.
- 자살 행동과 관련된 평가적 태도와 반대되는 관찰적인 태도를 취하라.
- 시간이 되면 언제든 삶의 측면을 요구하라.
- 자기 파괴적인 행동에 대해 논의할 때 침착하고 실제적인 접근법을 활용하라.
- 환자를 제거하고 싶지 않다면 자살 행동에 직면시키지 마라!

이야기에 대한 확신과 융합을 파헤치기

대부분의 사례에서 나는 환자의 보다 더 기본적인 쟁점으로 작업하는 것이 가능해지는 시점까지 고위험 행동이 줄었다고 여겨질 때 치료의 다음 단계를 시작할 것이다. 모든 환자는 저마다의 독특한 환경에서 독특한 학습 내력과 기능을 가지고 있다. 결과적으로 치료자는 핵심적인 역기능적 행동 패턴에 관해 비교적 철저히 기능을 분석해야 한다(제3장 참조). 여기에는 역기능적 행동(즉, 음주 혹은 자기 신체 훼손)

이 언제 그리고 얼마나 자주 일어나는지를 결정하는 것, 이러한 반응을 촉발하는 자극(예: 환경, 대인 관계 요인, 내적 상태), 이러한 행동의 장단기 결과, 이러한 행동이 시간에 따라 어떻게 변화되었는지, 이러한 행동에 대한 환자의 믿음과 기대 등이 포함된다.

나는 치료 초기에 "당신은 어떤 것을 시도해 보았습니까? 그것은 얼마나 효과가 있었습니까? 그것은 당신에게 어떤 대가를 치렀습니까?"라는 ACT 공식을 사용하여 환자 문제의 범위와 본질에 대한 이해를 발달시키기 좋아한다. 첫 번째 질문은 일반적으로 환자가 어떤 유형의 통제 전략들을 사용해 왔는지 알게 해 주고, 환자의 사적 경험에서 일어나고 있는 인지적 융합의 양에 대한 단서를 제공해 줄 것이다. 이것은 또한 다양한 효과가 없는 전략 간의 개념적 · 기능적 유사성을 알게 해 준다. 두 번째 질문은 일반적으로 자신의 만연한 역기능 내력을 설명하기 위해 환자가 가져온 이야기를 이끌어 낼 것이다. 세 번째 질문은 환자의 가치 있는 삶에 대한 전념을 평가하고 수단으로 이용하기 위해 사용할 수 있다. 또한 이것은 만성적인 자기 몰두에 빠져 있었던 기간 동안 지불했었던 최종 비용과 연관 지어 보는 기회이기도 하다.

때때로 환자들은 어떤 혐오적인 상태에 대해 더욱 적응적인 전략을 개발하지만, 다른 상태에 대해서는 그렇지 않을 수도 있다. 한 환자는 12단계로 구성된 자기 지시와 수용 전략을 사용하여 약물과 알코올중독에서 회복되었다. 그녀는 약물과 알코올을 다시 사용하고 싶은 충동이 자주 들었는데도 수년 동안 온전한 정신을 유지하였다. 그녀는 자살과 자기 신체 훼손을 자극했던 우울 및 불안 상태와 거의 같은 수준으로 알코올을 사용하려는 충동의 강도와 부정성을 평가하였다. 그러나 그녀는 또다시 약물과 알코올을 사용하려는 충동을 절제할 수 있었지만, 자살과 자기 신체 훼손에 초점을 두었을 때는 동일한 갈망을 견디기 어렵다고 경험하였다. 이러한 경우, 문제는 여러 상황에 걸쳐서 일어나는 일반화만큼 많은 레퍼토리의 문제가 아니다. 이 문제를 샅샅이 조사하는 어떤 이들은 대부분의 인생에서 긍정적이고 수용 지향적인 대처법의 몇 가지 예를 거의 항상 제공한다. 이러한 기술은 치료에서 결합될 수 있다.

많은 ACT 치료자는 치료 초기에 적어도 부분적으로는 가치 명료화 구성 요소를 시작할 때 중대한 임상적 이점을 얻는다고 보고한다. 이것은 환자가 (종종 다중 문제를 지닌 환자들의 경우) 역기능적 행동을 바꾸는 데 제대로 투자를 하지 못하는 경우 가장 잘 나타나는 것처럼 보인다. 환자에게 역기능적 반응에 대한 실질적인 개인적

대가를 접하게 하는 것은 대안적 반응을 실험하려는 동기를 촉진할 수도 있다. 이 전략을 이용하는 데 핵심 목표는 치료자의 일련의 설교에 치료를 내맡기는 대신 내담자에게 가치 있는 선택과 행동을 하도록 '책임감'을 부여해 주는 것이다. 이것은 "당신은 당신의 인생이 앞으로 어떻게 되기를 바랍니까? 그렇게 하기 위하여 당신은 무슨 행동을 하고 있습니까?"라는 ACT 질문을 전면에 내세운다.

가치 명료화 전략을 맨 처음에 사용하면 위험한 점이 있다. 환자는 가치 명료화 양식을 공백으로 가지고 오거나 의미 있는 삶의 목표가 없다고 주장할 수도 있다. 이것은 "만일 이 문제가 갑자기 사라진다면 지금 당장 당신의 인생에서 어떤 일이 일어날까요?"라는 질문에 고유한 반응인 '몰라요.' 대답이라고 할 수 있다. 내가 이것에 접근하는 방법은 환자가 인생을 선택하는 방향으로 그것을 재구성하는 것이다. 나는 다음과 같이 말할 수도 있다.

> "당신은 당신의 인생이 상징하기를 바라는 것이 오랫동안 당신이 취해 온 인생 방향임을 모르는 것 같군요. 만일 당신이 지금까지 자신의 인생 방향을 정의하는 데 사용해 왔던 몰라요들을 모두 일렬로 세운다면, 당신은 자신이 향하고 있는 방향에 만족합니까? 만일 당신이 오늘 예기치 않게 죽는다면, 묘비명을 'Bill, 여기 잠들다. 무엇을 할까 고민하느라 인생의 대부분을 보내다.'라고 적으면 만족하겠습니까?"

만일 환자에게서 의미 있는 반응이 나오면, 나는 다음과 같은 말로 가치 쟁점에 재접근할 것이다.

> "이 구름이 내려와 당신을 덮치기 전에 당신의 인생에 대하여 꾸어 왔던 꿈을 기억할 수 있습니까? 당신의 인생이 어떠한 의미가 있기를 바랐는지를 알고 있던 때를 기억할 수 있습니까?"

더욱더 전형적인 다중 문제를 지닌 환자에게 가치 명료화 구성 요소는 '이야기'에 직면하는 힘든 작업을 시작하게 해 준다. 내 경험에 의하면 초기에 가치 작업을 하는 것은 동기를 부여하는 중재로써 기능한다. 왜냐하면 대부분의 환자가 아직도 두려운 내용을 수용하고 가치 있는 행동에 참여하는 데 필요한 기술을 가지고 있지 못하기 때문이다. 대신에 이 작업에 위태로운 무언가가 있다는 것을 알려 주는 것은 지평선에서 엿보기일 뿐이다. 그것은 내가 종종 깊은 잠에 몇 년 간 빠져 있었던 환자를 '깨우는' 방식이다.

치료의 이 단계에서 나의 주된 목표는 환자의 이야기를 이끌어 내어 환자가 거기에 정신을 쏟게 한 다음 그것에 대한 환자의 확신을 파헤치는 것이다. 다중 문제를 지닌 환자들은 보통 이전의 치료 체제에서 이어진, 자신의 역기능에 대한 일련의 설명을 늘어놓는다. 가장 핵심적인 구성 요소는 내가 어떻게 지금과 같은 방식에 도달했는가 그리고 다른 사람들과 같이 기능하기 위하여 내 인생에서 어떤 속성을 더하고 또 빼야 하는가다. 이것은 위험한 영역이다. 왜냐하면 환자의 이야기가 이유 대기의 언어적 공동체에서 도출될 것이기 때문이며, 이 말은 이야기가 임상가인 당신을 속일 수 있는 어떤 논리를 지니고 있음을 의미한다. 더욱이 환자는 보통 이야기를 '진실'로 만드는 데 상당한 시간과 노력을 투자한다. ACT 용어에 의하면 이야기는 '개념화된 내용으로서의 자기' 연습이다. 많은 환자가 비유적으로 그리고 문자 그대로 죽을 때까지 자신의 이야기를 방어할 것이다.

환자가 이야기의 내용을 수정하도록 도와줄 목적으로 이야기를 다루어서는 안 된다. 내용 수준에서 보자면, 다중 문제를 지닌 환자는 종종 '치료를 잘 알고' 있고, 흔히 치료자가 환자의 발달 내력에서 인간관계에 대한 믿을 만한 사실적 분석으로 환자의 이야기를 받아들이게 할 수 있다. 이야기의 모든 요소는 문자 그대로(구조적으로) 진실일 수도 있지만, 그것이 효과가 없다면 기능적으로는 거짓일 것이다(ACT에서 실용적인 진실 기준에 대해서는 제1장 참조).

예를 들어, 한 환자가 "나는 화를 내지 않아요."라고 간단히 말하였다. 대신에 환자는 자신의 팔과 다리에 상처를 내고, 계속해서 몇 시간 동안 자살에 대해 생각하고, 해리되고, 환청을 듣고, 정서적으로 무감각해질 것이다. 그녀는 어머니와의 수많은 혐오스러운 사건 때문에 화를 내지 못하게 되어 버렸고, 그녀의 어머니는 딸에게서 독립성의 징조가 아주 조금이라도 보이면 언어적으로 혐오적인 모습을 보였다. 환자가 기술한 언어적 · 신체적 학대는 진실로 공포스러웠으며, 의심할 나위 없이 환자에게 어떤 유형의 영향을 미쳤을 것이다. 불행하게도 이야기의 (내용과는 반대로) 기능은 환자 혹은 어떤 다른 참가자들도 분노, 적개심, 비판을 경험할 수 있는 어떤 상황을 회피하기에 적절한 이론적 근거를 환자에게 제공하는 것이었다. 분석은 언어적인 공동체가 이와 같은 쟁점을 어떻게 다루는가와 일치하며, 이러한 요소들은 문자적으로 진실이다. 하지만 이러한 이유를 원인으로 취한다면, 우리는 더 나은 기능을 확립하기 위해 환자의 내력을 원상태로 되돌릴 필요가 다소 있을 것이다. 이런 파멸적인 교착 상태를 저지하기 위해 나는 종종 다음과 같이 말한다.

> "당신이 아동기, 청소년기 및 성인기를 통해 겪어 온 모든 것에 대해 저는 두 가지를 덧붙이고 싶습니다. 하나는 이 일이 당신에게 엄청난 고통이자 외상이었음을 저는 추호도 의심하지 않습니다(타당화하는 의사소통). 제가 말하고자 하는 다른 것은 이렇습니다. 즉, 당신 과거 내력의 가장 위험한 부분은 당신이 미래에도 그렇게 할 것이라는 것입니다."

환자가 이야기를 '구입하게' 되면 대안적인 반응을 시도할 동기가 감소한다. 사실상 만일 환자가 실제로 새로운 전략을 시도한 후 그것이 효과가 없다면, 이 사건은 이야기가 진실이라는 증거를 더욱더 제공할 것이다. 치료자는 내담자가 만일 새로운 대처 행동을 시도했다가 실패한다면, 두 가지 손실에 맞닥뜨릴 것임을 깨닫지 못할 수도 있다. ACT 관점으로 볼 때 이야기는 아마도 환자가 다양한 삶의 딜레마를 분석하고 해결하기 위해 어떤 식으로 노력했는지에 대한 전형일 수 있으며, 따라서 직접적으로 그것을 다루는 것은 실패하기 쉽다(과거에 그랬던 것처럼). 나는 다음과 같이 말할 것이다.

> "당신은 이러한 방식을 통해 이전에 당신 인생에서 일어났던 일들을 분석해 온 것처럼 보이는 군요. 이것이 현재 상황을 정복하기 위해 당신이 사용해 온 전략 중 하나입니까? 그것은 당신이 무슨 전략을 시도해야만 한다고 제안합니까? 당신이 인생에서 그러한 전략을 실행했을 때 얼마나 효과가 있었습니까?"

나는 맥락적 중재가 환자의 이야기를 효과적으로 파헤칠 수 있는 유일한 방법이라고 믿는다. 맥락의 수준에서 환자는 언어적 관계의 구성 세트로서의 이야기와 경험적인 접촉을 할 필요가 있고, 쟁점은 문자적인 진실에서 실효성으로 전환되어야 한다. 어느 한 사람의 인생을 기술하는 데에도 이용할 수 있는 이야기는 무궁무진하다.

나는 종종 처음에 전통적인 통찰 지향 치료를 연상시키는 일부 전략을 사용하여 꽤 의도적으로 이야기의 요소를 이끌어 낼 것이다. 환자는 모르는, 내 목표는 전혀 다른 것이다. 나는 환자가 더 많은 통찰력을 얻도록 도움을 주는 일에는 관심이 없다. 나는 환자가 이야기를 겉으로 드러낸 다음, 있는 그대로 이야기를 바라보기 시작하기를 원한다. 나는 다음과 같이 말할 것이다.

> "당신의 아동기, 청년기와 성인기에 발생한 중요한 사건에 대해서 말해 주세요. 이러한 사건들이 현재의 당신을 어떻게 만들었다고 생각합니까?"

나는 또한 "당신이 다른 사람들처럼 살아가려면 당신 자신 혹은 당신의 인생에서 제거해야만 할 것이 무엇인지 말해 주세요."라고 물어볼 수도 있다. 이것을 물어보는 또 다른 방식은 "당신의 인생을 더 잘 살아갈 기회를 제공해 줄 우리의 작업에서 당신이 얻고자 하는 것은 무엇이라고 생각합니까?"이다. 나는 환자가 나와 함께 이야기에 시간과 노력을 투자하기를 원하며, 그 결과 우리가 이 이야기의 실효성을 검토하기 시작할 때 임상적 영향은 더 커질 것이다.

맥락으로서의 이야기를 공격하는 데 내가 즐겨 사용하는 방법 중 하나는 '자서전 다시 쓰기'다. 나는 환자에게 자신의 현재 어려움을 설명해 주는 인생의 주요 사건들을 언급하면서 간단하게 1~2페이지의 자서전을 쓰도록 요청한다. 보통 환자가 써 온 내용은 상당히 부정적이고 자기 초점적이며 주요한 인과관계를 지적할 것이다. 다음으로 처음의 내용을 검토한 후 나는 환자에게 정확히 동일한 사건을 사용하여, 그러나 이번에는 다른 감정으로 이야기를 다시 쓰도록 요구할 것이다. 감정은 긍정적일 필요가 없으며, 단지 이전의 것과 다르기만 하면 된다. 그런 다음 나는 두세 번 정도 그 과정을 반복할 것이다. 보통 나는 각각의 이야기를 검토한 후 다음과 같이 물어볼 것이다.

> "당신의 이번 이야기가 첫 번째 것보다 더 정확하다거나 더 낫다거나 혹은 그것만 못하다고 말하는 일 없이 당신은 이 이야기가 적어도 믿을만하다고 생각합니까? 만일 당신이 다른 누군가의 이야기를 읽고 있고, 이것이 그것이라면 이런 중요한 사건들에 대한 해석이 적어도 그럴듯할까요?"

나는 어떤 특정한 이야기의 '진실'에 대하여 환자와 결코 논쟁을 벌이지 않으며, 원본 이야기가 틀렸다고 암시하지도 않는다. 나는 단지 환자가 이야기를 생성하고 다양한 형태로 사건들을 연결하는 마음의 끝없는 능력과 접촉하도록 도와줄 뿐이다.

내가 즐겨 쓰는 또 다른 방식은 '정체성 고르기…… 아무 정체성이나' 게임이다. 나는 수많은 부정적 · 긍정적 성격 속성(예: 타인을 분노하게 하거나 실망시킬 것에 대한 두려움, 명확하고 두려움 없는 방식으로 자신의 관점을 주장하기, 타인을 사랑하고 자비를 베푸는 감정 갖기)을 자그마한 종이에 적고, 그것을 모자 안에 넣은 후 환자에게 열 개 정도의 속성을 뽑아 보게 한다. 회기 중에 하는 게임은 환자가 이러한 속성이(무선적으로 뽑음) 진짜 속성임을 상상하게 하고, 이 사람이 문제가 있는 인생 상황에 어떻게 반응할 것인지를 상상하게 한다.

나는 치료의 모든 단계에서 실효성 개념을 반복적으로 사용한다. 실효성은 나의 '안전 밸브'로 기능한다. 다음은 안전 밸브를 가동시키는 일부 치료적 함정이다.

- 나는 회기에서 모든 작업을 하고 있다.
- 나는 환자와 일부 (맥락과는 대조적인) 내용 쟁점에 관하여 논쟁하고 있다.
- 환자가 변화 의제를 통제하고 제거하는 데 나를 끌어들였다.
- 나는 환자에게 어떻게 하는 것이 '옳은지' 말해 주고 있다.

나는 다음과 같은 유형의 질문으로 한발 물러선다.

> "당신이 전에 이것을 시도했거나 이런 유형의 자기 분석을 사용해 왔다고 가정하면, 그것은 당신의 인생 목표를 증진시키는 데 얼마나 효과가 있었습니까?"

이 질문은 치료를 받는 동안 환자가 자신의 이야기를 계속해서 고수하는 것을 막아 주는 한 가지 방법이다. 나는 이러한 경향에 직면하는 것을 원하지 않는다. 하지만 나는 이야기가 작동하고 있을 때와 인간이 작동하고 있을 때 사이를 환자가 구별하기를 원한다. 또 다른 관련 책략은 "제가 지금 누가 말하는 것을 듣고 있나요? 당신의 마음입니까 아니면 당신입니까?"라고 말하는 것이다. 임상가인 당신에게 '표면으로 물러서는' 능력을 제공하는 전략은 다중 문제를 지닌 환자와 작업할 때 매우 중요하다. 심지어 매우 경험이 많은 ACT 치료자조차 환자의 언어적 정글—다루기 어려운 환자를 '다루기 어렵게' 만드는 것—에 빠져 애를 먹는다. 치료를 하면서 나는 이 상황을 환자의 변화 의제 관점에서 접근하고 있는지 아니면 세상에서 효과가 있는 의제에서 접근하고 있는지를 자문한다. 이렇게 하는 동안 나는 환자가 자신의 인생을 더욱더 효과적으로 살아가는 데 필요한 것들에 관하여 비판단적인 자세가 되려고 항상 노력하고 있다. 이 환자들은 판단이 필요하지 않다. 그들의 이야기는 자기 판단과 타인들에 대한 판단으로 가득 차 있다. 치료의 이 단계에서 가장 필요한 것은 이야기의 밖에 머물면서 그 이야기와의 융합으로 인한 대가에 주의의 초점을 두고, 자비심과 돌봄 및 관심을 전달하는 방식으로 그렇게 하는 누군가다.

변화에 대한 장애물 다루기

ACT의 단계 간에는 명확한 경계선이 없다. 다중 문제를 지닌 환자에게서는 특히 그렇다. ACT의 처음 두 단계를 동시에 진행하면 대화의 주제가 자연스럽게 전환된다. 치료의 처음 단계는 "당신은 무엇을 시도했습니까? 당신의 경험은 그것이 효과가 있다고 말해 줍니까 아니면 효과가 없다고 말해 줍니까? 당신은 효과가 없는 일들을 포기할 수 있나요?"라는 핵심 주제에 초점을 둔다. 이후의 치료 과정에서는 다음과 같은 유형의 주제들이 전형적으로 나타난다.

- "대신에 당신의 인생이 어떻게 되길 바랍니까?"
- "새롭고 긍정적이고 보다 더 활력 넘치는 무언가를 하기 위해 당신은 어떤 장애물을 '빨아들여야' 합니까?"
- "당신에게 숨어 있는 모든 괴물을 자극하리란 것을 알면서도 기꺼이 그 방향으로 나아가는 것을 시작할 수 있겠습니까?"

ACT 관점에서 보면 다중 문제를 지닌 환자들은 FEAR 모형[융합(fusion), 평가(evaluation), 회피(avoidance), 이유(reasons)]을 구체화한다. 그들은 감정, 생각 및 다른 사적인 경험과 융합하고, 세상과 자신을 매우 판단적인 용어로 보는 경향이 있고, 감정, 회피를 주된 대처 반응으로 사용하며, 자신의 역기능과 비참함을 설명하고 정당화하기 위해 정교한 세트의 이유를 댄다. 일단 환자가 현재의 대처 반응이 결코 효과가 없음을 인정하는 데 개방적인 태도를 보인다면, 대안을 고려할 여지가 있다.

치료적인 대화의 어조에 변화가 생기면, 나는 환자에게 부정적 감정, 자살 충동, 외상적 기억, 부정적 자기 평가 등과 같은 불쾌한 사건에 '여지를 주는 것'을 선택할 수 있다는 생각을 소개한다. 나는 환자가 고양된 수준의 기꺼이 경험하기와 개인적 고통이 약화되었다는 생각 사이의 관계를 경험하기를 원한다. 만일 환자가 기꺼이 이것을 시도하고자 한다면 기꺼이 경험하기, 고통 및 인생 실효성을 매일 평정하는 자기 탐지 과제를 부여한다. 나는 추후 회기에서 환자의 기꺼이 경험하기 상태가 낮을 때 사용할 수 있는 시각적인 심상과 은유를 만들어 내기 위해 노력한다. 나는 환자에게 수많은 상이한 은유를 동시에 제시하는 것보다 한정된 수의 ACT 은유와 전략(예: 줄다리기, 모래 수렁, 깨끗하고 더러운 고통, 감정 경험하기 연습)을 반복하여 사용하는 것을 선호한다. 나는 진행이 잘 안 될 때면 내가 사용할 수 있는 '유행어(buzz word)' 몇 개를 개발하기도 하였다. 이러한 비선형적인 의사소통은 환자가 그 순간으로부터 분리되어 대안적인 반응 선택을 고려하도록 도와준다. 나는 항상 환자에게 "당신은 지금 무엇과 줄다리기 하고 있습니까?" "우리가 지금 말하고 있는 것은 어떤 종류의 고통인가요? 깨끗한 고통입니까 아니면 더러운 고통입니까?" "당신이 이 경험을 통제하고 있습니까 아니면 이 경험이 당신을 통제하고 있습니까?" "당신은 이것을 좋게 느끼고 있습니까 아니면 좋게 느끼려고 애쓰고 있습니까?"라고 물어볼 수 있다.

내용 수준에서 보면 기꺼이 경험하기 개념은 말하기 쉽다. 적용 수준에서 보면 그것은 언뜻 보기에는 어려운 기본적인 선택의 행위다. 이 점을 자세히 설명하기 위해 나는 단순한 기꺼이 경험하기 행위가 숱하게 많은 기대치 않은 도전을 어떻게 유발할 수 있는지를 보여 주기 위해 시선 접촉(Eye Contact) 연습(Hayes et al., 1999, pp. 244-245)을 사용하기 좋아한다. 이것은 부분적으로 근접성, 애착 및 포기가 뒤섞인 내용의 양에 기인하여 다중 문제를 지닌 환자에게 정서적으로 강력한 연습이다. 그것은 또한 환자에게 내가 이러한 유형의 강렬한 교환을 그와 함께 기꺼이 공유할 의사가 있음을 알려 준다. 치료자들이 이 훈련이 다중 문제를 지닌 환자와 '경계선 쟁점'을 유발하지나 않을까 하는 두려움을 종종 표현하는 것과는 대조적으로 나는 그것이 치료 과정에서 인간적임을 나타내는 효과가 있음을 발견하였다. 그것은 '나는 기꺼이 드러낼 것이고 당신도 그럴 것이다.'의 신호다.

기저하는 규칙 지배적인 반응에 접근하기 위해 내가 선호하는 방법 중 하나는 '게임의 규칙(rules of the game)' 연습이다. 이것은 환자가 다양한 도덕적 혹은 상황적 영역에 적용하는 '인생에 대한 격언', 예를 들어 개인적인 고통 다루기, 타인에게 도움을 요구하는 상황에서 행동하는 방법, 대인 관계 신뢰 등을 적어 보게 하는 것을 포함한다. 이것들은 우리 모두 문화적 수준에서 노출되는 '상투적 표현'이다. 이것들은 매우 광범위하게 사용되기 때문에 틀림없이 상투적인 표현이다. 나는 환자에게 다음과 같은 몇 가지 중요한 영역에서 인생에 대해 선호하는 격언을 적어 보도록 요청한다.

- 인생 방향을 설정하는 법
- 타인을 대하는 방법
- 타인에게 도움을 요청하는 방법
- 개인적 고통과 외상에 대처하는 방법
- 불운을 당했을 경우 운명이나 운을 설명하는 방법
- 타인의 범죄를 다루는 방법이 그 내용

환자의 특정한 환경에 따라서 다른 영역이 추가된다.

이러한 쓰기 연습에서 도출된 반응을 사용하는 방법은 많다. 한 가지 방법은 상투적 표현이 왜곡되도록 그 용어를 가지고 그저 놀이를 하는 것이다. 예를 들어, "고통이 없으면 얻는 것도 없다."라는 상투적인 표현은 우리가 한 인간으로 성장하기 위해서는 기꺼이 고통을 감수해야 한다는 생각을 표현한다. 그렇지만 "얻는 것이 없으면 고통도 없다."라는 말은 매우 흥미롭고 색다르며 또한 유용한 의미를 가지고 있다. 나는 비틀어 꼰 두 번째 상투적인 표현을 만든 다음, 단어의 순서를 단순히 조작하여 의미를 변화시키는 방법에 초점을 맞추어 환자에게 그것의 의미를 설명해 보게 한다. 물론 이것은 언어적 구성의 자의적인 본질에 대한 은유다. 예를 들어, 어느 환자가 개인적 위기에 처했을 때 타인에게 도움과 지지를 구하는 것에 대하여 "웃어라. 그러면 세상이 너와 함께 웃을 것이다. 울어라. 그러면 너 혼자 울 것이다."라는 규칙을 만들었다. 이것은 내가 일부 상투적인 표현이 얼마나 금기시되고 도덕적인 무게를 지니는지를 대수롭지 않게 언급할 수 있게 해 주었다. 문자 그대로 받아들여서 격언으로 보이는 것과는 대조적으로 격언은 각색을 쉽게 혹은 힘들게 할 수 있다. 나는 다음과 같이 말할 수도 있다.

> "만일 이것이 이러한 유형의 상황을 다루는 방법에 대한 기본 규칙이라면, 그것은 정말로 당신에게 얼마나 효과가 있습니까? 당신이 단지 이것을 하나의 상투적 표현으로 본다면 어떨까요? 당신은 그것이 상이한 의미를 지니도록 이 규칙을 다시 쓸 수 있습니까?"

요점은 정답을 얻거나 합리적인 믿음을 발견하는 것이 아니다. 요점은 규칙을 심리적 유연성, 즉 실효성에 근거하여 수많은 방법으로 다루어질 수 있는 언어적 과정으로 보는 것이다.

전형적으로 ACT의 이번 단계에서 나는 같은 주제를 반복해서 다룰 것이다. 예를 들어, 환자가 통제, 회피 및 투쟁에 대한 대안으로 기꺼이 경험하기와 접촉할 수 없거나 접촉하지 않는다면, 가치에 기반한 행동을 강요하는 것은 의미가 없다. 내 경험에 의하면 융합, 회피, 엄격한 규칙 따르기와 이유 대기의 사용은 다중 문제를 지닌 환자에게 매우 견고하게 확립되어 있다. 이러한 행동 패턴을 실천하는 데 수년이 걸리는 것은 새로운 반응을 배우는 것이 고르지 않은 과정임을 시사한다. 대안으로서 기꺼이 경험하기 및 탈융합과의 경험적 접촉은 아마도 아주 조금씩 일어날 것이다. 나는 많은 다중 문제를 지닌 환자들이 자신의 삶을 변화시킨 '아하' 현상을 보고하는 것을 보지 못하였다.

가치 지향적인 삶: 투쟁과 비참여에 대한 대안

치료 과정의 어떤 시점에서 환자는 무언가 다른 것을 시도할 준비가 되었다는 신호를 보낼 것이다. 이러한 신호의 형태는 환자마다 다르게 나타난다. ACT에서 외상 기억, 불쾌한 결과, 혼란스러운 생각이나 불쾌한 신체 감각에 대해 여지를 주는 것은 묵상 연습이 아니다. 애태우기 위하여 사적인 고통으로 괴로워하도록 요구받는 것은 치료적 가학증의 한 형태다. 목적은 환자가 자신의 인생에서 의미가 있기를 원하는 무언가를 구체화하는 새로운 반응을 시도하는 것이다. 만일 그렇게 하지 않았다면 나는 가치 명료화, 목표 설정과 여행과 관련된 ACT 연습을 사용할 것이며, 만일 그러한 초기 작업이 사라졌다면 이제 그것을 다시 가져올 것이다. 내가 선호하는 개시 책략은 "당신의 인생이 어떤 의미가 있기를 바랍니까?"라고 연습하는 것이다.

이 연습에서 나는 환자에게 자신이 갑자기 죽었지만 더 큰 힘이 그를 영혼 상태에서 장례식에 참석하는 것을 허용해 주었음을 상상하게 한다. 이것은 환자가 친구, 가족 및 배우자 등의 추도사를 들을 수 있게 해 준다. 나는 환자에게 이러한 중요한 사람들이 자신의 장례식에서 무슨 말을 하길 원하는지 상상해 보라고 요구한다. 그런 다음 나는 연습에 대한 보고를 듣는다. 이것은 충분한 가치 명료화 연습에 대한 출처 재료가 된다(Hayes et al., 1999, 제8장 참조). 나는 종종 개인이 이 과정에서 나머지 절반으로서 행해 오고 있는 것과 연관된 '묘비명' 중재를 긴밀하게 연결시킨다. 예를 들어, 나는 다음과 같이 말할 수도 있다.

> "당신이 상상한 대부분의 것은 무형이긴 하지만 좋은 친구, 훌륭한 경청자, 어려울 때 의지할 수 있었던 어떤 사람과 같이 중요하고 개인적인 가치에 대해서 사람들이 당신을 기억해 주기를 포함한다는 것을 주목하세요. 그러므로 그들이 묘지에 있는 당신의 무덤을 방문했을 때 'Joan, 여기 잠들다. 그녀는 엄마가 사과하길 바라며 평생을 보냈다.'라고 적혀 있는 묘비명을 보고 얼마나 놀랄지 상상해 보세요. 그것이 당신의 인생이 갖기를 바랐던 의미인가요? 당신이 인생의 이 영역에서 했던 모든 선택을 늘어놓는다면 당신은 자신이 택한 방향을 좋아할까요? 이것이 당신이 지금 당장 가고 싶은 곳입니까? 여기에서 하게 될 선택이 있습니다."

선택은 다중 문제를 지닌 환자에게 흥미로운 개념이다. 그들은 '선택하지 않는 것'에 전문가다. 환자는 선택을 하지 않을 뿐만 아니라 어떤 선택도 할 수 없다고 주장할 것이다. 종종 이러한 주장은 환자의 이야기에 둥지를 틀고 있다. 이것은 "내가 자신을 위해 무언가를 하거나 다른 어떤 것을 하려고 시도할 때마다 나는 실패한다."로 해석할 수도 있다. 이 말이 함축하는 바는 종종 세상, 운 또는 나쁜 상황이 환자의 선택 능력을 (부당하게) 제거해 왔거나 인생 상황에서 이용 가능한 선택이란 없다는 것이다. 물론 "나는 선택하지 않는다."라는 자세조차 선택이다. 나는 환자가 이러한 곤란에서 도망쳐 나오도록 내버려 두지 않는 것이 중요하다고 생각한다. 왜냐하면 실효성 개념과 마찬가지로 그것은 치료에서 핵심 주제이기 때문이다.

나는 치료 동안에 이 질문을 반복해서 표현하는데, 환자를 두고두고 괴롭히는 어떤 것으로서가 아니라 오히려 정향 반응을 창출하기 위해서다. 나는 환자의 이야기선이 아무리 매력적일지라도 환자가 선택을 할 수 없다는 생각을 받아들이지 않을 것이다. 거의 변함없이 실질적인 쟁점은 환자가 긍정적인 결과가 일어날 것이라는 어떤 보장 없이는 '미래에 대한 희망'에 시간과 노력을 들이는 것을 두려워한다는 점이다. 환자는 이야기를 살아가는 과정이 자신에게 가르쳐 준 것이 아니라 이야기의 결과에 과도하게 시간과 노력을 들인다. 이러한 이유로 나는 다음과 같은 몇 가지 사항을 강조하는 여행 연습과 은유를 사용하기를 좋아한다. 첫째, 선택을 해야만 한다. 선택을 하지 않는 것을 선택할 수 없다. 둘째, 어떤 선택도 어떤 특정한 결과에 대한 보장 없이 이루어진다. 셋째, 선택한 방향을 취하는 것은 자신의 목적과 의미를 만들어 내는 삶의 과정을 시작한다.

내가 선호하는 중재 중 하나는 걸으면서 말하자고 환자에게 제안하는 것이다. 나는 잠시 동안 길을 안내한 후 갑자기 멈추고 환자에게 다음 방향을 선택하라고 물을 것이다. 환자가 방향을 선택할 때 나는 우리가 그 길을 걷는다면 발생할지도 모르는 걱정, 우려 혹은 위험을 제시하기 시작할 것이다. 보통 환자는 처음의 선택을 취소하고 걸어갈 또 다른 방향을 제안할 것이며, 나는 환자가 제시한 그 방향에 대해서도 같은 행동을 할 것이다. 재빨리 환자는 우리가 보장된 결과에 근거한 선택하기에 대한 물리적인 은유에 관여하고 있음을 알아차리기 시작할 것이다. 잠시 후 환자는 자신이 어떤 방향을 선택해야만 할지에 관해서 나에게 물어볼 수도 있다. 왜냐하면 나는 어떤 방향으로 걸어가지 않기 위해서 수많은 가능한 부정적인 이유를 미리 내놓았기 때문이다. 그다음 나는 이렇게 말할 수도 있다.

> "음, 우리는 단지 이곳에 머무르고 더 멀리 걸어가지 않을 수도 있습니다. 하지만 그것은 하나의 선택이 될 것이고, 당신도 알다시피 우리가 걷지 않는다면 나쁜 일이 생길 수도 있습니다. 우리가 여기에서 어떠한 불리한 점도 없는 선택을 할 수 없다는 사실을 알면, 당신은 그저 한 가지 방향을 선택하여 걸어갈 수 있습니까?"

나는 다중 문제를 지닌 환자에게 행동의 '옳은' 과정이 무엇인지에 대해 말해 주는 것을 회피하는 것이 항상 중요하다고 생각한다. 이것은 환자가 마침내 명백하게 역기능적인 어떤 반응을 더 이상 보이지 않고, 새로운 행동을 실험해 보고 싶어 하는 의지가 나타날 때 치료자가 느낄 수 있는 유혹이다. 대신에 나는 어떤 새로운 반응을 시도하는 것은 본질적으로 기꺼이 경험하기 행위임을 강조한다. 우리 중 어느 누구도 새로운 반응을 시도했을 때 무슨 일이 일어날지 모른다. 환자가 이전과 동일한 반응을 계속 사용할 때 어떤 일이 일어날 것인지가 우리가 아는 전부다. 그 결과는 꽤 예측 가능하다. 이것은 만일 환자가 새로운 반응을 시도한다면 더 나은 기분을 느끼고 더 행복해질 것임을 '보증'하라고 나를 괴롭히는 환자를 피하는 데 도움이 된다. 기꺼이 경험하기 행동은 결과가 어떻게 될지 모른 채 한 걸음 내딛기 위해 선택하는 것을 의미한다. 보증이란 없다. 게다가 환자가 찾고 있는 보증은 아마도 낡은 변화 의제에서 기인할 것이다. 만일 당신이 감정, 생각, 기억 혹은 신체 감각을 '속여서' 사라지게 하려고 기꺼이 경험하기와 선택을 사용한다면, 기꺼이 경험하지도 선택하지도 않는 것이다. 환자들은 보통 낡은 의제에 대해 반전의 신호를 보낼 것이다(예: 만일 제가 자살 충동을 수용하기만 한다면 저를 밤낮으로 괴롭히는 그것이 멈춰진다는 것을 의미합니까?).

내가 이러한 핵심 쟁점에 접근하는 또 다른 방식은 선택과 놀이의 개념을 연관시키는 것이다. 놀이는 치료에서 유용한 중재다. 다중 문제를 지닌 전형적인 환자는 '승리와 패배' '옳은 것과 그른 것' '가치 있는 것과 가치 없는 것' 혹은 '공정하거나 불공정한' 상황에 관한 것이 전부다. 이 모든 주제는 다중 문제를 지닌 환자가 삶에 참여하는 것과는 대조적으로 삶에 대해 추상적인 평가를 하는 것과 과도하게 융합되어 있다. 놀이의 개념은 인생 경험에 대한 지배적이고 이분법적인 접근법의 정반대다. 놀이의 결과는 도달하지 못한 임의적인 끝 지점이다. 당신이 그곳에 도달하면 게임은 끝난다. 어린이들은 모든 게임을 그 순간의 자극으로 만들어 낸다. 게임 규칙은 종종 중간에 바뀌기도 하며, 어린이들은 단지 게임에 이기거나 지는 것이 아니라 게임하는 과정에서 기쁨을 얻는다. 결국 한 어린이가 게임에서 진다면 또 다른 아이가 이길 기회를 순식간에 잡을 수 있다. 하지만 진실을 말하자면, 놀이 그 자체는 승리의 한 형태다. "처음에는 이기고 그다음에는 놀아라."라는 ACT 격언이 있다. 삶의 여정이라는 면에서 놀이는 이기는 것이 아니라 활력과 목적, 의미로 향하는 통로다.

치료에서 단순한 카드 게임은 이에 대한 물리적인 은유로서 역할을 할 수 있다. 예를 들어, 나는 환자에게 같이 '스페이드' 게임을 하자고 요청한다. 게임 도중에 나는 갑자기 이 게임이 '스페이드'가 아닌 '하트' 게임이라고 선언한다. 환자가 이에 반대하면 나는 다음과 같이 말할 것이다.

> "저는 카드놀이를 하자고 말했지, 어떤 특정한 카드놀이를 하자고 말했던 것은 아닙니다. 당신은 아직도 카드놀이를 하고 싶은가요? 저는 당신의 손 안에 어떤 카드가 들었는지 모릅니다. 이런, 제가 다른 게임에서 이길 때 당신은 이 게임에서 이길 수도 있어요. 제가 게임 이름을 바꿀 때 당신은 전략을 바꿔야만 한다는 것을 주목하세요. 이 말은 카드놀이에 적합한 사람은 아무도 없다는 것을 의미합니다. 왜냐하면 그것은 모두 게임이 무엇이냐에 달려 있기 때문이지요."

나는 분명히 임의적인 방식으로 여러 차례 게임을 바꿀 수도 있고, 혹은 나에게 분명히 승리를 보장해 주는 방식으로 카드놀이를 바꿀 수 있다. 환자는 다음과 같이 말할 것이다.

"당신은 지금 저를 속이고 계시네요. 그것은 공정하지 않습니다."

그러면 나는 이렇게 말할 것이다.

"당신은 제가 규칙을 바꿀 것이라는 사실을 알면서도 계속 게임을 하길 원하나요? 만일 제가 게임 규칙을 바꿔서 당신이 이겼다면 어떨까요? 그것은 공정할까요? 만일 공정함이 이길 가능성이 가장 높은 사람에 의해 측정된다면, 당신은 이러한 바보 같은 카드 게임을 하는 것보다는 규칙에 더 집중할 수 있겠지요. 그러면 당신은 지금 당장 어느 것을 선택하겠습니까? 규칙에 집중하는 것 그리고 게임에서 이기느냐 아니면 지느냐의 여부 혹은 단지 저와 함께 재미있는 카드놀이를 하는 것?"

맥락적인 규칙 변화를 허용하는 다른 게임도 마찬가지로 유용하다. 가령 우리는 체스 게임으로 시작해서 나중에는 체커 게임으로 전환할 수 있다.

이번 치료 단계의 독특하고 잠재적으로 배반적인 특징은 고통, 외상, 공정함과 용서의 상호작용이다. 다중 문제를 지닌 환자들은 종종 신체적 · 언어적 · 성적 학대, 부모의 정신병, 약물이나 알코올중독, 이혼, 가정 폭력 등을 포함한 아동기와 청소년기의 외상 내력을 지니고 있다. 이러한 외상적 환경에서 확립된 관계 틀은 매우 원시적이며 견고하다. 이것의 핵심 표상은 환자의 희생에 대한 생각과 '인생이 불공평하다.'는 믿음이다. 이러한 상처는 단지 교정하는 삶의 경험을 통해서만 치료될 수 있다. 하지만 환자가 '파울'을 외치며 인생의 방관자적 입장을 취한다면 아무것도 일어날 수 없다. 이것은 만일 몇 가지 핵심 주제를 다루지 않는다면 환자를 치료에 해로운 영향을 끼칠 수 있는 그러한 몇 가지 핵심 주제와 결부시키게 된다.

첫 번째로 가장 중요한 주제는 환자가 활력 있고 합목적적인 인생에 대한 장애물로 기능하는 다양한 삶의 외상을 통해 앞으로 나아가고 수용하게 하는 것이다. 다중 문제를 지닌 환자들은 종종 성적 학대, 알코올중독자 아버지, 냉정하고 자신을 거부하여 떠나간 어머니 등의 가해자에게 앙갚음을 하는 데 초점을 둔다. 환자의 이야기는 종종 지금 여기에서 기능하는 것이 불가능한 이유로 외상을 입은 인생 사건을 사용한다. 가해자가 확실히 비난을 받도록 환자는 보통 '범죄 구성 사실'을 택한다. 법적 이론에서 이 원칙은 '피해자가 없다면 살인도 없다.'는 것을 의미한다. 마찬가지로 만일 환자가 가치 있는 삶을 살기 시작하면 환자 이야기의 핵심 요소는 잠재적으로 도전을 받을 것이다. 결국 만일 환자가 이런 끔찍한 사건에서 회복될 수 있다면 아마도 환자가 겪은 사건들은 그다지 끔찍하지 않을 것이고, 가해자는 악행에 대한 죄책감을 지니지 않을 수도 있다.

ACT 용어로 환자는 '올바르기'와 '살아가기' 사이에서 선택을 한다. 나는 다중 문제를 지닌 환자들과 일하면서 이러한 심리학의 위력에 결코 놀라지 않는다. 환자는 가치 있는 삶의 행동에 막 참여하려던 참에 재발하고 급격히 자살 행동을 보인다. 내 목표는 환자가 정의와 앙갚음을 기다리면서 살아가지 않게 돕는 것이다.

건강한 인생을 사는 데 걸림돌이 되는 이런 중요한 장애물에 표적을 두는 데 사용할 수 있는 몇 가지 ACT 중재가 있다. 첫 번째 방법은 단순히 환자에게 다음과 같이 묻는 것이다.

> "만일 당신이 자신의 인생을 향해 전진하고 당신에게 효과가 있는 것들을 행하기 시작했다면, 누가 옳은 것입니까? 누가 잘못된 것입니까?"

또 다른 강력한 중재 방법은 낚시 은유다.

> "당신과 당신의 아버지가 같은 낚시 고리에 함께 걸려 있습니다. 당신이 낚시 고리에 먼저 걸렸고, 그다음 당신이 아버지를 고리에 걸리게 했습니다. 이제 당신이 자유로워지려면, 먼저 아버지의 고리를 벗겨야만 합니다. 오직 그렇게 한 다음에야 당신은 고리에서 벗어날 수 있습니다."

또 다른 더욱더 자극적인 방법은 다음과 같이 말하는 것이다.

> "제 말을 들어보세요. 천국에 가면 개개인은 영원히 해야 할 일을 부여받게 됩니다. 살아생전 당신은 재판관, 배심원 및 집행관을 해 본 경험이 많다고 신에게 꼭 말하세요."

두 번째 주요 주제는 환자가 기꺼이 경험하기 행위로 용서를 사용하도록 하는 것이다. 보복을 하려는 것의 반대는 가해자를 용서하는 것이다. 이는 가해자가 자신이 저지른 행동을 인정하고 용서를 구하기를 기다리면서 일생을 보낸 환자들에게는 특히 곤란한 쟁점이다. 물론 학대하고 파괴하는 관계의 기본적인 본질을 고려할 때 이러한 유형의 '고백'과 '희생자의 자비'에 자기 자신을 던지는 일은 일어날 가능성이 매우 낮다. 실제로 가해자가 자신의 죄를 참회하고 사과하게 하려는 환자의 지속적인 시도가 종종 추가 학대 행위를 촉발한다. 자살을 시도했던 환자가 아직 자살을 하지 않은 유일한 이유는 그녀가 여러 번 병원에 입원함으로써 그녀의 어머니가 고통받는 것을 보고 싶어서 그리고 어머니가 얼마나 심하게 그녀에게 상처를 입혔는지를 알기를 원해서라고 말한 적이 있다.

나는 이러한 과정을 쳐부수기 위해서 매우 특수한 방식으로 용서를 사용한다. 대부분의 환자는 용서를 자신이 가해자를 '자유롭게 해 주어' 효과적으로 원래의 사건을 부정하게 되는 것을 의미하는 것으로 해석한다. 용서라는 단어의 어원은 '이전에 있었던 일을 주는 것'이다. 여기에 포함된 선물은 바로 당신에게다. 문자 그대로 당신 자신을 자유롭게 하며, 그 결과 당신의 인생은 앞으로 나아갈 수 있다. 나는 다음과 같이 말할 것이다[이번 판에서 나는 '선물(gift)' 대신에 '은총(grace)'이라는 용어를 사용하고 있다. 왜냐하면 이 두 단어는 어원적으로 동일한 라틴어 '자유(free)'를 의미하는 '무료(gratis)'에 뿌리를 둔 파생어이기 때문이다].

"당신은 중요한 삶의 선택을 하는 교차로에 서 있는 것으로 보입니다. 당신은 자신의 인생에서 발생한 이러한 끔찍한 사건이 있기 전 당신이 지니고 있었던 은총을 회복하기를 선택할 수 있습니다. 이것은 만일 다른 사람들이 끔찍한 잘못된 어떤 행동을 했다면 어느 누구도 죄책감에서 자유롭게 내버려 두지 않습니다. 우리는 모두 무슨 일이 발생했었는지 알고 있고, 당신의 인생에서 이러한 일들이 일어났다는 사실이 결코 없어지지는 않을 것입니다. 이것이 요점이 아닙니다. 요점은 당신이 이러한 사건을 수용하여 앞으로 나아가기를 거부하는 한 당신은 가해자가 당신의 은총을 빼앗아 가도록 허용하고 있는 것입니다. 따라서 선택은 당신이 가해자를 용서하고 은총을 회복하거나 혹은 용서하지 않은 채 계속해서 희생당할지 여부인 것으로 보입니다. 어떤 선택은 당신이 자신의 과거사를 있는 그대로 지니게 하는 것이고, 또 다른 선택은 당신의 과거사가 당신을 지배하게 하는 것입니다. 이것은 논리에 근거한 결정이 아닙니다. 그것은 선택이며, 오직 당신만이 그 선택을 할 수 있습니다."

마지막 치료 원리는 건전한 개인적 문제 해결과 효과적인 목표 설정을 통합하는 방식으로 환자가 전념 행동에 반응을 보이게 하는 것이다. 다중 문제를 지닌 환자들은 효과적인 문제 해결과 목표 설정 기술이 부족하다는 것이 상당수 연구에서 밝혀졌다. 그들은 비현실적인 목표를 설정하고, 초기에 포기하고, 그릇된 기준을 사용하여 성공을 측정하는 경향이 있다. 이 단계에서 나는 자기통제 행동 수정 기술과 개인적인 문제 해결 모형에 종종 환자들을 노출시킬 것이다. 나의 목표는 치료가 끝난 뒤에도 오래도록 삶의 다른 상황에까지 일반화할 수 있는 기술을 환자가 습득하도록 도와주는 것이다. ACT는 본질적으로 '행동치료'임을 이해하는 것이 중요하다. 그러므로 만일 환자가 하고 싶어 하는 행동을 취하는 데 필요한 기술이 부족하다면, 임상가인 당신이 기술 훈련 중재에 참여해야만 한다. 나는 전 생애에 걸쳐 목표를 설정하고 달성하는 것이 중요함을 강조한다. 마치 카드놀이가 특정한 세트의 전략을 요구하는 것처럼 나는 인생을 살아가는 것도 동일한 유형의 접근법이 필요함을 환자에게 이해시키려고 노력한다. 당신은 삶의 만족에 다다를 수는 없다. 단지 삶의 만족을 위해 노력할 수 있을 뿐이다. 이것은 '당신은 결코 서쪽에 도달할 수 없다. 단지 서쪽을 향해 나아갈 수 있을 뿐이다. 당신이 서쪽으로 얼마나 멀리 가든지 간에 서쪽은 항상 더 먼 곳에 존재한다.'라는 격언과 같다.

나는 환자가 특정한 목표를 달성했는지 여부에 지나치게 초점을 맞추는 것을 원하지 않는다. 나는 환자가 '생명력'을 달성하는 수단으로 목표 설정을 이해하길 바란다. 따라서 나는 환자에게 작고 다루기 쉽고 긍정적인 단계를 선택하라고 권유한다. 전념 행동의 크기는 전념 행동이 일어나는지 여부만큼 중요하지는 않다. 이 점을 구체적으로 설명하기 위하여 나는 책을 바닥에 놓아두고 환자가 책 위에서 뛰어내리게 할 것이다. 그다음에는 환자에게 의자에서 뛰어내리라고 할 것이다. 그다음 나는 이 둘 중에 하나라도 뛰어내리기가 아닌 것이 있는지 환자에게 물어본다. 이 질문을 받으면 환자는 보통 약간 당황하지만 어떤 점프는 컸고, 다른 하나는 작았다는 사실을 지적할 것이다. 그러면 나는 점프하는 행위가 얼마나 멀리 떨어지느냐에 의해 측정되지 않음을 지적한다. 점프는 양 발의 끝을 사용하여 낙하하는 것이다. 점프는 클 수도 있고 작을 수도 있지만 점프라는 면에서는 동일하다. 이것은 내가 점프 은유나 격언을 사용하도록 해 준다. 예를 들어, 나는 다음과 같은 방식으로 전념 행동에 대하여 이야기할 것이다.

"당신은 두 걸음으로 협곡을 점프할 수는 없습니다. 협곡의 틈이 30.48cm인지

609.6cm인지는 문제가 안 됩니다. 이쪽에서 저쪽으로 건너기 위해서는 단 한 걸음이 필요합니다. 보폭이 얼마나 커야 하는지는 협곡의 틈이 얼마나 넓은지에 달려 있습니다. 성공을 위한 규칙은 언제나 동일합니다."

임상적 고려 사항

큰 그림으로 보면, 나는 다중 문제를 지닌 환자를 성공적인 치료로 이끄는 다음과 같은 세 가지 주요한 과정이 존재한다고 생각한다. 첫째, 직면, 강요 또는 조작을 치료자가 사용하는 것을 최소화하는 반면 변화에 대한 환자의 책임감을 극대화하는 인간적이고 동기부여하는 치료 관계 형성하기. 둘째, 고위험과 위기를 양산하는 행동이 치료 과정을 방해하도록 내버려 두기보다 이를 치료 진행 과정에 통합하기. 셋째, 치료 공동체가 환자의 비효과적인 변화 의제를 얼마나 강화하는지 인지하고, 동시에 그러한 변화 의제에 도전하고 개인적인 문제 해결/건강한 삶에 대하여 ACT와 일치하는 모형 추진하기.

우리는 환자와의 관계를 (이름 붙이고 도덕적으로 교화하고 직면시키고 비판하기보다) 인간적으로 하고, 환자의 변화 능력에 대한 확신감을 전달하고, ACT의 전체 작업이 환자를 삶에 참여시키는 것임을 강조하는 방법을 발견할 필요가 있다. 이것을 달성하기 위하여 그런 환자들이 상처를 입지는 않았지만 개인적인 고통을 다루기 위해 비효과적이고 문화적으로 지지받는 접근법에 갇혀 있다는 것이 ACT의 주장이다. 마찬가지로 나는 더 좋은 효과를 보일 대안을 찾을 가능성이 있다는 낙관론을 전달한다. 인생이 얼마나 고통스럽건 간에 이전에 받았던 치료가 얼마나 형편없었건 간에 나는 항상 환자의 편을 든다.

치료의 지속성은 일상생활 스트레스, 사회적 · 정서적 불안정과 계속되는 자기 파괴적인 행동을 경험하는 환자에게 매우 중요하다. 만일 치료자가 전통적인 위기관리 전략으로 최근의 '이번 주의 위기'에 반응한다면, 수개월 내지 수년 간 지속적으로 중재하는 방식으로 치료를 하고서도 결과는 신통치 않을 것이다. 위기와 불안정한 행동 패턴은 정상적인 치료 과정에 도입될 필요가 있다. ACT는 이를 위해 강력한 모형을 제공한다. 왜냐하면 정서적 회피, 인지적 융합, 가치 있는 행동 및 실효성에 관한 주제는 자기 신체 훼손, 자살 생각, 약물이나 알코올 남용 혹은 '위기'로 볼 수 있는 거의 모든 예에서 다시 나타날 것이기 때문이다. 따라서 가장 최근의 위기는 어떤 다른 방식으로 다룰 필요가 있는 갑작스러운 '산불'이라기보다 ACT에서 다룰 핵심 쟁점의 가장 최근 사례일 수 있다.

환자가 치료 초기에는 치료의 초점이 아니었던 새로운 정서적 회피 행동에 참여하는 경우 동일한 쟁점이 ACT 치료에서 나중에 다른 방식으로 나타난다. 만성적인 자기 신체 훼손의 내력이 있는 환자는 그러한 행동 패턴에 대해서는 통제력을 얻을 수도 있지만, 동시에 심한 음주를 할 수도 있다. '두 번째 문제' 사건을 성공적으로 다루기 위한 핵심은 이전의 정서적 도피 전략과 그것을 연관시킨 다음 그것을 도피 반응에 대한 등가의 일부로 다루는 것이다. 보편적으로 정서적 회피의 형태는 바뀔 수 있음에도 역기능적 행동을 통제하는 공통적인 '촉발 요인'이 있을 것이다. 대부분의 경우 이러한 회피·도피 촉발 요인은 내적 기분 상태(우울, 지루함), 신체 감각(혼란, 과잉 경계) 혹은 불쾌한 결과를 유발할 수 있는 타인과의 상호작용(거부, 사회적 모욕) 및 연합된 부정적인 기분 상태(분노, 죄책감) 등일 것이다. '새로운' 문제의 출현은 그러한 기회이기도 하다. 각각의 사례에서 수용과 탈융합 전략을 전체로 일반화할 가능성은 증가한다. 일단 그러한 일이 일어나면 치료는 종결되며, 인생 그 자체가 '치료자'가 된다.

ACT의 가장 큰 가치는 치료자가 환자의 (그리고 문화의) 비효과적인 변화 의제를 받아들이는 것을 피하게 해 주는 것이다. 초기에 치료자들은 이를 불편하게 느낄 수 있다. 그것은 우리가 치료의 목표로 '이해하기'와 '더 잘 느끼기'를 포기하는 것을 의미한다. 훌륭한 ACT 치료자는 이러한 불편함을 기꺼이 경험하고 또 밀고 나가려고 해야만 한다(이것이 바로 훌륭한 ACT 치료자가 보통 자기 자신의 인생을 ACT와 관련지어 보는 사람들인 이유다).

이것은 '치료에 정통한' 환자를 대상으로 할 때 특히 힘들다. 과거의 치료는 분석-통제-제거 변화 의제를 거의 항상 직·간접적으로 강화하였다. 내용 기반 치료는 전형적으로 환자의 현재 역기능을 설명하는 인과관계의 분석에 초점을 둔다. 이것은 초기 아동기 외상이 어떻게 나중에 신뢰, 배신과 자포자기에 관한 광범위한 우려를 이끌 수 있는지에 대한 분석에서 환자에게 왜곡되고 비합리적인 핵심 신념을 수정하게 하려는 의도로 환자의 핵심 도식을 불러일으키는 것까지 분포되어 있다. 나는 과거의 내용 기반 치료를 거부하려고 애쓰지 않는다. 그것은 (동일한 기본적인 접근법을 사용하는) 환자와 환자의 과거 경험을 거부하는 것이 될 수 있기 때문이다.

불가지론자가 되어 직접적인 경험에 호소하는 것이 최선이다. 아마도 이러한 전략이 일부에게는 매우 큰 효과가 있겠지만, 환자의 경험은 이러한 전략의 실효성에 관하여 무엇을 말하고 있는가? 만일 환자가 여전히 곤경에 빠져 있다고 느낀다면(거의 언제나 그렇지만) 이제는 완전히 새로운 무언가를 시도할 때다.

치료의 기간과 강도

사람들은 종종 "치료를 더 많이 받을수록 좋다." 혹은 "문제가 더 많은 환자는 더 많은 치료를 받아야 한다.'라고 생각한다. 반드시 그렇지는 않다(Howard, Kopta, Krause, & Orlinsky, 1986). 다중 문제 행동 패턴은 수년에 걸쳐 조형되고 유지되고 강화되어 왔다. 그것은 치료 맥락에서 단순히 언어적 분석을 한다고 사라지는 것이 아니라 오히려 실제 환경에서 상이한 반응을 연습함으로써 사라진다. '더 많은 치료'가 만일 '먼저 치료에 익숙해져라. 그러면 너는 살게 될 것이다.'라는 숨겨진 메시지를 전달한다면, 실제로 이러한 필요 단계를 지연시킬 수 있다. 우리는 한정된 시간의 교실 환경에서 다중 문제를 지닌 환자들을 대상으로 ACT를 성공적으로 사용해 왔으며, 다양한 단계로 구성된 돌봄 전략을 탐구해 왔다(Strosahl, 1991). 예를 들어, 개인 치료 회기를 폭넓게 배치할 수 있고, 워크북과 다른 실수요자 재료를 사용하여 집에서 하는 연습과 전화를 보조 수단으로 사용할 수 있으며, 집단을 통해 강화할 수 있다. 단지 환자들이 다양한 문제가 있다는 이유로 수년간 일주일에 1~2회 진행되는 개인 회기를 기대해서는 안 된다.

맥락으로서의 자기 중재

'경계선' 환자들을 대상으로 자기 관찰 전략을 사용하는 것은 그들이 아마도 자기 일관성이 결여되어 있기 때문에 좋은 생각이 아니라고 믿는 일부 이론 집단이 있다. 내 경험에 따르면 환자의 기능 수준에 맞춘 마음챙김과 자기 관찰 연습은 매우 효과적일 수 있다. 나는 마음챙김 연습의 결과로 자살 위기에 빠지거나 보상 작용이 구실을 하지 않는 경우를 본 적이 없다. 이것은 환자들이 수용과 마음챙김 개념을 이해하는 능력이 다양함을 의미한다. 예를 들어, 어떤 환자는 AA(익명의 알코올중독자들)에 참여하고 있고, "모든 것을 신께 맡기고 순종합니다."와 같은 개념에 친숙할 수도 있다. 또 다른 환자는 마음챙김 근처에도 가 본 적이 없는 문외한일 수도 있다. 이러한 차이는 ACT 속도를 변화시켜 다룰 수 있다. 나는 초기 평가에서 환자가 이전에 기꺼이 경험하기, 수용 및 마음챙김과 같은 전략을 접해 본 적이 있는지를 결정하는 것을 포함한다. 만일 접해 본 적이 있다면 이것을 치료를 시작하는 기초 단계로 사용해야만 한다. 자기 관찰 전략에 대해 전혀 경험이 없는 환자들에게는 마음챙김에 대해서 강의하거나 지적으로 분석하는 것을 피하는 것이 중요하다. 그 대신 환자들이 이러한 '공간'과 경험적으로 접촉하는 데 초점을 두어라.

결 론

다중 문제를 지닌 환자들이 드러내는 모든 임상적 도전 때문에 그들은 함께 작업하기에 매우 흥미로운 환자 집단이다. 환자는 치료자의 힘이 제한적이라는 비천한 현실에 크게 안도한다. 환자는 정서적 고통과 그것을 어떻게 해야 할지에 관하여 사회적으로 증진된 믿음의 많은 약점을 강조한다. 나는 다양한 중요한 방법을 사용하여 이러한 환자들과 함께 일하는 직접적인 기능을 수행하는 ACT 치료자로 성장하였다. 나는 전통적인 전략 외의 치료법에 거점을 마련할 필요가 있음을 발견하였다. ACT의 중심에 자리 잡은 비판단적인 실용주의는 치료하기 힘든 환자와 작업할 때 강력한 틀이 되어 준다. 앞으로의 연구는 이러한 틀이 극심한 고통을 받고 있는 환자들의 고통을 얼마나 경감시켜 줄 수 있는지 보여 줄 것이다.

제3부

특정 전집, 상황 및 방법과 수용전념치료

제10장

아동, 청소년 및 부모에 대한 수용전념치료

Amy R. Murrell, Lisa W. Coyne, and Kelly G. Wilson

성인 문제들과 성인 전집 대상의 수용전념치료(Acceptance and Commitment Therapy: ACT) 중재에 대한 경험적인 지지가 증가하는 것과는 대조적으로 아동, 청소년 및 그들의 부모에 대한 ACT 적용은 비교적 발달의 초기 단계다. 우리의 예비 자료와 다른 곳의 자료는 ACT와 구성 요소들이 발달적으로 적합하고 치료적으로 이득이 되는 방식으로 아동에게 성공적으로 적용될 수 있음을 시사한다. 증거는 ACT가 아동이 나타내는 도전을 다루는 부모에게 유용할 수 있음을 제안한다. 어떤 새로운 중재를 대상으로 할 때와 마찬가지로 이 접근법을 개념화하고 사용하는 것은 시행착오 과정에 있다. 이것을 명심하여 이 장에서 제안된 적용을 활용하는 임상가들은 진행 중 평가를 사용하여 과정을 측정하는 데 전념해야 한다.

평가와 사례 개념화

아동의 고통에 대한 ACT 공식화는 성인에게 하는 것과 전혀 다르지 않지만, 공식화가 택하는 형식과 아동의 맥락의 복잡성은 상이할 수 있다. 공식에서 핵심 변인들은 불쾌한 내용과의 인지적 융합에 기반한 정서적 통제 · 회피의 과도한 사용과 가족, 친구, 여가 활동, 공부 등의 영역에서 가치 있는 인생 방향을 추구하지 못하는 아동의 무능력이다. 특히 아동을 대상으로 한 유능한 ACT 사례 개념화 평가는 항상 맨 먼저 아동을 치료에 데려오게 한 문제 행동의 기능적 분석과 함께 시작한다. 맥락적 관점에서 보면 치료자는 문제 행동을 유지시킬 수도 있는 내적 및 외적 '강화물'뿐만 아니라 문제 행동의 출현과 관련된 요소들을 이해하는 것이 매우 중요하다.

ACT 관점에 의하면, 살펴보아야 할 핵심 변인은 문제 행동 패턴에서 분명히 존재하는 경험적 회피의 정도뿐만 아니라 그러한 회피의 결과로 가치 있는 인생의 결과에 제한을 받는 것이다. 아동이 신념이나 기대와의 융합에 의해 종종 촉발되는 고통을 줄이거나 통제하려는 시도로 경험적 회피에 상당히 많은 시간을 소비한다는 사실을 발견하는 일은 매우 쉽다. 아동에게 이러한 노력은 종종 외현적이고 행동적이어서 학교를 회피하거나 과제 수행에 실패하는 것으로 나타난다. 그러한 노력은 단기적으로는 고통스러운 사건을 제거할 수도 있지만 아동을 더 의미 있고 가치 있는 인생 방향으로 이끄는 행동을 부지불식간에 약화시킨다. 따라서 아동에 대한 ACT 사례 개념화는 다음과 같은 핵심 영역에 초점을 두는 경향이 있다.

- 문제 행동의 형태, 빈도 및 강도
- 내적인 사적 경험과 외적 사건 모두에 대한 상황적 촉발 요인
- 문제 있는 행동 패턴이 아동으로 하여금 회피하게 만드는 고통스러운 생각, 감정, 기억, 감각 혹은 사건
- 고통스러운 심리적 내용을 다루는 데 사용된 특정한 경험적 회피 · 통제 전략
- 효과 없는 통제 전략을 유지시키는 단기 강화물(예: 덜 불안한 느낌, 더 인정받는다는 느낌)
- 학교, 여가 활동, 친구 관계, 가족 등에서 내담자가 가치를 둔 방향에 대한 평가
- 문제 행동이 이 모든 바람직한 인생 결과를 방해하는 정도

예를 들어, 열한 살 소년이 등교 거부 행동 때문에 클리닉에 의뢰되었다. 현재 증상은 만연한 걱정, 자극 민감성 및 신체적 염려였고, 일반화된 불안장애 진단을 받았다. 기능 분석 면담을 하는 동안 그 아동은 "학교 가는 것에 대해 생각하면 마마보이로 보여요."라고 진술하였다. 일단 이러한 고통스러운 내용이 확인되자 치료자와 내담자는 학교에 가는 것을 회피하게 만든 것들의 목록을 작성하였다. 정상적으로 아동들과 작업하는 일은 부모(가능하면 형제자매 포함)에게 정보를 얻을 필요가 있다. 왜

냐하면 가족 단위는 문제 행동이 포함되어 있는 매우 중요한 '맥락'을 형성하기 때문이다. 이것은 정상 성인을 대상으로 한 ACT 작업과 비교할 때 주요한 차이가 있다. 이 사례에서 부모는 아동의 등교 거부에 대해서는 덜 걱정하는 대신 아동의 자극 민감성에 대해서는 가장 큰 우려를 보였다. '문제'를 정의함에 있어서 이러한 불일치는 가족 내에서 흔하며, 기능 분석을 하는 동안 평가해야 할 필요가 있다. 다음으로, 가치 평가를 하는 동안 내담자는 친구 사귀는 일이 자신에게는 중요하고 의미 있는 일이라고 표현하였다. 그런 정보를 고려하여 치료자는 아동에게 정서적 회피와 통제 행동(예: 학교에서 싸우는 것)이 실제로는 그가 친구를 사귀는 능력을 해칠 수도 있음을 평가하게 할 수 있었다.

수용전념치료의 임상적 중재

동의서와 치료 계약

노출 기반 치료의 일부이기 때문에 ACT는 종종 정서적으로 지나친 요구를 하고, 고통스러운 생각, 기억 및 상황을 탐색하고 경험하는 것에 대한 기꺼이 경험하기를 요구한다. 기능 평가를 완성하고, 일련의 치료 목표를 개발하고 논의한 후에는 치료 계약을 세울 필요가 있다. 계약은 치료 작업의 완수를 보증하는 데 필요한 헌신을 구체화함으로써 치료적 동맹을 굳건히 한다. 전형적으로 이러한 동의는 융통성 있고, 치료 과정으로써 지속적으로 변화하고 확장한다.

당신은 두 가지 주요한 이유 때문에 이러한 논의에 아동과 부모 모두를 포함시켜야 한다. 첫째, 아동은 자신의 치료에 대하여 고지에 입각한 선택을 해야만 한다. 만일 치료가 오직 부모의 명령만으로 수행된다면 아동은 치료에 덜 순응할 수도 있다. 둘째, 어떤 부모도 자신의 자녀가 고통 받는 것을 보고 싶어 하지 않는다. ACT 치료가 때때로 고통스러울 수 있음을 부모와 함께 논의하는 것이 중요하다. 어떤 고통은 긍정적인 행동 변화를 가능하게 할 수도 있음을 부모는 이해해야만 한다. 의사를 방문하는 비유가 도움이 될 수도 있다. 즉, 무엇이 잘못되었는지를 찾아서 치료를 촉진하려면 의사는 다친 곳을 눌러야만 한다.

ACT 치료자는 요점을 예시하기 위해 종종 은유를 사용하며, 그러한 접근법은 아동과 부모가 더 나은 건강을 추구하는 과정에서 불편한 과제를 완성할 것을 요구받는 것에 대한 경험적 이해를 구하는 데 도움이 될 수도 있다. 이러한 경우 운동하기의 비유는 다음과 같이 아동 치료 집단의 첫 만남에 적용될 때 유용하다.

치료자: 운동이 건강에 좋니?

내담자: 운동은 심장이 잘 작동하는 데 도움이 된다고 과학 시간에 배웠어요.

치료자: 그 밖의 다른 것에 대해서도 배웠니?

내담자: 건강을 유지하고, 심지어 더 오래 살게 해 준다고 배웠어요.

치료자: 그래. 그것은 건강한 것이라는 것처럼 들리는구나, 그렇지?

내담자: 네.

치료자: 나는 너희들이 내가 멈추라고 할 때까지 가능한 한 빠르게 나를 위해 뜀뛰기를 하길 원해. (일분 뒤) 쉽니?

내담자: 네. 정말로 쉬워요.

치료자: 만일 오랫동안 해야 한다면 어떨까? 또는 전에 한 번도 뜀뛰기를 해 본 적이 없다면 그래도 쉬웠을까?

내담자: 아니요. 그때는 정말로 힘들었을 것 같아요.

치료자: 맞아. 우리가 하려는 작업도 운동과 같은 거야. 마치 운동처럼 처음에는 힘들고, 다칠 수도 있고, 지칠 수도 있어. 그렇지만 오래 하는 것이 의미 있고 도움이 될 수 있을 거야.

'유리잔 속의 진흙(Mud in the Glass)' 은유 또한 고통스러운 치료 과정을 예시한다. 아동은 찌꺼기가 가라앉아 있는 흙탕물이 든 잔을 건네받는다. 다음 삽화는 성적 학대와 방임으로 인해 집을 떠나 입양된 열한 살 아동을 대상으로 이 은유를 사용한 예다.

치료자: 우리가 할 일은 힘이 들 거야. 그것은 어떤 것을 휘저을 거야. 네 인생은 이 유리잔과 같아. 우리가 할 일은 이 잔을 깨끗하게 만드는 거란다. 어떻게 하면 우리가 잔에서 진흙을 걷어 낼 수 있을지 생각해 보렴.

내담자: 이 숟가락으로 그것을 퍼내야만 해요.

치료자: 그래. 무슨 일이 일어날까?

내담자: 아마도 진흙을 퍼낼 수는 있겠지만 물은 상당히 더렵혀질 거예요.

치료자: 맞아. 내가 유리잔이 네 인생과 같다고 했던 말 기억하니? 그 말이 무슨 말인지 알겠어?

내담자: (잔에 있는 맑은 물을 가리키며) 글쎄요. 이제 저는 스미스네 가족과 함께 있어요. 제 인생은 꽤 좋아 보여요. 좋은 옷을 입고 제 시간에 학교에 가고 아무도 제 인생이 전에 어땠는지 말할 수 없어요. 즉, 물은 깨끗해요. 진흙은 밑바닥에 숨겨져 있어요. 진흙이 사라지지는 않았고 단지 쉽게 보이지 않을 뿐이죠.

치료자: (끄덕이며) 그래.

내담자: (잔 바닥에 가라앉은 진흙을 가리키며) 저는 예외로 하고, 저는 잠시 동안 오직 제 자신을 웃음거리로 만들 수 있어요. 저는 저 아래에 진흙이 많다는 걸 알아요. 저는 알아요. 그것이 없어졌으면 좋겠지만 물이 흙탕물로 되는 건 싫어요. 그러면 모든 사람이 제가 쓰레기라는 걸 알겠죠. 그것은 정말로 상처가 될 거예요.

치료자: 그것은 아마도 지금보다 더 상처가 될 거야. 네 말이 맞아. 만일 그것을 퍼내는 것이 너에게 놀라운 차이를 만들 수 있다면 어떨까? 물을 흐리게 하는 것이 그럴 만한 가치가 있다면 어떨까?

내담자: 저는 유리잔을 깨끗하게 만드는 유일한 방법이 물을 혼탁하게 만드는 것이라는 걸 알아요. 제 진짜 엄마와 그녀의 집에 대한 모든 것이 표면 위에 떠오르는 것이 옳을 거예요. 저는 두려워요. 하지만 제가 누구인지 숨기는 것을 이제는 정말 그만두고 싶어요. 그것은 정말로 저에게 중요해요. 저는 그 일을 해 낼 거예요. (내담자는 유리잔 속의 진흙을 퍼내기 시작하였다.)

치료자: 아주 좋아. 나는 네 용기가 나에게 얼마나 많은 감동을 주었는지 알아줬으면 해. 그것이 바로 내가 너에게 원하는 것이기도 하단다. 나는 네가 사람들과 함께할 수 있는 인생을 살고 네 자신을 숨기지 않는 데 내가 할 수 있는 모든 것을 해 주고 싶구나. 나는 네가 여기서 겪는 고통이 무엇이건 우리가 함께 작업하는 동안 그것은 항상 네가 원하는 인생을 위해 존재하리란 걸 알길 바라. 그러한 고통을 경험하는 일은 힘든 일이며, 우리가 유리잔을 깨끗하게 하는 동안 네가 그러한 고통을 겪었다는 것을 난 알아. 그것은 정말로 중요하단다.

ACT 치료는 협동적이어야 하고, 강의와 충고, 지시하려는 유혹을 피해야만 한다. 이것은 아동에게 특히 그렇다. 특히 이 소녀의 경우처럼 쉽게 일이 진행되지 않을 때 내담자를 이끌어 가고 싶은 유혹을 종종 느낀다. 우리의 임상 경험에 의하면, 아동은 이러한 유형의 압박을 가했을 때 '사라진다'. 겉으로는 치료자가 제안한 행동 과정에 동의하는 것으로 보이지만, 아동은 행동 과정을 '소유하지' 않을 것이고, 고통스러운 사적 사건에 직면했을 때 훨씬 더 쉽게 그만두는 경향이 있다. 이 내담자는 그것이 고통스러울 것임을 이해했는데도 즉각적으로 함의하는 바를 알아차렸고 치료에 동의하였다. 다른 내담자들은 치료 과정이 어떠할 것인가에 대해 갈등하였다. 그들은 정서적 회피에 대한 대안으로 수용의 개념을 이해하는 것이 어려웠을 수도 있고, 혹은 치료가 어려운 작업과 고통스러운 경험 없이 성공할 수 있을 거라는 생각에 집착했을 수도 있다. 이러한 경우 당신은 부가적인 은유와 예들을 사용해야 한다. 고통스러운 사적 내용에 대한 이러한 유형의 자발적인 노출이 아동에게 더욱더 풍요롭고 만족스러운 삶을 살게 해 준다는 것을 아동과 부모에게 이해시킬 책임은 당신에게 있다.

ACT 치료의 여섯 가지 핵심 구성 요소를 포함하며, 우리가 아동을 대상으로 가장 많이 사용하는 것은 다음과 같다.

- 가치 두기
- 중재를 촉진시키는 수용(창조적 무희망감, 통제는 문제다, 대안으로서의 수용)
- 탈융합
- 기꺼이 경험하기와 전념 행동 패턴 구축

지금까지 구성 요소들의 순서나 소모되는 시간을 지시할 수 있는 자료는 없다. 그러므로 우리는 치료의 방향과 형태가 내담자 주도적이고 회기 특정적으로 되게끔 한다. ACT의 핵심인 '현재 순간과의 접촉'과 '맥락으로서의 자기' 중재를 덜 사용하는 경향이 있음을 주목해야 한다. 이러한 수정은 많은 아동이 발달적으로 추상적인 개념이나 쟁점에 말려들 준비가 안 되어 있다는 사실에 기인한다. 중요한 것은 우리가 사용하는 ACT 중재가 실제로는 아동의 자기 발달에 영향을 준다는 점을 주목하는 것이다. 가치 있는 인생 방향을 선택하고 추구하기, 고통스러운 개인적 내용을 참기 그리고 당황스러운 느낌과 인지를 분리하는 것을 배우기는 아동이 의식의 더욱더 기본 형태에 존재하는 안전감을 접하는 것은 물론 현재 순간에서 확고한 자기를 발달시키기 위한 전제 조건 경험이다.

가치두기

ACT에서는 가치를 적당하게 틀을 갖췄다면 정서적 회피의 자기 패배적인 형태에 대한 부본(counter-foil)으로 다룰 수 있는, 본질적으로 동기를 부여하는 행동적 소인으로 이해한다. 우리는 종종 치료 초기에 가치 명료화 작업을 활용하는데, 그것은 고통스러운 사적 경험에 직면하기 위한 동기화 체제의 수립에 도움이 되기 때문이다. 예를 들어, 아동은 학교에서 안정적이고 지지적인 또래 집단을 발달시키는 데 가치를 둘 수도 있다. 그것을 위한 작업을 하기 위해서 아동은 친구에 가치를 두는 것과 일치하는 특정 행동을 확인해야만 한다. 나누기, 경청하기 및 교대로 하기는 친구를 사귀는 데 부합되는 행동인 반면 공격, 철수 및 대화 방해하기는 그렇지 않다. 아동에게 이러한 것들은 외적 혹은 경직된 규칙으로 제공되지 않는다. 대신에 아동이 가치를 둔 것을 향해 나아가는지 여부와 관련하여 이러한 방법의 실효성을 논의한다. 가치 있는 방향으로 나아가는 것은 아동이 더욱더 적응적인 행동 레퍼토리를 발달시키는 것을 도우며, 동시에 내담자 진전의 척도로서 기능한다.

아동과 함께 가치 있는 방향을 논의할 때에는 가치 있는 인생 목적이 현실적인지 여부에 대하여 간단히 말하는 것이 중요하다. 대신에 당신은 가치 있는 인생 목적이 치료의 초점인 즉각적으로 성취 가능한 것이 아니라 오히려 선택한 가치 쪽으로의 이동임을 강조해야 한다. 이것은 많은 가치가 결코 '성취될' 수 없고 트로피 진열장에 놓여 있는 것임을 아동이 배우게 한다. 오히려 가치에 기반한 목표를 세우는 것의 기능은 수십 년간 진행될 수도 있는 여행을 시작하는 것이다. 이때 간단한 비유와 은유를 사용할 수 있다. 너무나 흔하게 아동은 친구, 가족, 친척 및 선생님들에 의해 인생에서 자신이 할 수 있는 것과 할 수 없는 것이 무엇인지에 대해 이미 '틀을 형성하고' 있다. 아동과 함께하는 가치에 기반한 작업의 장점 중 하나는 바로 그것이 종종 놀랍도록 강력한 결과와 함께 이러한 개념적 속박에서 아동을 자유롭게 할 수 있다는 점이다.

아동이 경험적 회피를 과도하게 사용하는 경우 가치 있는 방향을 추구하기 어려울 뿐만 아니라 심지어 아동 자신이 무엇에 가치를 두었는지 인식하기 어렵다. 간단히 말해서 단기간의 고통 감소는 보다 말초적인, 아직은 보다 더 강력한 강화를 달성하려고 노력하는 것을 방해할 수도 있다. 이렇게 하여 가치에 기반한 목표 설정은 지시적일 수 있고, 치료에서 고통스러운 경험을 고상하게 만들 수도 있다. 예를 들어,

심한 사회적 불안을 가진 아동은 의미 있는 우정을 발달시키기 위해 노출 연습에 기꺼이 참여하고자 할 수도 있다. 만일 이 아동이 불안을 감소시키기 위해 사회적으로 철수한다면 친구를 사귀기란 불가능해질 것이다.

비록 가치를 두는 행위가 심지어 성인에게도 복잡하고 추상적임에도 치료에는 중요하다. 아동에게 가치두기를 이해시키려면 활력 개념을 소개하는 것이 도움이 된다. 다음 삽화는 일곱 살에서 열 살 아동 집단을 대상으로 수행한 가치두기 논의에 관한 것이다.

치료자: (심장 그림을 내담자에게 보여 주며) 나는 네가 심장이 하는 중요한 일에 대해 글로 쓰거나 그림을 그리길 원한단다. 우리의 심장은 생기가 넘쳐. 이 말은 심장이 매우 중요하고 우리의 생명을 유지시켜 준다는 뜻이야. 우리의 심장은 피를 펌프질해.

내담자: 멋져요. 우리는 심장이 우리의 생명을 유지하게 할 필요가 있어요. 생기가 넘친다는 것이 그런 뜻인가요?

치료자: 그래. 네 말이 맞아. (심장 모양의 상자를 내담자에게 보여 주며) 그러나 이러한 종류의 심장은 다르단다. 그것은 너를 다른 방식으로 살게 하지. 이러한 종류의 심장은 너에게 정말로 중요한 것에 관한 것이야. 그것들은 네 몸을 살리는 데 중요한 것이 아니라 네 인생의 특별한 것을 살리는 데 정말로 중요하단다. 이것은 바로 네 인생에서 네가 정말로 원하는 사람, 사물 및 생각이란다. 왜냐하면 네가 그것들을 많이 돌보아 줘야 하거든. 이것들이 바로 네 가치야.

내담자: 제 가치는 매주 가족이나 친구들과 함께 공놀이를 하는 것처럼 저에게 정말 중요한 사람과 사물과 생각이에요.

치료자: 그래. 그것들이 네 가치의 일부분이야. 가치에 가까이 다가갈 수 있도록 우리가 하는 것들은 중요해.

내담자: 이제 알겠어요.

치료자: (해골 모양이 그려진 빈 약병을 내담자들에게 보여 주며) 어떤 것은 독약과 같단다. 그것들은 너에게 정말로 중요한 것을 파멸시키거나 죽일 수도 있어. 나는 네가 너의 문제를 고치기 위해 해 왔던 것들을 모두 글로 쓰거나 그림으로 그려 보길 원해. 만일 그것이 너에게 중요하다면 심장 모양의 상자에 그 종이를 넣으렴. 만일 그것이 너에게 중요하지 않다면 독약이라고 쓰인 이 병에 집어넣으렴.

가치 있는 인생 질문지(Valued Living Questionnaire: VLQ)(Wilson & Groom, 2002; Wilson & Murrell, in press)는 내담자가 자신의 가치와 접촉하는 것을 돕는 수단이며, 최근에는 아동, 청소년 및 부모 집단에 적용되고 있다(Greco, 2002). 청소년용은 십대에 맞는 지시 사항을 통합하고, 부모용은 아동이 부모의 가치와 얼마나 일치하여 행동하는지를 평가한다. 장기적으로는 부모의 가치와 아동의 가치 사이의 불일치가 해결되는 것이 중요하긴 하지만 그러한 불일치가 치료의 즉각적인 초점은 아님을 부모와 논의하는 것이 중요하다. ACT 치료는 초기에 차이를 조정하려고 시도하기보다는 부모가 지지하는 가치에 초점을 둔다.

보다 어린 아동은 지필 측정치보다 가치두기와 관련된 물리적 은유를 사용하여 더 많은 이득을 얻을 수도 있다. 예를 들어, 중앙에 아동의 가치를 적어 넣은 찍찍이 표적을 사용할 수도 있다.

치료자: (아동에게 찍찍이로 된 공을 주면서) 네가 이 표적의 중앙을 맞히는 것이 네 가치대로 살아가는 것을 의미하고 네 심장은 너에게 살라고 말하고 있다는 것을 상상해 보렴. 일들이 지금 정말로 어떻게 돌아가는지에 따라 네가 공을 표적에 넣길 바란단다.

내담자: (링 밖으로 공을 던지며) 글쎄요, 저는 바로 여기에 대해 생각해요. 저는 정말로 저에게 중요한 것이나 가족에게 보여 줄 것을 대부분 하지 못해요. 저는 그들과 시간을 보내지 않아요. 저는 엄마에게 말대꾸를 많이 해요. 저는 그들에게 도움이 안 돼요.

치료자: 네가 과녁에서 그렇게 멀리 떨어져 있는 것에 대해서 어떤 기분이 드니?

내담자: 저는 기분이 나쁘고 정말로 슬퍼요. 왜냐하면 저는 제 가족을 사랑하기 때문이에요. 저는 그들에게 가치를 두고 있는데, 전혀 그렇게 행동하지 못하고 있어요.

치료자: 그것이 상처가 된다면, 네가 가족과 매우 의미 있는 관계를 지닐 가능성이 있다면, 무언가 다른 것을 기꺼이 해 볼 의향이 있니?

아동과 함께 가치 작업을 하는 일에는 발달에 따른 고려 사항이 뒤따른다. 모든 내담자, 특히 어린 아동에게는 가치에 보상이 뒤따르긴 하지만 가치가 보상과 동일한 것은 아님을 주목하는 것이 중요하다. 따라서 가치두기가 단순히 보상을 얻는 어떤 것을 하는 것이 아님을 분명히 할 필요가 있다. 많은 아동, 특히 이전에 행동치료 프로그램에 참석해 본 아동들은 비디오 게임이나 특별 자유시간 보상과 같은 것을 찾는다고 말할 수도 있다. 형태가 있는 보상을 받는 것은 가치두기와 완전히 다르긴 하지만, 당신이 새롭고 보다 더 효과적인 행동을 발달시키기 위해서 아동과 작업을 하는 경우에는 중간 정도의 강화물을 보상으로 사용할 수 있다. 예를 들어, 친구에 가치를 두는 공격적인 아동은 적절하게 행동하는 기술을 가지고 있지 않을 수도 있다. 가치를 기술 훈련 중재에 통합하는 경우 적절한 행동을 새롭게 형성하는 것을 돕기 위해 작은 형태가 있는 강화물을 제공할 필요가 있다.

창조적 무희망감

창조적 무희망감은 수용을 증가시키기 위해 고안된 ACT 핵심 과정의 하위 요소다. 이 중재들은 전형적으로 정서적 회피 행동의 지배를 파헤치고자 한다. 아동과 함께하는 우리의 작업에서 창조적 무희망감 중재는 두 가지 목적을 제공한다. 첫째, 치료자는 내담자의 비효과적인 통제 전략을 이해하고 파헤쳐야 한다. 이것은 내담자가 원하는 것이 무엇인지, 그것을 얻으려고 얼마나 시도했는지 그리고 그러한 전략들이 얼마나 효과적이었는지를 알아내는 것을 포함한다. 아동에게 정서적 회피 행동의 비실효성을 직접 접하게 함으로써 아동은 보다 더 기꺼이 대안을 시도해 볼 수도 있다. 역설적으로, 희망이 없는 것은 아동이 아니라 아동이 사용하는 전략임을 인식하는 것은 기본적인 유형의 권한 부여를 창출할 수 있다. 이러한 깨달음은 비록 혼란스럽기는 하지만, 아동에게 새로운 방향으로 나아갈 '공간'을 제공한다. 그다음 당신은 두 번째 단계를 시작할 수 있는데, 그 단계에서는 아동에게 비효과적인 해결책을 포기시키는 것이 포함된다.

일부 아동은 창조적 무희망감의 메시지를 이해하기 어렵다는 것이 발견되었다. 문제에 대한 아동의 해석은 부모와 교사가 말했던 것들에 기초할 수 있기 때문에 학교와 가정 맥락에서 창조적 무희망감을 접근하는 것이 도움이 될 수도 있다. 이러한 맥락을 통합하는 활동을 통해서 창조적 무희망감을 접하게 하는 방법이 있다. 다음 내용은 열한 살 아동에게 창조적 무희망감을 적용한 예다. 아동은 성별이 표시되지 않는 성인 두 명과 그들의 입과 머리 위에 말풍선이 그려진 워크시트를 제공받았다.

치료자: (풍선을 가리키며) 네 인생의 어른들은 네가 여기에 나를 만나러 온 것에 대하

여 어떻게 생각하고 말할 것인지에 대해 여기에 적으렴.

내담자: (말풍선을 가리키며) 여기에서 엄마는 “너는 왜 그렇게 항상 기분이 들떠 있니? 단 일 초라도 가만히 앉아 있을 수 없어?”라고 말하고 있어요.

치료자: 엄마께서 그런 말을 많이 하시니?

내담자: 항상 하셔요.

치료자: 다른 어른들은 이것에 대해서 뭐라고 하지? 이 분은 누구시니?

내담자: 할머니요. 우리와 함께 사시거든요.

치료자: (할머니 그림을 가리키며) 이 풍선에는 무슨 일이 일어나고 있지? 할머니께서는 네 문제에 대해 어떻게 생각하시니? 또는 뭐라고 말씀하시니?

내담자: (생각 풍선을 가리키며) 할머니는 엄마랑 저랑 영원히 함께 살았으면 좋겠다고, 그리고 저를 영원히 돌봐 주시겠다고 생각하세요. 제가 아직은 스스로 살아갈 만큼 충분히 책임을 지지 못하기 때문이죠.

일단 현재 문제가 기술되고 나면, 아동이 그것과 연관되는 사적인 생각, 감정 및 행동을 탐색하는 것이 중요하다. 실물 크기의 아동 윤곽을 제공하는 것이 도움이 될 수도 있다. 같은 회기에서 다음과 같은 인용문을 고려해 보자.

치료자: (실제 크기 윤곽을 아동에게 보여 주며) 이제 나는 네가 왜 여기에 왔는지에 대해 네가 어떻게 생각하고 느끼는지 알고 싶구나. 머리 근처에 네 생각을 그려 보렴. 가슴 근처에는 네 감정을 그리고, 손과 발 근처에는 네 행동을 그려 봐.

내담자: (내담자가 몇 문장을 쓰고 말한다.) 좋아요. 제가 엄마와 할머니께 얼마나 실망을 시켜드렸는지에 대해 생각하고 있어요. 저는 제대로 하는 일이 아무것도 없다고 생각해요. 아마도 저는 정신병원이나 감옥에서 인생을 마치겠죠. 그들이 옳아요. 전 제 자신을 어떻게 할 수 없어요.

치료자: 기분은 어때?

내담자: 아, 죄책감이 있고 정말로, 정말로 슬퍼요. 항상, 거의 항상 그래요.

치료자: 그러면 네 행동에 대해서는? 너에게 이 문제가 발생하면 어떻게 할 거니?

이런 식으로 내담자의 지각된 문제를 평가하는 것은 지금까지 시도했었던 해결책을 논의해 보는 시초가 된다. 아동은 그림, 이야기 혹은 역할 연습을 통해서 자신과 보호자들이 시도했었던 모든 해결책을 기술할 수도 있다. 아동이 자신이 시도해 온 전략이 희망이 없음을 인정하게 되면, 이러한 실패와 관련된 감정은 노출을 통해 탐구된다. 이것은 탈융합과 수용의 기회를 제공한다.

좀 더 나이가 많은 아동을 대상으로 한 이러한 논의는 보다 더 직접적으로 표면화될 수도 있다. 예를 들어, 열네 살 소녀의 부모는 딸이 어두운 색 옷을 입고 화장을 한다고 종종 불만을 호소하였다. 이것은 다음과 같이 그들의 관계에 커다란 긴장을 유발하였다.

치료자: 네가 그런 어두운 색 옷과 화장을 선택한 이유가 있니?

내담자: 저는 제가 느끼는 대로 옷을 입어요. 제가 기억할 수 있는 한 저는 우울했어요. 기분이 좋아지려고 무척 노력하는데 아무런 소용이 없어요. 저는 남들이 옳다고 여기는 일을 하는 사람이 아니에요. 제가 무슨 일을 하든 그것은 다 소용이 없어요.

그녀는 약물과 알코올을 사용하고 가출하고 학교를 빼 먹었으며 자살을 시도하였다. 그녀는 긍정적으로 생각하고 치료자와 부모의 말을 따르려고도 노력하였다. 이러한 비효과적인 해결책과 관련된 그녀의 감정은 극도로 강렬하였다. 처음 몇 회기에서 그녀는 회기 내내 떨면서 울었다. 이 소녀는 오랫동안 자신의 혐오스러운 내적 경험을 제거하려고 시도하였다. 창조적인 무희망감 연습을 하는 동안 그녀는 이러한 경험을 향해 나아가는 것이 세상을 살아가는 데 더 많은 유연성을 창출할 수도 있음을 인식하였다. 창조적 무희망감이 의미하는 바를 경험함에 따라 그녀는 처음으로 자신의 인생에서 힘을 얻게 되었다고 자발적으로 보고하였다.

통제가 문제다

대부분의 경우 문제가 되는 아동기 행동은 원치 않는 사적 경험을 회피하거나 통제하려고 하지만 결국에는 불행으로 끝나는 노력일 뿐이다. 이 단계에서 당신은 아동이 정서적 통제 전략의 기본적인 역설, 즉 통제 전략을 더 많이 쓰면 쓸수록 상황은 더욱더 통제하기 어렵게 된다는 것을 이해시키고자 할 것이다. 우리가 초점을 두는 것은 통제 전략이 단기적으로는 효과가 좋지만 장기적으로는 그렇지 않음을 아동에게 직접 경험시키는 것이다. 아동의 사회 환경에서는 또래 압력이 중요하기 때문에 정서적인 통제 전략이 개인적 경험보다는 문화에서 학습된다는 것을 내담자에게 이해시키는 것 또한 중요하다. 예를 들어, 우리의 문화는 남자아이는 울지 않는 법이며, 적절한 반응은 '남자다움을 과시하는 것'이고 자신의 감정은 마음속에 묻어두어야 함을 강조한다. 슬픔을 느껴 울고 싶은 남자아이는 자신에게 무언가 문제가 있다고 느낄 수도 있다. 그 아동은 슬픔을 느껴 울고 싶다는 마음을 없애려는 방법을 찾기 시작할 수도 있으며, 이는 그러한 정서적 경험이 훨씬 더 강력하고 겁을 주는 것처럼 보일 수도 있게 하는 비효과적인 과정을 시작한다.

첫 번째 ACT 책(Hayes, Strosahl, & Wilson, 1999)에서 기술한 몇 가지 은유와 연습은 아동을 대상으로 할 때 특히 유용하다. 예를 들어, 많은 어린 내담자들은 초콜릿 케이크(Chocolate Cake)(를 생각하지 말라는)라는 경험적 연습(Hayes et al., p. 124)을 좋아하며, 자기 비하적인 생각이나 슬픈 감정과 같은 다른 내용에 그것을 일반화할 수도 있다. 잡동사니로 가득 찬 상자(Box of Stuff) 은유(Hayes et al., 1999, p. 136)도 적절할 수 있다. 연습을 더욱더 구체적으로 하기 위해 당신은 내담자의 삶에서 비롯된 내용을 상징하는 물건들을 넣은 실제 상자를 사용할 수 있다. 내용은 내담자의 개인사와 경험에서 얻고, 내담자가 상자에서 제거하기를 원하는 어떤 것(보통 원치 않는 사건이나 사적 경험)을 넣어 둔다. 그렇지만 어떤 수용할 수 없는 물건을 제거하려는 노력도 물체화될 수 있으므로 종이에 써서 상자 속에 넣는다. 다음 대화록은 열다섯 살 소년을 대상으로 이러한 수정된 은유를 사용하는 사례다.

치료자: (내담자 앞에 빈 휴지 상자를 놓으며) 이 상자는 네 인생을 나타낸단다.

내담자: (매우 비꼬는 투로) 좋아요. 그것은 매우 이상하네요.

치료자: 그것이 네게는 어리석어 보이는구나. 우리가 여기서 할 수 있는 중요한 일이 있단다. 나와 함께 어떤 것을 좀 해 보겠니?

내담자: (다시 비꼬는 투로 한숨을 쉬며) 제가 그러겠다고 말했죠.

치료자: 글쎄. 나는 너에게 어떤 것을 하라고 하고 싶지 않아. 이것은 너의 치료란다. 나는 그것이 도움이 될 거라고 생각해. 하지만 이것은 너에게 달렸어.

내담자: (상자를 집어 들고 히죽거리며) 좋아요. 이것이 어떤 식으로는 제 인생을 대표하죠. 저는 이해할 수 없지만 계속 해 볼게요.

치료자: (어떤 종이에 갈겨 쓴 다음 내담자에게 건넨다.) 이 종이는 네 엄마와 아빠의 이

혼 서류를 의미해. 그것들을 상자 안에 넣어.

내담자: 말도 안 돼요! 그것은 제 인생이지 그들의 것이 아니에요. 저는 거기에 그것을 넣지 않을 거예요.

치료자: 네 부모의 이혼 역시 네게 일어난 일이야. 우리는 네 인생에서 일어난 일을 바꿀 수 없어. 어서, 상자에 그것을 넣으렴.

내담자: (종이를 바닥에 던진다.) 저는 제 인생에서 그것을 원하지 않아요.

치료자: 이해해. 아마도 네가 이혼에 대해서 생각하고 싶지 않다는 것을 이해해.

내담자: 예. 저는 정말로 그러고 싶지 않아요. 저는 차라리 그것들을 던져 버릴 거예요.

치료자: 그래. 네가 그 종이를 던졌을 때 너는 꽤 화가 난 것처럼 보였어. 그것은 네 인생의 일부분인 어떤 경험을 의미해. 그러니 그것을 네 상자에 넣으렴.

내담자: (상자에 종이를 넣으며) 저는 이 종이를 접어서 구석진 이곳에 뒤집어서 붙여 놓을 거예요. 그렇게 해서 저는 그것을 쳐다보지도, 그것에 대해 생각하지도 않을 거예요.

치료자: 네가 이혼이나 다른 것에 대해 생각하고 싶지 않을 때는 또 어떻게 하지?

내담자: 친구들과 밖에 나가서 술을 마셔요. 나중에는 그것을 후회하긴 하죠. 그렇지 않을 때조차 어쨌든 기분이 나빠요.

치료자: 흠. 그것을 적어 보자. 그것도 너의 상자에 넣으렴.

이 작업은 내담자가 몇 가지 회피 전략의 목록을 적을 때까지 잠시 동안 계속되었다.

내담자: 상자가 꽉 찼어요.

치료자: 알아. 나는 네가 때때로 가치를 둔 방향으로 나아갈 여지가 없이 꼼짝 못하게 된 것처럼 느낄 때가 있는지 궁금하구나.

우물 안의 노새(Mule in the Well) 이야기 또한 아동과 청소년에게 사용할 수 있다. 이 이야기에서 농부는 늙고 쓸모없는 노새를 한 마리 가지고 있었는데, 그 노새가 마르고 버려진 우물에 빠졌다. 자신이 곤경에 처했음을 알았을 때 노새는 두려워서 울부짖기 시작했다. 노새가 우는 소리를 들은 농부는 노새를 끌어내는 대신 우물에 빠진 생명체를 묻어 버리기로 결정했다. 농부가 우물에 삽으로 흙을 떠 넣자 노새는 자신이 산 채로 매장당하고 있다는 것을 깨달았다. 어깨부터 발 주위까지 떨어지는 흙을 털어 내면서 노새는 벌벌 떨었다. 노새는 흙의 꼭대기에 올라섰다. 농부는 삽질을 계속했고, 노새는 흙을 털어 내며 계속해서 위로 올라섰고, 마침내 우물의 밖으로 올라왔다. 치료자는 아동이 노새가 산 채로 매장당하리라는 그 사실을 알지 못했다면 밖으로 나올 수 없었을 것임을 이해시킨다.

통제 전략 역시 일종의 게임으로 아동에게 물체화될 수도 있다. 이것에 대한 예시로 우리는 보드 게임을 만들었다. 아동은 게임에서 주사위를 굴려 이동하게 되는데, 지정된 공간에 닿으면 질문에 대답하거나 역할 연습을 하게 된다. 질문 카드에는 "당신은 무서울 때 어떻게 합니까?" 혹은 "마음대로 하지 못할 때 어떻게 행동하나요?"라는 말이 적혀 있을 수도 있다. 행위 카드의 예는 '멋지게 행동하기' '예의바르게 행동하기' 및 '심술궂게 행동하기'와 같은 것이 포함되어야 한다. 우리는 내담자에게 칩을 얻으려면 그의 반응이 정말로 자신에게 문제가 되는 것에서 더욱더 가까워지게 할 것인지 아니면 더욱더 멀어지게 할 것인지를 말해야만 한다고 알려 준다. 그 칩들은 중간 강화물로 사용되며, 게임이 끝난 후에는 사탕, 놀이 시간 혹은 기타 보상으로 교환될 수 있다.

그러한 연습은 '존재'가 실효성의 선상에서 다양한 행동의 선택에 관여한다는 것을 아동에게 이해시킨다. 더욱이 아동은 그러한 행동의 기저하는 기능과 접촉하기 시작한다. 예를 들어, 우리는 여섯 살에서 아홉 살 사이의 아동 여섯 명과 집단으로 학교 내 괴롭힘(교장 선생님이 제안한 주제)에 대한 논의를 하면서 앞에서 기술한 놀이를 하였다. 아동 몇몇은 자신이 상이한 정서를 숨기기 위해 어떤 방식으로 행동했음을 인정하였다. 어떤 일곱 살 소녀는 자신이 두려웠을 때 '거친 불량배'처럼 행동했다고 말하였다. 그 소녀는 "말다툼을 하고 사람들을 때렸다."고 진술하였다. 아홉 살 소년은 자신이 '영리한 불량배'였다고 진술하였다. 그는 자신이 더 나은 사람이라고 느끼기 위해서 다른 아이들이 덜 똑똑하게 보이도록 수업 중에 대답을 큰 소리로 불쑥 말함으로써 그렇게 했다고 기술하였다. 여덟 살 소녀는 '유행을 주도하는 불량배'라고 말하였다. 그것이 무엇을 의미하는지 물어보자 그 소녀는 다른 사람들이 자신을 좋아하게 만들기 위해서 유행하는 옷을 입었다고 집단원들에게 말했다. 괴롭힘에 대해 물어보자 그녀는 자신을 다른 아이들, 특히 여자아이들에게 '속물'이라고 기술하였다. 그녀는 다른 아이들이 자신을 좋아하는 것에 마치 관심이 없다는 듯이 보이게 하여 마치 자신이 그들보다 우월한 듯이 행동했다고 진술하였다.

비슷한 연습을 하면서 우리는 동일한 아동들에게 쉽게 인식할 수 있는 다양한 정서를 나타내는 가면들을 제공하였다. 그런 다음 아동들에게 돌아가면서 그 가면들을 써 보고, 가면을 쓴 사람이 말하는 것을 어떻게 생각하는지 말로 표현해 보게 하였다. 그들은 많은 아동과 어른이 모두 열등한 것과 사랑받지 못하는 것을 두려워하기 때문에 서로 다른 괴롭힘 행동을 한다는 것을 인식할 수 있었다. 그런 다음 아동들은 입을 모아 (치료자가 어떤 자극도 가하지 않았음에도) "그것은 정말 슬픈 일이에요. 왜냐하면 사람들이 당신을 좋아해 주길 바라는 데도 그들이 그렇게 해 주지 않을 것이기 때문에 사람에게 사랑을 받으려고 나쁘게 행동하기 때문에요."라고 말하였다.

인지적 탈융합

성인과 마찬가지로 아동도 종종 생각과 감정이 문자 그대로 진실인 것처럼 그것들에 반응한다. 예를 들어, 만일 내담자가 '나는 바보다.'라고 생각한다면, 그는 그 생각을 불러일으키는 모든 상황을 회피할 수도 있을 것이다. 물론 그러한 반응은 자신이 성공할 수 있다는 것을 자기 자신의 경험에 근거하여 발견하는 것을 막을 것이다. 이 치료 구성 요소의 목적은 아동에게 (생각을 포함한) 언어적 내용과 아동의 직접적인 경험 사이를 구분하도록 가르치는 것이다. 아동이 중기 청소년기로 성장함에 따라 우리는 그들이 자기에 대한 견해를 언어적 내용과 구분하게 하고, 내용으로서의 자기와 맥락으로서의 자기를 구별하기 시작하도록 하기 위해 인지적 탈융합을 활용하기 시작한다. 이것은 특히 평가와 평가에 대한 행동적 반응에 중요하다. 예를 들어, 십대는 또래 집단을 기쁘게 해 주기 위해 '올바른' 옷차림을 하고 '올바른' 친구를 사귀는 등의 행동을 함으로써 멋지게 보이는 것을 선택할 수도 있다. 이것은 훌륭하게 존재하기 혹은 다른 사람에게 친절하게 대하기 그리고 인기의 외적인 덫에 걸리기보다는 있는 그대로의 친구에게 가치두기와는 반대되는 입장이다.

이 구성 요소는 회피했던 내용과 경험에 대한 상당한 노출을 필요로 한다. 우유, 우유, 우유(Milk, milk, milk)(Hayes et al., 1999, p. 154)와 같은 경험적 연습은 언어적 내용에 부여된 심리적 의미가 얼마나 쉽게 그리고 인위적으로 변경될 수 있는지를 아동에게 보여 주는 방법이다. 이 연습은 내담자가 경험을 통해서 언어적 내용이 심리적 기능을 상실할 수도 있음을 이해시켜 준다.

내담자가 생각을 생각으로 볼 수 있음을 인식하도록 도와주는 것은 탈문자화와 탈융합의 중요한 부분이다. 여섯 살에서 아홉 살 아동 집단을 대상으로 수행된 다음 연습은 마음과 그것들이 어떻게 작용하는지를 소개한다.

치료자: 우리의 마음은 일종의 우리의 뇌에 대한 상징과 같단다. 때로는 우리가 수학 문제를 풀 때와 같이 마음이 필요해. 때로는 우리가 가족을 사랑한다는 것을 아는 것 또는 정말로 멋진 석양을 보면서 기뻐하는 것과 같이 정말로 마음이 필요 없기도 하지. 네 마음을 필요로 하는 것들의 목록과 네 마음이 해결할 필요가 없는 것들의 또 다른 목록을 만들어 보렴.

내담자 1: 저는 제가 집으로 걸어갈 길을 찾기 위해서 마음이 필요해요. 저는 제가 가장 친한 친구와 시간을 함께 시간을 보내는 것을 알기 위해서 제 마음이 필요하지는 않아요.

치료자: 좋아, 잘했어. 계속해 보자. 누구 다른 사람?

내담자 2: 부모님이 저를 사랑하는지 아닌지를 저에게 말해 줄 마음은 필요 없어요. 저는 그냥 가슴으로 그걸 느낄 수 있거든요.

치료자: 너희들 정말 잘했어.

내담자 3: 때때로 저는 마음이 필요하다고 생각해요. 하지만 그것은 저에게 도움이 안 돼요.

치료자: 무슨 뜻이지? 그런 일이 일어났던 경우를 말해 줄 수 있니?

내담자 3: 물론이죠. 바로 어제였어요. 우리 반의 제 친구가 지난 주 엄마와 아빠가 자기를 때렸다고 저에게 말한 것을 선생님께 말씀드려야만 하는지 알려고 애썼어요.

치료자: 네 마음속에서 무슨 일이 일어나고 있었니?

내담자 3: 글쎄요. 저는 일어날지도 모르는 모든 일—친구들이 저를 화나게 하는 것, 친구가 돼 주지 않는 것—을 생각하고 있었어요. 제가 말하지 않았다면 그 애가 정말로 다칠 수도 있다고 생각했어요.

치료자: 너는 그것을 알려고 애쓰는 것이 도움이 되지 않았다고 말했어. 그것이 어떠했는지 말해 주렴.

내담자 3: 저는 말을 해야 할지 말아야 할지에 대해서 계속 망설였어요. 혼란스러워졌고 생각하기도 지쳤어요. 제가 훌륭한 답을 얻을 것 같지도 않았고요.

치료자: 때때로 우리의 마음은 다른 일이나 상황, 특히 이전에 우리에게 일어났던 일 혹은 우리에게 일어날 수도 있다고 생각하는 것과 유사한 일이나 상황을 찾는단

다. 그것은 지금 당장 대신에 과거와 미래에 초점을 두고 있지. 우리의 마음은 많은 말을 하고, 해야 할 일과 어느 것이 좋고 나쁜지를 우리에게 말해 주려고 애쓴단다. 그것을 평가라고 부르지. 만일 네가 어떤 것을 오랫동안 해결하려고 애썼지만 여전히 대답을 얻지 못하고 있다면, 네 마음이 정말로 열심히 작업하고 있는 거라고 말할 수 있어.

치료자는 내담자에게 자신과 말풍선이 있는 커다란 뇌(내담자의 마음) 그림이 있는 조그마한 만화를 그려 보게 함으로써 마음과 함께 산책하기(Taking Your Mind for a Walk) 연습(Hayes et al., 1999, p. 162)을 응용할 수 있다. 아동이 그린 만화의 제목은 아동이 가치를 부여한 것이라면 무엇이든 될 수 있다. 아동에게는 자신이 가치 있는 방향으로 나아갈 의도를 소리 내어 말할 때 아동의 마음이 말하는 것으로 말풍선을 채워 보게 한다. 또 다른 방법은 고통스러운 감정에서 내담자(또 다른 인형이나 슈퍼 영웅)를 구하려고 애쓰지만 실제로는 아동이 영웅적인 행동을 하지 못하게 막는 슈퍼 영웅 인물('슈퍼 마음')로 마음을 표현하는 것이다. 그러나 실제로는 아동이 영웅적인 일을 하지 못하게 막는다. 예를 들어, 비는 고통스러운 심리적 내용에 대한 은유이며, 슈퍼 마음은 심지어 비가 올 가능성이 아주 적을 때조차도 항상 내담자를 안에 둠으로써 그가 젖지 않게 한다. 그러는 동안 마을 전체를 구해야 하지만 슈퍼 마음은 아동을 보호하기에 너무 바빠서 아무도 구하지 못한다.

내담자가 고통스러운 경험을 회상하는 것을 도와주는 일과 그러한 경험의 평가 대 실제 결과 사이를 구분하는 일은 유용하다. 치료자는 "네가 공부를 했는데도 성적이 좋지 않다면 네 마음은 네게 무엇이라고 말할까?" 혹은 "선생님께서 너는 정말로 똑똑하다고 말씀하실 때 네 마음은 어땠니?"와 같은 질문을 할 수 있다. 이 질문들에 대한 반응을 유발하는 것은 언어적 내용과 경험을 구분하는 데 도움이 된다. 더욱이 그것은 우리의 마음이 우리에게 말하는 것이 행동을 지시해서는 안 된다는 것을 알려 준다.

기꺼이 경험하기와 전념 행동

우리는 아동에게 가치 있는 목표를 위한 노력으로 두려운 내용에 여지를 만드는 기꺼이 경험하기는 경험적 회피의 비효과적인 패턴에 대한 대안임을 이해시키는 데 상당한 주의를 기울인다. 당신은 이러한 대안적 단계를 취하는 것이 하나의 선택이라고 강조하고 싶을 것이다. 그것은 내담자가 '해야만 하는' 어떤 것이 아니다. 내담자가 이러한 노출 형식을 선택으로 지각하는 경우 두려운 경험에 접촉하는 맥락이 변경된다. 내담자는 자신이 투쟁을 회피 '해야만' 하는 것은 아님을 깨닫고, 만일 어떤 가치에 도움이 된다면 기꺼이 고통을 경험하는 것을 선택할 수도 있다.

예를 들어, 우리는 종종 기꺼이 함(선택)과 불쾌한 경험을 원하는 것(평가) 사이의 구분과 그러한 구분이 궁극적인 경험의 질에 어떤 영향을 미치는지를 강조하기 위해 다음과 같은 비유를 사용할 수 있다. 학교 친구들이 당신의 의지에 반하여 매우 높고 무서운 롤러코스터에 당신을 억지로 집어넣었다고 가정해 보라. 당신이 타기로 선택한 것이 아니기 때문에 그것은 아마도 매우 다루기 힘든 공포를 유발할 것이다. 이제 당신이 롤러코스터에 타기로 스스로 선택했고 어느 누구의 강요도 없이 스스로 타기로 결정했다고 가정해 보라. 그 롤러코스터는 무척 높기 때문에 여전히 두려울 수는 있지만 흥분되기도 하고 타는 느낌이 어떨지 궁금할 수도 있을 것이다. 다시 말해서 당신의 두려움은 서로 다르게 느껴질 것이며, 타고난 후에 더 많은 경험을 보고할 수도 있을 것이다. 그러한 특권이 종종 아동의 삶에서 이용 가능하지 않기 때문에 아동의 선택권을 강조하는 것이 중요하다. 이러한 유형의 비유는 기꺼이 경험하기와 전념 행동은 진행 중인 과정이고, 이차적인 생각과 고통스러운 감정을 지니는 것과 전념의 방향으로 계속 나아가는 것이 괜찮은 일임을 예로 보여 준다. 다음 대화록은 열 살 소년에게 이러한 원리를 적용한 예를 보여 준다.

내담자: 저는 미끄럼틀을 타고 내려오는 것 같은 느낌이 들어요. 더 나은 곳으로 올라가고 싶지만 미끄럼틀 위로 올라가기가 정말 힘들어요. 그래도 저는 올라가는 일에 전념하고 있어요.

치료자: 그래. 그 일은 정말 어려울 거야. 너는 반드시 넘어질 거고 다시 일어날 필요가 있어. 네가 미끄럼틀을 올라가는 단계에 대해서조차 생각하지 않았다는 것이 매우 흥미롭다고 생각해. 때때로 완전히 새롭고 아마도 더 활력 있는 상이한 행동은 가능한 경로대로 일어나지 않기도 한단다.

내담자: (울고 있던)저는 결코 전에 했던 방식을 생각해 보지 않았어요. 넘어진다고 해도 위로 올라가는 일에 정말 전념하고 있어요. 저는 제 자신과 여동생을 위해 변화를 주는 일에 전념하고 있어요.

전념을 유지하기 위해 실제 실패와 상상한 실패에 초점을 맞추는 노출 연습은 아동과 함께 작업할 때 유용하다. 아동과 청소년에게 자신의 가치대로 사는 것에 대한 실패 이야기를 글로 쓰거나 말로 해 보게 할 수 있다. 그런 다음 그 이야기는 노출에 근거한 중재를 구성하는 데 사용할 수 있다. 다음 상호작용은 그녀가 지속적으로 유지하지 못했던 가까운 우정을 확립하기 위해 지속적으로 전념했던 사회적으로 불안한 한 청소년을 포함하였다. 그녀가 자신에게 익숙하고 매우 소모적인 이러한 행동 패턴을 확인하였을 때 그 소녀에게 다음과 같이 치료자가 기술한 두 가지 시나리오를 상상해 보도록 요구하였다.

치료자: (간단히 마음을 맑게 하는 연습을 한 뒤) 실제로 너를 알고 있는 많은 사람과 함께 졸업하고 있다고 상상해 보렴. 네 옆에 있는 사람은 네 친구 중 한 명이야. 너는 한 사람 한 사람의 눈을 들여다볼 수 있고, 너에 대한 그들의 온정과 자랑스러움을 볼 수 있어. 군중을 살펴보면서 너의 가장 가까운 친구들 몇몇을 보고 있다고 상상하렴. 한 사람 한 사람의 눈을 들여다보면서, 그들이 너와 함께 있고 너에 대한 모든 것을 알고 있으며 너에게 숨기는 것이 아무것도 없음을 이해하고 있다고 상상해 봐. 너를 알고 있고, 너의 가장 깊이 숨겨진 두려움과 실패를 알고 있고, 너의 이름이 호명되고 네가 일어서서 졸업장을 받으려고 연단에 올라갈 때 너를 위해 서 있는 그들을 상상해. 졸업장이 네 손에 수여될 때 세상은 너에게 열려 있고, 너는 네가 선택한 어떤 방향으로든 갈 수도 있음을 상상해. 이제 너의 부모님의 얼굴을 찾기 위해 얼굴들의 바다—너와 함께 이 여행을 해 왔던 네가 알고 있는 사람들—를 내려다보면서 네가 부모님을 발견했을 때 얼굴 가득 자랑스러움이 넘쳐 나는 그들의 모습을 바라보고 있다고 상상해 보렴. 그들의 응시를 받으며 이 여행이 얼마나 힘들었는지를 그들이 알게 하면서 네가 너에게 중요한 인생을 선택했음을 그들에게 알린다고 상상해 봐.

치료자: (간단한 전환 연습을 한 뒤) 이제 너는 졸업식에 있는데, 그 졸업식은 다른 졸업식과는 다르다는 것을 상상해 보렴. 너는 낯선 사람들로 이루어진 사람들의 바다에 홀로 앉아 있어. 너는 네 옆에 앉아 있는 사람들을 알아보기는 하지만 그들의 이름을 기억할 수는 없단다. 마치 문이 닫혀 버린 것처럼 네가 그들을 알고 그들이 너를 알게 되는 시간은 지나가 버렸지. 너는 그들을 바라보기가 두렵고 그들의 눈을 마주치는 것이 두려워서 네 발을 쳐다보며 네 이름이 호명되기

를 걱정스레 기다리고 있어. 너는 너의 줄에 있는 사람들이 일어나서 연단을 향해 걸어가는 소리를 들으면서 네 차례가 오고 있음을 알아. 너는 웃음소리를 들으면서 왜 그들이 너를 향해 웃는지 궁금해한단다. 이제 네 이름이 호명되고 너는 일어서서 연단까지 걸어가야 하지만 너무나 두려워서 발걸음을 움직일 수 없다고 상상해 보렴. 하지만 너는 일어나야만 하고, 사람들은 네가 얼마나 두려워하는지 볼 거야. 너는 엄청난 노력을 들여 자리에서 일어나고 너의 심장은 빠르게 뛰고 너의 눈은 앞만 똑바로 바라보고 있지. 네 눈에는 아무도 안 보여. 부모님이 다가오시지만 너는 너무 두려워서 군중 속에서 그들을 찾아 내지 못해.

치료자: 네가 너의 졸업식을 선택할 수 있는 세상이라면 어느 것을 선택하겠니?

내담자: 첫 번째 거요.

치료자: 그런 졸업식을 하는 것은 가능하지만 네가 그렇게 하기 위해서 매일 불안해야만 한다면 어떨까? 그럴 만한 가치가 있을까?

내담자: (잠시 주저하다가) 예, 그것이 제가 치러야 할 대가라면, 저는 그렇게 하겠어요.

전념을 글로 작성하고 부모, 교사, 친구 및 타인들과 그것을 공유함으로써 전념을 구체화하는 것은 종종 전념을 끝까지 실행할 결심을 유지하도록 도와준다. 이러한 유형의 사회적 지지를 얻는 한 가지 방법은 '팀 구축'이다. 이 접근법에서 아동은 어떤 식으로든 합리적인 도움을 제공해 주도록 요청받은 중요한 타인들에게 큰소리로 자신의 전념을 진술한다. 우리는 이 중재를 학교 관련 어려움이 있는 몇몇 아동과 청소년에게 사용해 본 적이 있다. 내담자들은 가족과 교사를 포함하여 자신이 훌륭한 학생이 되도록 지원해 줄 자신의 인생에서 중요한 사람들을 요청함으로써 개인적인 팀을 만들었다. 내담자와 그들의 부모가 모니터할 수 있는 특정하고 조작적인 행동을 목록화하는 것이 효과가 있다. 게다가 아동에게는 전념을 끝까지 수행해 내도록 아동을 지원할 준비가 되어 있다는 분명한 진술을 지원 팀의 각 구성원들로에게 받으라고 요청한다.

임상적 고려 사항

부모와 작업하기

아동에게 ACT를 사용할 때 전형적으로 부모를 참여시키는 것이 도움이 된다(이 쟁점을 더 잘 알기 위해서는 제13장의 아동 부문 참조). 아동에 대한 대부분의 행동치료와 인지행동치료(CBT)는 명확하게 정의된 부모 역할을 통합한다. 어떤 치료는 문제 행동을 유지한다고 일컬어지는 환경적 유관성을 변경하는 데 부모의 도움을 요구한다. 다른 치료는 아동이 때때로 도전적인 치료를 통해 좋아질 때 용기와 지원을 제공하는 '팀'의 일원으로 부모를 참여시킨다(예: March & Mulle, 1998).

비록 부모의 가치와 취약성이 종종 아동을 위한 기존의 많은 부모 훈련에서 다루어지지 않았음에도 우리는 이것들이 양육 행동을 결정하는 데 커다란 역할을 한다고 믿는다. 인간은 언어적 창조물이기 때문에 양육 행동이 그것에 대한 우리의 언어적 지식에 얽혀 있음을 예상할 수 있다. 양육 연구에 의하면 부모는 때로 망가진 레코드판과 같다. 즉, 부모는 아동의 순종과 같이 원하는 목표를 성취하지 못할 때조차 같은 일을 계속 반복하고 그 일을 계속해서 확대시킨다. 사실상 제정신을 차리지 못한 부모들은 실질적인 결과가 아동 행동을 확장시킬 때조차 이러한 행동을 지속한다. 기술 부족이 손상된 양육에서 확실히 중요한 역할을 하긴 하지만 우리는 어떤 과정이나 과정들에 의해 이러한 일이 일어나는지를 고려해 볼 수 있다.

양육 레퍼토리의 편협함은 제한된 학습 내력, 불충분한 역할 모델, 혹은 부정적인 양육 습관에 대한 문화적 지지의 결과일 수도 있다. 임상 작업에서 우리는 인지적 융합의 영향과 긍정적인 양육 실천에 대한 그것의 유해한 효과가 인상적이었다. 예를 들어, '내 아이는 지금 잘못된 행동을 하고 있다 = 그 애는 나쁘다.' '그는 말을 듣지 않을 것이다 = 나는 나쁘다.'라는 등식을 부모가 세울 수도 있다. 그런 등가치가 형성되고 융합될 때 부모는 심리적으로 더 많은 위기에 처하기 때문에 더욱더 힘을 써서 동일한 편협한 레퍼토리에 관여할 수도 있다. 전략이 계속해서 실패할 때 부모는 '나는 이것에 아주 열심히 임하고 있는데, 그것을 해 낼 수 없다. 나는 끔찍한 부모다.'라고 생각할 수도 있다. 그래서 부모는 아동의 행동뿐만 아니라 그러한 행동이 자극하는 심리적인 의미의 망에 반응한다. 이때 심리적 의미의 많은 부분은 본질적으로 자극적이면서 도발적이다. 이러한 심리적인 쳇바퀴 위를 달리는 일은 이러한 고통스러운 내적 자극은 물론 그것을 유발하는 상황에 대한 정서적 회피를 촉진할 수도 있다(예: 아동의 골칫거리 행동). 따라서 기술 부족의 탓으로 돌려져 왔던 많은 부정적인 양육 행동이 사실은 고통스러운 심리적 사건의 통제와 정서적 회피를 위한 기능을 할 수도 있다.

ACT는 양육 행동이 일어나는 언어적 맥락을 다루는 도구를 많이 제공한다. 부모에 대한 ACT 중재는 ACT 중재만 사용하거나(예: Blackledge, 2004) 혹은 기술 훈련 프로그램과 결합하여(예: Singer, Irvine, & Ivrin, 1989) 사용할 수 있다. 어려운 상황에서 양육 실제에 영향을 미치는 잠재적으로 문제가 되는 심리적 내용을 규명하기 위해 경험적 연습을 사용할 수도 있다. 예를 들어, 가치 작업은 부모의 치료 노력에 초점을 두는 데 도움이 될 수도 있는 강력하고 장기적인 가치를 정리하는 데 도움이 될 수도 있다. 부모는 "내 아이가 나보다 더 크고 더 의미 있고 더 풍요로운 인생을 살게 해 주는 것이 가능하다면 어떨까요?"라는 질문을 받을 수도 있다. 창조적 무희망감이 회피의 무희망감과 통제에 기반을 둔 양육 실제와 부모가 직접적인 경험적 접촉을 하게 하여 '삽을 내려놓도록' 격려하는 데 사용될 수도 있다(구덩이에 빠진 사람 은유, Hayes et al., 1999, p. 101). 자녀와 정서적으로 짐이 되는 어려운 상호작용에 직면했을 때 부모는 그것들에 반응할 필요 없이 생각, 평가 및 정서의 알아차림을 유지하기 위한 탈융합 전략을 사용할 수 있다. ACT 수용/기꺼이 경험하기 중재는 아동의 행동에 의해 유발된 고통스러운 내용을 회피하기 위해 행동하기보다 '그 순간에' 할 필요가 있는 것을 하는 부모의 능력을 증진시킬 수도 있다.

마지막으로, 전념 행동 전략은 치료 순응도를 증진시킬 수도 있고, 양육을 향한 융통성 있고 반응적인 행동 자세를 고무시킬 수도 있다. 비록 부모가 다루기 힘든 새로운 행동이 일어났을 때 어떻게 해야 하는지 정확하게 알지 못할 수도 있지만, 만일 그들이 부모로서 가치 있는 목표를 추구하는 데 전념한다면 부정적인 양육 실제로 쉽게 되돌아가지는 않을 것 같다.

일반화의 결여

아동이 한 가지 상황에서 다음 상황으로 정보를 일반화하기는 힘들 수도 있다. 예를 들어, 어느 집단 참가자는 한 주는 정말로 '이해'하지만 그다음 주는 이해하지 못할 수도 있다. 다양한 연습, 비유 및 은유가 핵심 ACT 과정을 표적으로 흔히 사용되며, 이러한 유형을 반복해야 할 필요성은 아동에게 훨씬 더 많다. 이것은 당신이 회피하려고 애써야만 하는 흔한 임상적 오류를 이끈다. 즉, 아동이 기능적으로는 유사하지만 겉으로는 상이한 상황에서 '이해하지' 못하는 좌절 속에서 ACT 원리를 강의한다. 비슷한 맥락으로 아동에게 매우 지시하려 들고 행동 목표의 형식을 가르치고자 하는 유혹이 종종 든다. 우리의 임상 경험은 아동에게 자신의 속도를 발견하게 하는 것이 매우 중요하다고 제안한다. 모형과 일치하도록 아동은 반복적으로 직접적인 경험에 노출되어야 하고 개인적 결론을 끌어내도록 허용되어야 한다. 많은 치료자는 아동에 대한 '약점'을 가지고 있는데 '치료를 과정에 맡기는' 능력이 실제로 손상되어 있을 수도 있다. 치료자로서 당신은 내담자를 더욱더 철수시키고 수동적으로 만들게 될 뿐인 치료 과정을 통제하려는 유혹을 조심해야만 한다.

인생에 대한 통제

아동에게 독특한 또 다른 쟁점은 아동이 자신의 일상생활에 대해 통제를 얼마나 적게 하는지와 관련된다. 성인은 어떤 것이 자신의 가치 있는 인생을 사는 데 도움이 되지 않음을 깨달을 때 보다 더 유연한 반응을 보인다. 예를 들어, 어떤 열네 살 소녀는 영성에 대하여, 특히 특정 종교를 믿는 것에 대하여 커다란 중요성을 두고 있었다. 그녀는 자신이 무엇에 가치를 두고 있는지 알고 있었고, 그에 따라 살아갈 준비가 되어 있었다. 그렇지만 그녀의 부모는 그녀의 영성과 종교적 선택이 부적절했다고 느껴 딸이 자신이 다니는 교회에 다니기를 요구하였다. 부모는 아동이 원하는 대로 의식을 거행하고 종교를 갖는 것을 방해하였고, 딸이 그들이 다니는 교회에 가지 않았을 때 벌을 주었다. 그 소녀는 부모가 믿는 종교의 가르침을 고통스러워했고 기분이 상하였다. 그것은 타인과의 관계와 교육에 대한 그녀의 가치들과 갈등을 일으켰다. 치료자와 아동은 부모와 이러한 쟁점들에 관해 토론을 했는데도 부모는 꼼짝도 하지 않았다. 남은 회기는 이 일이 아동에게 어떤 의미가 있는지에 관한 토론으로 소비되었다. 이것이 그녀의 고통의 일부를 제거해 주긴 하였지만, 그녀는 여전히 특정한 일상 의식을 수행하는 것에 관해서는 말할 것도 없이 자신의 영적 · 종교적 가치대로 온전히 살 수 없었다.

아동 학대와 방임

치료 동안 일어날 수도 있는 매우 복잡한 쟁점은 아동 학대나 방임에 대한 혐의나 명백한 증거다. 학대하고 방임하는 상황을 관계 당국에 보고하는 데 필요한 법적이고 윤리적인 지침이 요구된다. 상황이 아동이 아닌 누군가가 아동의 최대 관심사에 관하여 주요한 결정을 내릴 것을 지시하는 경우 내담자에게 권한을 주기가 어렵다. 아동은 흔히 자기 비판적인 평가(즉, "내가 맞을 만한 짓을 해서 맞는 거야.") 혹은 인권을 박탈하는 규칙이 지배하는 반응(즉, "내가 아빠를 사랑한다면 이것에 대해 입 다물 거야.")과 융합함으로써 경험적인 학대 여파와 정서적으로 접촉하는 것을 회피한다. 아동에게 그가 잘못한 일은 아무것도 없음을 확신시키고 자신의 인생에 대해 선택하고 변화시킬 힘을 가지고 있음을 말해 주는 일은 주요한 임상적 도전이 되는데, 실제로 아동이 그렇게 할 힘을 가지고 있지 못하는 경우에 그렇다. 치료자의 의도가 무엇인지 혹은 아동을 대상으로 어떻게 보고가 이루어지고 논의되는지는 문제가 되지 않는 것 같다. 적어도 처음에는 거리감이 존재한다.

다음의 치료 교환은 한 여덟 살 내담자가 치료를 시작한 지 5개월이 지나서 자신이 양어머니에게 신체적으로 학대받고 있다는 사실을 드러냈을 때 발생하였다.

치료자: Sally, (내담자의 팔과 얼굴에 빨간 손자국과 멍을 가리키며) 여기에 무슨 일이 있었지?

내담자: 제가 잠을 자지 않았기 때문에 어제 밤에 엄마가 정말로 화가 났어요. 엄마는 제가 자고 있는지 보려고 정각 10시에 들어오셨는데, 저는 자고 있지 않았어요. 엄마는 정말로 화가 났어요. 저는 잠을 자고 있어야만 했어요. 취침 시간이 8시 30분이거든요. 어쨌든 엄마는 저를 잡아 침대 밖으로 끌어냈어요. 엄마는 큰 소리를 지르며 나를 흔들고 때렸어요. 그것은 정말 끔찍했어요. 엄마가 나갈 것이라고 생각했지만 그렇지 않았어요. 그냥 저를 또 때리기 시작했어요. 평소보다 더 심했어요. 제발, 제발 말하지 말아 주세요. 제가 어떻게 해 볼 수 있어요. 제발 말하지 마세요. 저는 그냥 다시 쫓겨날 거예요.

이 아동은 몇 곳의 위탁 가정에서 지내 왔었고, 입양된 적이 있었으며, 그 후 두 번째로 위탁 시설로 돌아왔다. 그녀는 부모만이 자신을 돌봐 줄 유일한 사람들이라는 믿음과 융합되었고, 치료자는 갑자기 적이 되었다. 그녀가 나쁘지도 사랑받을 가치가 없지도 않음을 알게 하는데, 즉 그녀가 의미 있는 가치 있는 삶을 살아가는 데 필요한 모든 것을 가졌음을 알게 하는 데 몇 개월이 걸렸다. 이러한 모든 임상적 이득은 아동이 학대를 보고한 순간 위태롭게 되었다. 그녀는 그것을 '알았다'.

치료자: 내가 너를 배신했다고 느끼다니 유감이구나. 나는 말해야만 했어. 그것이 법이란다. 나는 또한 네 안전을 지키기 위해 내가 해야만 하는 것이라면 무엇이든 했을 거야.

내담자: 알아요. 그것은 선생님 잘못이 아니에요. 제가 나빠요. 엄마가 저를 때릴 만한 일을 만든 제가 나빠요. 10시에 깨어 있어서는 안 되는 것이었어요. 선생님께 말해서도 안 되는 일이었어요. 어리석었어요. 선생님께 말한 것은 어리석었어요. 저는 선생님이 말하지 않을 것이라는 사실을 믿을 수 없다는 것을 알았어요.

이 아동은 오직 비열한 사람들(즉, 그녀를 학대했던 어머니)과 자신이 믿을 수 없었던 사람들(즉, 그것을 보고한 치료자)만 그녀를 사랑할 수 있었기 때문에 자신이 나쁜 사람이라고 느꼈다. 이것은 극도로 고통스러운 치료적 순간이다. 어떤 아동은 보고하는 행위를 인간으로서의 자신의 가치를 나타내 주는 것으로 보기는 하였지만, 이것이 아동에게 즉시 분명해지는 것은 아니었다. 치료자와 아동이 의미 있는 방식으로 함께 작업할 수 있을 때까지 수개월이 걸렸다.

임상적 '성공'을 정의하기

이 부문에서 기술된 임상적 예들은 아동과 함께하는 ACT의 진행을 평가하는 것과 관련된 주요한 쟁점을 강조하고 있다. 즉, 때때로 환경 제약이나 위험이 매우 압도적이어서 가장 즉각적인 결과는 내담자가 악화되는 것을 막거나 다른 억압적인 상황에서 개인적인 가치 있는 행동의 어떤 기미를 찾는 것이다. 이들 사례에서는 치료의 '결과'를 즉시 볼 수 없거나 쉽게 수량화하지 못할 수도 있다. 사실상 어떤 경우에는 아동이 더욱더 자율적이었을 때 아동 행동에 대한 부모의 평정이 실제로 더 나빠졌을 수도 있다. 이점에도 불구하고 비록 아동이 수개월 혹은 수년 동안 결실을 얻지 못할지라도 내담자에게 실질적이고 의미 있는 차이는 일어났을 수도 있다. 이러한 아동기 존재의 실제를 무시하고 오직 성공의 단기적인 지표만 추구하는 것은 실수다. 대신에 넓은 맥락에서 과정을 검토할 필요가 있다.

요 약

아동과 청소년에 대한 ACT 작업은 이제야 시작되고 있고, ACT의 핵심 임상 과정 및 이와 연합된 중재들이 아동에게 성공적인 것으로 입증될지 여부가 경험적인 의문이다. 아직 밝혀지지는 않았지만 아동에 대한 ACT의 적용 가능성에 대한 이해할 만한 관련성이 일부 존재한다. 일반적으로 ACT 비평가들은 ACT가 지적이고 통찰력 있고 언어적인 내담자에게 한정된다고 여길 수도 있다. 그렇지만 이전 연구는 ACT가 분명한 인지적 손상을 지닌 내담자들을 대상으로 했을 때도 긍정적인 결과를 낳았음을 보여 주었다(예: Bach & Hayes, 2002). 더욱이 ACT는 종종 언어로 옮기기 어려운 개념을 가르치기 위해서 경험적 연습과 은유에 의지하는데, 이것은 이전에 어린 아동의 교육에서 사용했던 접근법이다. 이러한 특징들은 아동에게 ACT를 실시하는 것을 비교적 용이하게 한다.

ACT가 아동을 위한 치료로 너무 복잡하거나 심오하다는 것이 관련 관심사일 수도 있다. 그렇지만 아동의 관계 학습은 성인에게서 관찰된 것과 동일한 과정에 바탕을 두고 있다(예: Lipkens, Hayes, & Hayes, 1993). 모든 성인이 어떤 면에서는 아이이기 때문에 아동이 성인과 동일한 많은 규칙을 획득한다고 가정하는 것이 합리적이다. 그러므로 우리는 건강, 괴로움, 정서적 고통에 대해 문화적으로 촉진된 많은 규칙이 아마도 보다 구체적이고 단순한 수준이긴 하지만 아동에게도 작용할 것으로 기대한다. 이것은 성인이 이러한 비효과적인 규칙들을 수년에 걸쳐 '실천'해 왔고, 이러한 규칙들을 이유 대기 맥락에 통합해 왔다는 점에서 실제로 임상적인 이점이 있을 수도 있다. 다른 한편으로 아동은 이러한 규칙과 비효과적인 전략에 비교적 '신출내기'다. 그런 이유에서 ACT 결과가 아동과 청소년에게 훨씬 더 강력하더라도 놀랄 일이 아니다.

경험적인 ACT 작업은 세계의 몇 지역에서 아동에게 수행 중이므로 우리는 ACT 작업이 이 전집에 얼마나 잘 작용하는지 곧 알게 될 것이다. 한편 ACT 모형을 아동에게 적용하는 것을 의심하는 수많은 경험적인 이유가 존재하고(예: Greco & Eifert,

2004), 우리는 ACT를 부모에게 적용한 몇 가지 제한적인 증거를 지니고 있다(예: Blackledge, 2004; Singer et al., 1989). 이 장은 이 중요한 전집에 대한 ACT 기법과 원리를 적용하는 방법을 알기 시작한 임상가들에게 희망적으로 권한을 부여해 줄 것이다.

표 10-1 아동, 청소년 및 부모에 대한 ACT의 쟁점과 치료적 함의

임상적 쟁점	치료적 함의
부모는 아동의 행동이나 정서 상태에서 즉각적인 향상을 보지 못하면 낙담한다.	• 치료 관련 가치(즉, 훌륭하게 보이며 잘 느끼는 것과 비교하여 잘 느끼고 잘 살기)의 고려와 선택을 도와라. • 유리잔 속의 진흙과 연습 은유를 사용하라(때때로 그것은 상처를 준다. 그리고 기꺼이 한다면 유용한 어떤 것의 가능성이 있다).
치료를 받고 싶어 하지 않는 내담자-부모는 아동이 치료를 받기를 원하지만 아동은 그렇게 하길 원치 않는다.	• 내담자의 기꺼이 경험하기가 치료 과정과 결과에 영향을 미친다는 것을 부모와 논의하라. • 내담자가 자기를 지탱하고 개인적인 치료 방향을 선택하도록 도와주고 지지하라. • 회기를 보내는 강제된 방식과 선택된 방식 간에 차이를 두어라. • 반응-능력 초점을 사용하라. • 가치 명료화 연습
내담자는 더 크고 더 의미 있는 인생에 목적을 둔 접근법을 선택하고 작업(예: 수용, 마음챙김, 가치두기)을 시작하지만 치료가 더욱더 어려워지면 증상 제거에 초점을 두는 것으로 물러난다.	• 통제 전략의 유용성과 실효성에 의문을 갖고 기꺼이 경험하기로 돌아오라. • 괴물과 줄다리기 은유를 사용하라. • 잡동사니 상자 은유를 사용하라.
내담자는 부정적 내용과 융합되어 있다.	• 연습을 확장하라. • 생각을 사실이 아닌 인과적 존재인 행동으로 언급하라. • 우유 연습으로 탈융합하라.
내담자가 이해하지 못한다고 말한다.	• 이해하지 못하는 것을 회피로 간주하고 기꺼이 경험하기를 다루라. • 발달적으로 적절한 많은 방법, 특히 내담자에게 적합한 은유와 예를 사용하여 진술하라. • 구덩이에 빠진 사람 은유를 사용하라.

내담자는 어떤 것을 갖기, 어떤 사람이 되기 혹은 어떤 것을 하기에 가치를 두고 있는데, 치료자는 내담자가 가치를 두고 있는 것(예: 돈 갖기, 멋진 사람 되기, 비디오 게임을 잘하기—내담자가 더 원하는 것을 드러내거나 언급할 때 자기 자신을 위한 모든 것)을 다르게 지각한다고 말한다.	• 내담자의 가치는 완전하고, 잠재적인(한정되지 않은) '더욱더 심오한' 가치가 있음을 가정하라. • 원하거나 좋아하는 것과 내담자가 중요시하는 의미 있는 행동을 구별하라. • 가치를 두는 것과 일치할 수도 있고 그렇지 않을 수도 있는 목표와 가치 그 자체를 구별하라. • '멋진 사람이 되는 것은 어떤 점에서 중요하지?'와 같은 질문을 하여 내담자가 보고한 가치의 추적을 시도하라. • 묘비명 은유를 사용하라.
내담자는 어떤 것에도 관심이 없다고 보고한다.	• 내담자의 가치는 완전하고, 보고되지 않은 잠재적인(한정되지 않은) 관심사가 있음을 가정하라. • 기능적 회피를 평가하라. • 특히 큰 소리로 기꺼이 관심 경험하기와 그것의 결과가 특정한 방식일 것임을 믿는 것을 구별하라. • 선택하지 않기를 선택하라. • 묘비명 은유를 사용하라.
내담자와 치료자는 치료받을 필요가 없다고 보는 반면에 부모는 아동 · 청소년 내담자가 치료받을 필요가 있는 문제가 있다고 확신한다.	• 확인된 내담자인 아동 · 청소년과 함께 치료 종결을 고려하라. • 특히 양육의 맥락에서 자신이 고통을 겪을 가능성을 검토하기 위해 부모와 함께 평가 작업을 하라(적절하고 필요하다면, 치료하거나 의뢰하라). • 가치에 대해 강조하라. 통제가 문제다.

제11장

스트레스와 수용전념치료

Frank W. Bond

이 장의 목적은 수용전념치료(Acceptance and Commitment Therapy: ACT)(Hayes, Strosahl, & Wilson, 1999)가 어떻게 스트레스 감소에 사용할 수 있는지를 보여 주는 것이다. 스트레스는 일반적으로 특정 사건이 자신의 웰빙을 위협한다고 믿는 관계적 맥락으로 개념화되어 왔는데, 그 이유는 사람들이 스트레스를 자신의 대처 자원에 부담을 주거나 그것을 능가하는 것으로 평가하기 때문이다(예: Lazarus & Folkman, 1984). 이러한 견해에 근거하여 스트레스 중재는 웰빙이나 그것에 대처하는 능력에 대한 위협으로써의 스트레스원(사건 그 자체)이나 스트레스원에 대한 평가를 표적으로 삼아 왔다. 주로 후자를 표적으로 삼고 있지만 ACT에서는 둘 다 다룰 수 있다.

스트레스 반응을 유발하는 수많은 외상적 상황과 일상적 상황이 있지만 아마도 가장 스트레스가 많은 상황은 직장일 것이다. 조직심리학자들은 부정적인 심리 및 행동 현상(예: 불안, 생산성 손실, 결근)을 신뢰롭게 예언하는 수많은 업무 관련 스트레스원을 확인하였다. 이러한 스트레스원에는 직무 통제력 부족, 빈약한 사회적 지지, 역할 갈등, 과도한 업무량이 포함되었다(예: Cox, Griffiths, Barlowe, Randall, Thomson, & Rial-Gonzalez, 2000). 나는 업무 관련 스트레스를 하나의 원형으로 사용하고자 한다. 그 이유는 업무 관련 스트레스가 흔하고 조직에서 ACT의 사용—그 자체가 중요한 주제임—에 대한 논의를 허용해 주기 때문이다. 그렇지만 당신은 여기 기술된 ACT 중재 전략을 대부분의 스트레스 상황에 적용할 수 있다.

업무 관련 스트레스의 범위와 영향력을 과소평가하기란 어렵다. 영국보건안전부(UK's Health and Safety Executive)(2003)의 연구는 다섯 명의 근로자 중 한 명은 업무 관련 스트레스로 심각한 영향을 받고 있다고 밝혔다. 처음에는 건강했던 근로자들을 대상으로 한 10년간의 전향적인 코호트 연구는 높은 직무 요구량과 낮은 직무 통제력의 결합—아마도 업무 관련 스트레스원들의 가장 심각한 조합일 것임—을 경험했던 사람들이 이러한 스트레스원하에서 일하지 않았던 사람들에 비해 심혈관계 질환으로 인한 사망 위험이 두 배였음을 나타냈다(Kivimaki, Leino-Arjas, Lunkkonen, Riihimaki, Vahtera, & Kirjonen, 2003).

직장 스트레스에 대한 ACT 사용에 관한 연구가 아직은 미흡하지만, 초기 결과는 전망이 있음을 시사하고 있다. Bond와 Bunce(2000)는 영국의 대형 언론 기관에서 스트레스원을 감소시키는 방법을 근로자들에게 가르쳤던 훈련 프로그램 집단과 대기 통제 집단에 대해 단기 ACT 중재의 효과를 비교하였다. ACT 중재(Bond & Hayes, 2002)는 집단에 기반을 두었으며(제14장 참조), 참가자들은 세 시간 회기를 세 번에 걸쳐 참여했는데 2주 연속 2회기와 석 달 후 3회기를 받는 '2+1'의 단기 심리치료 방법(예: Barkham & Shapiro, 1990)을 따랐다. 이 형식은 내담자들이 자신의 업무 환경에서 ACT 기법을 실천할 수 있게 하였고, 마지막 회기에서 문제를 해결하게 해 주었다. 우리는 이 장 후반부에서 이 프로토콜의 내용을 기술할 것이다.

결과는 통제 집단에 비해서 ACT가 근로자들의 전반적인 정신건강, 우울, 업무에서 혁신을 일으키는 경향을 향상시킨 것으로 나타났다. ACT 모형에 따라 이루어진 과정 분석은 ACT가 사람들의 생각 내용을 변화시킴으로써가 아니라 심리적 수용을 증가시키고 그들의 가치를 실행할 능력을 증가시켜 그러한 향상을 가져왔다고 설명하였다. 실제로 ACT 집단에서 인지적 내용에 한 사전 검사와 사후 검사 간에 유의미한 변화는 없었다. 따라서 심리적 유연성(제1장 참조)이 ACT가 직장 스트레스를 변화시킨 매개 변인으로 보였다.

두 번째 무선 할당된 통제 시도는 약물과 알코올 상담자들의 소진에 초점을 두었다(Hayes, Bissett et al., in press). 온종일 6시간 워크숍을 하면서 ACT는 (메타암페타민 남용에 대한) 통제 훈련 및 다문화 상담과 비교되었다. ACT가 직장 소진에서 비교 조건보다 훨씬 더 효과적이었고, 과정 분석은 ACT 조건에서 까다로운 내담자들에 대한 부정적인 생각과의 융합을 유의미하게 감소시켰기 때문에 그러한 효과가 발생했음을 보여 주었다.

직장 내 스트레스에 대한 ACT 접근법의 상관관계를 지지하는 연구도 있다. 수용행동 질문지(Acceptance and Action Questionnaire)(Hayes, Strosahl et al., in press)를 이용하여 수행된 한 직장 연구는 영국 금융기관의 콜센터 직원들 사이에서 더 높은 수준의 심리적 유연성이 일 년 후 더 나은 정신건강과 향상된 직무 수행(자기 보고는 물론 외현적이고 행동적인 측정치를 사용함)을 보여 주었다(Bond & Bunce, 2003). 이러한 효과는 전통적으로 업무 관련 정신건강 및 수행과 연관된 세 가지 기타 변인, 즉 통제 소재, 부정적 정서성(Jex, 1998) 및 직업 통제(Terry & Jimmieson, 1999)를 통제한 후에도 발생하였다. 따라서 증거가 되는 몇 가지 항목은 ACT 접근법이 스트레스 치료에 유용할 수 있음을 시사한다.

스트레스에 대한 수용전념치료 개념화: 내용을 넘어선 맥락

스트레스 관련 문제를 다루는 전통적인 인지행동치료(CBT)는 사람들의 인지적 내용에서, 즉 그들의 신념이 그들의 대처 능력에 관해서 무엇을 말하고 있는지와 무엇이 그들의 웰빙에 영향을 미치고 있는지에서의 왜곡을 확인하고 도전하는 데 초점을 두고 있다. 반대로 ACT는 자신의 인지 내용이 얼마나 왜곡되었건 간에(예: "나는 이것에 대처할 수 없어." "나는 더 이상 여기서 일할 수 없을 거야.") 그것이 정신질환, 근골격계 질환, 궤양, 심혈관계 질환 같은 스트레스 관련 장애를 직접적으로 이끌지 않을 것이라고 주장한다. 오히려 사람들이 해로운 정서적 · 생리적 · 행동적 · 인지적 효과를 지니는 특정 맥락에서 이러한 왜곡된 인지 내용을 보유할 때에만 그러하다. 이러한 해로운 맥락은 사람들이 자신의 인지 내용의 문자 그대로의 의미에 융합되거나 완전히 사로잡히는 것이다(예: "만일 내가 '나는 바보다.'라고 생각한다면 나는 정말로 바보다."). 즉, 그들은 이러한 내용을 특정 유형의 스트레스원에 대하여 본질적으로 자동적이고 개별 특유적인 반응으로 볼 수 없다. 또, 사람들은 자신의 (왜곡된) 인지 내용(예: 불안)에 대한 반응으로 곧 일어날 경험을 회피한다. 이러한 인지적 융합과 경험적 회피 맥락은 스트레스원 그 자체로 스트레스의 '원인'이다. 왜냐하면 이러한 맥락은 하나의 스트레스원과의 경험(예: 개인이 '공평하지 않다.'고 인지적으로 융합되어 평가하는 예상치 못한 직무 할당)이 스트레스 반응(예: 불안과 분노)과 심지어 부가적인 스트레스원(예: 일을 그만두기를 원하는 것, 언어적으로 감독관을 공격하기를 원하는 것)을 유발하는지 여부를 결정하게 하기 때문이다.

스트레스에 대한 ACT 개념화의 또 다른 측면은 가치다. 스트레스원을 수용하면서(즉, 경험적으로 회피하지 않으면서) 앞으로 나아가려면 그렇게 해야 할 이유가 필요하다. 대처를 위한 스트레스원에 대한 단순한 대처는 충분하지 않다. 사람들이 스트레스원과 스트레스에 압도되어 회피 행동에 참여할 때 그들은 일반적으로 자신의 가치 선상에서 행동하지 않는데, 그 이유는 자신의 가치가 애매하고 불명확하기 때문이다. 근로자가 자신의 개인적 가치를 자각하지 못하는 한 부정적인 스트레스 반응에 걸려들 가능성이 훨씬 더 많다. 스트레스에는 우리에게 익숙한 ACT의 호칭 기도, 즉 원치 않는 사적인 내용과의 융합, 경험적으로 회피하는 대처 전략 및 가치 있는 방향의 결여가 상당히 존재한다. 따라서 스트레스에 대한 ACT의 목표는 사람들에게 다음 전략들, 즉 인지적 탈융합, 그들이 자극하는 도전적인 사건과 사적 경험(예: 불안)에 대해 회피하기보다 수용하는 것, 가치를 정의하는 능력과 그러한 가치들과 일치하는 스트레스 관리 행동에 참여하는 것을 가르치는 것이다.

스트레스에 대한 수용전념치료 중재 프로그램

우리는 통합된 일련의 ACT 개념, 연습 및 중재를 사용하여 스트레스에 이 모형을 적용하는 타당화된(Bond & Bunce, 2000) 집단 치료 프로토콜을 개발하였다. 이 프로토콜은 〈표 11-1〉에서 비교적 간단한 형식으로 기술되었다. 왜냐하면 ACT 핵심 구성 요소를 충분히 기술하기에는 시간적인 제한(총 3회기 9시간)이 있기 때문이다.

표 11-1 ACT 스트레스 중재 기법 순서 및 임상적 목표

임상적 목표	중재 기법
창조적 무희망감	• 실효성 질문하기 "……그러면 그것은 당신에게 얼마나 효과가 있었습니까?"
통제가 문제다.	• 통제의 역설 "만일 당신이 그것을 기꺼이 가지려 하지 않으면, 그것을 얻게 될 것이다."

	• 통제의 결과 거짓말 탐지기 은유
탈융합 · 수용	• 저조한 기꺼이 경험하기의 대가 깨끗한 불편 대 더러운 불편 • 충분한 경험으로서의 기꺼이 경험하기 모래수렁 은유 • 단지 알아차리는 연습 시냇물 위의 나뭇잎 • 스트레스 버튼 확인하기 스트레스원 또는 스트레스 촉발 요인을 기록하기. 숙제로 이용 • 생각 받아들이기 Blondes는 더 많은 ……를 지니고 있다.
(2회기)	• '그러나'를 떼기 '그러나'의 자기 참조적인 사용을 '그리고'로 대체하기 • 관찰자 연습 맥락으로서의 자기를 증진시키기 • 기꺼이 경험하기 질문 기꺼이 경험하기로 목표 지향적인 행동을 증진시키기 • 깡통 괴물 연습 힘든 내적 사건에 대하여 기꺼이 경험하기를 증진시켜라.
가치에 기반을 둔 행동	• 추도사 당신이 죽었을 때 어떤 사람으로 기억되길 원하는지 적어라. • 가치 명료화 직업 및 개인적 영역의 가치를 목록화하라. • 기꺼이 경험하기 질문 기꺼이 경험하기로 목표 지향적인 행동을 증진시키기
(3회기)	처음에 관찰자와 깡통 괴물 연습을 반복한다.
가치에 기반을 둔 행동으로서의 기꺼이 경험하기	• 길 위의 비눗방울 은유 기꺼이 경험하기와 함께 행동하기 • 목표, 행동 및 장애물 명료화 가치 지향적 목표들과 이를 성취하려는 행동을 하는 데 놓여 있는 장애물을 목록화하라. • 가치에 대한 공약 가치 지향적 행동에 대한 의도를 진술하라.

변화 동기를 평가하고 증진시키기

우리는 시작할 때 사람들에게 스트레스원을 일으키는 유해한 내적 사건을 변화시키는 것의 효과성과 실효성을 고려해 보게 한다. 사람들은 실효성이 없는 융합이 만들어 낸 회피 전략들의 무익함과 손해를 알게 되는 경우에만 융합의 맥락 밖에 존재하는 대안적인 대처 기법들을 시도하려고 한다.

1회기를 시작하기 위하여 참가자들은 이 회기 혹은 어떤 회기에서도 드러나거나 논의된 어떤 개인적인 정보도 비밀이며, 배우자와 가족을 포함하여 이 방 밖에 있는 누구와도 그것을 공유하거나 논의해서는 안 된다는 말을 듣는다. 만일 누군가가 비밀 보장에 대한 약속을 할 준비가 되어 있지 않다면, 친절하게 이 자리를 떠나도록 요청한다. 이러한 기본 규칙을 설정한 후 훈련자는 집단에게 "당신의 증상, 징후, 업무 스트레스 또는 일반적인 스트레스가 뭔가요?"하고 묻는다. 반응들을 칠판에 기록한다. 몇몇 사람이 몇 가지 예를 제공한 후 다양한 스트레스를 기술하는 슬라이드를 제시한다. 이 슬라이드에는 스트레스에 대한 많은 신체 징후(예: 수면 부족), 기분 징후(예: 과민성), 생각 징후(예: 걱정) 및 행동 징후(예: 과식)가 기록되어 있다. 다음 이야기는 회기의 이 시점에서 흔하게 일어나는 일이다.

훈련자: 누가 자신의 스트레스 증상을 논의해 보시겠습니까?

참가자: 저는 제가 걱정하기 시작할 때 스트레스를 받고 있다는 것을 알아요. 저는 어떤 것이든 걱정을 하지만 특히 업무 목표를 맞추지 못하는 것에 대해서 걱정을 하죠. 이것 때문에 배가 아프고, 걱정이 특히 심할 때는 잠이 오지 않기도 해요.

훈련자: 걱정을 멈추기 위해서 그리고 잠을 더 잘 자기 위해서 어떤 것을 시도해 보셨나요?

참가자: 많은 것을 했지요. 저는 충분히 생각하기, 체육관 가기, 아들들과 놀아 주면서 걱정을 벗어나려고 다짐해 왔어요.

훈련자: 좋아요. 이것을 좀 물어볼게요. 당신 마음이 "충분히 생각하라, 아이들과 놀아라, 건강을 유지하라, 그러면 당신은 걱정하지 않을 것이다."라고 말합니다. 맞죠?

참가자: 맞아요.

훈련자: 좋아요. 그러면 그것은 얼마나 효과가 있었죠? 예를 들어, 당신 마음이 당신에게 하라고 한 것을 했을 때 걱정이 멈추거나 혹은 걱정을 덜하게 되었습니까?

그런 다음 당신이 해야 할 필요가 있는 것을 더 많이 즐기고 보다 충분히 몰두할 수 있었습니까?

참가자: 때로는요. 하지만 항상 그렇지는 않았어요. 제가 걱정을 멈출 수 있을 때조차 단지 매우 일시적일 뿐이죠.

훈련자: 좋아요. 그러면 전반적으로 당신은 불필요하게 걱정하는 것을 멈출 수 있었다고 말하는 건가요?

참가자: 전혀 그렇지 않아요. 저는 걱정을 멈추려고 시도하는 데 아주 많은 시간을 보내느라 지쳤고, 제 업무를 잘 해 내거나 심지어 제 아이들과 놀아 주는 일을 즐기는 일에도 집중할 수 없어요.

훈련자: 그것이 재미없나요? 역설처럼 보입니다, 안 그래요? 제 말은 당신은 마음이 말하는 대로 해요. 걱정을 멈추기 위해서 무언가를 하죠. 충분히 생각하고 체육관에 가고 아들들과 놀아 주죠. 하지만 효과가 없어요. 당신은 여전히 걱정하고 있어요.

참가자: 네, 맞아요. 하지만 제가 무엇을 할 수 있겠어요?

훈련자: 당신의 마음은 당신에게 무엇을 하라고 말하나요?

참가자: 많아요. 긴장 풀기, 맛있는 것 먹기, 집으로 일거리 가져오지 않기, 제대로 휴가 보내기, 우리는 심지어 작년 여름 바닷가에 휴양할 집을 사기도 했어요.

훈련자: 당신은 정말로 스트레스를 덜 받으려고 노력한 것처럼 보이네요.

참가자: 정말로 그래요.

훈련자: 저는 당신이 해 온 것을 듣고 당신이 정말로 노력을 많이 했음을 알 수 있어요. 그러면 저는 당신에게 '이러한 것들은 얼마나 효과가 있었습니까?'라고 물어보고 싶군요. 스트레스를 덜 받으려는 당신의 괄목할 만한 노력은 근본적으로 성과가 있었나요? 그렇게 함으로써 당신의 상황이 바뀌었고 더 이상 걱정이나 수면 부족, 복통으로 고통받지 않았습니까? 또는 믿을 수 없을 정도로 더 침체되거나 더 걱정하거나 더 끔찍한 느낌이 들지는 않습니까?

참가자: 오, 저는 초조함을 멈출 수 없을 정도로 확실히 더 많이 걱정하고 있어요.

훈련자: 믿을 수 없군요. 제 말은 만일 우리가 이런 실적을 낸 투자 조언자를 데리고 있다면 오래전에 그를 해고했을 거라는 거죠. 하지만 여기 당신의 마음은 정말로 근본적으로 성과가 없는 노력을 하도록 당신을 이끌고 있어요. 그러나 그 마음은 나불나불 지껄이면서 여전히 당신 주위를 맴돌고 있군요. 한 번 더 시도하지

> 말라고 하기가 힘들군요. 당신의 마음이 당신에게 하라고 시키는 대로 하는 것 외에 그밖에 무엇을 할 수 있나요? 아마도 우리는 "당신이 함께할 것은 무엇입니까, 당신의 마음입니까 아니면 당신의 경험입니까?"라는 질문을 할 시점에 다다른 것 같습니다. 지금까지 대답은 '당신의 마음'이었습니다. 하지만 이제는 당신의 경험이 당신에게 그것이 얼마나 잘 작동했는지에 대해서 말해 주는 것에만 주목하세요.

이러한 대화는 집단 구성원 중 한 명이나 두 명, 그 이상을 대상으로 수행된다. 자신의 마음을 경청하는 것이 항상 스트레스, 걱정, 불행 등의 효과를 경감시키는 데 효과가 있는 것은 아님을 강조한다. 더욱이 그것은 사람들이 성취하고자 하는 목표를 성취하는 데 항상 효과가 있는 것은 아니다. 이러한 대화를 두세 번 한 후에 다음과 같은 말을 한다.

> 우리의 마음이 우리의 생각과 감정에 대하여 뭔가를 하라고 우리에게 이야기하지만, 그것은 도움이 되지 않는 것처럼 보이는 것이 흥미롭지 않나요? 사실상 그것은 우리를 더 기분 나쁘게 할 수도 있어요. 왜 이런 일이 생기죠? 글쎄요. 인간 언어는 우리에게 하나의 종으로서의 엄청난 이점을 제공해 왔습니다. 왜냐하면 그것은 사물들을 부분으로 나누고, 계획을 공식화하고, 전에는 경험하지 못했던 미래를 구조화하고, 행동을 계획하게 해 주기 때문입니다. 만일 우리가 피부 밖에서 일어나는 일을 포함하는 우리 존재의 단지 95%만 본다면, 그것은 굉장히 잘 작동할 것입니다. 나머지 창조물이 다루고 있는 모든 것을 보세요. 당신은 우리가 아주 잘하고 있다는 것을 알게 될 것입니다. 단지 이 방 안을 둘러보세요. 우리가 여기에서 보는 거의 모든 것, 즉 의자, 전등, 우리 옷, 창밖으로 보이는 빌딩들은 인간의 언어와 인간의 합리성이 없다면 여기에 존재하지 않을 것입니다. 그래서 우리는 따뜻하고, 비를 맞지 않을 것이고, 전등과 많은 아름다운 빌딩을 갖고 있습니다. 즉, 비인간들이 서로 투쟁하는 것들에 관하여 우리는 정말로 상태가 좋습니다. 당신은 개나 고양이에게 이 모든 것, 즉 따뜻함, 쉴 곳, 음식, 사회적 자극을 주고, 개와 고양이는 그것들의 사용법을 아는 만큼 행복할 것입니다.
>
> 우리의 삶에서 정말로 중요한 것, 지구상에서 다른 형태의 생명과 경쟁하는 종으로서 우리에게 중요한 것은 인간 언어로 수행되어 왔습니다. 매우 중요한 방식으로 우

리 인간 존재는 이것을 실현하며, 이러한 실현은 우리 대부분이 획득하는 만연한 규칙으로 요약됩니다. 즉, 만일 당신이 무언가를 좋아하지 않는다면 그것을 제거할 방법을 생각하여 그것을 제거합니다. 이러한 규칙은 우리 삶의 95%에서는 대단히 잘 적용됩니다. 하지만 피부 안쪽의 세계인 나머지 5%에서는 그렇지 않습니다. 정말로 중요한 것은 이 5%입니다. 왜냐하면 바로 거기에 만족과 행복이 있기 때문이죠. 저는 당신이 제 말을 믿기를 바라지 않습니다. 당신 자신의 인생을 바라보세요. 당신의 논리적인 마음이 아니라 당신의 경험에서는 다음과 같은 일은 사실이 아닙니다. 즉, 피부 안쪽의 세계에서 규칙은 실재하며, 만일 당신이 그것을 기꺼이 가지려 하지 않는다면 당신은 그것을 갖게 될 것입니다.

예를 들어, 당신 둘은 당신이 걱정과 투쟁하고 있지만 기꺼이 그렇게 하려고 하지 않음을 주목합니다. 그러나 걱정하지 않거나 불안해하지 않는 것이 정말로 중요하다면, 그리고 뒤이어 당신이 걱정하거나 불안해하기 시작한다면, 걱정하고 불안해할 일이 생깁니다. 이러한 현상에 이름을 붙여 봅시다. 우리의 몸 밖의 세계에는 의식적이고 계획적이고 목표 지향적인 통제가 잘 작동합니다. 당신이 제거하기를 바라는 것을 제거할 방법을 생각해 내십시오. 하지만 의식, 당신의 인생사, 자기, 정서, 생각, 감정, 행동 소인, 기억, 태도, 신체 감각 등의 영역에서는 그러한 통제가 종종 도움이 되지 않습니다. 우리의 피부 아래 세계에서는 해결책이 계획적인 통제가 아닙니다. 통제가 바로 문제입니다. 만일 당신이 당신 자신의 내력, 당신 자신의 걱정, 당신 자신의 불안, 우울 및 그러한 것들의 촉발 요인을 회피하고자 한다면 당신은 승자 없는 투쟁을 하고 있는 것입니다. 보세요, 제가 여기에서 말하는 바는 우리가 피부 아래에서 우리 마음에서 우리 몸에서 일어나는 생각, 감정 혹은 그 어떤 것도 효과적으로 그리고 일관성 있게 통제할 수 없다는 것입니다.

이 시점에서 우리는 거짓말 탐지기(Polygraph) 은유를 소개하여 사적 경험에 대하여 의식적이고 목표 지향적인 통제를 가하려는 시도가 원치 않는 경험의 증가에 얼마나 역설적인 효과를 지니는지 보여 준다(Hayes et al., 1999, pp. 123-124). 프로토콜의 이 부분의 목적은 융합을 파헤치고, 경험적인 회피 대처 행동의 대가와의 접촉을 증가시키는 것이다. 개인에 기반을 둔 ACT 스트레스 치료에서 치료자는 개인 내담자들의 인생 내력과 요구에 일반적인 ACT 원리와 중재 기법을 맞추기 위해 이 모든 정보를 사용할 수 있다. 예를 들어, 치료자는 내담자에게 그들의 회피형 대처 전략이 충만하고 의미 있는 삶을 성취하는 데 얼마나 도움이 안 되는지를 알려 주는 많은 예를 고려해 보게 할 수 있다. 집단에 기반을 둔 ACT에서는 치료자 또는 훈련자가 그러한 맞춤식 방법을 수행하기가 더 어렵다. 그렇지만 사전 발췌문은 참가자들에게 실효성에 초점을 둔 이러한 전략이 자신의 경험적 회피의 결과로서 자기 자신의 공식화를 개발하는 데 어떻게 도움을 줄 수 있는지 보여 주어야만 한다. 이러한 자기가 개발한 공식화는 자신이 직면한 스트레스원에 대처하기 위한 새롭고 보다 효과적인 전략을 시도할 동기를 증가시키는 데 이상적으로 기여할 것이다.

대안으로서의 인지적 탈융합, 기꺼이 경험하기 및 수용

참가자들과 거짓말 탐지기 은유에 대한 논의의 결론을 내린 후 우리는 다음과 같이 상이한 기지를 발휘할 준비를 한다.

> 우리는 생각, 감정 및 우리의 마음의 또 다른 산물을 통제하려고 시도하는 것이 우리의 문제를 감소시키는 데 얼마나 믿을 수 없고 도움이 되지 않는지를 알게 되었습니다. 그러면 대안은 무엇입니까? 그것은 수용입니다. 즉, 만일 우리가 정서나 생각을 기꺼이 지니고 그것을 제거하거나 변경하려 하지 않는다면, 통제의 불가피하고 유해한 결과를 피할 수 있을 것입니다. 다시 말해서 만일 당신이 그것을 지니는 것을 거부한다면, 당신을 그것을 지니게 될 것입니다. 통제 전략은 신뢰롭게 완전히 작동하지 않기 때문에 그리고 전략 그 자체가 막고자 하는 사건을 증가시키는 결과를 가져오기 때문에 불가피하게 그러합니다. 즉, 당신이 불안함을 원치 않으면 않을수록 당신은 아마도 더 불안해질 것입니다. "불안해하지 마라, 빵, 당신은 죽었다!"(거짓말 탐지기 은유 참조)

수용과 통제의 상이한 결과를 이해시킬 한 가지 방법은 첫 번째 ACT 책(Hayes et al., 1999, p. 136)에서 기술한 깨끗한 불편함 대 더러운 불편함을 통해서다. 훈련자는 스트레스의 불편함에 초점을 두기 위해 다음과 같이 논의를 수정한다.

> 깨끗한 불편함은 우리 모두가 살아가면서 하나의 삶의 기능으로 경험하는 스트레스입니다. 깨끗한 불편함은 수준이 다양합니다. 우리를 난처하게 만드는 누군가에 대

해서 화가 날 때와 같이 때로는 비교적 낮을 수도 있고, 동료와 논쟁하거나 직장을 잃었을 때와 같이 높을 수도 있습니다. 인생은 고통스러운 사건들을 양산하고, 그것에 대한 우리의 고통스러운 반응은 자연스럽고 완전히 수용할 만한 것입니다. 우리가 이러한 자연스러운 반응—깨끗한 불편함—을 기꺼이 경험하지 않으려 할 때 우리는 더러운 불편함이라고 부르는 것에 이르고 맙니다. 더러운 불편함은 우리가 경험하는 정상적이고 자연스러운 깨끗한 불편함을 통제하려는 노력에 의해 생성된 정서적 고통입니다. 즉, 깨끗한 불편함을 회피하고 통제하거나 제거하려고 할 때 모든 새로운 세트의 고통스러운 감정, 정서 및 생각이 발생하고, 스트레스가 증가합니다. 이러한 더러운 불편함은 고통의 꼭대기에 고통을 불필요하게 더 쌓아 올립니다. 두려움에 대한 두려움, 죄의식에 대한 죄의식, 죄의식에 대한 수치심, 두려움에 대한 불평 혹은 "당신이 이 상황에서 불행해지도록 불평한 것은 오직 당신 자신뿐이었다."와 같이 불행에 대한 불평 말입니다. 이러한 단순한 더하기 과정은 사람들이 통제와 회피 전략을 사용할 가능성을 가차 없이 증가시킬 가능성이 있고, 따라서 통제와 스트레스를 증가시키는 악순환이 계속됩니다.

수용은 반대 방향으로 나아갈 것을 포함합니다. 즉, 고통을 피하기보다는 고통을 향해서 우리가 싫어하는 정서와 생각, 감정을 향해서 나아가는 것입니다. 다음을 고려해 보세요. 만일 당신이 모래수렁에 빠졌다고 가정해 봅시다. 당연히 당신은 밖으로 나오려고 시도할 것입니다. 하지만 빠져나올 방법에 대해서 당신이 이제껏 배웠던 거의 모든 것이 당신에게 문제를 일으킬 수 있습니다. 만일 당신이 걷고 뛰어오르고 기어오르고 달리려고 시도한다면, 당신은 더 깊이 가라앉을 것입니다. 왜냐하면 이런 행동은 결국 당신을 모래 아래로 빠지도록 하는 시도이기 때문입니다. 만일 당신이 허우적거리고 몸을 뒤틀고 손을 밀어 나아가고 기어간다면, 당신은 더 깊이 빠질 것입니다. 종종 사람들은 빠져 들어갈 때 공황 상태에 빠져서 몸을 심하게 휘두르기 시작합니다. 모래수렁에서 유일하게 할 수 있는 일은 가능한 한 많은 표면을 만들어 내는 것입니다. 즉, 모래수렁에 눕는 것, 지금껏 허우적거렸지만 더 이상 허우적거리지 않은 채 그것과 최대한 접촉을 유지하는 것입니다. 그것은 힘든 일일 것입니다. 아니, 제 말은 교묘하기 때문에 힘들다는 겁니다. 그것은 교묘해요. 왜냐하면 당신의 마음은 이러한 전략을 사용하는 것이 비생산적인 상황에서 당신에게 투쟁하라고 말하고 있기 때문이죠. 하지만 이러한 통제 전략이 효과가 있다고 배워 왔기 때문에 당신의 마음에 대해서 너무 가혹하게 대하지 마십시오. 그것은 무엇을 해야 할지 모릅니다. 더욱이 당신의 마음은 이러한 비효과적인 통제 전략을 아주 잘 학습해 왔으므로 당신은 그것을 사용하는 것을 멈추라고 말할 수 없고 그럴 것이라고 기대할 수 없습니다.

이제 우리는 당신의 신체 감각, 생각 및 정서를 통제하려고 시도하지 않고, 즉 그것들을 회피하려고 시도하지 않고 일부 수용 혹은 기꺼이 경험하기 전략들, 그것들과 투쟁하지 않고 충분히 접촉할 것을 권장하는 전략들을 연습해 볼 것입니다.

논의의 이 시점에서 우리는 시냇물 위의 나뭇잎(Leaves on the Stream)[혹은 기능적으로 동일한 변형인 퍼레이드하는 군인들(Soldiers In A Parade)] 연습(Hayes et al., 1999, pp. 158-162)을 이용하여 지금까지 논의해 왔던 점을 명료하게 해 줄 ACT 경험적 연습을 참가자들에게 소개한다.

눈을 감은 채 하는 이러한 연습의 말미에 훈련자는 '이 연습에서 무엇을 알게 되었는지'를 물어본다. 만일 논의 도중에 하지 못했다면, 훈련자는 '이 연습은 우리가 논의해 온 것과 어떤 관련이 있는지'를 물어본다. 다행스럽게도 분명히 이 연습은 참가자들에게 자신의 생각, 감정, 기억 혹은 신체 감각을 변경시키거나 그만두지 않은 채 그것들과 기꺼이 접촉하는 방법을 보여 준다. 훈련자는 이 연습이 사람들이 스트레스를 느끼기 시작할 때 하면 도움이 된다고도 알려 준다. 이 연습을 한 다음 인지적 탈융합을 촉진하는 우리의 시도에 관한 또 다른 구성 요소로 내용을 바꾼다. 이것은 생각의 자의적이고 자동적이며 프로그램화된 본질과 다음과 같은 관련이 있다.

'blondes have more……'라는 문구를 어떻게 마무리하겠습니까(훈련생 대부분은 항상 '……fun'이라고 말할 것이다.)('blondes have more fun'은 영국 출신의 인기 가수 Rod Stewart가 1978년에 발표한 앨범 및 곡명—역자 주)? 맞습니다. 우리 대부분은 이전에 이러한 말을 많이 들었을 것입니다. 예를 들어, 제가 그것을 시작했다면 그 말로 마무리 짓지 않기란 실제로 불가능합니다. 아무런 노력을 기울이지 않아도 저절로 마음이 쓰입니다. 이제, 만일 당신이 정말로 이 말을 사실이라고 믿는다면 손을 들어보세요. 좋습니다. 또 다른 것을 시도해 보죠. 'Jack과……'라는 문구를 어떻게 마무리하겠습니까(또 다시 대부분의 참가자는 '……콩나무'라고 말할 것이다.)? 또 다시 절대적으로 우리는 이전에 이 말을 아주 많이 들어 봤습니다. 일단 누군가가 그것을 시작했다면 우리가 그렇게 하지 않기란 거의 불가능합니다. 만일 당신이 정말로 거대한 콩나무를 지닌 Jack이라 불리는 소년이 있다는 것을 믿는다면, 손을 들어보세요. 좋아요, 당신 중 어느 누구도 이 두 가지 진술을 믿지 않지만 당신들 모두는 그 말로 마무리를 지을 수 있었습니다.

나는 이 현상이 우리에게 생각에 대한 두 가지 매우 중요한 통찰을 제공한다고 여긴다. 첫 번째는 우리 자신의 특별한 내력을 고려할 때 우리가 특정 상황에서 특정 생각을 하지 않을 수 없다는 점이다. 예를 들어, 'blondes have more…… fun!'이 그렇다. 당신은 그렇게 하지 않을 수 없다. 즉, 그 단어는 아무데서나 마치 마법처럼 그냥 떠오른다. 두 번째 통찰은 단지 생각이 우리의 머리에서 툭 튀어나오기 때문에 그것을 믿어야만 한다는 것은 아니라는 점이다. 우리의 부모, 형제자매, 영화, TV, 책 및 사회의 나머지는 blondes have more fun과 Jack은 거대한 콩나무를 갖고 있다고 우리에게 가르칠 수 있다. 우리는 결코 이러한 우스꽝스러운 진술을 망각하지 않을 것이다. 즉, 이러한 진술들은 특정 상황에서 우리의 마음속으로 즉시 입력될 것이다. 마찬가지로 우리 자신의 특별한 내력 때문에 더 많은 개인적으로 관련된 진술들이 특정 상황에서 우리 머릿속으로 입력될 것이다. 예를 들어, 당신은 특정 유형의 문제에 직면했을 때 항상 '나는 이것에 대처할 수 없어!'라고 생각할 수도 있다. 하지만 'blondes have more fun'과 'Jack과 콩나무'를 대상으로 할 때 우리는 그것이 사실이 아님을 믿을 필요가 있다. 우리는 그것을 믿을 필요가 없기 때문에 그것을 변화시키거나 제거하려고 시도할 필요가 없다.

'스트레스 버튼' 확인하기

다음으로 참가자들에게 자신이 가지고 있는 다양한 스트레스 버튼 목록을 종이에 기록해 보라고 한다. 스트레스 버튼이란 스트레스 과정을 '시작하는' 상황, 생각, 정서 혹은 감각을 말한다. 예를 들어, 동료와의 직면, 빡빡한 마감 시간, 특정 유형의 과제, 실패에 대한 생각, 불행, 우려 혹은 얕은 호흡이 스트레스 반응을 촉발할 수도 있다. 참가자들이 이 스트레스 버튼을 기록하기 전에 그들이 기대하는 것의 모형을 만들어 보도록 자신의 촉발 요인 예들을 집단과 함께 공유해 보게 한다. 몇 사람이 자신의 스트레스원 몇 가지를 확인하면, 그다음에는 질문을 하고, 참가자들에게 자신의 스트레스 버튼을 적어 보라고 한다.

우리는 세 시간 회기의 처음에 이 주제를 완성할 수 있다. 다음 내용은 참가자들에게 숙제로 내 주어 1회기와 2회기 사이에 해 보게 한다.

- 회기 사이의 주중에 스트레스 버튼이 눌러졌을 때 인지적 회피, 인지적 투쟁 및 자신이 무엇을 생각하고 있는지에 대한 자각의 결여가 얼마나 스트레스 과정을 증폭시키고 유지시키는지를 알아차려라.
- 매일 적어도 10분은 시냇물 위의 나뭇잎, 퍼레이드하는 군인들 연습을 하라.

이때 참가자 각자에게 이러한 숙제 할당 종이를 건네주며 숙제에 대한 질문을 받고 대답을 한다.

두 번째 집단 회기는 참가자들이 지난주에 특히 자신의 스트레스 버튼과 관련된 영역에서 있었던 통제, 회피, 투쟁과 스트레스 간의 관계에 관해서 알아차린 것에 대한 논의로 시작한다. 이 논의를 한 다음 '단지 알아차리기' 과제와 관련된 쟁점을 다룬다.

다음으로 훈련자는 우리의 스트레스 중재 프로그램에서 매우 효과적이라고 밝혀진 단어 관습을 소개하기 시작한다. 그것은 당신의 '그러나 떼어내기(Get Off Your Buts)' 중재로 불리는 것으로 ACT 저서(Hayes et al., 1999, p. 167)에서 발췌한 것이다.

> 저는 잠깐 '그러나'란 단어에 대해서 말하고 싶습니다. 우리가 사적 사건들(즉, 생각과 감정)의 관점에서 우리의 행동을 설명하려고 그 단어를 사용할 때 우리를 우리의 생각 및 감정과의 투쟁으로 빠뜨릴 수 있는 재미있는 단어죠. 그렇게 하는 과정에서 우리는 일련의 사적 사건들(예: 성공하려는 욕구)을 또 다른 사적 사건들(예: "나는 상사에게 아주 화가 난다.")과 싸우게 하는 결과를 만듭니다. '그러나'는 문자 그대로 그 단어를 따르는 것이 이전에 그 단어가 의미했던 것과 모순되는 것을 의미합니다. '그러나'는 원래 '나와 있다(be out).'라는 단어에서 비롯되었습니다. 우리가 그 단어를 사용할 때 우리는 종종 "이 사적 사건은 그 사적 사건을 떠나 있다."라고 말합니다. 그 말은 "그녀는 내 상사이기 때문에 그녀에게 친절하게 굴어야만 해. 그러나 그녀는 끔찍해. 그래서 그녀 따윈 관심 없어. 내가 좋아하는 대로 말할 거야!"입니다. 당신도 알다시피 '그러나'는 문자 그대로 싸우려는 신호입니다. 그래서 지난주 과제에서 보았듯이 우리를 더 스트레스 받게 만드는 우리 자신의 생각과 감정과의 전쟁

터에 그것이 우리를 끌어넣는 것은 놀라운 일이 아닙니다.

이러한 '무장 명령'의 어떤 예인 "나는 내 파트너를 사랑한다. 그러나 나는 그에게 매우 화가 나 있다."를 고려해 봅시다. 이것은 어떻습니까? "나는 직장에서 일을 잘해 내고 싶다. 그러나 나는 지금 당장 불안하다." 둘 다 "하나의 내적 사건(예: 사랑)은 또 다른 내적 사건(예: 분노)에 의해 부정되어야 한다."를 말하고 있음에도 두 경우에서 실제로 개인이 경험한 것은 다음 두 가지, 사랑 **그리고** 분노임을 주목하세요. 그러나 혹은 '나와 있다.'의 다음 문장은 발생한 것에 대한 기술이 아닙니다. 그것은 사적 사건들, 생각과 감정이 어떻게 공존해야만 하는지에 대한 금지입니다. 이러한 금지는 실재와 맞지 않기 때문에 우리가 추방하려고 시도하는 것입니다. 두 가지 사적인 사건이 해결되어야만 하는 것을 경험한 사람은 아무도 없고, 오히려 두 가지 사적인 사건, 사랑과 분노를 경험하였습니다. 만일 '그러나' 단어가 '그리고' 단어로 대체된다면, 거의 항상 실재를 훨씬 더 반영합니다. 그래서 예에서는 "나는 내 파트너를 사랑한다. 그리고 나는 그에게 화가 나 있다." 혹은 "나는 직장에서 일을 잘해 내고 싶다. 그리고 나는 지금 당장 불안하다."라고 말하는 것이 훨씬 더 정확합니다. 직장에서 일을 잘해 내고 싶은 것과 불안한 것 둘 다 진실입니다. 그래서 저는 모든 사람이 '그러나'라는 단어를 사용할 때 이를 자각하여 '그리고'라는 단어로 대체하길 바랍니다. 왜냐하면 이러한 변경은 우리가 자기 자신과의 갈등에 빠지는 일, 즉 우리가 더 많은 스트레스를 받게 되는 일에 보다 더 민감해지게 합니다. 이 모든 것에 대해 당신은 어떻게 생각하십니까?

〈표 11-1〉에서 살펴본 바와 같이 그러나 단어에 대한 이러한 논의를 거친 후 관찰자(Observer) 연습과 깡통 괴물(Tin Can Monster) 연습이 이어진다. 이것들에 대해서는 첫 번째 ACT 책(Hayes et al., 1999, p. 192와 pp. 171-174)에 자세히 기술되어 있으므로 여기에서는 상세히 다루지 않기로 한다.

가치에 기반을 둔 행동

일단 인지적 탈융합, 심리적 수용 개념과 전략이 소개되고 직접적으로 이것들을 경험하게 되면, 참가자들은 ACT 스트레스 중재의 최종 두 가지 목표, 즉 가치에 기반을 둔 행동과 가치에 기반을 둔 행동으로서의 기꺼이 경험하기에 더 잘 전념할 수 있다(〈표 11-1〉 참조). ACT에서는 가치를 향해 작업하는 것이 우리의 인생에 의미와 만족을 가져다주기 때문에 가치가 중요하다. 기꺼이 경험하기는 그 자체로 하나의 목표가 아니라 내담자가 가치 있는 방향으로 자신의 인생을 나아가게 할 수 있는 하나의 수단이다(Zettle & Hayes, 2002).

이러한 두 가지 가치 지향적인 임상적 목표를 성취하기 위하여 사람들은 먼저 자신이 가지고 있는 가치를 명료화하는 것이 필수적이다. 이 중요한 과정은 형식에 적합하게 수정된 기법들을 사용하여 성취된다. 참가자들은 종종 가치 확인 연습이 진지하고 친밀한 과업임을 발견하고, 자신의 가치를 다른 사람, 특히 동료들과 나누기를 꺼린다. 따라서 우리는 비록 참가자들이 집단 회기에 참석하고 있긴 하지만, 그들이 사적으로 가치 확인 작업을 할 수 있도록 가치 평가 연습을 수정한다. 만일 당신이 스트레스 관리 내담자들을 개인적으로 만나고 있다면 사생활을 보호할 필요성은 본질적으로 문제가 되지 않을 것이다.

첫 번째 평가 연습은 다음과 같이 진행된다. 참가자들에게 아무 내용도 쓰여 있지 않은 커다란 묘비가 그려진 종이 한 장을 건네준다. 그다음 훈련자는 "당신은 몇 분 동안 눈을 감고 호흡을 따라갑니다. ……그냥 호흡이 폐로 들어왔다가 다시 나가는 것을 따라가기만 하면 됩니다……."라고 말한다. 훈련자는 참가자들이 약 2분간 호흡을 따라가도록 한다. 그런 다음 훈련자는 다음과 같이 말한다.

> "당신은 죽었고, 남들 눈에는 보이지 않는 영혼의 모습으로 자신의 장례식에 기적적으로 참여했다고 상상해 보세요. 당신이 주로 관심을 가졌던 사람들, 즉 배우자, 자녀, 친구, 동료, 지인 등의 추도사를 당신은 지켜보며 듣고 있습니다. 이제 1분여가 지나면 저는 당신이 눈을 뜨고, 당신에게 가장 중요한 사람들이 당신을 어떻게 기억하고 있을지를 몇 문장으로 써 보게 할 것입니다. 당신의 배우자는 배우자로서 당신에 대해 무엇이라고 말하면 좋겠습니까? 배우자에게 말하게 해 보세요. 당신의 친구는 친구로서 당신에 대해 무엇이라고 말하면 좋겠습니까? 여기에서는 정말로 대담해지세요. 이것은 당신의 장례식이니까요! 만일 당신이 이 상황을 완전히 통제하고 있다면, 그들에게 당신이 가장 듣고 싶어 하는 것을 정확하게 말하게 하십시오. 이제, 준비가 되었으면 눈을 뜨고, 10분을 드릴 테니 당신의 장례식에서 당신이 제일 좋아하는 서너 명이 당신에 대해서 말해 주기를 바라는 것에 대해 짧은 문장들로 적어 보세요. 아무도 당신이 적은 것을 볼 필요가 없으니 아주 정직하게 그것을 적어 주세요."

그다음 치료자는 "이 연습에서 무엇을 알게 되었는지"를 물어본다. 만일 논의 도중에 하지 못했다면, 치료자는 "누군가가 당신이 어떻게 기억되기를 바라는지와 당신이 현재 어떤 인생을 살고 있는지 사이의 차이점을 알아차렸습니까?"라고 물어본다. 이 논의의 목적은 참가자들이 적은 것을 말하도록 부추기는 것이 아니라(비록 사람들이 때때로 자발적으로 이렇게 하기도 하지만) 오히려 사람들에게 그들의 가치와 현재 행동 간에 경험한 어떤 불일치에 초점을 두게 하는 것이다. 이러한 자세에 기인하여 사람들은 종종 자신이 지니고 있는 가치를 고려하고 이에 전념하는 동기를 갖게 된다.

참가자들이 이렇게 하도록 돕기 위해서 훈련자는 이어서 가치 명료화 연습을 수행하는데, 이것은 추도사와 마찬가지로 가치 있는 인생 방향을 확인하는 데 중요한 단계다. 훈련자는 가치 평가 평정 양식(Values Assessment Ratings Form)(〈표 11-2〉 참조)을 배포하고, 맨 위의 지시문을 읽는다. 제공된 가치의 정의를 명료화한 후에 훈련자는 참가자들에게 이 연습에 대해 질문이 있는지 물어본다. 참가자들에게는 이 양식을 완성할 시간으로 약 15분이 주어지며, 완성하지 못하면 다음날 혹은 이틀에 걸쳐 끝내도록 요청한다. 이것은 특정한 표적이 있는 간략한 중재이기 때문에 이 가치 평정 양식은 ACT 문헌(예: Hayes et al., 1999, pp. 222-229)에서 전형적으로 등장하는 몇 가지 종류로 인생 영역을 나누지 않았다. 그렇지만 개인 프로토콜에서는 보다 광범위한 탐구가 가능하고, 유용하기도 하다.

이 가치 평정 양식을 완성한 후, 치료자는 참가자들에게 다음 최종 모임까지 석 달이 걸릴 것임을 상기시킨다. 중재 시기에 참가자들에게는 매달 말에 그들이 목록으로 작성한 가치들 각각에 대해서 살아가면서 얼마나 성공적으로 잘 수행해 왔는지를 그들의 양식에 표시하라고 한다. 참가자들이 가치 있는 방향으로 나아가는 데 초점을 두는 것을 돕기 위해 매일 (종이에 써서 참가자에게 제공되는) 다음과 같은 진술을 고려해 보도록 한다.

"당신과 당신이 투쟁해 왔고 변화시키기 위해 시도했던 것들 간의 차이를 구별할 수 있다면, 당신은 그것들이 어떠하다고 말하는 대로가 아니라 존재하는 그대로를 기꺼이 경험하겠습니까? 그리고 주어진 상황에서 가치 있는 방향으로 당신을 이끄는 것은 무엇입니까?"

또한 참가자들에게 한 주 동안은 매일 깡통 괴물 연습을 하도록 하고, 그런 다음 그것을 다음 모임까지 일주일에 한 번 연습하라고 한다. 그것을 연습할 때 첫 회기에 적었던 스트레스 버튼들을 재료로 이용하라고 말한다. 이 과제를 돕기 위해 연습을 안내하는 오디오테이프나 CD를 제공한다. 다음 회기에 자신의 가치 평가 평정 양식을 가져오라고 한다.

표 11-2 가치 평가 평정 양식

가치란 당신이 어느 곳을 향해 나아가고 싶지만(예: 서쪽 방향) 결국에는 도달할 수 없는(즉, 당신은 항상 계속해서 서쪽으로 나아갈 수 있다.) 인생의 방향입니다. 반대로 목표는 당신의 가치 있는 방향에서 도달할 수 있는 목적지입니다(예: 미국에서 유럽에 가는 것). 따라서 사랑스러운 배우자 되기 혹은 도움을 주는 동료 되기는 모두 가치입니다. 왜냐하면 당신은 그와 같이 계속 살아야만 하거나 혹은 그런 사람이 되기를 그만둘 것이기 때문입니다. 가치를 향한 작업이 우리 삶의 의미와 만족을 가져오기 때문에 가치는 중요합니다.

다음은 사람들이 가치를 두는 두 가지 인생 영역입니다. 모두의 가치가 동일한 것은 아니며, 이 워크시트는 당신이 '옳은' 가치를 지니고 있는지 여부를 알아보는 검사가 아닙니다. 당신의 일과 개인적인(혹은 일이 아닌) 삶에서 당신이 지니고 있는 가장 중요한 가치들을 목록으로 작성하십시오. 당신의 가치를 선택하면서 당신이 정말로 작동하기를 바라는 것만 적으시기 바랍니다. 다시 말해서 적기 전에 "만일 아무도 내가 그것을 위해 일하는 것을 알아주지 않는다고 해도 나는 이 가치를 적을 것인가?"라고 스스로에게 물어보십시오. 만일 이 질문에 대한 대답이 '아니요.'라면 이것은 당신에게 진정한 가치가 아니므로 그것을 적으면 안 됩니다. 각각의 가치에 대하여 1(매우 중요함)부터 10(덜 중요함)까지의 척도에 그것이 얼마나 중요한지 평정하십시오. 지난 달 이 가치대로 얼마나 성공적으로 살았는지를 1(매우 성공적임)부터 10(전혀 성공적이지 않음)까지의 척도에 평정하십시오. 끝으로, 당신이 지금 당장 가치들을 작업하는 데 둔 중요성을 순서대로 가장 높은 순위는 1로, 가장 낮은 순위는 8로 가치의 순위를 매기십시오.

영역	가치 있는 방향	중요성	성공	순위
일				
1.				
2.				
3.				
4.				
개인				
1.				
2.				
3.				
4.				

3회기(3개월 후)

ACT 스트레스 프로토콜에서 세 번째 회기의 주요 목표는 가치에 기반을 둔 행동에 대한 장애물을 파헤치는 것이다. 이것은 원치 않는 심리적 사건을 기꺼이 경험하는 것 그 자체가 자신의 다른 가치를 인식하게 도와줄 수 있는 가치에 기반을 둔 행동임을 참가자들에게 보여 줌으로써 어느 정도는 달성된다. 회기의 시작은 관찰자 연습과 깡통 괴물 연습을 다시 해 보면서 기꺼이 경험하기와 견고한 자기감에 직접적으로 접촉해 보게 함으로써 이루어진다. 이것들이 참가자들 사이에서 수행되고 논의된 후에 우리는 선택된 가치에 기반을 둔 행동으로서의 기꺼이 경험하기 개념으로 주의를 돌린다. 우리가 사용하는 첫 번째 중재는 길 위의 비눗방울(Bubble in the Road) 은유(Hayes et al., 1999, p. 230)다.

훈련자는 참가자들이 이전 회기의 가치 평가 평정 양식에서 목록으로 작성한 가치 있는 방향에 대한 사람들의 장애물을 논의하기 위해 비눗방울 은유를 사용한다. 이 은유에 걸맞도록 논의는 다음과 같은 가치 있는 행동에 대한 장애물의 본질에 초점을 맞춘다. 어떤 장애물은 생각, 감정, 기억 및 기대와 같은 내적 사건이고, 다른 장애물은 원치 않는 사적 경험(예: 상사가 표현한 실망감의 결과에서 비롯된 죄의식, 수치심 및 불안, 당신의 배우자와 십대 자녀들과 함께 다른 지역으로 이사 가는 것을 포함할 수 있는 '환상적인' 승진을 당신이 받아들이지 않는 것에 대한 사람들의 불신)을 유발하는 외적 사건들이다.

또한 가치 있는 행동에 대한 하나의 장애물이 어떻게 또 다른 갈등하는 가치가 될 수 있는지가 논의된다. 예를 들어, 한 개인이 지속적으로 혁신적인 업무를 산출하면서 동시에 사랑스럽고 친밀하고 열중하는 관계를 유지하는 가치를 지니는 것은 불가능할 수도 있다. 가치 있는 행동에 대한 장애물이 어떤 형식을 취하는가와 상관없이 다음과 같은 의문이 여전히 남는다. 즉, 참가자들은 가치 있는 행동을 기꺼이 취하고 그리고 불가피하게 발생하는 원치 않는 내적 경험을 기꺼이 경험할 것인가? 이제 참가자들은 〈표 11-3〉에 제시된 목표, 행동 및 장애물 양식을 충분히 완성할 만큼 희망적으로 나아가고 있다. 이것은 그들의 가치 있는 인생 목표를 추구함에 있어서 그들의 장애물을 체계적으로 분류하게 해 줄 뿐만 아니라 장애물을 극복할 전략들을 확인시켜 준다.

표 11-3 목표, 행동, 장애물 양식

당신의 가치 평가 평정 양식에서 확인했던 각각의 가치 있는 방향을 위한 가치에 기반을 둔 행동에 대한 목표, 행동 및 장애물을 목록으로 작성하십시오.

가치란 당신이 어느 곳을 향해 나아가고 싶지만(예: 서쪽 방향) 결국에는 도달할 수 없는(즉, 당신은 항상 계속해서 서쪽으로 나아갈 수 있다.) 인생의 방향입니다. 반대로 **목표**는 당신의 가치 있는 방향에서 도달할 수 있는 목적지입니다(예: 미국에서 유럽에 가는 것). 따라서 사랑스러운 배우자 되기 혹은 도움을 주는 동료 되기는 모두 가치입니다. **행동**은 당신이 목표를 성취하기 위해 취할 수 있는 구체적인 단계를 말합니다(예: 런던에서 뉴욕에 가는 티켓 예매하기).

(가치 평가 평정 양식에서 비롯된) 가치 있는 방향	목표	행동	장애물
일			
1.			
2.			
3.			
4.			
개인			
1.			
2.			
3.			
4.			

가치에 기반을 둔 행동에 전념하겠다는 공적인 약속을 하는 것을 포함한 다음과 같은 연습을 하면서 집단이 종결된다.

"괜찮다면, 이 방 안을 돌아다니면서 서로에게 자신의 가치 있는 방향과 그것을 향해 나아갈 행동을 말해 보면 좋겠군요. 그때 이러한 가치를 향해 나아가는 데 방해가 되는 쓸모없는 투쟁과 변화 전략을 내려놓도록 서로가 공적으로 약속하기를 바랍니다. 만일 당신이 정말로 이러한 투쟁을 포기하기를 선택할 준비가 되었다면, 저는 오직 당신이 그러한 약속을 하기만을 바랄뿐입니다. 만일 당신이 이곳에서 진술할 준비가 되었다고 여기는 가치가 없다면, 그것도 괜찮습니다. 당신의 배우자나 친한 친구 혹은 가족에게 말하려고 해 보십시오. 당신이 기꺼이 그렇게 하고 싶지 않다면, 적어도 거울 속의 당신 자신에게라도 말해 보십시오. 여기에서의 목표는 당신이 자신의 가치 있는 방향으로 나아가는 길에서 일어나는 갈등을 내려놓을 수 있도록 공적인 약속을 하는 것입니다."

참가자들에게는 일주일에 적어도 세 번은 기꺼이 경험하기 연습을 공식적으로 실천하고, 가치 평가 평정 양식과 목표, 행동 및 장애물 양식을 계속해서 업데이트하도록 격려한다.

나는 이 장을 통해서 치료자들이 시간 제한적이건 아니면 비교적 제한이 없건 간에 일대일 형식으로 이 프로토콜을 적용할 수 있다는 것에 주목하였다. 어느 경우에서나 개인이 치료에 어떻게 반응하고 있는지에 대해 모니터링하는 데 더 많은 관심이 쏠릴 수 있다. 이러한 평가에 기반을 둔 치료자는 특별한 임상적 목표(예: 기꺼이 경험하기 증진시키기)를 성취하거나 상이한 중재 기법들의 상대적인 효과성을 검증하려고 시도하는 데 들인 시간의 양을 조절할 수 있다.

임상적 고려 사항

이 부문에서 나는 특히 조직에서 스트레스 관리 중재를 수행할 때 발생하는 임상적 쟁점을 논의해 보고 싶다. 스트레스를 줄이기 위해서 우리는 ① 스트레스원 그 자체 또는 자신의 웰빙에 대한 스트레스원의 영향과 스트레스원에 대처하는 능력에 대한 ② 사람들의 평가에 표적을 둘 수 있다. 이 장은 ACT가 어떻게 이 두 번째 표적을 다룰 수 있는지를 논의하였다. 그러나 스트레스원 그 자체는 무엇인가? 우리 프로그램에 참여하는 많은 참가자는 자신의 조직이 고용인에 '맞추려고' 시도해서는 안 되고 오히려(예: 직무 요구를 줄임으로써) 일하기에 덜 '유해한' 장소로 조직을 만드는 것에 초점을 두어야 한다고 재빨리 지적한다.

첫째, 특정 업무와 조직 특성 혹은 설계가 고용인의 신체 건강, 정신건강 및 수행에 해로운 영향을 미친다는 연구 결과는 충분하다. 이러한 결과를 고려할 때 고용인에게 이러한 스트레스원에 더 잘 대처하는 방법을 가르치는 것은 직장에서 석면이나 간접흡연에 더 잘 대처하는 방법을 지도하는 것(예: 호흡 마스크 사용하기, 건강 유지하기, 밖에서 휴식 취하기)과 같다. 높은 직무 요구와 낮은 직무 통제에 대한 유해한 신체 결과에 덧붙여 종단 연구는 이러한 업무 설계 특성이 정신건강, 수행 및 장기 결근의 수준 악화를 이끈다는 것을 보여 준다(예: Bond & Bunce, 2001; 2003; Terry & Jimmieson, 1999). 신체 건강과 정신건강, 생산성에 대한 업무 설계 특성의 이러한 직접적인 효과는 사람들이 일하는 방식에 대한 재설계의 중요성을 주장하는데, 이것은 전형적으로 조직 및 직업 건강 심리학자들이 초점을 두고 있는 것이다(Quick & Tetrick, 2002). 사람들이 일하는 방식을 재설계하는 것은 합리적인 그리고 비합리적인 업무와 생활 스트레스원 모두에 대처하는 능력 향상의 중요성을 감소시키지 않는다. 사실상 Bond와 Bunce(2003)는 정신건강과 직무 수행의 측면에서 높은 수준의 직무 통제의 종단적인 이점이 실제로는 사람들이 심리적 유연성을 더 많이 지니고 있을 때 증가됨을 보여 주었다. 따라서 업무 설계 특성은 물론 개인적인 특성(예: ACT를 통한 심리적 유연성)을 표적으로 삼는 것이 직장 스트레스에 대한 최상의 반응을 제공할 수도 있음을 시사하는 경험적인 증거가 존재한다.

순수하게 임상적인 견해로부터 우리는 만일 조직적으로 지향된(예: 업무 재설계) 중재가 스트레스 관리 중재와 함께 일어난다면, 참가자들이 스트레스 관리 중재에 덜 적대적이고 더 많은 반응을 보임을 발견하였다. 많은 치료자가 업무 재설계를 주도할 능력이 없지만, 이러한 경우에도 당신은 특정한 업무 스트레스원의 유해한 영향력을 인식하고 그것에 대한 근로자의 우려를 축소하지 않을 필요가 있다. 당신은 스트레스가 '모두 개인에게 있음'을 시사하는 어떠한 논평도 신중하게 피해야 한다. 이것은 많은 치료자들이 부정확하게 가정하는 의심스럽고 경험적으로 잘못된 자세다. 나는 직장 ACT 스트레스 중재를 시작할 때 이러한 우려를 직접적으로 다룰 필요가 있음을 발견하였고, 만일 내가 사람들이 ACT 회기에 계속해서 참석하게 하고 싶다면, 그러한 우려를 적극적으로 다루는 것을 개의치 않는다. 이러한 목적을 위해서 나는 Bond와 Hayes(2002)에서 비롯된 다음과 같은 이론적 근거를 사용한다.

참여하는 방식으로 나는 먼저 참가자들과 완전히 회피할 수 없는 일부 스트레스의 근원(예: 승진 대기 중, 고객 요구로 유발된 수요의 급상승)에 대하여 논의한다. 또한 빈약한 심리적 대처 전략(예: 회피 전략들의 사용)이 스트레스 상황에 대한 근로자들의 노력을 얼마나 억누를 수 있는지를 보여 주기 위해 〈표 11-1〉에서 목록화된 많은 창조적 무희망감을 사용한다.

마지막으로, 나는 업무 관련 스트레스가 진공 상태에서 발생하지 않으며, 가정 내에서 스트레스 반응을 증가시키는 대처 양식(예: 과도하게 통제하는 것) 또한 직장에서 스트레스를 느끼는 결과를 낳을 수도 있음을 지적한다. ACT 중재에 참여하는 주된 이유는 스트레스 발생지가 어디든 간에 스트레스에 더 잘 대처하는 방법을 배우는 것이다. 이 단순한 이론적 근거는 종종 심각한 정신질환 프로그램에 참여해야 할 정도로 장기간 영향을 미치며, 그것으로부터 커다란 이익을 가져온다. 실제로 우리는 ACT가 자연스럽게 그러한 환경 내 스트레스원을 통제하기 위해 더 많은 노력을 들인다는 점을 발견하였다(Bond & Bounce, 2000). 아마도 그것은 외현 행동에 대한 정서적 장애물과 인지적 장애물을 제거하는 것을 돕기 때문일 것이다.

내가 여기에서 논의할 마지막 임상적 고려 사항은 참가자들의 사생활과 존엄성을 존중할 임상 환경을 제공할 필요가 있다는 것이다. 직장이 아닌 곳에 기반을 둔 집단 중재에 참여한 사람들과는 달리 직장 집단 참가자들은 직접적으로는 모른다고 하더라도 집단 내 다른 사람들과 종종 밀접하게 연결되어 있다. 결국 사적인 노출을 한 사람들에 대해 어떤 위험성을 가져올 수도 있다. 예를 들어, 대처에 대한 동료 참가자들의 부정적인 평가는 아마도 그 사람의 승진 기회에 영향을 미칠 수도 있다. 이러한 이유로 우리는 여기서 기술한 ACT 프로토콜이 그들의 가치, 목표 및 행동에 대한 장애물에 관한 사적인 비밀을 지켜 주면서 동시에 도움이 되는 중재 기술을 사용한다.

결 론

ACT와 그것의 변화 과정을 검토한 경험적 연구의 수가 직장 및 스트레스 중재의 경우를 포함하여 날로 증가하고 있다. 지금까지 이러한 결과는 연구자들이 이 철학과 심리치료 체계를 연구하는 괄목할 만한 노력을 정당화해 주고 있는 것처럼 보인다. 기술된 프로토콜의 정교한 버전은 직장 스트레스를 감소시키는 것에 더하여 정신건강을 증진시키는 데 효과적인 것으로 증명되고 있다(Flaxman & Bond, in press). 우리는 업무 재설계 조치에서 ACT의 유용성을 연구하기 시작하였다. 이러 저러한 연구 활동을 하는 목적은 생산성과 업무 성취를 최대화하면서 조직과 고용인들의 신체적 및 정서적 건강을 성취하도록 돕기 위해 사용된 직장 중재를 최대한 경험적으로 검증하는 것이다.

제12장

의료 장면의 수용전념치료

Patricia Robinson, Jennifer Gregg, JoAnne Dahl, and
Tobias Lundgren

의료 및 행동 건강 제공자는 만성적인 건강 상태를 다스리거나 전반적인 건강 상태를 개선하기 위해 고군분투하고 있는 환자를 돕기 위해 ACT의 일관성 있는 중재를 사용할 수 있다. 수용과 전념-건강관리 모형(Acceptance and Commitment-Health Care Model: ACT-HC)(Robinson & Hayes, 1997)은 수용전념치료(Acceptance and Commitment Therapy: ACT)와 일치하는 틀 속에 의학적이고 심리적인 중재를 혼합한 접근법이다. ACT-HC 모형의 목표는 의료 환자들이 의학적 불편, 만성적인 의학적 상태 혹은 건강 위험의 증가에 의해 촉발된 힘든 개인적 경험을 할 때 그들의 가치와 일치하는 행동을 성공적으로 수행하도록 도와주는 것이다.

이 장의 목표는 개인적 수준과 실용적 수준 모두에서 ACT 중재를 개념화하기 위한 틀로서의 ACT-HC를 소개하는 것이다. 우리는 만성적인 고통을 발달시킬 위험이 있는 의학적 호소를 하는 환자들, 전통적인 치료에 전형적으로 반응하지 않는 환자들의 집단(예: 신체화 장애, 만성피로, ADHD 아동) 및 실질적이고 지속적인 건강 증진을 위한 희망 없이 여러 가지 건강 문제를 지닌 사람들에 대한 중재 전략을 기술할 것이다. 우리는 이 접근법에서 의료 및 행동 건강 제공자를 훈련시키는 방법에 대한 몇 가지 제언을 하면서 결론을 내릴 것이다.

병원 장면에서 ACT를 수행하는 것은 유용하다. 동시에 대중에게 영향을 미치는 가장 큰 기회는 1차 진료 장면에 있다. 왜냐하면 그곳은 지역사회 대부분의 구성원들이 사회적 · 심리적 · 의학적 쟁점을 들고 가장 먼저 방문하는 곳이기 때문이다. 1차 진료팀에는 보통 의사, 중간제공자[진료보조인력(PA), 간호사], 간호사 및 지원 인력이 포함된다. 자원을 구하기 어려운 곳에서는 한 명의 의료 제공자와 간호조무사로 '팀'을 꾸릴 수도 있다. 통합적 건강관리를 위해 가장 잘 발달된 성공적인 모형은 환자의 행동적 건강 욕구를 다루는 데 1차 진료 제공자들의 효과성을 증가시킬 목적으로 핵심 팀원으로 1차 관리팀에 행동 건강 제공자를 추가하는 것이다(Strosahl, 2001). 이러한 체계에서 환자는 행동 건강관리를 1차 진료의 일부로 간주하며, 이것

표 12-1 이상적 1차 진료 만남과 문제가 되는 1차 진료 만남에 대한 ACT-HC 기능 분석

만남의 요소	이상적 만남/통제 높음		문제가 되는 만남/통제 낮음	
	제공자	환자	제공자	환자
문제 정의	• 기질적 토대를 확인한다.	• 분명하게 기술한다.	• 다양한 검사를 처방한다. • 비기질적인 토대를 찾는다.	• 다양하고 애매한 호소를 한다. • 불편감에 대해 매우 불안해한다.
치료 계획 개발	• 특정 진단을 내린다. • 적당하고 효과적인 치료를 설명한다.	• 질문을 한다. • 계획을 이해한다. • 계획을 이행할 기술과 자원을 갖고 있다.	• 진단을 내리지 않는다. • 처방에 대한 일반적인 조언을 한다. • 해결되지 않은 불편감을 환자에게 설명해 주는 데 필요한 기술이 부족하다.	• 진단을 요구한다. • 조언을 이해하지 못하고 만족하지도 않는다. • 불편감과 지각된 통제 결여에 대처하는 데 필요한 기술이 부족하다.
치료 계획 준수	• 추적 조사를 계획한다. • 필요에 따라 계획을 수정하고, 예방 쟁점을 논의한다. • 추적 조사를 계획하고, 관리 삽화를 종결한다.	• 추적 조사에 참여한다. • 계획을 준수한다. • 결과에 만족한다.	• 추적 조사 계획이 없다. • 여러 명의 제공자 사이에서 관리를 조정하기 어렵다. • 계획을 조정하지 않은 채 관리 삽화를 지속한다. • 환자를 다루기 어려운 존재로 본다.	• 여러 명의 제공자와 여러 가지 약속을 한다. • 여러 제공자들 간의 불일치에 초점을 둔다. • 치료 계획을 잘 준수하지 않는다. • 1차 진료 제공자를 바꾼다.

은 종종 '정신건강' 서비스를 받는 것에 대한 환자의 우려를 경감시킨다. 역사적으로 전문 정신건강관리를 이용하는 것을 꺼리는 많은 사람(즉, 노인, 남성 성인, 인종적 · 문화적 소수자)은 통합적인 행동 건강 제공자의 진료를 더 쉽게 받아들인다. ACT는 1차 진료의 이러한 팀 접근법에서 아주 좋은 효과를 보이며(Robinson, 1996a, 1996b), 이 장에서는 이 점을 강조할 것이다.

수용과 전념–건강관리 모형

ACT 관점에서 보자면, 건강관리 행동을 이끄는 핵심 과정은 환자와 의료 제공자들 모두에게 있어서 사적인 내용과의 융합과 경험적 회피의 과도한 사용, 그 결과 일어나는 효과적인 행동의 결여다. 이러한 과정들이 환자의 건강관리 궤적에서 활성화되는 정도는 과도한 건강관리를 추구하는 것에서부터 질병에 대한 허술한 자기 관리까지 다양한 부정적인 건강 결과를 예언한다. 융합과 경험적 회피를 중단시키고 환자와 의료 제공자들 간에 가치 있는 행동을 할 수 있게 해 주는 ACT 중재는 우수한 건강관리 결과를 증진시키는 경향이 있다. 예를 들어, 신체화를 호소하는 어떤 환자는 질병, 무능력 및 죽음에 관한 침투적 사고를 통제하기 위해 다양한 절차를 지속적으로 요구한다. 의사는 추가 검사를 하도록 처방하여 이러한 경험적 회피에 가담할 수 있다. 왜냐하면 이는 오진이나 고통스러운 환자를 돕지 못할 것이라는 원치 않는 생각과 감정을 회피하게 해 줄 수도 있기 때문이다.

경험적 회피에 대해서 문화적으로 지지하는 경우가 상당히 많고, 이것은 건강관리 전달의 구조와 내용 모두에 차례로 영향을 미친다. 뉴스와 잡지 기사는 환자가 의료 제공자나 관리 체계를 신뢰하지 못하도록 가르치며, 그것은 대중 매체에게 더 많은 통제를 하게 만든다. TV 광고는 성인이 원치 않는 사건을 찾아내서 그것을 억제하거나 제거해 줄 약물을 제공할 의료 제공자를 찾아가도록 훈련시킨다. 다음 장에서도 기술하는 바와 같이 이것은 도움이 되지 않는 경우에도 사적 사건의 규제를 목표로 한 관리 체계를 이끌어 왔다.

환자와 건강관리 제공자들에게 모든 심리적 사건은 특수한 변인에 의해 영향을 받은 복잡한 맥락에서 발생한다. 어떤 맥락적인 변인과 최근의 심리적 사건은 개인적 내력과 환자와 제공자들의 최근 사적인 경험 혹은 거대한 보험 회사의 보상 지침과 같이 직접적으로 조작될 수 없다. 다른 것들은 의료 제공자의 처방 양상, 급성 및 만성 질병에 대한 자기 관리 행동 혹은 건강 위험에 대한 지식의 증가와 같이 직접적으로 조작될 수 있다. ACT 접근법의 가치는 바로 변화가 쉬운 그러한 사건들에 대한 작업에만 초점을 두는 경향이 있다는 점이다.

ACT 관점에서 보자면, 1차 진료와 행동 건강 제공자들이 초점을 둘 곳은 바로 다음과 같은 내용이다. 첫째, 환자들과의 상호작용, 특히 환자의 행동이 제공자에게 융합이나 경험적 회피를 유발할 때 그리고 둘째, 환자의 융합이나 정서적 회피와의 투쟁에 의해 유발된 특정한 상태나 지각된 건강 위험과 관련하여 건강관리를 이용하는 패턴이다. 관리를 과도하게 이용하거나 과소 이용하는 환자가 핵심 표적인데, 왜냐하면 이 두 집단에게서 결과가 가장 문제가 많기 때문이다. 제공자는 적절한 관리를 추구하지 못하게 하는 경험적인 회피 전략을 사용하는 환자들을 보유하고, 환자의 성, 동기화 수준 및 문화적 맥락에 적절한 가치에 기반한 중재를 고안하는 것을 배움으로써 건강관리 서비스를 잘 이용하지 않는 환자에게 적절한 건강관리를 추구하도록 자극할 수 있다. 반대로 의료 서비스를 과도하게 사용하는 환자들에 대해서는 제공자가 인지적 융합과 경험적 회피로 환자의 쟁점을 다루고 가치 있는 결과에 초점을 두며, 자기 자신의 융합과 정서적 회피의 근원을 확인하고 다루도록 의료 제공자에게 가르칠 필요가 있다.

일반 의료 환자 치료하기

〈표 12-1〉은 건강관리 삽화로 이상적인 사건과 문제가 되는 사건에 대한 공식화를 제시한다. 관리 삽화는 환자가 특정 건강 호소에 관한 진료를 받는 것으로 시작하며, 제공자와 환자 모두 문제를 적절하게 다루었다고 동의하면서 끝난다. 모든 만남(encounter)은 제공자와 환자를 포함하며, 문제 정의, 치료 계획 개발 및 치료 계획 준수라는 세 가지 구성 요소를 다룬다. 이러한 영역 중 어디에서나 과정은 높은 수준의 통제 혹은 낮은 수준의 행동 규제로 결론을 맺는다. 낮은 수준은 일반적으로 환자와 제공자가 부정적인 정서적 각성, 부정적인 자기 평가, 비효과적으로 다루어진 신체 불편감 등의 영향을 받기 쉽게 하는 애매하고 부족하고 포괄적인 정보에서 기인한다. 더 높은 영향은 진단과 치료에 대한 명확하고 애매하지 않은 정보에서 나온다.

관리의 이상적 삽화에서 환자는 문제를 명확하게 표현하고, 제공자가 대답할 수 있는 질문을 하고, 치료를 계획하는 데 적극적으로 참여하고, 치료 계획을 이해하고, 그리고 치료를 성공적으로 수행하기 위한 기술과 자원을 지니고 있다. 추적 조사 방문 시 이상적인 환자는 약속을 지키고, 의학적 치료 계획에 대한 준수를 보고하고, 그리고 치료 결과에 만족한다. 제공자는 이러한 이상적인 관리 삽화에 참여하는 것을 즐거워한다. 이러한 환경에서 제공자는 환자가 받아들일 수 있는 문제가 기질적인지 아니면 기질적인 문제가 아닌지 진단한다. 권장된 치료는 접근 가능하고 감당할 수 있고 효과적이다. 제공자는 추적 조사 방문을 위한 계획을 세우고, 환자가 계획을 준수하도록 강화하고, 필요 시 계획을 수정하고, 예방 및 건강 유지 쟁점을 다루고 그리고 관리 삽화를 종결한다.

문제가 있는 관리 삽화에서 환자는 의학적으로 이해하기 어려운 모호하거나 다양한 호소를 한다. 환자는 자신의 증상에 대해 불안해하면서 특정 진단을 요구하지만, 제공자는 진단을 내릴 수 없다. 만일 환자가 제공자의 조언을 이해하지 못하거나 만족스러워하지 않는다면 과정은 더욱 악화된다. 환자가 신체적 혹은 정서적 불편감에 대처하는 기술이 부족할 수도 있고, 불편한 신체적 혹은 정신적 사건으로부터 탈융합하거나 그것을 받아들이지 못해서 다양한 형태의 경험적 회피에 의존할 수도 있다. 여러 명의 제공자와 여러 약속을 하기도 한다. 환자는 제공자 간 의견의 불일치에 초점을 맞추고, 의학적 치료 계획을 준수하지 않으며, 다른 의사들과 서비스들을 계속해서 쇼핑한다.

수용과 전념-건강관리 모형의 원리

여러 원리가 건강관리에서 ACT의 사용을 안내할 수 있다. 우리는 이 원리를 예시하기 위해 다양한 환자 집단을 사용하고자 하는데, 거기에는 가용한 치료에 최소한으로 반응하는 환자(예: 신체화 장애, 만성피로증후군), 만성적인 고통으로 발전할 위험에 처한 환자(예: 최근에 부상당한 근로자, 노인), 근본적으로 건강이 좋아질 희망이 거의 없는 다양한 건강 문제를 지닌 환자(예: 허약한 노인), 만성질환을 지닌 환자(예: 당뇨병 환자) 및 필요한 치료에 대한 많은 장애물에 직면하고 있는 병든 시민(예: 간질에 걸린 남아프리카 시민)이 포함된다.

건강관리 추구는 신체적 불편, 정서적 고통, 건강관리 자원에서 정서적 통제와 확신에 대한 요구에서 비롯된다. 건강관리 추구에서 불편은 항상 한 역할을 담당한다. 환자의 불편은 예기된 부정적 결과(예: "만일 독감 예방 주사를 맞지 않으면 독감에 걸릴 거예요.") 혹은 최근의 불편(예: "머리를 다쳤어요.")에서 발생할 수도 있다. 환자들은 예기 불안과 신체적 · 정신적 불편에 대한 인내심 수준이 매우 다양하다. 환자들은 그들의 불편감에 대처하는 자원도 다양하다. 자원에는 건강 상태에 대한 지식, 자기관리 능력, 지지의 가용성 혹은 융합을 경험하고 경험적 회피에 몰두하는 경향이 포함된다.

환자는 불편을 경험할 때 대체 요법 사용하기, 침대에 누워 휴식하기 혹은 고통스러운 개인적인 문제를 친구와 이야기하기와 같이 문제를 다루기 위해 자기 관리 전략을 사용한다. 이러한 전략들이 안정을 제공해 주지 못할 때 환자의 불편감 수준이 증가한다. 자신의 증상에 대한 평가와의 융합이 증가하고 혹은 심리적 고통으로 인한 새로운 증상이 나타날 수도 있다. 환자들은 고통의 특정한 생리학적 요소에 대한 민감성을 다양하게 드러내고(예: 심장 박동률의 증가, 위장 장애, 근육 긴장), 건강관리 서비스에 대한 믿음을 다양하게 나타낸다(예: "의사가 가장 잘 안다." "의사는 돌팔이야"). 사람들이 과도한 원치 않는 사적 경험을 겪고(예: 신체 증상) 건강관리 서비스를 자원으로 보지 않을 때, 그들의 자기 관리 전략은 물질 남용, 잘못된 섭식 및 과도한 업무 등을 통해서 문제를 악화시킨다. 이차적 문제들이 종종 발생한다. 예를 들어, 어떤 우울하고 과체중인 사람이 과식에 대해 기꺼이 직면하지 못하기 때문에 고열과 고통스러운 기침의 치료를 회피할 수도 있다. 또 다른 사람은 사회공포증으로 고통받고 있으며, 사회적 상호작용이 요구될 때면 각성을 감소시키기 위해 흡연을 할 수도 있다. 이러한 상황은 환자를 더욱더 병이 침입하는 데 취약하게 만들어 건강이 더욱 악화될 수도 있고, 미래에는 건강관리 치료에 더 많은 돈이 들 수도 있다.

경험적 회피는 1차 의학적 평가에서 증가하고, 중재는 정서적 · 신체적 고통을 통제하거나 제거하지 못한다. 의학적 서비스가 환자 기대에 부합되지 못하는 경우 환자는 통제력을 얻으려는 쓸모없는 노력으로 더 많은 경험적 회피 전략을 사용할 수도 있다. 예를 들어, 공황 발작을 경험하고 부정적 결과를 낳은 정밀한 의학적 평가를 받은 환자는 훨씬 더 많은 경험적 회피를 이끄는 부정적인 생각과 융합할 수도 있다("그들은 할 수 있는 최고의 검사를 했음에도 나에게 뭐가 문제인지 발견할 수 없어. 내 상태는 희귀하고 끔찍함에 틀림없어. 아니면 의사가 잘 모르고 있어. 나는 전보다 더 신중해져야만 하고, 아마도 더 나은 의사를 찾을 수 있을 거야, 전문가 말이야!"). 환자는 제대로 잠을 자지 못하고 피로를 경험하고 직장에서 병가를 내고 운동, 친구, 집을 떠나기 및 집에 혼자 있기를 회피할 수도 있고, 여전히 빠른 심장 박동, 떨림, 가슴 통증, 땀 흘리기 등의 원치 않는 사적 감각을 경험할 수도 있다.

경험적 회피 전략의 사용은 의료 환자를 불안과 우울에 더 취약하게 만드는 것으로 보인다. 신체 감각에 주의를 기울이고 건강에 대해 걱정하는 경향이 있는 환자는 자신의 회피 전략이 실패할 때 불안 수준이 증가하는 것을 경험한다. 시간이 지남에 따라 이러한 유형의 환자는 기진맥진해지고, 걱정 행동이 자동적으로 일어나 주의 과정이 손상된다. 그러한 많은 환자가 우울해져서 두려움과 실패에 압도당하는 느낌을 통제하거나 제거하려고 항우울제를 복용한다. 건강관리 추구는 정서적 통제 서비스가 실행되는 것이며, 그들은 환자와 제공자 모두에 대한 융합과 경험적 회피의 순환을 이끄는 빈약한 결과에 대해 제공자들을 비난한다.

이러한 단계적으로 증가하는 경험적 회피 패턴은 당신이 1차 진료 장면에서 만나는 많은 만성 장애 환자들에게서 분명히 드러난다. 1차 진료 환자들의 14%에 달하는 신체화 장애는 신체 감각, 정서 및 생각의 통제에 많은 관심을 보인다. 건강염려증 환자는 자신이 비교적 질병 증상이 없는 상태를 좋은 건강이라고 믿고, 흔한 양성 신체 증상조차도 빈약한 건강의 지표로 간주하는 경향이 있다(Barsky, Coeytaux, Sarnie, & Cleary, 1993). 건강관리를 너무 많이 사용하는 사람들은 인지적 융합 문제에 더 많은 영향을 받으며, 보통의 신체 감각에 대한 병리적 설명이 사실이 아닐 수도 있다는 이유를 더 적게 만들어 낼 수 있다(Sensky, MacLeod, & Rigby, 1996).

정서적 회피는 자기 과장적이고 부정적인 건강 결과를 양산한다. 시간이 지남에 따라 지속된 경험적 회피는 기분 상태, 자기 효능감, 지각된 건강 상태 및 객관적인 건강 결과에 부정적이고 자기 과장적인 효과를 양산한다. 또한 환자들은 건강관리 서비스를 더 많이 이용하고, 가족 문제를 더 많이 지니는 경향이 있으며, 직장에서 덜 효과적으로 수행한다. 정서적 통제 · 억제는 신체적 반응성과 스트레스를 증가시키고(예: Thompson, Gil, Abrams, & Phillips, 1992), 위장 장애 등과 같은 신체 증상을 증가시키며, 의료 체계 준수를 감소시킨다(Amir, Kaplan, Efroni, Levine, Benjamin, & Kotler, 1997). 따라서 회피에 기반을 둔 대처 양식이 만성질환을 지닌 환자들 사이에서 보다 더 빈약한 건강 결과와 연합된다는 것은 놀랄 일이 아니다(Greer, 1991).

이 과정들은 자기 과장적인 경향이 있다. 예를 들어, 주요 우울증이나 불안장애(두 문제 모두 회피의 영향을 많이 받음, 제4장과 제5장 참조)를 지닌 사람이 중대한 의학 문제를 경험하는 경우 그는 급성 의학 문제를 단지 만성적인 건강염려증적 걱정으로 내버려 두는 것으로 해결할 수도 있다(Kirmayer & Robbins, 1996). 좋은 의도를 가진 제공자가 안심을 시키고자 할 때, 걱정에 빠진 환자는 순환을 더욱 악화시킬 수도 있는데도 이것을 정서적 억제 전략의 일환으로 사용할 수도 있다.

수용과 탈융합은 경험적 회피로 생성된 자기 과장적인 부정적 결과를 감소시키는 효과적인 방법을 제공한다. 수용, 융합 및 기꺼이 경험하기는 경험적 회피, 융합 및 정서적 통제의 대안이다. 건강관리 장면에서 ACT를 사용하는 일차적인 목표는 환자가 신체 증상 및 그에 동반되는 생각, 감정 및 기억의 존재를 수용하고, 긍정적인 건강 행동으로 환자의 주의를 돌리도록 도와주는 것이다.

수용에 기반한 대처는 암 환자들(Greer, 1991; Paez, Luciano, Gutiérrez, Montesinos, & Gómez, 2003)과 당뇨병 같은 만성 상태에 있는 환자들(Richardson, Adner, & Nordstrom, 2001)의 고통 감소 및 결과 향상과 연관된다. 수용에 초점을 두거나 더 많은 접근 지향적인 중재는 만성적으로 고통을 겪는 환자들의 건강 결과를 향상시킨다(개관하려면 deRidder & Schreurs, 2001 참조). 좋은 예는 과거 고통에 대해 일기를 쓰는 것으로써 이것은 건강 결과를 향상시키는 중재(예: Smyth, Stone, Hurewitz, & Kaell, 1999)이며, 면역 기능과 같이 기저하는 신체 과정을 긍정적으로 변화시킨다(예: Pennebaker, Kiecolt-Glaser, & Glaser, 1988).

건강관리 장면에서 ACT를 사용할 때 제공자와 환자 모두에게 수용을 촉진시킬 필요가 있다. 의료 제공자는, 예를 들어 환자가 '치료될' 수 없을 때 나타나는 자기 평가를 수용할 필요가 있다. 환자는 신체 및 정서 증상이 투쟁과 과장 없이 있는 그대로 경험될 수 있음을 수용할 필요가 있다. 때때로 통제할 수 없는 신체 및 정신적 경험이 존재할 때 가치 있는 방식으로 살아가는 것을 배우는 것이 목표다.

건강 행동에서 변화를 촉진하기 위해 수용, 탈융합 및 가치를 사용하라. 당신은 원치 않는 생각, 감정 및 감각을 환자가 수용하고 그것들로부터 탈융합하도록 고양시킴으로써, 그리고 대신에 가치 명료화 연습에 의해 생성된 행동적인 목표 설정에 초점을 두게 함으로써 긍정적인 건강 결과를 촉진시킬 수 있다. 대부분의 환자는 사랑하는 사람과 좋은 관계 형성하기, 근로자로서 기여하기, 독립적으로 선택하기, 개인적 목표 성취하기 등을 원한다. 환자와 제공자가 건강 상태의 현실을 받아들일 때, 그들은 환자를 이러한 행동 목표에 한 단계씩 좀 더 가깝게 다가가게 해 주는 가치에 기반을 둔 행동 계획을 더 잘 개발할 수 있다.

ACT에서 이러한 요인들의 조합은 강력하다. 제공자는 종종 행동에 전적으로 그러나 어떤 환자에게는 효과적인 행동 규제를 파헤치는 방식으로 행동에 초점을 둔다. 가령, 제공자는 준수하지 않는 환자들에게 행동을 변화시키지 않으면 죽을 것이라고 말할 수도 있다. 일부 환자는 즉시 자신의 행동을 바꾸지만(이것은 이러한 제공자 행동을 유지시킬 수도 있다.), 다수가 변변치 않은 건강, 무능력 및 죽음에 대한 원치 않는 심상과 생각을 통제하려는 노력으로 제공자, 도구 혹은 의술과의 접촉을 회피하는 것으로 반응한다. 제공자가 직접적으로 긍정적인 건강 행동을 위해 할 일을 부여하는 경우 치료에 머무르는 사람에게서 더 나은 결과와 더 높은 탈락률의 조합이라는 결과가 나타난다(예: Wearden, Morriss, Mullis, Strickland, Pearson, et al., 1998). 수용, 탈융합 및 가치 작업을 어려운 행동과 결합시킬 때 더 많은 환자가 치료를 지속하기도 한다. 지금까지 만성질환을 대상으로 검증된 모든 ACT 프로토콜은 특정 문제에 적합한 전통적인 행동 과제를 수용, 탈융합 및 가치 작업과 결합시켜 왔다.

의학적 문제와 ACT의 영향을 평가하는 연구는 이제 막 시작되었지만, 지금까지의 자료는 이러한 결합을 지지하는 것으로 보인다. 예를 들어, 당뇨병 환자들에게 적용한 ACT는 교육만 받은 환자들보다 자기 관리 행동과 혈중 글루코스 통제를 더 많이 향상시키는 것으로 나타났고, 이는 당뇨병에서 특징적으로 나타나는 고통스러운 생각과 감정을 더 잘 수용함으로써 그렇게 하는 것으로 보인다(Gregg, 2004). 동일한 양상이 흡연에서도 수용과 탈융합을 통한 더 높은 응종으로 나타났다(Gifford, Kohlenberg, Hayes, Antonuccio, Piasecki, Rasmussen-Hall, & Palm, in press). 비슷한 결과가 다른 조건에서도 발견되고 있다(예: Montesinos, Hernández, & Luciano, 2001). 만성 통증은 다음 장에서 다룰 것이다.

수용전념치료 중재

여기에서 우리는 더 복잡한 문제를 지닌 채 위험에 처한 사람들, 위험에 처한 아동, 건강관리를 많이 이용하는 사람들 및 만성질환을 겪는 사람들을 포함하여 일반적인 의료 환자들에 대한 ACT 중재를 기술하고자 한다. 〈표 12-2〉는 의료 환자들이 보여 주는 임상 쟁점의 목록과 이와 연합된 ACT 중재 권고를 제시하고 있다.

표 12-2 의료 환자를 위한 임상적 중재 및 치료적 함의

임상적 중재	치료적 함의
1. 건강관리에 대한 환자의 믿음은 건강관리 이용에 대한 부정적 혹은 긍정적인 영향을 미친다.	• 건강관리 제공자와 과정에 대한 솔직한 정보를 제공하라. 환자가 '진실'로 평가로부터 탈융합하도록 작업하라.
2. 환자는 제공자가 고통을 없애 줄 마법의 탄환을 갖고 있다고 믿는다.	• 과거 '마법의 탄환' 해결책의 실효성에 초점을 맞춰라. • 만일 마법의 해결책이 효과가 있다면 환자의 인생이 어떻게 될 것인지 탐구하라.
3. 환자는 항상 자신의 의료적 문제에 대한 새로운 치료를 구한다.	• 이것을 회피의 형태로 간주하라. 문제를 제거하려는 환자의 욕구를 수용하고, 자신의 마음보다 경험에 초점을 두라고 격려하라.
4. 환자는 현재에 접촉하지 않고 제공자에게 큰 영향을 미치면서 자신의 고통 이야기와 융합하고 고통을 표시한다.	• 다양한 탈융합과 현재 순간 전략을 선보여라. • 원하는 감각의 창출을 촉진시키는 기술을 환자에게 가르친 다음 더 큰 인내심으로 원치 않는 감각을 관찰하도록 가르쳐라.
5. 환자는 통증, 피로, 공정함 및 실패에 대한 언어와 융합되어 있다.	• 탈융합을 촉진하는 ACT 전략을 사용하고, 맥락으로서의 자기를 발달시켜라(선반 위의 통증, 피곤해/피곤해/피곤해, 맥락으로서의 자기). • 용서 개념을 사용하라.
6. 환자는 다양한 접근 장애물을 경험하며 다양한 제공자들로부터 진료를 구한다.	• 건강관리 접근을 개선하고 1차 진료 장면에서 관리에 집중하라.
7. 환자는 자신의 가치와 제한된 접촉을 하며 변화에 대한 동기가 결여되어 있다.	• 가치 명료화 연습을 수행하라. 환자가 가치 있는 목표를 한두 개 확인하도록 도와라. 소규모 행동 패턴으로 시작하라.
8. 환자는 전형적으로 고립되어 있고, 사회적 지원이 제한되어 있기 때문에 외롭다.	• 또래 집단 창출을 돕도록 가능하면 집단으로 서비스를 제공하라.
9. 건강관리 자원은 제한되어 있고, 환자는 가용한 것보다 더 집중적인 서비스를 필요로 한다.	• 치료 영향을 확대하기 위해 1차 진료팀을 활용하라.
10. 환자는 기술 결함을 지니고 있고 지속적인 주목을 받을 필요가 있다.	• 쉽게 접근할 수 있고 건강관리 체계가 참여에 대한 인센티브를 제공하는 지속적인 1, 2차 예방 및 교육 프로그램을 제공하라.

위험에 처한 성인에 대한 중재

전집에 기반을 둔 관리 관점에서 보면, 1차 예방은 긍정적인 건강 결과에 결정적이다. ACT는 명백히 예방과 관련되는 것으로 여겨지는 변인들을 표적으로 삼는다. 예를 들어, 새롭고 복잡한 선별 절차를 받게 될 환자들은 절차 혹은 절차를 통해 알게 된 결과를 두려워하기 때문에 이 선별 절차에 참여하지 않을 수도 있다. S자 결장경 선별이 한 예다. 즉, 직장암의 초기 징후를 탐지하기 위해 선별에 의뢰된 환자들이 부분적으로는 그 절차에 대한 두려움으로 인해 절반 이하만 그 절차를 받는다(Cockburn, Thomas, McLaughlin, & Reading, 1995). 마찬가지로 수용과 가치에 기반한 대처를 장려하는 초기 단계의 중재는 환자들이 새로운 질병의 진단에 적응하는 것을 도와줄 수 있다. 예를 들어, ACT는 환자에게 전반적인 삶의 질을 향상시키도록 힘을 실어 주면서 암으로 인한 심리적 고통을 감소시켜 주는 것으로 밝혀졌다(Branstetter, Wilson, & Mutch, 2003).

그러한 환자들을 대상으로 중재를 시작하는 경우 환자의 건강과 관련된 삶의 질을 평가하는 것으로 시작하라. Duke 건강 프로파일(Duke Health Profile)(Parkerson, 1996) 같은 도구를 사용할 수 있다. 환자와 결과를 공유할 때 당신은 환자에게 스트레스가 삶의 질에 미치는 영향뿐만 아니라 그들의 의도와 가치를 살펴보게 할 수 있다. 비효과적인 변화 의제에 고착되어 있는 환자는 종종 가치 있는 방향을 지지하는 선택을 한다는 생각에 매우 잘 동조한다. 이것은 행동 변화를 위한 동기를 높일 수 있다.

보고된 증상(예: 불면증, 과민성, 과도한 걱정, 사회적 철수)을 간단하게 탐색한 후 당신은 촉진 요인들을 탐색하고 1차 진료 환자 가치 계획[Primary Care Patient(PCP) Value Plan]을 소개한다([그림 12-1]). PCP 가치 계획은 스트레스 환자들에게 종종 단일 문제에 대해 매우 폭 좁은 초점을 두는 것부터 가치 있는 방향의 인지를 포함한 폭 넓은 인생관까지 살펴보게 하는 도구다. PCP 가치 계획을 소개할 때 독수리와 매의 차이를 기술하는 이야기가 도움이 된다. 오나이다 족 Paula Underwood Spencer는 다음과 같은 방식으로 그 차이를 설명한다.

> "사냥을 할 때 매가 쥐를 발견합니다. 그리고 쥐를 향해 직접 낙하하죠. 사냥을 할 때 독수리는 전체 패턴을 살핍니다. …… 전반적인 패턴으로 움직임을 보죠. ……

	의도	장애물	계획
1. 가족 및 친구 			
2. 파트너 			
3. 일 			
4. 여가 활동 			
5. 영성 			
6. 신체 			

환자 표시　　　환자와 함께 계획을 세운 제공자　　　날짜

그림 12-1 1차 진료 환자 가치 계획 발달 시트

그리고 움직임을 향해 낙하해요. 나중에야 그것이 쥐라는 것을 압니다."(Garret & Garrett, 1996, p. 211)

당신은 독수리와 매의 차이가 전문성과 전체성의 차이를 가르쳐 준다고 설명할 수 있다. 전체성은 우리에게 특정한 문제를 보는 커다란 맥락을 보여 주는 반면 전문성은 우리에게 전체를 보는 참조 관점을 제공한다. 원래 은유를 말로 하면 환자는 자신의 전반적인 가치를 향한 독수리의 관점을 더 많이 지니면 지닐수록 가치와 일치하는 방식으로 특정 문제를 해결하기 위해 매와 같은 초점을 갖고 작업을 할 수 있다. 둘 다 환자가 원하는 것과 원하지 않는 것을 포함하는 관점을 발달시키는 데 중요하며, 이것들의 관계는 가치 있는 방향을 원한다.

더 잘 기능하는 환자들은 방문 동안 혹은 심지어 숙제 활동으로 PCP 가치 계획을 완성할 수도 있다. [그림 12-2]는 환자가 인생 방향과 장애물을 평가하는 데 사용할 수 있는 유사한 가치 평가 도구를 제시한다. 다른 선별(triage)과 치료 환자들은 지속적인 대처 조력을 필요로 하는데, 왜냐하면 때때로 가치 쟁점을 검토하는 것 그 자체가 도전적이기 때문이다. 이러한 환자들을 위해 우리는 PCP 가치 계획을 소개하기에 앞서 매와 독수리 은유를 연결하면서 하나 이상의 간단한 이완 기술(예: 복식 호흡)을 가르칠 것을 권한다.

모든 PCP 가치 계획의 영역을 환자들이 완성할 필요는 없다. 때로 당신은 최근 생활환경에 의해 가장 많은 영향을 받는 한두 개 영역에 초점을 두어도 된다. 우리 중 한 명은 심각한 불안과 우울증을 동반한 상태로 당뇨병 진단에 반응하였던 이십대 여성과 작업하였다. 그녀는 즉시 계획된 결혼 날짜를 취소하였고, 많은 일상적인 사회 활동을 철회하였으며, 종일제 일을 계속할 수 있을지 의심하기 시작하였다. 그녀의 PCP 가치 계획 초점은 가족과 친구, 파트너, 직업 및 신체였다. 관점의 전환과 독수리 관점을 지지하는 몇 가지 기술 훈련을 받으며 이 환자는 집중적인 당뇨병 교육 프로그램에 참여하기를 선택하였다. 그녀, 약혼자 및 친구들은 새로운 축하 선물 증정과 결혼 날짜를 정하기로 하였다. 그녀가 다이어트 및 운동에 관한 다른 행동 변화를 시작하였을 때, 그녀의 1차 진료 제공자들은 그녀의 작업을 지지하면서 그녀를 따랐다.

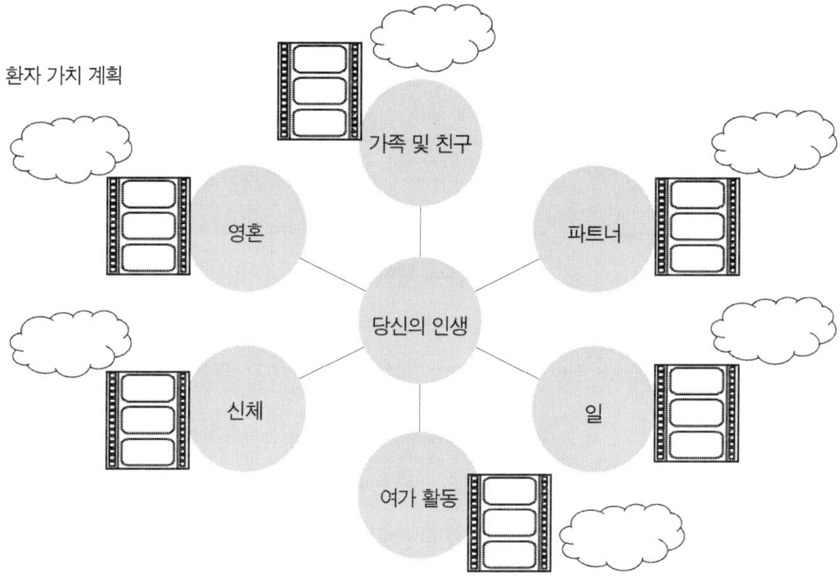

그림 12-2 환자 가치 계획 검사실 도표

부상당한 근로자는 일시적인 고통과 무능력에 대처하려고 투쟁하기 때문에 종종 가치 있는 방향을 느슨하게 잡는다. 전통적인 관리에서는 환자가 통증에 초점을 두고, 부상에 대처하느라 자기 효능감을 증진시키지 못하는 치료를 받게 한다. 이 환자들이 자신의 가치와 일치하지 않은 방식으로 생계를 위한 경제적 혜택(즉, 유급 휴가)을 제공받을 때 자신의 길을 잃기 특히 쉽다. 그들은 언어 공동체에 의해 흔히 지지되는 해로운 '생각-축제'—즉, 그들은 희생자이고 그들은 잘못되었고 빈약한 기능만이 이것이 어느 정도인지를 보여 준다—에 쉽게 빠질 수 있다. 그러한 이유 대기는 그들의 기능을 더욱 손상시킬 수 있다. 이러한 환자들을 확인하고 무능력을 예방하기 위해 중재할 1차 진료 제공자들을 전략적으로 배치한다. 우리는 제공자가 만일 의학적으로 필요하지 않다면 환자에게 일을 쉬는 것을 피하게 하고, 병가에 대한 대안으로 환자의 업무를 종일제 대신 반일제로 하는 것을 고려해 보도록 권한다. 그때 환자는 집이 아니라 직장에서 가용한 강화물—사회적, 경제적 및 직업적—을 계속 받을 수 있다. 또한 우리는 제공자가 부상당한 환자들에게 자신의 직업을 좋아하는지, 그들이 부상당했을 때 고용주가 치료 방식을 가지고 그들에게 다가 왔는지를 물어봄으로써 그들을 선별하도록 권한다. 자신의 직업을 좋아하지 않고 고용주에 의해 지원받지 못한다고 느끼는 환자는 근무 중 부상을 입은 후 무능력에 빠질 위험이 높다. 그러한 환자에 대한 ACT 중재는 거의 변함없이 가치 평가 중재를 포함하고 부상으로 입은 신체 통증이나 제한을 수용하는 작업을 할 것이다.

또한 건강관리에 대한 예방 지향적인 ACT 중재는 쉽게 교실 형식에 적용할 수 있고, 1차 진료팀원에 의해 다양한 예방 경로에 적용할 수 있다. 노인에 대한 건강 증진 프로젝트(Health Improvement Project: HIP)의 한 예는 1차 진료 클리닉에서 우리 중 한 명인 Patricia Robinson이 시작하였다(Robinson, Del Vento, & Wischman, 1998). 잘 늙어가기 위해서 노인들은 고통 감내 기술과 보편적인 노화의 도전에 대한 자기 관리 전략—통증, 친구의 상실, 기능 상실 등—을 배울 필요가 있다. HIP는 건강관리 서비스를 일정 기간 동안 많이 사용한 노인 환자들을 표적으로 1차 진료 간호사와 행동 건강 제공자로 구성된 팀이 제공하는 전집에 기반한 프로그램이다.

HIP 프로그램에서 의료 간호사는 기본 서비스를 제공하는 반면 행동 건강 제공자는 자문을 후원하고 건강한 노인 교실을 개설한다. 프로그램은 4개월에 걸쳐 환자들에게 일련의 일곱 번의 간단한 전화 통화와 문제가 되는 건강관리 과정을 알리기 위해 환자의 1차 진료팀과 협력하여 글로 작성한 두 개의 HIP 계획을 포함한다. 〈표 12-3〉은 간호사 전화 통화의 내용을 개관하고 있다. 처음 네 번의 전화 통화는 매주 시행되며 특정한 행동 기술을 알려 준다. 간호사는 각각의 전화 통화 후에 환자에게 1페이지의 대화식 브로셔를 우편으로 발송한다. 브로셔는 전화 통화에서 논의한 기술과 환자와 함께 계획한 기술 발달 연습을 요약하고 있다. 글로 작성된 행동 계획은 1차 진료팀과 공유되고 환자의 진료 카드에 기록된다. 간호사는 4주간의 행동 건강 평가와 변화 계획 전화 통화를 더욱 집중적으로 시작한 직후 이어지는 지속 단계 동안 세 번의 월별 추적 조사 전화 통화를 시작한다.

HIP 심리학자는 그 주의 간호 중재의 내용 영역을 확장하도록 고안된 주당 한 시간의 신체 · 마음 수업을 제공한다. 참석은 선택이지만, 첫 번째 전화 통화에서 모든 환자에게 참여하라고 부탁한다. 전형적으로 약 절반의 환자들이 한두 번 그 수업에 참여한다. 약 1/3은 세 번 이상 집단에 참여한다. 수업의 첫 20분은 환자들이 자신의 일상적인 삶의 질을 아름답게 꾸미는 데 사용하는 지역사회 자원들을 논의하는 동안 차를 제공한다. 수업의 나머지 동안에는 행동 건강 제공자가 경험적 수용을 발달시키고, 현재에 존재하는 것에 대한 감각을 고양시키거나 건강한 노년기를 추구하는 데 있어 가치 있는 삶의 방향을 확인하고 추구하는 것과 같은 건강과 웰리스 주제에

표 12-3 노인에 대한 예방적 전집에 기반한 관리에서 ACT: 간호사 전화 통화와 심리학자 마음/신체 팀 프로그램

중재 시기	임상적 목표	중재
1주	마음과 신체에 대한 알아차림 향상시키기	• 복식 호흡과 마음 바라보기
2주	규칙적인 신체 운동 장려하기	• 자기 탐지 연습, 움직이고 고양이처럼 스트레칭하면서 신체를 알아차리기
3주	강한 사회적 망을 구축하기 위한 지속적인 노력 장려하기	• 파트너, 친척 및 친구들과의 관계에 관한 가치를 명료화하기
4주	일상적인 활동과 환자 가치들 간의 일관성 최적화하기	• 가치와 일치하는 행동 선택을 하는 데 일어나는 장애물에 관한 수용 혹은 문제 해결 • 인생은 과감한 모험이거나 그렇지 않으면 아무것도 아니다(Hellen Keller). 지금까지 당신이 전념하고 있는 생활양식은 무엇인가?
월별 전화 통화 1, 2 & 3	생활양식 계획 지지하기	• 생활양식 계획에 관한 성공과 수정 평가하기

대한 강의를 간단히 한다.

Minnie는 전형적인 HIP 프로그램 환자의 좋은 예다. 그녀는 80대이며 혼자 살고 있다. 그녀는 남편을 돌보며 세월을 보냈고, 남편의 마지막 해에는 자신의 가치 있는 활동의 대부분을 포기했었다. 돈을 아끼기 위해서 그녀는 자신의 집 지하로 이사를 하였고, 아들과 며느리에게 위층을 세 주었다. 불행하게도 그녀는 아들 내외와 좋은 관계가 아니었으므로 그들이 나누는 최소한의 상호작용도 부정적이었다. 처음 간호사와 전화 통화를 하는 동안 Minnie는 명상 수행이 도움이 된 적이 있다고 말하였다. 우리는 그녀에게 명상을 다시 시작하고 HIP 신체 · 마음 수업에 참여하도록 격려하였다. Minnie는 그 수업에 참여하였고, 그것이 도움이 된다는 것을 알게 되었다. 그녀는 호흡 연습을 배웠고, 아들 내외와 상호작용을 하는 동안 이완을 돕기 위해 그것을 사용하였다. Minnie는 또한 여러 해 전에 시작하였던 두 권의 책 작업을 다시 시작하였다. 4개월간의 프로그램 참여를 마친 후 Minnie는 자신의 집을 팔아서 커다란 도서관 근처의 아파트로 이사를 갔으며, 그곳에서 작문 수업에 참여하고 쉽게

자료를 얻을 수 있었다. 그녀는 매주 여러 번 의자 에어로빅 프로그램에 참여하여 체력을 길렀다. 12개월 추적 조사에서 Minnie는 출판을 위해 원고를 기고하였고, 매주 작가 집단에 참여하고 있다고 말하였다.

위험에 처한 아동에 대한 수용전념치료 중재

문제가 되는 경험적 회피 전략 패턴을 보이는 아동들은 종종 1차 진료 클리닉에 가며, 우리는 그들을 인지하고 초기에 중재할 필요가 있다. 불안이나 우울증 같은 정서장애를 가진 아동은 당뇨와 천식 같은 신체 조건을 지닌 아동과 비슷한 건강 비용이 들며, 파괴적 장애(ADHD, 품행장애, 적대적 반항장애)를 가진 아동보다 상대적으로 더 많은 비용이 든다.

아동에 대한 ACT 작업은 직접적이고 구체적인 연습, 단순한 용어 및 나이에 적합한 은유를 사용한 수용, 탈융합 및 가치를 표적으로 한다. 예를 들어, 우리 중 한 명인 Patricia Robinson은 드러나는 기질적인 이유 없이 불면증과 복부 통증을 치료하려고 소아과 의사에 의해 의뢰된 일곱 살 소년을 만났다. 그 소년은 부모 사이의 가정 폭력을 목격해 왔고, 그의 아버지는 집에서 나갔다. 그는 숨을 쉴 때 배가 풍선처럼 부풀어 올랐다가 꺼지는 것을 지켜보면서 폭력의 기억이 풍선 속의 공기처럼 들어왔다 나가도록 하는 것을 배웠다. 15인치 면적의 '꿈 담요'[희망 만들기 재단(Make-A-Wish Foundation)에서 바느질하는 여인들 모임에서 모아서 제공함]가 집에서 이러한 마음챙김 호흡 연습을 실천하도록 지원하는 데 사용된다. 가치 평가 작업은 그가 농구를 하고 좋은 옷을 입고 따뜻한 집에 살며 교회에 잘 참석하는 미래와 이러한 목표들을 촉진하기 위해 취할 행동 단계를 보여 준다. 이러한 다양한 중재 과정 동안 그의 불면증과 복통이 멈추었다. 또한 수용과 가치 작업을 지원하기 위해 부모와 교사들이 동원될 수 있고, 그들은 스스로 아픈 아동의 도전을 다루기 위해 비슷한 작업을 배울 수 있다(그러한 결과를 촉진하기 위해 ACT를 사용한 부모 훈련 패키지의 경험적인 예를 보려면 Singer, Irvin, & Iivin, 1989 참조). 우리는 이러한 접근을 다음 장에서 통증을 경험하는 아동에게 적용할 때 좀 더 자세히 다룰 것이다.

과도하게 건강관리를 하는 사람들에 대한 수용전념치료

1차 진료 서비스의 상당 부분을 사용하는 소수의 성인 1차 진료 환자 집단이 있다. 집단으로서 이 '단골 고객'은 자신이 밝혀지지 않은 질병을 지니고 있다는 믿음과 융합되어 있다. 그들은 정상적인 환경에서 비정상적으로 높은 수준의 스트레스를 경험하고, 심각한 건강 쟁점을 지니고 있으며, 일부는 성격장애가 있다. 1차 진료 제공자들은 종종 역동적이고 계속 증가하고 계속 변화하는 스트레스 관련 호소의 목록에 대한 기질적인 이유를 배제하기 위해 매우 값비싼 절차를 처방하는 경향이 있다. ACT는 그러한 환자를 위한 작업으로 이상적이다. Maria는 과도하게 이용하는 고통스러운 1차 진료 환자들에게 도움이 되는 중재를 시사한다.

Maria는 두통을 호소하며 클리닉에 왔다. 내과 의사는 일련의 임상병리 검사들을 처방하였고, 그녀의 첫 방문에서 전문가 의뢰를 하였다. 그녀는 어지럼증을 호소하며 일주일 내에 재방문하였고, 이것은 간질의 증상이라고 주장하였다. 그녀는 일시적으로 도움을 주는 약물 치료를 응급실에서 받았지만 피로감을 느낀다는 이유로 '먹지 않았다.'고 보고하였다. 그녀는 머리에 종양이 있을지도 모른다는 걱정 때문에 계획된 진단 검사 날짜를 그가 옮겼다고 주장하였다.

그녀의 건강 관련 삶의 질에 대한 초기 평가는 그녀가 자신의 전반적인 건강에 대해 매우 지각이 빈약하고, 수많은 심리사회적 스트레스를 보고하였으며, 대인 관계 문제가 있다는 것을 나타냈다. 치료 속도를 높이고 설명되지 않은 의학적 증상에 대한 스트레스를 감소시키기 위해 우리는 그 환자에게 같은 날 예약할 것을 제안하였고, 이전에 살았던 주에서 진료 기록을 가져오려는 그녀의 노력을 지지하였다. 그녀의 기록은 그녀가 전에도 비슷한 유형을 보였으며, 그녀의 호소에 대한 기질적 근거는 발견되지 않았다는 것을 보여 주었다. 환자는 1차 진료 행동 건강 제공자와 여러 번의 같은 날 예약을 위해 돌아왔고, 15분 방문에서 심리적 수용 기술을 학습하였다. 그녀는 다음 달까지 더 이상 응급실을 방문하지 않았고, 행동 건강 제공자 및 내과 의사와 함께 그녀의 고통스러운 상황을 위엄 있게 헤쳐 나가는 데 도움이 되는 PCP 가치 계획을 발달시키는 작업을 하기로 동의하였다.

환자는 또한 20명에 달하는 환자들을 수용하며 '모든 사람에게 개방된' ACT 원리에 기반한 7회기로 구성된 한 시간짜리 삶의 질 수업에 참여하였다(수업 내용은 Robinson, 1996 참조). 그것의 규모 때문에 삶의 질 수업은 1차 진료 클리닉의 맥락에서 쉽게 제공할 수 있는 매우 저렴한 비용이 드는 서비스다. 〈표 12-4〉는 내용 개관과 커리큘럼의 순서를 제공한다. 환자는 자신이 원하는 만큼 여러 번 삶의 질 수업을 반복해서 들을 수 있으며, 몇 번 반복을 하고 난 후에는 수업에서 보조를 할 기회를 갖는다.

수업에서 Maria는 부가적인 심리적 수용 기술을 배웠고, 그것을 문제 해결 기술과 함께 장기적인 가족 문제에 적용하였다. 그녀는 의학적 검사를 받는 데 관심을 덜 가지게 되었고, 대신 자신의 건강관리 제공자에게 더 많은 고마움을 느꼈으며, 자신의 행동 목표에 더 많은 초점을 두게 되었다. 그녀의 같은 날 방문은 중재 과정을 통해 매우 빠르게 감소했다.

표 12-4 삶의 질 수업

수업	임상적 목표	중재
1	가치에 대한 초점을 소개하고, 행동적 유연성을 증가시켜라.	• 가치 있는 인생에 대한 희망을 촉진하는 행동 건강 계획 만들기
2	회피와 수용 연속성을 알아차릴 능력을 향상시켜라.	• 기꺼이 경험하기에 대한 자기 탐지 • 가치 있는 인생 방향에 대한 사회적 지지를 증진키기 위한 행동 변화
3	신체와 마음을 관찰할 능력을 향상시키고 연결을 알아차려라.	• 호흡 연습, 신체 스캔, BOSE
4	최근의 고통스러운 문제를 다루어라.	• 문제 해결 기술 검토
5	대인 관계 결함을 다루어라.	• 가치 있는 인생을 살아가는 데 있어서 발생하는 갈등, 갈등 상황에 대한 자기 돌봄 기술, 갈등에 관한 가치 명료화 이해하기
6	장기 목표를 명료화하라.	• 산 오르기 • 개인적 주장 계획
7	의도적인 생활양식을 계획하라.	• 재발 방지 기술 훈련 • 건강관리팀 협조 계획

만성질환 환자에 대한 수용전념치료

'만성질환'이라는 용어는 장기화되고, 즉각적으로 해결되지 않으며, 완치가 드문 의학적 상태를 나타내는 데 사용된다. 만성질환은 매우 다양하지만, 사회에서는 물론 개별 환자에게도 흔하고 심각하며 비용이 많이 든다. 의학 기술과 예방 정보가 발달하는데도 만성질환을 지닌 채 살아가는 사람의 수는 지속적으로 증가하고 있다(Narayan et al., 2000). 만성질환의 관리는 환자에게 다양한 자기 관리와 생활양식 변화 행동에 참여할 것을 요구하지만, 이것은 흔히 전통적인 진료나 환자 교육 중재에 의해 잘 다루어지지는 않고 있다.

〈표 12-5〉는 만성질환을 지닌 환자에게 사용하기 위한 임상적 목표와 가능한 ACT 중재를 요약하고 있다. 그러한 환자들에게 ACT를 적용할 때 한 가지 고려할 사항은 그들이 심리치료를 찾는 환자들과는 마음이 다르다는 점이다. 이 환자들 대부분은 심리치료 그 자체에 전혀 관심이 없다. 그들은 일반적으로 자신의 질병을 관리하는 데 도움을 받기를 원한다. 이 말은 당신이 통찰력을 거의 가지고 있지 않은 환자들을 적응시키기 위해 창조적 무희망감 같은 ACT 중재를 줄이고, 건강 관련 영역에서 가치 관련 행동을 촉진하는 것과 직접적으로 연결된 보다 더 직접적인 연습을 사용해야만 함을 의미한다.

간질의 관리가 한 예다. 간질은 만성적이고 때로는 상당한 정도까지 본인이 관리할 수 있는, 쇠약해질 수 있는 장애다. 일부 간질 환자는 정신건강 문제를 갖기도 하지만 많은 사람은 그렇지 않다. 질병 관리 측면에서 핵심 쟁점은 환자가 생활 스트레스에 어떻게 반응하는지와 발작을 일으키는 신경학적 증상에 대한 자기 평가다. 발작은 기질적 병인을 가지고 있으며, 발작에 대한 소인은 시간이 지나도 변하지 않는 경향이 있다. 그렇지만 간질 환자가 발작을 두려워하고 회피할 때 그들은 심리적으로 경직되고 각성되며, 자신의 인생이 제한되는 경향이 있다. 역설적으로 이러한 자세가 발작을 경험할 가능성을 증가시키고, 발작의 부정적인 심리적 · 사회적 · 행동적 영향을 상당히 확대한다(Dahl, Brorson, & Melin, 1992). 모든 발작을 통제할 수는 없지만 대부분은 매우 단순하고 직접적인 방법으로 영향을 받을 수 있다(Dahl, 1992). ACT 접근은 환자에게 효과적으로 행동하는 것을 지속하면서 발작의 소인과 발작을 촉발하는 정서 및 생각을 수용하도록 가르치는 것이다. 이것은 발작을 일으킬 때의 당황스러움이나 심리적인 고통의 위험을 기꺼이 받아들일 뿐만 아니라(예:

표 12-5 만성질환에 대한 ACT 중재 표본

수업	임상적 목표	중재
1	자기 관리 행동을 증가시키기(권고된 운동, 다이어트, 탐지 지시에 대한 응종)	• 건강 관련 가치 작업: 아파지는 것과 관련된 사적 사건들을 기꺼이 경험하는 것에 초점을 두기
2	사적 사건을 통제하는 것이 자기 관리 행동에 방해가 됨을 확인하고 이해하기	• 문제로서의 통제(거짓말 은유, 젤리 도너츠 은유, 사랑에 빠지기 은유)
3	만성질환과 관련된 생각과 감정을 갖지 않으려고 내용보다는 맥락으로서의 자기를 개념화 하기	• 문제로서의 통제 • 체스판 은유 • 관찰자 연습 • 잡동사니로 가득 찬 상자 연습
4	병드는 것, 장애인이 되는 것, 죽는 것에 대하여 부정적으로 평가된 두려움에 대한 수용	• 기꺼이 경험하기 연습(물체화 연습, 깡통 괴물, 두 대의 컴퓨터, 네델란드 꼬마 소년, 버스에 탄 괴물)
5	병드는 것, 장애인이 되는 것, 죽는 것에 대한 부정적으로 평가된 생각과의 탈융합	• 탈문자화 연습(마음과 함께 산책하기, 우유 연습, 생각 · 감정에 이름표 붙이기, 기술 구분하기, 걷는 방법을 나에게 말해 줘)
6	질병과 건강 위험 관리를 위한 행동 변화에 대한 전념 강화하기	• 선택 대 결정, 선택과 행동으로서의 기꺼이 경험하기, 뛰뛰기 연습, 시선 두기

사회 활동에 참여하는 동안) 요구된 행동적 제약을 기꺼이 수용하는 것이다(예: 잘 조절되지 않는 간질로 인해 운전에 제약을 받는 것). 부정적인 반응 및 판단과의 융합(즉, 나는 뇌가 손상되었다, 나는 결코 안전하지 않다.)은 줄어들고, 정서적 회피 및 융합과 연합된 자기 과장 과정은 파헤쳐진다. 간질에 대한 ACT 중재는 최근 실험적으로 평가되고 있다.

1차 진료 제공자 훈련을 위한 권고 사항

1차 진료 제공자는 매우 어려운 직업이다. 평균적으로 1차 진료 제공자는 주당

52.8시간 일을 한다(Howard, 1992). 그들이 ACT-HC 모형의 정의대로 많은 문제에 직면하면서 한 주를 보낼 때 자신의 생각 및 감정과 갈등을 겪을 수도 있다. 행동 건강 전문가는 1차 진료 업무의 고통스럽고 어려운 측면을 경험하고 있는 제공자를 도울 준비를 하고 있어야만 한다. 1차 진료 제공자는 수용과 전념 전략을 강조하는 자기 관리 워크숍을 환영한다. 제공자가 이 분야에서 매우 능숙해지면 그들은 이러한 전략들을 더 많은 환자에게 직접적으로 사용하고, 이러한 전략들을 환자들에게 가르치는 행동 건강 프로그램을 권하는 데 힘을 발휘한다. ACT는 제공자와 환자 교육자의 요구를 다루는 데 이론적 구조를 제공한다. 이러한 주장에 대한 자료는 행동 건강 제공자들과 함께 나타나고 있다(Hayes et al., in press). 의료 제공자와 환자 교육자 모두에게 좋은 효과를 내지 못할 이유는 없어 보인다.

의료 장면에서 ACT를 어떻게 치료에 적용할지를 배우기 위해서는 해야 할 일이 많다. 이 장은 시작을 의미한다. 그렇지만 이미 ACT는 의료 환자, 제공자 및 건강관리 체계에 많은 공헌을 하고 있는 것으로 보인다.

제13장

만성 통증 환자와 수용전념치료

Patricia Robinson, Rikard K. Wicksell, Gunnar L. Olsson

수개월, 수년 동안 지속되는 통증은 환자의 삶에 상당한 영향을 준다. 많은 만성 통증 환자는 공존 질환으로 우울증을 나타내며, 과도하게 의학적 진료를 이용하고, 자신이 받는 치료가 잘못되었다고 느끼고, 다수가 직장을 그만두고, 무능력해지고, 일단 자신이 상상한 대로 된다는 것과 약간은 닮은 생활양식에 안주한다. 만성 통증은 환자의 사회문화적 배경, 신념, 기대 및 정서뿐만 아니라 생물학적인 요인을 포함하는 수많은 심리사회적 요소에 의해 영향을 받는다(Turk & Okifuji, 2002). 의료적인 치료 성공률은 급성 통증 환자에게 높지만 만성적인 비악성 통증을 가지고 있는 환자에 대해서는 그렇지 못하다. 암과 무관한 가장 흔한 통증의 근원은 (빈도 감소에서) 등, 머리, 관절, 사지, 가슴, 배 및 다른 부위를 포함한다. 대부분 만성 통증 환자는 여러 영역에서 통증을 경험하기 때문에 대부분의 의료 제공자들은 통증의 모든 근원을 평가하고 치료하느라 고군분투하고, 바쁜 1차 진료 실무를 하느라 시간이 한정된 상태에 놓여 있다. 많은 환자들은 전문가에게 의뢰되며, 값비싸고 성공적이지 않고 침입적인 절차를 종종 반복해서 받게 된다. 문제는 성인에게 한정되지 않고 아동과 청소년 또한 치료하기 어렵고 심각한 기능장애를 야기하는 통증 증상이 나타난다는 것이다(Kashikar-Zuck, Graham, Huenefeld, & Powers, 2000). 연구는 아동 통증보다 성인 인구에 더 광범위하게 수행되고 있다(Morley, Eccleston, & Williams, 1999).

만성 통증의 심리사회적 치료는 전형적으로 전통적인 의학적 치료가 그 문제를 조절하는 데 실패한 후에 시작된다. 일반적인 정신의학적 접근은 경험적 지지를 거의 얻지 못하고 있다. 조작적 행동치료(operant behavior therapy: OBT)(Fordyce, 1976)와 인지행동치료(CBT)(Turk, Meichenbaum, & Genest, 1983)는 모두 경험적인 지지를 얻고 있는데, 특히 만성 통증 증후군과 만성 요통에서 그러하다(예: Puder, 1988; Turner, Clancy, McQuade, & Cardenas, 1990). 두 연구를 성인 집단을 대상으로 비교했을 때 OBT가 약간 더 효과가 있었다(Nicholas, Wilson, & Goyen, 1991; Turner & Clancy, 1988). 아동에게는 이완과 바이오피드백, CBT 모두 부분적으로 지지되고 있지만(Eccleston, Morley, Williams, Yorke, & Mastroynnopoulou, 2002; Holden, Deichmann, & Levy, 1999; Janicke & Finnev, 1999), 결과는 통증 유형에 따라 다양하였다. 일부 영역에서는(예: 아동의 일반화된 근골격계 통증) 효과적인 비약물 중재에 대한 어떤 성공적인 통제 연구도 없다. 새로운 접근법이 필요한 것은 분명하다.

수용전념치료(Acceptance and Commitment Therapy: ACT)(Hayes, Strosahl, & Wilson, 1999)는 행동 건강을 돕고, 의료 제공자가 만성 통증을 예방하고 다루는 새로운 접근을 제공한다. ACT에서 정의하고 측정하는[수용 행동 질문지(Acceptance and Action Questionnaire), Hayes et al., in press에서 수정된 통증 특정적인 측정치를 사용함] 용어로서의 수용은 만성 통증의 유지와 발달에서 핵심 쟁점이라는 증거가 점증하고 있다(McCracken, 1998; McCracken, Vowles, & Eccleston, 2004). 수용은 통증을 다루는 기존의 측정치보다 통증, 우울, 불안, 무능력, 직업적 기능 및 신체적 기능에 대한 결과 내 변량을 더 많이 설명해 준다(McCracken & Eccleston, 2003). ACT 중재는 정상 전집에서의 고통 감내력을 CBT 중재(예: Gutiérrez, Luciano, Rodríguez, & Fink, in press; Hayes, Bissett, Korn, Zettle, Rosenfarb, Cooper, & Grundt, 1999)보다 더 많이 향상시켰고, 반면에 통증을 억제하려는 시도는 통증을 증가시키는 경향이 있다(Cioffi & Holloway, 1993). 성인(Luciano, Visdómine, Gutiérrez, & Montesinos, 2001; Montesinos, Hernández, & Luciano, 2001)과 아동(Wicksell, Dahl, Magnusson, & Olsson, 검토 중)의 통증에 대한 ACT의 성과를 지지하는 사례 연구가 있다. ACT에 기반한 통증 프로그램의 통제되지 않은 연구도 지지적이다(Robinson & Brockey, 1996). 끝으로, 통제된 임상적 시도가 드러나기 시작하고 있다. 예를 들어, 통증을 이유로 과도한 병가를 이용하고 있는 근로자들을 대상으로 4회기의 ACT와 보편적인 치료를 비교한 소규모의 무선화된 시도에서(Dahl, Wilson, & Nilsson, in press), 6개월 추적 조사 말미까지 출근하지 못한 근무 일수에서 커다란 차이가 발견되었다.

이 장에서 우리는 예방과 치료 노력을 강화하는 모형으로 ACT를 고려하기 위한 토대로서 최근의 서비스에서의 간극을 고려하고자 한다. 성인과 아동에 대한 별개의 영역에서 우리는 특정한 중재를 제안할 것이고, 성공적인 ACT 치료에서 흔히 발생하는 장애물을 예측하고 이를 다루는 방법을 제공할 것이다.

사례 공식화

통증+통증을 기꺼이 경험하지 않음=만성 통증. 아주 간단하게 이것이 바로 만성 통증에 대한 ACT 모형의 핵심이다. 이것은 비교적 지속적인 통증이 단지 기꺼이 경험하지 않음의 맥락에서만 오는 것이 아니라 오히려 우리가 만성 통증 증후군에서 보는 삶을 압도하는 통증의 효과는 통증 그 이상을 요구함을 의미한다. ACT의 목적은 통증을 지닌 환자가 통증이 통증으로 겪는 모든 사적인 경험에 여지를 만들어 주는 동안 자신의 가치에 맞추어 일관성 있게 행동하게 해 주는 것이다. 만성 통증 환자에 대한 ACT 공식화를 개발하는 경우 다음과 같은 네 가지 영역을 평가할 필요가 있다. 첫째, 외현적인 행동적 회피, 둘째, 정서적 통제 전략들, 셋째, 통증 관련 생각과의 융합, 넷째, 인생 방향 쟁점이 그것이다.

만성 통증 환자는 이러한 차원 내에서 그리고 이러한 차원 간에서 매우 다양하다. 연속선의 한쪽 끝에는 자신이 좋아하는 고임금 직장에서 전일제 일을 하면서 6개월 동안 지속되는 어깨 문제를 지니고 있는 매우 기능을 잘하는 환자가 있다. 반대쪽 끝에는 통증 경험으로 인해 수십 년간 삶을 망쳐온 다양한 건강 문제와 성적 학대 내력을 지닌 우울증 환자가 있다.

행동 회피

통증 감각은 요구하는 게 많고, 통증을 지각하는 능력이 있는 사람이라면 누구나 대부분의 시간 동안 통증 유발을 회피한다. 그렇지만 사람들이 통증 감각이 나타날 때 활용하는 외현적인 행동 전략은 상이하다. 이러한 행동은 적어도 네 집단으로 분류할 수 있다.

- **고립 행동**: 대부분의 만성 통증 환자는 일, 여가 활동 및 사회 활동에서 스스로 거리를 둔다. 그들은 심지어 직장을 좋아하는 경우에도 직장을 그만두기도 하고, 신체적 요구를 얼마나 적게 요구하는지와 상관없이 자원봉사 업무에 참여하는 것도 회피한다. 그들은 우정을 유지하는 데 실패하고, 이웃과 접촉하는 것을 피한다. 그들은 '만일 내가 블록을 절반 걸어가면 아프기 시작할 것이고, 그러면 참을 수 없을 거야.'라는 생각에 대한 반응으로 운동을 회피한다. 그래서 그들은 고립된 채 침대나 소파에서 은거하면서 흡연, 과식이나 과도한 TV 시청 같은 이차적인 활동 등의 건강 위험 행동을 한다.
- **대인 관계 관여 행동**: 만성 통증 환자는 '만성 통증 환자 되기'를 지지하는 방식으로 대인 관계 세계에 참여한다. 이러한 행동으로는 과민성, 자기 비난에 주목하기 혹은 통증에 대한 재앙적 생각을 지나치게 공유하기가 포함된다. 처음에 이것들은 다른 사람들로부터 다양한 관여(예: 분노, 격려, 안심시키기)를 양산하지만 결국에는 사회적 관계를 손상시킨다.
- **약물 치료, 장비 및 절차 행동**: 통증에 대한 약물 치료와 다양한 장치(예: 자극 유발점에 주사 맞기, 등에 금속판 삽입, 휠체어 사용)의 사용은 초기에는 긍정적인 결과를 양산하지만 효과는 일시적이며, 새로운 약, 절차 및 수술이 반복적으로 시도된다.
- **편안한 행동**: 따뜻한 목욕, 셀프 마사지, 차가운 팩이나 뜨거운 팩 대기, 스트레칭 등은 환자에게 통증을 일시적으로 가라앉히고, 이것들을 통증 감각, 통증에 대한 생각 혹은 통증에 대한 정서적 반응 기꺼이 경험하기와 함께 사용하면 기능 향상을 촉진할 수도 있다. 그렇지만 행동적 회피 전략으로 수행된다면 장기적인 영향은 긍정적이지 않을 것이다. 왜냐하면 모든 형태의 경험적 회피와 마찬가지로 그것들은 그러한 감각, 생각 또는 두려움에 의해 발휘된 통제를 강화시킬 수도 있기 때문이다. ACT의 모든 영역과 마찬가지로 더 중요한 것은 이러한 행동의 기능이지 형태가 아니다.

이들 다양한 기능을 평가하는 것은 환자와의 언어적 상호작용을 통해서 수행될 수 있지만, 체크리스트를 사용하는 것이 시간을 절약하고 의사소통을 증가시키고 치료 목표를 형성하는 데 더 많은 협조를 촉진하고 치료가 효과적인지 여부를 평가하는 수단을 제공한다. 통증이 필요한 행동의 감소와 통증 혹은 그것과 연합된 사적 사건을 기꺼이 경험하지 않으려는 것 둘 다와 연관된 정도는 이러한 두 가지 영역의 점수를 산출하는 만성 통증 수용 질문지(Chronic Pain Acceptance Questionnaire: CPAQ)(McCracken et al., 2004)로 평가할 수 있다.

정서적 회피 전략

만성 통증 환자는 정서적 반응을 통제하기 위하여 억압, 주의산만, 감정을 마비시키기 혹은 특정 주제 회피하기와 같은 수많은 심리 전략을 사용한다. 그들은 의료 제공자와의 부정적인 경험이나 통증을 없앨 필요성에 대해 초점을 둘 수도 있다. 이러한 정서적 회피 전략은 폭넓게 퍼져 있다. 대부분 우울을 경험하는 경향이 있는 만성 통증 환자는 자신의 인지 반응과 정서 반응을 통제하는 데 가장 많이 전념하는 사람들이다. 경험적 회피는 임상 전집에서 Beck 우울 척도(BDI)와 .72만큼 상관이 높고(Hayes et al., in press), 마찬가지로 통증의 수용은 만성 통증 환자에서 BDI와 -.52의 상관이 있다(McCracken et al., 2004). 또한 통증에 관한 신념의 파국화는 만성 통증에서 우울을 예측한다(Turner, Jensen, & Romano, 2000). 아마도 정서적 회피의 지나친 확대 때문에 많은 장기적인 만성 통증 환자는 자살 생각을 경험하는 것으로 여겨지며, 자살 가능성은 진행 중인 토대 위에서 평가될 필요가 있다. ACT는 자살 생각을 대상으로 작업하기에 우수한 전략을 제공하며, 이 점은 제4장과 제9장에서 더 자세히 논의되고 있다.

융 합

신체 통증에 대한 문자상의 부정적인 평가는 통증을 회피하거나 제거하기 위한 투쟁을 하게 한다. 어떤 만성 통증 환자는 현재의 통증을 6으로 평정하고, 그것은 지난주의 평균 7보다 낮음에 주목하며, 5분 후에는 "이 통증을 더 이상 참을 수 없어요."라고 말하면서 소리 지르고 신체 부위를 문지르기 시작할 수 있다. 그러한 효과를 양산하는 심리적인 경로는 통증에 대한 생각과의 인지적 융합이다. 통증 환자는 만성 통증이 없는 사람들과 비교하여 중성적인 사건을 통증과 더 많이 연관시키고, 감각적이고 정서적인 통증 관련 형용사를 더 많이 회상하는 경향이 있다(Edwards & Pearce, 1994). 관계 망은 극적으로 도움이 되지 않을 수 있다. 우리 중 한 명인 Patricia

Robinson은 최근에 심각한 만성 두통을 겪고 있는 한 어머니에게 그녀가 자신의 통증을 평정하라는 요구를 받을 때 자신의 내적 경험과 관련시키도록 했다. 그녀는 울면서 머리를 부여잡았고 아이들이 곧 엄마 없이 세상에 혼자 남게 될 것이 두렵다고 진술하였다.

이런 유형의 재앙적인 생각 과정과의 융합은 만성 통증에 대한 ACT 접근의 핵심 표적이다. 통증을 경험하는 동안 사용했던 과장된 부정적인 정신 세트를 일컫는 재앙화(Sullivan et al., 2001)는 더 많은 통증과 더 빈약한 기능, 더 많은 진통제의 사용, 더 어려운 치료와 연관된다(Jacobson & Butler, 1996; Robinson et al., 1997; Thorn & Boothby, 2002; Ulmer, 1997). 이용과 채점에 몇 분밖에 걸리지 않는 통증 재앙화 척도[Pain Catastrophizing Scale(PCS): Sullivan, Bishop, & Pivik, 1995]가 이 영역을 평가하는 데 사용될 수 있다. 총점 38점 이상(백분위 80번째)을 얻은 환자는 특히 적응 문제를 경험하고 재활 프로그램에서 더딘 진전을 보이는 경향이 있다(Sullivan, Stanish, Waite, Sullivan, & Tripp, 1998).

ACT 치료 모형은 융합과 기꺼이 경험하기보다 통증과 관련된 생각의 내용이나 존재에 초점을 덜 두기 때문에 부가적인 측정치가 PCS에 더해질 수 있다. 환자에 대한 지시 사항은 다음과 같다.

> "누구나 인생의 어떤 시점에서 고통스러운 상황을 경험하게 됩니다. 그러한 경험으로는 두통, 치통, 관절이나 근육통이 있습니다. 사람들은 종종 질병, 상해, 치과 치료나 수술과 같이 통증을 유발하는 상황에 노출됩니다. 우리는 당신이 통증을 겪을 때 갖게 되는 생각과 감정을 당신이 기꺼이 경험하는 데 관심이 있습니다. 다음 목록은 당신이 통증을 겪을 때 갖게 될 수도 있는 상이한 생각과 느낌을 기술한 13가지 진술문입니다. 다음 척도를 이용하여 당신이 고통을 경험할 때 일어나는 이러한 생각과 느낌을 투쟁하거나 회피하려고 시도하지 말고 기꺼이 경험하는 정도를 표시하십시오."

다음으로 환자는 5점 척도를 사용하여 PCS 척도 13개 진술문에 다음과 같이 반응한다.

0=전혀 기꺼이 경험하지 않음, 1=가벼운 정도로 기꺼이 경험함, 2=중간 정도로

표 13-1 만성 통증 환자들 사이에서 재앙화를 개념화하는 수준과 기꺼이 경험하기 수준 및 치료적 함의에 대한 패러다임

		기꺼이 경험하기			
		낮음	치료 제안	높음	치료 제안
재앙화 (개인적 경험)	낮음	집중적인	• ACT 총 프로토콜 • 조절된 속도 • PCP	덜 집중적인	• 정서에 관한 심리 교육 • 인지적 수용 기술 강화하기
	높음	가장 집중적인	• ACT 총 프로토콜 • 조절된 속도 • 관련된 중요한 타인들 • PCP와 밀접한 공조	다소 집중적인	• 정서에 관한 심리 교육 • 인지적 수용 기술 강화하기 • 만성 통증 예방접종 훈련

기꺼이 경험함, 3 = 상당한 정도로 기꺼이 경험함, 4 = 완전히 기꺼이 경험함.

〈표 13-1〉은 통증과 관련된 환자의 재앙화 경험 수준과 환자가 그 경험을 기꺼이 하려는 것에 기반을 둔 치료를 개념화하기 위한 방법을 제시하고 있다. 재앙화 수준은 낮고 기꺼이 경험하기 수준은 높은 환자는 낮은 재앙화 점수가 회피나 해리로 인해 과소평가되지 않는다면 비교적 적은 치료만 필요할 것이다. 보통 이것은 직접적인 정서 경험과의 접촉을 포함하는 훈련을 통해 배제될 수 있다. 더 전형적인 경우, 이 집단에 대한 치료 활동은 통증 시 정성적 경험에 관한 교육과 환자가 이미 사용하고 있는 수용 전략을 강화하는 것을 포함한다.

재앙화 수준과 기꺼이 경험하기 수준이 모두 높은 환자도 비교적 적은 치료만 필요하지만 손상, 특히 외상적 손상과 관련하여 장기적인 고통을 발달시킬 위험이 높다. 이 집단은 관찰자 자기와 탈융합 기술을 강화시켜 주는 것이 중요하다. 우리는 종종 이 환자들에게 심리 교육적 접근을 사용하고, 수용 기술을 한층 강화시켜 주는 지역사회 활동(예: 명상 수업, 요가, 태극권)에 참여할 것을 권한다.

기꺼이 경험하기 수준이 낮은 환자는 우울, 불안 및 걱정과 같은 정서 문제를 공존 질환으로 경험할 가능성이 더 많다. 그들은 종종 대인 관계 문제(자신의 의료 제공자와의 문제가 되는 관계 포함), 실직 및 독립적으로 자신을 돌보는 데 어려움 같은 기능적인 손상이 더 많다. 이 집단은 '고전적인' 만성 통증 환자들이다. 이 점을 고려할 때, 이들은 아마도 ACT 총 프로토콜과 의료 제공자와의 밀접한 공조, 중요한 타인들

의 관여를 필요로 할 것이다. 기꺼이 경험하기와 재앙화 점수가 모두 낮은 환자는 재앙화와 기꺼이 경험하지 않기가 모두 높은 환자보다 더 진전이 빠를 수 있다. 그렇지만 낮은 재앙화 수준은 인지적 회피와 해리 같은 원초적인 동요에 의해 양산될 수 있음을 자각해야 한다.

기꺼이 경험하기의 낮은 수준은 때때로 외상 내력과 연합되는데, 그것은 만성 통증의 치료를 더 복잡하고 어렵게 만들 수 있다. 환자가 잘못되었거나 외상을 입은 이야기를 지니고 있는 경우 환자는 자신의 지각된 희생과 관련된 생각, 심상 및 기억과 융합될 수도 있다. 만일 외상이 통증 그 자체와 관련된다면, 혹은 보상을 추구한다면 문제는 더 복잡해질 것이다(Turk & Okifuji, 1996).

융합은 통증과 고통에 대한 환자의 이야기에서 분명히 드러난다. 옳고 그름을 판단하는 것과의 융합(예: "나의 고용주는 나를 ……하게 만들었다." 또는 "나의 의사는 …… 했어야만 했다.")은 보편적이고 예언적인 뿌리박힌 문제다. 이 환자들은 종종 아무도 통증을 겪어서는 안 된다는 언어적 공동체의 개념에 대한 가장 충성스럽고 완고한 구독자다. 그들이 가장 많은 통증을 겪는 경향이 있다. 이러한 이야기를 경청하면서 이야기를 구성하는 언어적 관계와 이러한 관계가 환자의 변화 의제와 어떻게 연결되는지(예: 신체 통증=위험, 신체 통증=덜 수용하는 사람, 신체 통증=도움 청하기, 신체 통증=약 복용하기, 신체가 손상된 사람=다른 사람에게 부담을 주는 사람, 기타 등)를 주목하는 것이 도움이 될 수 있다.

인생 방향

ACT가 통증에 대한 비효과적인 재앙적인 신념에 의해 발휘된 언어적 통제를 파헤치려고 시도하는 반면, ACT는 또한 자신의 가치를 확인하고 이러한 가치와 일치하는 전념 행동 패턴에 참여하도록 격려하여 언어적 통제를 구축하려고 노력한다. 만성 통증 환자는 종종 자신의 가치와 접촉하지 않고 있고, '획득되지' 않은 구체적인 예를 통해서만 알게 된 행동의 질보다 오히려 구체적인 목표와 가치를 혼동한다. 치료 초기에 가치를 논의하는 것은 치료 동기를 강화할 수도 있다. 가치 있는 인생 질문지(Valued Living Questionnaire)(Wilson & Murrell, in press; 초기 판을 보려면 Hayes et al., 1999, p. 226 참조)는 통증 환자의 초기 평가의 일부분으로 사용할 수 있다. 치료를 계획하면서 우리는 환자가 가치를 두는 것과 인생에서 행하고 있는 것 사이의 중

대한 불일치 영역을 강조하며, 환자에게 시작 시점을 선택하게 한다. 집단으로서의 만성 통증 환자는 목표와 가치 사이의 차이를 일단 이해하고 나면 가치의 논의에—종종 상당한 정서적 표현을 하면서—잘 반응한다.

임상적 중재

〈표 13-2〉는 만성 통증 환자와 작업하면서 전형적으로 활용하는 임상적 목표와 치료 활동에 대해 개관하고 있다. 이러한 각각의 목표들을 추구하는 데 소비된 시간의 양은 환자 개인에게 달려 있으며, 순서는 다양하게 조절할 수 있다. ACT는 융통성 있는 모형이며, 회기의 길이 또한 1차 진료팀에서 하는 작업의 특성상 15분에서 30분까지 다양하게 적용할 수 있다(이 장에서는 많은 임상적 시사점에 초점을 둠).

표 13-2 만성 통증 환자를 위한 ACT 치료 단계, 목표 및 권고된 중재

치료 단계	목표	임상적 중재
창조적 무희망감	• 환자가 통증에 대한 현재 접근법의 실효성이 결여되어 있음을 지각하게 하라. • 환자가 통증에 반응하는 대안적 방식에 열려 있게 하라.	• 당신은 어떤 시도를 해 왔고, 그것은 얼마나 효과가 있었는가? • 통증에 대한 과학자의 설명 • 코치 대 리포터 • 삽과 구덩이 은유 • 가치 있는 행동 대 실제 행동의 차이 • 통증 재앙화 평가
통제가 문제다.	• 환자가 통증 제거는 비효과적인 전략임을 알게 하라. • 환자가 통제와 고통 사이의 관계를 알게 하라.	• 사적 사건/얼간이 규칙 • 거짓말 탐지기 은유 • 깨끗한 불편 대 더러운 불편 • 매일의 통증 기꺼이 경험하기 일기 • 두 저울 은유 • 알파벳 수프 은유
언어 탈융합하기	• 환자가 관찰자 수준에서 이유 대기를 포함하여 생각과 느낌을 알아차리게 하라.	• 당신의 마음: 다이아몬드 왕관, 가시 왕관 • 앉을 자리 찾기 은유 • 버스에 탄 승객 은유 • 마음과 함께 산책하기

	• 환자가 통증을 통제하는 사회적 · 언어적 맥락을 약화시키게 하라.	• 원인으로서의 이유 • 아늑하고 기분 좋은 방 • BOSE
자기 관찰하기	• 환자가 자신의 마음과는 별개로 자기를 보게 하라. 통증과 관련된 경험을 할 '안전한' 자리를 확보하라.	• 체스판 은유 • 정체성 고르기 연습 • 관찰자 자기 연습
가치두기	• 환자가 가치 있는 인생 목표를 확인하게 하라. • 통증과 함께 기능하는 동기 강화 힘을 제공하라.	• 태도를 정확히 밝히기 연습 • 제공자 · 사랑하는 사람(들)에게 편지 쓰기 • 정원 가꾸기 은유 • 산에 오르기 은유 • 자전거 타기
전념 행동 패턴	• 인생을 바꾸는 행동 계획을 개발하여 수행하게 하라.	• 선택 대 결정 • 뛰어오르기 연습 • 늪지대 은유

평 가

사례 공식화의 일부로 이미 언급했던 질문지에 덧붙여 건강 관련 삶의 질을 평가해야만 한다. Duke 건강 프로파일(Duke Health Profile)(Parkerson, 1996)을 회기별로 사용하는 것이 좋고, 특히 신체적 건강, 정신적 건강, 사회적 건강 및 지각된 건강 척도 점수가 도움이 된다. 환자는 5분 먼저 방문하여 시작하기 전 Duke 건강 프로파일을 완성하고, 행동 건강 제공자의 보조자는 2~3분 내에 점수를 계산하며, 그다음 만남 시작 시 환자와 결과를 논의할 수 있다.

과학자들이 오랫동안 통증이 지속될 때 환자가 겪는 통증과 문제점에 대한 이해를 증가시키는 연구를 지속하고 있음을 설명하면서 ACT를 소개할 수 있다. 가장 최근의 결과 중 일부는 통증에 대한 이전의 가정과 모순되므로 이러한 이유 때문에 ACT 치료가 때로는 혼란스러워 보일 수도 있다. ACT 치료는 (환자가 자신의 삶의 질에 걸어왔을 수도 있는) 일부 매우 기본적인 가정을 의문시하는 것을 포함하기 때문에 ACT는 환자가 기대하고 있는 것과 얼마나 다른지 그리고 많은 개념은 반직관적이므로 혼동이나 고통이 발생할 수도 있음을 강조하는 것이 유용하다. 다른 치료 선택을 논의해야만 하고, 최소한의 치료 길이(예: 2~23개월)와 과정을 평가하는 방법에 대해 환자와 협의된 계약이 있어야만 한다. PCS의 ACT 수정판을 이용하는 것은 단순한 알아차림, 기꺼이 경험하기 및 맥락으로서의 자기와 관련된 개념을 소개할 기회를 제공한다. 환자가 종종 혼란스러워하는 것처럼 보이지만, 그들 또한 우리가 다른 제공자들이 말했던 것과는 다른 무언가를 이야기하고 있음을 알게 되고, 이것은 약간의 호기심을 불러일으킨다.

ACT를 처음에 제공했을 때 모든 환자가 ACT를 치료법으로 선택하지는 않는다. 어떤 환자는 마취성 약물을 지속하고 자신의 1차 진료 의사와 함께 작업하는 것을 선호하므로 ACT를 거절할 것이다. 그러한 환자들을 위해 당신은 의사가 건강과 관련된 삶의 질 측정치와 같이 치료 효과를 결정하는 방법을 포함한 치료자-환자 마취성 통증 관리 계약을 개발하기를 바랄 수도 있다. 마취약은 통증을 다소 감소시키지만 한층 더 환자의 삶의 질을 악화시키는 대가를 치른다는 것은 시간이 흐름에 따라 명백해진다. 이러한 발견은 환자가 ACT 접근법의 실행 가능성을 심층적으로 논의하도록 이끌 수 있다. 환자는 ACT를 실행하기 위하여 약물 치료를 멈출 필요는 없지만, 일부 환자는 ACT 치료 동안 약물 치료를 그만두는 것을 선택한다.

창조적 무희망감

환자의 통증 문제에 대한 이야기를 경청한 후 당신은 환자가 치료에서 원하는 것이 무엇인지를 이해하려고 노력하고, 사실 현재 상황의 일부분인 가치에 초점을 두기 시작해야 한다. "만일 지금-여기에서 당신의 삶에 기적이 일어난다면 당신 인생은 어떻게 달라질까요?"라고 물어볼 수도 있다. 거의 예외 없이 대부분은 통증이 없어질 것이라고 반응한다. 통증이 없어지는 것(과정 성과)이 그들의 인생에 어떤 영향을 미칠지 상상해 보라고 권하면, 보통 잠재적으로 의미 있는 치료 성과는 경제적인 면, 관계, 고용 혹은 여가 활동 성과와 같은 것들(예: "나는 청구 대금을 갚을 수 있을 것이다." "내 남편이 다시 나를 좋아하게 될 거야." "직장에 복귀할 수 있을 거야." "내 개를 다시 볼 수 있을 거야.")을 나타내기 시작할 것이다. 만일 "나는 더 이상 우울해지지 않을 거예요."와 같은 다른 과정 목표가 나타난다면, 우울하지 않으면 인생이 어떻게 달라질 것인지를 기술하는 것으로 더욱 깊이 나아가도록 격려하라. 다른 성과들이 양산되는 경우("나는 외출을 더 많이 할 거예요 - 일요일에 교회에 가기" "아마도 나는 항상 집에 있기보다는 오랜 친구에게 전화를 할 거예요."), 칸을 두 개(과정 성과와 치료 성과) 만들어서 이것들을 목록으로 작성하게 하여 환자가 확인할 수 있게 할 수도 있다.

다음으로 우리는 만성 통증 문제를 해결하려는 그들의 노력을 평가하기 시작한다. 대부분의 환자는 그들이 시도해 왔던 것을 쉽게 목록으로 작성할 수 있다. 종종 그들은 약물 치료의 사용, 수술 절차, 주사, 물리치료, 마사지 치료 및 침술과 같이 문화적으로 지지되는 해결책과 다학문적인 통증 프로그램에 참여했다고 보고할 것이다. 어떤 환자는 기분 전환, 냉온 찜질 및 이완 · 심상 훈련과 같은 다양한 행동적 통증 관리 전략을 사용했었다고 말할 것이다. 이러한 것을 주목하여 다음의 회기 대화에 예시된 것처럼 이 전략들의 실효성을 환자에게 평가해 보도록 요구해야만 한다.

치료자: 그래서 당신은 통증 문제를 해결하기 위해 약물 치료를 하고 있다고 말했지요?

환 자: 예, 저는 지금 통증 약 세 가지를 먹고 있어요. Smith 박사가 방금 한 가지를 바꿨는데 저는 그것이 효과가 있는지는 모르겠어요. 하지만 나머지 두 가지는 한동안 복용해 오고 있어요.

치료자: 좋아요. 당신은 세 가지 약을 복용하고 있군요. Smith 박사가 그것들을 처방했기 때문에 먹는 것입니까?

환 자: 예, 그래요. 저는 그것들이 도움이 많이 되는지 확신하지 못해요. 때때로 저는 이것은 좀 더 먹고 이것은 좀 덜 먹고 있어요.

치료자: 좋아요. 당신은 약을 복용하고 있고, ……되기를 바라십니까?

환 자: 고통이 사라지는 것을 바라죠.

치료자: 무슨 일이 일어났죠?

환 자: 몰라요. 저는 그것들이 고통을 약간은 무디게 해 준다고 생각해요. 하지만 그것들은 나를 피곤하게 만들고 멍하게 만들고 의욕이 없게 만들어요. 아내는 제가 약 복용이 증가한 후 강아지처럼 행동한다고 말하지만, 아마도 과민해지는 것보다는 더 나은 거 같아요. 모르겠어요. 이것이 위에 해가 되는 것을 알아요. 그래서 저는 위를 보호하는 다른 약을 먹어야만 해요. 저는 정말로 엉망이에요(눈이 촉촉해진다).

치료자: 좋아요. 당신은 약을 복용하고 있어요. 그것들은 통증을 무디게 하고 당신을 피곤하게 하고 멍해지게 하고 위에 해를 끼치는군요. 맞나요?

환　자: 네, 그게 맞는 거 같아요. 그것은 그다지 좋아 보이지 않아요, 그렇죠?

치료자: 모르겠어요. 당신은 약을 복용하면서 무엇을 바라나요?

환　자: 제가 좋아지는 거죠. 사고가 나기 전에 제가 느꼈던 것처럼 느끼고 집을 수리하고 일하러 가고 게으름뱅이가 아니라 가족을 위한 부양자가 되는 거죠.

치료자: 그래서 당신은 집을 수리하고 일하고 가족을 부양하는 것과 같이 전에 했던 일들을 하기 바라면서 약을 복용하고 있고, 약은 통증을 무디게 하고 당신을 피곤하게 만드는 군요. 그래서 당신은 집을 고칠 수도 일하러 돌아갈 수도 없죠? 제 말이 맞나요?

환　자: 그래요. 하지만 저는 약 없이는 그렇게 할 수 있다고 생각하지 않아요. 제가 그렇게 해야만 한다고 생각합니까?

치료자: 저는 정말로 몰라요. 지금으로서 저는 당신이 무엇을 하고 있고 그것이 얼마나 효과가 있는지를 당신이 이해하도록 노력하고 있을 뿐이에요. 면밀하게 살펴본다면, 아마도 우리는 당신이 지금까지 시도해 온 어떤 것이 당신의 인생에서 정말로 차이를 만드는지 그리고 당신이 하고 싶어 하는 일들—집을 고치는 것과 일하러 가는 것 등—을 하는 데 덜 고통스럽고 덜 장애물이 되는 방식으로 고통 문제를 변화시키는지를 알 수 있을 겁니다. 어디 봅시다. 당신은 통증클리닉에 갔다고 말한 것 같은데요. 통증클리닉에 간 것은 당신에게 얼마나 효과가 있었습니까?

환　자: 그건 시간 낭비였어요. 그들은 내 머리 속에 모든 것이 있다고 생각했어요. 그들은 저를 해치는 것들을 저에게 하게 하려고 애썼죠. 저는 정말이지 그것이 저를 더 악화시켰을 수도 있다고 생각합니다. 저는 실제로 일주일 후에 통증클리닉 가는 것을 그만뒀어요. 나는 악화되었어요. 완전히 상처 입은 거죠. 저를 통증클리닉에 보낸 의사에게 다시는 가지 않았어요.

치료자: 좋아요. 의사는 당신에게 통증클리닉에 가라고 말했고, 당신은 그렇게 했군요. 당신은 그들이 당신을 악화시켰다고 생각했고, 당신은 그만뒀군요. 그것은 당신에게 얼마나 효과가 있었습니까?

환　자: 글쎄요. 저는 당신이 무슨 말을 하는지 확실히 모르겠어요. 그것은 그만두는 데 효과가 있었고, 그래서 그것들은 제게 더 손해를 끼치지 않았지만 통증을 없애지는 못했다고 생각해요.

치료자: 그래서 당신은 클리닉에 가는 것을 그만두었고, 프로그램에 의해 상처받는 것

을 회피하게 해 주었다고 생각하는군요. 그것은 통증을 멈추거나 집을 고치거나 직장에 돌아가게 하지 못했군요.

환 자: 맞아요. 그러나 저는 얼마간 그만둔 것에 대해 기분이 좋지 않았어요. 그렇게 하지 않으려고 노력했지만 제가 다시 실패한 것 같았어요.

치료자: 좋아요. 당신은 프로그램에 갔었고 그것이 좋지 않아서 그만두었죠. 그리고 실패한 것처럼 느꼈어요. 그것은 어떤 효과가 있었나요?

환 자: 그다지 좋지 않았어요. 수치심을 느꼈고 당분간은 의사에게도 가지 못했어요. 제가 정신을 잃기 전 어떤 약을 구하러 가야만 할 때까지 그냥 소파에만 머물러 있었어요.

치료자: 그래서 당신은 실패한 것처럼 느껴서 의사에게 가지 않으려 했고 그냥 소파에만 머물러 있었군요. 그것은 통증 문제를 해결하는 데 얼마나 효과가 있었습니까?

환 자: 효과가 없었어요. 저는 여전히 통증을 겪고 있어요.

치료자: 그래서 당신은 정신을 잃기 전에 약을 구하기 위해 의사에게 갔군요?

환 자: 예.

치료자: 그래서 당신은 정신을 잃지 않으려고 약을 먹었어요. 약은 효과가 있었나요?

환 자: 모르겠어요. 정말로 모르겠어요.

당신이 변화 노력 목록을 통해서 작업을 하는 경우 환자에게 정신 활동을 관찰하는 것의 개념을 소개하기 시작할 수 있다. 이것은 다음과 같이 시행되었다.

치료자: 그래서 당신의 마음은 통증에 대하여 그밖에 무엇이라고 말합니까?

환 자: 그것을 무시하라. 아기처럼 굴지 마라.

치료자: 그래서 당신은 통증을 갖고 있다는 것에 대해 스스로를 과소평가합니다. 그것은 어떤 효과가 있습니까?

환 자: 아무런 효과가 없었어요. 아주 조금은 있었겠죠. 모르겠어요. 부모님은 제가 다쳐서 울 때 저를 비난하곤 하셨어요. 그것은 저를 엄청 짜증나게 만들었어요. 아빠는 이렇게 말씀하였죠. "일어나. 너는 여자애처럼 굴고 있어. 너를 울게 만들 뭔가를 주겠다."

치료자: 그래서 통증 문제를 해결하기 위해서 스스로에게 짜증을 냈습니까?

환 자: 예, 그랬다고 생각해요. 어느 날 저는 모두에게 짜증이 났어요. 아무도 그것이

어떤 건지 이해하지 못해요.

치료자: 그래서 당신은 짜증나는군요. 짜증을 내는 것은 통증 문제를 해결하는 데 어떤 효과가 있나요?

환 자: 효과가 없어요. 제 자신에게 짜증을 내고 때리는 일은 단지 일을 더 악화시킬 뿐이었어요. 그런데 당신은 이것으로 어디까지 갈건가요? 제가 통찰을 해서 통증을 극복하게 되는 건가요?

"당신은 무엇을 시도해 왔습니까, 그것은 얼마나 효과가 있었습니까, 그것은 당신에게 무슨 대가를 치르고 있습니까?" 분석을 시행하는 동안 당신은 어떤 잠재적인 함정을 알아차릴 필요가 있다. 그중 한 가지는 많은 만성 통증 환자가 수많은 손상과 외상을 경험해 왔기 때문에 환자의 인생 이야기에 현혹되는 것이다. 또 다른 것은 이야기의 내용 수준에서 환자의 이야기를 분석하거나 평가하기 시작하는 것이다. 이것은 분명하게 드러나는 높은 수준의 재앙적이고 왜곡된 생각이기 때문에 인지적으로 훈련된 치료자에게는 매우 유혹적이다. 그럼에도 당신은 변화 의제의 언어적 구조를 평가하고 환자가 통증을 제거하기 위해 사용해 왔던 전략들의 결과에 주목하는 데 초점을 유지할 필요가 있다.

환자에게 원하는 결과가 무엇인지 그리고 그러한 결과가 일어난다면 인생이 어떻게 달라질 것인지 명명하게 함으로써 환자의 변화 의제는 자연스럽게 노출된다. 보통 처음에는 그것에 도전하지 않는 것이 더 좋다. 환자가 그 문을 통해 걸어가게 하는 것이 더 좋다. 결국 '생산적이고 행복한 인생을 위하여 나는 통증을 없애야만 한다.'라는 명칭이 변화 의제에 붙게 된다.

환자의 마음이 무엇을 해야만 한다고 말하는지 환자에게 기술하게 하고('또 다른 방법, 고통을 없애는 새로운 방법이 존재한다.') 그것을 환자의 경험과 대조해 보게 하는 것("실질적인 개선을 위해 준비된 것은 아무것도 없었다.")은 가치가 있는 일이다. 당신은 치료 초기에 구덩이에 빠진 사람(Man in the Hole) 은유(Hayes et al., 1999, pp. 101-104)를 관례처럼 사용하고, 환자가 보고하는 공통적인 관심사를 그것(예: 환자를 구덩이에 빠지게 만든 게 무엇인지 알아내는 것, 자기 비난, 금으로 만든 증기 삽을 기다리기)과 통합시킬 수 있다. 다른 은유들이 개인적으로 관련되는 방식으로 체계에 이름 붙이는 것을 허용하는 환자의 언어에서 종종 드러난다. 당신은 환자가 효과가 있을 것이라고 확신하지만 겉으로는 그렇지 않은 어떤 것을 내려놓는 것이 얼마나 힘든 일인지를 강조해야만 한다. 반응-능력(response-ability) 개념은 오직 환자만 삽을 내려놓는 것을 결정할 수 있음을 알게 해 줄 수 있다. 얼마만큼의 갈구, 비판 혹은 회피의 양도 환자에게는 소용이 없다. 어떤 측면에서 이것은 대안을 알 수 없는 경우에도 효과적이지 않은 어떤 것을 행하는 것을 멈추는 선택, 즉 기꺼이 경험하기의 첫 번째 행동이다.

종종 통증과 장애 내력이 더 오래된 환자들은 자신의 이야기와 융합되어 있고, 통제 의제를 필사적으로 따른다. 그들은 매우 사소한 재촉에도 예민해하고 독선적일 수 있으며, 당신은 지쳐서 통증 환자의 희생 이야기에 동의할 준비가 되어 있는 자신을 발견할 수도 있다. 이 과정은 당신의 사적 사건(예: 짜증, 지루함, 백일몽, '너무 바빠서 이것을 할 수 없어.'와 같은 생각)에 의해 나타날 수도 있다. 쓸모없는 내용에서 벗어나는 방법은 기능을 발견하는 것이다. 가령, 환자와 논쟁하는 대신 당신은 단순히 잠시 멈추고 "이 일이 당신에게 어떤 효과가 있습니까?"라고 물어볼 수도 있다.

환자가 자신의 통증 통제 체계가 효과가 없다는 것을 일시적으로 지각할 수 있을 때가 바로 효과가 없는 통증 제거 · 회피 전략을 지속하는 것의 대안으로 내려놓기 개념을 가져올 때다. 줄다리기(Tug-of-War) 은유(Hayes et al., 1999, p. 109)가 특히 적절한데, 그 이유는 통증 환자가 자신의 통증을 못생긴 괴물로 쉽게 지각할 수 있고, 환자에게 그가 '줄을 집어 드는' 유혹을 받을 때 치료 바깥에서 일상적인 경험을 하는 상황을 인식하는 은유적 도구를 제공하기 때문이다. 투쟁이 나타나는 경우와 내려놓기가 나타나는 경우를 알아차리도록 자기 탐지와 과제 할당을 할 수 있다. 우리 모두는 매일 여러 번 줄을 집어 들고 내려놓을 기회를 갖고 있다.

통제가 문제다

우리는 ACT의 이 구성 요소를 만성 통증 변화 의제라고 이름 붙이고, 그것에 대한 확신을 파헤치기 시작한다. 다음의 회기 축어록은 이를 포함한 과정 일부를 예시한다.

아동기 이후로 소아마비 관련 통증과 연합된 통제 전략을 발달시키기 위해 노력해 온 한 환자가 있다. 청소년 시절 그는 헤로인을 발견하기 전 통증 약들을 시험했었고, 그 후 자동차 사고로 어린 딸을 잃을 때까지 헤로인을 사용했으며, 인생에서 헤로인의 실효성에 대해 의문을 갖기 시작했다. 그는 최근 메타돈 프로그램에 등록되었고, C형 간염과 극도의 통증 없이 걷지 못하는 문제를 교정하기 위해 두 발을 수술하는 것을 포함하여 신체적 및 심리적으로 도전적인 건강 문제들에 직면하였다. 그는 두 달 동안 헤로인을 절제하고 있다고 보고하였다. 이것은 그의 두 번째 절제 노력이었다. 그의 첫 번째 노력은 몇 년 전에 있었는데, 당시 이 년 동안 지속되었고 성공적인 명상 연구를 포함하였다(명상 연구는 초기 ACT 회기의 속도를 높였음). 그는 수리가 필요해 보이는 휠체어를 탄 채 회기에 참석하였다.

치료자: 그래서 당신이 줄을 집어 들거나 그렇게 하고 싶었을 때 무언가를 알아차렸습니까?

환　자: 사실 저는 알아차렸어요. 제가 필요한 것을 얻으려고 작은 방에 들어갈 수 없을 때 집에서 좌절했죠. 제 휠체어는 너무 넓어요. 저는 짜증이 나서 일어나서 스스로 걸어갔어요. 몹시 아팠고, 제가 해 낸 거라곤 통증으로부터 주의를 분산시키기 위해서 심상을 사용한 것뿐이에요. 수년 전, 아마도 아이였을 때 그것을 떠올렸었죠.

치료자: 예. 어떤 심상이었나요?

환　자: 저는 전쟁 포로로 고문을 받고 있다고 상상했어요. 적군 병사들이 저를 베고 있었어요. 날카로운 칼로 제 다리를 얇은 조각으로 베고 있었죠. 그들은 저를 비웃으면서 제 피가 묻은 칼을 제 얼굴에 들이댔어요. 저는 항복하지 않을 것이다, 울지 않을 것이다, 물러서지도 않을 것이라고 스스로에게 계속 말했어요.

치료자: 휴! 확실한 심상이군요.

환　자: 확실한 투쟁이었죠. 저는 휠체어로 돌아가서 앉은 다음 울었어요. 저는 슬픔에 압도되는 것을 느꼈어요. (환자는 울기 시작했다.) 제가 수년 동안 이렇게 해 왔다는 것을 깨달았기 때문이었죠. 아마도 제가 제 발을 손상시켜 왔을 거예요. 그 결과 심지어 수술로도 교정할 수 없어요. 제가 다시 걸을 수 없는 것처럼.

치료자: 그것 참 무척 슬프네요. 그것에 대해 슬퍼할 여지를 만들 수 있나요?

환　자: 그럴 필요가 있다고 생각해요.

치료자: 우리는 여지를 만드는 작업을 할 수 있습니다. 당신은 거기에서 휠체어에 앉아 있는 동안 그밖에 어떤 것을 알아차리게 되었습니까?

환　자: 저는 제 자신을 비판할 준비가 되어 있었다고 생각해요. "망할, 너는 ……했어야만 했어." 이렇게요. 하지만 저는 그렇게 하지 않았어요. 저는 그냥 거기에 앉아서 어린아이였을 때 제 자신을 상상해 봤어요. 박람회나 카니발과 같이 뭔가를 즐길 수 있는 곳에 갈 수 없기 때문에 형제자매들은 저에게 화가 났어요. 엄마는 저를 데리고 가는 일이 너무나 힘들기 때문에 우리가 갈 수 없다고 말했어요. 저는 부끄러웠어요. 저는 거기에서…… 혹은 여기에서 존재하고 싶지 않았어요. 저는 그냥 사라져 버리고 싶었어요. 그 후 저는 마약을 구입하는 방법에 대해 생각하기 시작했어요. 정말로 제가 그것에 대해 생각한 순간 헤로인을 혀로 맛볼 수 있었어요. 그 순간부터 저는 마약을 구하려고 애를 쓸 것이란 걸 알았죠. 그것은 마치 발사된 총이 표적을 맞추지 못했던 것과 같았어요.

치료자: 일단 당신이 헤로인을 사용하는 것에 대해 생각하기 시작했을 때 어떤 정서를 경험했습니까?

환　자: 제 발만 아니라 온몸이 아팠어요. 안 아픈 데가 없었어요. 피부는 벌레가 기어다니고 숨 쉬기 힘들고, 정말이지 통제할 수 없음을 느꼈어요. 저는 어떻게든 감당해 보려고 애썼지만 그렇게 할 수 없었어요.

치료자: 그것을 감당하지 못했을 때 당신은 어떻게 했죠?

환　자: 저는 멈추라고 스스로에게 말했어요. 메타돈 클리닉에서 쫓겨날 수 있거든요.

치료자: 당신은 스스로에게 다소 위협을 했군요. 그것은 효과가 있었습니까?

환　자: 아니요. 제가 시도하면 할수록 제 느낌은 더 악화되고 (헤로인을) 사용하고자 하는 마음은 더욱 강해지는 것 같았어요.

치료의 이 단계에서 전형적인 ACT 연습과 은유 대부분을 만성 통증 전집에 사용할 수 있고, 이 환자에게도 이것들을 사용하였다. 심리 교육 또한 적절하다. 심리 교육에서는 억압과 통제의 함정이 인간의 언어로 만들어졌으며, 이러한 갈등이 자신의 잘못이 아님을 환자에게 이해시키는 데 도움이 된다. 한 예로 다음과 같은 연구 이야기가 있다(이 이야기는 농촌 지역에서 일하고 있는 스페인계 환자에게 적용하기 위해 기록됨).

한 연구가 최근에 수행되었습니다. 실험자는 사람들을 두 집단으로 나누었어요. 각 집단의 참가자들은 한 번에 한 명씩 실험을 위해 방으로 들어왔습니다. 집단 1에서는 실험자가 다음과 같은 질문을 하는 것으로 시작하였습니다.

"당신은 네 개의 다리가 있고 말보다는 작은 당나귀를 알고 있습니까?"

참가자가 그렇다고 답했을 때 실험은 계속되었습니다.

"좋습니다. 이제 저는 당신이 사과 과수원 퍼즐을 함께 만들면서 당신이 말하고 싶은 것은 무엇이든지 소리 내서 말하기를 바랍니다."

실험자는 집단 2 참가자들에게도 한 가지 예외를 제외하고 동일한 지시를 하였습니다. 퍼즐을 함께 만들도록 참가자들에게 요청한 후에 그는 "작업하면서 소리 내서 말하세요. 당나귀란 말을 제외하고 당신이 하고 싶은 말은 다 하세요. 당나귀에 대해서 말하면 안 됩니다. 알겠습니까?" 그런 다음 당신은 환자에게 무슨 일이 일어날지 맞혀 보라고 할 수 있다. 많은 이들은 집단 2 참가자들이 자신의 언어를 통제할 수 있으므로 당나귀에 대해 덜 말했을 것이라고 추측한다. 다른 사람들은 불확실해 한다. 당신은 다음과 같이 계속할 수 있다.

"당나귀에 대해서 말하지 않으려고 애쓰라는 지시를 받은 사람들은 퍼즐 작업을 하는 처음 오 분간은 당나귀에 대해 덜 말했지만 그 후 그들이 당나귀에 대해 말하는 비율은 다른 집단보다 훨씬 더 높았습니다."

다음은 앞 환자와 함께한 동일한 회기의 축어록이다. 그가 마약을 구하기 위해 판매상에게 전화를 했을 때 누나가 집에 찾아 오는 바람에 전화를 끊어야 했다.

환 자: 그래서 저는 연결되어 있다고 생각한 다른 곳에 전화를 했어요. 그러나 누나가 집으로 왔죠. 그녀가 제 오른쪽에 앉는 바람에 누나에게 들리지 않게 말을 할 수가 없었어요. 누나는 단지 뭔가가 잘못되었다는 것을 아는 듯 했어요. 그녀는 직관적이지요. 저는 정말로 죄책감이 들었어요. 누나는 저를 많이 도와줬거든요. 저를 클리닉에 데려다주고 음식과 모든 것을 해 줬어요. 그래서 저는 그냥 전화를 끊었어요. 하지만 저는 정말로 상처를 입었고 지쳐 있어서 고함을 치기 시작했어요.

치료자: 그랬어요? 당신이 울기 시작했군요. 그것은 얼마나 효과가 있었습니까?

환 자: 효과가 있었다고 생각해요. 누나는 제가 말하고 싶은지 물었어요. 저는 아마 그런 것 같다고 말했죠. 누나는 일어나서 차를 내왔어요. 그녀는 차를 마셨어요. 그녀는 매우 친절하고 제 말을 잘 들어줬어요.

치료자: 울고 누나에게 말하는 것은 얼마나 효과가 있었습니까?

환 자: 글쎄요. 저는 약물을 사용하지 않았고 슬픔은 지나갔어요. 그래서 저는 그것이 효과가 있었다고 말하고 싶네요. 제가 당신을 처음 만났을 때 말했던 것처럼 저는 제가 사랑하는 사람들과 정직한 관계를 맺고 싶어요. 그건 제게 중요하거든요.

치료자: 좋아요. 그것은 당신의 인생에 의미를 주는—아마도 그 일은 당신이 통증 및 헤로인과 하는 투쟁을 고귀하게 하는—일이군요. 제가 생각할 수 있는 최선책은 우리 자신을 지치게 만들거나 약물을 사용하지 않으면서 우리가 느낌—고통 혹은 슬픔—을 통제하지 않고 경험하는 것을 배우는 것입니다.

치료자(Patricia Robinson)는 이 환자와 깨끗한 불편과 더러운 불편(Clean and Dirty Discomfort)(Hayes et al., 1999, p. 136)을 논의하기 시작하였다. 자신의 인생을 살아가는 데 치명적인 것은 통증 그 자체가 아니라 해롭게 만드는 통증에 대하여 우리가 행하는 것이다. 이 사례에서 우리는 작은 방에 들어갈 수 없었던 것에 대한 좌절과 이러한 생각과 느낌에서 도피하기 위해 불법 약물을 사용하려고 했던 충동에 여지를 줄 때 경험했던 슬픔에 대한 깨끗한 정서 반응과 더러운 정서 반응을 논의하였다. 우리는 그의 누나가 했던 것처럼 자신에 대해 자비심을 더 많이 갖도록 배우는 일과 그러한 일이 발생할 수 있는 자기의 맥락에 대해서 이야기를 나누었다.

통증을 측정하고 통제하는 것에 초점을 두지 않을 때, 앞 환자가 했던 것처럼 통증 환자는 종종 슬픔을 경험한다. 자신의 경험을 표현하는 그의 방식은 그가 치료의 이 단계를 빠르게 통과하고 있고, 독립성의 결여와 결부된 좌절이 어떻게 회피 행동과 회피 감정을 촉발시키고 있는지 분명히 자각하고 있음을 시사한다. 재빨리 그는 작은 방에 있는 무언가에 도달할 수 없다는 것으로부터 무희망감과 강력하고 의식을 변경하는 물질을 얻는 것에 관한 행동 계획으로 옮겨갔다. 자신의 경험에 대해 말하는 그의 방식은 그가 이미 다음 치료 단계로 옮겨갈 준비가 되었음을 시사하였다.

진행 중인 과정으로서의 탈융합과 자기

진행 속도를 높이기 위해 다소 교육적인 접근을 사용할 수도 있다. 예를 들어, 일차(기술적인) 속성과 이차(평가적) 속성 간의 차이를 주목하는 것이 도움이 된다(즉, 빨간 셔츠/추한 셔츠, 흰 코트를 입은 의사/훌륭한 의사, 따뜻한 감각/살을 도려내는 듯한 감각). 앉을 자리 찾기(Finding A Place to Sit) 은유(Hayes et al., 1999, pp. 152-153)는 정신활동(기술하는 것과 평가하는 것)과 경험(앉아 있기) 간의 차이를 설명하는 데 도움을 줄 수 있다. 자연 인지에 대한 자연주의적 연구는 우리가 자기 평가적으로 생각하는 것의 많은 부분이 부정적임을 나타낸다는 것을 환자가 아는 것도 유용하다.

이와 같은 중재들을 환자 행동과 참여에 연결시키는 것이 가장 좋다. 예를 들어, 당신은 환자에게 인간 경험의 이러한 측면이 어떻게 부정적인 사적 경험의 제거를 통해서 건강하고 행복한 삶을 성취하려는 시도에 도전할 수 있는지 예상해 보라고 할 수 있다. 어떤 환자는 그것들을 탈융합시키기 위해 특정한 연습이 필요하지만 다른 환자는 즉시 뒷걸음치기도 한다. 당신은 환자의 말에 상당한 주의를 기울여서 환자가 탈융합된 언어를 우연히 표현하기 시작할 때를 알아차릴 필요가 있다.

다음 축어록은 앞서 기술된 회기의 마지막 오 분에서 발췌하였다. 이것은 환자가 관찰자 자세로 얼마나 빠르게 이동할 수 있는지를 예로 보여 준다.

치료자: 그러면, 봅시다. 당신은 울면서 어떤 느낌을 회피하기 위해 다시 약물을 사용하는 것에 대해 생각하고 있었지요?

환 자: 부랑자, 게으름뱅이, 불구자처럼 느끼는 것을 피하기 위해서예요. 저는 이렇게 말하고 싶지는 않지만 제 마음속에는 그런 게 있어요. 태어나지 말았어야 하는 사람, 실수, 괴물과 같은 거요.

치료자: 당신이 지금 그것을 이야기했을 때 어떤 느낌이 들었나요?

환 자: 저는 슬퍼요. 슬프기만 해요. 만일 이것이 이치에 맞는다면, 제 마음에 대해서 거의 낙담하게 되지만 저에 대해서는 아니에요.

치료자: 제게는 일리가 있군요. 당신은 자신의 슬픔을 느끼고 있지만 그것을 다르게 느끼고 있는 것 같군요…… 더 많은 수용과 자비심을 갖고서 말이죠.

환 자: 예, 그것은 효과가 있어요. 하지만 저는 그것을 어떻게 유지해야 할지 몰라요. 그것을 잃어버리고 다시 갈등에 빠질까 두려워요. 저는 정말이지 나쁜 도피 패턴을 갖고 있었어요. 저는 다시 그것을 잃고 싶지 않아요.

치료자: 당신은 두려운 느낌을 위해 여지를 줄 수 있나요?

환 자: 당신도 알다시피 저는 두려움이 슬픔보다 제게 더 고통스럽다고 여겨져요. 슬픔은 지켜볼 수 있어요. 두려움은 저를 꼼짝 못하게 해요.

치료자: 우리 함께 꼼짝 못하게 되는 것을 지켜봅시다. 그렇게 해 볼까요? 그것을 응시합시다. 당신은 나쁜 도피 패턴을 갖고 있고, 당신은 그것으로 되돌아가는 것을 두려워하는 거죠? 당신의 마음은 또 뭐라고 말하고 있죠?

치료의 이 단계 동안 환자의 말을 경청하면서 뜨거운 생각, 감정 및 경험의 목록

이 될 수도 있는 환자 마음의 내용을 탐구하고, 이것들을 글로 적어서 나중에 "이것에 대해서 당신이 관찰자 수준을 취할 수 없는 점은 어떤 것인가요?"라고 물어보면서 한 번에 하나씩 환자에게 건네주라. 더 불안한 환자에게는 이완 훈련과 횡격막 호흡 훈련을 수용 전략과 결합시켜 사용할 수 있다.

BOSE 절차에서(Robinson, 1996) 환자는, 첫째, 이완된 방법으로 숨을 쉬고(Breathe), 둘째, 정신 활동을 관찰하고(Observe), 셋째, (작은 종이 조각에 쓰인 뜨거운 생각의 그릇에서 뜨거운 생각 하나를 꺼내면서) 정신 활동과 정서 활동을 자극하고(Stimulate) 그리고 넷째, 자신의 사적 경험을 껴안는다(Embrace). 버스에 탄 승객(Passengers on the Bus)(Hayes et al., 1999, pp. 157-158) 혹은 "우유, 우유, 우유"(Hayes et al., 1999, pp. 154-156)와 같은 탈융합 연습이 이 단계에서 유용하지만, 그것들은 통증 그 자체에 맞게 수정되어야 한다(예: 당신은 "우유, 우유, 우유"로 시작할 수도 있으나 "통증, 통증, 통증"으로 옮겨가야만 한다. 그러한 수정의 경험적인 결과를 보려면 Masuda et al., in press 참조).

많은 만성 통증 환자는 강력한 이유 대기 패턴을 지니고 있으며, 이런 문자적인 생각의 만연한 영향력을 파헤치는 일은 더 힘들다. 이 환자들이 자신의 이유들을 알아차리게 하는 것과 그 이유들이 효과적일 때 그것들을 사용하고, 그 이유들이 효과적이지 않을 때 정신적인 덜컹거림을 자각하는 것을 배우는 것이 중요하다. 다음은 근골격계 통증을 겪고 있으며, 제공자들이 기저 상태를 탐지하여 치료하는 데 실패했다는 믿음으로 모든 정상적인 활동에서 의학적인 조언을 철회한 환자를 치료하는 과정 중 한 회기의 축어록이다. 그녀의 잘 확립된 사회적 망이 그녀 주변에 모여 있었고, 그녀는 점차 더욱 무능해졌다.

치료자: 그래서 당신은 오늘 아침 이웃 사람과 산책할 계획을 세웠지만 하지 않았군요.

환　자: 예, 저는 뻣뻣해지면서 다리가 아팠어요. 저는 그녀와 연못 주변을 돌 수 없을지도 모른다고 생각했어요. 그것은 0.8km예요.

치료자: 당신이 연못을 돌 수 없을지도 모르고 다리가 아파서 가지 않았군요. 다른 이유가 있나요?

환　자: 아니요, 그렇게 생각하지 않아요.

치료자: 누군가 다른 사람이 산책하러 가지 않을 수도 있는 어떤 이유에 대해 생각할 수 있을까요?

환 자: 몰라요. 아마도 그들은 피곤하거나…… 자신이 걷기로 계획했던 사람과 함께 가고 싶지 않았을 수도 있죠.

치료자: 좋아요. 당신에게도 그런 이유가 있었습니까?

환 자: 아니요.

치료자: 당신은 그것들이 타당한 이유라고 생각하나요?

환 자: 그렇게 생각해요.

치료자: 산책하는 것에 대하여 좋은 이유가 아닌 어떤 이유를 생각할 수 있습니까?

환 자: 좋지 않은 이유요? 음…… 저는 게으른 것이 좋지 않은 이유라고 생각해요.

치료자: 당신은 게으르면서도 산책할 수 있나요?

환 자: 그렇죠.

치료자: 그리고 당신은 피곤하면서도 산책할 수 있나요?

환 자: 그렇게 생각해요. 요점이 뭐죠?

치료자: 글쎄요. 우리의 마음은 정말 이유를 잘 대는 것 같습니다. 우리는 어떤 것은 좋아하고 훌륭하다고 생각하며, 다른 것은 나쁘다고 평가하죠. 아마도 이유들이 정말로 어떤 일이 일어나게 하거나 일어나지 않게 만드는 것이 아니라 때때로 그것들이 하는 생각에 우리가 속아 넘어갑니다……. 우리가 어떤 일을 하는 이유를 설명할 때 이유들은 실제보다 더 강력한 것처럼 보인다는 점을 생각해 보세요.

마음과 함께 산책하기(Take Your Mind for a Walk) 연습(Hayes et al., 1999, pp. 162-163)은 마음이 그것의 모든 활동에 하나 이상의 이유를 생성하도록 환자에게 요구하여 환자의 이유 대기 탐구를 돕는 데 적용할 수 있다. 이것은 보통 만성 통증 환자의 삶에서 흔히 나타나는 끝없는 이유 대기를 관찰하는 과정에 약간의 빛을 가져다준다.

맥락으로서의 자기

치료의 이 단계에서는 모든 부정적인 짐을 동반한 통증이 무해한 방식으로 경험될 수 있는 자리가 있음을 만성 통증 환자가 아는 것이 목적이다. 이것은 표준 ACT 은유와 경험적 연습(예: 관찰자 연습과 체스판 은유, Hayes et al., 1999, pp. 190-196)을 통해 주로 수행된다. 종종 환자는 치료의 이 단계 동안 자신에 관해서 더 큰 유머 감각과 빛을 나타낸다. 통증 발병과 관련된 외상적 손상 내력이 환자는 종종 관찰자 연습에서 이익을 얻는 것으로 여겨지며, 더욱더 집중적인 작업을 하려면 깡통 괴물 연습과 결합될 수 있다(Hayes et al., 1999, pp. 171-174). 내담자가 지탱할 수 있는 보다 더 견고한 장소를 구했다면, 기꺼이 경험하기를 종종 치료 맥락 밖 매일 매일의 경험에서 자발적으로 활용한다.

가치두기

가치는 오래 기간에 걸쳐 조정되고 지시된 행동을 지지한다. 가치는 구체적인 목표보다 더 추상적이고 전반적인 것이며, 목표와는 달리 영원히 달성될 수 없다. 가치에 기반을 둔 행동 변화는 목표에 기반을 둔 행동 변화보다 더 오랜 시간 지속되는 경향이 있다.

만성 통증 환자는 종종 몇 가지 이유로 가치를 논의하는 데 갈등을 빚는다. 한 가지 이유는 이러한 논의가 슬픔과 통증을 포함하는 강한 정서적 반응을 유발할 수 있다는 점이다. 만성 통증 환자는 자신이 관심을 가지고 있는 것과 자신이 매일 살아가는 방법 간에 커다란 불일치를 경험하고 있다. 더욱이 그들은 종종 가치와 정서 간의 차이에 대하여 혼란스러워 한다. 많은 환자가 통증이나 우울과 같은 사적 경험이 가치 있는 방식으로 살아가는 것을 불가능하게 한다고 믿는다. 마름모 무늬 양말(The Argyle Socks) 연습(Hayes et al., 1999, pp. 211-212)은 환자에게 느낌이 가치의 장애물이 아니란 생각, 즉 사람은 가치와 불일치하는 느낌을 지닐 수 있고 가치와 일치하는 방식으로 계속해서 행동할 수 있다는 생각을 위협적이지 않은 방식으로 소개하기 때문에 환자에게 도움이 될 수 있다.

표준 ACT 훈련은 선택과 판단 사이의 차이를 경험하는 데 사용할 수 있다. 선택, 결정 및 책임은 가치 작업에서 중요하며, 특히 자신의 행동에 대해 부정할 수 없을 정도로 많은 훌륭한 이유를 가지고 있는 통증 환자의 경우에 그러하다. 만성 통증 환자의 본질은 통증 지적에 의한 행동(혹은 그것의 결여)의 정당화다. 이 용어에 숨겨진 의미는 다음과 같이 심하게 손상되고 비효과적인 가정이다.

> "통증이 존재하는 경우 사람은 밖으로 나가서 자신의 삶을 제대로 살아갈 수 없다. 통증은 건강한 삶이 가정하는 것과는 정반대다."

결국 통증 환자는 자신의 '통제, 제거 및 정당화' 대처 모형을 책임지는 것 혹은 완전히 다른 어떤 것에 참여하는 것 사이에서 선택해야만 할 것이다. 삶의 가치를 밀접하게 유지한다는 이름 아래 새로운 선택을 하는 것은 이러한 변화로 향하는 길이다.

가치 작업은 종종 치료 초기에 간단한 방법으로 행해지며, 치료 후반부에 더욱 심도 있게 다루어진다. 가치 작업은 만성 통증을 경험한지 얼마 안 된 환자에게는 더욱 빠르게 진행되고, 만성 통증을 오랫동안 겪어 온 환자에게는 천천히 진행된다. 다음 기록은 과수원에서 사고를 당해서 다리를 못 쓰게 된 만성 통증 환자와 네 번째 만남에서 일어난 일이다. 그는 이제껏 농업에만 종사하였다.

치료자: 그래서 이상적인 세계에서는 당신이 일을 해서 가족을 부양할 수 있게 되겠군요. 당신은 어떤 일을 하기를 원합니까?

환 자: 저는 육체적인 일을 하고 싶어요. 하지만 저는 이제 들판에서 일할 수는 없습니다. 저는 세상을 더 좋게 만드는 어떤 일을 하고 싶습니다.

치료자: 그래서 당신은 육체를 사용하여 실내에서 일하면서 돈을 벌고 세상을 더 좋은 곳으로 만들길 원하는군요. 당신은 가족들을 부양할 수 있게 될 거고요.

환 자: 예. 저는 이러한 클리닉에서 일할 수 있도록 영어를 더 잘하고 싶어요.

치료자: 스페인어와 영어를 구사하는 것은 멋진 일이죠. 만일 당신이 영어로 말하는 것을 더 많이 배운다면 이러한 클리닉에서 무엇을 할 거라고 상상합니까?

환 자: 이곳을 청소할 수 있어요. 그건 의사들에게 좋은 일이죠. 저는 열심히 일하는 사람입니다.

치료자: 알겠습니다. 좋아요. 이제는 당신이 고용주 및 직장 동료들과 맺게 될 관계에 대해 말해 주세요.

환 자: 저는 제 시간에 일하러 와서 제가 하도록 명령 받은 일을 할 것입니다. 저는 즐거운 표정을 하고 불평을 하지 않을 겁니다.

치료자: 일할 때 통증이 더 심해진다면 어떻게 하시겠습니까?

환 자: 저는 그것을 알아차릴 겁니다. 저는 통증을 제 마음인 수프 그릇에 넣고 계속해서 일할 것입니다.

치료자: 다른 방법은요?

환 자: 저는 무언가 다른 것을 해 보려고 시도할 거예요. 휴식, 천천히 하기 혹은 다른 방식으로 일을 하지요.

치료자: 당신이 이러한 일을 못하게 막는 것이 무엇이라고 생각합니까?

환 자: 잘 모르겠습니다. 아마도 제가 이 일을 할 수 없다, 통증이 너무나 심하다, 의사들이 나를 충분히 강하게 만드는 데 실패했다는 생각이라고 여깁니다.

치료자: 만일 당신이 그렇게 생각하고 있다면 당신은 이러한 생각을 모두 그릇에 넣고 이를 받아들인 다음 계속해서 일을 할 수 있나요?

환 자: 잘 모르겠습니다. 제가 원하는 선택은 그것이에요.

우리가 가치 평가를 완료하고 목표 설정을 시작하면, ACT 마지막 단계를 다루기 위해 기술 결함(예: 주장, 언어, 직업 훈련, 문제 해결 등)을 확인하게 될 것이다.

전념 행동 패턴 확립하기

치료의 이번 단계에서 당신은 통증 경험을 기꺼이 경험하는 것을 지지하고, 환자의 있는 모습 그대로를 수용하게 하고, 더욱더 의미 있는 인생을 만드는 데 필요한 행동 변화를 만드는 것을 만성 통증 환자와 구체적으로 작업한다. 변함없이 가치 있는 인생 방향으로 나아가는 것은 수많은 낡은 촉발 요인을 가져올 것이다. 이러한 행동 유형은 원치 않는 생각, 느낌 및 감각을 자극할 뿐만 아니라 환자의 이야기의 진실성을 직접적으로 위협한다.

많은 표준 ACT 훈련(시선 접촉, 부랑자 Joe 은유, 뜀뛰기 은유, 늪지대 은유)이 이 단계에서 매우 유용하다. FEAR[생각과의 융합(Fusion), 경험의 평가(Evaluation), 경험 회피(Avoidance), 행동에 이유 대기(Reason giving)]과 ACT[반응을 받아들이고 현존하라(Accept your reactions and be present), 가치 있는 방향을 선택하라(Choose a valued direction), 행동을 취하라(Take action)] 알고리즘은 환자가 행동을 변화시키는 노력을 지속하게 해 준다. 임상적 필요성에 맞게 행동 기술 훈련을 표준적인 방식으로 사용한다. 또한 치료 말미에 사랑하는 사람들을 포함시켜 환자에게 격려를 해 주어야만 하며, 지지 체계의 구성원들을 위해 치료를 요약해 준다(예: 그들에게 FEAR과 ACT 알고리즘을 가르치기).

집단 및 교실 적용

개인 치료에서 사용된 모든 은유와 연습을 집단 치료에서도 사용할 수 있다(제14장 참조). 집단 구성원들은 연습에서 각자와 파트너가 될 수 있고, 더 많은 글로 작성된 유인물을 사용할 수 있다. 여전히 개별 숙제를 부여할 수 있고, 다음 모임에서 추적 조사한다. 집단은 사회적으로 고립되어 있고 오랫동안 무능력해진 만성 통증 환자들에 대해 개인 치료 이상의 이점을 제공하고 있다. 만성 통증에서 아주 만연된 고립의 심리학은 그런 환자들로 하여금 자신의 통증이 그 누구보다도 심하여 결과적으로 아무도 자신의 통증을 다루기가 얼마나 힘든지 이해하지 못할 것이라고 믿게 만든다는 것이다. 이와 동일한 믿음을 가지고 있는 만성 통증 환자들로 가득한 공간에 들어오는 것이야말로 일부 환자에게는 진정 충격적인 경험일 수 있다.

임상적 고려 사항

만성 통증 환자는 어떤 심리 치료에 참여하건 수많은 장애물을 만난다. 전형적으로 환자는 종종 행동 건강 제공자가 없는 의료 장면을 맞닥뜨린다. 환자의 통증에 반응하는 의료 제공자는 종종 통증의 대안 이론들, 통증을 줄이려는 기업의 요구, 아편 처방을 권장하는 데 열을 올리는 제약회사 직원에 의해 영향을 받는다. 치료를 추구하는 처음 몇 년 동안 통증 통제 전략에 대한 만성 통증 환자의 믿음은 의료 제공자와의 상호작용에 의해서 그리고 환자가 전형적으로 받는 수많은 절차와 약물 치료에 대한 반응으로 얻는 단기적인 이득의 경험에 의해서 강화될 수도 있다. 대부분의 환자는 통증과 능력 장애를 경험한 지 몇 달 후가 아니라 몇 년이 지나서야 심리치료를 받으러 온다. 많은 환자는 치료에 대해 반응하지 않는 것과 의학적 중재에 더 잘 반응하는 다른 문제를 가진 환자들의 치료를 선호하는 제공자들의 좌절로 인해 건강관리 시스템을 이것저것 따져 본다. 효과적인 다학제 간 통증 치료 프로그램에 의뢰될 만큼 충분히 운이 좋은 경우, 다수의 환자는 기나긴 대기자 명단에 이름을 올려야 하고 의료 보험의 혜택을 받지 못하고 다양한 의료 제공자 간의 진료 협조를 기대할 수 없다. 이러한 장애물은 건강관리 시스템의 변화에 의해 검토되어야 한다. 그런 다음 ACT 치료가 대규모의 환자에게 보급될 수 있다.

개인 만성 통증 환자 수준에서는 성공적인 치료를 가로막는 다수의 흔한 장애물이 있다. 첫 번째 장애물은 결과 측정에 대한 실패다. 만성 통증 환자는 규칙적인 결과 평가에 의해 지지된 구체적인 피드백에서 많은 이익을 얻는다. 이와 더불어 당신은 환자의 실패에 대한 낮은 역치와 환자가 처음에 정신적 요인에 대한 중요성을 간과하는 경향성 때문에 만성 통증 환자를 치료하는 데 재빨리 적응해야 한다.

두 번째 장애물은 협력 관계를 발달시키는 데 실패하는 것이다. 도전적인 대인 관계 특징으로 인해 만성 통증 환자는 실제로 의존성에 상당히 초점을 두므로 ACT 치료 관계의 상당히 평등적인 특질은 혼란스러울 수 있다. 치료자로서 우리는 환자에게 '올바른' 대처 방법이 무엇인지 말하지 않는다. 그것은 환자의 직접적인 경험과의 접촉에 바탕을 두고 환자가 직접 선택하는 것이다. 더불어 만성 통증 환자는 과제 활동을 수행하는 데 실패할 수도 있으며, 상당한 과민성을 드러낼 수도 있다. 그러므로 당신은 치료 과정에서 관계 형성에 상당한 주의를 기울여야 한다. 치료 관계가 얼마나 효과적인지를 반영하는 질문을 다음과 같이 해 볼 수 있다.

> "오늘 당신의 관심사를 다루었습니까? 이해받지 못한다고 느꼈습니까? 오늘 일어난 일이나 일어나지 않은 일에 대해 실망했습니까?"

이러한 질문 유형에 대한 환자의 대답은 치료 과정에서 나타나는 관계 쟁점을 탐지하고 해결할 수 있게 해 주는 중요한 정보를 당신에게 제공해 줄 수 있다.

세 번째 장애물은 치료에 대한 환자의 동기다. 몇몇 만성 통증 연구 집단은 임상 및 비용 성과를 최적화하기 위해 환자들과 치료법들을 짝지우려는 노력의 일환으로 환자들을 집단으로 묶는 접근법을 개발하는 데 노력을 기울이고 있다. 이러한 노력에는 숙고 전, 숙고, 행동 및 유지로 구성된 범주에 따라 환자를 분류하는 통증 변화 단계 질문지(Pain Stages of Change Questionnaire: PSOCQ)(Kerns et al., 1997)가 포함된다. 이러한 접근법이 통증 자기 관리 프로그램(Kerns & Rosenberg, 2000)에서 초기 탈락 위험성이 있는 환자들을 확인하는 데 유망하다는 것이 일부 밝혀졌다. 탈락률 예측이 연구자들에게는 중요한 반면, 실무자는 탈락률을 막을 임상적 해결책이 필요하다. 이 글을 쓰는 지금 그러한 기술은 아직 존재하지 않는다.

많은 환자들은 자신의 건강과 정신건강 관리 결과에 의해 아주 의기소침해져서 치료에 대해 긍정적인 기대를 거의 하지 않고 있다. 환자는 ACT 치료자를 진정한 치료 자원으로서가 아니라 시간 손실이나 능력 장애에 대한 혜택을 얻는 데 도움이 되는 존재로 여길 수도 있다. 이것은 몇 가지 방식으로 다룰 수 있다. 먼저 능력 장애 결정 서비스는 다른 전문가에 의해 다루어질 필요가 있다. 당신의 역할은 삶의 질을 개선하기 위해 변화하는 데 도움을 주는 것이어야 한다. 그렇지만 경제적인 보상과 관련된 서비스의 이용 가능한 자원에 대해서는 정보를 제공할 수 있다. 만성 통증 증후군과 관련된 경제적 문제를 해결한 대부분의 환자가 계속해서 낮은 삶의 질로 고통받고 있다는 점을 연구가 보여 주고 있음을 지적할 필요가 있다. ACT는 통증이 지속되건 말건, 환자가 고통으로 보상을 받건 말건 간에 환자가 높은 삶의 질을 얻게 해 줄 수 있는 일련의 방법들이다.

ACT 치료의 마지막 장애물은 치료자가 통증을 '마음에 있는 모든 것'으로 보고 있음을 환자가 알게 되는 것이다. 모든 통증은 사실이며 몸과 마음에서 일어난다고 말함으로써 미리 이 점을 알려야만 한다. 대부분의 만성 통증 환자는 더 큰 자기 수용에 필요한 기술을 배우면서 정기적으로 이 점을 확인받을 필요가 있다. 사실상 많은 통증 환자들은 만성적인 통증 문제가 자신이 상처 입었고, 세상의 다른 사람들과 다르다는 것을 증명해 주는 것이라고 믿고 있다. 통증 경험의 실제와 그것이 창조하는 세계관을 타당화하는 것은 다음과 같은 ACT 철학에 대한 나의 해석이다. "당신은 바라는 곳에서가 아니라 존재하는 곳에서만 시작할 수 있다."

또 다른 잠재적인 임상적 쟁점은 만성 통증 환자가 종종 부적절한 사회적 지지 자원을 갖고 있다는 것이며, 이것은 가능한 한 빨리 다룰 필요가 있다. 환자에게 ACT 훈련을 응원해 줄 사람을 찾으라고 요청하는 것이 도움이 될 수 있다. 이것이 불가능할 때 환자의 1차 진료 제공자가 이러한 역할을 할 수 있으며, ACT 치료가 진행될 때 환자를 정기적(1~2주마다)으로 짧은 시간(5~10분) 동안 만남으로써 지지해 줄 수 있을 것이다. 가족의 경우 의도가 좋을지도 모르지만, 실제로 환자가 ACT 치료 과정에서 성공하는 것을 방해할 수도 있다. 그러한 이유로 회기에 배우자나 보호자를 데려오는 것이 도움이 될 수 있다. 그러한 회기에서는 ACT에 대해 개관해 주고 환자에 대한 지지에 관하여 구체적인 제안을 해 줄 수 있다. 목표는 만성 통증 행동을 강화하는 대신 제거보다는 수용에 초점을 두고 통증과 함께 건강한 인생을 구축하도록 가치에 기반을 둔 행동을 사용하면서 쓸모없는 투쟁을 내려놓는 것에 대한 ACT 핵심 메시지를 촉진하는 방식으로 활성화된 환자의 환경에서 자연스러운 지지를 얻는 것이다.

아동 만성 통증에 대한 수용전념치료

아동 통증에 대한 ACT 작업에는 몇 가지 주요한 차이점이 있다. 아동의 언어적 추상화 수준은 낮고(아동의 나이에 기반을 둠), 통증 경험은 보다 더 직접적이다. 성인의 특징인 다층적인 평가적 생각과 만성 통증 '심리'가 아동에게는 없다. 아동은 보통 통증을 통제하고 제거하기 위한 주요 전략으로 외현적인 행동 회피(체육 수업에 참여하지 않기, 집에 드러누워 있기, 사회 활동 제한하기)에 상당히 의존한다. 시간이 지나면 통증 제거나 통제에 초점을 두는 일이 매우 제한적인 행동 패턴으로 나타나며, 아동은 인생에서 가치 있는 활동과 접촉할 기회를 잃게 된다. 아동은 삶에 대해 전반적으로 불행하다고 보고할 것이며, 정서장애 증상(예: 슬픔, 분노, 활동에 대한 흥미 상실, 친구들로부터 철수, 성적 저하)을 나타낼 수도 있다. 그렇지만 성인 환자와 마찬가지로 아동은 이 모든 것을 만성 통증 상태로 귀인시키며, 통증을 제거하는 것이 불행을 교정하는 유일한 방법이라고 믿는다. 아동의 낮은 언어 능력 수준이 ACT를 수행하는 데 반드시 중요한 문제는 아니지만, 당신은 창조적이고 더욱 융통성 있는 방식으로 아동과 의사소통을 할 필요가 있다(제10장 참조).

아동 통증에 대한 ACT 작업에서 두 번째 주요한 차이점은 부모가 아동의 삶을 상당히 통제하고 있으며, 아동이 고통을 겪는 것을 기꺼이 보려고 하지 않기 때문에 종종 의도적으로 혹은 의도치 않게 회피 행동을 강화한다는 점이다. 부모는 만성 통증을 겪는 성인 전집에서 보게 되는 통증 및 통증 통제에 관한 신념(즉, 치료 목표는 통증의 원인을 찾아서 그것을 제거하는 것이다, 통증이 나타나는 동안에는 제 기능을 다 할 수 없다.)을 많이 지니고 있다. 실제로 진료실에는 종종 한 번에 두세 명의 내담자(즉, 통증 환자, 엄마, 아빠)가 있기 때문에 이것은 아동 통증에 대한 ACT 작업을 좀 더 복잡하게 만든다.

임상적 중재

아동과 부모 모두 통증에서 신체에 초점을 두고 치료받으러 오기 때문에(즉, 의학적으로 무언가 잘못된 점이 반드시 있으므로 목표는 그것이 무엇인지 찾아내는 것이다.)

ACT 팀의 모든 구성원은 다음과 같은 영역에서 동일한 철학을 공유하는 것이 필수적이다. 그 영역으로는 통증과 능력 장애의 기원, ACT 치료의 최종 목표, 각 환자에게 가장 성공적인 ACT 중재가 포함된다. 치료 팀은 의료 및 행동 건강 스태프 모두 심층적인 의학적 평가나 추가적인 약물 전략에 대한 부모의 요구를 거절하는 데 동의해야만 하는 상황에 흔히 직면할 것이다. 이러한 유형의 밀접한 협조는 새로운 증상이 나타날 때 혹은 가족이 또 다른 가능한 '치료'를 발견했을 때 필수적이다.

통제가 문제다

아동과 가족 구성원들에 대한 초기 평가를 수행하는 경우, 목표는 어떤 활동이나 추구를 회피하고 있는지, 이러한 회피의 가정된 원인은 무엇인지 그리고 아동의 삶에서 치른 대가는 무엇인지에 대한 이해를 확립하는 것이다. 이것은 이전에 언급했던 "당신은 무엇을 시도했습니까? 그것은 얼마나 효과가 있었습니까? 그것은 당신에게 어떤 대가를 치렀습니까?" 접근과 유사하지만, 시작할 때는 보다 피상적인 방식으로 행해지고 그다음에는 가치와 목표 작업이 수행된 후에 재검토된다. 아동과 부모(혹은 '코치'로 활동하는 다른 성인들) 모두 우리가 아동의 가족, 사회 및 학교 맥락에서 대체로 확립되고 강화된 일반적인 회피 패턴을 대상으로 작업하고 있음을 이해하는 것이 중요하다. 이것은 그 자체로 탈융합의 한 형태다. 아동에게는 이러한 생각을 더 구체적으로 만들어 주는 것이 도움이 된다. 예를 들어, 당신은 '통증' '걱정' '슬픔' '실망' '친구 없음' 등의 이름이 붙은 '케이크'를 그릴 수도 있다. 일부 조각에 대한 불쾌한 반응은 그 자체로 '원하지 않아'와 같은 조각이 될 수 있다. 일반적인 패턴에 더 많은 초점을 두기 위해서 전체 케이크에 이름을 붙이는 것이 도움이 될 수 있다. 즉, 아동과 부모는 통증 경험, 통증에 대한 정서적 반응, 행동 회피 등에 관해 말하기 위해 '불쾌감'이라는 용어를 사용하는 데 동의할 수도 있다. 목표는 부모와 아동이 한정된 의학적 원인에 따른 단순한 지각적 경험으로부터 통증을 겪지 않으려는 지각, 생각, 정서 및 행동을 통합한 패턴으로 통증의 정의를 넓히는 것이다.

가치두기와 전념 행동 패턴 구축하기

아동, 특히 매우 어린 아동은 추상적인 의미로 가치를 개념화하기가 어렵다. 당신은 아동이 하고 싶어 하는 '재미있는' 혹은 '멋진' 일에 대해 물어봄으로써 매우 구체적으로 시도해야만 한다. 만성 통증을 겪는 아동에게 신체 활동이야말로 흔히 마음 속에 떠오르는 가장 구체적이면서도 분명한 목표다. 왜냐하면 대부분의 행동 회피는 신체 행동의 영역에 있기 때문이다. 그래서 아동은 '자전거를 타고 학교에 가기' 혹은 '댄스 수업에 참여하기'와 같은 목표를 선택할 수도 있다. 권한 부여는 이러한 과정에 필수적인 부분이며, 특히 아동을 대상으로 할 때 그러하다. 아동이 구체적인 목표를 통해 성공을 경험할 때 그것은 통증과 통증이 아동의 삶에서 할 수 있는(혹은 할 수 없는) 역할에 대한 전반적인 시각에 도움을 준다. 추가 가치에 기반을 둔 목표는 종종 더 간단한 목표를 성공한 후 일어난다.

일부 환자에게는 미래에 대해 계획을 세우고 생각하는 것(즉, 가치와 미래의 꿈을 논의하는 것)이 특히 어려울 수 있다. 이 경우 다음과 같은 질문을 던질 수도 있다.

> "아침에 일어났을 때 요정이 네 침대에 앉아 통증이 사라지고, 다시는 통증을 겪게 되지 않을 것이라고 약속한다면 네 삶은 어떻게 될까?"

종종 이러한 질문은 아동이 통증을 통제하려는 시도로 최근에 회피하고 있는 많은 잠재적인 가치 있는 행동을 이끌어 낼 것이다.

장애물 탈융합하기

버스에 탄 괴물(Monsters on the Bus) 은유의 변형은 탈융합을 더 구체적으로 만드는 데 사용할 수 있다. 이 버전에서 '통증 괴물'은 아동이 오른쪽에 있는 많은 재미와 즐거운 일들을 포기하여 '왼쪽으로 향하길'(통증이 없는 방향으로) 원한다. 일단 아동이 그것을 이해하면 당신은 "오늘은 누가 결정했니? 너니 아니면 통증 괴물이니?"라고 물어볼 수 있다. 이것은 통제에 기반한 생각에서 탈융합하는 방식이며, 매일 매일이 선택이라는 생각을 촉진시킨다.

창조적 무희망감 작업은 우리가 아동의 가치와 목표를 명료화한 후에 발생하는 경향이 있다. 더욱 구체적인 과정이 도움이 된다. 예를 들어, [그림 13-1]에 제시된 것과 같은 시각적 은유를 플립 차트나 지우는 것이 가능한 칠판에 그려서 사용할 수 있다. 우리는 아동이 중요하다고 여기는 가치 있거나 멋진 일(예: 친구 만나기)을 함께 이야기하면서 통증이나 통증의 위험을 포함하고 있는 모든 것을 표시한다. 그다음 아동이 이런 것들을 하기 위하여 통증과 함께 수행할 필요가 있다고 생각한 것이 무엇인지를 살펴보게 되는데, 이것은 거의 항상 통증이 없거나 통증을 감소시키려는 목표로 되돌아간다([그림 13-1]에서 왼쪽을 향하고 있는 화살표). 다음으로 이러한 것을 성취하게 하는 것이 무엇인지를 기록한다(예: 약, 의학적 검사와 치료, 행동 회피 등). (종종 상당한) 이러한 영역에서 아동의 노력을 타당화한 후 우리는 노력의 장 · 단기적 결과를 살펴본다.

거의 항상 단기적 노력은 정적인 반면 장기적 노력은 중성적이거나 부적이다. 사람들이 종종 단기적인 정적 효과를 보면서 어떤 일을 계속 수행할 때 우리는 효과의 그러한 지속성을 타당화한다. 동시에 우리는 장기적인 효과에 주목하고, 만일 무언가 새로운 것이 필요한지 물어본다. 그다음 우리는 검토된 가치 있는 행동을 검토하고, 어느 것이 신체 통증이나 통증의 위험을 유발할 것인지 고려한다. 일반적으로 아

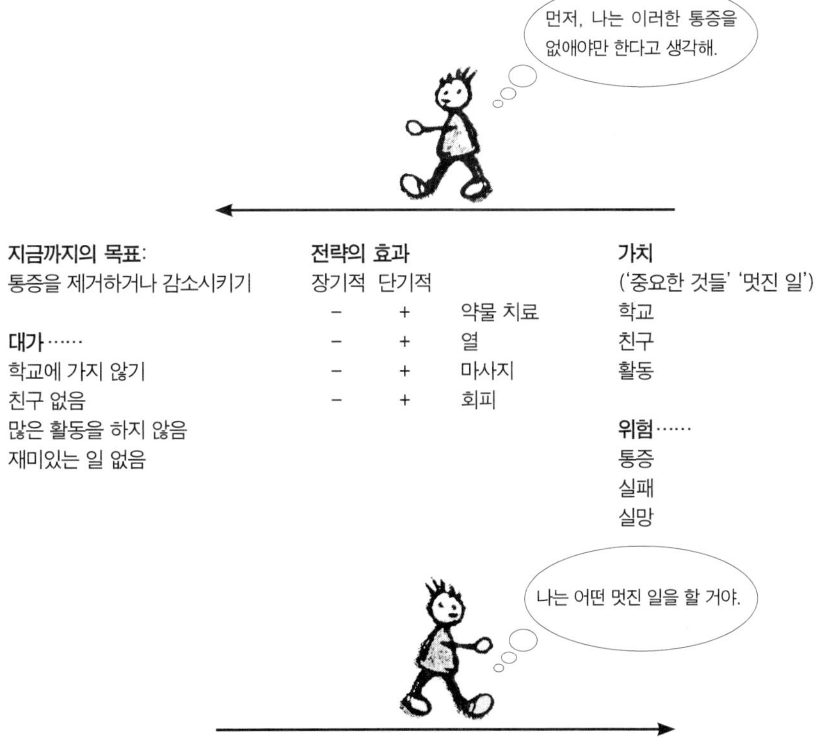

그림 13-1 아동이 가치를 향해 나아가기와 통증을 우선 제거하려고 시도하기 사이의 차이를 알아차리는 방법에 대한 예

동은 현재 상황에서 '통증 없음'과 '중요하고 재미있는 일' 둘 다를 얻는 것이 불가능하다고 결론 내린다. 이에 근거하여 우리는 어느 방향으로 갈 것인지에 대한 선택을 계속 논의할 수 있다. 당신은 통증 괴물이 원하는 방향으로 갈 것인가 아니면 당신이 원하는 방향으로 갈 것인가? 이것은 부모와 아동의 핵심 쟁점에 대한 이해를 공고히 해 주며, 치료팀에 속한 모든 사람이 동일한 양식의 ACT와 일치하는 언어를 사용하여 의사소통할 수 있게 해 준다.

직접적인 맥락적 중재

아동은 자신이 살고 있는 사회 체계에 상당히 의존한다. ACT의 맥락적인 철학 토대는 아동을 둘러싸고 있는 가족, 사회 및 교육 환경이 동원되어야 함을 제안한다. 부모는 자녀가 통증을 겪고 있는 것을 볼 때 고통스럽다. 게다가 많은 상황은 아동이 독립적이거나 자신의 행동에 책임을 질 것으로 기대하지 않는다. 부모는 자녀에 개입하고 보호하기 위해 사회화되며, 이러한 양육 역할은 사회에 의해 정적으로 강화된다(예: 좋은 부모 되기, 자녀 지켜 주기). 부모는 아동과 마찬가지로 통증에 대한 신념과 통증에 대한 정서 반응에 융합된다. 따라서 당신은 치료에 부모(혹은 기타 중요한 성인)를 포함시켜야 하는데, 어린 아동에게 특히 그러하다.

부모와 작업하는 한 가지 방식은 딸이나 아들에게 코치하는 법을 배우도록 요구하는 것이다. 당신은 일반적으로 부모 되기가 쉽지 않고, 아들이나 딸이 통증을 많이 겪을 때 어려움 수준이 상당히 증가함을 강조해야만 한다. 대부분의 부모는 이에 대한 반응으로 '옳은 것'을 행하기를 바라지만, 처음 볼 때는 옳은 것(통증 제거를 도와줌)이 나중에는 잘못된 것이 될 수도 있다. ACT 관점으로 보면, 부모가 통과해야 할 주요 장애물은 자녀가 지속적인 통증을 겪을 때 자연스럽게 발생하는 다양한 생각 및 감정과의 융합이다. 통증을 겪고 있는 자녀를 코칭하는 것은 다음과 같은 두려움과 다양한 부정적이면서 자극적인 생각을 유발한다. 그것들에는 이 비의학적인 접근법이 효과가 있을까 하는 불확실성, 자신의 코칭이 최선의 선택인지 혹은 자신이 잠시 동안의 통증 · 고통을 완화해 주는 것들(학교에 가지 않고 집에 남아 있기, 휠체어 사용하기)을 허락하지 않는 나쁜 부모인지에 대한 의심이 포함된다. 그것이 생성하는 이러한 불쾌감과 경험적 회피는 부모를 위한 다양한 ACT 수용 및 탈융합 중재를 사용하여 표적으로 삼을 수 있다(제10장 참조). 이렇게 함으로써 우리는 부모가 통증이 존재하는 곳에서 심리적 유연성과 행동적 유연성을 증가시키도록 도와준다. 또한 이것은 부모로 하여금 가치 있는 삶의 성과를 지지해 주면서 동시에 자녀가 처한 상황을 더욱더 공감할 수 있게 해 준다.

부모 코칭에서 주된 강조점은 통증과 관련된 행동(즉, 신체 활동을 할 때 항상 부모의 도움을 필요로 하기, 휠체어 사용하기, 학교에서 혹은 방과 후 신체 활동의 결여, 학교에 가지 않고 집에 남아 있기)으로부터 아동의 독립성을 키울 수 있도록 장려하는 것이다. 한 발 물러서서 아동이 통증을 그 자체로 바라볼 수 있게 해 주면서 동시에 아동이 '재미있고' '멋진' 일을 하도록 코칭하는 동안 ACT는 일종의 심리적인 자유를 제공해 준다.

만성 통증을 지지하는 것보다 가치 있는 성과를 촉진하는 그러한 체계의 지지를 받을 수 있게 아동을 가르치는 것이 유용하다. 예를 들어, 당신은 "부모님께서 너를 어떻게 지지해 주시길 바라니?"라고 물어볼 수도 있다. 이것은 엄마나 아빠에게 "제가 무서워하거나 혹은 다칠 수 있는 일을 해야 할 때 저를 도와주세요."라고 요청하면서 도움을 줄 부모(혹은 친구)를 '모집하는 것'의 장단점에 대한 수많은 생각과 논의를 산출할 것이다. 동일한 일을 친구들도 수행할 수 있다.

아동의 성장에 도움을 줄 수 있도록 자주 협력해야 할 또 다른 사회 체계는 학교다. 학교에 개입하는 것은 민감한 문제가 될 수 있다. 보통 만일 만성 통증이 학교와 관련된 결과가 존재한다면(예: 아동이 통증 관련 거부로 체육 수업에서 낮은 성적을 얻는 것) 관여하는 것이 이치에 맞는다. 주요 목적은 학교 상담자와 부모, 아동이 진술된 가치와 목표를 달성하는 데 도움이 되는 행동에 동의하도록 하는 것이다. 이것은 아동이 도움 받을 수 있는 비공식적인 ACT 코치로 상담자나 교사가 그 역할을 할 것을 확인하는 것을 포함한다. 이러한 자연스러운 도움을 줌으로써 우리는 아동 환경의 맥락적인 특질을 직접적으로 변경할 수 있고, 이것은 행동 회피가 아니라 가치 있는 행동으로 통증에 반응하여 아동의 지속적인 성공에 영향을 끼치는 것 같다.

결론

만성 통증 분야에서는 '나는 급성 통증 환자로 시작하지 않은 만성 통증 환자를 만나본 적이 없다.'라는 격언이 있다. 이것은 우리에게 매우 중요한 것을 시사한다.

손상과 통증에 대한 생물의학적 개념은 때로는 실제로 만성 통증 증후군을 야기할 수도 있는 관리 모형을 이끈다. 건강관리 체계로서 우리는 통증을 호소하는 환자에게 통증에 대처할 수 있는 작동 가능한 체제를 제공하지 못하고 있다. 우리 문화에 널리 퍼져 있는 '좋은 느낌을 추구하는 주의(feel goodism)' 철학 대신에 아마도 우리는 의료 체계와 처음 접촉하는 시기에 ACT 메시지를 통합해야만 할 것이다(제12장 참조). 그 과정이 시작되는 통증 사건은 항상 존재하며, 그것은 환자에게 가르침이 가능한 순간이다. 예를 들어, 자동차 사고로 몇 주 동안 근골격계 통증과 싸우고 있는 환자에게는 통증 경험을 수용하고, 어느 정도까지 통증을 관리하는 행동 접근 전략을 사용하며, 인생의 가치 있는 영역에서 기능을 지속하는 데 분명한 전념을 유지하도록 초기에 권한을 부여해 줄 수도 있다.

제14장

집단 형식의 수용전념치료

Robyn D. Walser, Jacqueline Pistorello

이 책에서 수용전념치료(Acceptance and Commitment Therapy: ACT) 재료들과 쟁점들이 개인치료와 집단 중재 맥락에서 논의되었지만, ACT가 집단 형식으로 수행될 때 발생하는 특별한 고려 사항에 대해서는 아무런 특별한 초점도 두지 않았다. 집단 형식으로 ACT를 실시하는 것은 실제로 어떤 식으로는 그 효과성을 강화할 수도 있고 이러한 가정을 지지하는 임상적 문헌도 발달되고 있음을 믿을 만한 많은 이유가 존재한다. 그럼에도 집단에 ACT를 적용할 시에 주의해야 할 여러 쟁점이 있다. 몇 년 동안 저자들은 다양한 임상 장면과 환자 전집을 대상으로 ACT 집단들의 개발과 적용에 관여해 왔다. 이 장의 목표는 다음과 같다.

- 집단에 ACT를 적용할 시 초점을 둔 과거와 현재 노력 요약하기
- 집단 형식에서 ACT 운영의 이점 확인하기
- ACT 집단을 시작하기 전 고려해야 할 쟁점 강조하기
- 집단 형식에서 ACT 특수적인 과정 논의하기
- 각각의 ACT 핵심 영역이 집단 작업에 적용되는 방법 기술하기

집단 형식으로 적용된 수용전념치료에 관한 선행 연구

집단 형식으로 ACT를 구체적으로 평가한 몇몇 연구가 최근에 출판되었고(예: Bond & Bunce, 2000; Hayes, Bissett, Kohlenberg, Roget, Niccolls, Pistorello, Fisher, & Masuda, in press; Zettle, 2003; Zettle & Rains, 1989), 몇몇 추가 연구가 최근 연구 중이거나 완성되어 검토 중에 있다. ACT가 집단으로 다룬 문제들의 범위는 인상적이다. 이러한 연구나 진행 중인 프로젝트가 표적으로 다루는 것은 물질 남용(Bissett, 2002; Hayes, Wilson, Bissett, Gifford, Piasecki, Batten, Byrd, & Gregg, in press), 금연(Gifford, Kohlenberg, Hayes, Antonuccio, Piasecki, Rasmussen-Hall, & Palm, in press), 스트레스(Bond & Bunce, 2000; Huxter, 2003), 불안(Block, 2002; Karekla, 2003; Zettle, 2003), 우울(Folke & Parling, 2004; Zettle & Rains, 1989), 외상(Follette & Pistorello, 1991; Orsillo & Block, 2003; Walser, Westrup, Loew, Gregg, & Rogers, 2002; Walser, Westrup, Rogers, Gregg, & Loew, 2003), 의학적 질병에 대한 대처(Gregg, 2004; Páez, Luciano, Gutiérrez, Montesinos, & Gómez, 2003), 학업 실패 위험(Wilson, 2003), 일반적인 대학 적응 문제(Pistorello & Leonard, 2003), 만성 통증(Ederyd, 2003), 상담자 낙인, 편견 및 소진(Hayes et al., in press) 및 장애 아동의 문제에 대한 부모의 대처(Blackledge, 2004)다. ACT 집단은 아동 및 청소년에게 적용되어 오고 있고(Murrell & Wilson, 2003; Lundgren, Mansson, & Dahl, 2003), 개인 치료와 혼합되어 이용되고 있다(예: Bissett, 2002; Gifford, 2003). 집단 치료는 몇 시간으로 이루어진 단일 회기부터(예: Blackledge, 2004; Hayes et al., 2003) 몇 주 이상의 여러 번의 회기까지(예: Zettle & Rains, 1989) 범위가 다양하다. 일반적으로 이러한 접근은 때때로 경험적으로 지지된 대안보다 더 효과적이었다(예: Bond & Bunce, 2000). ACT 집단이 ACT 모형에 의해 예측된 과정을 통해서 효과를 양산하고 있다는 일관된 증거가 존재한다(예: Bond & Bunce, 2000; Gifford et al., in press; Hayes et al., in press; Zettle & Rains, 1989).

집단 형식으로 수용전념치료를 적용할 때의 이점

집단 장면에서 ACT를 적용할 때 이점은 많다.

첫째, ACT는 상호작용 과정, 특히 경험적인 연습과 은유, 정보 청취 논의에 아주 적합하다. 비록 집단에서는 내담자 각자가 자신의 개별 여행을 하고 있는데도 집단이 보다 더 유용한 점 중 한 가지는 경험을 한 후 다른 내담자들의 경험을 청취하는 것이다. 대안적인 견해뿐만 아니라 집단 구성원들이 같이 참여한 내담자들로부터 지지와 타당화를 받을 기회를 제공하면서 반응은 모아질 수도 갈라질 수도 있다. 예를 들어, 어떤 ACT 중재에서는 내담자들에게 아이처럼 자신에게 말하는 것을 상상하라고 요청한다. 내담자들에게 그 아이가 지금 자신에게 요구한 것, 즉 아이가 원하거나 필요로 하는 것을 하라고 격려한다. 이 연습은 일부 내담자에게는 정서적으로 어려울 수도 있으므로 갈등하고 있는 내담자에게 집단 과정이 긍정적인 경험을 촉진시켜 줄 수도 있다. 최근 어느 집단에서 한 내담자는 '그녀가 필요한 것을 그 아이에게 주는 것'(이 경우 주기적으로 일어났던 아동기 성적 학대로부터의 안전)이 불가능하였지만, 그녀는 자신의 아이를 안심시켜 준 또 다른 생존자가 자신은 항상 스스로를 의지하였고 결국에는 '좋은' 결과를 얻었다고 말하는 것을 들었다. 나중에 첫 번째 내담자는 이러한 설명을 들은 것이 자신에게 '그녀의 아이와 함께 서 있기' 방법을 제공해 주었다고 하였다.

둘째, 집단 참가자들이 ACT 재료를 시행하는 데 도움을 줄 수 있다. ACT의 어떤 개념은 이해하기 어려울 수도 있다. 서로 다른 내담자들은 서로 다른 방식으로 정보를 이해할 것이다. 종종 다른 사람들은 그 재료를 어떻게 이해했는지 들어봄으로써 특히 집단이 상이한 통찰 수준을 지닌 구성원들로 구성되었을 때 개인의 쟁점을 명료화할 수 있다. 때때로 다른 집단 구성원에 의해 자발적으로 제안된 은유나 심상이 치료자가 제공한 원래의 중재보다 더 나은 효과를 보이기도 한다. 만일 집단 과정에서 제기되는 해석이 ACT와 일치한다면 이러한 상호작용 과정은 ACT 치료자가 특정 집단이나 하위 집단에 적절한 언어를 채택하게 할 수 있다.

셋째, 다른 사람이 자신보다 '열중할' 때 인정하기가 더 쉽다. 따라서 집단 작업은 더 '객관적인' 피드백을 받는 장을 제공한다. 흔히 ACT에서 사용되는 은유는 자신의 '소리굽쇠'를 연마하는 것이다. 즉, 수용, 탈융합 및 가치 있는 행동의 심리적 맥락이 확립되었을 때와 그렇지 않을 때를 탐지할 수 있는 것이다. 이것은 집단 구성원들에게는 어려운 과제일 수 있는데, 그 이유는 그들이 매우 자동적인 경험적 회피 패턴을 고정시켜 놓고 있기 때문이다. 이러한 행동이 집단에서 발생할 경우, 비효과적인 행동 패턴을 더욱더 자기 자각하게 되는 것이 흔히 일어나는 성과다.

넷째, 집단은 매우 강력한 중재를 위한 밑거름을 제공한다. 남들이 기꺼이 경험하기 연습에 참여하고 그 연습에 대해 생각을 표현하는 것을 보는 것은 내담자로 하여금 용기와 동기를 심어줄 수 있다. 많은 두려움과 부정적인 생각에 사회적으로 시선이 쏠리므로 집단 장면은 부정적인 내용을 자극하면서 동시에 수용과 탈융합을 위한 사회적 맥락을 창출할 수 있다. 또한 집단 장면은 자신의 가치에 공적인 전념을 하기 위한 사회적인 맥락을 제공한다(알려져 있는 가치에 대한 ACT 과정을 보려면 Hayes, Rosenfarb, Wulfert, Munt, Zettle 참조).

다섯째, 내담자들은 기꺼이 경험하기를 실천하면서 같이 참여한 사람들과 함께 '드러내기'를 표현할 기회를 지니며, 이것은 일종의 모델링과 노출 기능을 한다. ACT 집단에서 내담자는 방어하는 일 없이 정서적 경험을 표현하게 된다. 이런 맥락에서 내담자는 다른 사람들 앞에서 정서적 내용이 단지 내용에 그칠 뿐 '위험'하거나 '삶을 위협하는' 것이 아님을 깨달을 수 있다. 남들 앞에서 취약해지기와 같이 무언가 다른 행동을 하는 것은 말대로 밧줄 없이 절벽을 뛰어내리는 것과 같은 느낌일 수 있다. 그렇지만 내담자는 '죽음'이 일어나지 않고, 위험을 감수한 채 존재할 수 있음을 경험적으로 배운다. 집단 맥락은 다른 사람들을 관찰하고 다른 사람들에 의해 정서적인 지지를 받음으로써 그런 믿음의 도약을 향해 나아가도록 개인들을 가볍게 건드려 준다는 점에서 유용하다.

수용전념치료 집단을 시작하기 전 고려 사항

집단 촉진자 선정하기, 집단 모임의 길이, 구조 및 빈도 결정하기, 집단 자체의 구성을 결정하는 것은 물론 개인치료 회기를 언제 어떻게 통합할 것인지를 결정하는 것을 포함하여 ACT 집단을 시작하는 데에는 필요한 요인이 많다. 우리는 이러한 각각의 쟁점을 자세하게 검토하고자 한다.

촉진자: 양과 질

ACT 집단을 촉진하는 사람은 먼저 한 번 이상 집중적인 ACT 훈련 워크숍에 참석해야만 하며, 개인치료 형식으로 ACT를 시행한 경험이 있어야 한다. 창조적 무희망감에서 가치에 이르기까지 ACT와 관련된 쟁점을 충분히 다루어 본 경험과 필요한 순간에 제공할 핵심 과정을 가져올 수 있는 능력이 중요하다. 그러한 훈련을 받는 동안에 경험한 취약성은 집단 촉진자가 집단 구성원이 경험할 수도 있는 정서, 생각 및 평가와 '현존'할 수 있게 해 준다.

경험이 많은 ACT 치료자는 확실히 혼자 집단을 운영할 수 있다. 그럼에도 두 명으로 구성된 팀은 ACT 관련 집단 과정을 더욱더 효과적으로 추적할 수 있게 해 준다. 부가적으로 두 명의 ACT 치료자는 작은 오류가 있을 때도 ACT와 일치하는 방향으로 집단을 나아갈 수 있게 해 준다.

촉진자: 동의서

내담자는 물론 촉진자 중 한 명이 수련 중인 자이거나 비교적 ACT에 친숙하지 않은 경험 많은 치료자라면 촉진자에게도 동의서 쟁점이 존재한다. 이 집단은 집단 구성원들은 물론 촉진자도 환기를 경험할 수 있다. 우리는 '정서적 흔들림' 수준에서 대처 기술 집단을 운영하는 촉진자 대 ACT 집단을 운영하는 촉진자에서 극적인 차이가 있음을 발견하였다. ACT를 수행하는 촉진자는 내담자들과 마찬가지로 수많은 고통스러운 정서와 함께 '앉아 있으라.'는 요구를 받는다. 정서적 고통에서 내담자를 '구조'하지 않는 것은 촉진자에게 매우 불편할 수 있다. 따라서 촉진자는 참여에 동의하기 전에 그들이 경험하게 될 것에 대해 알고 있어야만 한다.

집중 워크숍 또는 매주 치료

ACT가 종종 개인치료 형식으로 수행되고 있음에도 ACT 치료자 훈련을 위해 선호되는 모델은 집단 형식으로 집중적인 임상 슈퍼비전이 뒤따르는 집중적인 집단 워크숍이다(Strosahl, Hayes, Bergan, & Romano, 1998). ACT 훈련 워크숍은 전형적으로 강력하고 개인적으로 관련된 경험적인 집단 형식(보통 약 25시간의 실제 훈련)을 포함한다. 이 형식은 참가자에게 강력한 영향을 끼칠 수 있으며 '만일 이것이 임상가에게 효과가 있다면 내담자에게는 왜 효과가 없겠는가?'라는 질문을 불러일으킨다. 일부 실무자들은 워크숍 형식을 ACT 집단에 적용하려고 시도하였다. 우리는 내담자들에게 전체 워크숍 프로토콜을 시행한 연구에 대해서는 아는 바가 없지만, 단축 종일 버전은 사용되어 오고 있다(Blackledge, 2004; Gregg, 2004; Hayes et al., 2003). 이러한 예비 연구 결과는 긍정적이었고, 의심할 나위 없이 이 모형을 탐구하는 더 많은 연구가 수행될 것이다.

워크숍 형식을 수행할지 혹은 매주 형식을 수행할지를 결정하는 임상가는 논리적이고 윤리적 · 법적인 요인을 고려해야만 한다. 첫 번째 고려할 점은 치료 순응이다. 만일 내담자가 종일 워크숍에 매력을 느낀다면, 그는 전체 치료를 완수할 가능성이 있다. 그렇지만 만일 ACT 집단이 매주 시행된다면, 집단치료 내용에 의해 촉발된 논리적 쟁점이나 정서적 회피로 인해 의심할 여지없이 탈락자가 발생할 것이다. 집중적인 워크숍을 내담자들과 함께 수행하면서 사람들은 '산산이 부서질'지도 모르고 정서적으로 동요될 수도 있는 잠재성과 같이 치료 맥락에 따라서 윤리적이고 법적인 우려가 존재할 수도 있다. 이런 논쟁의 시기에 실무자들은 '관습적이고 일상적인' 매주 모임에 포함되지 않는 치료를 수행하는 것에 관심을 보일 수도 있고, 그것에 의해 스스로를 소송에 말려들게 할 수도 있다. 잠재적 참가자들에 대한 신중한 선별, 상세한 동의 과정 및 동료들의 체계적인 지원이 적절한 예방법이 될 수 있을 것이다.

집단치료 대 집단치료+개인치료

ACT 집단은 집단치료만 혹은 개인 심리치료(전형적인 개인 ACT)와 혼합되어 운영되고 있다. 한정된 자원을 고려할 때 후자가 더 높은 치료 용량 때문에 선호될 것이라고 가설을 세워볼 수 있지만, 여기에는 경험적인 의문점이 남는다. 개인 ACT 치료에 집단을 추가하여 가치를 평가한 연구는 없고, 그 반대도 없다. 일부 다른 현대 행동치료(예: DBT, Linehan, 1993)와 달리 ACT는 개인 형식과 집단 형식에서 제시하는 재료를 구분하지 않는다. 그렇지만 어떤 ACT 연습은 집단 형식에 더 적합하고, 어떤 혼합된 프로토콜은 특정 ACT 내용을 전달하기 위해 집단 모형을 사용하였다(예: Gifford et al., in press).

만일 집단치료와 개인치료를 동시에 수행한다면, 두 형식에 포함된 재료가 전체가 아니라 부분적으로 겹치는 것이 가치가 있다. 일부 연습이나 쟁점은 집단에서만 엄격하게 사용될 수도 있으므로 내담자는 각각의 형식이 독특한 역할을 지니고 있음을 이해한다. 동시에 집단치료 내용과 개인치료 내용 간의 연속성을 유지하는 것은 이해하기 더 힘든 ACT 운동의 일부를 강화시킬 것이다. 개인치료에 집단치료를 추가할 것인지 결정할 때 고려해야 할 몇 가지 의문점으로는 "더 많은 치료 용량이 유익할 것인가?" "자원은 한정되었는가?" "표적 집단이 집단의 추가로 이익을 얻을 것인가(예: 내담자들은 낙인찍히거나 상이하거나 고립된다고 느끼는가)?" "당신은 스스로 내담자와의 개인 회기를 시간을 낭비하는 것이라고 생각하는가?" "집단 프로그램 운영을 지원하기에 적절한 내담자가 유입되고 있는가?" 등이 있다.

집단치료와 개인치료 결합하기: 순서와 분리

내담자들은 종종 치료 초기에 집단 참여를 보류한다. 그런 경우 개인치료에서 ACT 개념을 내담자에게 노출시키는 동안 치료적 협력을 구축하는 것이 도움이 될 수 있다. 만연된 경험 회피를 하는 개인은 특히 높은 집중을 요하는 집단 검토에 압도될 수도 있다. 개인치료 모형에서 ACT 경험은 집단 참여에 대한 내담자의 두려움을 완화시킬 수 있다. 우리는 처음에 개인치료에서 ACT를 제공한 다음 재료를 보다 철저하게 다루는 집단에 내담자들을 참여시키는 것이 매우 성공적이었다(Pistorello & Leonard, 2003).

ACT 집단을 개인치료에 들어가기 전에 사용할 수 있다. 이 모형은 특히 단기 ACT 집단이나 워크숍 또는 좀 더 제한적인 초점을 두는 집단 ACT 중재(예: 자기 낙인 다루기, 치료 참여에 대한 장애물 다루기)에 적합하다. 실제로 이런 ACT 집단은 다른 모형의 개인치료와 쉽게 결합될 수 있었다.

집단 구성

일반적인 치료 집단을 운영하면서 촉진자들은 종종 성격장애가 있는 내담자를 포함하지 않거나 현재 문제로 동질 집단을 구성하는 것과 같이 집단 구성에서 강한 선호를 표현한다. 일반적으로 만연한 경험적 회피와 인지적 융합, 특히 자신의 통증과 밀접한 접촉을 하는 사람은 ACT 집단 작업에 우수한 후보자다. 우리는 전형적으로

ACT가 인간의 고통을 이끄는 보편적인 과정을 다루는 데 더 많은 관심을 두고 있기 때문에 환자의 진단에 기반을 두고 구분하지 않는다.

중요한 개인적인 개방의 정서적인 여파에 대처할 내적 자원을 거의 갖고 있지 않은 개인에게는 집단 내 개방을 조심스럽게 진행하도록 가르쳐 준다. 이런 신중함은 다음과 같은 기술을 이용하여 전달해야 한다. 즉, 내담자는 자신이 어떤 식으로든 '상처'를 입었거나 '무능력'하다는 메시지를 듣고 싶어 하지 않는다. 어떤 내담자들은 초기 치료 단계에서 중요한 정서적 개방에 의해 압도될 수도 있다. 따라서 내담자에게 즉각적인 대처 자원을 갖추어 주는 집단 과정에 가장 잘 참여하는 방법을 가르치는 것이 유용하다고 생각한다.

집단 구조와 형식

ACT는 다양한 임상가 선호, 내담자 및 치료 맥락에 적용할 수 있다. 그렇지만 다음의 각각의 내용 영역 구축과 함께 특정한 윤곽을 따른다. 임상가는 반드시 ACT 교재에서 기술된 그대로의 형식을 따를 필요는 없다. 유연하게 사용하면 된다. 연구에서 대부분의 ACT 집단은 폐쇄 집단이었다. 즉, 개인들이 서로 다른 시기에 시작하는 것은 허락되지 않았고, 집단은 특정 회기 수로 구성되었다. 맥락(예: 입원 환자 병동)에 따라서 또는 개인이 이전에 ACT를 경험한 적이 있다면, 개방 등록 집단을 선택할 수도 있다. 우리는 최근에 개방 등록 집단의 실행 계획을 작업하고 있고, 그것의 성공에 대하여 희망적이다.

개방 집단 내 도전 중 한 가지는 구 집단 구성원과 신규 집단 구성원 모두의 요구를 충족시키면서 필수적인 ACT 재료를 각 회기에 집어넣은 것이다. 예를 들어, 만일 '통제가 문제다.'가 이전 회기에서 다루어졌다면, 새로운 구성원이 '경험적 수용' 개념을 재빨리 이해하기란 어려울 수도 있을 것이다. 일반적으로 각 집단에 몇 가지 ACT 과정의 요소를 포함시키는 것, 이어지는 회기에서 방법과 초점을 순환시키는 것이 도움이 될 수도 있겠지만, 아직 이 쟁점에 대해 확고한 지침을 제공하는 연구는 없다. ACT 집단을 시작하기 전에 그 집단이 폐쇄 집단일지 개방 집단일지 그리고 매뉴얼을 따를 것인지 말 것인지를 결정할 필요가 있다. 집단 중재 시기가 시행만큼이나 중요할 수 있음을 깨달을 만큼 충분히 융통성이 있어야 하고, 치료자인 당신은 각 회기에서 다룰 주제의 윤곽을 구성해야만 한다.

집단 구조의 또 다른 측면은 길이다. 우리는 흔히 ACT 집단을 90분과 세 시간 형식으로 운영해 왔다. 흥미롭게도 내담자 중 어느 누구도 집단 회기가 너무 길다고 불평한 사람이 없었다. 일반적으로 치료 말미에 내담자들은 집단 길이가 '아주 적절했다.'고 보고하였다.

ACT 집단은 융통적일 수 있지만, ACT를 정의하는 핵심 과정(즉, 수용, 탈융합, 현재 순간과의 접촉, 맥락으로서의 자기, 전념 행동 패턴 구축) 중 어느 하나라도 등한시하는 집단 모형을 창출하지 않는 것이 중요하다. ACT 모형의 모든 구성 요소는 집단 적용에 적절한 것으로 여겨지며, 어느 구성 요소를 제외시킬 적절한 이론적 근거가 없다면 집단 과정에서는 모든 구성 요소를 고려해야만 한다.

수용전념치료 집단 운영하기

단계 설정하기: 동의서

과정에 전념하기와 모든 집단에 참여하기

우리는 집단 작업, 특히 폐쇄 집단에서 빠뜨린 회기가 문제를 창출할 수 있음을 발견하였다. 내담자는 자신이 결석한 동안 집단이 중요한 방법을 진행한 것처럼 느낄 수도 있다. 이것은 특히 강력한 경험적 연습이 수행되었을 때와 집단이 당장의 재료나 쟁점과 특별하게 연관되어 있다고 느꼈을 때 나타날 수 있다. 비록 다른 집단 구성원들에게 지난주에 일어났던 일을 요약해 보게 하는 것이 선택인데도, 종종 다른 집단치료에서도 사용하는 이 언어적 보고는 ACT가 경험에 기반한 행동 변화에 초점을 두는 것과 맞지 않는다. 대부분의 치료에서와 마찬가지로 내담자가 회기에 지속적으로 참석할 수 없는지 알아보아야 한다. 이러한 결석 임계점은 다른 집단들보다 ACT에서 더 낮은 것 같다. 따라서 내담자에게 매 회기 참석에 전념토록 하는 것이 최고의 해결책으로 보인다. 촉진자들과 함께한 자리에서 집단의 내용과 형식을 내담자에게 설명해 주는 개별적인 집단 접수 면담에서부터 집단에 대한 이러한 전념을 시작하는 것이 좋다. 개별 접수 면담 동안 내담자는 이 집단이 매우 경험적이고 불편함이 일어나며 집단 과정에 대한 전념이 필수적임을 이해해야만 한다.

우리가 전념을 증진시키기 위해 사용하는 전략은 두 가지다. 하나의 전략은 ACT

집단이 연속적으로 구축되고 이런 의미에서 요구가 더 많아진다는 것과 내담자는 그런 도전에 준비가 되어 있다면 단지 전념하는 일만 남아 있다는 것을 설명하는 것이다. 또 다른 전략은 내담자가 왜 그런 도전적인 과정에 참여해야만 하는지에 대해 논쟁에 내담자를 초대하는 '악마의 변호인(devil's advocate)' 전념 전략(Linehan, 1993a)을 사용하는 것이다. 이것은 세련된 전략으로서 가장 잘 사용되고 있으며, 촉진자들은 집단 참여에 반하여 강제로 논쟁해서는 안 된다.

구출 한계

때때로 내담자나 촉진자들은 사회적 기준에 의해 갈등하거나 '점점 악화되는' 것으로 보이는 집단 구성원을 구해 주려는 충동이 강할 것이다. 심지어 고통이 경험적으로 회피했던 재료와 접촉한 결과인 경우에도 그렇다. 일반적으로 구출은 권장할 만한 일이 아니므로 동의서 작성 시 자기 자신이나 다른 사람들에 의해 경험하는 불편함이 일어날 수도 있음을 내담자에게 알리는 것이 현명하다. 구출과 안심에 대한 제지는 "집단은 모든 구성원에게 개방적이고 수용적이고 안전한 장소를 만들어 줄 것이다."라는 말로 설명되어야 한다. 고통을 겪고 있는 누군가를 구출하는 것은 집단 내 다른 내담자들이 상처가 너무 심하여 그 상처의 느낌 그대로를 느낄 수 없다는 메시지를 우연히 전달할 수 있다.

호전되기 전에 어떻게 악화되는지에 대해 이야기하기

미래의 집단 구성원들에게 종종 호전되기 전에 악화될 수도 있다는 사실과 다른 사람들도 같은 경험을 할 수도 있다고 말해 줄 필요가 있다. ACT는 환기시키는 접근일 수 있다. 만일 회피를 포기하면 이전에 회피했던 것들을 일반적으로 경험하게 될 것이다.

처음부터 모든 것을 제대로 알지 못함 - 이것은 만들어 가는 이야기임

어떤 내담자는 치료의 모든 단계가 처음부터 분명히 서술되어 있지 않으면 어떤 고통을 느낄 수도 있다. ACT 모형의 모든 부분이 초기 회기에서 제시되지 않고, 어떤 ACT 전략은 잘 확립된 통제 전략을 파헤치는 것(예: 치료자가 "만일 당신이 그것을 이해했다고 생각한다면 그것은 이해한 것이 아닙니다."라고 말하는 것)을 포함하고 있기 때문에 우리는 내담자에게 "당신은 우리에게 장난치고 있습니까?"라고 물어보라고 한다. 이러한 반응은 다른 단계에서 나타나기도 하지만 창조적 무희망감 중재 동안에서야 표면화되는 경향이 있다. 예를 들어, 처음에 통제를 감추는 것이 문제인 경우, 어떤 내담자들은 "내가 어떻게 이런 식으로 감정을 견딜 수 있겠어요?"라고 물을 것이다. 개별 작업에서는 이러한 잃어버린 고리들을 보다 쉽게 다룰 수 있지만, 집단에서는 그런 의심을 공개적으로 말로 표현하지 못할 수도 있다. 그러므로 집단에게 치료에 참여할 의사가 있는지 물어보는 것은 자신이 '희롱당하고 있다.'는 생각을 만들어 내거나 받아들이는 것을 방지할 수 있다. 내담자들에게는 집단에 참여하고 있는 동안 특히 시작 시에 약간의 혼란과 함께 가만히 있으라는 요구를 받을 수도 있음을 미리 알려야 한다.

집단에서 경험적인 연습하기

치료자는 도전적이고 때로는 흔치 않은—치료의 '정상적인' 정의에 들어맞지 않는—활동에 참여할 의사가 있는지 내담자에게 물어볼 필요가 있다. 그러한 연습들은 도움을 주기 위해 고안되었음을 내담자들에게 상기시켜라. 내담자의 내력과 현재 제시된 문제(예: 외상 내력)를 고려하여 연습이 위험한 것이 아니고 눈을 감는 것이 포함되기는 하지만 이것은 최면이 아님을 고지할 필요가 있다. 자기 자신과 다른 사람들을 위해 경험적인 연습 과정을 존중하도록 하라.

집단 구성원들과 '한 배'에 타기

집단에서 사적인 갈등을 논하는 일은 매우 어렵고도 두려운 일일 수 있다. 이것은 다른 집단과도 다를 바 없지만, ACT는 어느 정도까지는 다른 유형의 참여를 요구한다. 내담자들은 자신이 매우 경험적인 치료에 참여할 것이라는 고지를 들으며, 이것이 집단 구성원들의 불안 수준을 높일 수 있다. 첫 회기 동안 개인으로서 그리고 집단으로서 효과를 얻기 위해 이렇게 할 의도가 생기도록 내담자들을 격려하라. 또한 촉진자들은 내담자들이 물어보는 것에 대해 동일한 개방성을 보여 주면서 자신의 의도와 관심사를 표현해야 한다.

집단 구성원들이 존재하는 그곳에 있도록 내버려 두라

ACT 집단에서는 각 구성원들이 동료 여행자들과 함께 있으면서 개별적인 여행을 해 나갈 기회를 제공해 준다는 것을 각 내담자가 알도록 해 주는 일이 중요하다. 그러므로 집단 구성원 각자가 자신의 사적인 문제들에 관하여, 다른 사람들보다 '기대고자' 하는 면이 더 많은 점에 관하여 서로 입장이 다르다는 것을 존중해 주는 것이 중요하다. 일반적으로 우리는 첫 회기에 내담자들이 다른 집단 구성원들을 평가하는 데 외현적으로 초점을 두고 있는지 알아보게 하고, 만일 그렇다면 "이렇게 하는 것이 나에게 무슨 도움이 될까?"라는 질문을 부드럽게 해 보라고 요청한다. 탈융합 연습이 치료에 소개되므로 이러한 사회적 비교 또한 ACT 탈융합 중재들을 사용하여 다룰 수 있다(예: "만일 당신이 다른 사람들과 비교하는 생각을 하고 있음을 스스로 발견한다면, 그런 생각을 하는 당신의 마음에 고마워하세요").

수용전념치료 관점에서 본 집단 역동과 과정

ACT 집단 작업 과정은 경험적 회피와 인지적 융합을 증진시키는 사회-언어적 공동체의 측면을 파헤치는 데 초점을 두고 있다. 이 요인은 ACT 집단을 수행하는 데 특히 중요한데, 집단 맥락 그 자체가 바로 구성원들에 대하여 꽤 예측 가능한 영향력을 발휘하는 사회적 공동체이기 때문이다.

과정에 대한 가정

ACT 집단들을 수행하는 데 작용하는 몇 가지 가정이 있다. 첫째, 모든 사건은 ACT 방앗간을 위한 곡물이다. 내담자가 드러내는 어떠한 정서 반응도 '괜찮으며', 강렬한 정서는 종종 강력한 집단 작업에서 이용될 수도 있다. 그 자체가 방해물이 되는 사건(예: 내담자가 일어나서 나가길 원함)은 보통 분명히 발생될 필요가 있는 것이며, 과정의 일부로서 수용되고 탈융합되고 경험될 수 있다. 따라서 ACT와 일치하는 조망으로 집단 사건들을 재빨리 개념화하고 반응하려면 집단 촉진자들이 ACT 철학과 접근법에 정통하는 것이 중요하다. 둘째, 초점을 그때-저기가 아니라 지금-여기에 맞추어야 한다(예: "지금 무엇이 떠오르나요?" "당신은 바로 지금 그것과 기꺼이 함께 하고 싶습니까?"). 셋째, 초점을 진행 중인 과정으로서의 사건들을 경험하는 것에 두어야지, 그것들에 '관하여 이야기하는 것'에 두어서는 안 된다. 이것들을 구분하기 위하여 ACT 촉진자들은 공개적인 혹은 사적인 경험과의 직접적이고 탈융합되고 수용하는 접촉을 위한 '소리굽쇠'를 개발할 필요가 있다. 목표는 '사건에 대해서 말하는 것으로서가 아니라 그것들이 존재하는 그대로' 사건을 접하는 것이다. 다시 말해서 목표는 사건과의 접촉에서 어떤 것도 더하거나 빼지 말고 경험되는 그대로 경험을 접하는 것이다.

집단 체크인

많은 전통적인 집단 회기는 '체크인' 활동과 함께 시작한다. 여기에서 각 내담자는 자신이 보낸 한 주를 개관한다. 따라서 이전에 집단 경험이 있는 내담자들은 체크인이 있을 거라는 기대를 가지고 집단에 들어올 수 있다. ACT 집단에서는 이 과정을 면제하는 것이 최선의 방법이다. 왜냐하면 그것은 직접적인 경험과 ACT 작업에 대한 집단 초점을 벗어나게 할 수도 있는 장황한 '그때-저기' 대화를 위한 단계를 설정할 수 있기 때문이다. 치료가 만일 시간 제한적이라면 특히 이것이 문제가 된다. 일반적으로 '체크인'은 "기분이 나아졌어요." 혹은 "기분이 나아지지 않았어요."가 대부분이다. 이런 움직임 둘 다는 ACT 관점에서 보자면 문제다. ACT의 요점은 더 '잘' 느끼는 것이 아니라 더 잘 '느끼는' 것이다. 그것은 과거나 미래에 대해 이야기할 때가 아니라 오직 그 순간에만 일어날 수 있다.

과정 대 내용

대부분의 ACT 집단에서 ACT 중재의 내용이 여전히 중요하기는 하지만, 촉진자들은 집단 과정에 밀접한 주의를 기울여야 한다. 과정 대 내용 쟁점은 특히 ACT 집단의 다음과 같은 두 가지 영역과 관련되어 있다. 첫째, 내담자가 언어로 보고하는 실제 내용을 그러한 보고의 기능과 균형 맞추는 것이고, 둘째, ACT 재료의 전달을 내담자들의 회기 내 경험 증진과 균형 맞추는 것이다.

첫 번째 쟁점과 관련하여 촉진자들은 내담자 재료의 형태보다 기능을 다룰 필요가 있다. 예를 들어, 가까운 대인 관계를 형성할 수 없었던 어느 집단 구성원은 매우 친밀한 이자적인(dyadic) 연습[다음에 나오는 '시선두기'(eyes on) 연습 참조]의 말미에 그녀가 연습의 목적을 이해하지 못했음을 보고하였다. "이 연습은 무엇을 하는 건가요?"라고 그녀는 겉으로 차분하고 예의바른 태도로 물었다. 그녀의 태도는 이러한 '움직임'을 탐지하기 어렵게 했는데, 왜냐하면 단지 차분한 질문이 있을 뿐 즉각적인 분노나 비난 감정이 없었기 때문이었다. 여기에서 내용에 대해 반응(예: "글쎄요, 목적은 바로 ……이죠.")하는 대신 촉진자는 더 가깝게 다가가서 자비심과 친절함을 지닌 채 그녀에게 그때-거기에서 떠올랐던 것을 알아차렸는지 물었다. 촉진자는 연습에 대한 논의가 아마도 연습에서 비롯된 정서적 불편함의 회피를 지지하는 기능을 할 수도 있음을 깨달았다. 내담자는 여전히 연습의 목적에 대해 혼란스럽다고 대답하였다. 그다음 촉진자는 내담자가 더 깊이 있게 바라보기를 원했고(예: "당신이 더 깊이 파고 들어갈 수 있는지 보세요. 거기에는 무엇이 있나요?") 그 순간 그녀는 눈물을 터뜨리며 자신은 누군가와 가까워지는 것을 경험하면 완전한 공황을 경험하게 된다고 말하였다. 나중에 다른 집단 구성원들은 그녀의 차분하고 냉정하고 침착한 페르소나가 실제로 그녀와 그들 사이의 쐐기를 만들었다고 그녀에게 말했다. 왜냐하면 그들은 그녀의 일정한 '함께함'과 관련될 수 없다고 느꼈기 때문이었다.

이러한 과정은 개인은 물론 그것을 목격하는 다른 사람들에게도 매우 강력할 수 있다. 그렇지만 수행 규칙이 그러한 과정을 지지하는 집단의 사회적 환경에서 작업하면서 정서적 회피나 인지적 융합을 알아내기란 때로 어렵다. 이것이 바로 촉진자를 두 명 두는 이유이기도 하다. 우리는 모두 내용 수준에서 '포획될' 위험이 있기 때문이다.

두 번째 쟁점은 교훈적인 내용과 순간 경험의 균형을 맞추는 일이다. ACT는 실제로 교훈적인 내용을 포함하고 있기 때문에 촉진자들이 순전히 ACT 원리에 대한 '강의'를 제공하는 심리 교육 모형에 쉽게 빠질 수도 있다. 그 자체가 위험한 것은 아닌데도 만일 촉진자들이 현재 순간의 경험이 무시될 정도로 ACT의 원리나 구조화된 연습을 논의하는 데 너무 초점을 두게 된다면, 효과적인 ACT 작업에 위협이 된다. 일반적으로 당신은 과도하게 가르치려 하는 것, 즉 '무대 위의 현자'가 되려는 유혹을 피해야만 한다. 과도하게 행해진 이러한 접근법은 집단 구성원을 혼란스럽게 할 수 있고 권한 부여를 덜 할 수 있으며 당신과 집단 구성원 간의 거리를 만들어 낼 수 있다. 집단은 ACT를 '경험할' 필요가 있는 것이지 그것을 '이해'하거나 '믿을' 필요가 없으며, 그것은 치료자로서 현재 순간에 머무르는 것에 대한 전념을 요구한다.

과정 수준에 반응하는 것은 '처리하는 것'을 의미하지 않는다. 때때로 당신은 특정한 관심사나 호소를 '처리'하지 않는 것을 선택할 수도 있다. 왜냐하면 그렇게 하는 것은 경험적 회피의 형식으로 기능할 수도 있다. 내담자에게 경험적 연습에 대한 피드백을 들을 때 단지 고개를 끄덕이고 부드럽게 미소 짓거나 내담자에게 간단히 고마워하는 것은 이상한 일이 아니다. 그런 중립적인 반응은 내담자가 즉각적인 경험을 '드러내는' 현재 순간에 공간을 마련해 줄 수 있다. 당신은 있는 그대로보다 더 크게 어떤 것을 경험하도록 하기 위해 지혜의 진주를 나누어 줄 필요가 없다. 내담자들로 하여금 그것에 대한 치료자의 반응에 초점을 두기보다 오히려 내담자들이 경험하고 있는 그대로의 것들과 마주하도록 해 주는 것이 ACT 집단이 지니는 영원한 도전이다. 조용히 받아들일 때와 중재할 때를 아는 것은 ACT 집단을 수행하는 데 핵심 요인이다.

집단 상호작용에서 경험적 회피를 인식하기

집단 내에서는 수많은 사회적으로 지지된 행동이 '당신이 지금 느끼고 있는 것을 느끼지 마라.'는 메시지들을 유도할 수 있다. 예를 들어, 집단 내에서 내담자를 울게 내버려 두기란 힘든 일일 수 있다. 많은 집단 구성원은 휴지를 건네주고 안아 주고 혹은 위로하거나 지혜로운 말을 건네주기를 원할 것이다. 이러한 행동들 각각이 내포하는 전반적인 메시지는 주로 "당신이 느끼는 것을 그만 느껴라, 그래서 나는 내가 느끼는 것을 느껴서는 안 된다."라는 회피 메시지다. 이것이 바로 구출과 위로의 한계가 그토록 중요한 이유다. 휴지를 건네주지 않은 채(만일 필요하다면 휴지를 달라고 할 수 있다.) 누군가를 울게 내버려 두는 것이야말로 개인이 다른 무언가를 하도록 처음으로 요구하지 않으면서 고통과 함께 현재에 머물러 있게 해 주는 훌륭한 방법이다. 치료자는 우는 것을 다룰 필요가 없을 수도 있다(종종 그것을 다루기도 하지만). 쟁점은 기능에 대한 것이다. 내담자에게 심리적 현재에 머무르도록 격려하는 것—'이러한 경험'을 초대하는 것—은 권한을 부여하는 일이 될 수 있다. 이 일을 적절하게 행하는 것은 냉정한 자세가 아니라 오히려 그 반대다. 이것은 인간이 되는 일의 어려움에 존경을 표하는 친절, 수용 및 사랑의 자세다.

경험적 회피는 다른 집단 상호작용에서도 나타날 수 있다. 집단 구성원들을 '이해'시키기 위해 열심히 애쓰는 것은 실제로 ACT 치료자가 의도하는 것과는 반대되는 것일 수 있다. 예를 들어, 집단 구성원들이 자신의 기존 통제 전략을 사용하여 '이해'를 하는 것은 이상한 일이 아니다. 한 내담자는 ACT 집단 내에서 "만일 내가 이러한 회피라는 것을 진정으로 이해할 수 있다면, 난 내 인생을 통제하여 불안해하지 않을 거예요."라고 진술하였다. 당신은 훨씬 덜 분명한 정서적 통제의 유사한 형태를 찾아야 할 필요가 있다. 혼란은 정서 그 자체로서가 아니라 이해할 필요성으로서 그 자체를 표현하기 때문에 공통적인 예다. 내담자에게 집단이 운영되는 동안 혼란을 느끼도록 내버려 두는 것은 어려울 수 있다. 하지만 그것은 필요한 바로 그것일 수도 있다. 내담자가 혼란을 느끼고 그것을 완전히 수용하게 하는 것이 내담자를 해방시키는 것일 수 있다.

치료자가 곤경에 처했다고 느낄 때

치료자나 집단이 곤경에 처한 것처럼 여겨지면 과정을 살펴봐야 함을 기억하라. ACT 관점에서 볼 때 무슨 일이 일어날 수 있었을까? 내용 대 과정, 상대보다 앞선 사람이라는 생각 및 내담자 혹은 촉진자가 진행 중인 경험적 회피에 너무 많은 초점을 두는 것을 포함하여 이전에 기술한 쟁점을 탐구하라. ACT를 수행할 때 당신은 "우리가 여기에서 놓치고 있는 것이 있는가?"라는 질문과 함께 자신의 행동을 가장 먼저 살펴보아야만 한다. 이러한 의문이 들면 '초심자의 마음'으로 되돌아가라.

참여 수준

치료가 효과적이려면 우리가 적극적인 참여자가 되어야 한다는 것은 일반적으로 받아들여지는 생각이다. 이것은 ACT에도 적용되지만 내담자의 침묵이 반드시 비참여의 신호는 아니다. 왜냐하면 과정의 많은 부분이 사람들 간에서는 물론 개인 내적으로도 일어나기 때문이다. 사실 내담자에게 참여를 강요하는 것은 내담자가 현재 순간에 존재하도록 내버려 두는 목적을 훼손할 수도 있다. ACT는 권한을 강화하는 치료이며, 집단 내에서 개인 각자가 마음대로 취하고자 하는 자세를 적극적으로 '선택'하게 해 준다. 외현적인 참여 수준은 내담자 선택의 문제다.

임상적 판단은 이러한 상황에서 중요하며, 당신이 내담자에게 반응하게 할 필요가 있을 때가 있다. 그렇지만 내담자가 그의 '경험적 발'과 함께 존재하는 한 '입과 함께' 있게 할 필요는 없다. 이것은 개인치료를 넘어선 집단치료의 이점인데, 왜냐하면 그런 내적인 여행을 위해 더 많은 여지를 만들어 주기 때문이다.

몇 가지 전략이 집단 내 참여 수준을 높이도록 격려하는 데 도움이 될 수도 있다. 예를 들어, 가치 명료화를 하는 동안 촉진자들은 내담자들이 집단 환경에서 자신의 가치들을 가지고 어떻게 살아가고 있는지 보고하도록 할 수도 있다. "만일 당신이 도피한다면 여기에서는 어떻게 그렇게 할 수 있지요?"와 같은 질문 또한 처음 두어 번의 회기 동안 유용할 수도 있다. 동양 전통에서 빌려온 한 가지 전략은 주기적으로 집단 내에서 종을 울리면서 침묵 속에서 내담자들이 하나 혹은 두 개의 질문으로 스스로를 평정해 보게 할 수도 있다("나는 어떻게 바로 지금 여기에서 나의 가치들을 지니고 살아가는가?" "나는 얼마나 많이 도피하고 있는가?"). 이러한 질문을 집단이 진행되고 있는 방의 칠판에 써 놓는 것이 도움이 될 수도 있다.

집단 내 대인 관계 갈등과 수용전념치료 접근법

집단 내 대인 관계 갈등은 탈융합, 수용, 현재에 존재하기, 가치두기 및 전념 행동의 본보기를 보일 기회를 제공한다. 집단 내에서 표현된 행동은 집단 밖에서 개인이 겪는 고통과 가장 비슷한 행동이다. 이러한 생각에는 특이한 것이 아무것도 없다. 하지만 ACT는 그 쟁점에 대해 수많은 다양한 해결책을 제공해 준다. 두 내담자 사이에서 '일을 해결하려고' 노력하는 대신에 당신은 내담자들에게 즉각적인 과정과 함께 현재에 존재하도록 요구할 수도 있다. 촉진자로서 당신은 내담자가 회피하고자 하는 것이 있을 수도 있고 혹은 두려움이 나타날 수도 있음을 고려해야 한다. 그런 상황에서 포함된 내담자에게 물어볼 만한 몇 가지 핵심 질문들로는 다음과 같은 것이 있다.

> "지금 당장 당신에게 떠오르는 것은 무엇입니까? 어떤 감정입니까? 어떤 생각입니까? 어떤 평가입니까? 어떤 충동입니까?"
> "마치 당신이 이전에 여기에 있었던 것처럼 당신에게 매우 친숙해 보이는 어떤 것이 지금 이 상황에서 존재합니까?"
> "이것은 당신의 삶을 어떻게 간섭합니까?"
> "이런 상호작용은 과거에 당신으로 하여금 무엇을 얻거나 잃게 하였습니까?"

집단 내에서 치료자의 역할과 참여

ACT 치료 관계에 대한 많은 부분이 이 책의 여러 곳에서 기록되었고, 치료자의 역할은 집단 형식의 ACT에도 적용된다. 즉, 치료자들은 내담자의 투쟁에 대해 자비심을 지녀야만 하고, 품위와 존경심을 지니고서 내담자를 대해야 하며, 또 하나의 인간 존재로서 집단 내에서 '나타나게' 하여야 한다. 많은 치료자가 '도움을 제공하는 사람' 혹은 '지식을 지니고 있는 사람'의 역할을 가정한다. 비록 이것이 치료자가 제공하는 정보의 내용 수준에서라면 그럴 수도 있지만 경험적인 수준에서는 그렇지 않다. 회기에 기꺼이 참여하려고 하는 것은 ACT에서 보다 강력한 도구 중 하나이지만, 특히 ACT 집단에서는 더욱 그렇다. 그것은 본보기를 제공하고 분리를 감소시키며 '허용'을 제공해 주고 내담자들이 경험적으로 실재하는 것에 대한 자신의 '소리굽쇠'를 발달시킨다. 그렇지만 집단 맥락은 개인치료보다 '현재에 존재하기'를 더 어렵게 하며(예: 더 많은 사람이 당신에게 의지하며, 동료는 당신을 평가할 수도 있다.), 그것 자체로 훨씬 더 많이 성장시킨다. ACT 집단과 워크숍을 운영하는 것은 내담자는 물론 촉진자에게 강력한 경험이 된다.

논의할 만한 가치가 있는 ACT 집단 치료자의 두 가지 특징은 무관심과 대담성이다. ACT 집단 내에서 유머, '직설적으로 내뱉기'("그래서 이제 어떻다고요?"), 풍자(예: "이제 또 해 볼까요?")의 사용은 적절하기만 하다면 양호한 영향력을 미칠 수 있다. 무관심은 문제로 사람이 아니라 체계를 지적해야 한다. 체계를 조롱하는 것은 재미를 줄 수도 있지만 사람을 무시해서는 안 된다. 집단 내에서 잘 사용된 무관심은 처음에 그다지 심각하게 받아들일 필요가 없는 체계에서 모든 내담자를 가볍게 웃게 할 수 있다. ACT 집단 촉진자 측면에서 약간 자기 비하적인 유머는 이러한 점에서 유용한 경향이 있다. 일반적으로 '당신'이라는 말보다 '우리'라는 말을 사용하는 것은 '우리는 한 배에 탔다.'는 사실을 확인해 준다. 만일 무관심이 임상가에게 자연스러운 것이 아니라면, 그가 자신의 '무관심한 소리'를 찾을 때까지는 피하는 것이 최선책이다. 집단 장면에서 조롱으로 나타나는 무관심은 매우 파괴적일 수 있다.

ACT를 적절하게 수행하는 데에는 어느 정도의 위험 추구가 포함된다. 촉진자로서 당신은 집단 구성원들이 말하지 못하는 것을 말하게 하고, 그 순간에 적합한 창조적인 것들을 행하고, 실패나 당황함의 위험에 빠지는 경우에 대담해질 필요가 있다. 이것은 무모한 것에 초대하는 것이 아니라 오히려 그 순간의 가능성을 열어 놓도록 초대하는 것이다. 당신이 말하지 않는 것이 내담자가 들을 필요가 있는 것일 수도 있다. 당신이 새로운 쟁점이나 연습을 갖고 있다는 생각은 정확히 올바른 이유로 일어날 수도 있다.

이러한 대담성 자질은 적어도 두 가지 이유로 방해받을 수 있다.

첫째, 치료자는 치료를 시행하면서 옳은 것과 그른 것에 대한 생각을 취함으로써 대담해지는 것을 그만둘 수도 있다. 과정의 흐름을 방해하는 것에 덧붙여 당신은 두려워질 수도 있고, 이러한 느낌을 기꺼이 경험하지 않을 때 더 멋져 보이고 치료를 '올바르게' 전달하려고 애쓸 수도 있다. 그 대가는 당신이 내담자들을 돕기 위해 취할 수 있었던 매 순간의 위험을 잃는 것이다. 예를 들어, ACT 촉진자는 치료를 '제대로' 하거나 동료에 의한 부정적인 평가를 회피하기 위해 프로토콜을 따라가는 데 너무 전념하게 되어 결과적으로 내담자들과의 연결 기회를 잃게 된다.

둘째, 촉진자로서 당신은 내담자들이 이미 말한 것을 '다룰 수 없다.'는 생각을 취할 수도 있다. 이 경우 당신은 '미적지근한' 접근을 취하여 마치 집단 구성원들이 약한 것처럼 대한다. ACT 집단에서 한 내담자는 처음 몇 회기에 걸쳐 기분이 언짢고 반항적이고 정서적으로 거리를 두었다. 결국 치료자는 위험을 감수하기로 결심하고, 내담자에게 '방 안에서 그에게 무슨 일이 일어나고 있는지, 그의 문제들이 다른 사람들의 문제들과 비교하여 얼마나 힘든 것인지를 진술하면서 공격성과 고집을 통해 회피하고자 하는 것은 무엇인지'를 물어보았다. 내담자는 처음으로 뒤로 물러나 집단의 다른 구성원들에게 초점을 둘 수 있게 노력하였고, 방 분위기는 보다 더 편안하게 되었다. 만일 방 분위기를 편안하게 하는 것(예: 내담자를 '다루는 것')이 목표라면, 집단치료의 다른 형태에서도 하는 것처럼 우리는 여기에서 그만두었을 것이다. 그렇지만 이 내담자에게 도움이 되려면 치료자는 더 깊게 나아가야 한다. 치료자는 일어나서 방을 가로질러 내담자의 곁에 앉은 후 그 문제를 다루어 나갔다. 지속적으로 '그 순간'을 질문해 나가는 것과 더불어 그 집단은 내담자가 ACT 원리들을 혼동하고 있었고, 만일 그가 그것을 인정한다면 다른 집단 구성원들에게 실패자로 보일까 봐 두려워하고 있음을 알게 되었다. 치료자들은 내담자가 이해하도록 도와줄 바로 그 사람들로부터 그를 떼어 놓음으로써 그의 혼란에 대한 도피가 실제로 더 많은 혼란을 유발했음을 보여 줄 수 있었다. 내담자는 이 사건이 그가 치료에서 맛본 가장 강력한 경험이었다고 진술하면서 다음 회기에 돌아왔다. 이러한 유형의 성과는 이상할 바 없다. 왜냐하면 종종 이러한 유형의 영향력을 발휘하는 것이야말로 ACT 집단 촉진자들이 행하는 대담한 행동이기 때문이다.

임상적 중재: 핵심 수용전념치료 영역과 집단에서의 기술 적용

각 집단의 시작과 종결

명상 · 마음챙김으로 각 집단을 시작하고 종결하는 것은 탈문자화와 수용을 증진하는 목표를 촉진시킬 수 있다. ACT의 많은 탈융합 기술은 마음챙김을 포함한다. 〈표 14-1〉은 집단을 시작하고 종결할 때 수행하는 간단한 마음챙김 연습 목록을 제공한다. 수많은 마음챙김 연습이 있고, 치료자들은 이 기술을 적용할 때 신중하면서도 창조적이어야 한다.

표 14-1 ACT 집단 회기의 시작과 종결 시 수행하는 연습 예

- **관찰자 연습**: 신체 감각, 생각, 감정 및 역할을 알아차리기(Hayes et al., 1999, p. 192)
- **퍼레이드하는 장난감 군인**: 각각의 장난감 군인이 각자의 사적인 경험이 적힌 표지판을 들고 가는 것을 상상하기(Hayes et al., 1999, p. 159)
- **시냇물 위의 나뭇잎**: 각각의 사적인 경험을 흐르는 시냇물 위에 떠내려가는 나뭇잎으로 알아차리기(Hayes et al., 1999, p. 159, '퍼레이드하는 군인들'과 동일)
- **호흡 알아차리기**: 호흡이 들어오고 나감, 온도, 지속성, 호흡이 들어오고 나가는 사이의 간격(Thich Nhat Hahn)
- **내 오랜 친구, 불안을 환영하기(Thich Nhat Hahn)**: 호흡을 들이마실 때 조용히 자신에게 "불안을 환영합니다."라고 말하고, 호흡을 내쉴 때 조용히 자신에게 "내 오랜 친구"라고 말한다. 이것을 열 번 이상 조용히 반복한다. 불안은 다른 혐오적인 사적 경험인 슬픔, 혼동, 통증과 대치될 수도 있다.
- **소리 마음챙김**: 들을 수 있는 소리에 초점을 두기
- **감촉 마음챙김**: 상이한 재질과 형태로 된 물건들을 가져온다. 내담자들에게 눈을 감고 손을 내밀게 한 다음 한 사람의 손에 물건 하나를 놓는다. 감촉의 느낌, 즉 재질, 온도, 형태에 초점을 두라고 한다.
- **물체화**: 내담자에게 자신이 투쟁하고 있는 사적 사건에 주의를 집중하고, 그것의 형태, 크기, 모양, 색깔 및 재질을 말해 보게 하기(Hayes et al., 1999, p. 170).
- **알아차림 거품 확장하기**: 내담자에게 자기 자신, 그다음에는 건물, 그다음에는 지역, 그다음에는 도시, 그다음에는 주, 그다음에는 나라, 그다음에는 세계를 상상하게 하기

첫 회기

첫 회기에는 규칙 검토와 구성원 소개 같은 몇 가지 보편적인 관습을 행한다. ACT 집단에 적용하는 규칙으로는 비밀 보장, 각자를 존중하고 구출하는 일 없이 그대로 있도록 허용해 주기, 이것을 작용하게 하기, 혼란 같은 혐오 정서와 불편함에 여지 제공하기, 화가 나더라도 방을 나가지 않기, 가능하다면 회기에 결석하거나 지각하거나 일찍 나가지 않기가 있다. 미래의 집단 참여자에 대해 초기 개별 접수면담 동안에 다루어졌던 많은 쟁점(예: 동의서)을 첫 회기에 다시 다루어야 한다.

첫 회기에서 유용한 연습은 사람들에게 색인 카드에 다음과 같은 질문의 답을 적게 하는 것이다. 첫째, 당신이 인생에서 진정으로 원하는 것은 무엇인가? 둘째, 거기에 도달하는 데 내적인 장애물은 무엇인가? 셋째, 이 집단에서 기꺼이 논의하고 싶

은 장애물은 무엇인가? 넷째, 결코 논의하고 싶지 않은 장애물은 무엇인가?

참가자들에게는 이 대답은 오직 자신만을 위해서 적고, 만일 다른 사람이 그것을 읽을지 걱정된다면 4번에 대한 대답은 부호를 사용하고, 잠시 동안 그 카드를 지니고 있으라고 지시한다. 내담자들에게는 이 카드를 안전한 곳에 두었다가 나중에 다시 볼 수 있기를 권한다. 촉진자들은 마지막 회기에 내담자들에게 이 질문을 다시 할 것이다. 비록 그들에게 글로 적은 실제 정보를 공유하라고 결코 요구하지 않았는데도 일부는 그렇게 하는 것을 선택할 수도 있다. 이 연습은 내담자들에게 매우 강력할 수 있는데, 집단 종결 시 어떤 내담자들은 처음에는 절대로 공유하지 않을 것을 확신했음에도 불구하고 4번 대답조차 집단에서 공유하였음을 지적한다.

집단에 핵심 수용전념치료 과정 적용하기

우리는 이제 집단 장면에서 ACT 핵심 개념의 제시를 논의하고자 한다. 대부분의 경우 집단에서 제시된 ACT 재료 내용은 이 책과 다른 책들(예: Hayes, Strosahl, & Wilson, 1999)에서 논의된 것을 따를 것이며, 여기에서는 반복하지 않을 것이다. 이러한 목적을 위해 우리는 재료의 제시가 집단 형식에서는 어느 부분이 다른지와 핵심 영역 각각과 관련된 잠재적인 예와 쟁점을 알아보고자 한다. 저자들이 개발했건 아니면 임상가들에게 제공된 ACT 워크숍 훈련에서 빌려왔건 간에 집단 장면에 특정한 연습을 여기에서 더 자세하게 논의할 것이다. 명료하게 제시하기 위해 이어지는 논의는 폐쇄적이고 시간 제한적인 집단 형식을 가정한다. 임상 경험은 핵심 과정이 개방 형식에서도 적용될 수 있음을 보여 준다.

창조적 무희망감

창조적 무희망감은 집단 장면에서 매우 효과가 좋다. 우리는 종종 집단 내 내담자들에게 부정적으로 평가된 정서적 경험을 제거하기 위해 시도해 온 모든 것을 목록으로 작성하도록 요구한다. 다양한 전략을 플립 차트나 칠판에 적을 수 있다. 때때로 집단 구성원들이 얼마나 경험이 풍부한가에 따라 촉진자들은 집단이 목록을 생성하는 것을 도와줄 수도 있다. "스트레스가 있을 때 술을 마시는 사람을 알고 있습니까?" 혹은 "어떤 사람에게 화가 날 때 싸움을 하는 사람이 여기에 있나요?"와 같은 질문을 집단에게 할 수도 있다. 만일 집단이 다양한 치료와 중재를 받아온 사람들로 구성되어 있다면 또한 다양한 치료자의 수, 다양한 약물 치료의 수, 다른 집단들의 수와 투쟁한 햇수를 물어볼 수 있다. 집단 장면에서는 보통 그 숫자가 많을 수 있다. 내담자들은 자기 자신은 물론 다른 사람들의 원치 않는 사적 사건들을 통제하려는 실패한 노력을 검토할 수 있다. 모두가 볼 수 있도록 칠판에 기록된 이 모든 전략의 편집은 많은 자기 비난과 판단 없이 강력한 창조적 무희망감을 생성하는 경향이 있다. 왜냐하면 통제 전략의 궁극적인 무익함뿐만 아니라 만연함이 드러나기 때문이다.

가치 명료화

집단 장면에서 초기에 가치 명료화를 수행하는 것의 이점은 ACT의 이 요소가 창조적 무희망감보다 더 상호작용적이고 집단 응집성의 발달을 돕는다는 것이다. 가치 명료화를 위해서는 방법이 다양한데, 여기에서는 우리가 선호하는 두 가지 방법을 논의하고자 한다. 하나는 교훈적인 것이고 다른 하나는 경험적인 것이다. 교훈적인 접근은 치료를 시작할 때 잘 맞을 수도 있다. 우리는 이후 집단 단계 혹은 만일 집단 구성원들이 이미 ACT 베테랑이라면 경험적인 접근을 권한다.

가치 평가에 대한 전반적인 소개(예: 가치와 목표 간의 차이 설명하기)를 한 후, 교훈적인 접근은 집단을 팀이나 2인 1조로 나누고, 가치 평가 숙제 시트를 나누어 주며, 각 내담자에게 한 영역을 선택하여 가치 있는 방향, 최근의 성공, 그 영역에서 가치 있게 살아가는 데 장애물을 적으라고 한다. 그다음 각 집단 구성원에게 '현재'에 머무른 채 판단 없이 경청하고 있는 집단 내 다른 사람(들)과 함께 이 정보를 공유하도록 한다. 한 가지 가치 영역을 선택한 것은 시간 관리 문제 때문이다. 모든 집단 구성원이 한 가지 영역을 공유하는 데 보통 한 시간 이상 걸린다. 결국 가치 평가 연습의 나머지는 회기 사이의 숙제로 할당된다. 완성된 연습은 다음 집단 회기에서 더 가속화된 형태로 논의된다. 매우 짧은 집단 중재에서는 이런 식으로 가치 명료화를 공유하는 것이 불가능할 수도 있으므로 개인의 사적인 명료화를 위해 숙제로 내 줄 수도 있다. 실제로 후자 전략은 집단이 3시간씩 단지 5회기로 구성되었을 경우에 효과가 좋았다(Pistorello & Leonard, 2003).

종종 ACT 훈련 워크숍에서 다루어지고 있는 보다 경험적인 대안은 가치를 글로 적고 평가지를 완성하는 것을 우회하는 것이다. 후반부 회기에서 더 적절한 이 접근은 집단 구성원들을 하위 집단으로 나누어 가까이 앉게 하고, 일어설 준비가 될 때까지 자신의 생각을 모으고 한두 가지 영역에서 자신의 가치를 선언하게 한다. 하위 집단 내 다른 사람(들)은 이 사람이 가치를 선언할 때 절대적으로 현재에 존재하라는 지시를 받는다. 일어서서 자신의 가치를 선언하는 사람에게는 방어나 이론적 근거 없이 단지 자신이 인생에서 하고 싶은 것에 대한 진술만을 하도록 요구한다. 만일 다른 집단 구성원(들)이 그 사람이 그중 어떤 측면을 성취하기 어렵다고 느낀다면, 그 사람이 '현재에 존재할' 수 있을 때까지 그들은 그 사람에게 다시 가치를 선언하도록 요구할 선택권을 갖는다. 촉진자들은 이러한 '수정 피드백'이 다른 내담자들에 의해 적절하고 친절하게 전달되고 있음을 확신해야만 한다. 만일 ACT 집단이 작으면 이 연습은 전체 집단 연습으로 수행될 수 있다.

개인 작업에서와 같은 가치 명료화 장애물의 일부가 집단에서 나타날 수도 있다. 사회적 맥락은 사람들이 진정으로 가치를 두는 것 대 사회적으로 바람직한 것의 분간을 훨씬 더 어렵게 할 수도 있다. 앞서 요약했던 보다 경험적인 가치 선언 연습은 개인이 이 장애물을 해결하는 것을 도울 수 있다. 왜냐하면 소집단에서 다른 참가자들은 생각나는 것과 접촉하지 않은 채 사회적 기준에 의해 누군가를 '호출'할 수도 있기 때문이다.

문제로서의 통제

집단 장면에서 문제로서의 통제는 종종 장난스러운 특징을 지니고 있고, 집단 구성원들에게 그들이 향하고 있는 곳에 대한 얼마간의 희망을 제공할 수 있다. 문제를 볼 수 있다는 것이 정서적 경험을 회피한 것에 대답은 아니라는 것을 상기시킬 필요가 있다. 내담자들은 정서적 통제의 문제를 해결하려고 시도하지만, 이러한 초기 단계에서는 한 번 더 비효과적인 해결책—통제를 시도하는 것을 그만두었으므로 나는 내가 느끼는 것을 느끼지 않아야만 한다—으로 이 문제를 돌리는 경향이 있다. 이것은 구덩이 밖으로 나오기 위해 스스로 땅을 파는 또 다른 노력으로 표현될 수 있다.

중국 수갑—값 싸고 인터넷에서 쉽게 구할 수 있는 지푸라기 관—을 이용하여 연습을 해 볼 수 있다. 수갑을 나누어 주기 전 촉진자인 당신은 이 도구에 익숙한 내담자에게 그것을 가지고 놀 기회를 가질 때까지 집단 내 다른 사람에게 아무것도 말하지 말라고 요청한다. 이 연습이 도움이 되려면 개인적 경험 요인이 중요하므로 우리는 일반적으로 집단 구성원들에게 다른 사람을 보지 말고 몇 분 동안 자신의 경험에만 집중하라고 한다. 내담자에게 자신의 손가락을 '조이게' 한 다음 수갑을 망가뜨리지 말고 손가락을 빼내려는 시도를 해 보라고 지시한다. 몇 분 후 집단 구성원들에 그 경험을 보고하게 하라. 논의를 하는 동안 다음과 같은 질문을 한다.

> "당신의 손가락들이 조였을 때 당장 어떻게 하고 싶은 감정이 들었습니까?" "이것이 당신에게 어떻게 작동하고 있는지에 대해 무엇을 알아차렸습니까?"
> "무엇이라도 다른 무언가를 언제 시도했습니까?"
> "이 연습을 하는 동안 당신에게는 어떤 감정, 생각, 행동 충동 혹은 평가가 나타났습니까?"
> "이런 정서와 생각은 당신에게 익숙했습니까?"

때때로 어떤 사람은 수갑을 너무 세게 당겨서 망가뜨리고는 "자, 저는 수갑에서 빠져나왔어요, 그렇지 않나요?"라고 말할 수도 있다. 이 시점에서 촉진자들은 그렇게 한 것에 대한 대가를 지적할 수도 있다.

만일 '이해와 대답'을 요구하는 집단 구성원들이 있다면, 이것은 그들에게 직접적인 경험의 중요성과 그에 대응하는 언어적 분석의 무용성을 알아차리게 해 줄 좋은 기회가 될 수도 있을 것이다. 당신은 다음과 같이 물어볼 수도 있다.

> "만일 수갑을 나누어 주지 않은 채 '좋습니다. 이제 우리는 당신에게 수갑을 주려고 합니다. 손가락이 조이면 당신은 손가락을 거기에서 빼내려고 애쓸 것입니다. 하지만 이것은 당신의 손가락을 더욱더 조이게 할 뿐입니다. 당신이 손가락을 빼내려면 안으로 손가락을 밀어 넣어야만 합니다.'라는 말을 들었다면, 이 경험은 당신에게 어떤 영향을 미쳤을 거라고 생각합니까?"

집단 내 일부 내담자는 정말로 이것을 '구하여' 집단 내 다른 사람들을 도와주기도 한다. 한 집단 구성원은 집단의 말미에 때때로 '의지'하거나 가망 없는 일을 하는 것이 할 만한 효과적인 일이 될 수 있음을 상기시켜 주는 물건으로 집에서 잘 보이는 곳에 중국 수갑을 비치해 놓았다고 보고하였다.

탈융합

일부 인지적 탈융합 전략은 특히 집단 중재에 잘 맞는 것으로 보인다. 마음챙김과 언어 관습을 구축하는 것이 그러한 두 가지 경우다.

첫째, 각 집단의 시작과 끝에 마음챙김 연습을 실시하는 것은 집단 구성원들에게 가치 있는 수행 기회를 제공한다. 명상에서 교단이나 수행을 지원하기 위한 집단의 중요성은 종종 전문가들(예: Chodron) 사이에서 지속적인 수행의 촉진 요소로서 강조되고 있다. ACT 집단에서도 마찬가지다. 즉, 마음챙김 연습의 경험을 공유하는 것은 참가자들이 기술을 발달시키면서 끈기를 기르는 동안 자기 판단을 내려놓게 할 수도 있다.

둘째, 개인 ACT에서 논의된 언어 관습은 집단 형식에서 훨씬 더 쉽게 그리고 일관성 있게 강화될 수 있다. 촉진자들은 자신의 생각과 내용 간의 차이를 강조하기 위해 '나는 실패자다.'라고 말하는 대신에 '나는 실패자라는 생각을 하고 있다.'와 같이 더 성가시지만 잠재적으로는 유용한 진술문에 의지하는 공동체 환경을 창출할 수 있다. 한 명 이상의 내담자와 한 명의 치료자로 구성된 공동체에서 언어 관습을 구축하는 것의 영향력은 강력할 수 있다. 사람들이 '융합된' 관점으로 말하면서 혹은 마치 그것이 기술되어 있기나 한 것처럼 평가를 명확히 표현하면서 서로를 알아 가는 것은 드문 일이 아니다. 당신은 집단 구성원들이 ACT 언어 관습을 따르고 서로 돕도록 적극적으로 협력해야만 한다.

또 다른 탈융합 중재는 집단 구성원들이 생각을 구입하는 데 드는 대가를 알아차리게 하는 데 초점을 둔다. 내담자에게 연습을 소개하기 전 배지와 무겁게 느껴지는 펜을 집단 내 모든 사람에게 나누어 준다. 그다음 내담자들에게 다른 사람들과 공유하기를 회피했으나 오늘은 모든 사람이 볼 수 있도록 기꺼이 배지를 찰 부정적인 자기참조적 평가를 생각하라고 요구하라. 이 시점에서는 다음과 같은 한두 가지 예를 공유할 필요가 있다.

> "예를 들어, 어떤 사람은 자신이 사실 '나쁘거나' '이기적'이라는 것을 마음속으로 두려워하기 때문에 모든 사람에게 유쾌하고 좋은 사람으로 보이기 위해 한층 더 노력한다는 것을 주목할 수도 있습니다. 이 경우 그 사람은 배지에 '나쁜' 혹은 '이기적'이라는 말을 적을 것입니다."

오직 한두 단어로 제한하는 것이 중요하다. 이전 집단들에서는 '사악한' '가난한' '지루한' '게으른' '위선자' '바보' 같은 예가 있었다. 집단 구성원들은 커다란 글자로 단어(들)를 적어서 배지에 붙인 후 남은 회기 동안 그 배지를 달고 지낸다. 집단 구성원들은 서로의 배지를 보지만 어떤 식으로도 자기 자신이나 다른 사람들 것을 논의하지 말라는 지시를 받는다. 만일 내담자들이 쉬는 시간 같은 때 이 배지를 달고서 사회적으로 상호작용한다면 특히 효과적이다. 이런 재미있는 연습은 놀라운 효과를 지닌다. 즉, 대부분의 집단 구성원은 이러한 회피적인 자기 평가가 부정적 정서를 생성하거나 행동 회피를 자극하는 힘을 빠르게 잃는다고 보고한다. 최근 ACT 훈련 워크숍 말미에 참가자들은 실제로 배지를 달고 식당에 가서 웨이터들을 매우 놀라게 하였다!

집단에 적합한 또 다른 탈융합 연습은 '교차 편집 범주(cross-cutting categories)'로 원래는 낙인을 다루기 위해 개발되었다(Hayes et al., 2003). '현재 순간' 방식으로 다른 사람들과 연결하는 것이 언어적 평가에 의해 파헤쳐진다. 우리는 우리가 알지 못하는 사람을 빠르게 범주화하고 평가하며(예: 대머리, 뚱뚱한, 영리한, 가난한, 사교적인), 이것은 인간 존재로 보는 것을 방해한다. 교차 편집 연습에서는 집단 구성원 자원자에게 몇 가지 개인적인 질문에 대답하도록 요청한다. 집단에게는 이 집단 구성원이 처음에 소개될 때 무슨 생각이 떠올랐는지 (조용히 스스로에게) 기억하라고 한다. 평가와 해석이 특히 중요하다. 그다음 촉진자는 "당신이 마지막으로 울었던 때가 언제인지 우리에게 말해 줄 수 있습니까?" 혹은 "당신이 가족 내에서 가장 걱정하고 있는 것에 대해서 우리에게 말해 줄 수 있나요?"와 같은 개인적인 질문을 한다(매번 허락을 구한다). 참가자는 매우 짧게 대답해야 하고 설명을 하지 않아야 한다. 많은 영역에서 하나씩 질문을 할 필요가 있다. 그런 질문과 대답을 많이 하고 나면 매우 분명한 무언가가 일어난다. 집단에게 그들의 내면에서 무슨 일이 일어나고 있는지 물어보면, 사람들은 종종 인간 존재가 드러났음을 보고한다.

맥락으로서의 자기

우리는 맥락으로서의 자기 중재의 일부(예: 관찰자 연습, 시냇물 위의 나뭇잎)를 각 집단 회기의 시작 시나 종결 시에 제시되거나 반복될 수 있음을 발견하였다. 이 연습은 집단 장면의 맥락에 적합하도록 수정될 수 있다. 예를 들어, 만일 집단 구성원들이 관찰자 연습을 경험한 적이 있다면, 당신은 자신이 취하게 될 역할(예: 집단 내담자)과 그들이 집단에 들어올 때 남겨 두게 되는 역할(예: 근로자, 학생)을 내담자들이 알아차리도록 방법을 수정할 수 있다. 마찬가지로 이 연습은 집단의 말미에는 거꾸로 수행될 수 있는데, 이때 내담자들은 내담자로서의 역할에서 집단 밖의 인생으로 전환하게 된다.

또 다른 맥락으로서의 자기는 한 내담자는 운전자로, 3~4명의 다른 내담자들은 버스에 탄 '승객들'로 구성된 버스 은유를 실제로 연기해 보게 하는 것이다. 이 연습을 수행하려면 집단 내 사람들이 자유롭게 움직일 수 있는 넓은 공간이 필요하다. 운전자 역할을 하는 집단 구성원이 앞서고 승객들이 뒤를 따른다. 규칙은 다음과 같다. 승객들은 운전자를 건드릴 수는 없지만 가까이 갈 수는 있고 그들의 손가락을 흔들고 소리를 지를 수 있다. 운전자는 자기가 가고 싶은 곳으로 버스를 운전한다. 승객을 연기하는 내담자들은 어떻게 행동해야 하는지를 적은 지시문을 받는다. 집단에 앞서 촉진자들은 버스에 탈 승객의 수를 결정하고 색인 카드에 각각의 역할을 써 넣는다. 예를 들어, 최악을 예상하고, 내담자에게 왼쪽으로 가길 권하며(그녀가 오른쪽으로 가려고 할 때), 전반적으로 두려움에 차서 행동하는 '불안' 승객이 있을 수도 있다. 다른 잠재적인 승객들로는 분노(예: 운전자에게 강하게 손가락을 흔든다.), 비판적인 부모(예: "당신은 운전을 잘하지 못하는 군요."), 죄책감(예: "당신은 이기적이군요."), 수치심(예: "나는 나쁜 사람이에요.") 혹은 자기 자랑(예: "나는 대단한 운전자예요.") 등이 있다. 집단에게 몇 분 동안 이 활동을 하게 한 다음 운전자, 승객 및 관찰자의 견해로 이 연습에 대한 경험을 나누어라.

또 다른 연습으로 내담자에게 카드나 포스트잇에 생각을 쓰게 하는 것이 있다. 치료자는 내담자에게 "나는 화를 내서는 안 돼."와 같이 자신이 투쟁하고 있는 생각을 물어볼 수 있다. 그다음 치료자는 색인 카드에 그 생각을 쓰고 자신의 몸 중에서 눈에 잘 띄는 곳에 그것을 테이프로 붙이도록 한다. 그런 다음 치료자는 "다음에는 무엇을 쓸까요?"라고 묻고, "나는 화를 내는 나쁜 사람이다."와 같은 말을 쓸 수 있다. 그것도 내담자의 몸에 붙인다. 치료자는 이 과정을 내담자가 15~20개의 생각을 붙일 때까지 계속한다. 당신은 또한 긍정적으로 평가된 사고도 이런 식으로 15~20개 정도 붙일 수 있고, 그렇게 해서 내담자는 총 35개 이상의 카드를 몸에 붙이게 된다. 집단 크기에 따라 집단 구성원 각각에게 이렇게 하기도 하고, 모든 사람이 '생각 옷을 입을' 때까지 동일한 방식으로 다른 내담자들을 참여시키기도 한다. 그다음 내담자에게 일어나서 주변을 돌아다니며 걸어 다니게 한다. 내담자들이 이러한 생각을 지닌 채 '자신의 인생 길'을 계속 걸어가고 있음을 알아차리게 한다. 거기에는 생각이 아니라 생각을 지니고 있는 자기가 존재한다.

때때로 치료자는 이 연습과 ACT 교재의 연습을 마친 후에도 자기감이 없는 내담자를 만날 수도 있다. 이러한 내담자들은 자신이 '존재하지 않는다.'는 것을 자신의 인생을 통해 배워 왔을지도 모른다. 이들은 아동기에 성적으로 학대를 받은 사람이거나 통제하고 학대하는 관계에서 지배를 받아 온 사람일 수도 있다. 이 경우 자기감은 손상되거나 상실될 수 있다. 그들은 다른 사람들에게 복종하면서 살아가며, 내용을 넘어 개인적인 자신감을 찾기가 어렵다는 것을 발견한다. 여기에서 치료자는 내담자가 자신에 대해 매우 간단한 것들을 알아차리게 하면서 그와 함께 시간을 보낼 수 있다. 치료자들은 다음과 같은 질문을 할 수 있다.

> "그는 자기가 없다고 말하는 사람은 누구입니까?"
> "제가 바로 지금 방 안에서 이 경험을 나누고 있는 사람이 누구죠? 당신은 그 사람을 발견할 수 있습니까?"
> "누가 이 질문을 듣고 있나요?"

여기에서 치료자는 천천히 내담자가 현재 경험하면서 존재하고 있는 사람으로서 자기감을 구축하도록 도와줄 수 있다.

기꺼이 경험하기와 수용

ACT 집단이나 워크숍에서 유용한 기꺼이 경험하기와 수용 연습은 상호작용하면서 교훈적인 시각적 접근을 사용하여 통증과 외상 간의 차이를 강조하는 것이다. 칠판이나 비슷한 곳에 둥근 원을 그리고, 한 가운데에 '통증'이라고 적는다. 그동안에 통증은 인생에서 불가피한 것이고, 우리가 얼마나 '훌륭'하건 혹은 '유능'하건 간에 고통스러운 일이 일어날 것임을 설명한다. 즉, 우리가 사랑하는 사람이 죽을 것이고, 우리는 승진하지 못할 것이고, 관계는 끝날 것이고, 우리는 나쁜 성적을 받을 것이며, 누군가는 우리를 배신할 수도 있는 것이다. 통증을 완전히 피할 수 있는 방법은 없다는 것을 설명하라. "우리가 통증을 경험할 때 거의 즉시 시도하는 일은 무엇인가?" 어떤 사람은 '그것을 밀어서 떼어 내는' 본능적인 인간 반응을 자청할 것이다. 그다음 사람들에게 우리가 고통을 옆으로 치울 수 있는 방법들에 대해 자발적으로 말하게 하고, 그렇게 하는 동안 원 바깥으로 더 큰 원을 그리고, 두 원 사이의 공간에 사람들이 말하는 것을 적어 보게 한다. 사람들이 자발적으로 말하는 전략 중 일부는 술 마시기, 오랜 시간 일하기, 다른 사람들로부터 철수하기, 싸움 걸기, 도박하기, 상해 입히기, 자살 시도하기 등등을 포함한다. 그다음 그 원이 더 커질 수 있음을 주목하라. 즉, 우리는 통증을 느끼고, 그다음 술을 마시고, 그다음 수업을 빼먹고, 그다음 수업에 빠진 것에 대해 스스로를 비난한다. 각 층을 따라 또 다른 원을 그린 다음 외부 원들에 '외상'이라고 쓰고, 통증을 받아들이지 않음으로써 우리는 종종 외상을 만들어 낸다는 것에 주목하라. 종종 집단 구성원들은 이어지는 회기에서 내부 원과 외부 원을 언급한다. 사실 그것은 지속적인 투쟁을 논의하는 내담자에게 "당신이 바로 지금 생각하고 있는 곳은 어디입니까, 내부 원인가요 아니면 외부 원인가요?"라고 물어봄으로써 이후의 회기에서 끄집어낼 실마리가 될 수도 있다.

우리가 통제하거나 회피하려고 시도하는 혐오적인 사적 경험 대부분은 흔히 대인관계 거부에 대한 두려움으로 거슬러 올라간다. ACT 집단은 그런 사적 사건들의 자극 기능의 노출과 변형을 위한 풍부한 매개물이다. 증가된 기꺼이 경험하기와 수용을 표적으로 하는 일부 연습은 의미 있는 치료적 움직임에 특히 기여하고 있다.

한 예는 '시선두기' 연습이다. 이 연습에서 개인들은 둘씩 서로 의자를 맞대고 앉는다. 말을 하거나 대화하는 일 없이 떠오르는 것을 알아차리고 각각의 반응을 내려놓은 채 서로의 눈을 바라보라는 지시를 받는다. 웃음, 안절부절못함, 눈 맞춤의 회피 및 사람을 '아래로' 응시하기는 이 연습에 대한 초기의 방어 반응이다. 촉진자는 일반적으로 침묵의 기간 뒤에 이어지는 한두 문장(예: "이것은 단지 당신이 바라보고 있는 인간의 눈임을 알아차리세요." "다른 사람에 대한 어떤 재잘거림도 내려놓을 수 있는지 보세요. 당신 자신을 그 사람과 함께 존재하게 하세요.")으로 참가자들이 다양한 차원의 반응을 하도록 이끈다. 이 과정은 3~5분간 지속된다. 연습 후 자신의 경험을 파트너와 공유하게 하고, 그다음에는 집단 구성원들에게 그것을 개방하게 한다. 당신은 집단 구성원들의 논평에 대해 해석을 하거나 주지화된 번역을 피해야 한다. 집단 구성원들이 스스로를 다른 사람이나 집단에게 '설명'하거나 자신이 괜찮다는 것을 안심시켜 주기를 요청하는 일(예: "저는 너무 많이 응시했을 때 두려웠어요.")은 드문 일이 아니므로 이런 식으로 관여하고픈 유혹이 생길 수 있다. 이때는 이런 미묘한 회피 움직임으로 사람들에게 부탁할 때가 아니다. 단지 경청만 하라.

조용히 사람들의 눈을 들여다보면서 또 다른 인간 존재와 함께 정서적으로 존재하는 일은 아주 강력할 수 있다. 방어적이고 융합된 행동을 내려놓으라는 권고를 받을 때 사람들은 결국 더 깊은 층에 도달하는데, 처음에는 자기 및 다른 평가에 도달하고, 그다음에는 두려움 및 취약성에 도달하며, 나중에는 두 사람이 공유하는 보편적인 인간성에 대한 조용한 감사의 장소에 도달하게 된다. 우리가 운영한 집단 중 하나에서 이 연습은 만장일치로 가장 유익한 치료 경험 후보에 올랐다(Pistorello & Leonard, 2003). 비록 시선두기는 개인 ACT 치료에서 수행됨에도 다양한 우려가 치료자들로 하여금 때때로 이 연습을 개인치료가 아닌 상황에서 수행하는 것을 막는다. 집단은 치료자가 부적절하다고 내담자가 느낄 것이라는 우려 없이 이런 개인적인 연습이 일어날 기회를 제공해 준다.

전 념

전념 행동 패턴을 구축하는 것은 ACT의 근간이며, 집단 맥락은 자신의 전념을 실행할 동기를 촉진시키는 데 상당히 유용할 수 있다. 앞서 언급했듯이 공적으로 형성된 전념을 더 잘 따르는 경향이 있다. 집단에서 공통적으로 사용되는 전념 연습은 구어체로 '빅 룩(Big Look)'으로 알려져 있다. 이 연습은 마지막 집단 회기에서 사용할 때 가장 효과적이다.

빅 룩은 모든 집단 구성원이 방 앞쪽을 향해서 의자에 앉아 있고, 한 사람씩 앞으로 나가서 첫 줄에서 약 180cm 떨어진 거리에서 방어를 내려놓고 모든 사람과 함께 '현재에 존재'하면서 각 내담자의 눈을 1~2분 동안 바라보는 것이다. 이것은 촉진자의 적극적인 언어적 격려를 제외하고 침묵 속에서 일어난다('시선두기' 연습과 거의 유사함). 그다음 촉진자는 내담자에게 자유롭게 하라고 하면서, 그가 집단과 접촉하고 있는 상태에서 추진하고자 하는 것이 무엇인지 진술해 보라고 요청한다. 촉진자로서 당신은 그 과정이 이야기나 행위에 빠져들지 않게 해야 할 필요가 있고, 모든 집단 구성원이 함께 재료를 공유하면서 인간 존재로 온전히 현존하게 할 필요가 있다.

당신은 때로 집단 앞에 서서 전념하는 것을 거부하는 내담자를 만날 수도 있다. 이러한 행동 뒤에는 정서적으로 압도되고 회피하고 무서워하는 느낌을 포함한 몇 가지 이유가 있을 것이다. 치료자는 또 다른 집단 구성원에게로 이동하여 잠시 후 되돌아올 거라고 그 내담자에게 알리거나 방의 앞까지 내담자와 함께 가 줄 것은 무엇이든지—이때 무엇이든지는 말하는 바가 아님—가지고 가라고 요청한다. 당신에게는 매우 강력한 연습인 부드러운 자비심이 필요하다. 만일 내담자가 여전히 거부하면, 그것에 크게 신경 쓰지 말고 넘어가라. 이 시점에서 내담자는 부정적인 내용과의 융합이 문제임을 알 것이며, 연습을 마친 후 당신은 내담자와 간단하게 이야기해 볼 수도 있다.

결 론

집단 맥락에서 ACT는 흥미로운 중재다. 개인적으로 수행되는 것과 동일한 중재들을 집단에 적용할 수 있을 뿐만 아니라 완전히 새로운 세트의 많은 연습이 집단 맥락에서 가능하다. ACT가 성향이 같은 사람들 집단에 개방하는 심리적 공간을 공유하는 것은 진실로 작업의 핵심을 집으로 가져온다. 우리는 이러한 작업과 이것을 가장 잘하는 방법에 대해 배워야 할 것이 많지만 ACT 치료자들은 가용한 중재로서 집단 중재를 계속 중요시 할 것으로 보인다.

참고문헌

Abramowitz, J. S. (1997). Effectiveness of psychological and pharmacological treatments for obsessive-compulsive disorder: A quantitative review. *Journal of Consulting and Clinical Psychology, 65*, 503-515.

Addis, M. E., & Carpenter, K. M. (1999). Why, why, why?: Reason-giving and rumination as predictors of response to activation and insight-oriented treatment rationales. *Journal of Clinical Psychology, 55*, 881-894.

Addis, M. E., & Jacobson, N. S. (1996). Reasons for depression and the process and outcome of cognitive-behavioral psychotherapies. *Journal of Consulting and Clinical Psychology, 64*, 1417-1424.

Alcoholics Anonymous (1976). *Alcoholics Anonymous*. New York: AA World Services.

Alcoholics Anonymous (1953). *Twelve steps and twelve traditions*. New York: AA World Services.

Allgulander, C. (1994). Suicide and mortality patterns in anxiety neurosis and depressive neurosis. *Archives of General Psychiatry, 51*, 708-712.

American Psychiatric Association (1980). *Diagnostic and statistical manual of mental disorders* (3th ed.). Washington, DC: Author.

American Psychiatric Association (1994). *Diagnostic and statistical manual of mental disorders* (4th ed.). Washington, DC: Author.

Amir, M., Kaplan, Z., Efroni, R., Levine, Y., Benjamin, J., & Kotler, M. (1997). Coping styles in post-traumatic stress disorder (PTSD) patients. *Personality and Individual Differences, 23*(3), 399-405.

Antony, M. M., & Barlow, D. H. (Eds.) (2002). *Handbook of assessment and treatment planning for psychological disorders*. New York: Guilford Press.

Antony, M. M., Roth, D., Swinson, R. P., Huta, V., & Devins, G. M. (1998). Illness intrusiveness in individuals with panic disorder, obsessive compulsive disorder, or social phobia. *Journal of Nervous and Mental Disease, 186*, 311-315.

Armeli, S., Tennen, H., Todd, M., Carney, M. A., Mohr, C., Affleck, G., & Hromi, A. (2003). A daily process examination of the stress-response dampening effects of alcohol consumption. *Psychology of Addictive Behaviors, 17*(4), 266-276.

Bach, P., & Hayes, S. C. (2002). The use of Acceptance and Commitment Therapy to prevent the rehospitalization of psychotic patients: A randomized controlled trial.

Journal of Consulting and Clinical Psychology, 70, 1129-1139.

Bargh, J. A., & Chartrand, T. L. (1999). The unbearable automaticity of being, *American Psychologist, 54*, 462-479.

Barkham, M., & Shapiro, D. A. (1990). Brief psychotherapeutic interventions for job-related distress: A pilot study of prescriptive and exploratory therapy. *Counselling Psychology Review, 3*(2), 133-147.

Barlow, D. H. (2002). *Anxiety and its disorders: The nature and treatment of anxiety and panic*. (2nd ed.). New York: Guilford Press.

Barlow, D. H., & Craske, M. G. (2000). *Mastery of your anxiety and panic (MAP-3): Client workbook for anxiety and panic* (3rd ed.). San Antonio, TX: Graywind/ Psychological Corp.

Barlow, D. H., Gorman, J. M., Shear, M. K., & Woods, S. W. (2000). Cognitive-behavioral therapy, imipramine, or their combination for panic disorder: A randomized controlled trial. *Journal of the American Medical Association, 283*, 2529-2536.

Barsky, A. J., Coeytaux, R. R., Sarnie, M. K., & Cleary, P. D. (1993). Hypochondriacal patients' beliefs about good health. *American Journal of Psychiatry, 150*(7), 1085-1089.

Beck, A. T. (1967). *Depression: Clinical, experimental and theoretical aspects*. New York: Harper & Row.

Beck, A. T. (1987). Cognitive models of depression. *Journal of Cognitive Psychotherapy: An International Quarterly, 1*, 5-37.

Beck, A. T. (1993). Cognitive therapy: Past, present, and future. *Journal of Consulting and Clinical Psychology, 61*, 194-198.

Beck, A. T., Brown, G., Berchick, R. J., Stewart, B. J., & Steer, R. A. (1990). Relationship between hopelessness and ultimate suicide: A replication with psychiatric outpatients. *American Journal of Psychiatry, 147*, 190-195.

Beck, A. T., Freeman, A., & Davis, D. (2004). *Cognitive therapy of personality disorders*. New York: Guilford Press.

Beck, A. T., Rush, A. J., Shaw, B. F., & Emery, G. (1977). *Cognitive therapy of depression*. New York: Guilford.

Beck, A. T., Steer, R. A., & Brown, G. K. (1996). *Beck Depression Inventory—Second Edition Manual*. San Antonio: The Psychological Corporation.

Beck, A. T., Steer, R. A., Kovacs, M., & Garrison, B. (1985). Hopelessness and eventual suicide: A 10-year prospective study of patients hospitalized with suicide ideation. *American Journal of Psychiatry, 142*, 559-563.

Beck, A. T., Ward, C. H., Mendelson, M., Mock, J. E., & Erbaugh, J. K. (1961). An inventory for measuring depression. *Archives of General Psychiatry, 4*, 561-571.

Bentall, R. P., & Kinderman, P. (1999). Self-regulation, affect, and psychosis: the role of social cognition in paranoia and mania. In T. Daglish & M. J. Power (Eds.), *Science and practice of cognitive behavior therapy* (pp. 353-381). Chinchester, England: Wiley.

Bentall, R. P. (2001). Social cognition and delusional beliefs. In P. W. Corrigan & D. L.

Penn (Eds.), *Social cognition and schizophrenia* (pp. 123-148). Washington, D.C.: American Psychological Association.

Bernstein, D. A., Borkovec, T. D., & Hazlett-Stevens, H. (2000). *New directions in progressive relaxation training: A guidebook for helping professionals*. Westport, CT: Praeger.

Bieling, P. J., & Kuyken, W. (2003). Is cognitive case formulation science or science fiction? *Clinical Psychology: Science & Practice, 10*, 52-69.

Biglan, A. (1989). A contextual approach to the clinical treatment of parental distress. In G. H. S. Singer & L. K. Irvin (Eds.), *Support for caregiving families: Enabling positive adaptation to disability* (pp. 299-311). Baltimore, MD: Brookes.

Biglan, A., & Hayes, S. C. (1996). Should the behavioral sciences become more pragmatic? The case for functional contextualism in research on human behavior. *Applied and Preventive Psychology: Current Scientific Perspective, 5*, 47-57.

Bissett, R. T. (2002). Processes of change: Acceptance versus 12-step in polysubstance-abusing methadone clients. *Dissertation Abstracts International, 63*(02), 1014B.

Blackledge, J. T. (2004). *Using Acceptance and Commitment Therapy in the treatment of parents of autistic children*. Unpublished doctoral dissertation, University of Nevada, Reno.

Block, J. A. (2002). *Acceptance or change of private experiences: A comparative analysis in college students with public speaking anxiety*. Unpublished doctoral dissertation, University at Albany, State University of New York.

Block, J. A., & Wulfert, E. (2002, May). Acceptance or change of private experiences: A comparative analysis in college students with a fear public speaking. In R. D. Zettle (Chair), *Recent outcome research on Acceptanceand Commitment Therapy (ACT) with anxiety disorders*. Symposium conducted at the 28th Annual Meeting of the Association for Behavior Analysis, Toronto, Ontario.

Boeschen, L. E., Koss, M. P., Figuerdo, A. J., & Coan, J. A. (2001). Experiential avoidance and Posttraumatic Stress Disorder: A cognitive mediational model of rape recovery. *Journal of Aggressin, Maltreatment, & Trauma, 4*, 211-245.

Bond, F. W., & Hayes, S. C. (2002). ACT at work. In F. W. Bond & W. Dryden (Eds.), *Handbook of brief cognitive behaviour therapy* (pp. 117-140). Chichester: Wiley.

Bond, F. W., & Bunce, D. (2000). Outcomes and mediators of change in emotion-focused and problem-focused worksite stress management interventions. *Journal of Occupational Health Psychology, 5*(1), 156-163.

Bond, F. W., & Bunce, D. (2001). Job control mediates change in a work reorganization intervention for stress reduction. *Journal of Occupational Health Psychology, 6*, 290-302.

Bond, F. W., & Bunce, D. (2003). The role of acceptance and job control in mental health, job satisfaction, and work performance. *Journal of Applied Psychology, 88*, 1057-1067.

Borkovec, T. D. (2002). Life in the future versus life in the present. *Clinical Psychology: Science and Practice, 9*, 76-80.

Borkovec, T. D., Alcaine, O., & Behar, E. (2004). Avoidance theory of worry and generalized anxiety disorder. In R. G. Heimberg, C. L. Turk, & D. S. Mennin (Eds.), *Generalized anxiety disorder: Advances in research and practice* (pp. 77-108). New York: Guilford.

Borkovec, T. D., Hazlett-Stevens, H., & Diaz, M. L. (1999). The role of positive beliefs about worry in generalized anxiety disorder and its treatment. *Clinical Psychology and Psychotherapy, 6*, 126-138.

Borkovec, T. D., & Roemer, L. (1995). Perceived function of worry among generalized anxiety disorder subjects: Distraction from more emotionally distressing topics? *Journal of Behavior Therapy and Experimental Psychiatry, 26*, 25-30.

Borkovec, T. D., & Ruscio, A. M. (2001). Psychotherapy for generalized anxiety disorder. *Journal of Clinical Psychiatry, 62*, 37-45.

Bornstein, P. H., Hamilton, S. B., & Bornstein, M. T. (1986). Self-monitoring procedures. In A. R. Ciminero, K. S. Calhoun, & H. E. Adams (Eds.), *Handbook of behavioral assessment* (2nd ed., pp. 176-222). New York: Wiley.

Bosma, H., Marmot, M. G., Hemingway, H., Nicholson, A. C., Brunner, E., & Stansfeld, S. A. (1997). Low job control and risk of coronary heart disease in the Whitehall II (prospective cohort) study. *British Medical Journal, 314*, 558-564.

Branstetter, A., Wilson, K. G., & Mutch, D. G. (August 2003). *ACT and the treatment of psychological distress among cancer patients*. Paper given at the World Conference on ACT, RFT, and the New Behavioral Psychology, Linköping, Sweden.

Breslau, N., Davis, G. C., Andreski, P., & Peterson, E. (1991). Traumatic events and posttraumatic stress disorder in an urban population of young adults. *Archives of General Psychiatry, 48*, 216-222.

Brier, A., Schreiber, J. L., Dyer, J., & Pickar, D. (1991). National Institute of Mental Health longitudinal study of chronic schizophrenia: Prognosis and predictors of outcome. *Archives of General Psychiatry, 48*, 239-246.

Brown, T. A., Campbell, L. A., Lehman, C. L., Grisham, J. R., & Mancill, R. B. (2001). Current and lifetime comorbidity of the DSM-IV anxiety and mood disorders in a large clinical sample. *Journal of Abnormal Psychology, 110*, 49-58.

Burns, D. D. (1980). Feeling good: The new mood therapy. New York: William Morrow.

Burns, D. D., & Spangler, D. L. (2001). Do changes in dysfunctional attitudes mediate changes in depression and anxiety in cognitive behavioral therapy? *Behavior Therapy, 32*, 337-369.

Carrascoso, F. J. L. (2000). Acceptance and commitment therapy (ACT) in panic disorder with agoraphobia: A case study. *Psychology in Spain, 4*, 120-128.

Carroll, K. M., Rounsaville, B. J., Nich, C., & Gordon, L. T. (1994). One-year follow-up of psychotherapy and pharmacotherapy for cocaine dependence: Delayed emergence of psychotherapy effects. *Archives of General Psychiatry, 51*(12), 989-997.

Chambless, D. L., Sanderson, W. C., Shoham, V., Johnson, S. B., Pope, K. S., Crits-Christoph, P., Baker, M., Johnson, B., Woody, S. R., Sue, S., Beutler, L., Williams, D. A., & McCurry, S. (1996). An update on empirically validated therapies. *The Clinical*

Psychologist, 49, 5-18.

Chiles, J., & Strosahl, K. (1995). *The suicidal patient: Principles of assessment, treatment & case management*. Washington, D.C.: American Psychiatric Press.

Chiles, J., & Strosahl, K. (in press). *Handbook for the clinical assessment and treatment of the suicidal patient*. Washington, D.C.: American Psychiatric Press.

Cioffi, D., & Holloway, J. (1993). Delayed costs of suppressed pain. *Journal of Personality and Social Psychology, 64*, 274-282.

Clement, S. (1995). Diabetes self management education. *Diabetes Care, 18*, 1204-1214.

Cockburn, J., Thomas, R. J., McLaughlin, S. J., & Reading, D. (1995). Acceptance of screening for colorectal cancer by flexible sigmoidoscopy. *Journal of Medical Screening, 2*(2), 79-83.

Cohn, L. G., & Hope, D. A. (2001). Treatment of social phobia: A treatments-by-dimensions review. In S. G. Hofmann & P. M. DiBartolo (Eds.), *From social anxiety to social phobia: Multiple perspectives* (pp. 354-378). Boston: Allyn & Bacon.

Corrigan, P. W. (2001). Getting ahead of the data: A threat to some behavior therapies. *The Behavior Therapist, 24*, 189-193.

Corrigan, P. W., & Penn, D. L. (2001). Introduction: Framing models of social cognition and schizophrenia. Social cognition and social functioning in schizophrenia. In P. W. Corrigan & D. L. Penn (Eds.), *Social cognition and schizophrenia* (pp. 3-40). Washington, D.C.: American Psychological Association.

Corrigan, P. W., Reinke, R. R., Landsberger, S. A., Charate, A., & Toombs, G. A. (2002). The effects of atypical antipsychotic medications on psychosocial outcomes. *Schizophrenia Research, 63*, 97-101.

Couttreax, J., Note, I., Yao, S. N., Lafont, S., Note, B., Mollard, E., Bouvard, M., Sauteraud, A., Bourgeois, M., & Dartigues, J. F. (2001). A controlled trial of cognitive therapy versus intensive behavior therapy in obsessive compulsive disorder. *Psychotherapy and Psychosomatics, 70*.

Cox, T., Griffiths, A., Barlowe, C., Randall, R., Thomson, L., Rial-Gonzalez, E. (2000). *Organisational interventions for work stress: A risk management approach*. Norwich UK: Health and Safety Executive/Her Majesty's Stationary Office.

Craske, M. G., & Sipsas, A. (1992). Animal phobias versus claustrophobias: Exteroceptive versus interoceptive cues. *Behaviour Research and Therapy, 30*, 569-581.

Curtis, G. C., Magee, W. J., Eaton, W. W., Wittchen, H. U., & Kessler, R. C. (1998). Specific fears ad phobias: Epidemiology and classification. *British Journal of Psychiatry, 173*, 212-217.

Dahl, J. (1992). *Epilepsy: A behavior medicine approach to assessment and treatment in children*. Göttingen, Sweden: Hogrefe & Huber.

Dahl, J., Brorson, L. O., & Melin, L. (1992). Effects of a broad-spectrum behavioral medicine treatment program on children with refractory epileptic seizures: An 8 year follow-up. *Epilepsia, 33*, 98-102.

Dahl, J., Wilson, K. G., & Nilsson, A. (in press). Acceptance and Commitment Therapy and the treatment of persons at risk for long-term disability resulting from stress and pain symptoms: A preliminary randomized trial. *Behavior Therapy*.

Davis, J. M., Schaffer, C. B., Killian, G. A., Kinard, C., & Chan, C. (1980). Important issues in the drug treatment of schizophrenia. *Schizophrenia Bulletin, 6*, 70-87.

De Ridder, D., & Schreurs, Karlein (2001). Developing interventions for chronically ill patients: Is coping a helpful concept? *Clinical Psychology Review, 21*(2), 205-240.

Dimitriou, E. C., Lavrentiadis, G., & Dimitriou, C. E. (1993). Obsessive-compulsive disorder and alcohol abuse. *European Journal of Psychiatry, 7*, 244-248.

Dobson, K. S., & Khatri, N. (2000). Cognitive therapy: Looking backward, looking forward. *Journal of Clinical Psychology, 56*, 907-923.

Dohrenwend, B. P., & Dohrenwend, B. S. (1981). Socioenvironmental factors, stress, and psychopathology. *American Journal of Community Psychology, 9*, 128-164.

Eccleston, C., Morley, S., Williams, A., Yorke, L., & Mastroyannopoulou, K. (2002). Systematic review of randomised controlled trials of psychological therapy for chronic pain in children and adolescents, with a subset meta-analysis of pain relief. *Pain, 99*(1-2), 157.

Edelman, R. J. (1987). *The psychology of embarrassment*. Chichester, England: Wiley.

Ederyd, B. (August 2003). *What works in a valued direction: A pragmatic clinical perspective*. Paper presented at the World Conference on ACT, RFT, and the New Behavioral Psychology. Linkoping, Sweden.

Edwards, L. C., & Pearce, S. A. (1994). Word completion in chronic pain: Evidence for schematic representation of pain? *Journal of Abnormal Psychology, 103*, 379-382.

Ehlers, A. (1993). Somatic symptoms and panic attacks: A retrospective study of learning experiences. *Behaviour Research and Therapy, 31*, 269-278.

Eifert, G. H., & Heffner, M. (2003). The effects of acceptance versus control contexts on avoidance of panic-related symptoms. *Journal of Behavior Therapy and Experimental Psychiatry, 34*, 293-312.

Feldner, M. T., Zvolensky, M. J., Eifert, G. H., & Spira, A. P. (2003). Emotional avoidance: An experimental test of individual differences and response suppression using biological challenge. *Behaviour Research and Therapy, 41*, 403-411.

Flaxman, P. E., & Bond, F. W. (under review). Comparing the process and outcome of change-and acceptance-oriented worksite stress management interventions.

Foa, E. B., & Kozak, M. J. (1986). Emotional processing of fear: Exposure to corrective information. *Psychological Bulletin, 99*, 20-35.

Foa, E. B., & Kozak, M. J. (1995). DSM-IV field trial: Obsessive-compulsive disorder. *American Journal of Psychiatry, 152*, 90-96.

Folke, F., & Parling, T. (2004). *Acceptance and Commitment Therapy in group format for individuals who are unemployed and on sick leave suffering from depression: A randomized controlled trial*. Unpublished thesis, University of Uppsala, Uppsala, Sweden.

Follette, V. M. (1994). Survivors of Child Sexual Abuse: Treatment using a contextual analysis. In S. C. Hayes, N. S. Jacobson, V. M. Follette, & M. J. Dougher (Eds.), *Acceptance and change: Content and context in psychotherapy* (pp. 255-268).

Reno, NV: Context Press.

Follette, V. M., & Pistorello, J. (1995). Couples therapy. In C. Classen & I. D. Yalom (Ed.), *Treating women molested in childhood* (pp. 129-161). San Francisco: Jossey-Bass.

Follette, V., & Pistorello, J. (July 1991). *Group treatment for women sexually abused as children*. Paper presented at the annual meeting of the Society for Psychotherapy Research, Lyons, France.

Fontana, A., & Rosenheck, R. (1993). A causal model of the etiology of war-related PTSD. *Journal of Traumatic Stress, 6*, 475-500.

Forsyth, J. P., Parker, J., & Finlay, C. G. (2003). Anxiety sensitivity, controllability, and experiential avoidance and their relation to drug of choice and addiction severity in a residential sample of substance abusing veterans. *Addictive Behaviors, 28*, 851-870.

Fordyce, W. E. (1976). *Behavioral methods for chronic pain and illness*. St. Louis, MO: Mosby.

Garcia, J. M., & Perez, M. (2001). ACT as a treatment for psychotic symptoms: the case of auditory hallucinations. *Analisis y Modification, 27*, 455-472.

Garret, J. T., & Garrett, M. (1996). *Medicine of the Cherokee*, Santa Fe, NM: Bear & Company.

Gaudiano, B. & Herbert, J. (2004). *ACT for psychosis*. Unpublished manuscript. Drexel University.

Gifford, E. V., Kohlenberg, B. S., Hayes, S. C., Antonuccio, D. O., Piasecki, M. M., & Rasmussen-Hall, M. L., & Palm, K. M. (in press). Applying a functional acceptance based model to smoking cessation: An initial trial of Acceptance and Commitment Therapy. *Behavior Therapy*.

Gorman, J. M. (1996). *The new psychiatry*. New York: St. Martin's Press.

Gould, R. A., Buckminster, S., Pollack, M. H., Otto, M. W., & Yap, L. (1997). Cognitive behavioral and pharmacological treatment for social phobia: A meta-analysis. *Clinical Psychology: Science and Practice, 4*, 291-306.

Gould, R. A., Otto, M. W., & Pollack, M. H. (1995). A meta-analysis of treatment outcome for panic disorder. *Clinical Psychology Review, 15*, 819-844.

Gratz, K. L., & Roemer, L. (2004). Multidimensional assessment of emotion regulation and dysregulation: Development, factor structure, and initial validation of the Difficulties in Emotion Regulation Scale. *Journal of Psychopathology and Behavioral Assessment, 26*, 41-54.

Greco, L. A. (2002). *Creating a context of acceptance in child clinical and pediatric settings*. Paper presented at the annual meeting of the Association for the Advancement of Behavior Therapy. Reno, NV.

Greco, L. A., & Eifert, G. H. (2004; in press). Treating parent-adolescent conflict: Is acceptance the missing link for an integrative family therapy? *Cognitive and Behavioral Practice, 11*.

Greer, S. (1991). Psychological response to cancer and survival. *Psychological Medicine, 21*, 43-49.

Gregg, J. (2004). *Development of an acceptance-based treatment for the self-management of diabetes*. Unpublished doctoral dissertation, University of Nevada, Reno.

Grove, W. M., & Andreasen, N. C. (1992). Concept, diagnosis and classification. In E. S. Paykel (Ed.), *Handbook of affective disorders* (2nd ed., pp. 25-41). New York: Guilford.

Guthrie, R., & Bryant, R. (2000). Attempting suppression of traumatic memories over extended periods of time in acute stress disorder. *Behaviour Research and Therapy, 38*, 899-907.

Gutiérrez, O., Luciano, C., Rodríguez, M., & Fink, B. C. (in press). Comparison between an acceptance-based and a cognitive-control-based protocol for coping with pain. *Behavior Therapy*.

Haddock, G., Tarrier, N., Spaulding, W., Yusupoff, L., Kinney, C., & McCarthy, E. (1998). Individual Cognitive-Behaviour Therapy in the treatment of hallucinations and delusions. *Clinical Psychology Review, 18*, 821-838.

Harmon, T. M., Nelson, R. O., & Hayes, S. C. (1980). The differential effects of self-monitoring mood versus activity in depressed patients. *Journal of Consulting and Clinical Psychology, 48*, 30-38.

Hawton, K. (1992). Suicide and attempted suicide. In E. S. Paykel (Ed.), *Handbook of affective disorder* (2nd ed., pp. 635-650). New York: Guilford.

Hayes, S. C. (1984). Making sense of spirituality. *Behaviorism, 12,* 99-110.

Hayes, S. C. (1987). A contextual approach to therapeutic change. In N. Jacobson (Ed.), *Psychotherapists in clinical practice: Cognitive and behavioral perspectives* (pp. 327-387). New York: Guilford.

Hayes, S. C. (1992). Verbal relations, time, and suicide. In S. C. Hayes & L. J. Hayes (Eds.), *Understanding verbal relations* (pp. 109-118). Reno, NV: Context Press.

Hayes, S. C. (1993). Analytic goals and the varieties of scientific contextualism. In S. C. Hayes, L. J. Hayes, H. W. Reese, & T. R. Sarbin (Eds.), *The varieties of scientific contextualism* (pp. 11-27). Reno, NV: Context Press.

Hayes, S. C. (1994). Content, context, and the types of psychological acceptance. In S. C. Hayes, N. S. Jacobson, V. M. Follette, & M. J. Dougher (Eds.), *Acceptance and change: Content and context in psychotherapy* (pp. 255-268). Reno: Context Press.

Hayes, S. C. (Ed.). (1989). *Rule-governed behavior: Cognition, contingencies, and instructional control*. New York: Plenum.

Hayes, S. C. (in press). Acceptance and Commitment Therapy, Relational Frame Theory, and the third wave of behavior therapy. *Behavior Therapy*.

Hayes, S. C., Barnes-Holmes, D., & Roche, B. (Eds.). (2001). *Relational Frame Theory: A Post-Skinnerian account of human language and cognition*. New York: Plenum.

Hayes, S. C., Bissett, R., Korn, Z., Zettle, R. D., Rosenfarb, I., Cooper, L., & Grundt, A. (1999). The impact of acceptance versus control rationales on pain tolerance. *The Psychological Record, 49,* 33-47.

Hayes, S. C., Bissett, R., Roget, N., Padilla, M., Kohlenberg, B. S., Fisher, G., Masuda, A., Pistorello, J., Rye, A. K., Berry, K., & Niccolls, R. (in press). The impact of acceptance and commitment training and multicultural training on the stigmatizing attitudes and professional burnout of substance abuse counselors. *Behavior Therapy*.

Hayes, S. C., & Brownstein, A. J. (1986). Mentalism, behavior-behavior relations and a behavior analytic view of the purpose of science. *The Behavior Analyst, 1*, 175-190.

Hayes, S. C., Follette, V. M., & Linehan, M. M. (in press). *Mindfulness, acceptance, and relationship: Expanding the cognitive behavioral tradition*. New York: Guilford Press.

Hayes, S. C., & Hayes, L. J. (1989). The verbal action of the listener as a basis for rule-governance. In S. C. Hayes (Ed.), *Rule-governed behavior: Cognition, contingencies, and instructional control* (pp. 153-190). New York: Plenum.

Hayes, S. C., Hayes, L. J., & Reese, H. W. (1988). Finding the philosophical core: A review of Stephen C. Popper's World Hypotheses. *Journal of Experimental Analysis of Behavior, 50*, 97-111.

Hayes, S. C., Masuda, A., Bissett, R., Luoma, J., & Guerrero, L. F. (in press). DBT, FAP, and ACT: How empirically oriented are the new behavior therapy technologies? *Behavior Therapy*.

Hayes, S. C., Rosenfarb, I., Wulfert, E., Munt, E., Zettle, R. D., & Korn, Z. (1985). Self-reinforcement effects: An artifact of social standard setting? *Journal of Applied Behavior Analysis, 18*, 201-214.

Hayes, S. C., Strosahl, K. D., & Wilson, K. G. (1999). *Acceptance and Commitment Therapy: An experiential approach to behavior change*. New York: Guilford Press.

Hayes, S. C., Strosahl, K. D., Wilson, K. G., Bissett, R. T., Pistorello, J., Toarmino, D., Polusny, M. A., Dykstra, T. A., Batten, S. V., Bergan, J., Stewart, S. H., Zvolensky, M. J., Eifert, G. H., Bond, F. W., Forsyth, J. P., Karekla, M., & McCurry, S. M. (in press). Measuring experiential avoidance: A preliminary test of a working model. *The Psychological Record*.

Hayes, S. C., & Wilson, K. G. (1994). Acceptance and commitment therapy: Altering the verbal support for experiential avoidance. *The Behavior Analyst, 17*, 289-303.

Hayes, S. C., Wilson, K. G., Gifford, E. V., Bissett, R., Piasecki, M., Batten, S. V., Byrd, M., & Gregg, J. (in press). A randomized controlled trial of twelve-step facilitation and Acceptance and Commitment Therapy with polysubstance abusing methadone maintained opiate addicts. *Behavior Therapy*.

Hayes, S. C., Wilson, K. G., Gifford, E. V., Follette, V. M., & Strosahl, K. (1996). Emotional avoidance and behavioral disorders: A functional dimensional approach to diagnosis and treatment. *Journal of Consulting and Clinical Psychology, 64*, 1152-1168.

Hayward, C., Killen, J. D., Kraemer, H. C., & Taylor, C. B. (2000). Predictors of panic attacks in adolescents. *Journal of the American Academy of Child and Adolescent Psychiatry, 39*(2), 1-8.

Health and Safety Executive. (2003). *Work related stress*. Retrieved August 4, 2003, from http://www.hse.gov.uk/stress/test.htm.

Heffner, M., Sperry, J., Eifert, G. H., & Detweiler, M. (2002). Acceptance and Commitment Therapy in the treatment of an adolescent female with anorexia nervosa: A case example. *Cognitive and Behavioral Practice, 9*, 232-236.

Heimberg, R. G. (1991). *A manual for conducting Cognitive-Behavioral Group Therapy for social phobia* (2nd ed.). Unpublished manuscript, State University of New York at Albany, Center for Stress and Snxiety Disorders, Albany, NY.

Heimberg, R. G., Liebowtiz, M. R., Hope, D. A., Schneier, F. R., Holt, C. S., Welkowitz, L. A., Juster, H. R., Campeas, R., Bruch, M. A., Cloitre, M., Fallon, B., & Klein, D. F. (1998). Cognitive behavioral group therapy vs. phenelzine therapy for social phobia: 12-week outcome. *Archives of General Psychiatry, 55*, 1133-1141.

Hirschfield, R. M. (1996). Placebo response in the treatment of panic disorder. *Bulletin of the Menninger Clinic, 60*(2), A76-A86.

Holden, E. W., Deichmann, M. M., & Levy, J. D. (1999). Empirically supported treatments in pediatric psychology: recurrent pediatric headache. *Journal of Pediatric Psychology, 24*(2), 91-109.

Hollon, S. D., & Kendall, P. C. (1980). Cognitive self-statements in depression: Development of an automatic thoughts questionnaire. Cognitive *Therapy and Research, 4*, 383-395.

Horowitz, M. J. (1986). *Stress response syndromes* (2nd ed.). Northvale, New Jersey: Nathan Aronson.

Horowitz, M. J., & Becker, S. S. (1971). The compulsion to repeat trauma: Experimental study of intrusive thinking after stress. *Journal of Nervous & Mental Disease, 153*, 32-40.

Howard, K., Kopta, S., Krause, R., & Orlinsky, D. (1986). The does effect relationship in psychotherapy. *American Psychologist, 41*, 159-164.

Howard, K. I. (1992). The psychotherapeutic service delivery system. *Psychotherapy Research, 2*(3), 164-180.

Huerta, F. R,. Gomez, S. M., Molina, A. M. M., & Luciano, M. C. S. (1998). Generalized anxiety: A case study. *Analisis y Modification de Conducta, 24*, 751-766.

Huxter, M. (2003). *Using mindfulness, concentration and wisdom to manage stress, depression and anxiety: A course workbook*. Unpublished manuscript.

Ilardi, S. S., & Craighead, W. E. (1999). Rapid early response, cognitive modification, and nonspecific factors in cognitive behavior therapy for depression: A reply to Tang, & DeRubeis. *Clinical Psychology: Science & Practice, 6*, 295-299.

Jacobson, N. S., Dobson, K. S., Truax, P. A., Addis, M. E., Koerner, K., Gollan, J. K., Gortner, E., & Prince, S. E. (1996). A component analysis of cognitive-behavioral treatment of depression. *Journal of Consulting and Clinical Psychology, 64*, 295-304.

Jacobson, P. B., & Butler, R. W. (1996). Relation of cognitive coping and catastrophizing to acute pain and analgesic use following breast cancer surgery. *Journal of Behavioral Medicine, 19*, 17-29.

Janicke, D. M., & Finnev, J. W. (1999). Empirically supported treatments in pediatric psychology: recurrent abdominal pain. *Journal of Pediatric Psychology, 24*(2), 115-

127.

Jensen, M. P., Nielson, W. R., Romano, J. M., Hill, M. L., & Turner, J. A. (2000). Further evaluation of the Pain Stages of Change Questionnaire: Is the transtheoretical model of change useful for patients with chronic pain? *Pain, 86*(3), 255-264.

Jex, S. M. (1998). *Stress and job performance*. London: Sage.

Kabat-Zinn, J. (1994). *Wherever you go, there you are: Mindfulness meditation in everyday life*. New York: Hyperion.

Kabat-Zinn, J. (1990). *Full catastrophe living: Using the wisdom of your body and mind to face stress, pain and illness*. New York: Delacorte.

Karekla, M. (2003). *Panic control group treatment compared to an acceptance enhanced version of PCT for individuals suffering from panic disorder*. Unpublished manuscript.

Karekla, M., Forsyth, J. P., & Kelly, M. M. (in press). Emotional avoidance and panicogenic responding to a biological challenge procedure. *Behavior Therapy*.

Kashdan, T. B., & Herbert, J. D. (2001). Social anxiety disorder in children and adolescents: Current status and future directions. *Clinical Child and Family Psychology Review, 4*, 37-61.

Kashikar-Zuck, S., Graham, T. B., Huenefeld, M. D., & Powers, S. W. (2000). A review of biobehavioral research in juvenile primary Fibromyalgia syndrome. *Arthritis Care and Research, 13*(6), 388-397.

Kerns, R. D., Rosenberg, R., Jamison, R. N., Caudill, M. A., & Haythornthwaite, J. (1997). Readiness to adopt a self-management approach to chronic pain: The Pain Stages of Change Questionnaire (PSOCQ). *Pain, 72*, 227-234.

Kessler, R. C., Sonnega, A., Bromet, E,. Hughes, M., & Nelson, C. B. (1995). Posttraumatic stress disorder in the National Comorbidity Survey. *Archives of General Psychiatry, 52*, 1048-1060.

King, D. W., King, L. A., Foy, D. W., & Gudanowski, J. (1996). Prewar factors in combat-related posttraumatic stress disorder: Structural equation modeling with a national sample of female and male Vietnam veterans. *Journal of Consulting & Clinical Psychology, 64*, 520-531.

Kirmayer, L. J., & Robbins, J. M. (1996). Patients who somatize in primary care: A longitudinal study of cognitive and social characteristics. *Psychological Medicine, 26*(5), 937-951.

Kirsch, I., Moore, T. J., Scoboria, A., & Nicholls, S. S. (2002). The emperor's new drugs: An analysis of antidepressant medication data submitted to the U.S. Food and Drug Administration. *Prevention & Treatment, 5*, pp. np

Kivimaki, M., Leino-Arjas, P., Luukkonen, R., Riihimaki, H., Vahtera, J., & Kirjonen, J. (2003). Work stress and risk of cardiovascular mortality. *British Medical Journal, 325*, 857-60.

Kuipers, E. (2000). Psychological treatments for psychosis: evidence based but unavailable? *Psychiatric Rehabilitation Skills, 4*, 249-258.

Kurtz, E. (1979). *Not God: A history of Alcoholics Anonymous*. Minneapolis, MN: Hazelden

Information Education.

Kushner, M. G., Abrams, K., & Borchardt, C. (2000). The relationship between anxiety disorders and alcohol use disorders: A review of major perspectives and findings. *Clinical Psychology Review, 20*(2), 149-171.

Lazarus, R. S., & Folkman, S. (1984). *Stress, appraisal and coping*. New York: Springer.

Leary, M. R. (1983). A brief version of the Fear of Negative Evaluation Scale. *Personality and Social Psychology Bulletin, 9*, 371-375.

Leary, M. R., Knight, P. D., & Johnson, K. A. (1987). Social anxiety and dyadic conversation: A verbal response analysis. *Journal of Social and Clinical Psychology, 5*, 34-50.

Leon, A. C., Portera, L., & Weissman, M. M. (1995). The social costs of anxiety disorders. *British Journal of Psychiatry, 166* (Suppl. 27), 19-22.

Levitt, J. T., Brown, T. A., Orsillo, S. M., & Barlow, D. H. (in press). The effects of acceptance versus suppression of emotion on subjective and psychophysiological response to carbon dioxide challenge in patients with panic disorder. *Behavior Therapy*.

Linehan, M. M. (1993). *Skills training manual for treating Borderline Personality Disorder*. New York: Guilford.

Linehan, M. M. (1993). *Cognitive-behavioral treatment of borderline personality disorder*. New York: Guilford.

Linehan, M. M., Armstrong, H. E., Suarez, A., Allmon, D., & Heard, H. L. (1991). A Cognitive-behavioral treatment of chronically parasuicidal borderline patients. *Archives of General Psychiatry, 48*, 1060-1064.

Lipkens, G., Hayes, S. C., & Hayes, L. J. (1993). Longitudinal study of derived stimulus relations in an infant. *Journal of Experimental Child Psychology, 56*, 201-239.

Litz, B. T., Orsillo, S. M., Kaloupek, D. G., & Weathers, F. (2000). Emotional processing in posttraumatic stress disorder. *Journal of Abnormal Psychology, 109*, 26-39.

Litz, B. T., Orsillo, S. M., & Wagner, A. W. (2001). A preliminary investigation of the role of strategic withholding of emotions in PTSD. *Journal of Traumatic Stress, 14*, 149-156.

Livesley, W. (Ed.). (2001). *Handbook of personality disorders: Theory, research and treatment*. New York: Guilford Press.

Livesley, W., & Jackson, D. (1986). The internal consistency and factor structure of behaviors judged to be associated with personality disorder. *American Journal of Psychiatry, 143*, 1473-1474.

Lobban, F., Haddock, G., Kinderman, P., & Wells, A. (2002). The role of metacognitive beliefs in auditory hallucinations. *Personality and Individual Differences, 32*, 1351-1363.

Luciano, C., & Cabello, F. (2001). Bereavement and Acceptance and Commitment Therapy (ACT). *Análisis y Modificación de Conducta, 27*, 113, 399-424.

Luciano, C., & Gutierrez, O. M. (2001). Anxiety and Acceptance and Commitment Therapy (ACT). *Análisis y Modificación de Conducta, 27*, 373-398.

Luciano, C., Visdómine, J. C., Gutiérrez, O., & Montesinos, F. (2001). ACT (Acceptance and Commitment Therapy) and chronic pain. *Análisis y Modificación de Conducta, 27,* 473-502.

Lundgren, T., Mansson, J., & Dahl, J. (2003). *ACT applied in an intensive camp setting to a group of adolescent females with self-destructive behaviors.* Unpublished manuscript.

March, J. S., & Muelle, K. (1998). *OCD in Children and Adolescents: A Cognitive-Behavioral Treatment Manual.* New York: Guilford.

Maris, R. W., Berman, A. L., Maltsberger, J. T., & Yufit, R. I. (1992). *Assessment and prediction of suicide.* New York: Guilford.

Marlatt, G. A. (1994). Addiction, mindfulness, and acceptance. In S. C. Hayes, N. S. Jacobson, V. M. Follette, & M. J. Dougher (Eds.), *Acceptance and change: Content and context in psychotherapy* (pp. 175-197). Reno, NV: Context Press.

Marlatt, G. A., & Gordon, J. R. (Eds.). (1985). *Relapse prevention: Maintenance strategies in the treatment of addictive behaviors.* New York: Brunner/Mazel.

Marlatt, G. A., & Witkiewitz, K. (2002). Harm reduction approaches to alcohol use: Health promotion, prevention, and treatment. *Addictive Behaviors, 27,* 867-886.

Marx, B. P., & Sloan, D. M. (in press). The role of emotion in the psychological functioning of adult survivors of childhood sexual abuse. *Behavior Therapy.*

Massion, A., Warshaw, M., & Keller, M. (1993). Quality of life and psychiatric morbidity in panic disorder versus generalized anxiety disorder. *American Journal of Psychiatry, 150,* 600-607.

Masuda, A., Hayes, S. C., Sackett, C. F., & Twohig, M. P. (in press). Cognitive defusion and self-relevant negative thoughts: Examining the impact of a ninety year old technique. *Behavoiur Research and Therapy.*

Maher, B. A. (1988). Anomolous experience and delusional thinking: The logic of explanations, in T. F. Oltmanns & B. A. Maher (Eds.) *Delusional beliefs.* New York: Wiley.

McCracken, L. M., & Ecclestion, C. (2003). Coping or acceptance: What to do about chronic pain. *Pain, 105,* 197-204.

McCracken, L. M. (1998). Learning to live with the pain: Acceptance of pain predicts adjustment in persons with chronic pain. *Pain, 74,* 21-27.

McCracken, L. M., Vowles, K. E., & Eccleston, C. (2004). Acceptance of chronic pain: Component analysis and a revised assessment method. *Pain, 107,* 159-166.

McLean, P. D., Whittal, M. L., Thordason, D. S., & Taylor, S., Soechting, I., Taylor, S., Soechting, I., Koch, W. J., Paterson, R., & Anderson, K. W. (2001). Cognitive versus behavioral therapy in the group treatment of obsessive compulsive disorder. *Journal of Consulting and Clinical Psychology, 69,* 205-214.

Mennin, D. S., Heimberg, R. G., Turk, C. L., & Fresco, D. M. (2002). Applying an emotion regulation framework to integrative approaches to generalized anxiety disorder. *Clinical Psychology: Science and Practice, 9,* 85-90.

Meyers, R. J., Miller, W. R., & Edwards, G. (Eds.). (2001). *A community reinforcement approach to addiction treatment.* New York: Cambridge University Press.

Miller, W. R. (1996). Motivational interviewing: Research, practice, and puzzles. *Addictive Behaviors, 21*(6), 835-842.

Miller, L. J., O'Connor, E., & DiPasquale, T. (1993). Patients' attitudes toward hallucinations. *American Journal of Psychiatry, 150*, 584-588.

Miller, W. R., & Rollnick, S. (Eds.). (1991). *Motivational interviewing: Preparing people to change addictive behavior*. New York: Guilford.

Miller, W. R., & Rollnick, S. (2002). *Motivational interviewing: Preparing people to change* (2nd ed.). New York: Guilford Press.

Miner, C. R., Rosenthal, R. N., Hellerstein, D. J., & Muenz, L. R. (1997). Prediction of compliance with outpatient referral in patients with schizophrenia and psychoactive substance use disorders. *Archives of General Psychiatry, 54*, 706-712.

Montesinos, F. (2003). ACT, sexual desire orientation and erectile dysfunction. A case study. *Analisis y Modificación de Conducta, 29*, 291-320.

Montesinos, F., Hernández, B., & Luciano, C. (2001). Application of Acceptance and Commitment Therapy (ACT) in cancer patients. *Análisis y Modificación de Conducta, 27*, 503-524.

Morley, S., Eccleston, C., & Williams, A. (1999). Systematic review and meta-analysis of randomzied controlled trials of cognitive behaviour therapy and behaviour therapy for chronic pain in adults, excluding headache. *Pain, 80*(1-2), 1-13.

Mueser, K. T., Bennett, M., & Kushner, M. G. (1995). Epidemiology of substance use disorders among persons with chronic mental illnesses. In A. F. Lehman & L. Dixson (Eds.), *Double jeopardy: Chronic mental illness and substance abuse in persons with severe mental illness* (pp. 9-25). New York: Harwood.

Murrel, A., & Wilson, K. (2003). *Use of ACT groups with adolescents and children*. Unpublished manuscript.

Myers, J. K., Weissman, M. M., Tischler, G. L., Holzer, C. E., Leaf, P. J., Orvaschel, H. A., et al. (1994). Six-month prevalence of psychiatric disorders in three communities: 1980-1982. *Archives of General Psychiatry, 41*, 959-967.

Narayan, K. M., Gregg, E. W., Engelgau, M. M., Moore, B., Thompson, T. J., Williamson, D. F., et al. (2000). Translation research for chronic disease: the case of diabetes. *Diabetes Care, 23*, 1794-1798.

Narrow, W. E., Rae, D. S., Robins, L. N., & Regier, D. A. (2002). Revised prevalence based estimates of mental disorders in the United States: Using a clinical significance criterion to reconcile 2 surveys' estimates. *Archives of General Psychiatry, 59*(2), 115-123.

Nicholas, M. K., Wilson, P. H., & Goyen, J. (1991). Operant-behavioral and cognitive-behavioral treatment for chronic low back pain. *Behaviour Research and Therapy, 29*, 235-238.

Norris, F. H. (1992). Epidemiology of trauma: Frequency and impact of different potentially traumatic events on different demographic events. *Journal of Consulting and Clinical Psychology, 60*, 409-418.

Norton, P. J., & Hope, D. A. (2001). Kernels of truth or distorted perceptions: Self and observer ratings of social anxiety and performance. *Behavior Therapy, 32*, 765-786.

Orsillo, S. M., & Block, J. L. (2003). *Commitment to valued action groups in the treatment of trauma*. Unpublished manuscript.

Orsillo, S. M., Roemer, L., Block Lerner, J., & Tull, M. T. (in press). Acceptance, mindfulness, and cognitive-behavioral therapy: Comparisons, contracts and applications to anxiety. In Hayes, S. C., Linehan, M. M., & Follette, V. C. (Eds.), *Mindfulness, and acceptance*. New York: Guilford.

Öst, L.-G. (1989). One-session treatment for specific phobias. *Behaviour Research and Therapy, 27*, 1-7.

Paez, M., Luciano, C., Gutiérrez, O., Montesinos, F., & Gómez, I. (August 2003). *Impact of breast cancer in the patient's life. Acceptance versus control-focused based protocols.* Paper given at the World Conference on ACT, RFT, and the New Behavioral Psychology, Linköping, Sweden.

Parkerson, G. (1996). *User's Guide for the Duke Health Profile* (Duke). Manual available from author at Dept. of Community and Family Medicine, Box 3886, Duke University Medical Center, Durham, North Carolina, 27710.

Patterson, M. L., & Ritts, V. (1997). Social and communicative anxiety: A review and meta-analysis. In B. R. Burleson (Ed.), *Communication Yearbook 20*. Thousand Oaks, CA: Sage.

Paul, P. H., Marx, B. P., & Orsillo, S. M. (1999). Acceptance-based psychotherapy in the treatment of an adjudicated exhibitionist: A case example. *Behavior Therapy, 30*, 149-162.

Penn, D. L., Combs, D., & Mohamed, S. (2001). Social cognition and social functioning in schizophrenia. In P. W. Corrigan & D. L. Penn (Eds.), *Social cognition and schizophrenia* (pp. 97-122). Washington, D.C.: American Psychological Association.

Pennebaker, J. W., Kiecolt, G., Glaser, J. K., & Glaser, R. (1988). Confronting traumatic experience and immunocompetence: A reply to Neale, Cox, Valdimarsdottir, and Stone. *Journal of Consulting and Clinical Psychology, 56*, 638-639.

Pepper, S. C. (1942). *World hypotheses: A study in evidence*. Berkeley: University of California Press.

Pistorello, J., & Leonard, L. (August 2003). *Acceptance and Commitment Therapy applied to a counseling center setting: Data and lessons learned*. Paper presented at the World Conference on ACT, RFT, and the New Behavioral Psychology. Linkoping, Sweden.

Pistorello, J., Follette, V. M., & Hayes, S. C. (2000). Long-term correlates of childhood sexual abuse: A behavior analytic perspective. In M. J. Dougher (Ed.), *Clinical behavior analysis* (pp. 75-98). Reno, NV: Context Press.

Pollock, L., & Williams, M. (2001). Effective problem solving in suicide attempters depends upon specific autobiographical recall. *Suicide and Life Threatening Behavior, 31*, 386-396.

Pollack, M. H., Penava, S. A., Bolton, E., Worthington, J. J. III, Allen, G. L., Farach, F. J., & Otto, M. W. (2002). A novel cognitive-behavioral approach for treatment-resistant drug dependence. *Journal of Substance Abuse Treatment, 23*, 335-342.

Polusny, M. A., & Follette, V. M. (1995). Long-term correlates of child sexual abuse: Theory and review of the empirical literature. *Applied and Preventive Psychology, 4,* 143-166.

Polusny, M. A., Rosenthal, M. Z., Aban, I., & Follette, V. M. (2002). *Experiential avoidance as a mediator of the effects of adolescent sexual victimization on adult psychological distress and alcohol use*. Manuscript submitted for publication.

Pratt, C. W., Gill, K. J., Barrett, N. M., & Roberts, M. M. (1999). *Psychiatric rehabilitation*. San Diego, CA: Academic Press.

Puder, R. S. (1988). Age analysis of cognitive-behavioral group therapy for chronic pain out-patients. *Psychology and Aging, 3*, 204-207.

Purdon, C. (1999). Thought suppression and psychopathology. *Behaviour Research and Therapy, 37*, 1029-1054.

Quick, J. C., & Tetrick, L. E. (2002). *Handbook of occupational health psychology*. Washington, DC: American Psychological Association.

Rachman, S. J. (1997). A cognitive theory of obsession. *Behaviour Research and Therapy, 35,* 793-802.

Rapee, R. M., Craske, M. G., & Barlow, D. H. (1995). Assessment instrument for panic disorder that includes fear of sensation-producing activities: The Albany Panic and Phobia Questionnaire. *Anxiety, 1*, 114-122.

Resnick, H. S,. Kilpatrick, D. G., Dansky, B. S., Saunders, B. E., & Best, C. L. (1993). Prevalence of civilian trauma and posttraumatic stress disorder in a representative national sample of women. *Journal of Consulting and Clinical Psychology, 61*, 984-991.

Richardson, A., Adner, N., & Nordstrom, G. (2001). Persons with insulin-dependent diabetes mellitus: acceptance and coping ability. *Journal of Advanced Nursing, 33,* 758-763.

Robinson, P. (1996a). *Living life well: New strategies for hard times*. Reno: Context Press.

Robinson, P. (1996b). *Treating depression in primary care*. Reno: Context Press.

Robinson, P., & Brockey, A. (2000). Conducting research on chronic pain in a managed care setting: A trail guide. In S. D. Lande & R. J. Kulich (Eds.), *Managed care and pain* (pp. 87-104). Glenview, IL: American Pain Society.

Robinson, M. E., Riley, J. L., Myers, C. D., Sadler, I. J., Kvaal, S. A., Geisser, M. E., & Keefe, F. J. (1997). The Coping Strategies Questionnaire: A large sample, item level factor analysis. *Clinical Journal of Pain, 13*, 43-49.

Robinson, P., Del Vento, A., & Wischman, C. (1998). Integrated treatment of the frail elderly: The group care clinic. In Blount, S. (Ed.), *Integrated Care: The Future of Medical and Mental Health Collaboration*, New York: Norton.

Robinson, P., & Hayes, S. C. (1997). Acceptance and commitment: A model for integration. In N. A. Cummings, J. L. Cummings, et al. (Eds.), *Behavioral health in primary care: A guide for clinical integration* (pp. 177-203). Madison, CT: Psychosocial Press.

Roemer, L., & Borkovec, T. D. (1993). Worry: Unwanted cognitive experience that controls unwanted somatic experience. In D. M. Wegner & J. Pennebaker (Eds.), *Handbook of mental control*. Englewood Cliffs, NJ: Prentice Hall.

Roemer, L., Litz, B. T., Orsillo, S. M., & Wagner, A. W. (2001). A preliminary investigation of the role of strategic withholding of emotions in PTSD. *Journal of Traumatic Stress, 14*, 149-156.

Roemer, L., & Orsillo, S. M. (2002). Expanding our conceptualization of and treatment for generalized anxiety disorder: Integrating mindfulness/acceptance-based approaches with existing cognitive-behavioral models. *Clinical Psychology: Science and Practice, 9*, 54-68.

Rogers, E. S., Anthony, W. A., Toole, J., & Brown, M. A. (1991). Vocational outcomes following psychosocial rehabilitation: A longitudinal study of three programs. *Vocational Rehabilitation, 1*, 21-29.

Rosenberg, S. D., & Tucker, G. J. (1979). Verbal behavior and schizophrenia: The semantic dimension. *Archives of General Psychiatry, 36*, 1331-1337.

Rüsch, N., & Corrigan, P. W. (2002). Motivational Interviewing to improve insight and treatment adherence in schizophrenia. *Psychiatric Rehabilitation Journal, 26*, 23-32.

Sanderson, W. C., DiNardo, P. A., Rapee, R. M., & Barlow, D. H. (1990). Syndrome comorbidity in patients diagnosed with a DSM-III-R anxiety disorder. *Journal of Abnormal Psychology, 99*, 308-312.

Schlenker, B. R. (1987). Threats to identity: Self-identification and social stress. In C. R. Synder & C. Ford (Eds.), *Coping with negative life events: Clinical and social psychology perspectives*. New York: Plenum Press.

Segal, Z. V., Williams, J. M. G., & Teasdale, J. D. (2002). *Mindfulness-based cognitive therapy for depression: A new approach to preventing relapse*. New York: Guilford.

Sensky, T., MacLeod, A. K., & Rigby, M. F. (1996). Causal attributions about common somatic sensations among frequent general practice attenders. *Psychological Medicine, 26*(3), 641-646.

Shafran, R., Thordarson, D., & Rachman, S. (1996). Thought action fusion in obsessive compulsive disorder. *Journal of Anxiety Disorders, 5*, 379-391.

Shalev, A. Y., Peri, T., Canetti, L., & Schreiber, S. (1996). Predictors of PTSD in injured trauma survivors: A prospective study. *American Journal of Psychiatry, 153*, 219-225.

Shipherd, J. C., & Beck, J. G. (1999). The effects of suppressing trauma-related thoughts on women with rape-related post-traumatic stress disorder. *Behaviour Research and Therapy, 37*, 99-112.

Singer, G. H., Irvine, A. B., & Irvin, L. K. (1989). Expanding the focus of behavioral parent training. In G. S. L. Irvin (Ed.), *Support for caregiving families* (pp. 85-102). Baltimore: Brookes.

Slade, P. D. (1972). The effects of systematic desensitization on auditory hallucinations. *Behaviour Research and Therapy, 10*, 85-91.

Smyth, J. M., Stone, A. A., Hurewitz, A., & Kaell, A. (1999). Effects of writing about stressful experiences on symptom reduction in patients with asthma or rheumatoid arthritis: A randomized trial. *Journal of the American Medical Association, 281*, 1304-1309.

Solyom, L., DiNicola, V. F., Sookman, D., & Luchins, D. (1985). Is there an obsessive psychosis?: Aetiological and prognostic factors of an atypical form of obsessive-compulsive neurosis. *Canadian Journal of Psychiatry, 19*, 69-78.

Steil, R., & Ehlers, A. (2000). Dysfunctional meaning of posttraumatic intrusions in chronic PTSD. *Behaviour Research and Therapy, 38*, 537-558.

Steketee, G., & Frost, R. O. (1998). Obsessive-compulsive disorder. In A. S. Bellack & M. Hersen (Eds.), *Comprehensive clinical psychology: Vol. 6. Adults: Clinical formulation and treatment*. Oxford: Pergamon.

Strosahl, K. (1991). Treatment of the personality disordered patient. In C. Austad & W. Berman (Eds.), *Psychotherapy in managed health care: The optimal use of time and resources* (pp. 185-201). Washington, DC: American Psychological Association.

Strosahl, K. (2001). The integration of primary care and behavioral health: Type II changes in the era of managed care. In N. A. Cummings, & W. O'Donohue et al. (Eds.), *Integrated behavioral healthcare: Positioning mental health practice with medical/surgical practice* (pp. 45-69). San Diego: Academic Press.

Strosahl, K. D., Hayes, S. C., Bergan, J., & Romano, P. (1998). Assessing the field effectiveness of Acceptance and Commitment Therapy: An example of the manipulated training research method. *Behavior Therapy, 29*, 35-64.

Strosahl, K., & Linehan, M. (1983). Basic issues in behavioral assessment. In A. Ciminero, K. Calhoun & H. Adams (Eds.), *Handbook of behavioral assessment* (2nd Edition) (pp. 12-60). New York: Wiley.

Sullivan, M. J. L., Thorn, B. E., Haythornthwaite, J., Keefe, F., Martin, M., Bradley, L., & Lefebvre, J. C. (2001). Theoretical perspectives on the relation between catastrophizing and pain. *Clinical Journalof Pain, 17*, 52-64.

Sullivan, M. J. L., Bishop, S. R., & Pivik, J. (1995). The Pain Catastrophizing Scale: Development and validation. *Psychological Assessment, 7*, 524-532.

Sullivan, M. J. L., Stanish, W., Waite, H., Sullivan, M. E., & Tripp, D. (1998). Catastrophizing, pain, and disability following soft tissue injuries. *Pain, 77*, 253-260.

Tanouye, E. (2001, June 13). Mental illness: A rising workplace cost. *The Wall Street Journal*, pp. B1, B6.

Taylor, S., & Cox, B. J. (1998). An expanded Anxiety Sensitivity Index: Evidence for a hierarchic structure in a clinical sample. *Journal of Anxiety Disorders, 12*, 463-483.

Teasdale, J. D., Moore, R. G., Hayhurst, H., Pope, M., Williams, S., & Segal, Z. V. (2002). Metacognitive awareness and prevention of relapse in depression: Empirical evidence. *Journal of Consulting and Clinical Psychology, 70*, 275-287.

Terry, D. J., & Jimmieson, N. L. (1999). Work control and employee well-being: A decade review. In C. L. Cooper & I. T. Robertson (Eds.), *International review of industrial and organizational psychology*. Chichester: John Wiley & Sons.

Thompson, R. J., Gil, K. M., Abrams, M. R., & Phillips, G. (1992). Stress, coping and psychological adjustment of adults with sickle cell disease. *Journal of Consulting and Clinical Psychology, 60*, 433-440.

Thorn, B. E., & Boothby, J. L. (2002). Targeted treatment of catastrophizing for the management of chronic pain. *Cognitive and Behavioral Practice, 9*, 127-138.

Tien, A. Y. (1991). Distributions of hallucinations in the population. *Social Psychiatry and Psychiatric Epidemiology, 26*, 287-292.

Turk, D. C., & Okifuji, A. (2002). Psychological factors in chronic pain: Evolution and revolution. *Journal of Consulting and Clinical Psychology, 70*, 678-690.

Turk, D. C., Meichenbaum, D., & Genest, M. (1983). *Pain and behavioral medicine: A cognitive-behavioral perspective*. New York: Guilford Press.

Turk, D. D., & Okifuji, A. (1996). Perception of traumatic onset, compensation status, and physical findings: Impact on pain severity, emotional distress, and disability in chronic pain patients. *Journal of Behavioral Medicine, 19*, 435-453.

Turkington, D., & Siddle, R. (2000). Improving understanding and coping in people with schizophrenia. *Psychiatric Rehabilitation Skills, 4*, 300-320.

Turner, J. A., & Clancy, S. (1988). Comparison of operant behavioral and cognitive-behavioral group treatment for chronic low back pain. *Journal of Consulting and Clinical Psychology, 56*, 261-266.

Turner, J. A., Clancy, J. A., McQuade, K. J., & Cardenas, D. D. (1990). Effectiveness of behavioral therapy for chronic low back pain: A component analysis. *Journal of Consulting and Clinical Psychology, 58*, 573-579.

Turner, J. A., Jensen, M. P., & Romano, J. M. (2000). Do beliefs, coping and catastrophizing independently predict functioning in patients with chronic pain? *Pain, 85*, 115-125.

Twohig, M., & Woods, D. (in press). A preliminary investigation of acceptance and commitment therapy and habit reversal as a treatment for trichotillomania. *Behavior Therapy*.

Ulmer, J. F. (1997). An exploratory study of pain, coping, and depressed mood following burn injury. *Journal of Pain and Symptom Management, 13*, 148-157.

U.S. Department of Health and Human Services, Office of Applied Studies. (2003). *Results from the 2002 National Survey on Drug Use and Health: National Findings*. Washington, D.C.: U.S. Government Printing Office.

van Balkom, A. J. L. M., van Oppen, P., Vermeulen, A. W. A., van Dyck, R., Nauta, M. C. E., & Vorst, H. C. M. (1994). A meta-analysis on the treatment of obsessive-compulsive disorder: A comparison of antidepressants, behavior and cognitive therapy. *Clinical Psychology Review, 14*, 359-381.

Walser, R. D., & Hayes, S. C. (1998). Acceptance and trauma survivors: Applied issues and problems. In V. M. Follette, J. I. Ruzek, & F. R. Abueg (Eds.), *Cognitive-behavioral therapies for trauma* (pp. 256-277). New York: Guilford Press.

Walser, R. D., Loew, D., Westrup, D., Gregg, J., & Rogers, D. (November 2002). *Acceptance and Commitment Therapy: Theory and treatment of complex PTSD*. Paper presented at the meeting of the International Society of Traumatic Stress Studies. Baltimore, MD.

Walser, R. D., Westrup, D., Rogers, D., Gregg, J., & Loew, D. (November 2003). *Acceptance and Commitment Therapy for PTSD*. Paper presented at the meeting of the International Society of Traumatic Stress Studies. Chicago.

Warshaw, M. G., Dolan, R. T., & Keller, M. B. (2000). Suicidal behavior in patients with current or past panic disorder: Five years of prospective data from the Harvard/Brown Anxiety Research Program. *American Journal of Psychiatry, 157*, 1876-1878.

Watkins, E., & Teasdale, J. (2001). Rumination and over general memory in depression: Effects on self focus and analytical thinking. *Journal of Abnormal Psychology, 110*, 353-357.

Wearden, A. J., Morriss, R. K., Mullis, R., Strickland, P. L., Pearson, D. J., Appleby, L., & Campbell, I. T., & Morris, J. A. (1998). Randomised, double-blind, placebo-controlled treatment of fluoxetine and graded exercise for chronic fatigue syndrome. *British Journal of Psychiatry, 172*(6), 485-490.

Wegner, D. M., & Zanakos, S. (1994). Chronic thought suppression. *Journal of Personality, 62*, 615-640.

Wegner, D. M., Schneider, D. J., Carter, S. R., & White, T. L. (1987). Paradoxical effects of thought suppression. *Journal of Personality and Social Psychology, 53*, 5-13.

Weissman, A., & Beck, A. T. (November, 1978). *Development and validation of the Dysfunctional Attitude Scale*. Paper presented at the annual meeting of the Association for Advancement of Behavior Therapy. Chicago, IL.

Weissman, M. M., Bland, R. C., Canino, G. J., Faravelli, C., Greenwald, S., Hwu, H. G. et al. (1996). Cross-national epidemiology of major depression and bipolar disorder. *Journal of the American Medical Association, 276*, 293-299.

Wells, A. (1995). Meta-cognition and worry: A cognitive model of generalized anxiety disorder. *Behavioural and Cognitive Psychotherapy, 23*, 301-320.

Wells, A., & Davies, M. (1994). The Thought Control Questionnaire: A measure of individual differences in the control of unwanted thoughts. *Behaviour Research and Therapy, 32*, 899-913.

Widiger, T. (2001). Official classification systems. In W. Livesly (Ed.), *Handbook of personality disorders: Theory, research and treatment* (pp. 60-83). New York: Guilford Press.

Widiger, T., Trull, T., Hurt, S., Clarkin, J., & Frances, A. (1987). A multi-dimensional scaling of the DSM-III personality disorders. *Archives of General Psychiatry, 44*, 557-563.

Wicksell, R. K., Dahl, J., Magnusson, B., & Olsson, G. L. (under review). ACT within a behavior medicine approach-effective in rehabilitation of children and adolescents with chronic pain?-A case study.

Williams, J. E. (1976). Self-monitoring of paranoid behavior. *Behavior Therapy, 7*, 562.

Williams, K. E., Chambless, D. L., & Ahrens, A. (1997). Are emotions frightening? An extension of the fear of fear construct. *Behaviour Research and Therapy, 35*, 239-248.

Wilson, K. G. (2003). *ACT with college students at risk for academic failure*. Unpublished manuscript.

Wilson, K. G. (2002). *A working Manual for The Valued-Living Questionnaire (version 11-13-02).* Available from the author.

Wilson, K. G., & Groom, J. M. (2002). *The Valued Living Questionnaire.* Unpublished manuscript. Available from the first author at Department of Psychology, University of Mississippi, University, MS.

Wilson, K. G., & Hayes, S. C. (1996). Resurgence of derived stimulus relations. *Journal of the Experimental Analysis of Behavior, 66*, 267-281.

Wilson, K. G., Hayes, S. C., & Byrd, M. R. (2000). Exploring compatibilities between Acceptance and Commitment Therapy and 12-step treatment for substance abuse. *Journal of Rational-Emotive Behavior Therapy, 18*(4), 209-234.

Wilson, K. G., & Murrell, A. R. (in press). Values work in Acceptance and Commitment Therapy: Setting a course for behavioral treatment. In S. C. Hayes, V. M. Follette, & M. M. Linehan (Eds.), *Mindfulness and acceptance: Expanding the cognitive behavioral tradition.* New York: Guilford Press.

Young, J., Klosko, J., & Weishaar, M. (2003). *Schema therapy: A practitioner's guide.* New York: Guilford.

Zaldívar, F., & Hernández, M. (2001). Acceptance and Commitment Therapy (ACT): Application to experiential avoidance with agoraphobic form. *Análisis y Modificación de Conducta, 27*, 425-454.

Zettle, R. D. (2003). Acceptance and commitment therapy (ACT) versus systematic desensitization in treatment of mathematics anxiety. *Psychological Record, 53*, 197-215.

Zettle, R. D., & Hayes, S. C. (1986). Dysfunctional control by client verbal behavior: The context of reason-giving. *The Analysis of Verbal Behavior, 4*, 30-38.

Zettle, R. D., & Hayes, S. C. (1987). Component and process analysis of cognitive therapy. *Psychological Reports, 64*, 939-953.

Zettle, R. D., & Hayes, S. C. (2002). Brief ACT treatment of depression. In F. W. Bond & W. Dryden (Eds.), *Handbook of brief cognitive behaviour therapy* (pp. 35-54). Chichester: Wiley.

Zettle, R. D., & Rains, J. C. (1989). Group cognitive and contextual therapies in treatment of depression. *Journal of Clinical Psychology, 45*, 438-445.

찾아보기

내 용

1차 진료 환자 가치 계획 365, 366

AAQ 94
ACT 46
ACT 과정 측정 94
ACT 모형 19
ACT-HC 355, 356
ATQ 98, 125

Beck 우울척도(BDI) 124
BOSE 398

CBT 28
CPAQ 381
CSIW 195, 196

DAS 98
Duke 건강 프로파일 365, 386

FEAR 284
FEAR 알고리즘 46

Hamilton 우울 척도 126
HIP 369, 370

PCP 365
PCP 가치 계획 367
PCS 382
PSOCQ 404
PTSD 163, 164

RFT 29, 30, 35

White Bear 억제 질문지 139

가치 23, 63, 65, 74, 150, 151, 153, 171, 172, 201, 205, 206, 207, 350, 362, 400
가치 명료화 150, 168, 307, 347, 434
가치 있는 인생 질문지 64, 140, 202, 309, 384
가치 작업 153, 171
가치 평가 평정 양식 347, 348
강박장애 135, 157
강제 따르기 153
거짓말 은유 235
거짓말 탐지기 은유 144, 339
건강 증진 프로젝트 369
게임의 규칙 연습 285
경험적 회피 41, 42, 99, 100, 102, 133, 134, 135, 136, 137, 165, 166, 188, 190, 360, 361, 427

공황장애 133, 154
과정 목표 90, 91
관계 틀 36, 37, 38
관계 틀 이론 16
관찰자 연습 120, 149, 182, 246, 345, 399
관찰하는 자기 182
괴물과 줄다리기 은유 145, 176, 239
교차 편집 범주 438
구덩이에 빠진 사람 은유 107, 144, 175, 268, 271, 391
그러나 떼어내기 344
기꺼이 경험하기 51, 52, 53, 54, 71, 145, 146, 147, 148, 166, 175, 182, 289, 290, 318, 383, 440
기꺼이 경험하기 연습 351
기능적 맥락주의 16, 32, 33
길 위의 비늣방울 은유 349
깡통 괴물 연습 183, 239, 345, 347, 400
깨끗한 불편 340, 396

나쁜 컵 은유 110, 238, 250
낚시 은유 292
난로 은유 142
노출치료 130
눈 감기 연습 208
눈 맞춤 연습 183
늪지대 은유 247

다중 문제 254, 255, 256
더러운 불편 340, 396
동기부여 84, 85
동의서 139, 303, 417
두 개의 저울 은유 145
등산로 은유 160

마름모 무늬 양말 연습 400
마음과 함께 산책하기 연습 158, 232, 237, 318, 399
마음챙김 19, 22, 59, 148, 149, 159, 182, 243, 431
마이크스피커 소음 은유 176
만성 통증 377, 378, 379
만성 통증 변화 의제 392
만성 통증 수용 질문지 381
만성질환에 대한 ACT 중재 375
맥락으로서의 자기 21, 61, 62, 73, 181, 438
맥락으로서의 자기감 262
모래수렁 341
목록 작성 111
묘비나 장례식 은유 172
묘비명 288
묘비와 추모사 연습 156
물질 남용 188
물체화 239
물체화 연습 183

배고픈 호랑이 270
배지 437, 438
버스에 탄 괴물 은유 408
버스에 탄 승객 은유 119, 144, 179
변화 동기 169, 170
부랑자 Joe 146, 251
분명한 정서 143
불안 민감성 지표 156
불안 민감성 지표개정판 139
불편 씨를 찾아서 연습 247
비실효성 198
빅 룩 442
빈 의자 연습 116

사고 통제 질문지 139
사례 개념화 80, 81, 302

사례 공식화 100, 101
사례 공식화 매트릭스 82
사회불안장애 135, 156
삶의 질 수업 373
생각 행동 융합 136
생각을 노래하기 150
성격장애 253, 254, 255
수용 20, 51, 52, 54, 71, 166, 182, 207, 240, 362, 440
수용 및 행동 질문지 140
수용과 마음챙김 과정 26
수용과 전념건강관리 모형 355
수용과 행동 질문지 94, 156
수용전념치료 16
순교자 역할 113, 116, 117, 118
스키 타기 은유 151
스톱워치 272
스트레스 331, 332, 333
스트레스 버튼 343, 344
시냇물 위의 나뭇잎 342
시냇물 위의 나뭇잎 연습 149
시선 접촉 연습 285
시선두기 연습 441
실효성 177, 189, 194, 236, 239, 274
심각한 정신질환 225
심리적 경직성 38, 43, 87, 88
심리적 유연성 18, 19, 24, 80, 88, 89
심리적 자산 89

아동 통증 406
앉을 자리 찾기 은유 396
애매한 정서 143
언어로 명명하기 149
역기능적 태도 척도 98
올바르기 101, 116
외상 생존자 166, 167, 168, 169
외상후 스트레스장애 163
용서 293
우물 안의 노새 314
우울증 97, 100
우유, 우유, 우유 211, 316, 398
워크숍 형식 418
유리잔 속의 진흙 은유 304
이야기 113, 114, 116, 117, 178, 261, 262, 279, 280, 281, 282
이유 대기 101, 113, 115, 118, 119, 126, 398, 399
이유 질문지 98
인지적 융합 39, 40, 54, 72, 102, 136, 381
인지적 탈융합 20, 178, 316, 437
인지치료 97, 98, 130
일반화된 불안장애 136, 159

자기 노출 170
자기 탐지 111, 112
자동적 사고 질문지 98
자동적 사고 질문지믿는 정도 125
자살 행동 268, 269, 270, 273, 274, 276
자살성 103, 104, 106, 107, 270, 271, 272
자서전 다시 쓰기 282
잡동사니로 가득 찬 상자 149
잡동사니로 가득 찬 상자 은유 177, 182, 244, 313
재앙화 경험 383
전념 행동 24, 64, 66, 67, 68, 74, 212, 213, 442
전념과 행동 변화 과정 19, 26
점프 은유 295
정서 조절 곤란 척도 139
정서 조절 척도 139
정서적 회피 257, 259, 381
정신병리의 회피와 융합 모형 228
정신적 재잘거림 183

정원 은유 152
정체성 고르기…… 아무 정체성이나 게임 283
제3의 흐름 29
종합적인 물질 관여 워크시트 195
줄다리기 은유 392
중국 수갑 은유 145, 235, 250, 435
집단 구성 419
집단 형식 413, 414

창조적 무희망감 106, 108, 124, 174, 194, 234, 310, 312, 408, 433
체스판 은유 108, 149, 182, 243
초코 케이크 연습 235
촉진자 417, 430
충동 파도타기 218
치료 계약 191, 193
친구 은유 271

카드 게임 290
컴퓨터 화면의 메시지 은유 236

탈문자화 178, 179
탈융합 56, 207, 212, 236, 239, 362
통제 의제 140
통증 변화 단계 질문지 404
통증 재앙화 척도 382
특정 공포증 134, 155

퍼레이드하는 군인들 342
퍼레이드하는 군인들 연습 236
평가 114

행동치료 26, 27, 29
행동치료의 제3의 흐름 28
현재 순간과 접촉하기 59, 73
현재 순간과의 접촉 22, 23, 60

편저자 소개

Steven C. Hayes 박사(Ph. D.)는 네바다 대학교 심리학과에 재직하고 있으며 네바다 재단의 교수다. 34권 이상의 저서와 470편 이상의 과학 논문의 저자이기도 한 그는 자신의 연구에서 언어와 생각이 어떻게 인간을 고통으로 이끄는지를 보여 주었으며, 광범위한 분야에서 활용될 수 있는 강력한 치료인 ACT를 공동 창설하였다. 1992년에 그는 과학 정보연구소(Institute for Scientific Information)에 의해서 저술 인용 영향력을 토대로 1986~1990년 동안에 세계에서 '가장 영향력 있는' 서른 번째의 심리학자로 이름을 올렸다. Hayes 박사는 미국심리학회(APA)의 25분과(행동 분석) 회장, 미국 응용 및 예방심리학회 회장, 고급 행동치료학회 회장을 역임하였으며, 미국심리학회(APS)의 초대 재무 이사를 역임하였다. 그는 APA의 25분과로부터 기초 행동 연구와 이의 응용에 대한 모범적인 공헌으로 Don F. Hake상을, 행동 및 인지치료학회에서 Lifetime Achievement상을 받았으며, 미국 건강 및 인간부(보건복지부) 장관인 Donna Shalala로부터 NIH(국립건강연구소)의 5년 임기 국립약물남용자문위원회에 임명되었다.

Kirk D. Strosahl 박사(Ph. D.)는 정신건강 및 물질 남용 공동체에서 광범위한 채택을 받아 온 수용전념치료의 공동 창설자다. 그는 일차 진료 행동 건강 통합을 주제로 수많은 논문을 발표하였고, 도전적이고, 고위험의 자살 클라이언트들과 작업하는 과정에서 실습과 책략을 안내하는 데 성과 평가를 이용하였다. Patricia Robinson과 함께, 『우울증을 위한 마음챙김과 수용 워크북』을 공동 저술하였다. Strosahl은 의료적으로 충분한 서비스를 받지 못하는 대규모 집단에 대한 건강 진료를 제공하는 지역사회건강센터인 Central Washington Family Medicine에서 일차 진료 심리학자로 일하고 있다.

역자 소개

손정락(ChongNak Son, Ph. D.)은 성균관대학교 심리학과를 졸업하고, 동 대학원에서 임상심리학 전공으로 석사학위와 박사학위를 받았다. 현재는 전북대학교 심리학과에서 임상심리학, 건강심리학, 성격심리학 분야의 강의와 연구를 하고 있다. 미국 듀크 대학교 심리학과에 초빙 교수로 근무한 바 있다.

전문 분야에서는 임상심리전문가, 정신보건임상심리사 1급(보건복지부), 건강심리전문가, 중독심리전문가, 명상심리전문가 등으로 활동하고 있다. 또한 한국건강심리학회장(2001~2005)과 한국건강심리학회의 명상심리연구회장(2008~2010), 한국심리학회 회장(2010~2011), 한국건강심리학회 고문, 전북대학교 심리코칭연구소 소장 등을 역임하고, 현재 한국임상심리학회의 행동의학연구회장, 강원랜드 중독관리센터 자문위원 등으로 활동하고 있다.

주요 저서 및 역서로는 『인간의 마음과 행동』, 『현대 임상심리학』, 『건강심리학』, 『성격심리학』, 『바이오피드백』, 『스트레스 과학의 이해』, 『자기에게로 가는 여행: 성격심리이론에 따른 체험 워크북』, 『긴장 이완과 스트레스 감소 워크북』, 『우울증 치유를 위한 마음챙김과 수용 워크북: 우울증을 딛고 살 만한 가치 있는 인생을 창조하기 위해 수용전념치료(ACT)를 활용하기』, 『뇌 기반 학습: 새로운 패러다임의 교수법』, 『성격심리학 이론 워크북』, 『아동과 청소년을 위한 수용과 마음챙김치료』, 『수용전념치료(ACT)로 코칭 효과성을 극대화하라』, 『직장에서의 마음챙김: MBSR로 회복 탄력적인 개인과 공명하는 조직 만들기』 등이 있다.

이금단(GeumDan Yi)은 전북대학교에서 불문학을 전공한 후 동 대학원에서 임상심리학 석사 및 박사과정을 수료하였다. 원광대학병원에서 임상심리 수련을 마친 후 사회복귀시설인 희망을 나누는 집과 마음건강복지센터에서 정신보건임상심리사로 일하며 정신장애를 겪는 사람들이 정신재활을 통해 사회에 복귀하는 과정을 도왔다. 현재는 전라북도 마음사랑병원에서 정신보건임상심리사 1급으로 재직하면서 정신보건임상심리사 수련을 지도 · 감독하고 있다. 전북대학교와 전주대학교에 출강하고 있으며, TBN 전주교통방송에 이어 전주 MBC 라디오 여성시대에서 부부상담 코너를 수년간 진행하였다. 공동으로 번역한 도서로 『아동과 청소년을 위한 수용과 마음챙김치료』가 있다.

수용전념치료: 실무지침서

A Practical Guide to Acceptance and Commitment Therapy

2015년 3월 30일 1판 1쇄 발행
2024년 1월 25일 1판 6쇄 발행

지은이 • Steven C. Hayes · Kirk D. Strosahl
옮긴이 • 손정락 · 이금단
펴낸이 • 김 진 환
펴낸곳 • (주) 학지사
04031 서울특별시 마포구 양화로 15길 20 마인드월드빌딩 5층
대표전화 • 02) 330-5114 팩스 • 02) 324-2345
등록번호 • 제313-2006-000265호
홈페이지 • http://www.hakjisa.co.kr
인스타그램 • https://www.instagram.com/hakjisabook

ISBN 978-89-997-0571-7 93180

정가 **20,000**원